Springer-Lehrbuch

Weitere Bände in dieser Reihe
http://www.springer.com/series/1183

Nikolaus Marsch • Yoan Vilain
Mattias Wendel
(Hrsg.)

Französisches und Deutsches Verfassungsrecht

Ein Rechtsvergleich

Herausgeber
Nikolaus Marsch
Institut für Medien- und Informationsrecht
Albert-Ludwigs-Universität Freiburg
Freiburg
Deutschland

Yoan Vilain
European Law School
Humboldt-Universität zu Berlin
Berlin
Deutschland

Mattias Wendel
Walter-Hallstein-Institut für Europäisches
Verfassungsrecht
Humboldt-Universität zu Berlin
Berlin
Deutschland

Die Drucklegung dieses Lehrbuchs wurde durch einen Druckkostenzuschuss der Humboldt European Law School (Mittel der Deutsch-Französischen Hochschule) gefördert.

ISSN 0937-7433
Springer-Lehrbuch
ISBN 978-3-642-45052-5   ISBN 978-3-642-45053-2 (eBook)
DOI 10.1007/978-3-642-45053-2

Die Deutsche Nationalbibliothek verzeichnet diese Publikation in der Deutschen Nationalbibliografie; detaillierte bibliografische Daten sind im Internet über http://dnb.d-nb.de abrufbar.

Springer
© Springer-Verlag Berlin Heidelberg 2015
Das Werk einschließlich aller seiner Teile ist urheberrechtlich geschützt. Jede Verwertung, die nicht ausdrücklich vom Urheberrechtsgesetz zugelassen ist, bedarf der vorherigen Zustimmung des Verlags. Das gilt insbesondere für Vervielfältigungen, Bearbeitungen, Übersetzungen, Mikroverfilmungen und die Einspeicherung und Verarbeitung in elektronischen Systemen.
Die Wiedergabe von Gebrauchsnamen, Handelsnamen, Warenbezeichnungen usw. in diesem Werk berechtigt auch ohne besondere Kennzeichnung nicht zu der Annahme, dass solche Namen im Sinne der Warenzeichen- und Markenschutz-Gesetzgebung als frei zu betrachten wären und daher von jedermann benutzt werden dürften.
Der Verlag, die Autoren und die Herausgeber gehen davon aus, dass die Angaben und Informationen in diesem Werk zum Zeitpunkt der Veröffentlichung vollständig und korrekt sind. Weder der Verlag noch die Autoren oder die Herausgeber übernehmen, ausdrücklich oder implizit, Gewähr für den Inhalt des Werkes, etwaige Fehler oder Äußerungen.

Gedruckt auf säurefreiem und chlorfrei gebleichtem Papier

Springer Berlin Heidelberg ist Teil der Fachverlagsgruppe Springer Science+Business Media
(www.springer.com)

Vorwort

Dieses Buch ist das Ergebnis einer deutsch-französischen Freundschaft, die aus dem gemeinsamen Interesse am Verfassungsrecht entstanden ist und mittlerweile weit darüber hinausreicht. Es ist eine Freundschaft, die im fachlichen Diskurs kritische Rückfragen aushält, ja vielmehr daran gewachsen ist. Nach ersten persönlichen Begegnungen anlässlich des deutsch-französischen Doktorandenkollegs im öffentlichen Recht reifte die Idee heran, den vorliegenden Rechtsvergleich gemeinsam in Angriff zu nehmen. In die Entstehungsphase der Jahre 2012 bis 2014 fallen insgesamt fünf Autorentreffen in Paris, Berlin und Freiburg mit jeweils intensiven Diskussionen über Methode, Aufbau, Struktur, Schwerpunktsetzung und Zielgruppe. Es würde uns außerordentlich freuen, wenn es uns gelungen wäre, zumindest einen Teil dieser für uns so fruchtbaren und bereichernden Diskussionen in Gestalt des Buches an die Leser weiterzugeben.

Dank für finanzielle und ideelle Unterstützung der Entstehungsphase gebührt der Deutsch-Französischen Hochschule. Die Drucklegung wurde durch die Humboldt European Law School mit Mitteln der Deutsch-Französischen Hochschule gefördert. Für fachlichen Zuspruch und weiterführende Anregungen ganz nachdrücklich bedanken möchten wir uns in diesem Zusammenhang bei *Prof. Dr. Karl-Peter Sommermann*, *Prof. Dr. David Capitant*, *Prof. Dr. Johannes Masing*, *Prof. Dr. Olivier Jouanjan*, *Prof. Dr. Franz C. Mayer*, *Prof. Dr. Matthias Jestaedt*, *Prof. Dr. Constance Grewe* und *Prof. Dr. Martin Eifert*. Herzlicher Dank für vielfältige Unterstützung und die Gewährung wissenschaftlichen Freiraums gebührt zudem *Prof. Dr. Dr. Stefan Grundmann*, *Prof. Dr. Dr. h.c. Ingolf Pernice* und *Prof. Dr. Jens-Peter Schneider*. Entwürfe und Teile einzelner Kapitel gelesen und mit wertvollen Anmerkungen versehen haben *Hans-Peter Marsch*, *Dr. Philipp Reimer*, *Dr. Angela Schwerdtfeger* und *Dr. Philipp Wittmann*. Besondere Verdienste um das vorliegende Werk erworben haben sich schließlich *Lena-Sophie Deißler, Linda Engelbrecht, Ann Kathrin Gerstner, Martin Haufe, Caroline Janssen, Miriam Jordan, Elena Kullak, Kathrin Nager, Anna-Julia Saiger, Isabelle Tassius, Martin Wapenhans, Sophia Weber und Laura Wolfstädter*, die die Mühe des Korrekturlesens, der sprachlichen Assistenz und der Mithilfe bei Register und anderen Verzeichnissen auf sich genommen haben. *Anke Seyfried* hat die Betreuung von Seiten des Springer-Verlags in überaus kompetenter, zielführender und liebenswerter Weise übernommen. Auch hierfür möchten wir uns herzlichst bedanken.

Ausdrücklich möchten wir die Leserschaft zu Hinweisen und Feedback jeglicher Art ermuntern, verbunden mit dem Wunsch, dass nicht nur eine breite Leserschaft dieses Buch als hilfreich für die eigenen Studien empfinden und als Anstoß für weiterführende Forschungsvorhaben wahrnehmen, sondern es zugleich zum Ausgangspunkt eines eigenen, kritisch-reflexiven Gedankenverkehrs zwischen französischem und deutschem Verfassungsrecht nehmen möge.

Berlin und Freiburg, im Oktober 2014

Nikolaus Marsch
Yoan Vilain
Mattias Wendel

Inhaltsübersicht

Inhaltsverzeichnis IX

Autorenverzeichnis XXI

Recherchehinweise und allgemeines Literaturverzeichnis XXIII

Abkürzungsverzeichnis XXVII

§ 1 Einführung 1
Nikolaus Marsch und Mattias Wendel

§ 2 Verfassungsgeschichtliche Grundlagen 7
Aurore Gaillet

§ 3 Verfassungsprinzipien 45
Yoan Vilain

§ 4 Parlament – Präsident – Regierung 121
Yoan Vilain und Mattias Wendel

§ 5 Rechtsetzung 215
Nikolaus Marsch

§ 6 Verfassungsgerichtsbarkeit 275
Nikolaus Marsch

§ 7 Grundrechte 323
Thomas Hochmann

§ 8 Verfassungsrecht – Völkerrecht – Europarecht 373
Mattias Wendel

§ 9 Perspektiven 429
Aurore Gaillet

Personen- und Sachregister 453

Inhaltsverzeichnis

Autorenverzeichnis XXI
Recherchehinweise und allgemeines Literaturverzeichnis XXIII
Abkürzungsverzeichnis XXVII

§ 1 **Einführung** (Nikolaus Marsch und Mattias Wendel) 1

§ 2 **Verfassungsgeschichtliche Grundlagen** (Aurore Gaillet) 7
   I. Rechtsvergleichung in Raum und Zeit 8
   II. Grundgesetz und V. Republik als historische Brüche? 11
      1. Grundzüge des Verfassungsrechts der Weimarer Republik 11
         a) Die Organisation der Staatsgewalten im Verfassungstext 12
            aa) Reichstag, Reichsrat und Reichswirtschaftsrat 12
            bb) Reichspräsident und Reichsregierung 13
            cc) Ein instabiler Parlamentarismus 13
         b) Die Staatsgewalten in der Verfassungspraxis 14
      2. Grundzüge des Verfassungsrechts der III. und IV. Republik
      Frankreichs 15
         a) Die III. Republik 16
            aa) Die Organisation der Staatsgewalten im Verfassungstext 16
            bb) Die Staatsgewalten in der Verfassungspraxis 17
         b) Die IV. Republik 20
            aa) Die Organisation der Staatsgewalten im Verfassungstext 20
            bb) Die Staatsgewalten in der Verfassungspraxis 21
      3. Die „Lehren" aus der Vergangenheit 22
         a) Von Weimar zum Grundgesetz: Der „historische
         Doppelbezug" des Grundgesetzes 22
         b) Die V. Republik Frankreichs als Gegenentwurf zu den
         parlamentarischen Systemen der III. und IV. Republik 24
         c) Bilanz und Fazit: Parallelen in der jüngeren
         Verfassungsgeschichte 26
   III. Die historische Verankerung der fundamentalen
   Strukturprinzipien – Grundprinzipien der Verfassungsordnungen 27

1. Demokratisches Prinzip 27
   a) Die Grundlage der Staatsgewalt: Souveränität und
      Demokratie – Das Verhältnis von Demokratie und Rechtsstaat 27
   b) Die Ausübung der Souveränität: Direkte und
      repräsentative Demokratie 28
   c) Die Umsetzung der repräsentativen Demokratie 30
      aa) Wahlsystem 30
      bb) Parteienstaatlichkeit 30
2. Organisation der Staatsgewalt: Unitarismus und Föderalismus 31
3. Grundrechte und Verfassungsgerichtsbarkeit 32
   a) Deutschland 32
   b) Frankreich 34
IV. Fazit und Perspektiven: Die Entwicklung der Verfassungen
    und die großen einschneidenden Reformen 35
V. Verfassungs- und Gesetzestexte in Auszügen 40
1. Verfassungsgesetze der III. Republik (1875 und 1884) 40
2. Verfassungsgesetz vom 10. Juli 1940 41
3. Verfassung der IV. Republik (1946) 41
4. Verfassungsgesetz vom 3. Juni 1958 „portant dérogation
   transitoire aux dispositions de l'article 90 de la Constitution" 42
5. Weimarer Reichsverfassung (1919) 42
6. Gesetz zur Behebung der Not von Volk und Reich
   (Ermächtigungsgesetz) vom 24. März 1933 43
Ausgewählte Literatur 44

§ 3 Verfassungsprinzipien (Yoan Vilain) 45
I. Einleitung 46
   1. Verfassungsbegriff und Methode 46
   2. Verfassungsprinzipien 49
II. Republik 50
   1. Begriffsbildung 50
   2. Republik als Regierungsform 52
      a) Die antimonarchistische Bedeutung des Republikbegriffs 52
      b) Die Remanenz der monarchistischen Tradition 53
   3. Republik als Grund- und Werteordnung 54
      a) Republik als verfassungsmäßige Grundordnung 54
      b) Republik als Gesellschaftsmodell und universelle
         Werteordnung 57
         aa) Der republikanische Universalismus: Ursprungsidee
             und Fortentwicklung 57
         bb) Die gemeinsame Bindung an universalistische
             Verfassungsprinzipien und an die Menschenwürde 60
III. Der säkulare Verfassungsstaat 62
   1. Die religiös-weltanschauliche Neutralität des Staates als
      Verfassungsprinzip? 62

Inhaltsverzeichnis

    2. Die religiös-weltanschauliche Neutralität des Staates
       im Vergleich 64
       a) Laizität als politischer Kampf- und Gegenbegriff 64
       b) Trennungsmodell im Vergleich 65
IV. Herrschaftsform 68
    1. Demokratische Legitimation und nationale Souveränität 69
    2. Verschiedene Demokratiemodelle 71
       a) Repräsentative und direkte Demokratie 71
       b) Politische Willensbildung und Bedeutung der Parteien 73
    3. Wehrhafte Demokratie und Schutz der verfassungsmäßigen
       Ordnung 75
       a) Begriffsbildung 75
       b) Rechtsdogmatischer Vergleich 77
V. Staatsform 80
    1. Staatsform als Gliederung der Rechtsordnung 80
       a) Ausgangspunkt: Bundestaat und Einheitsstaat als Gegenmodelle? ... 80
       b) Der Weg zum dezentralisierten Einheitsstaat und zum
          unitarischen Bundesstaat 82
    2. Gesetzgebungskompetenzen 85
       a) Verteilung der Gesetzgebungskompetenzen 85
       b) Die Mitwirkung bei der Gesetzgebung: Bundesrat und
          Senat im Vergleich 88
    3. Staatsaufbau und kommunale Selbstverwaltung 89
       a) Verwaltungsaufbau 89
       b) Kommunale Selbstverwaltung 91
VI. Rechtsstaat 94
    1. Begriffsbildung 94
    2. Hauptelemente des Rechtsstaatsbegriffes 99
       a) Hierarchie der Rechtsordnung 99
          aa) Vorrang der Verfassung 100
          bb) Vorrang und Vorbehalt des Gesetzes 101
          cc) Rechtsschutz 102
       b) Prinzip der Gewaltenteilung 103
       c) Formelle Anforderungen an die Rechtserzeugung 106
       d) Materielle Anforderungen an die Rechtserzeugung 107
          aa) Rechtssicherheit im materiellen Sinne 107
          bb) Verhältnismäßigkeitsprinzip 108
VII. Der Sozialstaat 109
    1. Begriffsbildung 109
    2. Verfassungsdogmatischer Vergleich 111
       a) Gemeinsamkeiten 111
       b) Dogmatische Unterschiede 112
VIII. Verfassungstexte in Auszügen 115
    1. Verfassung der V. Republik (1958) 115
    2. Grundgesetz der Bundesrepublik Deutschland (1949) 117
Ausgewählte Literatur 119

§ 4 **Parlament – Präsident – Regierung** (Yoan Vilain und
Mattias Wendel) 121
  I. Einleitung 123
  II. Parlament und Ländervertretung 124
    1. Bikameralismus 124
    2. Unmittelbar gewählte Volksvertretung: Assemblée
       nationale und Bundestag 126
       a) Systemische Grundentscheidungen 126
          aa) Parlementarisme rationalisé v. Parlamentsautonomie
              und Wesentlichkeitslehre 126
          bb) Semipräsidentielles v. parlamentarisches
              Regierungssystem 127
       b) Wahlsystem 128
          aa) Personalisierte Verhältniswahl 129
          bb) Mehrheitswahl 133
          cc) Rolle der Parteien 136
       c) Funktionen und Aufgaben 137
       d) Rechtsstellung der Abgeordneten 139
       e) Arbeitsweise 143
          aa) Grad parlamentarischer Eigenständigkeit 143
          bb) Plenum, Fraktionen, Gruppen, Ausschüsse,
              Sondergremien 146
          cc) Mehrheitsprinzip und Minderheitenrechte 150
    3. Senat und Bundesrat 152
       a) Wahl bzw. Zusammensetzung 152
       b) Funktionen und Aufgaben 155
       c) Repräsentationsleistung und institutionelles Selbstverständnis ... 157
       d) Arbeitsweise 159
  III. Staatspräsident und Bundespräsident 160
    1. Institutionelles Selbstverständnis und Wahl 161
       a) Stellung und Funktion des Präsidentenamtes im
          politischen System 161
          aa) Das Erbe der Monarchie und die Verkörperung der
              Souveränität durch den König 161
          bb) Das Staatsoberhaupt als Repräsentations- und
              Integrationsfigur 163
          cc) Die politische Autorität des Staatspräsidenten im
              Spiegel der staatsnotariellen Funktion
              des Bundespräsidenten 167
       b) Wahl und Amtsdauer 170
          aa) Wahlkörper und demokratische Legitimation des
              Staatsoberhaupts 170
          bb) Wahlverfahren: Von den Vorwahlen zum Wahlakt 173
          cc) Amtsdauer, Kohabitation und Rückkoppelung der
              Parlaments- an die Präsidentschaftswahlen 176

Inhaltsverzeichnis XIII

    2. Befugnisse des Bundespräsidenten und des Staatspräsidenten 178
       a) Die traditionellen Befugnisse des Staatsoberhaupts
          im Vergleich 178
          aa) Außenpolitische Befugnisse 179
          bb) Das Rederecht des Staatsoberhaupts 180
          cc) Die Ausfertigung von Gesetzen und die
              Unterzeichnung von gesetzesvertretenden Verordnungen 181
          dd) Die Ernennungsbefugnis des Staatsoberhaupts 183
          ee) Das Begnadigungsrecht und die Ordensverleihung 184
       b) Die außerordentlichen Befugnisse des Staatsoberhaupts 184
          aa) Der Notstand 184
          bb) Der Rückgriff auf den Volksentscheid 186
  IV. Regierung 186
    1. Die Regierungsbildung im Spiegel der Regierungssysteme 187
       a) Die politischen Regierungssysteme im Vergleich 187
       b) Die Ernennung und die Amtsaufgabe des Regierungschefs 188
          aa) Ernennung 188
          bb) Amtsdauer und Ausscheiden aus dem Amt 190
       c) Die Zusammensetzung der Regierung 191
    2. Die Willensbildung der Regierung 194
       a) Befugnisse und Binnenorganisation der Regierung 194
          aa) Der Regierungschef und das politische Leitungsprinzip 194
          bb) Die Minister und das Ressortprinzip 196
          cc) Die Regierung und das Kollegialprinzip 197
       b) Die inhaltliche Willensbildung der Regierung im
          Spiegel der Staatspraxis 198
  V. Gesamtbild: Macht und Gegenmacht 199
    1. Parlament – Regierung 199
       a) Parlamentarische Einsetzung und Kontrolle der Regierung 199
       b) Gubernative Eindämmung des Parlaments 204
    2. Parlament – Staatsoberhaupt 205
       a) Parlamentarische Kontrolle des Präsidenten? 205
       b) Präsidiale Auflösung und Kontrolle des Parlaments 207
    3. Präsident und Regierung 209
  VI. Verfassungstexte in Auszügen 210
    1. Verfassung der V. Republik (1958) 210
    2. Grundgesetz der Bundesrepublik Deutschland (1949) 212
Ausgewählte Literatur 213

§ 5 Rechtsetzung (Nikolaus Marsch) 215
  I. Einleitung 216
  II. Rechtsetzungskompetenzen 217
    1. Verbandskompetenz in Bundesstaat und Einheitsstaat 218

2. Organkompetenz	219
a) Parlamentarische Rechtsetzungskompetenz: Das Gesetz	219
aa) (Nahezu) Unbeschränkte parlamentarische Rechtsetzungskompetenz in Deutschland	221
bb) Enumerative parlamentarische Rechtsetzungskompetenz in Frankreich (Art. 34 CF)	222
b) Rechtsetzung durch die Regierung: Die Rechtsverordnung	223
aa) Das Prinzip der delegierten Rechtsetzung in Artikel 80 Abs. 1 GG – Die gesetzesakzessorische Verordnung	223
bb) Die autonome Verordnungsbefugnis des Art. 37 CF	225
(1) Konzeptionelle Revolution	225
(2) Verfassungspraxis	226
cc) Rechtsvergleichendes Zwischenfazit: Gesetzesakzessorische Verordnungen mit und ohne gesetzliche Ermächtigung	228
dd) Die gesetzesvertretende Verordnung (ordonnance) nach Artikel 38 CF	229
c) Fazit: Verbleibende konzeptionelle Unterschiede trotz Konvergenzen in der Verfassungspraxis	232
III. Parlamentarisches Gesetzgebungsverfahren	234
1. Das allgemeine parlamentarische Gesetzgebungsverfahren	234
a) Rechtsgrundlagen – Bedeutung der Geschäftsordnungen	234
b) Erarbeitung eines Gesetzentwurfs	235
aa) Initiativrecht	235
bb) Gesetzesfolgenabschätzung	239
cc) Beteiligung von Beratungsorganen, (sachverständigen) Dritten und Verbänden	240
c) Vom Entwurf zum Beschluss in Nationalversammlung und Bundestag	243
aa) Tagesordnung und Sitzungskalender als Machtinstrumente der französischen Regierung/Parlamentsautonomie in Deutschland	243
bb) Beratung in Plenum und Ausschüssen: Obstruktion im rationalisierten Parlamentarismus	245
cc) Einfluss der Regierung auf das Gesetzgebungsverfahren	248
dd) Abstimmung	250
ee) Grundsatz materieller Diskontinuität	251
d) Die Beteiligung von Senat und Bundesrat an der Gesetzgebung	252
e) Gesetzgebung ohne parlamentarische Mehrheit: Ausnahme für den Krisenfall oder „Waffe" der Regierung	256
f) Die Beteiligung des Staatsoberhaupts: Ausfertigung, Verkündungsanordnung – und präsidiales Veto?	257
g) Verfassungsgerichtliche Kontrolle von Verfahrensverstößen	259

h) Allgemeine prozedurale und materielle „Qualitätsanforderungen"	259
2. Besondere Gesetzgebungsverfahren	261
a) Volksgesetzgebung	261
b) Verfassungsänderungen	264
c) Lois organiques (verfassungsausführende Gesetze)	265
IV. Fazit	266
V. Verfassungstexte in Auszügen	267
1. Verfassung der V. Republik (1958)	267
2. Grundgesetz der Bundesrepublik Deutschland (1949)	271
Ausgewählte Literatur	272

§ 6 Verfassungsgerichtsbarkeit (Nikolaus Marsch) 275

I. Einleitung: Über das unterschiedliche Renommee zweier Institutionen	276
II. Die historische Entwicklung der Verfassungsgerichtsbarkeit	278
1. Vorgängerinstitutionen	278
2. Conseil constitutionnel und Bundesverfassungsgericht	280
a) Eigenständige Verfassungsgerichtsbarkeit/Konzentrierte Normenkontrolle	280
b) Unterschiedliche Funktionen als Ausgangspunkt: „Der Gang nach Karlsruhe" und „Die neun Weisen"	280
c) Ringen um Anerkennung	281
aa) Das Bundesverfassungsgericht als Verfassungsorgan	282
bb) Der Conseil constitutionnel als Gericht	282
III. Richterauswahl und Organisation	284
1. Richterwahlverfahren/Richterernennung	284
2. Ernennungsvoraussetzungen/Richtersoziologie	286
3. Organisation der Gerichte	288
IV. Aufgaben und Verfahrensarten	290
1. Überblick	290
2. Abstrakte Normenkontrollen auf Antrag politischer Akteure	291
a) Abstrakte Normenkontrollen als objektive Beanstandungsverfahren	291
b) Prüfungsgegenstände/Zeitpunkt der Prüfung	293
c) Antragsberechtigung, Antragsgrund und Klarstellungsinteresse	295
d) Kontrollmaßstäbe	296
e) Kontrolldichte, Urteilsbegründungen und Sondervoten	298
f) Entscheidungsinhalt, Entscheidungswirkung und Rechtsfolgenmanagement	301
g) Einstweilige Anordnungen	302
h) Bilanz: Die abstrakte Normenkontrolle als Instrument der politischen Opposition	302

3. Grundrechtsschutz auf Antrag des Bürgers 304
   a) Deutschland: Individualrechtsschutz durch
      Verfassungsbeschwerde 304
   b) Frankreich: Menschenrechtsschutz durch Fachgerichte 306
4. Konkrete Normenkontrollen: Objektive
   Verfassungskontrolle und Individualrechtsschutz 308
   a) Funktionen der konkreten Normenkontrolle 308
   b) Antragsberechtigung/Vorlageberechtigung 309
   c) Vorlagevoraussetzungen und Vorprüfungsverfahren 310
   d) Verhältnis von konkreter Normenkontrolle,
      Vorabentscheidungsverfahren gemäß Art. 267 AEUV
      und diffuser Menschenrechtskontrolle am Maßstab
      der EMRK 312
   e) Vorlagegegenstand/Prüfungsbefugnis 312
   f) Das Verfahren vor dem Verfassungsgericht 313
   g) Kontrollmaßstäbe 314
   h) Entscheidungsinhalt, Entscheidungswirkung,
      Rechtsfolgenmanagement 315
   i) Bilanz: Die QPC als indirekte Verfassungsbeschwerde/
      Das unterschiedliche Verhältnis der Verfassungsgerichte
      zu den Fachgerichten 316
5. Organstreitverfahren zwischen Verfassungsorganen 317
V. Rechtsvergleichende Bilanz 319
VI. Verfassungstexte in Auszügen 320
1. Verfassung der V. Republik (1958) 320
2. Grundgesetz der Bundesrepublik Deutschland (1949) 320
Ausgewählte Literatur 321

§ 7 Grundrechte (Thomas Hochmann) 323
I. Einleitung 324
1. Deutsche Grundrechte und französische Menschenrechte 324
   a) Geschichtliche Entwicklung 324
   b) Herausbildung der Grundrechte in Frankreich 327
2. Die Deutsche Grundrechtsdogmatik und ihr Fehlen in Frankreich ... 329
II. Gerichtlicher Prüfungsumfang 332
1. Verfassungsmäßigkeit 332
   a) Verfassungskonforme Auslegung 333
   b) Kontrolle der Verfassungsmäßigkeit 334
2. Vereinbarkeit mit der EMRK 335
III. Grundrechtsberechtigte und Grundrechtsadressaten 337
1. Grundrechtsberechtigte 337
   a) In- und Ausländer 337
   b) Juristische Personen 339
2. Adressaten: Die Frage der Drittwirkung 340
IV. Inhalt der Verpflichtung 342

1. Unterlassen	342
2. Schutz	343
3. Ausgestaltung	344
V. Grundrechtstypologie	346
1. Die Menschenwürde	346
2. Freiheitsrechte	347
a) Ein ausführlicherer Katalog in Deutschland (und die Folge für die allgemeine Handlungsfreiheit)	348
b) Einzelne Freiheitsrechte	351
aa) Meinungs(äußerungs)freiheit	351
bb) „Normgeprägte Grundrechte": Eigentum und Ehe	352
3. Leistungsrechte	354
a) Ein ausführlicher Katalog in Frankreich	354
b) Justiziabilität	355
4. Politische Rechte	357
VI. Gewährleistungsumfang und Beschränkung von Grundrechten	358
1. Schutzbereich	359
2. Eingriff	360
3. Eingriffsrechtfertigung	361
a) Beschränkungsmöglichkeiten	361
aa) Einfacher und qualifizierter Gesetzesvorbehalt	361
bb) Verfassungsimmanente Schranken	364
b) Schranken-Schranken	365
aa) Verhältnismäßigkeit	365
bb) Wesensgehalt	367
VII. Verfassungstexte in Auszügen	368
1. Auszüge aus der Verfassung der V. Republik (1958)	368
2. Erklärung der Menschen- und Bürgerrechte	369
3. Präambel der Verfassung der IV. Republik (1946)	369
4. Auszüge aus dem Grundgesetz der Bundesrepublik Deutschland (1949)	370
Ausgewählte Literatur	371
§ 8 Verfassungsrecht – Völkerrecht – Europarecht (Mattias Wendel)	373
I. Einleitung	374
II. Verfassungsrecht und Völkerrecht	376
1. Theoretische und terminologische Vorüberlegung	377
a) Monismus, Dualismus, Pluralismus	377
b) Unmittelbare Geltung und unmittelbare Anwendbarkeit	379
2. Staatliches Verfassungsrecht und Völkerrecht im Allgemeinen	380
a) Innerstaatliche Stellung und Rang des Völkerrechts	380
b) Horizontale und vertikale Kompetenzverteilung der auswärtigen Gewalt	381
3. Staatliches Verfassungsrecht und EMRK im Speziellen	383
III. Verfassungsrecht und Europarecht	385

1. Deutsch-französische Entwicklungslinien 386
   a) Gründungsjahre 386
   b) Vertrag von Maastricht 387
   c) Vertrag von Lissabon 388
   d) Finanzkrise und sog. „Eurorettung" 389
2. Grundmodell der Integrationsklausel 391
   a) Etappenweise révision-adjonction 391
   b) Dynamische Integrationsermächtigung 394
   c) Integrationsverfahren 396
3. Verfassungsrechtliche Grenzen und Strukturanforderungen 398
   a) Verfassungsrechtliche Integrationsgrenzen 398
      aa) Änderungsfeste und nicht änderungsfeste Grenzen 398
      bb) Substanzieller Gehalt 400
   b) Verfassungsrechtliche Strukturvorgaben für die EU 402
4. Parlamentarische und föderative Beteiligungsrechte 403
5. Verfassungsrecht und unionsrechtlicher Vorrang:
   Regelungsmodelle 405
   a) Die bedingte Anerkennung des Vorrangs durch das BVerfG 406
      aa) Grundrechte: Solange-Vorbehalt 406
      bb) Kompetenzmäßigkeit: Ultra-Vires-Vorbehalt 408
      cc) Verfassungsrechtliche Kerngehalte: Identitätskontrolle 409
   b) Die bedingte Anerkennung des Vorranges durch
      französische Gerichte 411
      aa) Verfassungsrat: Identitätsvorbehalt 412
      bb) Staatsrat: Äquivalenzvorbehalt 415
   c) Gerichtlicher Dialog 418
IV. Fazit und Ausblick 420
V. Verfassungstexte in Auszügen 421
   1. Verfassung der V. Republik (1958) 421
   2. Präambel der IV. Republik (1946) 423
   3. Grundgesetz der Bundesrepublik Deutschland (1949) 423
Ausgewählte Literatur 425

§ 9 Perspektiven (Aurore Gaillet) 429
I. Einleitung 429
II. Verfassungsrechtliche und politische Stabilität 431
   1. Ausgangspunkt 431
   2. Politische und juristische Flexibilität der beiden Regime 431
      a) Die Verfestigung der Staaten im Rahmen der
         Europäischen Union 432
      b) Die Verankerung der Verfassungen 433
      c) Die Stabilisierung der institutionellen Gleichgewichte 436
III. „Vingt fois sur le métier, remettez votre ouvrage" 438
   1. Die VI. Republik – Das Phantom des französischen
      Verfassungsrechts 438
   2. Die Frage nach „dem Ende des Grundgesetzes" 442

IV. Von der Vertrauenskrise zur Definition eines *„vivre ensemble"*: Die Verfassungserneuerung als fortwährende Verpflichtung 448

Personen- und Sachregister 453

Autorenverzeichnis

Prof. Dr. Aurore Gaillet Professeure agrégée an der Universität Toulouse I Capitole und Mitglied des Instituts de recherche en droit européen, international et comparé (IRDEIC), Dozentin für französisches Verfassungs- und Verwaltungsrecht an der Albert-Ludwigs-Universität Freiburg i. Br. und der Universität Osnabrück, Promotion an den Universitäten Straßburg und Freiburg mit einer Dissertation zur Geschichte des deutschen Verfassungs- und Verwaltungsrechts (L'individu contre l'Etat – Essai sur l'évolution des recours de droit public dans l'Allemagne du XIXe siècle, Dalloz 2012).

Prof. Dr. Thomas Hochmann Professeur agrégé an der Universität Reims Champagne-Ardenne, Promotion an der Universität Paris I Panthéon-Sorbonne mit einer Dissertation zur Auschwitzleugnung in Deutschland, Frankreich und den USA (Le négationnisme face aux limites de la liberté d'expression – Étude de droit comparé, Pedone 2013).

Dr. Nikolaus Marsch D.I.A.P. (ENA) Akademischer Rat a. Z. am Institut für Medien- und Informationsrecht der Albert-Ludwigs-Universität Freiburg i. Br., Promotion an der Universität Osnabrück mit einer Dissertation zum französischen Verwaltungsprozessrecht (Subjektivierung der gerichtlichen Verwaltungskontrolle in Frankreich – Eilverfahren und Urteilsimplementation im objektiv-rechtlich geprägten Kontrollsystem, Nomos 2011).

Yoan Vilain LL.M. (Berlin) Studienleiter der Humboldt European Law School und Dozent für französisches Verfassungs- und Verwaltungsrecht an der Humboldt-Universität zu Berlin, Mitbegründer und Geschäftsführer des Deutsch-Französischen Doktorandenkollegs zur Rechtsvergleichung im Öffentlichen Recht.

Dr. Mattias Wendel Maîtr. en droit (Paris 1) Wissenschaftlicher Assistent am Walter-Hallstein-Institut für Europäisches Verfassungsrecht der Humboldt-Universität zu Berlin, Promotion ebendort mit einer rechtsvergleichenden Dissertation zu verfassungsrechtlichen Integrationsklauseln (Permeabilität im europäischen Verfassungsrecht – Verfassungsrechtliche Integrationsnormen auf Staats- und Unionsebene im Vergleich, Mohr Siebeck 2011), seit 2012 Mitherausgeber der Cahiers de droit européen.

Recherchehinweise und allgemeines Literaturverzeichnis

Internetquellen für die Recherche von Rechtstexten und Urteilen
Die französische Verfassung findet sich sowohl in französischer Sprache als auch in einer deutschen Übersetzung auf der Homepage des Conseil constitutionnel (www.conseil-constitutionnel.fr). Hier können auch alle Entscheidungen des Conseil constitutionnel abgerufen werden (teilweise mit einer Kommentierung und mit Hinweisen auf weiterführende Literatur versehen; manche Entscheidungen sind auch in einer englischen und deutschen Übersetzung verfügbar).

Weitere französische Rechtstexte und Urteile können über die Website www.legifrance.gouv.fr recherchiert werden.

Die neueren Entscheidungen des Bundesverfassungsgerichts finden sich (zum Teil auch in einer englischen Übersetzung) auf der Homepage des Gerichts (www.bundesverfassungsgericht.de). Die Leitentscheidungen des BVerfG sind darüber hinaus mit Angabe der Seitenzahlen der Entscheidungssammlung (BVerfGE) auf der Website des Projekts „Deutschsprachiges Fallrecht" abrufbar (www.servat.unibe.ch/dfr/dfr_bvbd01.html).

Deutsche Rechtstexte sind verfügbar unter www.gesetze-im-internet.de.

Allgemeine Literatur zum französischen und deutschen Verfassungsrecht
Im Folgenden werden jene allgemeinen Lehrbücher, Kommentare und Einführungen in das französische und deutsche Verfassungsrecht aufgeführt, die als Grundlage für die Arbeiten an mehreren Kapiteln dienten und daher nicht durchgängig in den speziellen Literaturhinweisen der jeweiligen Kapitel aufgeführt sind.

Französisches Verfassungsrecht
Avril, Pierre/Gicquel, Jean, Le Conseil constitutionnel, 6. Aufl., Paris 2011 (Montchrestien).
Ardant, Philippe/Mathieu, Bertrand, Institutions politiques et droit constitutionnel, 25. Aufl., Paris 2013 (LGDJ).
Carcassonne, Guy, La Constitution, 11. Aufl., Paris 2013 (Points).

Chantebout, Bernard, Droit constitutionnel, 30. Aufl., Paris 2013 (Sirey).
Constantinesco, Vlad/Pierré-Caps, Stéphane, Droit constitutionnel, 6. Aufl., Paris 2013 (puf).
Drago, Guillaume, Contentieux constitutionnel français, 3. Aufl., Paris 2011 (puf).
Duhamel, Olivier/Tusseau, Guillaume, Droit constitutionnel et institutions politiques, 3. Aufl., Paris 2013 (Seuil).
Favoreu, Louis et al., Droit constitutionnel, 16. Aufl., Paris 2014 (Dalloz).
Favoreu, Louis et al., Droit des libertés fondamentales, 6. Aufl., Paris 2012 (Dalloz).
Gaïa, Patrick et al., Les grandes décisions du Conseil constitutionnel, 17. Aufl., Paris 2013 (Dalloz).
Gicquel, Jean/Gicquel, Jean-Éric, Droit constitutionnel et institutions politiques, 27. Aufl., Paris 2013 (LGDJ).
Hamon, Francis/Troper, Michel, Droit constitutionnel, 35. Aufl., Paris 2014 (LGDJ).
Jouanjan, Olivier, Grundlagen und Grundzüge staatlichen Verfassungsrechts: Frankreich, in: v. Bogdandy/Cruz Villalón/Huber (Hrsg.), Ius Publicum Europaeum Band I, 2007, S. 87–150 (C. F. Müller).
Lebreton, Gilles, Libertés publiques et droits de l'homme, 8. Aufl., Paris 2008 (Sirey).
Morabito, Marcel, Histoire constitutionnelle de la France, de 1789 à nos jours, 12. Aufl., Paris 2012 (Montchrestien).
Pactet, Pierre/Mélin-Soucramanien, Ferdinand, Droit constitutionnel, 32. Aufl., Paris 2013 (Sirey).
Portelli, Hugues, Droit constitutionnel, 10. Aufl., Paris 2013 (Dalloz).
Rousseau, Dominique, Droit du contentieux constitutionnel, 10. Aufl., Paris 2013 (Montchrestien).
Troper/Chagnollaud (Hrsg.), Traité international de droit constitutionnel (3 Bände) – Bd. I: Théorie de la Constitution, Bd. II: Distribution des pouvoirs, Bd. III: Suprématie de la Constitution, Paris 2012 (Dalloz).
Turpin, Dominique, Droit constitutionnel, Paris 2007 (puf).
Wachsmann, Patrick, Libertés publiques, 7. Aufl., Paris 2013 (Dalloz).

Deutsches Verfassungsrecht
Badura, Peter, Staatsrecht – Systematische Erläuterung des Grundgesetzes für die Bundesrepublik Deutschland, 5. Aufl., München 2012 (C. H. Beck).
Battis, Ulrich/Gusy, Christoph, Einführung in das Staatsrecht, 5. Aufl., Berlin 2011 (De Gruyter).
Benda, Ernst/Klein, Eckart, Verfassungsprozessrecht, 3. Aufl., Heidelberg 2012 (C. F. Müller).
Degenhart, Christoph, Staatsrecht I – Staatsorganisationsrecht, 30. Aufl., Heidelberg 2014 (C. F. Müller).
Denninger, Erhard/Hoffmann-Riem, Wolfgang/Schneider, Hans-Peter/Stein, Ekkehart (Hrsg.), Alternativ-Kommentar zum Grundgesetz für die Bundesrepublik Deutschland, 3. Aufl., München 2001 (Luchterhand).
Kahl, Wolfgang/Waldhoff, Christian/Walter, Christian (Hrsg.), Bonner Kommentar zum Grundgesetz, Loseblatt, Heidelberg 2014 (C. F. Müller).

Dreier, Horst (Hrsg.), Grundgesetz, Bd. I, 3. Aufl. 2013, Bd. II, 2. Aufl. 2006, Bd. III, 2. Aufl. 2008 und Supplementum, 2. Aufl., Tübingen 2010 (Mohr Siebeck).
Dreier, Horst, Grundlagen und Grundzüge staatlichen Verfassungsrechts: Deutschland, in: v. Bogdandy/Cruz Villalón/Huber (Hrsg.), Ius Publicum Europaeum, Band I, Heidelberg 2007, S. 3–85 (C. F. Müller).
Epping, Volker, Grundrechte, 6. Aufl., Berlin u. a. 2014 (Springer).
Epping, Volker/Hillgruber, Christian (Hrsg.), Grundgesetz – Kommentar, 2. Aufl., München 2013 (C. H. Beck).
Friauf, Karl Heinrich/Höfling, Wolfram (Hrsg.), Berliner Kommentar zum Grundgesetz, Loseblatt, Berlin 2014 (Erich Schmidt Verlag).
Gröpl, Christoph, Staatsrecht I, 5. Aufl., München 2013.
Hesse, Konrad, Grundzüge des Verfassungsrechts der Bundesrepublik Deutschland, 20. Aufl., Heidelberg 1999 (Neudruck der unveränderten Ausgabe von 1995) (C. F. Müller).
Hillgruber, Christian/Goos, Christoph, Verfassungsprozessrecht, 3. Aufl., Heidelberg 2011 (C. F. Müller).
Ipsen, Jörn, Staatsrecht I – Staatsorganisationsrecht, 25. Aufl., München 2013 (Vahlen).
Jarass, Hans D./Pieroth, Bodo, Grundgesetz für die Bundesrepublik Deutschland, 13. Aufl., München 2014 (C. H. Beck).
von Mangoldt, Hermann/Klein, Friedrich/Starck, Christian (Hrsg.), Kommentar zum Grundgesetz. Bde. I-III, 6. Aufl., München 2010 (Vahlen).
Maurer, Hartmut, Staatsrecht I – Grundlagen, Verfassungsorgane, Staatsfunktionen, 6. Aufl., München 2010 (C. H. Beck).
Maunz, Theodor/Dürig, Günter (Begr.), Grundgesetz, Loseblatt-Kommentar, München 2014 (C. H. Beck).
Michael, Lothar/Morlok, Martin, Grundrechte, 4. Aufl., Baden-Baden 2014 (Nomos).
Morlok, Martin/Michael, Lothar, Staatsorganisationsrecht, Baden-Baden 2013 (Nomos).
v. Münch, Ingo/Kunig, Philip (Hrsg.), Grundgesetz-Kommentar, 6. Aufl., München 2012 (C. H. Beck).
v. Münch, Ingo/Mager, Ute, Staatsrecht I – Staatsorganisationsrecht unter Berücksichtigung der europarechtlichen Bezüge, 8. Aufl., Stuttgart 2014 (Kohlhammer).
Pieroth, Bodo/Schlink, Bernhard/Kingreen, Thorsten/Poscher, Ralf, Grundrechte Staatsrecht II, 30. Aufl., Heidelberg 2014 (C.F. Müller).
Sachs, Michael (Hrsg.), Grundgesetz – Kommentar, 7. Aufl., München 2014 (C. H. Beck).
Sauer, Heiko, Staatsrecht III, 2. Aufl., München 2013 (C. H. Beck).
Schmidt-Bleibtreu, Bruno/Hoffmann, Hans/Henneke, Hans-Günter (Hrsg.), Kommentar zum Grundgesetz, 13. Aufl., Köln 2014 (Carl Heymanns).
Schlaich, Klaus/Korioth, Stefan, Das Bundesverfassungsgericht – Stellung, Verfahren, Entscheidungen, 9. Aufl., München 2012 (C. H. Beck).
Schweitzer, Michael, Staatsrecht III, 10. Aufl., Heidelberg 2010 (C. F. Müller).
Zippelius, Reinhold/Würtenberger, Thomas, Deutsches Staatsrecht, 32. Aufl., München 2008 (C. H. Beck).

Abkürzungsverzeichnis

a. A.	anderer Ansicht
a. a. O.	am angegebenen Ort
ABl.	Amtsblatt, Amtsblätter
Abs.	Absatz
AEUV	Vertrag über die Arbeitsweise der Europäischen Union
a. F.	alte Fassung
AIJC	Annuaire International de Justice Constitutionnelle
AJComL	American Journal of Comparative Law
AJDA	Actualité Juridique – Droit Administratif (Zeitschrift)
allg.	allgemein
Alt.	Alternative
Anm.	Anmerkung
AöR	Archiv des öffentlichen Rechts (Zeitschrift)
Art.	Artikel
Ass.	Assemblée du Contentieux (höchster Spruchkörper der Rechtsprechungssektion des C.E.)
Aufl.	Auflage
Az.	Aktenzeichen
BayVBl.	Bayerische Verwaltungsblätter (Zeitschrift)
Bd.	Band
Bde.	Bände
Begr.	Begründer
Beschl.	Beschluss
BGBl.	Bundesgesetzblatt
BT-Drs.	Bundestagsdrucksache
BVerfG	Bundesverfassungsgericht
BVerfGE	Entscheidungen des Bundesverfassungsgerichts
BVerfGG	Bundesverfassungsgerichtsgesetz
BVerwGE	Entscheidungen des Bundesverwaltungsgerichts
bzw.	beziehungsweise
C.C.	Conseil Constitutionnel

C.Cass.	Cour de cassation
CDU	Christlich Demokratische Union Deutschlands
C.E.	Conseil d'Etat
CF	Constitution Française (Verfassung von 1958)
Chap.	Chapitre (Kapitel)
CMLR	Common Market Law Review (Zeitschrift)
Cons.	Considérant (Absatz eines Urteil des C.C.)
CSU	Christlich-Soziale Union in Bayern
DDR	Deutsche Demokratische Republik
ders.	derselbe
Der Staat	Der Staat – Zeitschrift für Staatslehre, öffentliches Recht und Verfassungsgeschichte
Die Verwaltung	Die Verwaltung – Zeitschrift für Verwaltungsrecht und Verwaltungswissenschaften
dies.	dieselbe(n)
Diss.	Dissertation
DÖV	Die Öffentliche Verwaltung (Zeitschrift)
Drs.	Drucksache
DVBl.	Deutsches Verwaltungsblatt (Zeitschrift)
d. Verf.	die Verfasserin/der Verfasser
ebd.	ebenda
EGMR	Europäischer Gerichtshof für Menschenrechte
ELRev.	European Law Review (Zeitschrift)
EMRK	Konvention zum Schutze der Menschenrechte und Grundfreiheiten
Entsch.	Entscheidung
EP	Europäisches Parlament
EPL	European Public Law (Zeitschrift)
ESM	Europäischer Stabilitätsmechanismus
et al.	et alia (und andere)
EU	Europäische Union
EuConst	European Constitutional Law Review (Zeitschrift)
EuG	Gericht der Europäischen Union (ehemals Gericht erster Instanz)
EuGH	Gerichtshof der Europäischen Union
EuGRZ	Europäische Grundrechte-Zeitschrift
EuR	Europarecht (Zeitschrift)
EUV	Vertrag über die Europäische Union
EUZBBG	Gesetz über die Zusammenarbeit von Bundesregierung und Deutschem Bundestag in Angelegenheiten der Europäischen Union
EUZBLG	Gesetz über die Zusammenarbeit von Bund und Ländern in Angelegenheiten der Europäischen Union
EuZW	Europäische Zeitschrift für Wirtschaftsrecht
EWS	Europäisches Währungssystem
EZB	Europäische Zentralbank

f.	folgende (sing.)
FAZ	Frankfurter Allgemeine Zeitung
FDP	Freie Demokratische Partei
ff.	folgende (plur.)
F.I.D.E.	Fédération Internationale pour le Droit Européen
Fn.	Fußnote
FS	Festschrift
geb.	geboren
GG	Grundgesetz
GJL	German Law Journal
GO	Geschäftsordnung
GOBR	Geschäftsordnung des Bundesrates
GOBReg	Geschäftsordnung der Bundesregierung
GOBT	Geschäftsordnung des Bundestages
GS	Gedächtnisschrift
GVK	Gemeinsame Verfassungskommission
h. M.	herrschende Meinung
Halbs.	Halbsatz
Hervorh.	Hervorhebung
Hrsg.	Herausgeber
hrsg.	herausgegeben
HStR	Handbuch des Staatsrechts der Bundesrepublik Deutschland, herausgegeben von Josef Isensee und Paul Kirchhof
ICON	International Journal of Constitutional Law (Zeitschrift)
i. d. F.	in der Fassung
i. E.	im Erscheinen
insb.	insbesondere
Intro.	Introduction
IPE	Ius Publicum Europaeum
i. S. d.	im Sinne des/der
i. V. m.	in Verbindung mit
J.O.	Journal Officiel (Gesetz- und Verkündungsblatt)
JöR	Jahrbuch des öffentlichen Rechts der Gegenwart
Jura	Juristische Ausbildung (Zeitschrift)
JuS	Juristische Schulung (Zeitschrift)
JZ	Juristenzeitung
Kap.	Kapitel
KritJ	Kritische Justiz (Zeitschrift)
KritV	Kritische Vierteljahresschrift für Gesetzgebung und Rechtswissenschaft (Zeitschrift)
Lfg.	Lieferung
L.O.	Loi organique
Losebl.	Loseblatt(sammlung)
m. w. N.	mit weiteren Nachweisen
Mio.	Million(en)

n. F.	neue Fassung
Nachdr.	Nachdruck
NJW	Neue Juristische Wochenschrift
NPD	Nationaldemokratische Partei Deutschlands
NVwZ	Neue Zeitschrift für Verwaltungsrecht
ParlBG	Gesetz über die parlamentarische Beteiligung bei der Entscheidung über den Einsatz bewaffneter Streitkräfte im Ausland (Parlamentsbeteiligungsgesetz)
PartG	Parteiengesetz (Deutschland)
QPC (auch qpc)	Question Prioritaire de Constitutionnalité
RabelsZ	Rabels Zeitschrift für ausländisches und internationales Privatrecht
RDP	Revue du Droit Public et la Science Politique en France et à l'Etranger (Zeitschrift)
RDUE	Revue du droit de l'Union européenne (Zeitschrift)
Rec.	Recueil
REDP	Revue européenne de droit public (Zeitschrift)
RFDA	Revue Française de Droit Administratif (Zeitschrift)
RFDC	Revue Française de Droit Constitutionnel (Zeitschrift)
Rn.	Randnummer
RSA	Regards sur l'actualité (Publikationsreihe, documentation française)
S.	Seite
s.	siehe
s. a.	siehe auch
Slg.	Sammlung der Rechtsprechung (des EuGH)
s. o.	siehe oben
sog.	sogenannte(r)
SPD	Sozialdemokratische Partei Deutschlands
st. Rspr.	ständige Rechtsprechung
str.	streitig
u.	und
u. a.	unter anderem bzw. (bei Autorennennungen) und andere
Urt.	Urteil
v.	vom
v. a.	vor allem
Verf.	Verfassung
VG	Verwaltungsgericht
VGH	Verwaltungsgerichtshof
VerwArch	Verwaltungsarchiv (Zeitschrift)
vgl.	vergleiche
VVDStRL	Veröffentlichungen der Vereinigung der Deutschen Staatsrechtslehrer
VVE	Vertrag über eine Verfassung für Europa
VvL	Vertrag von Lissabon

VwGO	Verwaltungsgerichtsordnung
VRÜ	Verfassung und Recht in Übersee (Zeitschrift)
z. B.	zum Beispiel
ZG	Zeitschrift für Gesetzgebung
ZaöRV	Zeitschrift für ausländisches öffentliches Recht und Völkerrecht
ZEuS	Zeitschrift für europarechtliche Studien
ZfV	Zeitschrift für Verwaltung
ZgS	Zeitschrift für die gesamte Staatswissenschaft
ZöR	Zeitschrift für öffentliches Recht
ZP	Zusatzprotokoll (zur Europäischen Menschenrechtskonvention)
ZParl	Zeitschrift für Parlamentsfragen
ZRP	Zeitschrift für Rechtspolitik
ZVglRWiss	Zeitschrift für vergleichende Rechtswissenschaft

§ 1 Einführung

Nikolaus Marsch und Mattias Wendel

Für den französischen Rechtswissenschaftler und Politologen *Émile Boutmy* kam 1
die Rechtsvergleichung der Überquerung eines Ozeans gleich. Eine gehaltvolle
Studie könne hier nur verfassen, wer nach Ankunft auf dem Boden der ihm unbekannten Rechtsordnung seine Schiffe verbrenne. Der Wissenschaftler habe einer schnellen gedanklichen Rückkehr in den vertrauten Ordnungsrahmen des eigenen Rechts zu entsagen und am Ort der Fremde für längere Zeit forschend zu verweilen. Wir können dankbar sein, dass *Boutmy* und andere das Wagnis einer solchen Überfahrt auf sich genommen haben. Eine Vielzahl tiefgreifender Arbeiten über das jeweils ausländische öffentliche Recht ist so entstanden, das französische und das deutsche eingeschlossen.

Dies vorausgesetzt, erscheint es uns indes an der Zeit, Brücken zu bauen. Als eine 2
solche Brücke versteht sich das vorliegende Buch: Es möchte Träger eines in beide Richtungen kontinuierlich fließenden Gedankenverkehrs über das Verfassungsrecht diesseits und jenseits des Rheins sein. Entfaltet werden die Grundzüge des Verfassungsrechts in Frankreich und Deutschland im Wege eines integrierten Rechtsvergleichs. Der durch die Brücke ermöglichte fortlaufende Perspektivwechsel lässt übergeordnete Problemlagen des modernen Verfassungsstaates erkennen und soll den Leser zugleich in die Lage versetzen, die in Deutschland und Frankreich beschrittenen Regelungsstrategien und Lösungsansätze kritisch zu hinterfragen.

N. Marsch (✉)
Institut für Medien- und Informationsrecht, Albert-Ludwigs-Universität Freiburg,
79085 Freiburg, Deutschland
E-Mail: nikolaus.marsch@jura.uni-freiburg.de

M. Wendel
Walter-Hallstein-Institut für Europäisches Verfassungsrecht, Humboldt-Universität zu Berlin,
Unter den Linden 11, 10099 Berlin, Deutschland
E-Mail: mattias.wendel@hu-berlin.de

© Springer-Verlag Berlin Heidelberg 2015
N. Marsch, Y. Vilain, M. Wendel (Hrsg.), *Französisches und Deutsches Verfassungsrecht,* Springer-Lehrbuch, DOI 10.1007/978-3-642-45053-2_1

3   Das institutionelle und materielle Verfassungsrecht beider Länder wird einschließlich der jeweiligen Kontextbedingungen in systematischer Weise erschlossen. Eröffnet wird der Rechtsvergleich mit einem verfassungsgeschichtlichen Grundriss (§ 2 Verfassungsgeschichtliche Grundlagen). *Aurore Gaillet* arbeitet die zentralen Entwicklungslinien deutschen und französischen Verfassungsrechts heraus und zeigt die historischen Bedingtheiten beider Verfassungsordnungen auf. Die Geschichte wird so zur kontextuellen Folie, die stets als ergänzendes Deutungsmuster über die nachfolgenden Beiträge zu legen ist. Zugleich scheinen hier Elemente eines gemeineuropäischen Verfassungserbes auf.

4   *Yoan Vilain* vermisst sodann die tragenden materiell-rechtlichen Verfassungsprinzipien des deutschen Grundgesetzes von 1949 und der Verfassung der Fünften Französischen Republik von 1958 (§ 3 Verfassungsprinzipien). Im Mittelpunkt seiner Untersuchung stehen die verfassungsrechtlichen Ausprägungen des republikanischen Prinzips, der Demokratie, der Staatsform (Bundesstaatlichkeit – dezentralisierte Einheitsstaatlichkeit), der Rechtsstaatlichkeit, des Sozialstaatsprinzips sowie des Verhältnisses zwischen Staat und Religionsgemeinschaften (Staatskirchenrecht – Laizität). Gegenstand der Analyse sind mit anderen Worten die system- bzw. identitätsprägenden Strukturprinzipien der deutschen und französischen Verfassung, deren wachsende Gemeinsamkeiten, verbleibende Differenzen und nicht zuletzt Wechselwirkungen durchdrungen werden.

5   Daran schließt die Erörterung des institutionellen Rahmens an. In einem gemeinsamen Beitrag zu den Verfassungsorganen nehmen *Yoan Vilain* und *Mattias Wendel* die verfassungsrechtliche Stellung des Parlaments und der Ländervertretung sowie des Staatspräsidenten und der Regierung in den Blick (§ 4 Parlament – Staatspräsident – Regierung). Besondere Aufmerksamkeit widmet der Beitrag den wechselseitigen Beziehungen dieser Institutionen zueinander, erlaubt doch erst eine relationale Verortung der Staatsorgane eine gehaltvolle Aussage über ihre Position im verfassungsstaatlichen Institutionengefüge.

6   Im folgenden Kapitel rückt *Nikolaus Marsch* sodann die Rechtsetzung, d. h. die Produktion abstrakt-genereller Rechtsnormen, als einen der zentralen Regelungsgegenstände französischen und deutschen Verfassungsrechts in den Mittelpunkt (§ 5 Rechtsetzung). In einem ersten Schritt geht der Beitrag der Grundsatzfrage der Rechtsetzungskompetenzen sowohl in vertikaler Perspektive auf den jeweiligen Herrschaftsverband bezogen als auch in horizontaler Hinsicht auf das jeweilige Organ ausgerichtet nach. Aufgezeigt werden die trotz zunehmender Konvergenz der Verfassungspraxis verbleibenden Unterschiede beider Verfassungsordnungen im Umgang mit Normsetzung durch die Exekutive. In einem zweiten Schritt unterzieht der Beitrag das parlamentarische Gesetzgebungsverfahren beider Länder einer eingehenden Analyse und streicht dabei besonders die starke Stellung der französischen Regierung im Gesetzgebungsverfahren heraus.

7   Die Frage nach der gerichtlichen Durchsetzbarkeit wird in dem anschließenden Kapitel über die Verfassungsgerichtsbarkeit adressiert (§ 6 Verfassungsgerichtsbarkeit). Darin zeichnet *Nikolaus Marsch* zunächst in entwicklungsgeschichtlicher Perspektive die Herausbildung der Verfassungsgerichtsbarkeit beider Länder nach, bevor er neben den Fragen der Richterauswahl und Binnenorganisation unter-

§ 1 Einführung

schiedliche Verfahrensarten und Prüfungszuständigkeiten vergleichend erörtert. Neben verfahrens- und organisationsrechtlichen Unterschieden wird aber auch dem institutionellen Selbstverständnis von Bundesverfassungsgericht und Conseil constitutionnel besondere Aufmerksamkeit zuteil, da dieses einen die beiden Gerichte in besonderem Maße prägenden Faktor darstellt.

Eine in rechtskultureller Hinsicht besonders spannende Reise tritt *Thomas Hochmann* im Kapitel zu den Grundrechten an. Hier begegnen sich mit dem in der Tradition der Menschenrechte wurzelndem französischen Ansatz und der akademisch wie gerichtspositivistisch ausdifferenzierten Grundrechtsdogmatik in Deutschland höchst unterschiedliche und doch konzeptionell aufeinander bezogene Ansätze (§ 7 Grundrechte). Der Beitrag ist primär auf die rechtsvergleichende Entfaltung einer auf die Grundlagen konzentrierten – und in diesem Sinne „allgemeinen" – Grundrechtslehre angelegt, geht aber auf einzelne Grundrechte und ihre Schutzstruktur exemplarisch im Rahmen einer Grundrechtstypologie ein.

In Kap. 8 entfaltet *Mattias Wendel* sodann die Grundzüge der offenen Staatlichkeit im französischen und deutschen Verfassungsrecht (§ 8 Verfassungsrecht – Völkerrecht – Europarecht). Der Beitrag geht der vielschichtigen Frage nach dem Verhältnis des staatlichen Verfassungsrechts zum Völker- und Europarecht nach und nimmt damit eine ebenso praxisrelevante wie rechtstheoretisch umstrittene Materie in den Blick. Eingehend beleuchtet werden die verfassungsrechtlichen Grundlagen der auswärtigen Gewalt, die innerstaatliche Stellung des Völkerrechts sowie Entwicklung, Konstruktionsformen und materiell-rechtliche Grundfragen des staatlichen Unionsverfassungsrechts, d. h. des speziell auf die Mitgliedschaft in der Europäischen Union zugeschnittenen Normenkreises. Der Beitrag macht zugleich sichtbar, dass Internationalisierung und Europäisierung des staatlichen Verfassungsrechts stets als Querschnittsphänomene zu verstehen sind, die alle in den vorangehenden Kapiteln behandelten Bereiche mitprägen.

Spiegelbildlich zur verfassungsgeschichtlichen Grundierung richtet *Aurore Gaillet* im abschließenden Kapitel den Blick in die Zukunft, wenn sie nach Entwicklungsperspektiven sowie Reformpotenzialen fragt und künftige Forschungsfelder aufzeigt (§ 9 Perspektiven). Verfassungsgeschichte und Zukunftsperspektive bilden somit – rückblickend wie ausblickend – die zeitliche Klammer, in die sich die rechtsvergleichende Erschließung des Verfassungsrechts der Gegenwart in beiden Ländern einfügt.

Das vorliegende Lehrbuch ist kein Handbuch und erhebt dementsprechend keinen Anspruch auf enzyklopädische Umfänglichkeit. Es konzentriert sich auf die aus unserer Sicht substanziell wesentlichen und in rechtsvergleichender Perspektive grundlegenden Fragestellungen. Besonderes Augenmerk wurde überdies darauf gelegt, die für fachspezifische Fremdsprachenausbildungen und Lehrveranstaltungen zum französischen bzw. deutschen Verfassungsrecht prüfungsrelevanten Themenfelder abzudecken.

Das Buch wendet sich an alle, die sich im Zuge von Studium, Forschung, fachspezifischer Fremdsprachenausbildung oder Rechtspraxis in beiden Verfassungsordnungen reflektiert bewegen möchten. Studierenden, die sich neben dem Studium des deutschen Verfassungsrechts im Grundstudium zugleich mit dem französischen

Verfassungsrecht befassen – sei es im Rahmen einer fachspezifischen Fremdsprachenausbildung, einem fremdsprachigen Rechtsstudium oder einem integrierten bzw. grenzüberschreitenden Studiengang – bietet das Buch einen rechtsvergleichenden Zugang, der über eine lediglich separierte Darstellung der Rechtslage in beiden Staaten hinausgeht. So kann das prüfungsrelevante Wissen nicht nur erworben, sondern zugleich rechtsvergleichend reflektiert werden. Deshalb sind wir der festen Überzeugung, dass das Buch gerade auch Studierenden des Pflichtfachs zu Gute kommt.

13 Rechtsvergleichend arbeitenden Wissenschaftlern möchte das Buch als Grundlage bzw. Ausgangspunkt für weiterführende Forschungen dienen. Dementsprechend legen die Beiträge Wert auf eine wissenschaftlich-reflexive Durchdringung sowie eine hinreichende Dokumentation, die sowohl in den Fußnoten als auch hinsichtlich der den Beiträgen nachgestellten Literaturauswahl über das für ein Lehrbuch übliche Maß hinausgeht. Für die (deutsche) Rechtspraxis bietet das Buch Einblicke in Lösungsansätze jenseits der dogmatisch zuweilen ausgetretenen Pfade.

14 Französisches und deutsches Verfassungsrecht sind zu gleichen Teilen Gegenstand des vorliegenden Rechtsvergleichs. In formeller Hinsicht spiegelt sich dies bereits in dem Verzicht auf eine protokollarische Reihung beider Länder wider. Dieses Buch ist ebenso „französisch-deutsch" wie „deutsch-französisch". Auch substanziell nimmt das Buch die Verfassungsordnungen beider Länder grundsätzlich mit gleicher Intensität in den Blick. Unterschiede können sich freilich je nach untersuchter Rechtsmaterie aus dem Umstand ergeben, dass bestimmte Problemstellungen oder Regelungslagen die eine Rechtsordnung stärker prägen als die andere. Mit Blick auf die primär deutschsprachige Leserschaft ist das Buch darüber hinaus in besonderem Maße bemüht, etwaig fehlende Vorkenntnisse der Leser im französischen Recht mitzudenken und dementsprechend das nötige Hintergrund- bzw. Basiswissen über das französische Rechtssystem zu vermitteln. Spiegelbildlich gehen die Texte von tendenziell fundierteren Vorkenntnissen der Leser in Bezug auf das deutsche Recht aus, jedenfalls aber von dem Umstand, dass bestehende Lücken hier leichter durch den Leser selbst geschlossen werden können.

15 Methodisch haben wir uns von der Idee eines fortlaufenden Perspektivwechsels leiten lassen. Der beständige Gedankenverkehr über die zwischen deutscher und französischer Verfassungsordnung gespannte Brücke soll ein Verständnis für die grundlegenden Fragestellungen einer demokratisch-rechtsstaatlichen Verfassungsordnung schaffen und durch die damit verbundene Abstraktions- und Reflexionsebene einen Beitrag zu einer allgemeinen Verfassungslehre leisten. Dementsprechend wurde innerhalb der einzelnen Kapitel bewusst auf eine in zwei Länderberichte aufgeteilte Darstellung der Rechtslage in Frankreich und in Deutschland verzichtet.

16 Alle Kapitel folgen einem integriert rechtsvergleichenden Ansatz, setzen in Abhängigkeit vom jeweiligen Untersuchungsgegenstand im Einzelnen aber verschiedene Techniken zu seiner Verwirklichung ein. Zwischen Methode und Untersuchungsgegenstand besteht eine dialektische Wechselbeziehung, der die Beiträge jeweils gerecht werden wollen. Manche Kapitel bzw. Abschnitte folgen deshalb einer parallelen, d. h. zwischen den funktionellen Äquivalenten in Deutschland und Frankreich dialogisch wechselnden Darstellung. Andere gehen von dem Befund gegensätzlicher Leitbilder aus – z. B. Föderalismus und Einheitsstaat – und

§ 1 Einführung

richten den Blick von dort aus auf mögliche Konvergenzbewegungen. Umgekehrt kann auch die Prämisse der Konvergenz den Startpunkt bilden, von dem ausgehend Unterschiede herausgearbeitet werden. Soweit die französische und deutsche Verfassungsordnung auf ein und dasselbe Phänomen reagieren, wie etwa auf das Europarecht, ist die vergleichende Analyse in besonderem Maße um die Identifizierung von Regelungsmodellen und ihre kritische Würdigung bemüht. Bestehen gar wechselseitige Einflüsse bzw. Rezeptionsprozesse, wird diesen direkten Zusammenhängen zwischen dem Verfassungsrecht beider Länder besondere Beachtung zuteil.

Der integriert rechtsvergleichende Zugriff bringt es mit sich, dass jedes Kapitel zu einem gewissen Grad aus einer Außenperspektive geschrieben ist, soweit der Autor bzw. die Autorin das für ihn oder sie ausländische Recht in den Blick nimmt. Dies ermöglicht zunächst einmal einen unverstellteren Blick auf die „fremde" Rechtsordnung, da die Autorin oder der Autor aufgrund der juristischen Sozialisierung in einer anderen Rechtsordnung nicht in gleicher Weise vorgeprägt ist. Verbunden ist hiermit natürlich – wie mit jeder rechtsvergleichenden Forschung – die Gefahr, dass manch unausgesprochener und mitgedachter Zusammenhang übersehen wird. Denn vieles, was Rechtswissenschaftlern an der eigenen Rechtsordnung so selbstverständlich erscheint, fließt nur implizit in Texte ein. Aus diesem Grund wurde aus dem Autorenkreis jedem Kapitelautor bzw. jeder Kapitelautorin ein Lektor bzw. eine Lektorin[1] aus dem jeweils anderen Land zur Seite gestellt. Die Beiträge der deutschen Autoren sind also von französischen Autoren gründlich lektoriert worden und *vice versa*. Freilich verbleibt die Verantwortung für die jeweiligen Beiträge allein bei ihren Autoren.

Auch für den deutsch-französischen Autorenkreis gilt: *unis dans la diversité*, in Vielfalt geeint. Obwohl alle Autoren einen Schwerpunkt ihrer wissenschaftlichen Tätigkeit auf die deutsch-französische Rechtsvergleichung gelegt und für ein oder sogar mehrere Jahre im jeweiligen Partnerland studiert und geforscht haben, wirken Unterschiede in der akademischen Sozialisation und rechtskulturellen Prägung durchaus fort. Dies manifestiert sich im Sprachstil ebenso wie in kontextuellen Vorverständnissen, theoretischen Zugängen zum Recht oder der Bedeutung, die der anwendungsorientierten Rechtsdogmatik eingeräumt wird. Losgelöst vom Umstand der Prägung in unterschiedlichen akademischen Systemen vereint das Buch zudem Autoren, die sich in der Tradition divergenter Rechtstraditionen bzw. Denkschulen sehen. Apologeten rechtspositivistischer bzw. normativistischer Ansätze sind ebenso vertreten wie Autoren, die ihren rechtswissenschaftlichen Zugriff ungleich stärker an die Sozialwissenschaften rückkoppeln. Gleiches gilt für die Rekonstruktion des Verhältnisses unterschiedlicher Rechtsebenen zueinander, hinsichtlich dessen in unserem Falle Monisten *Kelsen*ischer Prägung auf Vertreter rechtspluralistischer Ansätze treffen. All diese Unterschiede haben wir während der gemeinsamen Arbeit als ungemeine Bereicherung empfunden. Dies betrifft – jenseits aller Klischees – die rechtskulturelle Konfrontation der franzö-

---

[1] Mit Blick auf den Genus gilt im Übrigen: Soweit in den folgenden Kapiteln für personenbezogene Bezeichnungen (wie vor allem Amtsinhaberschaften o.ä.) aus Gründen der Lesbarkeit regelmäßig allein die männliche Form verwendet wird, schließt dies die weibliche Form (und damit weibliche Amtsinhaberinnen) selbstredend mit ein.

sischen Rechtswissenschaftler mit deutscher Rechtsdogmatik ebenso wie den Versuch der deutschen Autoren, Verfassungsrecht weniger stark vom Text als vielmehr von den Institutionen her zu denken.

19   Wir hoffen, dass das vorliegende Buch die Vielfalt der ihm zugrunde liegenden rechtswissenschaftlichen Perspektiven ebenso widerspiegelt wie unsere Freude an dem methodischen Wagnis des fortlaufenden Gedankenverkehrs zwischen dem Verfassungsrecht diesseits und jenseits des Rheins über die Brücke der Rechtsvergleichung – einer Brücke, an deren Errichtung vielleicht auch *Boutmy* Gefallen gefunden hätte.

§ 2 Verfassungsgeschichtliche Grundlagen

Aurore Gaillet

Inhaltsverzeichnis

I. Rechtsvergleichung in Raum und Zeit	8
II. Grundgesetz und V. Republik als historische Brüche?	11
1. Grundzüge des Verfassungsrechts der Weimarer Republik	11
a) Die Organisation der Staatsgewalten im Verfassungstext	12
aa) Reichstag, Reichsrat und Reichswirtschaftsrat	12
bb) Reichspräsident und Reichsregierung	13
cc) Ein instabiler Parlamentarismus	13
b) Die Staatsgewalten in der Verfassungspraxis	14
2. Grundzüge des Verfassungsrechts der III. und IV. Republik Frankreichs	15
a) Die III. Republik	16
aa) Die Organisation der Staatsgewalten im Verfassungstext	16
bb) Die Staatsgewalten in der Verfassungspraxis	17
b) Die IV. Republik	20
aa) Die Organisation der Staatsgewalten im Verfassungstext	20
bb) Die Staatsgewalten in der Verfassungspraxis	21
3. Die „Lehren" aus der Vergangenheit	22
a) Von Weimar zum Grundgesetz: Der „historische Doppelbezug" des Grundgesetzes	22
b) Die V. Republik Frankreichs als Gegenentwurf zu den parlamentarischen Systemen der III. und IV. Republik	24
c) Bilanz und Fazit: Parallelen in der jüngeren Verfassungsgeschichte	26
III. Die historische Verankerung der fundamentalen Strukturprinzipien – Grundprinzipien der Verfassungsordnungen	27
1. Demokratisches Prinzip	27
a) Die Grundlage der Staatsgewalt: Souveränität und Demokratie – Das Verhältnis von Demokratie und Rechtsstaat	27

A. Gaillet (✉)
Centre de droit comparé/Institut de Recherche en Droit Européen, International et Comparé (IRDEIC), Université Toulouse 1 Capitole,
2 rue du Doyen-Gabriel-Marty, 31042 Toulouse Cedex 9, Frankreich
E-Mail: aurore.gaillet@ut-capitole.fr

© Springer-Verlag Berlin Heidelberg 2015
N. Marsch, Y. Vilain, M. Wendel (Hrsg.), *Französisches und Deutsches Verfassungsrecht,* Springer-Lehrbuch, DOI 10.1007/978-3-642-45053-2_2

    b) Die Ausübung der Souveränität: Direkte und repräsentative Demokratie 28
    c) Die Umsetzung der repräsentativen Demokratie 30
      aa) Wahlsystem 30
      bb) Parteienstaatlichkeit 30
  2. Organisation der Staatsgewalt: Unitarismus und Föderalismus 31
  3. Grundrechte und Verfassungsgerichtsbarkeit 32
    a) Deutschland 32
    b) Frankreich 34
IV. Fazit und Perspektiven: Die Entwicklung der Verfassungen und die großen
  einschneidenden Reformen 35
V. Verfassungs- und Gesetzestexte in Auszügen 40
  1. Verfassungsgesetze der III. Republik (1875 und 1884) 40
  2. Verfassungsgesetz vom 10. Juli 1940 41
  3. Verfassung der IV. Republik (1946) 41
  4. Verfassungsgesetz vom 3. Juni 1958 „portant dérogation transitoire aux
    dispositions de l'article 90 de la Constitution" 42
  5. Weimarer Reichsverfassung (1919) 42
  6. Gesetz zur Behebung der Not von Volk und Reich (Ermächtigungsgesetz)
    vom 24. März 1933 43
Ausgewählte Literatur 44

„Rechtsgeschichte und Rechtsvergleichung sind Holz vom gleichen Stamm. (...) (Es) läßt sich doch nicht bestreiten, daß rechtsgeschichtliche Forschung in vielen Fällen ein Operieren mit der vergleichenden Methode ist und daß es umgekehrt Probleme gibt, die sich nicht sinnvoll rechtsvergleichend untersuchen lassen, ohne daß man nicht auch die historische Genese der zu ihrer Lösung entwickelten Regeln beachtet."[1]

I. Rechtsvergleichung in Raum und Zeit

1   Die Verfassungsrechtsvergleichung wie sie im vorliegenden Werk unternommen wird besteht in erster Linie in einem Zusammentreffen zweier nationaler Rechtsordnungen, also einer *Rechtsvergleichung im Raum*. Der rechtsvergleichende Wissenschaftler muss sich zunächst die „fremde" Rechtsordnung aneignen, sie durchdringen, bevor in einem zweiten Schritt die unterschiedlichen Lösungen verglichen werden können, die die beiden Rechtsordnungen für ähnliche Fragen gefunden haben. Über die parallele Untersuchung der beiden Rechtsysteme hinausgehend dient die Rechtsvergleichung letztendlich auch dazu, das eigene nationale Recht besser zu verstehen.[2]

2   Mit der Verfassungsgeschichte zieht das vorliegende Kapitel noch eine weitere Dimension der Rechtsvergleichung ein. Es beschränkt sich nicht auf eine Gegen-

---

[1] *Zweigert/Kötz*, Einführung in die Rechtsvergleichung auf dem Gebiete des Privatrechts, 3. Aufl. 1996, S. 8; hierzu und zur Entstehung der Rechtsvergleichung als eigenständige juristische Disziplin *Vogenauer*, Rechtsgeschichte und Rechtsvergleichung um 1900, RabelsZ 76 (2012), S. 1122 ff.

[2] Dies ist insbesondere auch die Vorgehensweise von *Rivero*, Cours de droit administratif comparé, 2011, S. 10 f. Vgl. auch allg. *Constantinesco*, Traité de droit comparé II. La méthode comparative, 1974; *Legrand*, Comparer, RIDC 1996, S. 279 ff.; X. Blanc-Jouvan et al. (Hrsg.), L'avenir du droit comparé. Un défi pour les juristes du nouveau millénaire, 2000.

§ 2 Verfassungsgeschichtliche Grundlagen 9

überstellung, die als *Rechtsvergleichung im Raum* bezeichnet werden kann, sondern es soll zugleich auch eine *Rechtsvergleichung in der Zeit* unternommen werden. Ein solches Vorgehen erfordert eine besondere Sensibilität für die entscheidende Rolle, welche die jeweilige konkrete historische Situation und die intellektuelle Prägung einer bestimmten Epoche spielt, um herauszufinden, warum das Recht ist wie es ist.[3] Zwar ist es nicht möglich, die Grundlinien der gegenwärtigen Verfassungsordnung nur aus der Historie heraus zu erklären. Aber jedes politische System trägt die doppelte Prägung einer langen historischen Erfahrung und eines Kontextes, in den es eingebettet ist. Hieraus folgt die Notwendigkeit für jede Person, die versucht die aktuellen Verfassungen zu verstehen, sich zugleich auch für die Verfassungsgeschichte zu interessieren. Sie muss dabei jedoch eine spezielle Vorsicht walten lassen, da man weiß, dass „alle Geschichte (…) aber auch (…) immer „Geschichte der Gegenwart" (bleibt), d. h. aus der Perspektive des Jetzt gesehen (wird)."[4]

In Hinblick auf diese Ziele – und dabei in gleicher Weise die Prägung durch die Geschichte und die den beiden Ländern eigenen Traditionen wie auch den wechselseitigen Einfluss der Rechtsordnungen und Rechtskulturen berücksichtigend – darf die bedeutsame Rolle der Verfassungsrechtswissenschaft und der Staatsrechtslehre nicht übersehen werden. Gerade in diesem Rechtsgebiet hat der Dialog über den Rhein hinweg fruchtbare und weniger fruchtbare Phasen erlebt, ohne jedoch jemals vollständig abzubrechen. Zwei Beispiele sollen hier als Illustration dienen: Besonders interessant ist zunächst die auf den französisch-preußischen Krieg und die diesen beendende französische Niederlage im Jahr 1870/1871 folgende Periode, da sie von zentraler Bedeutung für die Entstehung der Wissenschaft vom Öffentlichen Recht war. In Deutschland werden in dieser Zeit die grundlegenden Konzepte des Verfassungs- und des Verwaltungsrechts entwickelt. Die entsprechende deutsche Methode bleibt nicht ohne Einfluss auf die Entwicklung des französischen öffentlichen Rechts. Am Beispiel des Straßburger Rechtswissenschaftlers *Carré de Malberg* (1861–1935) lässt sich gut die Mischung aus Misstrauen gegenüber dieser neuen deutschen Wissenschaft vom Öffentlichen Recht und einer gewissen Faszination illustrieren: Misstrauen, da ihr Gegenstand als autoritär und zur Sakralisierung des monarchischen, deutschen Staates beitragend galt; Faszination im Hinblick auf die Systematisierung des deutschen öffentlichen Rechts an Hand von Konzepten,

3

---

[3] *Wahl*, Aux origines du droit public contemporain, RDP 2007, S. 795 (818).
[4] *Heller*, Staatslehre, 4. Aufl. 1970, S. 28, zitiert nach *Frotscher/Pieroth*, Verfassungsgeschichte, 10. Aufl. 2011. Es gilt mit *Stolleis* (Geschichte des öffentlichen Rechts in Deutschland I. Reichspublizistik und Policeywissenschaft 1600–1800, 1988, S. 45 f.), dass „(d)ie Grundeinstellung lautet: Mißtrauen gegenüber den eigenen Denkgewohnheiten, Vorsicht bei der Verwendung anachronistischer Begriffe (…). (…) Vor allem der Rechtshistoriker – zumal wenn er sich unter Legitimierungsdruck fühlt und deshalb nach Argumenten sucht, um seine Nützlichkeit für die Gegenwart zu erweisen – unterliegt der Versuchung, von der besonderen Stabilität eines von ihm bearbeiteten älteren Wortfeldes auf Gleichheit oder jedenfalls strukturelle Ähnlichkeit der sprachlich chiffrierten Realität zu schließen und seine gegenwärtigen Realitätserfahrungen sowie Analogien zum geltenden Recht einzuspeisen." Gleichsinnig Mitteis/Lieberich (Hrsg.), Deutsche Rechtsgeschichte, 19. Aufl. 1992, S. 11.

die es rechtfertigen, von einer neuen „Wissenschaft des Rechts" zu sprechen.[5] Die Entwicklung des öffentlichen Rechts im Laufe der ersten Hälfte des 20. Jahrhunderts ist in gleicher Weise spannend. In Deutschland führt die Verankerung einer parlamentarischen Demokratie durch die Weimarer Republik zur notwendigen Neudefinition der Beziehungen zwischen Staat und Gesellschaft. Die Infragestellung der Grundlagen des öffentlichen Rechts manifestiert sich insbesondere in dem mit heftiger Schärfe ausgetragenen Methodenstreit.[6] Bemerkenswert ist auch, dass diese Epoche – in Frankreich wie in Deutschland – bis heute immer aufs Neue wiederentdeckt und ihre noch immer aktuelle Bedeutung hervorgehoben wird.[7] Auch wenn es sich dabei nur um Beispiele handelt, so unterstreichen sie doch die Vitalität der französischen wie der deutschen Rechtswissenschaft und ihre wechselseitige Neugier auf die zugleich nahen und doch in ihrer Geschichte und ihren nationalen Partikularismen verankerten Rechtskulturen.

4   Natürlich ist es unmöglich an dieser Stelle alle Verfassungen und politischen Regime darzustellen, die in Frankreich und Deutschland aufeinander folgten. Ziel soll es vielmehr sein, die wesentlichen Entwicklungslinien darzustellen und sich dabei was Deutschland anbelangt vor allem auf die Weimarer Reichsverfassung vom 11. August 1919 zu konzentrieren, während für Frankreich die Verfassungen der III. und IV. Republik (also die drei Verfassungsgesetze von 1875 und die Verfassung vom 27. Oktober 1946) im Vordergrund stehen sollen. Diese Vorgehensweise erklärt sich daraus, dass die aktuellen Regime vor allem auch in Abgrenzung zu den jeweiligen Vorgängern konstruiert wurden und dabei Lehren aus deren Dysfunktionalitäten und ihrem schlussendlichen Scheitern gezogen wurden (II.). Auch wenn der prägende Einfluss der Vorgängerregime auf das geltende Verfassungsrecht in

---

[5] Die große Kenntnis (und kritische Lektüre) der deutschen Verfassungsrechtswissenschaft zeigt sich in einer Vielzahl von Referenzen und Artikeln (insbesondere in der 1894 gegründeten *Revue de droit public*) von französischen Autoren wie beispielsweise *Léon Michoud*, *Léon Duguit* und *Adhémar Esmein* sowie in der Tatsache, dass wichtige Werke der deutschen Verfassungsrechtswissenschaft ins Französische übersetzt wurden. Als wichtiger Intermediär für die Dialogpartner auf deutscher Seite fungierte – im Verfassungs- wie im Verwaltungsrecht – das 1885 von *Paul Laband* und *Felix Stoerk* gegründete *Archiv des öffentlichen Rechts*. Zum Ganzen siehe auch Beaud/Wachsmann (Hrsg.), La science juridique française et la science juridique allemande de 1870 à 1918, 1997; des Weiteren *Digeon*, La crise allemande de la pensée française (1870–1914), 1959; *Jouanjan*, Die Krise der französischen Verfassungsrechtswissenschaft um 1900, ZRG GA 2009, S. 98 ff.

[6] Der Methodenstreit entzündet sich in den 1920er Jahren an dem von *Hans Kelsen* verfochtenen Rechtspositivismus und führt zur Entfaltung einer Reihe von Gegenpositionen zu diesem, die zunächst vor allem von *Heinrich Triepel*, später dann auch von *Carl Schmitt*, *Rudolf Smend* und *Hermann Heller* formuliert wurden. Siehe hierzu das lesenswerte Vorwort von *Beaud*, Carl Schmitt ou le juriste engagé, in: C. Schmitt, Théorie de la Constitution, 1993, S. 5 ff., insb. S. 21 f.; des Weiteren *Stolleis*, Geschichte des öffentlichen Rechts in Deutschland III. Staats- und Verwaltungsrechtswissenschaft in Republik und Diktatur 1914–1945, 1999, S. 153 f.; *Friedrich*, Der Methoden- und Richtungsstreit. Zur Grundlagendiskussion der Weimarer Staatslehre, AöR 102 (1977), S. 161 ff.

[7] Siehe als Beispiele nur U. J. Schröder/v. Ungern-Sternberg (Hrsg.), Zur Aktualität der Weimarer Staatsrechtslehre, 2011; *Herrera*, La Constitution de Weimar et la pensée juridique française. Réceptions, métamorphoses, actualités, 2011; *Jouanjan*, Hermann Heller. „La crise de la théorie de l'État", 2012.

allen Kapiteln dieses Buches präsent sein wird, so ist es dennoch angezeigt, im Rahmen eines eigenständigen Kapitels einen kurzen Überblick über die Verfassungsgeschichte zu geben.

Allerdings erschöpft sich die Funktion der Verfassungsgeschichte nicht darin, als Gegenbild zu dienen: Über die Wechsel der verschiedenen politischen Regime hinweg haben sich manche, die aktuellen Verfassungen strukturierende Prinzipien von grundlegender Bedeutung herausgebildet, deren Inhalt und Existenz sich durch ihre Verankerung in der Verfassungsgeschichte erklären, in deren Verlauf sie geprägt und konsolidiert wurden (III.). Auch hier können nur die Grundzüge dieser Prinzipien präsentiert werden, die dann im Detail in den jeweiligen Kapiteln dargestellt werden, deren Zusammenspiel jedoch zunächst in Gänze begriffen werden muss, um ein erstes Verständnis der aktuellen Regime zu erlangen.

Schließlich soll schon an dieser Stelle verdeutlicht werden, dass die aktuellen Systeme nicht in ihren Beziehungen zur Vergangenheit erstarrt sind. Der Blick durch die verfassungsgeschichtliche Brille ermöglicht vielmehr die permanente Entwicklungsdynamik zu erkennen, in der sich sowohl das deutsche Grundgesetz von 1949 als auch die französische Verfassung von 1958 befinden (IV.).

II. Grundgesetz und V. Republik als historische Brüche?

Das Grundgesetz kann nur in seinem „historischen Doppelbezug"[8] verstanden werden, da es zugleich eine Antwort auf die Barbarei der NS-Zeit darstellt, aber auch in vielen Punkten als Lehre aus dem Scheitern der Weimarer Republik anzusehen ist. In ähnlicher Weise ist die Verfassung der V. Republik als eine Absage an die vorangegangenen, durch starke Parlamente geprägten Regime zu verstehen. Die Kenntnis der Grundlagen des Verfassungsrechts der Weimarer Republik (1.) sowie der III. und der IV. Republik (2.) ist daher unabdingbar für das Verständnis des geltenden Verfassungsrechts und der politischen Institutionen des deutschen Grundgesetzes vom 23. Mai 1949 und der französischen Verfassung vom 4. Oktober 1958 (3.).

1. Grundzüge des Verfassungsrechts der Weimarer Republik

Die Weimarer Republik war die Nachfolgerin des Deutschen Reiches von 1871, das mit der militärischen Niederlage Deutschlands und der mit den Matrosenaufständen beginnenden Revolution endete. Ihren Name erhielt sie nach dem ersten Tagungsort der verfassunggebenden Nationalversammlung. Die von jener Nationalversammlung beschlossene Reichsverfassung wurde am 11. August 1919 vom Reichspräsident *Friedrich Ebert* unterzeichnet und trat drei Tage später in Kraft. Sie ist oft als

---

[8] *Dreier*, Grundlagen und Grundzüge staatlichen Verfassungsrechts, in: v. Bogdandy et al. (Hrsg), Ius Publicum Europaeum I, 2007, § 1 Deutschland, Rn. 6.

eine „Kompromiss-Verfassung" bezeichnet worden, stellte sie sich doch – obschon Frucht der Revolution – in den wesentlichen Punkten gegen radikale Bestrebungen. Als Rechtsnachfolgerin des Deutschen Reiches von 1871 knüpfte die Weimarer Republik und ihre vom Entwurf des liberalen Staatsrechtlers und Staatssekretärs des Innern *Hugo Preuss* inspirierte Verfassung auch an die Verfassungstradition von 1848/1849 an. Als Ergebnis sollte die neue Staatsform eine gewaltenteilende, parlamentarische Demokratie nach westlichem Vorbild werden. Dennoch hat diese erste deutsche demokratische Gesamtverfassung die Katastrophe der totalitären nationalsozialistischen Gewaltherrschaft nicht verhindern können.

a) Die Organisation der Staatsgewalten im Verfassungstext

aa) Reichstag, Reichsrat und Reichswirtschaftsrat

9   Als das erste von der Verfassung genannte Staatsorgan bestand der auf vier Jahre gewählte Reichstag „aus den Abgeordneten des deutschen Volkes" (Art. 20 WRV), die als „Vertreter des ganzen Volkes" bezeichnet wurden (Art. 21). Als unmittelbar vom Volk legitimiertes Parlament sollte der Reichstag das die Gesetzgebung maßgeblich bestimmende Organ sein (Art. 68 f.) und hatte auch den Haushaltsplan zu beschließen (Art. 85).

10   Neben dem Reichstag bestand ein Reichsrat, der sich wie schon der Bundesrat im Kaiserreich aus Ländervertretern zusammensetzte (Art. 63).[9] Im Vergleich zum Bundesrat unter dem Grundgesetz war dessen Kompetenz jedoch begrenzt, da die Weimarer Reichsverfassung keine Zustimmungsgesetze kannte.[10] Auch wenn der Reichsrat am Gesetzgebungsverfahren beteiligt war, konnten seine Einsprüche gegen Gesetze immer durch Volksentscheid oder durch den Reichstag überwunden werden (Art. 74).

11   Schließlich etablierte Artikel 165 der Weimarer Reichsverfassung einen Reichswirtschaftsrat als berufsständische Vertretung. Auch wenn dessen praktische Bedeutung begrenzt blieb, kann er doch als ein Ausdruck des die Weimarer Republik prägenden Geistes angesehen werden, die Einbindung von Berufsgruppen, Arbeitnehmer- sowie Arbeitgebervertretern auf nationalem Niveau zu organisieren und diese am Gesetzgebungsprozess zu beteiligen.[11] Das bis heute aktuelle Thema des „Dialogs der Sozialpartner" findet hier eine historische Wurzel.[12]

---

[9] Zu dieser für den deutschen Föderalismus typischen Zusammensetzung → *Vilain* § 3 Rn. 102 und → *Vilain/Wendel* § 4 Rn. 60 ff.

[10] Zur Zustimmungsbedürftigkeit von Gesetzen unter dem Grundgesetz → *Vilain* § 3 Rn. 102 und → *Marsch* § 5 Rn. 53.

[11] *Gaillet*, Note de lecture: C. M. Herrera, „La Constitution de Weimar et la pensée juridique française. Réceptions, métamorphoses, actualités", Jus Politicum 8 (2012).

[12] Hierzu → *Marsch* § 5 Rn. 37 ff.

bb) Reichspräsident und Reichsregierung

Reichspräsident und Reichsregierung teilten sich die vollziehende Gewalt. Ihre Befugnisse reichten aber weit darüber hinaus. Hervorzuheben ist zunächst die spezifische Rolle des Reichspräsidenten: Als das an zweiter Stelle in der Verfassung genannte Staatsorgan nahm er neben dem Reichstag eine beherrschende Stellung in Verfassungsrecht und -leben der Weimarer Republik ein. Seine unmittelbare Wahl durch das Volk verschaffte ihm eine besondere demokratische Legitimation und seine Stellung wurde durch die lange Amtszeit von sieben Jahren gestärkt (Art. 41 und 43 WRV; Wiederwahl war zudem zulässig). Die hohe Bedeutung des Reichsoberhaupts wird auch bei der Betrachtung seiner wichtigsten Befugnisse deutlich. Ihm oblag die Ernennung und Entlassung des Reichskanzlers und der Reichsminister (Art. 53) sowie der Reichsbeamten und der Offiziere (Art. 46). Ferner stand ihm der Oberbefehl über die Wehrmacht zu (Art. 47) und er hatte das Reich nach außen zu vertreten (Art. 45). Vor allem aber konnte er den Reichstag auflösen, ohne hierbei an bestimmte Voraussetzungen gebunden zu sein (Art. 25 Abs. 1). Art. 48 räumte ihm außerordentliche Machtbefugnisse in Krisenzeiten ein. Wie wir noch sehen werden, sollte der regelmäßige Gebrauch dieser Befugnisse, die ursprünglich für Ausnahmefälle konzipiert worden waren, die Entwicklung der Weimarer Republik entscheidend prägen.

Die Reichsregierung war als ein aus dem Reichskanzler und den Reichsministern bestehendes Kollegium konzipiert (Art. 52). Wie im heutigen parlamentarischen System bestimmte der Reichskanzler „die Richtlinien der Politik" (Art. 56). Der Reichsregierung kam zusammen mit dem Reichstag das Gesetzesinitiativrecht zu (Art. 68). Durch ihre Anerkennung als selbständiges Staatsorgan erfuhr die Reichsregierung eine deutliche Aufwertung gegenüber der Reichsverfassung von 1871. Als primus inter pares im Kabinett hatte der Reichskanzler eine herausgehobene Stellung (Art. 55 und 56, s. o.). Diese Stellung des deutschen Reichskanzlers kontrastiert mit der schwachen Position des französischen Präsidenten des Ministerrates derselben Epoche: Auch wenn sich dieser in der Verfassungspraxis durchzusetzen vermochte, wurde er doch in den Verfassungsgesetzen der III. Republik noch nicht einmal erwähnt. Aber auch die starke Stellung der beiden Köpfe der Exekutive in der Weimarer Republik vermochte nicht für einen stabilen Parlamentarismus zu sorgen.

cc) Ein instabiler Parlamentarismus

Die Reichsverfassung von 1871 verzichtete auf die klare Konstituierung einer dem Volk und dem Parlament verantwortlichen Regierung, kannte also keine Abhängigkeit der Regierung von der Parlamentsmehrheit. Unter der Weimarer Verfassung hingegen wurden zwar der Reichskanzler und auf dessen Vorschlag auch die Reichsminister „vom Reichspräsidenten ernannt und entlassen" (Art. 53). Sie bedurften „zu ihrer Amtsführung (aber auch) des Vertrauens des Reichstages" (Art. 54). Die Verfassung entschied sich also eindeutig für ein parlamentarisches Regime, schaffte aber zugleich eine Art instabilen Dualismus zwischen Reichstag und Reichspräsident, der sich insbesondere bei der Regierungsbildung im Spannungsfeld von präsidialer Initiative und parlamentarischer Bindung offenbarte. Eine solche Instabilität hatte (beinahe zwangsläufig) Auswirkungen auf die Praxis des politischen Systems.

b) Die Staatsgewalten in der Verfassungspraxis

15   Das Verfassungssystem von Weimar war nicht von vornherein zum Scheitern verurteilt. Es waren politische, soziale und ökonomische Faktoren, die zusammentrafen. Bereits 1919 bis 1923 führte der Verfall von Wirtschaft und Währung zu einem Anwachsen der rechts- und linksradikalen Kräfte. Nach einer kurzen Phase innerer Entspannung brach im Jahre 1929 die Weltwirtschaftskrise aus, die zu einer tiefen innenpolitischen Krise führte. Die Endzeit der Republik „glich einem Krisenmanagement".[13] Eine entscheidende Schwäche der Republik von immenser Bedeutung lag dabei in der fehlenden Zustimmung zu Gesetzgebung, Parteien und Politik sowohl von Seiten der politischen Klasse als auch seitens der Bevölkerung. Es wird oft von einer „Verfassung ohne Verfassungskonsens" gesprochen – und das Studium des Grundgesetzes wird zeigen, in welchem Maße ein größtmöglicher demokratischer Konsens unverzichtbar für den Erhalt eines politischen Systems ist. Was die staatsorganisatorischen Strukturmängel betrifft, sind zwei miteinander verbundene Elemente besonders herauszustellen.

16   Zum einen verschob sich in der Endzeit der Weimarer Republik das politische Gewicht in der Staatsleitung immer stärker zum Präsidenten. Gleichsam spiegelbildlich trug die doppelte Abhängigkeit des Reichskanzlers (sowohl vom Reichspräsidenten als auch vom Reichstag) zur Schwächung seiner Position bei. Der Präsident machte von seinen wichtigen verfassungsrechtlichen Befugnissen Gebrauch, insbesondere von seinem Notmaßnahmerecht sowie der Möglichkeit, den Reichstag aufzulösen. So wurde aus dem ursprünglich als Regelung für den Ausnahmezustand konzipierten Art. 48 WRV im Laufe der Weimarer Republik ein präsidiales Notverordnungsrecht, das die Gefahr in sich barg, zum Ersatz für parlamentarische Gesetzgebung zu werden. Die Gewaltentrennung und die demokratischen Lösungen wurden damit in Frage gestellt. Ab 1930 wurden zudem auch Präsidialkabinette eingesetzt, also Regierungen, die nicht durch eine parlamentarische Mehrheit unterstützt wurden (Kabinette Brüning, von Papen, von Schleicher). Endpunkt dieser Entwicklung war Hitlers Ernennung zum Reichskanzler am 30. Januar 1933 und der Erlass der „Reichstagbrandverordnung" vom 28. Februar 1933. Damit hatte Reichspräsident *Hindenburg* maßgeblich zum Untergang der Weimarer Republik beigetragen.[14]

---

[13] *Zippelius*, Kleine deutsche Verfassungsgeschichte, 7. Aufl. 2006, S. 135.
[14] Zur wissenschaftlichen Befassung mit der „Stellung des Reichspräsidenten" in der Weimarer Republik s. *Stolleis*, Geschichte des öffentlichen Rechts in Deutschland III. Staats- und Verwaltungsrechtswissenschaft in Republik und Diktatur 1914–1945, 1999, S. 114 ff.

Zum anderen trug das große Misstrauen der Bevölkerung in die Funktionsfähigkeit des parlamentarischen Systems sowie die allgemeine Politikverdrossenheit zum Ende der Republik bei. Insbesondere die zahlreichen „destruktiven" Misstrauensvoten führten zu einer schweren Krise des Parlamentarismus. In 14 Jahren wurden nicht weniger als 20 Regierungen „verschlissen". Die extremistischen Parteien am rechten und linken Rand des Parteienspektrums hatten angesichts ihrer zunehmenden Stärke zwar die Möglichkeit, im Reichstag zum Sturz einer Regierung zusammenzuwirken, ohne jedoch in der Lage (und der Pflicht) zu sein, selbst die Regierungsverantwortung zu übernehmen. Diese Regierungsinstabilität, die man auch in Frankreich beobachten konnte, war also schädlich für das reibungslose Funktionieren des politischen Systems.

Zusammenfassend kann hier von einem Verfassungswandel gesprochen werden, der von der „Parlamentarischen Regierung zur Präsidialregierung", „vom Ausnahmerecht zur Reserveverfassung" (Art. 48 WRV) und von der „Parlamentserhaltung zur Parlamentszerstörung" (Art. 25 WVR) führte.[15] Daher lief seit 1930 die Weimarer Reichsverfassung „praktisch leer."[16]

2. Grundzüge des Verfassungsrechts der III. und IV. Republik Frankreichs

Nachdem die französische Verfassungsgeschichte des 19. Jahrhunderts in deutlich stärkerem Maße als die deutsche Verfassungsgeschichte (zumindest des Reiches) durch einen Wechsel verschiedener Regierungsformen geprägt war (absolute Monarchie, konstitutionelle Monarchie, parlamentarische Monarchie, Kaiserreich, Republik), stellten die III. und die IV. Republik ohne Zweifel parlamentarische Regime dar. Aber sie entwickelten sich beide in Richtung eines zu Gunsten des Parlaments aus dem Gleichgewicht geratenen Parlamentarismus, der es den Sicherungsmechanismen und Gegengewichten nicht erlaubte, die ihnen zugedachte Wirkung zu entfalten. Dies erklärt die häufig verwendete Beschreibung als „absoluter Parlamentarismus".[17] Die verfassungsrechtliche Organisation der Staatsgewalten sowie die jeweilige Verfassungspraxis während der zwei Republiken werden im Folgenden parallel behandelt. Es kann dabei nicht darum gehen, die beiden Regime im Detail darzustellen, sondern es soll vielmehr aufgezeigt werden, wie es in beiden zu Auswüchsen des Parlamentarismus kommen konnte, denen die Gründungsväter der aktuellen V. Republik Einhalt zu gebieten versuchten.

---

[15] So *Gusy*, Demokratische Verfassungsänderung. Selbstschutz oder Selbstpreisgabe der Verfassung?, Der Staat Beiheft 20 (2012), S. 159 (162 f., 163 ff., 165 ff.).
[16] *Gusy*, Die Weimarer Reichsverfassung, 1997, S. 371 f.
[17] *Carré de Malberg*, La loi, expression de la volonté générale, 1931.

a) Die III. Republik

20 Die III. Republik wurde 1870/1871 aus der militärischen Niederlage gegen Deutschland und dem Sturz Napoléon III. geboren.[18] Die Länge der Übergangsphase, die von 1871 bis 1875 dauerte, ist insbesondere dem Schwebezustand zwischen Republik und Monarchie geschuldet. Angesichts der Forderungen der – zeitweise die Mehrheit stellenden – Monarchisten, konnte die republikanische Staatsform nur langsam und schrittweise verankert werden. Obwohl die Republik schon am 4. September 1871 ausgerufen worden war, gab sich das neue Regime erst 1875 eine Verfassung. Dabei handelt es sich zudem nicht um eine Verfassung im Sinne eines geschlossenen Textes, sondern um drei Verfassungsgesetze, die das Ergebnis eines Minimalkonsenses sind: Das den Senat betreffende Verfassungsgesetz vom 24. Februar, das die Organisation der Staatsorgane regelnde Verfassungsgesetz vom 25. Februar sowie das die Beziehungen der Staatsorgane regelnde Verfassungsgesetz vom 16. Juli 1875. Erst durch das Verfassungsgesetz vom 14. August 1884 wurde dann auch die republikanische Regierungsform endgültig in Frankreich verankert.[19]

aa) Die Organisation der Staatsgewalten im Verfassungstext

21 In der III. Republik wurde die legislative Gewalt durch zwei Kammern ausgeübt, die *Chambre des députés* und den Senat.[20] Die Bildung des Senats, der sich zunächst aus Mitgliedern auf Lebenszeit und aus – auf indirekte Weise insbesondere von lokalen Mandatsträgern – gewählten Mitgliedern zusammensetzte, war eine Bedingung der Monarchisten, die so die *Chambre des députés* ausbremsen wollten, deren Mitglieder durch direkte und allgemeine Wahlen bestimmt wurden. Sobald jedoch die Republik verankert war, wurden 1884 die Senatoren auf Lebenszeit abgeschafft, um die (politisch) konservative Prägung des Senats abzumildern. Vergleicht man die Zusammensetzung des Senats mit dem deutschen Reichsrat, so fällt ein historisch bedingter Unterschied ins Auge, der bis heute weitgehend fortbesteht: Während die französischen Senatoren aus indirekten Wahlen hervorgehen, ist der Reichsrat der deutschen (Bundesstaats-)Tradition entsprechend mit Vertretern der Länder*regierungen* besetzt, die mit einem imperativen Mandat ausgestattet bzw. an dieses gebunden waren.

22 Was die Kompetenzen der beiden Kammern der III. Republik anbelangt, so sind diese nahezu identisch, sowohl im Bereich der Gesetzgebung als auch hinsichtlich der Kontrolle der Regierung. Man spricht daher von einem *bicaméralisme égalitaire*, der dann durch die beiden folgenden Republiken dahingehend verändert werden sollte, dass die Kompetenzen des Senats beschränkt wurden.

23 Hinsichtlich der Exekutive sehen die Verfassungsgesetze des Jahres 1875 zuallererst einen Staatspräsidenten vor. Im Gegensatz zur Weimarer Reichsverfassung

---

[18] Hierzu und zum Folgenden *Azema/Winock*, La Troisième République, 1991.
[19] → *Vilain* § 3 Rn. 14.
[20] Art. 1 des Verfassungsgesetzes vom 25. Februar 1875.

§ 2 Verfassungsgeschichtliche Grundlagen

von 1919 verwerfen die französischen Verfassungsgeber die Idee einer Direktwahl durch das Volk, denn man machte diese dafür verantwortlich, dass *Louis Napoléon Bonaparte* 1848 an die Macht kommen und in der Folge das II. Empire begründen konnte.[21] Die Verfassungsgeber von 1875 entscheiden sich daher für den Modus einer indirekten Wahl durch die beiden Parlamentskammern, die als „Assemblée Nationale" gemeinsam mit absoluter Mehrheit den Staatspräsidenten wählen.[22] Dessen von der Verfassung vorgesehene Befugnisse sind bedeutsam: Er besitzt unter anderem das Recht, die beiden Parlamentskammern einzuberufen und zu vertagen, er kann die *Chambre des députés* auflösen, besitzt das Gesetzesinitiativrecht und ist Oberbefehlshaber der Streitkräfte.[23] Die Vielzahl dieser Befugnisse darf jedoch nicht darüber hinwegtäuschen, dass die Regierungsgewalt vor allem vom Präsidenten des Ministerrates ausgeübt wurde, den die Verfassungsgesetze zwar nicht vorsahen, der sich in der Verfassungspraxis aber politisch durchsetzte. Zwar wurde er vom Staatspräsidenten ausgewählt und ernannt, der hierbei jedoch – den Grundsätzen eines parlamentarischen Systems entsprechend – die (politische) Zusammensetzung der beiden Parlamentskammern berücksichtigen musste. Wie die Weimarer Republik errichtete auch die III. Republik eine Form des dualistischen Parlamentarismus, in dem die Regierung *zugleich* dem Staatschef *und* dem Parlament verantwortlich war. Dieser Dualismus war ein bedeutender Grund für die Instabilität der III. Republik. Anders als in der Weimarer Republik wurde er jedoch nicht zugunsten des Staatspräsidenten, sondern zugunsten des Parlaments aufgelöst.

bb) Die Staatsgewalten in der Verfassungspraxis

Unter Parlamentarismus versteht man grundsätzlich ein Regime der Gewaltenteilung, in dem die Regierung dem Parlament (regelmäßig dem Unterhaus) verantwortlich ist, sowie des Gleichgewichts dieser Gewalten unter der Kontrolle des Volkes, das diese Kontrolle durch Wahlen insbesondere nach einer Parlamentsauflösung ausübt. Wie wir es hinsichtlich der Weimarer Republik schon gesehen haben, kann dieses Gleichgewicht in schwerwiegender Weise gestört sein. Im Gegensatz zur Weimarer Republik, die sich schleichend zu einem Präsidialsystem entwickelte, war die III. Republik (vor allem zwischen 1875 und 1914) durch eine Verdrängung der Regierung und die uneingeschränkte Souveränität des Parlaments geprägt.[24] Eine spezielle Lesart des parlamentarischen Systems setzte sich bereits im Anschluss an

24

---

[21] Die Verfassung der II. Republik sah die Direktwahl des Staatspräsidenten durch das Volk vor (Art. 43 f. der Verfassung vom 4. November 1948). Sie wurde jedoch in Folge des Staatsstreichs von *Louis Napoléon Bonaparte* 1852 außer Kraft gesetzt, der seine Wahl somit dazu genutzt hatte, das Kaisertum zu seinen Gunsten wieder einzuführen.

[22] Art. 2 des Verfassungsgesetzes vom 25. Februar 1875.

[23] Art. 3 und Art. 5 des Verfassungsgesetzes vom 25. Februar 1875; Art. 2, 6, 7 und 8 des Verfassungsgesetzes vom 16. Juli 1875.

[24] *Constantinesco/Pierré-Caps*, Droit constitutionnel, 5. Aufl. 2011, S. 161.

die Krise des 16. Mai 1877[25] durch. Gegenstand dieser institutionellen Krise war der Konflikt zwischen dem monarchistischen Staatspräsidenten Marschall *Mac Mahon* (1873–1879) und der nach den Wahlen von 1876 in ihrer Mehrheit republikanisch gesinnten Chambre des députés. Sicherlich führte die Krise dazu, dass in der III. Republik endgültig die Republikaner die Oberhand gewannen und *Mac Mahon* dies im Anschluss an deren Sieg im Senat 1879 anerkannte und seinen Rücktritt erklärte.[26] Aber die Auswirkungen der politischen Krise sind darüber hinaus von besonderer Bedeutung, da sie die Verfassungspraxis nachhaltig geprägt haben. Zum einen wurde der dualistische Parlamentarismus, in dem der Regierungschef sowohl dem Parlament als auch dem Staatspräsidenten verantwortlich ist, zugunsten eines monistischen Parlamentarismus aufgegeben, in dem die Verantwortlichkeit der Regierung allein vor dem Parlament besteht. Zum anderen und vor allem aber gab die Krise dem Parlamentarismus eine andere Richtung, indem durch sie das Institut der Parlamentsauflösung durch den Staatspräsidenten nachhaltig und zwar für die gesamte Dauer der III. Republik diskreditiert wurde. Die erste Mitteilung des neugewählten republikanischen Präsidenten *Jules Grévy* an die Chambre des députés ist Sinnbild einer Exekutive, die geschwächt aus der Krise hervorging: „Soumis avec sincérité à la grande loi du régime parlementaire, je n'entrerai jamais en lutte avec la volonté nationale exprimée par ses organes constitutionnels." Mit diesen Worten akzeptierte er ein Ungleichgewicht zu Gunsten der direkt gewählten Kammer und verzichtete darauf, zukünftig sein Recht auszuüben, das Parlament aufzulösen. Dieses wurde nunmehr als anti-republikanisch wahrgenommen, nachdem *Mac Mahon* es mit dem Ziel ausgeübt hatte, seine (monarchistischen) Konzeptionen durchzusetzen. In der Folge gab es im Verlauf der III. Republik kein Gegengewicht mehr zum Instrument des Misstrauensvotums gegen einzelne Minister. Zudem waren die Kontrollinstrumente wie das Misstrauensvotum in den sehr kurzen Verfassungsgesetzen nicht geregelt. Daher konnten sie leicht zur Anwendung gebracht werden, da das Parlament nur die Geschäftsordnung beachten musste, die es sich selbst gegeben hatte, ohne jedoch weiteren Einschränkungen zu unterliegen. Dies verstärkte die Dysbalance zwischen den Staatsgewalten und die Instabilität insbesondere jener Regierungen, die sich auf politisch instabile Regierungskoalitionen stützten. Zwischen 1875 und 1940 folgten daher mehr als hundert Regierungen aufeinander, deren durchschnittliche Amtszeit nur sieben Monate betrug.

25 Eine weitere Dysbalance zwischen den Staatsgewalten wurde nach dem 1. Weltkrieg deutlich, führte aber im Gegensatz zum soeben Beschriebenen zu einer gewissen Stärkung der Exekutive. Grund hierfür war, dass das Parlament zwar häufig die Regierung stürzte, selbst aber regelmäßig nicht in der Lage war, eine parlamentarische Mehrheit zu formen, welche die notwendigen politischen Maßnahmen hätte beschließen können. Unter diesen Voraussetzungen sah sich das Parlament wiederholt gezwungen, die Gesetzgebungskompetenz auch in wichtigen Fragen an

---

[25] Für eine Chronologie der Krise sowie eine historische Einordnung s. http://www.droitpolitique.com/spip.php?page=theme_seminaires&id_mot=18 (letztmaliger Abruf: 12.08.2014).

[26] Zur 1884 folgenden erneuten Stabilisierung des Republikprinzips in einer Art Ewigkeitsklausel → *Vilain* § 3 Rn. 14.

die Regierung zu delegieren, die dann im Wege des Dekrets (also einer Rechtsverordnung) entschied.²⁷ Diese Technik der *décrets-lois* (wörtlich: der Verordnungsgesetze) ist sicherlich weniger aggressiv als der in der Weimarer Republik unternommene Rückgriff auf Notverordnungen. Sie wurde aber aus denselben Gründen kritisiert, nämlich als eine Entäußerung von Kompetenzen durch das Parlament und eine Verletzung des Grundsatzes der Gewaltenteilung.

Alle diese Auswüchse sind heftig kritisiert worden und haben zu einer Vielzahl von Reformvorschlägen von Staatsrechtslehrern und Politikern geführt²⁸ – Reformvorschläge, die später auch die Väter der V. Republik inspirieren sollten. Diese Vorschläge drangen jedoch nicht durch und es war schließlich die militärische Niederlage im Juni 1940, die das Schicksal der III. Republik besiegelte. Sie musste der unsicheren Periode des autoritären Vichyregimes weichen, das durch die Übertragung der verfassunggebenden Gewalt an die Regierung des Marschall *Pétain* durch das Verfassungsgesetz vom 10. Juli 1940 entstand.²⁹ Im Gegensatz zum Text dieses Gesetzes gab *Pétain* dem neuen Regime keine Verfassung, sondern nur „Actes constitutionnels", die nie vom Volk ratifiziert wurden. Diese konstitutionellen Beschlüsse konzentrierten die Macht in den Händen des neuen „Chef de l'Etat français", eines „französischen Staates", der sich schon durch seine Denomination unmissverständlich von der republikanischen Staatsordnung der III. Republik abgrenzte. Kann hier eine Parallele zum deutschen Ermächtigungsgesetz vom 24. März 1933 gezogen werden – dem Gesetz, durch das die vom Reichskanzler *Adolf Hitler* geführte Regierung die Ermächtigung vom Parlament erlangte, ohne Zustimmung von Reichstag und Reichsrat sowie ohne Gegenzeichnung des Reichspräsidenten Gesetze zu erlassen, was dann auch formell das Ende der Demokratie bedeutete? Historische Parallelen sind immer schwer zu ziehen. Zumindest ist hier darauf hinzuweisen, dass der „Wahlkampf des Jahres 1933 mit Legalität jedenfalls im Sinne der WRV (schon) nichts zu tun"³⁰ hatte und dass die Verfassung schon seit 1930 „leerlief". Eine derart zugespitzte Krise der Demokratie hatte die III. Republik vor der militärischen Niederlage nicht erlebt.

---

²⁷ Weiterführend hierzu und zum Folgenden → *Marsch* § 5 Rn. 13 ff., insb. 22 ff.

²⁸ → *Gaillet* § 9 Rn. 13.

²⁹ Der einzige Artikel lautete: „L'Assemblée nationale donne tout pouvoir au gouvernement de la République, sous l'autorité et la signature du maréchal Pétain, à l'effet de promulguer par un ou plusieurs actes une nouvelle constitution de l'État français. Cette constitution devra garantir les droits du Travail, de la Famille et de la Patrie. Elle sera ratifiée par la Nation et appliquée par les Assemblées qu'elle aura créées. La présente loi constitutionnelle, délibérée et adoptée par l'Assemblée nationale, sera exécutée comme loi de l'État." („Die Nationalversammlung überträgt die gesamte Macht der Regierung unter der Führung und der Unterschrift des Marschall Pétain, um diese zu ermächtigen, durch eines oder mehrere Gesetze eine neue Verfassung des französischen Staates zu verkünden. Diese Verfassung hat die Rechte der Arbeit, der Familie und des Vaterlandes zu garantieren. Sie muss durch die Nation angenommen und durch die Kammern, die sie geschaffen haben wird, angewendet werden. Das vorliegende Verfassungsgesetz, das von der Nationalversammlung beraten und angenommen wurde, ist wie ein Staatsgesetz auszuführen." Übers. d. Verf.).

³⁰ *Gusy*, Demokratische Verfassungsänderung. Selbstschutz oder Selbstpreisgabe der Verfassung?, Der Staat, Beiheft 20 (2012), S. 159 (180).

27   In Frankreich folgte auf diese schwierige Zeit erneut eine lange Übergangsphase. Wie schon 1871 stand die Verfassungsfrage auf der Tagesordnung. In ganz spezieller Weise stellte sich direkt nach der Befreiung und nach der „rétablissement de la légalité républicaine"[31] (Wiederherstellung der republikanischen Legalität) durch eine von *de Gaulle* geleitete Übergangsregierung („Gouvernement provisoire de la République française", GPRF) schon im Jahr 1944 die Frage: Welche Verfassung soll das befreite Frankreich erhalten? Bereits am 21. Oktober 1945– im Wege des Referendums befragt – verwarfen die Französinnen, die zum ersten Mal in Frankreich abstimmten, und Franzosen eine Rückkehr zu den Institutionen der III. Republik. Die verfassunggebende Arbeit fand ihr Ende erst mit der Verkündung der Verfassung der IV. Republik am 27. Oktober 1946. Diese wurde jedoch schon im Entwurfsstadium scharf von General *de Gaulle* kritisiert: Der charismatische Kopf der Übergangsregierung distanzierte sich nämlich sehr früh von der neuen Republik, die er als erneutes „régime des partis" (Parteienregime) bezeichnete.

b) Die IV. Republik

28   Die Erarbeitung einer neuen Verfassung in den Folgemonaten des 2. Weltkrieges sollte Antworten auf bestimmte Funktionsstörungen der III. Republik geben. Dies gelang jedoch kaum.

aa) Die Organisation der Staatsgewalten im Verfassungstext

29   Die Organisation der Staatsgewalten ähnelte stark den Verfassungsgesetzen von 1875, auch wenn einige wichtige Unterschiede hervorzuheben sind.[32] Wie in der III. Republik bestand das Parlament aus zwei Kammern, der Nationalversammlung (Assemblée Nationale) und dem Rat der Republik (Conseil de la République). Doch war man weit von dem durch die Monarchisten 1875 durchgesetzten, starken und konservativen Senat entfernt: Bis zur Verfassungsreform vom 7. Dezember 1954 übte die zweite Kammer nur eine beratende Funktion aus. Auch wenn in der Folge der Conseil de la République[33] Entscheidungsbefugnisse erhielt, so sollte er jedoch

---

[31] So der Titel der Ordonnance vom 9. August 1944 („Ordonnance portant rétablissement de la légalité républicaine sur le territoire continental"), der die Annahme zu Grunde liegt, dass die Republik „niemals aufgehört hat zu existieren" und die es so erlaubt, eine „Kontinuität" zu konstruieren, indem sie die „juristische Inexistenz" der Regierung *Pétain* erklärt und nur jenen Maßnahmen rechtliche Geltung zubilligt, die seit 1940 von den provisorischen Instanzen unter der Führung der Generäle *Giraud* (der 1943 verdrängt wurde) und *de Gaulle* getroffen wurden.

[32] Zur Verfassung der IV. Republik s. *Lassaigne*, La Constitution du 27 octobre 1946 (commentaire juridique, avec l'analyse des travaux préparatoires), 1947.

[33] Es sei daran erinnert, dass in der III. Republik die beiden Kammern als „Chambre des Députés" und als „Senat" bezeichnet wurden, die sich gemeinsam als „Assemblée Nationale" versammeln konnten. In der IV. Republik bestand „Das Parlament" aus der „Assemblée nationale" und dem „Conseil de la République" (Art. 5), wobei letzterer jedoch rasch zu seiner traditionellen Bezeich-

§ 2 Verfassungsgeschichtliche Grundlagen

nie mehr mit denselben Kompetenzen wie die Nationalversammlung ausgestattet werden. Die Exekutive bestand erneut aus einem Staatspräsidenten, der von den beiden als Kongress versammelten Parlamentskammern gewählt wurde, und einem Kabinett, dessen Chef, der „Präsident des Rates", nunmehr ausdrücklich in der Verfassung vorgesehen war.

Die Verfassung der IV. Republik unterschied sich im Übrigen von den Verfassungsgesetzen des Jahres 1875 auch dadurch, dass sie versuchte, durch *Rechtsnormen*, die in der Verfassung verankert wurden, die Stabilität des parlamentarischen Systems zu garantieren und damit ein *politisches Ziel* zu erreichen. Diese Einrahmung des parlamentarischen Systems wurde vom Staatsrechtler *Boris Mirkine-Guetzevitch* als „Rationalisierung des Parlamentarismus" („parlementarisme rationalisé") bezeichnet[34]. So wurden beispielsweise durch die Verfassung der IV. Republik die Vertrauensfrage und das Misstrauensvotum präzise in den Artikeln 49 und 50 geregelt. Wenn es hier darum ging, die Schwächen der III. Republik abzustellen, so bleibt die Frage, ob diese Mechanismen ihr Ziel erreicht haben. Nur ein Blick in die Verfassungspraxis erlaubt hier eine Antwort.

30

bb) Die Staatsgewalten in der Verfassungspraxis

Zwanzig Regierungen in nur zwölf Jahren, also eine durchschnittliche Lebensdauer von nur siebeneinhalb Monaten – diese Zahlen sprechen für sich: Die Rationalisierung des Parlamentarismus vermochte nicht, die Dysbalancen einzudämmen. Rechtsnormen können zur Stabilität eines politischen Systems beitragen; sie allein sind aber unzureichend, wenn die politischen Voraussetzungen dafür fehlen, dass sich die Regierung auf eine parlamentarische Mehrheit stützen kann. Während der IV. Republik hatte sich die große Anzahl von Parteien, begünstigt durch ein weitgehendes Verhältniswahlrecht, nie auf eine dauerhafte Unterstützung einer arbeitsfähigen Regierung einigen können. Es lässt sich hier ein Problem konstatieren, das schon in der Weimarer Republik beobachtet werden konnte. Im Rahmen der französischen Verfassung von 1946 führte der politische Kampf – durch wirtschaftliche und soziale Spannungen noch geschürt – zu einem Fehlschlag der Rationalisierung der Kontrolle der Regierung durch das Parlament. Er verhinderte auch die Wiederherstellung des präsidialen Rechts, das Parlament aufzulösen. Das politische System scheiterte endgültig mit der Algerienkrise im Jahr 1958, die im Ergebnis zur Unabhängigkeit des vormaligen „französischen Departements von Algerien" führen sollte und die von keiner der aufeinander folgenden Regierungen gelöst werden konnte. Nur der Ruf nach General *de Gaulle* schien schließlich eine geeignete Maßnahme zur Bewältigung der Krise zu sein.

31

---

nung als „Senat" zurückkehrte. Die V. Republik nimmt diese Bezeichnungen dann auf (Parlament bestehend aus Assemblée nationale und Senat) → *Vilain/Wendel* § 4 Rn. 7.

[34] *Mirkine-Guetzevitch*, Les nouvelles tendances du droit constitutionnel, 1936. Der Autor untersucht in diesem Werk vor allem die Versuche einer politischen und verfassungsrechtlichen Erneuerung im Europa der Zwischenkriegszeit.

32   Die Weimarer Republik und die III. und IV. französische Republik sind unter verschiedenartigen Bedingungen entstanden und haben sich in unterschiedlichen Kontexten entwickelt. Die Verfassungsordnungen besaßen jedoch einige Gemeinsamkeiten, welche die Systeme aus der Balance brachten, was jeweils durch die Krisen verstärkt wurde, die sie erschütterten. Hier liegen die Grundlagen, die notwendigerweise das Bewusstsein der Begründer der heutigen Verfassungsordnungen geprägt haben.

3. Die „Lehren" aus der Vergangenheit

a) Von Weimar zum Grundgesetz: Der „historische Doppelbezug" des Grundgesetzes

33   Die nationalsozialistische Herrschaft endete in der militärischen, politischen und moralischen Katastrophe Deutschlands. Anfang Mai 1945 war Deutschland vollständig von den Alliierten besetzt.[35] Das erste der „Frankfurter Dokumente" vom 1. Juli 1948 autorisierte die Ministerpräsidenten der zu den westlichen Besatzungszonen gehörenden Länder, eine Nationalversammlung einzuberufen. Auf der Grundlage des Entwurfs des Verfassungskonvents, der sich im August 1948 in Herrenchiemsee versammelt hatte, arbeitete der aus Ländervertretern gebildete Parlamentarische Rat eine Verfassung für einen demokratischen und freiheitsichernden Bundesstaat aus. Das Grundgesetz trat am 23. Mai 1949 in Kraft.[36]

34   Der Parlamentarische Rat hatte insbesondere Konsequenzen aus den Erfahrungen des Scheiterns in der ersten Hälfte des 20. Jahrhunderts zu ziehen. Dies galt zunächst für die Weimarer Republik – auch wenn heute allgemein anerkannt ist, dass die Weimarer Reichsverfassung zu Unrecht einen schlechten Ruf hatte. Für die Verfassungsväter und -mütter der Jahre 1948 und 1949 war die Weimarer Republik daher ein unumgänglicher Bezugspunkt, dies jedoch nicht ohne Vorbehalte und Bedingungen.[37] Bestimmendes Anliegen der Schöpfer des Grundgesetzes war auch die Verhinderung einer weiteren deutschen Diktatur und die unzweifelhafte Abgrenzung zur nationalsozialistischen Gewaltherrschaft, der es in wenigen Monaten gelang, Grundrechte, Gewaltenteilung, demokratische und föderative Prinzipien zu beseitigen. Die Erfahrungen des totalitären Regimes bildeten somit das zentrale „negative Bezugsereignis"[38] für das Grundgesetz. Die in vielfacher Weise historisch

---

[35] Zur komplizierten Souveränitätsfrage, s. *Niclauß*, Der Weg zum Grundgesetz, 1998, S. 15 f.

[36] Hierzu und zum Vorstehenden *Soergel*, Konsensus und Interessen. Eine Studie zur Entstehung des Grundgesetzes für die Bundesrepublik Deutschlands, 1985; *Kahl*, Die Entstehung des Grundgesetzes, JuS 1997, S. 1082 (1083 f.); *Kröger*, Die Entstehung des Grundgesetzes, NJW 1989, S. 1318 ff.

[37] *Fromme*, Von der Weimarer Verfassung zum Bonner Grundgesetz, 3. Aufl. 1999, S. 18 f.

[38] So *M. R. Lepsius*, Das Erbe des Nationalsozialismus, und die politische Kultur der Nachfolgestaaten des „Großdeutschen Reiches", in: ders. (Hrsg.), Demokratie in Deutschland, 1993, S. 229 ff.

§ 2 Verfassungsgeschichtliche Grundlagen

geprägten Elemente des Grundgesetzes kommen in allen Kapiteln des vorliegenden Werkes zum Ausdruck. Schon an dieser Stelle sollen sie aber ein erstes Mal herausgestellt und benannt werden.

Die historische Prägung wird zunächst deutlich, wenn man die Ausgestaltung 35 der Staatsgewalten und deren Kompetenzen betrachtet. Die Entwicklung der Verfassungspraxis im Laufe der Weimarer Republik hatte zu einer großen Machtfülle des Reichspräsidenten, zu Minderheitskabinetten und damit zu einer ausgemachten Führungsschwäche geführt. Aus diesen Erfahrungen heraus strebte der Parlamentarische Rat 1949 eine Effektivierung des demokratisch-parlamentarischen Systems an, während die Erfahrungen einer Vereinigung aller hoheitlichen Gewalt in der Person des Führers unter der nationalsozialistischen Diktatur Anlass gaben, die Staatsmacht zu begrenzen. Vor diesem Hintergrund lassen sich die Ausgestaltung der Rolle des Bundespräsidenten und dessen weitgehende Marginalisierung im politischen Leben verstehen – zumal eine eher repräsentative Rolle des Staatschefs zudem den klassischen parlamentarischen Systemen entspricht[39]: Abschaffung der Direktwahl, Begrenzung des präsidialen Einflusses auf die Regierungsbildung, Zuschnitt des Amtes mit eher repräsentativen Aufgaben, Begrenzung der Krisenkompetenzen.[40] Darüber hinaus erklären die genannten historischen Erfahrungen den Willen der Schöpfer der Verfassung, die unbegrenzte Delegation der Rechtsetzung auf die Exekutive zu verhindern (Art. 80 GG)[41] und die Stabilität der Regierung zu gewährleisten. Letztere soll insbesondere dadurch gewährleistet werden, dass durch Verankerung eines „konstruktiven Misstrauensvotums" der Sturz der amtierenden und die Bildung einer neuen Regierung zu einem einzigen Akt verbunden wurde. Zur Stabilität trägt schließlich auch bei, dass die Auflösung des Parlaments erschwert wurde.[42]

Die geschichtliche Entwicklung erklärt schließlich die besondere Konzeption 36 von Demokratie der Verfassungsgeber. Da das Scheitern der Weimarer Republik zum Teil auf ihre Unfähigkeit zurückzuführen ist, sich wirksam gegen die Feinde der Demokratie zu verteidigen, enthält das Grundgesetz einige Normen, die auf den Schutz der freiheitlich demokratischen Grundordnung abzielen. Nur vor dem historischen Hintergrund lässt sich das Ziel der Verfassungsväter begreifen, eine „kämpferische Demokratie" (die auch als „streitbar" oder „wehrhaft" bezeichnet wird) zu schaffen, die „sich gegen Angriffe (...) verteidigen" kann.[43] Als Schutzmechanismen zur Sicherung der demokratischen und liberalen Verfassungsordnung fungieren beispielsweise das Instrument der Grundrechtsverwirkung von Einzelpersonen (Art. 18 GG) und das Verbot von verfassungsfeindlichen Vereinigungen (Art. 9 Abs. 2 GG) sowie vor allem das Verbot verfassungsfeindlicher politischer

---

[39] *Fromme*, Von der Weimarer Verfassung zum Bonner Grundgesetz, 3. Aufl. 1999, S. 38 f., 152 f.
[40] Ebd., S. 125 f., 135 f. Zur Stellung des Bundespräsidenten → *Vilain/Wendel* § 4 Rn. 76 ff.
[41] → *Marsch* § 5 Rn. 14 f.
[42] Ausführlich zum Ganzen → *Vilain/Wendel* § 4 Rn. 192 ff.
[43] Abg. *Katz* zitiert bei *Fromme*, Von der Weimarer Verfassung zum Bonner Grundgesetz, 3. Aufl. 1999, S. 176; s. auch: *Dreier*, Grenzen demokratischer Freiheit in Verfassungsstaat, JZ 1994, S. 741 ff.; Thiel (Hrsg.), Wehrhafte Demokratie, 2003.

Parteien (Art. 21 Abs. 2 GG), das vom Bundesverfassungsgericht festzustellen ist. Im weiteren Sinne muss auch die Ewigkeitsgarantie (Art. 79 Abs. 3) genannt werden, da sie dem verfassungsändernden Gesetzgeber materielle Grenzen setzt und eine Verfassungsänderung verbietet, welche die Unantastbarkeit der Menschenwürde oder die föderalistische, freiheitliche und demokratische Grundordnung beseitigen würde.[44] Solche besonderen Garantien der Verfassungsordnung, die unter der Kontrolle eines starken Verfassungsgerichts Schutz gegen verfassungsfeindliche Bestrebungen bieten sollen, sind dem französischen Verfassungsrecht fremd.

37   Angesichts der Erfahrung einer völligen Negation subjektiver Rechte und einer Gewaltenteilung während der nationalsozialistischen Herrschaft, war der Rückblick auf die früheren Erfahrungen in Deutschland womöglich besonders intensiv. Dennoch sind auch in Frankreich die historischen Erfahrungen nicht minder bedeutsam.

b) Die V. Republik Frankreichs als Gegenentwurf zu den parlamentarischen Systemen der III. und IV. Republik

38   Nachdem sie vom französischen Volk im Wege des Referendums mit großer Mehrheit am 28. September 1958 angenommen worden war, erfolgte die Verkündung der Verfassung der V. Republik am 4. Oktober 1958. Sie ist Teil einer bis weit in die Vergangenheit zurückreichenden politischen und verfassungsrechtlichen Entwicklung Frankreichs. Trotz der hohen verfassungsrechtlichen Instabilität (nicht weniger als fünfzehn geschriebene Verfassungen zwischen 1789 und 1958 und eine noch höhere Anzahl aufeinander folgender Regime) ist diese Entwicklung doch auch durch eine gewisse Kontinuität geprägt. Diese kommt in einer Reihe von Elementen zum Ausdruck, nämlich den handelnden Personen, aber auch den Institutionen, wie beispielsweise dem 1799 gegründeten und bis heute bestehenden Conseil d'Etat[45] und schließlich den grundlegenden Prinzipien des französischen öffentlichen Rechts (dem Demokratieprinzip, den Menschenrechten, der nationalen Souveränität[46]). Darüber hinaus stellt die Verfassung von 1958 die Antwort auf bestimmte Funktionsstörungen der vorhergehenden parlamentarischen Systeme dar. Insbesondere die krisenhafte Situation (vor allem bedingt durch die Algerienkrise, aber auch durch die allgemeine Krise, in der sich die IV. Republik befand) führten zu einer Rückkehr des General *de Gaulle* an die Macht. Kopf des „Freien Frankreichs" während des 2. Weltkriegs und Präsident der provisorischen Regierung der Französischen Republik von 1944–1945 hatte sich dieser 1946 von der Macht zurückgezogen, da er mit dem sich herausbildenden Regierungssystem der IV. Republik nicht einverstanden war.

---

[44] → *Vilain* § 3 Rn. 21; → *Marsch* § 5 Rn. 68.

[45] Dieser berät zum einen die Regierung und fungiert zugleich als oberstes Verwaltungsgericht, s. hierzu m. w. N. *Marsch*, Frankreich, in: J.-P. Schneider (Hrsg.), Verwaltungsrecht in Europa II, 2009, S. 33 (48 f.). Zum Einfluss dieser Institution auf die Verwaltungsrechtsordnungen anderer Staaten *Gaillet*, Le Conseil d'État français: histoire d'une exportation difficile en Europe, RFDA 2013, S. 793 ff.

[46] Zu diesem Begriff → *Vilain* § 3 Rn. 58.

§ 2 Verfassungsgeschichtliche Grundlagen

Von diesem Zeitpunkt an entwarf er eine gänzlich andere Vision der politischen Institutionen, die dann schließlich die Institutionen der V. Republik beeinflussten (so in den berühmten Reden von Bayeux vom 16. Juni 1946 und von Epinal vom 29. September 1946). In der Folge konnte er 1958 eine Rückkehr in die Politik nur unter der Bedingung akzeptieren, dass die Verfassung von Grund auf geändert wird. Auch wenn er der letzte Präsident des Rates der IV. Republik wurde, sah er seine Aufgabe allein in der Erarbeitung einer neuen Verfassung, die Frankreich ein neues Regierungssystem geben sollte. Das Verfassungsgesetz vom 3. Juni 1958 sah daher ein Sonderverfahren der Verfassungsänderung unter Abweichung vom ordentlichen Verfahren vor, welches es erlauben sollte, die geltende Verfassung von 1946 durch einen neuen Verfassungstext zu ersetzen. Das Verfassungsgesetz sollte somit, wie schon das Gesetz vom 10. Juli 1940, die Ablösung der Verfassung im Wege einer Verfassungsänderung ermöglichen. Die besondere Schwierigkeit bestand daher gerade darin, sich von diesem Präzedenzfall, der das Vichy-Regime ermöglicht hatte, abzugrenzen. Aus diesem Grund war es der unbedingte Wille von *de Gaulle*, den Rahmen der Legalität nicht zu verlassen und zugleich doch auf der Grundlage eines die Verfassung von 1946 vorübergehend abändernden Gesetzes einen Regimewechsel herbeizuführen.[47] In der Folge unterschied sich das Verfassungsgesetz vom 3. Juni 1958 insoweit von jenem aus dem Jahr 1940 als es sowohl formelle wie auch materielle Grenzen vorsah.[48] Diese Grenzen wurden auch beachtet und das Volk stimmte der Verfassung schließlich zu.

Im Gegensatz zur Erarbeitung des Grundgesetzes war der französische Prozess von einer alles überragenden Person dominiert. Stark von den Ideen *de Gaulles* und seines Justizministers *Michel Debré* geprägt, führte die Verfassung von 1958 ein neuartiges System ein, das in gewisser Hinsicht ein Gegenentwurf zu den parlamentarischen Systemen der III. und IV. Republik darstellt.[49] Während in diesen Systemen die Exekutive von nahezu allmächtigen Parlamenten an den Rand gedrängt worden war, die allerdings selbst aufgrund fehlender Mehrheiten nicht in der Lage waren, ihrem Gesetzgebungsauftrag nachzukommen, erhebt die Verfas-

---

[47] Verfassungsgesetz vom 3. Juni 1958, das vorübergehend den Artikel 90 der Verfassung (von 1946) abändert: „Par dérogation aux dispositions de son article 90, la Constitution sera révisée par le gouvernement investi le 1er juin 1958 et ce, dans les formes suivantes [...]." (Unter Änderung ihres Artikels 90 kann die Verfassung von der am 1. Juli ernannten Regierung geändert werden, die dabei den folgenden Rahmen zu beachten hat, Übers. d. Verf.). Das Gesetz sieht vor allem die Erstellung eines Entwurfs für ein Verfassungsgesetz vor, dass die folgenden Prinzipien zu beachten hat: demokratische Legitimität (das allgemeine Wahlrecht ist Ausgangspunkt politischer Macht), Gewaltenteilung, die Verantwortlichkeit der Regierung vor dem Parlament (also ein parlamentarisches System) und die Unabhängigkeit der Justiz, um so den Schutz der essentiellen Freiheiten zu gewährleisten.

[48] *Zimmer*, La loi du 3 juin 1958. Contribution à l'étude des actes préconstituants, RDP 1995, S. 383 ff.

[49] *Burdeau*, La conception du pouvoir selon la Constitution du 4 octobre 1958, RFSP 1959, S. 87; *Debré*, Les idées constitutionnelles du Général de Gaulle, 1974; *Denquin*, La genèse de la Ve République, 1988; *Berlia*, Naissance de la Ve République. Analyse de la Constitution, RFSP, Numéro spécial 1959 (Neuauflage 1990).

sung von 1958 den Staatspräsidenten zum „Grundpfeiler" des Systems.[50] Das Ziel, die Stabilität des parlamentarischen Systems zu stärken, wird erneut durch Regeln zur effektiven „Rationalisierung" des Parlamentarismus verfolgt: Wie schon in der IV. Republik handelt es sich vor allem um Verfassungsnormen, welche die Stabilität und Effektivität der Regierung fördern sollten, insbesondere indem das Misstrauensvotum gegenüber der Regierung in juristisch eng begrenzte Bahnen gelenkt wurde. Um jedoch das erneute Versagen dieser Maßnahmen zu verhindern, bedurfte es auch politischer Voraussetzungen, die für eine ausreichende Stabilität der Regierung sorgen. Hier zeigt sich die Bedeutung des Mehrheitsparlamentarismus in der V. Republik, der die Unterstützung der Regierung durch eine parlamentarische Mehrheit voraussetzt. Ganz allgemein wird hier die Bedeutung deutlich, die der historischen Perspektive bei einer Analyse der Entscheidungen der Verfassungsgeber in Deutschland und Frankreich zukommt.

c) Bilanz und Fazit: Parallelen in der jüngeren Verfassungsgeschichte

40 In der jüngeren Verfassungsgeschichte der beiden Staaten sind bedeutende Gemeinsamkeiten zu beobachten, auch wenn die Entwicklungen bezüglich mancher konkreter Fragen in unterschiedliche Richtungen liefen. Sowohl die Weimarer Republik als auch die III. und die IV. Republik waren demokratische und parlamentarische Systeme, in denen die Regierung grundsätzlich von einer Parlamentsmehrheit abhängig war. In allen drei Fällen führte die Verfassungspraxis aber dazu, dass die durch ihre Instabilität und durch zahlreiche Krisen geprägten Systeme aus dem Gleichgewicht gerieten – sei es zugunsten des Präsidenten in der Weimarer Republik oder sei es zugunsten des Parlaments in den französischen Republiken. Die Parlamente befanden sich in einer Position der Stärke gegenüber der jeweiligen Regierung, waren aber zugleich unfähig, den Staat effektiv zu steuern. Diese Ungleichgewichte begünstigten in Deutschland wie in Frankreich das Erstarken und den Aufstieg von Antiparlamentarismus und extremistischen Parteien, wobei sicherlich auch berücksichtigt werden muss, dass die Strukturmängel der Verfassungen auf politisch, sozial und wirtschaftlich schwierige Zeiten trafen (Weltkriege, ökonomische und politische Herausforderungen der Nachkriegszeiten, Weltwirtschaftskrise 1929, die Dreyfus-Affäre während der III. Republik sowie die Schwierigkeiten der Dekolonialisierung während der IV. Republik). Was Weimar anbelangt darf die Bedeutung des fehlenden demokratischen Grundkonsenses nicht vergessen werden, ein Problem, dass sich mit den Mitteln des Verfassungsrechts nicht bewältigen ließ.

41 In der Folge sind die drei Regime in schwere Krisen ihrer parlamentarischen Systeme gestürzt. Daher dominierte sowohl in Deutschland 1948/1949 als auch in Frankreich im Jahr 1958 der Wille, die Regierungseffektivität – also eine starke und

---

[50] *Debré* spricht am 27. August 1958 in seiner Rede vor dem Conseil d'État von einem *clef de voûte*, womit im wörtlichen Sinne der Schlussstein am höchsten Punkt eines Gewölbes bezeichnet wird, der dafür sorgt, dass sich das Gewölbe selber trägt, dessen Entfernung aber auch das gesamte Gewölbe zum Einsturz bringt.

§ 2 Verfassungsgeschichtliche Grundlagen

klare Führung in demokratischen Grenzen – zu stärken und dies durch eine Neuregelung des parlamentarischen Systems zu erreichen. Dieses gemeinsame Ziel einer neuen Balance im System der Staatsgewalten sollte durch eine Stabilisierung der Exekutive erreicht werden.[51]

III. Die historische Verankerung der fundamentalen Strukturprinzipien – Grundprinzipien der Verfassungsordnungen

Die Entscheidung für Volkssouveränität, Demokratie, den Schutz der Grundrechte und den Grundsatz der Gewaltenteilung steht in der Tradition der westlichen Verfassungsstaaten nach dem 2. Weltkrieg. Jedoch haben langfristige Entwicklungen die jeweiligen Konzepte in den verschiedenen Staaten in unterschiedlicher Weise geprägt.   42

1. Demokratisches Prinzip

a) Die Grundlage der Staatsgewalt: Souveränität und Demokratie – Das Verhältnis von Demokratie und Rechtsstaat

In Deutschland und Frankreich haben sich Rechtsstaat und Demokratie und ihr Verhältnis zueinander in unterschiedlicher, wenn nicht sogar in gegensätzlicher Weise entwickelt. So ließ sich die Demokratie während der Weimarer Republik nur schwer festigen und ein demokratischer Neubeginn nach dem 2. Weltkrieg fiel dementsprechend schwer. Dagegen konnte die Subjektstellung des Einzelnen im Recht trotz dessen Negierung in der NS-Zeit an eine breite und frühe Tradition des deutschen Rechtsdenkens anknüpfen. In Frankreich war die Idee der *souveraineté nationale* auch in autoritären Regimen nie völlig beseitigt, während die Stellung der Gerichte und der Schutz der Rechte des Einzelnen sich erst spät durchsetzen konnten.   43

Die deutsche Rechtsentwicklung war immer schon stark durch das Rechtsstaatsprinzip geprägt, was bedeutet, dass sehr früh die Bedeutung von Verrechtlichung, Subjektstellung im Recht und Gerichtsschutz erkannt wurde. Zur frühen Verwirklichung gehörten die justizstaatliche Tradition im Rahmen des Heiligen Römischen Reiches und auch die allmähliche Bildung einer unabhängigen Gerichtsbarkeit in den Territorien sowie in Preußen.[52] Demgegenüber setzte sich das demokratische   44

---

[51] Zu den wechselseitigen Beziehungen von Parlament und Regierung vgl. → *Vilain/Wendel* § 4 Rn. 176 ff. u. 186 ff.
[52] Jouanjan (Hrsg.), Figures de l'État de droit. Le Rechtsstaat dans l'histoire intellectuelle et constitutionnelle de l'Allemagne moderne, 2001; *Stolleis*, Rechtsstaat, in; Erler/Kaufmann (Hrsg.), Handwörterbuch zur Deutschen Rechtsgeschichte, 1971–1998; *Zippelius/Würtenberger*, Deut-

Prinzip erst spät durch. Es bestand also in Deutschland eine wechselseitige Beziehung zwischen monarchischem Prinzip einerseits und Rechtsstaat andererseits, dem auch eine kompensatorische Rolle zugewiesen wurde. Erst mit der Weimarer Republik wurde das monarchische Prinzip durch das demokratische Prinzip ersetzt: Nach Art. 1 WRV war das neue Deutsche Reich eine Republik und nach Art. 2 ging die Staatsgewalt vom Volke aus. Es entstand ein Grundprinzip des deutschen Verfassungsrechts, das seit 1949 in Art. 20 Abs. 2 GG verankert ist.

45 In der französischen Verfassungsgeschichte dominierten hingegen das Demokratieprinzip und der Gedanke der nationalen Souveränität, die in einer Vielzahl der Verfassungstexte seit 1789 verankert waren. Dies lässt sich insbesondere dadurch erklären, dass im Gegensatz zu Deutschland, wo die Revolution und die Paulskirchenverfassung von 1848–1849 scheiterten, die gesamte französische Verfassungsgeschichte seit dem Ende des 18. Jahrhunderts vom Erfolg der Machtübernahme „von unten" durch das Volk geprägt ist. Welche Veränderungen die spätere, wechselvolle Geschichte politisch und verfassungsrechtlich auch mit sich brachte, mussten sich doch ab diesem Zeitpunkt alle nachfolgenden Regime gegenüber den während der französischen Revolution geborenen grundlegenden Prinzipien positionieren. Frankreich zerstörte die Monarchie in der Folge der Revolution, was zum klassischen Gegensatz eines „Alten" und eines „Neuen" Regimes führte. Sicherlich wird die Frage nach der politischen Legitimität endgültig erst 1875–1884 beantwortet und damit im Widerstreit zwischen monarchischem und demokratischem Prinzip eine Entscheidung zugunsten eines „republikanischen Parlamentarismus" getroffen [→ II. 2. a)]. Doch die Idee, nach der die Grundlage der Legitimität politischer Herrschaft im Volk oder der Nation liegt, wird seit 1789 bestätigt. Heute findet man sie im Artikel 3 der Verfassung von 1958, der auf die Bestätigung des demokratischen Prinzips im Artikel 2 CF folgt. Dagegen ging die Idee des Rechtsstaats, der aus einem Kern bestehend aus dem gerichtlichen Schutz subjektiver Rechte heraus konstruiert wurde, erst sehr spät in die französische Verfassungsrechtsdogmatik ein – das Wort „État de droit" erst Anfang des 20. Jahrhunderts als eine „abstraction germanique qui pénétrer(a) difficilement dans les cerveaux français."[53]

b) Die Ausübung der Souveränität: Direkte und repräsentative Demokratie

46 Unter der Weimarer Verfassung kam der Wille des Volkes hauptsächlich in Wahlen zum Ausdruck. Angesichts eines gegenüber dem Parlamentarismus misstrauischen Volkes erprobte die Verfassung aber auch andere Formen demokratischer Legitimation, so beispielsweise durch die Direktwahl des Reichspräsidenten [→ II. 1.

---

sches Staatsrecht, 32. Aufl. 2008, § 1 Rn. 31 f.; *Gaillet*, L'individu contre l'État. Essai sur l'évolution des recours de droit public dans l'Allemagne du XIXe siècle, 2012.

[53] „Eine germanische Abstraktion, die nur schwer in die französische Gehirne eindringen wird", so das bekannte Zitat von *Esmein*, Précis de droit constitutionnel français et étranger, 7. Aufl., 1927, S. 55. Siehe auch *Carré de Malberg*, Contribution à la théorie générale de l'État, Bd. 1, 1920, S. 490 f.

a) bb)] und durch „Volksbegehren", „Volksabstimmungen" und „Volksentscheide" (Art. 18, 43, 73–76 WRV). Damit etablierte sie ein gemischtes System repräsentativer und direkter Demokratie. Was die Bundesebene anbelangt entschieden sich die Väter und Mütter des Grundgesetzes hingegen für die Staatsform der repräsentativen Demokratie. Zwar handelte es sich hierbei aufgrund der Angst vor Weimarer Verhältnissen zweifellos „weniger um Lehren als um Legenden."[54] Dennoch wurden direktdemokratische Verfahren als Mittel der politischen Eskalation angesehen und hatten daher einen schlechten Ruf: So sprach beispielsweise *Theodor Heuss* im Parlamentarischen Rat von der unmittelbaren Demokratie als „Prämie für jeden Demagogen."[55]

Die französische Lösung geht in die entgegengesetzte Richtung. Die III. Republik hatte ein rein repräsentatives System errichtet, was die Omnipotenz des Parlaments noch verstärkte. Die Verfassung der IV. Republik, die selbst im Wege des verfassunggebenden Referendums angenommen worden war, sah dagegen schon die Möglichkeit eines Referendums „in Verfassungsfragen" (Art. 3 und 90) vor, nicht aber Referenden zur Abstimmung über einfache Gesetze. Der Vorstellung *de Gaulles* entsprechend, wonach es dem Staatspräsidenten obliegen soll, eine Entscheidung des Volkes herbeizuführen, um so seine Rolle als Schlichter auszufüllen,[56] hat das Referendum einen gestärkten Platz in der Verfassung von 1958 gefunden. Zunächst sieht die selbst durch das Verfassungsreferendum vom 28. September 1958 angenommene Verfassung der V. Republik das Referendum als Regelverfahren für die Verfassungsänderung vor (Art. 89) – auch wenn die Verfassungspraxis dann die Regel zur Ausnahme werden lässt.[57] Im Bereich der Gesetzgebung stellt Art. 11 CF eine bedeutende Innovation dar: Der Staatspräsident hat nunmehr die Möglichkeit „jeden Gesetzentwurf zum Volksentscheid zu bringen, der die Organisation der Staatsgewalten sowie Reformen der Wirtschafts-, Sozial- oder Umweltpolitik der Nation (…) betrifft oder auf die Ermächtigung zur Ratifikation eines Vertrages abzielt, welcher, ohne gegen die Verfassung zu verstoßen, Auswirkungen auf das Funktionieren der Institutionen hätte."[58] Vor allem aber stellt die Direktwahl des Staatspräsidenten eines der charakteristischen, wenn nicht das bedeutendste Element der französischen Demokratie unter der V. Republik dar. Diese vermittelt ihm eine besonders starke Legitimität, auf die er sich bei der Ausübung seiner Befugnisse stützen kann und die es ihm bei einer ihm gewogenen Mehrheit im Parlament ermöglicht, das über den Verfassungstext hinausgehende Gravitationszentrum des politischen Lebens zu sein.[59] Es sind somit die Präsidentschaftswahlen, die in der Regel die politische Richtung vorgeben.

47

---

[54] *Dreier*, Grundlagen und Grundzüge staatlichen Verfassungsrechts, in: v. Bogdandy et al. (Hrsg), Ius Publicum Europaeum I, 2007, § 1 Deutschland, Rn. 24.

[55] JöR 1 (1951), S. 620 f.

[56] In diesem Sinne die bereits erwähnte Rede von Bayeux vom 16. Juni 1946, hierzu Le Discours de Bayeux, hier et aujourd'hui, Colloque de Bayeux (15 juin 1990), 1991.

[57] → *Marsch* § 5 Rn. 67.

[58] → *Marsch* § 5 Rn. 65 f.

[59] → *Vilain/Wendel* § 4 Rn. 89 ff. u. 96 ff.

c) Die Umsetzung der repräsentativen Demokratie

48 Verfahrensmäßige Grundlage der repräsentativen Demokratie ist die Wahl. In einer pluralistischen Demokratie muss die Wahl allgemein, gleich, frei und geheim sein. Dies gilt in beiden Länder (Art. 3 CF und Art. 38 GG), wobei die Verankerung dieser Wahlrechtsgrundsätze in Art. 38 GG angesichts der umfangreichen Rechtsprechung des Bundesverfassungsgerichts eine etwas größere Bedeutung einnimmt.

aa) Wahlsystem

49 Die Funktionsweise der repräsentativen Demokratie wird in hohen Maß vom Wahlsystem mitbestimmt, wie schon der vergleichende Blick auf die Weimarer Republik und auf die französische IV. Republik zeigt, die beide durch Regierungsinstabilität gekennzeichnet waren. Unter der Weimarer Verfassung trug das reine Verhältniswahlrecht zu einer starken Parteienzersplitterung und zum Einzug radikaler Parteien in das Parlament bei, was wiederum die Bildung stabiler Mehrheiten und Koalitionen schwierig werden ließ. Die Zersplitterung des Weimarer Parteienwesens hatte den Parlamentarismus geschwächt und die präsidiale Stellung gestärkt. In der Bundesrepublik wird die Arbeitsfähigkeit des Bundestages daher durch eine Sperrklausel gestärkt.[60]

50 In Frankreich verlief die Entwicklung etwas differenzierter. Wenn auch die Abgeordneten der III. Republik mehrheitlich nach einem Mehrheitswahlsystem bestimmt wurden, führte dies nicht zu funktionsfähigen Mehrheiten in der Nationalversammlung – und damit zu hinreichenden parlamentarischen Grundlagen der Regierungsarbeit (dies zeigt auch, dass das Wahlrecht zwar ein wichtiger Faktor, nicht aber die alleinige Voraussetzung für politische Stabilität ist). Die Regierungsinstabilität wurde zudem mit der Einführung des Verhältniswahlrechts unter der IV. Republik noch verstärkt. Die Verfassung von 1958 sieht dagegen für die Wahlen zur Nationalversammlung wieder ein Mehrheitswahlrecht mit zwei Wahlgängen vor, das heute als traditionell verfestigt angesehen wird. Die Existenz „disziplinierterer" Parteien in einem durch Mehrheitswahlrecht bestimmten Parlament, die sich auch auf die immense Bedeutung der Präsidentschaftswahlen zurückführen lässt, hat die Herausbildung eines Mehrheitsparlamentarismus zur Folge gehabt, in dem sich die Regierung weitgehend auf die Unterstützung durch das Parlament verlassen kann.[61]

bb) Parteienstaatlichkeit

51 Dem freiheitlich-demokratischen Staat liegt ein pluralistisches Modell zu Grunde – im Gegensatz zu der Errichtung einer Einparteienherrschaft im nationalsozialistischen Staat. Sowohl die Weimarer Republik als auch die Dritte und die Vierte Repu-

---

[60] → *Vilain/Wendel* § 4 Rn. 18 ff.
[61] Vgl. dazu auch → *Vilain/Wendel* § 4 Rn. 25.

bliken Frankreichs können als parteienstaatliche Demokratien gekennzeichnet werden. Dabei wurde die Rolle der Parteien aber eher negativ bewertet, bis hin zu einer Qualifikation als „*Partitokratie*" oder „*Régime des partis*" für die Vierte Republik.

Erst das Grundgesetz würdigt die positive Rolle der politischen Parteien für die parlamentarische Demokratie ausdrücklich. Mit seiner Skepsis gegenüber der direkten Demokratie korrespondiert seine Anerkennung der politischen Parteien als Organe der Willensbildung im repräsentativen System (Art. 21 GG). 52

In demselben Sinne wurden die Parteien in Frankreich erst durch die Verfassung von 1958 anerkannt: Artikel 4 verankert zum ersten Mal in der französischen Geschichte Grundzüge eines verfassungsrechtlichen Statuts der politischen Parteien. Das auch weiterhin vorhandene Misstrauen gegenüber den Parteien führte jedoch dazu, dass der Verfassungsgeber darüber zunächst nicht hinausging. Erst seit der Verfassungsreform von 2008 erkennt die Verfassung explizit die Beteiligung der politischen Parteien „am demokratischen Leben der Nation" an (Art. 4 Abs. 3) und verankert grundsätzlich spezifische Rechte der Oppositions- und Minderheitenfraktionen (Art. 51-1). 53

2. Organisation der Staatsgewalt: Unitarismus und Föderalismus

In Deutschland gab es lange Zeit eine Nation ohne Staat. Der Prozess der Staatswerdung vollzog sich in den größeren Territorien des Heiligen Römischen Reiches Deutscher Nation, nicht aber im Reich selbst. Erst im Kaiserreich war Deutschland auch ein Bundesstaat. Die Weimarer Republik, als Werk einer vom gesamten Volk gewählten Versammlung, war ein „unitarischer Bundesstaat", in dem der Grundsatz „Reichsrecht bricht Landesrecht" (Art. 13 WRV) galt. Der föderative Aufbau der Bundesrepublik reicht also weit in die deutsche Verfassungstradition zurück. Es versteht sich folglich von selbst, dass nach der Herstellung des Einheitsstaats und der Beseitigung der föderativen Struktur des Reiches[62] der Wiederaufbau staatlicher Strukturen von unten nach oben erfolgte, zunächst durch die kommunale Selbstverwaltung, dann durch die Länderneubildung.[63] Danach wurde der föderale Gedanke sowohl eigener Wunsch der Deutschen als auch verbindliche Vorgabe der Alliierten. Die hohe Bedeutung des Föderalismus wird schließlich durch die Ewigkeitsklausel des Art. 79 Abs. 3 GG verdeutlicht, der den Kern des Bundesstaatsprinzips auch vor Änderungen durch den verfassungsändernden Gesetzgeber schützt. Zudem wurde das föderalistische Prinzip im Verhältnis zur DDR auch als ein Gegenentwurf zur zentralistischen SED-Diktatur betont. 54

---

[62] „Vorläufiges Gesetz zur Gleichschaltung der Länder mit dem Reich" (31. März 1933); „2. Gesetz zur Gleichschaltung der Länder mit dem Reich" (7. April 1933); „Gesetz über den Neuaufbau des Reiches" (30. Januar 1934).

[63] So trat die Verfassung des Freistaates Bayern schon am 8. Dezember 1946 in Kraft, also vor dem Inkrafttreten des Grundgesetzes: Nach der Gleichschaltung im Nationalsozialismus sollte die staatliche Existenz der Länder bekräftigt werden.

55 Diese föderalistische Tradition in Deutschland unterscheidet sich deutlich von der zentralstaatlichen Tradition in Frankreich. Während in Deutschland *Johannes Althusius* (1557–1638) sehr früh eine Theorie des föderalistischen Staates auf der Grundlage des Prinzips der Subsidiarität entwickelte, trat *Jean Bodin*, in seinen *Six Livres de la République* (1576) für die souveräne Herrschaft des Monarchen in einem Einheitsstaat ein.[64] Historisch gesehen war es hier zunächst der Staat, der in einem Prozess der Herausbildung von Institutionen und der Monopolisierung von Macht in den Händen der Monarchen einer französischen Nation zeitlich vorausging. Seitdem ist Frankreich zugleich der Archetyp eines Einheitsstaats und einer Staatsnation – und dies unabhängig von der Bedeutung der verschiedenen Dezentralisierungswellen.[65]

3. Grundrechte und Verfassungsgerichtsbarkeit

56 „Die nachfolgenden Grundrechte binden Gesetzgebung, vollziehende Gewalt und Rechtsprechung als unmittelbar geltendes Recht" (Art. 1 Abs. 3 GG) und „Die Gesetzgebung ist an die verfassungsmäßige Ordnung, die vollziehende Gewalt und die Rechtsprechung sind an Gesetz und Recht gebunden." (Art. 20 Abs. 3 GG): Rechtsstaatlichkeit soll – so ist heute allgemein anerkannt – bezwecken, dass die Staatsgewalt kontrolliert, berechenbar und mit rechtlichen Begrenzungen ausgeübt wird. Andererseits hat sie auch inhaltliche Komponenten, die vor allem in den Grundrechtsgarantien liegen.[66] Diese Ideen haben aber, wie schon bemerkt, tiefere Wurzeln in Deutschland, wo die rechtsstaatliche Tradition schon dem 19. Jahrhundert – und sogar früheren Zeiten – entstammt.

a) Deutschland

57 Schon die Verfassung von 1871 war den Prinzipien des Rechtsstaats verpflichtet. Zwar kannte sie, nach dem Scheitern der Revolution und der Paulskirchenverfassung 1848/1849 keinen Grundrechtekatalog; nach und nach wurden aber auf dem Wege der Gesetzgebung zentrale Forderungen nach Absicherung bürgerlich-liberaler Freiheiten erfüllt.[67] Die Weimarer Reichsverfassung setzte dann zum ersten Mal für das gesamte deutsche Reich ausdrücklich einen Katalog von Grundrechten in Kraft. Der sehr ausführliche Grundrechtskatalog des zweiten Hauptteils trug dem Kompromisscharakter der Verfassung Rechnung. Mit den liberalen Freiheitsrechten

---

[64] *Zippelius/Würtenberger*, Deutsches Staatsrecht, 32. Aufl. 2008, § 1 Rn. 29.
[65] → *Vilain* § 3 Rn. 79 ff.
[66] Dazu eingehend → *Hochmann* § 7.
[67] Als Beispiele seien nur die 1877 verabschiedeten Reichsjustizgesetze genannt, die am 1. Oktober 1879 in Kraft traten (darunter die Strafprozessordnung, die Zivilprozessordnung und das Gerichtsverfassungsgesetz), die Unabhängigkeit der Justiz garantierten und die wesentlichen Prinzipien des Prozessrechts gesetzlich verankerten.

knüpfte sie an den wichtigen Verfassungsentwurf von 1849 an, der den Begriff der „Grundrechte" geprägt hatte.[68] Die Normierung von sozialen Grundrechten markierte aber zudem die Hinwendung zu einem sozialen Rechtsstaat, was vor dem Hintergrund der Entstehungsbedingungen der Weimarer Republik zu sehen ist, die durch starke, Deutschland erschütternde wirtschaftliche und soziale Spannung geprägt waren.[69]. In diesem Zusammenhang wurde ein wichtiger Auslegungsstreit über die Frage geführt, ob es sich bei den sozialen Grundrechten um subjektive, und damit eventuell einklagbare Rechte handelte. Viele Bestimmungen wurden jedoch einfach als unverbindliche Programmsätze verstanden. Nach allgemeiner Auffassung galten auch die liberalen Freiheitsrechte nicht gegenüber dem Gesetzgeber. Anders als noch 1871 wurde in Weimar zwar eine selbständige Verfassungsgerichtsbarkeit etabliert, der Staatsgerichtshof für das Deutsche Reich (Art. 108 WRV) war jedoch vor allem für Verfassungsstreitigkeiten zwischen Reich und Ländern (sog. „föderative Streitigkeiten", Art. 19 WRV) zuständig. Eine diffuse Verfassungsmäßigkeitskontrolle von Gesetzen wurde dagegen vom Reichsgericht, dem obersten Zivil- und Strafgericht, vorgenommen (Urteil vom 4. November 1925).[70] Alledem setzte die Notverordnung „Zum Schutz von Volk und Staat", die am 28. Februar 1933 erlassen wurde, ein Ende und die Grundrechte außer Kraft.

Erneut muss hier das Grundgesetz unter diesem historischen Blickwinkel analysiert werden. Angesichts der Erfahrungen mit dem menschenverachtenden System beginnt erstens das Grundgesetz als klares Signal mit dem Abschnitt über die Grundrechte und an deren Spitze dem Satz von der Unantastbarkeit der Menschenwürde.[71] Das Grundgesetz setzte so die Reihe der deutschen Grundrechtskataloge fort. Es unterschied sich aber zweitens von dem Grundrechtskatalog der Weimarer Verfassung, indem es nunmehr allen Staatsgewalten tatsächlich Grenzen setzt. Deshalb wurde zum einen der Kreis der Grundrechte auf unmittelbar geltende und einklagbare liberale Abwehrrechte beschränkt, zum anderen deren Geltung aber auf den Gesetzgeber erstreckt (Art. 1 Abs. 3). Was das Verfassungsgericht betrifft, begann die Verrechtlichung der Politik und des Verhältnisses zwischen Staat und Bürger schon im 19. Jahrhundert.[72] Die starke Stellung und die weitreichenden Zu-   **58**

---

[68] *Gaillet*, L'individu contre l'Etat. Essai sur l'évolution des recours de droit public dans l'Allemagne du XIXᵉ siècle, 2012, S. 209 ff.; *Jouanjan*, Une origine des droits fondamentaux en Allemagne: le moment 1848, RDP 2012, S. 766 f.

[69] Als Beispiel sei hier aus dem mit „Das Wirtschaftsleben" betitelten fünften Abschnitt des 2. Hauptteils der Art. 151 Abs. 1 angeführt: „Die Ordnung des Wirtschaftslebens muß den Grundsätzen der Gerechtigkeit mit dem Ziele der Gewährleistung eines menschenwürdigen Daseins für alle entsprechen. In diesen Grenzen ist die wirtschaftliche Freiheit des Einzelnen zu sichern".

[70] *Jouanjan*, Contribution à l'histoire du contrôle judiciaire des normes en Allemagne (1815–1933), in: Zoller (Hrsg.), Marbury v. Madison, 1803–2003. Un dialogue franco-américain, 2003, S. 117 ff.

[71] Hierzu nur *H. Hofmann*, Die versprochene Menschenwürde, AöR 118 (1993), S. 353 ff.

[72] Ansätze hierzu finden sich sogar schon im Heiligen Römischen Reich Deutscher Nation s. *Stolleis*, Geschichte des öffentlichen Rechts in Deutschland I. Reichspublizistik und Policeywissenschaft 1600–1800, 1988, S. 394 ff. Allgemein zur Herausbildung einer Verfassungsgerichtsbarkeit in Deutschland s. *Gaillet*, L'individu contre l'État. Essai sur l'évolution du recours de droit public dans l'Allemagne du XIXe siècle, 2012.

ständigkeiten des Bundesverfassungsgerichts bilden aber eine bedeutende Innovation des Grundgesetzes.[73] Die Idee der Rechtsstaatlichkeit war 1949 also zugleich in der deutschen Tradition verankert und wurde einer völligen Erneuerung unterzogen. In Frankreich stellt das Rechtsstaatsprinzip dagegen eine eher junge Errungenschaft dar, die sich (immer) noch in einem Entwicklungsprozess befindet.

b) Frankreich

59   Im Gegensatz zur deutschen Rechtstradition ist die französische Rechtskultur durch ein großes Misstrauen gegenüber dem Richter geprägt[74] und räumt dem Gesetz als *„expression de la volonté générale"*, als „Ausdruck des allgemeinen Willens" (Art. 6 Erklärung der Menschen- und Bürgerrechte), einen besonderen Platz ein. Dies bedeutet natürlich nicht, dass individuelle Rechte nicht Bestandteil der französischen Verfassungstradition wären, die doch ganz im Gegenteil in besonderem Maße durch die frühzeitige Anerkennung der Menschen- und Bürgerrechte in der Erklärung vom 26. August 1789 geprägt ist.[75] Selbst wenn diese Rechte in der Folge nicht in allen Verfassungen verankert wurden – was insbesondere für die Verfassungsgesetze von 1875 galt, die weder Präambel noch einen Grundrechtekatalog enthielten – so existiert doch eine gewisse Dauerhaftigkeit der auf individuelle Rechte basierenden *„Constitution sociale"*, die mit der Vielzahl von Änderungen kontrastiert, welche die *„Constitution politique"* erfahren hat.[76] Gerade während der III. Republik wurden die „großen Freiheiten" vom Gesetzgeber anerkannt: die Koalitionsfreiheit (1884), die Vereinigungsfreiheit (1901) oder auch die Laizität – welche die Religionsfreiheit stärkte (1905). Es wurden also im Wege der (einfachen) Gesetzgebung das moderne Regime der *„libertés publiques"* (der bürgerlichen Freiheiten) entwickelt, *„publiques"* deshalb, weil sie vor allem als Gegenstand einer vom Staat ausgehenden Regelung angesehen wurden. Eine Verfassungsmäßigkeitskontrolle war dagegen nicht vorgesehen. Die Verfassung der IV. Republik enthielt ihrerseits eine Präambel, deren Kenntnis von Bedeutung ist, da sie heute einen Bestandteil des *bloc de constitutionnalité* bildet, so wie auch die Erklärung der Menschen- und Bürgerrechte von 1789 und die Umweltcharta von 2004.[77] Ein wenig nach dem Vorbild der Weimarer Reichsverfassung erkennt die Präambel von 1946 die klassischen Abwehrrechte an und versucht zugleich eine strikt liberale Konzeption der politischen und sozialen Ordnung zu überwinden. Sie enthält daher eine Liste von „politischen, ökonomischen und sozialen Prinzipien", die vor

---

[73] *Wahl*, Elemente der Verfassungsstaatlichkeit, JuS 2001, S. 1041 (1041).

[74] *Hourquebie*, Le pouvoir juridictionnel en France, 2010; *Badinter*, Une si longue défiance, Pouvoirs 1995, S. 7.

[75] *Gauchet*, La révolution des droits de l'homme, 1989; *Rials*, La Déclaration des droits de l'homme et du citoyen, 1988; *Morange*, La Déclaration des droits de l'homme et du citoyen 26 août 1789, 4. Aufl. 2002.

[76] *Hauriou*, Précis de droit constitutionnel, 1929, S. 612 f.

[77] → *Marsch* § 6 Rn. 38; → *Hochmann* § 7 Rn. 5 ff.

allem als Programmsätze galten und somit das Parlament juristisch nicht gebunden haben. Auch wenn die Verfassung vom 27. Oktober 1946 in Art. 54 ein „Comité constitutionnel" vorsah, so war dieses doch nicht mit einer veritablen Verfassungsmäßigkeitskontrolle betraut, die es erlaubt hätte, die rechtliche Bedeutung der in der Präambel verankerten Prinzipien und Rechte näher zu bestimmen oder Parlamentsgesetze am Maßstab der Verfassung zu kontrollieren.[78] In beiden Republiken verfügte das Parlament somit über eine völlige Freiheit, die zur Schlagkraft des Parlamentsgesetzes und dem traditionellen „*légicentrisme*" in Frankreich beiträgt. In diesem Sinne stellt dann die Schaffung des Conseil constitutionnel eine bedeutende Innovation der Verfassung von 1958 dar, wenngleich erst die Entwicklungen der Jahre 1971, 1974 und 2008 dazu führten, dass sich dieser zu einem Garanten der durch die Verfassung gewährten Rechte und Freiheiten aufschwang.[79] Letztlich bedarf es jedoch eines größeren Abstandes zu den aktuellen Entwicklungen, um auf die Frage antworten zu können, ob der Import des Begriffs der „Grundrechte" in das französische Recht gelungen ist.[80]

IV. Fazit und Perspektiven: Die Entwicklung der Verfassungen und die großen einschneidenden Reformen

Die verfassungsgeschichtlichen Darstellungen im vorliegenden Kapitel haben gezeigt, wie sehr die beiden Verfassungsordnungen durch ihre Vergangenheitsorientiertheit geprägt sind: Die Verfassung der V. Republik und – vielleicht noch in einem stärkeren Maße – das Grundgesetz sind vom Rückblick auf Vergangenheiten geprägt, die sich nicht wiederholen sollen. Zugleich bleibt aber auch der Blick nach vorne stets präsent. 60

Dabei darf die Fähigkeit einer Verfassung, die politische Wirklichkeit zu steuern, nicht überschätzt werden. Es sind weniger die Verfassungsnormen als die politischen Umstände, die zur Stabilität eines Systems beitragen. Zudem, vielleicht sogar „vor allem", kann „eine Verfassung (...) nur Geltung haben, solange sie mit der volonté générale übereinstimmt und der Volkswille sie trägt".[81] In dieser Hinsicht ist als eine erste conclusio dieses Kapitels festzustellen, dass die aktuellen Verfassungen Frankreichs und Deutschlands sich als dauerhafte Verfassungen erwiesen 61

---

[78] Art. 91 der Verfassung vom 27. Oktober 1946 bestimmt, dass das Comité consultatif constitutionnel nur zuständig ist, Gesetzesvorhaben am Maßstab der Titel I bis X der Verfassung zu prüfen; es wird also explizit nicht auf die Präambel verwiesen.

[79] → *Marsch* § 6; *Jouanjan*, Die Stellung der Verfassungsgerichtsbarkeit im Gefüge der Verfassung, in: Masing/ders. (Hrsg.), Verfassungsgerichtsbarkeit, 2011, S. 3 ff.; *Favoreu et al.*, Droit constitutionnel, 16. Aufl. 2014, Rn. 364 ff.

[80] *Wachsmann*, L'importation en France de la notion de droits fondamentaux, RUDH 2004, S. 40 f.; *Champeil-Desplats*, Des "libertés publiques" aux "droits fondamentaux": effets et enjeux d'un changement de dénomination, Jus Politicum 5 (2010).

[81] *Apelt*, Geschichte der Weimarer Verfassung, 1946, S. 404, zitiert nach *Fromme*, Von der Weimarer Verfassung zum Bonner Grundgesetz, 3. Aufl. 1999, S. 225.

haben. Diese Langlebigkeit steht in einem scharfen Kontrast zur politischen Instabilität, welche die Verfassungsgeschichte Deutschlands, aber vor allem auch Frankreichs geprägt hat. Im Gegensatz hierzu sind das Grundgesetz von 1949 und die französische Verfassung von 1958 in ihren Kernen und Grundlinien nahezu unverändert geblieben. Legt man die Texte von 1949 und 1958 neben die heute geltenden Verfassungen, sieht man aber auch, inwieweit sie sich sowohl durch Verfassungsänderungen (also durch formelle Änderungen des Wortlautes nach Art. 79 GG bzw. Art. 89 CF[82]) als auch durch „stille" Verfassungswandlungen[83] fortentwickelt haben.

62 Den Charakter des Grundgesetzes als Provisorium hat dieses längst hinter sich gelassen. Es hat seinen 65. Geburtstag gefeiert und ist zum entscheidenden Merkmal des Zusammenhalts der Deutschen geworden,[84] ganz im Gegensatz zum schwachen demokratischen Konsens, der die Weimarer Reichsverfassung umgab, aber auch im Kontrast zu den zögerlichen Anfängen eines unvollständigen „Bonner Grundgesetzes", das 1949 unter strenger Kontrolle der Besatzungsmächte geboren wurde. Die Instrumentarien zur Krisenverhinderung sind nur in Ansätzen angewandt worden und es waren weniger die Einzelbestimmung im Konzept der wehrhaften Demokratie als vielmehr der Konsens über eine demokratische und liberale Freiheitsordnung, der sich als stabilisierend erwies. Indem es die Grundrechte zu einer – von ihm selbst zu definierenden – Werteordnung erhob, hat das Bundesverfassungsgericht die ihm gegebene Zielsetzung überhöht. „Karlsruhe" bildet damit einen der wichtigsten Akteure des Verfassungswandels.[85] Die Darstellung des Grundgesetzes als eine „Sinneinheit"[86], der fortdauernde Konsens über die „Verfassung" der Bundesrepublik Deutschland, die als Grundlage einer stabilen freiheitlich-demokratischen Grundordnung gilt, bedeutet aber natürlich nicht Unveränderlichkeit. Ganz im Gegenteil steht das GG in einem permanenten und besonders raschen Prozess des „Herumbastelns"[87]. Bis zum Jahre 2013 sind bereits 59 Verfassungsänderungen verabschiedet worden, für die Art. 79 Abs. 2 GG eine Zweidrittelmehrheit in Bundestag und Bundesrat vorschreibt. Unter vielen Einzelregelungen stechen einige Entwicklungen durch ihren Umfang heraus.[88] Manche davon sollten das Grund-

---

[82] Zum Verfahren der Verfassungsänderung → *Marsch* § 5 Rn. 67.

[83] Für diese klassische Frage der Verfassungsrechtswissenschaft: *Jellinek*, Verfassungsänderung und Verfassungswandlung, 1906. Aktuelle Beiträge zu dieser Frage finden sich in: Der Staat Beiheft 20 (2012).

[84] Der Begriff des „Verfassungspatriotismus" wird in diesem Zusammenhang oft verwendet, auch wenn er irreführend sein kann (s. *Sternberger*, Verfassungspatriotismus, 1990); Näher hierzu → *Vilain* § 3 Rn. 34 ff.

[85] Hierzu die Beiträge in der (nicht als solche bezeichneten) Festschrift zum 60. Geburtstag des Gerichts, in der das Gericht von Außenstehenden (d. h. Wissenschaftlern anderer Disziplinen, Journalisten, Rechtswissenschaftler aus anderen Staaten) gewürdigt wird, *Stolleis* (Hrsg.), Herzkammern der Republik: Die Deutschen und das Bundesverfassungsgericht, 2011.

[86] BVerfGE 73, 339 (386).

[87] So *Oppermann*, Deutschland in guter Verfassung? 60 Jahre Grundgesetz, JZ 2009, S. 481 (482).

[88] Hierzu *Würtenberger*, Verfassungsänderungen und Verfassungswandel des Grundgesetzes, Der Staat Beiheft 20 (2012), S. 287 ff.; *Dreier*, Grundlagen und Grundzüge staatlichen Verfassungsrechts, in: v. Bogdandy et al. (Hrsg), Ius Publicum Europaeum I, 2007, § 1 Deutschland, Rn. 41 f.

§ 2 Verfassungsgeschichtliche Grundlagen

gesetz als Dauerverfassung verankern. Erstens sollten die Einführung einer „Wehrverfassung" (1956) und einer „Notstandsverfassung" (1968) die Rückgewinnung der vollen staatlichen Souveränität Deutschlands begleiten. Zweitens sollte die Finanz- und Haushaltsreform von 1969 einige Lücken des Grundgesetzes schließen und damit auch die Modernisierung des Föderalismus vorantreiben, wobei aber die Bund-Länder-Beziehungen wie es die Föderalismusreformen von 2006 und 2009 gezeigt haben eine Dauerbaustelle geblieben sind. Drittens löste die Wiedervereinigung Deutschlands eine größere Verfassungsreformdiskussion aus. Auf der Grundlage des Einigungsvertrages vom 31. August 1990 erstreckt sich die Geltung des Grundgesetzes nunmehr auch auf die fünf wiedergegründeten „neuen" Bundesländer. Die verfassungsrechtliche Grundlagen hierfür waren die Art. 23 a. F GG sowie das Wiedervereinigungsgebot der Präambel in ihrer damaligen Fassung. Der andere vom Grundgesetz vorgesehene Weg zu diesem Ziel, nämlich dass sich das ganze deutsche Volk in freier Selbststimmung eine (neue) Verfassung geben sollte (Art. 146 a. F. GG) war somit gegenstandlos geworden. Wenngleich der – zunächst vor allem wegen dessen vorläufigen Charakters verwendete – Begriff des „Grundgesetzes" beibehalten wird, so hat doch dieses Grundgesetz nichts Provisorisches mehr, sondern ist zur Verfassungsnorm aller Deutschen geworden. Art. 23 a. F GG wurde damit gegenstandlos; er fand aber nur zwei Jahre später einen neuen Wortlaut und begleitet nunmehr den europäischen Integrationsprozess (sog. „Europaklausel").[89] Solche Verfassungsänderungen eröffnen dem Grundgesetz neue Horizonte: als „Dauerverfassung" muss es nämlich jetzt Antworten auf neue Herausforderungen geben. Eine davon ist offenbar die Frage nach der Vereinbarkeit der sich vertiefenden europäischen Integration mit der nationalen Rechtsordnung, die an anderer Stelle dieses Buches zu behandeln sein wird.[90] An diesem Punkt der Darstellung muss vor allem unterstrichen werden, wie stark auch das heutige Grundgesetz noch in einer langen verfassungsrechtlichen Geschichte verankert ist (weshalb der Blick zurück auch weiterhin von großer Bedeutung bleibt), es dabei aber zugleich auch einen konstitutionellen Rahmen anbietet, um verfassungsrechtliche Anpassungen (und damit auch den Blick nach vorne) zu ermöglichen.

Dasselbe gilt natürlich auch für Frankreich: Die Verfassung der V. Republik hat bereits vor einigen Jahren ihren 50. Geburtstag gefeiert[91], was nicht geringzuschätzen ist angesichts der großen verfassungsrechtlichen Instabilität, welche die französische Geschichte geprägt hat. Wie auch im Falle des Grundgesetzes war die Akzeptanz der neuen Verfassung durch das französische Volk zu Beginn auch durch eine Phase wirtschaftlicher Prosperität getragen. Es zeigt sich hier und im Rückblick auf die erste Hälfte des 20. Jahrhunderts, dass die staatlichen Institutionen niemals losgelöst von den wirtschaftlichen und sozialen Kontexten zu betrachten sind, in denen sie sich entwickeln. Während der Beginn des 20. Jahrhunderts von

63

---

[89] Hierzu ausführlich → *Wendel* § 8 Rn. 32 ff.
[90] → *Wendel* § 8 Rn. 57 ff.; → *Gaillet* § 9 Rn. 20 ff.
[91] Aus der Vielzahl der zu diesem Anlass erschienenen Werke s. nur Jan (Hrsg.), La Ve République. Réflexions pour un centenaire, 2008 sowie die Beiträge im Heft „La Ve République", Pouvoirs 126 (2008).

der Wirtschaftskrise und den Schwierigkeiten des Wiederaufbaus nach dem Ersten Weltkrieg gezeichnet war, fallen die Anfangsphasen unserer beiden aktuellen Verfassungen zeitlich mit einer Periode größter wirtschaftlicher Prosperität zusammen, dem deutschen „Wirtschaftswunder" und den als „trentes glorieuses" bezeichneten „dreißig glorreichen" (Nachkriegs-)Jahren in Frankreich. Wie das Grundgesetz konnte aber auch die Verfassung der V. Republik ihre Flexibilität unter Beweis stellen. Sie überstand die anfänglichen Krisen und passte sich an die wirtschaftlichen wie sozialen und politischen Herausforderungen an, indem sie zum Beispiel Machtwechsel und Kohabitation ermöglichte. „Verfassung, das ist ein Geist, das sind Institutionen, das ist eine Praxis."[92] Dieser oft zitierte Satz *de Gaulles* gilt bis heute fort. Der „Geist" ist der Wille, den Staat wiederherzustellen, und vor allem das Bemühen um eine starke Exekutive. Die „Institutionen" entspringen dem Text der Verfassung selbst, aber ihr wahres Verständnis kann nicht ohne die Betrachtung der „Praxis", das heißt ihrer Umsetzung, erlangt werden. Wie das Grundgesetz hat auch die Verfassung von 1958 zahlreiche Änderungen erfahren. Bis heute lassen sich 24 Verfassungsänderungen zählen, von denen 22 im ordentlichen Revisionsverfahren gemäß Art. 89 CF beschlossen wurden.[93] Dagegen wurde die zweifelsohne wichtigste Änderung der Verfassung auf den Art. 11 gestützt, wodurch auf die Zustimmung der beiden Parlamentskammern verzichtet werden konnte, obwohl dieses Verfahren doch eigentlich nur für einfachgesetzliche, nicht aber verfassungsändernde Volksabstimmungen vorgesehen war.[94] Trotz heftiger politischer und juristischer Kontroversen wurde die Änderung des Art. 6 CF, der seitdem eine Direktwahl des Staatspräsidenten – und nicht mehr wie ursprünglich eine Wahl durch ein Wahlmännergremium – vorsieht, am 28. Oktober 1962 angenommen (62 % Ja-Stimmen bei einer Enthaltung von 23 %). Diese Verfassungsänderung bestätigte die Position, die *de Gaulle* seit seiner Rückkehr an die Macht verfocht: Er wollte einen Präsidenten, der sich als Chef der Exekutive überdies auf die parlamentarische Mehrheit stützen kann, um zum Gravitationszentrum des politischen Lebens der V. Republik zu werden. Auch wenn die Kohabitationen (1986–1988, 1993–1995 und 1997–2002) die Praxis in die Richtung eines klassischen Parlamentarismus gelenkt haben, so lässt die mit der Verfassungsänderung vom 2. Oktober 2000 beschlossene Verkürzung der präsidialen Amtszeit von sieben auf fünf Jahre das Auseinanderfallen von präsidialer Parteizugehörigkeit und parlamentarischer Mehrheit unwahrscheinlich werden. Die anderen Verfassungsänderungen, die auf Grundlage des Art. 89 CF erfolgten, betreffen – wie die Änderungen des Grundgesetzes – die verschiedensten Gebiete und sind von unterschiedlicher Bedeutung. Bedeutsam waren vor allem die Änderungen, durch die die Verfassung an ein von einer akzentuierten Dezentralisierung geprägtes Umfeld angepasst wurde (2003). Hierin ähnelt sie dem Grundgesetz, das ja auch immer wieder nach einem neuen Gleichgewicht für den Föderalismus sucht und zudem an eine „Internationalisierung" und wachsende „Europäisierung"

---

[92] *Charles de Gaulle*, Pressekonferenz am 31. Januar 1964.
[93] Eine Verfassungsänderung ist auf der Grundlage des 1995 aufgehobenen Artikels 85 erfolgt (sie betraf die „Communauté", die gescheiterte Version eines französischen Commonwealth).
[94] S. nur *Chevallier/Carcassonne/Duhamel*, Histoire de la Ve République, 2012, S. 75 f.; hierzu auch → *Marsch* § 5 Rn. 67.

§ 2 Verfassungsgeschichtliche Grundlagen

angepasst wurde. In dieser Hinsicht schlug Frankreich einen anderen Weg ein als Deutschland. Es änderte den 15. Titel der Verfassung mit der Überschrift „Über die Europäische Union" (welcher infolge der Ratifizierung des Vertrags von Maastricht im Jahr 1992 eingeführt worden war) bei fast jedem neuen Vertrag (1999, 2005, 2008). Wie in Deutschland sind Verfassungsänderungen außerdem Reaktionen auf kulturelle, soziale und ökonomische Paradigmenwechsel: Hier lassen sich die neue Berücksichtigung des Umweltschutzes (Staatsziel nach Art. 20a GG seit 1994 und die Umweltcharta als Bestandteil der französischen Präambel seit 2005) und die Gleichberechtigung von Männern und Frauen (bereits 1958 in Deutschland, 1999 und 2008 in Frankreich) nennen. Über diese eher sektoriellen Änderungen hinaus war das Jahr des 50. Geburtstags der Verfassung der V. Republik zugleich das Jahr der bedeutenden Verfassungsänderung vom 23. Juni 2008, in Folge derer neun neue Artikel eingefügt und 39 alte geändert wurden.[95] War hierbei die Maxime etwa: „Wir wollen die Verfassung ändern, ohne sie gänzlich auszuwechseln"? In der Tat ging es darum, die Institutionen zu „modernisieren" und „miteinander ins Gleichgewicht zu bringen"[96], indem die Rechte des Parlaments genauso gestärkt wurden wie diejenigen der Bürger, wodurch wiederum die Macht der Exekutive beschnitten wurde. Deren seit 1958 angestrebte „Aufwertung" hatte sich als teilweise uferlos herausgestellt. In Bezug auf die Bürgerrechte schreibt das neue, als „question prioritaire de constitutionnalité" (QPC) bezeichnete konkrete Normenkontrollverfahren die große „Verfassungswandlung" fort, die der Entscheidung des Conseil constitutionnel vom 16. Juli 1971 und der Öffnung des Conseil für die Anrufung durch eine parlamentarische Minderheit (Verfassungsänderung von 1974) geschuldet war.[97] Der Erfolg des neuen Normenkontrollverfahrens a posteriori hat sich schon jetzt gezeigt. Aber der Moment ist noch nicht gekommen, die Rolle der Rechtsprechung des Conseil constitutionnel mit derjenigen, die das Bundesverfassungsgericht in Karlsruhe in der Entwicklung der Praxis und der Interpretation des Verfassungstextes spielt, zu vergleichen. Was die Rechte des Parlaments und den Ausgleich zur Exekutive angeht, braucht es auch hier ohne Zweifel einen gewissen Abstand, um zu sehen, inwieweit eine neue politische Kultur parlamentarischer Kontrolle im institutionellen System der V. Republik ihren Platz findet.

Alle diese Reformen und Verfassungsänderungen werden in den verschiedenen Kapiteln dieses Buchs behandelt. Die Leser können so einen Einblick in die Übereinstimmungen und Unterschiede des Verfassungsrechts in Deutschland und in Frankreich erhalten. Sie werden feststellen, wie tiefgreifend die Entwicklung von 1949/1958 bis heute ist und dass zugleich doch stabile Elemente in beiden Verfassungsordnungen stecken, die einen gewissen Konsens ermöglicht haben. Man darf sich jedoch nicht einer naiven Selbstzufriedenheit hingeben. Muss man unsere beiden Verfassungen in der Tat nicht vielmehr als Ausgangspunkt, denn als Endpunkt

---

[95] *Hamon*, La loi constitutionnelle du 23 juillet 2008: quelle modernisation pour les institutions?, RSA 344 (2008).
[96] So kündigte es die Bezeichnung des vom ehemaligen Premierminister präsidierten „Comité Balladur" an („Comité de réflexion et de proposition sur la modernisation et le rééquilibrage des institutions"), dessen Arbeit die Verfassungsänderungen vorbereitet und inspiriert haben. Die 77 in einem Bericht enthaltenen Vorschläge sind am 29 Oktober 2007 veröffentlicht worden.
[97] Hierzu → *Marsch* § 6 Rn. 36, 38 sowie → *Hochmann* § 7 Rn. 20.

verstehen? Über die Beschreibung der zahlreichen Änderungen, denen die Verfassungen bis heute unterlagen, hinaus, soll das vorliegende Werk auch die Frage aufwerfen, wie es mit der konstitutionellen Dynamik in Deutschland und in Frankreich bestellt ist. Die heutigen Debatten über die notwendige Erneuerung der Demokratie werden vor dem Hintergrund einer wirtschaftlichen und politischen Krise geführt und ermahnen uns, unablässig die Vertrauensverbindung zwischen dem Bürger und den Institutionen zu stärken. Die Rufe nach einer Fortentwicklung des deutschen Grundgesetzes wie die Diskussionen über einen Übergang zu einer VI. Republik verstummen nicht. Ihnen werden im Schlusskapitel dieses Buchs einige Überlegungen gewidmet.

V. Verfassungs- und Gesetzestexte in Auszügen

1. Verfassungsgesetze der III. Republik (1875 und 1884)

Verfassungsgesetz vom 25. Februar 1875 „relative à l'organisation des pouvoirs"

Article 5 Le Président de la République peut, sur l'avis conforme du Sénat, dissoudre la Chambre des députés avant l'expiration légale de son mandat.
    (…)

Article 6 Les ministres sont solidairement responsables devant les chambres de la politique générale du Gouvernement, et individuellement de leurs actes personnels.
    Le Président de la République n'est responsable que dans le cas de haute trahison.

Verfassungsgesetz vom 14. August 1884 („Loi portant révision partielle des lois constitutionnelles")

Article 2 Le paragraphe 3 de l'article 8 de la même loi du 25 février 1875 est complété ainsi qu'il suit: „La forme républicaine du gouvernement ne peut faire l'objet d'une proposition de révision. Les membres des familles ayant régné sur la France sont inéligibles à la présidence de la République."

Article 3 Les articles 1 à 7 de la loi constitutionnelle du 24 février 1875, relatifs à l'organisation du Sénat, n'auront plus le caractère constitutionnel.

2. Verfassungsgesetz vom 10. Juli 1940

Article unique L'Assemblée nationale donne tout pouvoir au gouvernement de la République, sous l'autorité et la signature du maréchal Pétain, à l'effet de promulguer par un ou plusieurs actes une nouvelle constitution de l'État français. Cette constitution devra garantir les droits du travail, de la famille et de la patrie.

Elle sera ratifiée par la Nation et appliquée par les Assemblées qu'elle aura créées. La présente loi constitutionnelle, délibérée et adoptée par l'Assemblée nationale, sera exécutée comme loi de l'État.

3. Verfassung der IV. Republik (1946)

Article 48 Les ministres sont collectivement responsables devant l'Assemblée nationale de la politique générale du cabinet et individuellement de leurs actes personnels. Ils ne sont pas responsables devant le Conseil de la République.

Article 49 La question de confiance ne peut être posée qu'après délibération du Conseil des ministres; elle ne peut l'être que par le président du Conseil. Le vote sur la question de confiance ne peut intervenir qu'un jour franc après qu'elle a été posée devant l'Assemblée. Il a lieu au scrutin public.

La confiance ne peut être refusée au cabinet qu'à la majorité absolue des députés à l'Assemblée. Ce refus entraîne la démission collective du cabinet.

Article 50 Le vote par l'Assemblée nationale d'une motion de censure entraîne la démission collective du cabinet. Ce vote ne peut intervenir qu'un jour franc après le dépôt de la motion. Il a lieu au scrutin public.

La motion de censure ne peut être adoptée qu'à la majorité absolue des députés à l'Assemblée.

Article 51 Si, au cours d'une même période de dix-huit mois, deux crises ministérielles surviennent dans les conditions prévues aux articles 49 et 50, la dissolution de l'Assemblée nationale pourra être décidée en Conseil des ministres, après avis du président de l'Assemblée. La dissolution sera prononcée, conformément à cette décision, par décret du président de la République. Les dispositions de l'alinéa précédent ne sont applicables qu'à l'expiration des dix-huit premiers mois de la législature.

4. Verfassungsgesetz vom 3. Juni 1958 „portant dérogation transitoire aux dispositions de l'article 90 de la Constitution"

Article unique Par dérogation aux dispositions de son article 90, la Constitution sera révisée par le gouvernement investi le 1ᵉʳ juin 1958 et ce, dans les formes suivantes:

Le Gouvernement de la République établit un projet de loi constitutionnelle mettant en oeuvre les principes ci-après:

1° Seul le suffrage universel est la source du pouvoir. C'est du suffrage universel ou des instances élues par lui que dérivent le pouvoir législatif et le pouvoir exécutif;

2° Le pouvoir exécutif et le pouvoir législatif doivent être effectivement séparés de façon que le Gouvernement et le Parlement assument chacun pour sa part et sous sa responsabilité la plénitude de leurs attributions;

3° Le Gouvernement doit être responsable devant le Parlement;

4° L'autorité judiciaire doit demeurer indépendante pour être à même d'assurer le respect des libertés essentielles telles qu'elles sont définies par le préambule de la Constitution de 1946 et par la Déclaration des droits de l'homme à laquelle il se réfère;

5° La Constitution doit permettre d'organiser les rapports de la République avec les peuples qui lui sont associés.

Pour établir le projet, le Gouvernement recueille l'avis d'un comité consultatif ou siègent notamment des membres du Parlement désignés par les commissions compétentes de l'Assemblée nationale et du Conseil de la République. Le nombre des membres du comité consultatif désignés par chacune des commissions est au moins égal au tiers du nombre des membres de ces commissions; le nombre total des membres du comité consultatif désignés par les commissions est égal aux deux tiers des membres du comité.

Le projet de loi arrêté en Conseil des ministres, après avis du Conseil d'État, est soumis au référendum. La loi constitutionnelle portant révision de la Constitution est promulguée par le président de la République dans les huit jours de son adoption.

La présente loi sera exécutée comme loi de l'État.

5. Weimarer Reichsverfassung (1919)

Artikel 25 Der Reichspräsident kann den Reichstag auflösen, jedoch nur einmal aus dem gleichen Anlaß.

(…)

Artikel 48 Wenn ein Land die ihm nach der Reichsverfassung oder den Reichsgesetzen obliegenden Pflichten nicht erfüllt, kann der Reichspräsident es dazu mit Hilfe der bewaffneten Macht anhalten.

Der Reichspräsident kann, wenn im Deutschen Reiche die öffentliche Sicherheit und Ordnung erheblich gestört oder gefährdet wird, die zur Wiederherstellung der öffentlichen Sicherheit und Ordnung nötigen Maßnahmen treffen, erforderlichenfalls mit Hilfe der bewaffneten Macht einschreiten. Zu diesem Zwecke darf er vorübergehend die in den Artikeln 114, 115, 117, 118, 123, 124 und 153 festgesetzten Grundrechte ganz oder zum Teil außer Kraft setzen.

Von allen gemäß Abs. 1 oder Abs. 2 dieses Artikels getroffenen Maßnahmen hat der Reichspräsident unverzüglich dem Reichstag Kenntnis zu geben. Die Maßnahmen sind auf Verlangen des Reichstags außer Kraft zu setzen.

Bei Gefahr im Verzuge kann die Landesregierung für ihr Gebiet einstweilige Maßnahmen der in Abs. 2 bezeichneten Art treffen. Die Maßnahmen sind auf Verlangen des Reichspräsidenten oder des Reichstags außer Kraft zu setzen.

Das Nähere bestimmt ein Reichsgesetz.

Artikel 53 Der Reichskanzler und auf seinen Vorschlag die Reichsminister werden vom Reichspräsidenten ernannt und entlassen.

Artikel 54 Der Reichskanzler und die Reichsminister bedürfen zu ihrer Amtsführung des Vertrauens des Reichstags. Jeder von ihnen muß zurücktreten, wenn ihm der Reichstag durch ausdrücklichen Beschluß sein Vertrauen entzieht.

6. Gesetz zur Behebung der Not von Volk und Reich (Ermächtigungsgesetz) vom 24. März 1933

1. Reichsgesetze können außer in dem in der Reichsverfassung vorgesehenen Verfahren auch durch die Reichsregierung beschlossen werden. Dies gilt auch für die in den Artikeln 85 II und 87 der Reichsverfassung bezeichneten Gesetze.
2. Die von der Reichsregierung beschlossenen Reichsgesetze können von der Reichsverfassung abweichen, soweit sie nicht die Einrichtung des Reichstags und des Reichsrats als solche zum Gegenstand haben. Die Rechte des Reichspräsidenten bleiben unberührt.
3. Die von der Reichsregierung beschlossenen Reichsgesetze werden vom Reichskanzler ausgefertigt und im Reichsgesetzblatt verkündet. Sie treten, soweit sie nichts anderes bestimmen, mit dem auf die Verkündung folgenden Tage in Kraft. Die Artikel 68 bis 77 der Reichsverfassung finden auf die von der Reichsregierung beschlossenen Gesetze keine Anwendung.
4. Verträge des Reiches mit fremden Staaten, die sich auf Gegenstände der Reichsgesetzgebung beziehen, bedürfen für die Dauer der Geltung dieser Gesetze

nicht der Zustimmung der an der Gesetzgebung beteiligten Körperschaften. Die Reichsregierung erläßt die zur Durchführung dieser Verträge erforderlichen Vorschriften.
5. Dieses Gesetz tritt mit dem Tage seiner Verkündung in Kraft. Es tritt mit dem 1. April 1937 außer Kraft, es tritt ferner außer Kraft, wenn die gegenwärtige Reichsregierung durch eine andere abgelöst wird.

Ausgewählte Literatur

Association française des constitutionnalistes (Hrsg.), La continuité constitutionnelle en France – Journée d'étude des 16–17 mars 1989, Paris 1990 (Economica).
Böckenförde, Ernst-Wolfgang/Wahl, Rainer, Moderne deutsche Verfassungsgeschichte, 2. Aufl., Königstein im Taunus 1981 (Athenäum/Hain/Scriptor/Hanstein).
Chevallier, Jean-Jacques, Histoire des institutions et des régimes politiques de la France de 1789 à 1958, 9. Aufl., Paris 2001 (Armand Collin).
Ders./Carcassonne, Guy/Duhamel, Olivier, Histoire de la Ve République – 1958–2012, 14. Aufl., Paris 2012 (Dalloz).
Dreier, Horst, Grundlagen und Grundzüge staatlichen Verfassungsrechts: Deutschland, in: v. Bogdandy/Cruz Villalón/Huber (Hrsg.), Ius Publicum Europaeum I, Heidelberg 2007, S. 3–85 (C. F. Müller).
Fromme, Friedrich Karl, Von der Weimarer Verfassung zum Bonner Grundgesetz – Die verfassungspolitischen Folgerungen des Parlamentarischen Rates aus Weimarer Republik und nationalsozialistischer Diktatur, 3. Aufl., Berlin 1999 (Duncker & Humblot).
Frotscher, Werner/Pieroth, Bodo, Verfassungsgeschichte, 12. Aufl., München 2013 (C. H. Beck).
Gusy, Christoph, Die Weimarer Reichsverfassung, Tübingen 1997 (Mohr Siebeck).
Jouanjan, Olivier, Grundlagen und Grundzüge staatlichen Verfassungsrechts: Frankreich, in: v. Bogdandy/Cruz Villalón/Huber (Hrsg.), Ius Publicum Europaeum I, Heidelberg 2007, S. 87–150 (C. F. Müller).
Möllers, Christoph, Das Grundgesetz – Geschichte und Inhalt, München 2009 (C. H. Beck).
Morabito, Marcel, Histoire constitutionnelle de la France – de 1789 à nos jours, 13. Aufl., Paris 2014 (Montchrestien).
Morange, Jean, La Déclaration des droits de l'homme et du citoyen – 26 août 1789, 4. Aufl., Paris 2002 (puf).
Niclauß, Karlheinz, Der Weg zum Grundgesetz – Demokratiegründung in Westdeutschland 1945–1949, Paderborn 1998 (Schöningh).
Rials, Stéphane, Textes constitutionnels français, 26. Aufl., Paris 2014 (puf).
Stolleis, Michael, Geschichte des öffentlichen Rechts in Deutschland. Band 2: Staatslehre und Verwaltungswissenschaft 1800–1914, 1992; Band 3: Staats- und Verwaltungsrechtswissenschaft in Republik und Diktatur 1914–1945, München 1999 (C. H. Beck).
Troper, Michel, 1789 – l'invention de la Constitution, in: Études en l'honneur de Gérard Timsit, Brüssel 2004 (Bruylant), S. 177–191.
Vogel, Wolfram, Demokratie und Verfassung in der V. Republik – Frankreichs Weg zur Verfassungsstaatlichkeit, Opladen 2001 (Leske + Budrich).
Vorländer, Hans, Die Verfassung – Idee und Geschichte, 3. Aufl., München 2009 (C. H. Beck).
Würtenberger, Thomas, Ansätze und Zielsetzungen einer Verfassungsgeschichte des Grundgesetzes, in: Burmeister (Hrsg.), Verfassungsstaatlichkeit – Festschrift für Klaus Stern zum 65. Geburtstag, München 1997, S. 127–139 (C. H. Beck).
Zarka, Jean-Claude, L'essentiel de l'histoire constitutionnelle et politique de la France – De 1789 à nos jours, 5. Aufl., Paris 2011 (Gualino).
Zippelius, Reinhold, Kleine deutsche Verfassungsgeschichte – Vom frühen Mittelalter bis zur Gegenwart, 7. Aufl., München 2006 (C. H. Beck).

§ 3 Verfassungsprinzipien

Yoan Vilain

Inhaltsverzeichnis

I. Einleitung	46
1. Verfassungsbegriff und Methode	46
2. Verfassungsprinzipien	49
II. Republik	50
1. Begriffsbildung	50
2. Republik als Regierungsform	52
a) Die antimonarchistische Bedeutung des Republikbegriffs	52
b) Die Remanenz der monarchistischen Tradition	53
3. Republik als Grund- und Werteordnung	54
a) Republik als verfassungsmäßige Grundordnung	54
b) Republik als Gesellschaftsmodell und universelle Werteordnung	57
aa) Der republikanische Universalismus: Ursprungsidee und Fortentwicklung	57
bb) Die gemeinsame Bindung an universalistische Verfassungsprinzipien und an die Menschenwürde	60
III. Der säkulare Verfassungsstaat	62
1. Die religiös-weltanschauliche Neutralität des Staates als Verfassungsprinzip?	62
2. Die religiös-weltanschauliche Neutralität des Staates im Vergleich	64
a) Laizität als politischer Kampf- und Gegenbegriff	64
b) Trennungsmodell im Vergleich	65
IV. Herrschaftsform	68
1. Demokratische Legitimation und nationale Souveränität	69
2. Verschiedene Demokratiemodelle	71
a) Repräsentative und direkte Demokratie	71
b) Politische Willensbildung und Bedeutung der Parteien	73
3. Wehrhafte Demokratie und Schutz der verfassungsmäßigen Ordnung	75
a) Begriffsbildung	75
b) Rechtsdogmatischer Vergleich	77

Y. Vilain (✉)
European Law School, Humboldt-Universität zu Berlin, Unter den Linden 11, 10099 Berlin, Deutschland
E-Mail: yoan.vilain@rewi.hu-berlin.de

© Springer-Verlag Berlin Heidelberg 2015
N. Marsch, Y. Vilain, M. Wendel (Hrsg.), *Französisches und Deutsches Verfassungsrecht,* Springer-Lehrbuch, DOI 10.1007/978-3-642-45053-2_3

V. Staatsform 80
   1. Staatsform als Gliederung der Rechtsordnung 80
      a) Ausgangspunkt: Bundesstaat und Einheitsstaat als Gegenmodelle? 80
      b) Der Weg zum dezentralisierten Einheitsstaat und zum unitarischen Bundesstaat 82
   2. Gesetzgebungskompetenzen 85
      a) Verteilung der Gesetzgebungskompetenzen 85
      b) Die Mitwirkung bei der Gesetzgebung: Bundesrat und Senat im Vergleich 88
   3. Staatsaufbau und kommunale Selbstverwaltung 89
      a) Verwaltungsaufbau 89
      b) Kommunale Selbstverwaltung 91
VI. Rechtsstaat 94
   1. Begriffsbildung 94
   2. Hauptelemente des Rechtsstaatsbegriffes 99
      a) Hierarchie der Rechtsordnung 99
         aa) Vorrang der Verfassung 100
         bb) Vorrang und Vorbehalt des Gesetzes 101
         cc) Rechtsschutz 102
      b) Prinzip der Gewaltenteilung 103
      c) Formelle Anforderungen an die Rechtserzeugung 106
      d) Materielle Anforderungen an die Rechtserzeugung 107
         aa) Rechtssicherheit im materiellen Sinne 107
         bb) Verhältnismäßigkeitsprinzip 108
VII. Der Sozialstaat 109
   1. Begriffsbildung 109
   2. Verfassungsdogmatischer Vergleich 111
      a) Gemeinsamkeiten 111
      b) Dogmatische Unterschiede 112
VIII. Verfassungstexte in Auszügen 115
   1. Verfassung der V. Republik (1958) 115
   2. Grundgesetz der Bundesrepublik Deutschland (1949) 117
Ausgewählte Literatur 119

I. Einleitung

1. Verfassungsbegriff und Methode

1   Im Gegensatz zu anderen juristischen Texten besitzen Verfassungen eine doppelte Bedeutung: eine politische und eine juristische. Diese Vielschichtigkeit erklärt sich anhand der besonderen Funktion von Verfassungen. Sie sollen die politische Herrschaftsgewalt juristisch umrahmen.[1] In freiheitlich-demokratischen Verfassungsstaaten bedeutet dies zunächst, das Handeln des Gesetzgebers, der seine Politik in Form von Gesetzen verwirklicht, im Positiven zu konstituieren und im Negativen zu begrenzen. Im materiellen Sinne wird Verfassung „gewöhnlich mit dem Normkomplex identifiziert, der die Einrichtung und Ausübung der Staatsgewalt sowie die

---
[1] Vgl. *Hamon/Troper*, Droit constitutionnel, 33. Aufl. 2012, Rn. 33 ff.; *Grimm*, Zukunft der Verfassung, 1991, S. 14 f.

§ 3 Verfassungsprinzipien

Beziehung zwischen Staat und Gesellschaft grundlegend regelt"[2] und die politische Herrschaft legitimiert.[3] Sie bildet die positivrechtlich höchste Stufe der Rechtsordnung und unterscheidet sich daher von anderen Rechtsnormen durch ihren Vorrang. In einem engeren, normativistischen Sinn bezeichnet die Verfassung die Gesamtheit der positivrechtlich höchsten Normen einer Rechtsordnung, die die Erzeugung und den Geltungsbereich von generellen Rechtsnormen und insbesondere von Gesetzen festsetzen.[4]

Einer kontinentaleuropäischen Tradition entsprechend sind die französische und die deutsche Verfassung in formeller Hinsicht beide verschriftlicht. Während die deutschen Verfassungsnormen im Wesentlichen in einem Text, dem Grundgesetz, vereint sind, sind sie in Frankreich auf verschiedene Dokumente aus unterschiedlichen Epochen verteilt. Seit der Entscheidung „Liberté d'association" (Vereinigungsfreiheit) des Conseil constitutionnel vom 16. Juli 1971 bilden diese Dokumente gemeinsam den sogenannten *bloc de constitutionnalité*. In dieser bahnbrechenden Entscheidung verlieh der Conseil constitutionnel der Präambel der Verfassung juristische Verbindlichkeit. Dies wiederum hatte zur Folge, dass auch die in der Präambel in Bezug genommenen Texte, wie insbesondere die Erklärung der Menschen- und Bürgerrechte von 1789, Teil des geltenden Verfassungsrechts und daher vom Conseil constitutionnel als Prüfungsmaßstab heranzuziehen sind. Gleiches gilt auch für die Präambel der Verfassung von 1946, die selbst eine Reihe wirtschaftlicher und sozialer Grundrechte enthält und zudem auf die in den Gesetzen der III. Republik anerkannten Rechtsgrundsätze verweist. Diese Texte bilden heute zusammen mit dem Verfassungstext selbst und der seit 2004 in der Präambel erwähnten Umwelt-Charta den *bloc de constitutionnalité*.[5]

Dass Verfassungen Rechtsnormen sind, die eine herrschaftslegitimierende Funktion erfüllen und sich daher an der Schnittstelle zwischen Recht und Politik befinden, bedeutet freilich nicht, dass zwischen der juristischen und der politischen Bedeutung von Verfassungen in methodischer Hinsicht nicht differenziert werden sollte. Im Gegenteil: eine derartige Unterscheidung ist, soweit sie denn möglich ist, gerade aufgrund dieses engen Zusammenhangs rechtswissenschaftlich erkenntnisreich und gewinnbringend.[6] Erstens verbirgt sich hinter bestimmten Formulierungen eine Vielzahl an Konzepten. Auch wenn die Unbestimmtheit von Rechtsbegriffen nicht verfassungsspezifisch ist, ist der mehrdeutige Charakter von Begriffen wie Rechtsstaat, Republik oder Demokratie aufgrund der ideologischen Tragweite von

---

[2] *Grimm*, Zukunft der Verfassung, 1991, S. 11.

[3] Ebd., S. 37; ähnlich auch *Beaud*, L'histoire du concept de constitution en France. De la constitution politique à la constitution comme statut juridique de l'Etat, Jus Politicum 3 (2009), S. 1 (1).

[4] Grundlegend *Kelsen*, Allgemeine Staatslehre, 1925, S. 248 ff.; *Kelsen*, Reine Rechtslehre, 2. Aufl. 1960, S. 228 ff.

[5] → *Marsch* § 6 Rn. 38.

[6] Der enge Zusammenhang zwischen Recht und Politik wird keineswegs negiert, sondern nur dessen Vermengung. Damit wird die Gefahr eines Methodensynkretismus vermieden, vgl. *Kelsen*, Reine Rechtslehre, 2. Aufl. 1960, S. 1.

Verfassungen doch deutlich ausgeprägter.⁷ Die Verfassungsgebung stellt grundsätzlich eine historische Zäsur, ja oft sogar eine Revolution dar und eine Verfassungsänderung ist oft Ausdruck einer bedeutsamen politischen Entscheidung. Daher ist es nicht ungewöhnlich, dass eine Verfassung politische Wertentscheidungen enthält, ohne dass diese dadurch selbst zu Rechtsnormen werden. Im hier zugrunde gelegten Sinne sind unter Rechtsnormen dabei allein Rechtssätze zu verstehen, die auf hinreichend klare und bestimmte Art und Weise ein Gebot, eine Ermächtigung oder ein Verbot aussprechen, dessen Verstoß einheitlich geahndet wird.⁸ Aus diesem ersten Grund sollen die beiden Dimensionen des Rechts und der Politik, soweit dies möglich ist, im Folgenden auseinandergehalten werden. Damit ist freilich nicht gesagt, dass die Beachtung der politischen Dimension für ein umfassendes Verständnis des Systems und seiner Kontextualisierung zweitrangig wäre. Sie ist und bleibt zweifellos unerlässlich und wird im Folgenden ausreichend berücksichtigt.

4   Zweitens kommt es vor, dass oft unreflektierte und tradierte (Wert-)Vorstellungen oder letztlich rechtspolitisch motivierte Forderungen das Verständnis des geltenden Rechts bestimmen. Die Gefahr einer solchen Voreingenommenheit ist bei einem Verfassungsvergleich nochmals erhöht. Durch sie kann der Erkenntnisgewinn sowohl in Bezug auf das „eigene" als auch das „fremde" System verfälscht werden.⁹ Eine derartige Verfälschung kann sogar aus dem Bemühen resultieren, die Untersuchung des „fremden" Systems zu instrumentalisieren, um das „eigene" zu konservieren oder um es weiter zu entwickeln. Dann würde ein rechtsvergleichendes Argument etwa dazu dienen, einen fragwürdigen Rückstand anzuprangern oder im Gegenteil einen wünschenswerten Vorsprung zu bekräftigen. Im Fall der vergleichenden Betrachtung des deutschen und französischen Verfassungsrechts können verfälschte Rückschlüsse umso schneller entstehen, je holzschnittartiger Grundprinzipien der einen Verfassungsordnung jeweils als Gegenstücke zu Grundprinzipen der anderen Ordnung stilisiert werden. Ungeachtet der wechselseitigen Einflüsse und der Intensität des Austausches zwischen deutscher und französischer Verfassungsrechtslehre würde der Schwerpunkt der Betrachtung dann vor allem

---

⁷ Auch im Sinne eines quantitativen Unterschieds *Kelsen*, Reine Rechtslehre, 2. Aufl. 1960, S. 350–351; *Pfersmann*, Le sophisme onomastique: changer au lieu de connaître, in: Mélin-Soucramanien (Hrsg.), L'interprétation constitutionnelle, 2005, S. 33 (34 f.); teilweise anderer Ansicht *Guastini*, L'interprétation de la constitution, in: Troper/Chagnollaud (Hrsg.), Traité international de droit constitutionnel, 2012, S. 465 (478 ff.); teilweise auch *Troper*, L'interprétation constitutionnelle, in: Mélin-Soucramanien (Hrsg.), L'interprétation constitutionnelle, 2005, S. 13 (14).
⁸ *Favoreu et al.*, Droit constitutionnel, 15. Aufl. 2013, Rn. 65 ff.; *Kelsen*, Reine Rechtslchre, 2. Aufl. 1960, S. 73; *Kelsen*, Wesen und Entwicklung der Staatsgerichtsbarkeit, VVDStRL 5 (1929), S. 30 ff., abgedruckt in: van Ooyen (Hrsg.), Wer soll der Hüter der Verfassung sein?, 2008, S. 1 (38 f.); *Kelsen*, La garantie juridictionnelle de la Constitution, RDP 1928, S. 197 (239).
⁹ Vgl. *Schönberger*, Verfassungsvergleichung heute: Der schwierige Abschied vom ptolemäischen Weltbild, VRÜ 1 (2010), S. 6 (18 ff.); *Ruffert*, Die Methodik der Verwaltungsrechtswissenschaft in anderen Ländern der Europäischen Union, in: Schmidt-Aßmann/Hoffmann-Riem (Hrsg.), Methoden der Verwaltungsrechtswissenschaft, 2004, S. 165 (201 ff.); *Baer*, Verfassungsvergleichung und reflexive Methode: Interkulturelle und intersubjektive Kompetenz, ZaöRV 64 (2004), S. 735 (747 ff.); *Sommermann*, Die Bedeutung der Rechtsvergleichung für die Fortentwicklung des Staats- und Verwaltungsrechts in Europa, DÖV 1999, S. 1017 (1025 ff.).

auf den Unterschieden liegen. In einem solchen Fall diente der Rückgriff auf das französische lediglich einer Kontrastierung gegenüber dem deutschen System und umgekehrt.[10] Auch aus diesem Grund ist es umso zwingender, die politische und die juristische Dimension auseinanderzuhalten, um den Vergleich der deutschen und französischen Verfassungsprinzipien von einem methodisch möglichst distanzierten Standpunkt aus vollziehen zu können[11] und von diesem ausgehend Gemeinsamkeiten und Unterschiede in den Blick zu nehmen. Darin liegt das Ziel des folgenden Kapitels.

2. Verfassungsprinzipien

Gegenstand unserer Betrachtungen sind diejenigen Verfassungsprinzipien, die von der deutschen Verfassungslehre regelmäßig als „Staatsstrukturbestimmungen", „Grundentscheidungen" oder „Staatsfundamentalnormen" umschrieben werden. Als „grundlegend" können sie angesichts ihrer politischen Bedeutung oder aufgrund der historischen Tradition, aus der sie entstanden sind, bezeichnet werden. Ausschlaggebend aber ist, dass die Besonderheit dieser Prinzipien in juristischer Hinsicht vor allem daraus folgt, dass sie der Rechtsordnung – ungleich stärker als dies andere Normen tun – die ihr charakteristische Struktur geben. Einige unter ihnen können nicht einmal zum Gegenstand von Verfassungsänderungen gemacht werden. In diesem Sinne liefern sie auch Hinweise auf die Verfassungsidentität Frankreichs und Deutschlands.[12]

Konkret werden diese Verfassungsprinzipien im französischen Recht in Art. 1 i. V. m. Art. 89 Abs. 5 der französischen Verfassung von 1958, sowie in verschiedenen Vorschriften der Erklärung der Menschen und Bürgerrechte (DDHC) von 1789 genannt. Im deutschen Recht finden sie sich in Art. 20 Abs. 1, Art. 79 Abs. 3 sowie in Art. 140 des Grundgesetzes. Diese Verfassungsprinzipien legen die Form der Regierung (II.), der Herrschaft (IV.) und des Staates (V.) fest. Zudem beziehen sie sich auf den Rechtsstaat (VI.), den Sozialstaat (VII.) sowie das Verhältnis zwischen staatlichen Gewalten und Religionen (III.).

---

[10] *Beaud/Heyen* (Hrsg.), Eine deutsch-französische Rechtswissenschaft?, 1999.
[11] Vgl. *Voßkuhle*, Europa als Gegenstand wissenschaftlicher Reflexion, in: Franzius et al. (Hrsg.), Strukturfragen der Europäischen Union, 2010, S. 37 f.; v. *Bogdandy*, Deutsche Rechtswissenschaft im europäischen Rechtsraum, JZ 2011, S. 1 (3 f.).
[12] Vgl. *Favoreu et al.*, 15. Aufl. 2013, Rn. 119 ff., Rn. 145 ff.; *Sommermann,* in: v. Mangoldt et al. (Hrsg.), GG II, 6. Aufl. 2010, Art. 20 Rn. 6 ff; *Dreier,* in: ders. (Hrsg.), GG II, 2. Aufl. 2006, Art. 20 (Einführung) Rn. 12; *Reimer*, Verfassungsprinzipien, 2001.

II. Republik

1. Begriffsbildung

7   Der lateinischen *res publica* entsprungen, bezeichnete der Begriff „Republik" ursprünglich die „öffentliche Sache", also – in Anlehnung an den griechischen Terminus „πολιτικός" (Politikós) – das gemeinschaftliche Gut der Bürger. Es waren seit der Antike vor allem die Überlegungen zu den verschiedenen Regierungsformen, die dem Konzept der „Republik" eine bedeutende Stellung einräumten.[13] Und bis heute ist es eines der vielgestaltigsten Konzepte in der modernen Terminologie des Rechts und der Politik. Unter dem Begriff „Regierungsform" soll im Folgenden die institutionelle Struktur einer politischen Gemeinschaft[14] verstanden werden. Er bezeichnet die Art und Weise, in der die Machtausübung im Gemeinwesen organisiert ist.

8   Anhand der Theorie über die Regierungsformen können die Träger der Befehlsgewalt in einer Gemeinschaft ausgemacht werden. Dabei wird versucht, verschiedene Modelle – Monarchie, Republik, Theokratie, Anarchie usw. – zu klassifizieren, damit letztendlich die optimale Regierungsform gefunden werden kann.[15] Die Republik bezeichnet somit innerhalb dieser vielgestaltigen Klassifizierungen eine von vielen möglichen Regierungsformen.[16]

9   Die *Montesquieu*'sche Klassifizierung ist zweifelsohne eine der bekanntesten. Er schuf in seinem Meisterwerk des politischen Denkens, „L'Esprit des Lois", die inzwischen allgemeingültig gewordene Einteilung von Regierungsformen in drei Gattungen: die republikanische, die monarchische und die despotische. Letztere gründet sich auf den Terror und ist somit Gegenspielerin von Monarchie und Republik, die beide jeweils auf einer rechtlichen Grundlage beruhen.[17] Mit an-

---

[13] Vgl. namentlich *Ciceros* Formel: Die Republik bzw. das Gemeinwesen ist „die Sache des Volkes; Volk aber ist nicht jede beliebig zusammengewürfelte Anhäufung von Menschen, sondern der Zusammenschluss einer größeren Zahl, die durch eine einheitliche Rechtsordnung und ein gemeinsames Staatsziel zu einer Gesellschaft wird": *Cicero*, De re publica, I, 39.

[14] Vgl. *Senellart*, Gouvernement in: Alland/Rials (Hrsg.), Dictionnaire de la culture juridique, S. 768 (768 ff.).

[15] *Hamon/Troper*, Droit constitutionnel, 33. Aufl. 2012, Rn. 74.

[16] Vgl. etwa den Republikbegriff bei *Kant* oder später bei *Madison* in den „Federalist Papers". Dazu *Sommermann*, Demokratiekonzepte im Vergleich, in: Bauer et al. (Hrsg.), Demokratie in Europa, S. 191 (199); *Dreier*, Demokratische Repräsentation und vernünftiger Allgemeinwille, AöR 113 (1988), S. 450 (469 ff.); *Schmitt*, Verfassungslehre, 1928 (Nachdr., 10. Aufl. 2010), S. 223 f.

[17] „Le gouvernement républicain est celui où le peuple en corps [démocratie], ou seulement une partie du peuple [aristocratie], a la puissance souveraine; le monarchique, celui où un seul gouverne, mais par des lois fixes et établies; au lieu que dans le despotique, un seul, sans loi et sans règle, entraîne tout par sa volonté et ses caprices": *Montesquieu*, L'Esprit des Lois, Livre II, Chapitre I, abgedruckt in: Œuvres complètes I, 1951, S. 239.

§ 3 Verfassungsprinzipien

deren Worten waren Monarchie und Republik aus einem dergestalt freiheitlichen Verständnis heraus damals nicht als gegenläufig zu verstehen. Beide Regierungsformen können vielmehr, wie etwa bei *Immanuel Kant*, miteinander verknüpft werden.[18]

Die theoretische Grundlage der heutigen Gegenüberstellung von Monarchie und Republik als zweier widersprüchlicher Regierungsformen verdanken wir *Machiavelli*: Auf ihn ist die Idee zurückzuführen, dass „politische Herrschaft entweder in der republikanischen Form der Selbstregierung oder durch die Herrschaft eines Fürsten ausgeübt" wird.[19] Vornehmlich vollzog sich diese Bedeutungsverschiebung aber mit dem Beginn der Französischen Revolution, die nicht nur das Verständnis des Republikmodells in Frankreich sondern auch nachhaltig dessen Definition in der deutschen Lehre beeinflusst hat.[20] Zwar hatte die Republik als Regierungsform bereits im Zuge der Englischen oder Amerikanischen Revolution Gestalt angenommen, aber erst mit dem Fluchtversuch des französischen Königs und dem anschließenden Scheitern der konstitutionellen Monarchie im August 1792 wurde die Idee der Republik zu einem politischen Kampfbegriff, der das Streben nach einem radikalen Herrschaftswechsel heraufbeschwor. Im bis dahin ganz überwiegend monarchisch geprägten Frankreich[21] verband man die Monarchie seit der zweiten entscheidenden Phase der Französischen Revolution mit den verkommenen Sitten und der Willkür des *Ancien Régime*, kurz: mit dem Despotismus. Seither beinhaltete die Forderung nach der Errichtung einer Republik zugleich die Abschaffung der Monarchie und ganz konkret den Sturz des Königs.

10

Im Gegensatz zu Deutschland ist das Konzept der Republik in Frankreich nicht ein bloßes Pendant zum klassischen Freistaat im Sinne eines nicht von einem Monarchen regierten Staates. Die Republik in Frankreich ist mehr als das Modell einer Regierungsform, in der die Befehlsgewalt nicht von einem Monarchen ausgeübt wird. Vielmehr tritt in Frankreich, wie im Folgenden zu zeigen sein wird, zu dieser rein formellen und negativen Bedeutung des Republikbegriffs ein materiell-positiver Gehalt hinzu – eine Dimension, die ganz besonders für den rechtspolitischen Diskurs in Frankreich steht.

11

---

[18] Vgl. *Dreier*, in: ders. (Hrsg.), GG II, 2. Aufl. 2006, Art. 20 (Republik) Rn. 4 m. w. N.
[19] Vgl. *Schroeder*, Die Kunst der Staatserhaltung, in: Höffe (Hrsg.), Der Fürst, 2012, S. 22; *Schmitt*, Verfassungslehre, 1928 (Nachdr., 10. Aufl. 2010), S. 223 f.; *Machiavelli*, Il Principe, 1532, Kapitel 1.
[20] *Schönberger*, Die Idee der Republik in Frankreich – Anmerkungen aus vergleichender Sicht, in: Grewe/Gusy (Hrsg.), Französisches Staatsdenken, 2002, S. 76 ff.
[21] *Nora*, Republique, in: Furet/Ozouf (Hrsg.), Dictionnaire critique de la Révolution française, Idees, 3. Aufl. 2007, S. 391 (397 f.).

2. Republik als Regierungsform

a) Die antimonarchistische Bedeutung des Republikbegriffs

12 Frankreich und Deutschland werden in ihren Verfassungen an verschiedenen Stellen als „Republik" bezeichnet. Der Begriff taucht insoweit als Charakterisierung des Staates in einem sehr weiten Sinne auf bzw. wird schlicht als Synonym für Frankreich oder Deutschland verwendet, etwa in Art. 16 CF oder Art. 79 Abs. 1 S. 2 GG.

13 Andere Verfassungsnormen beziehen sich dagegen auf die Republik im Sinne einer bewussten Abkehr von der Monarchie. Das trifft besonders auf die Bedeutung zu, die in der deutschen Dogmatik einhellig dem Republikbegriff des Art. 20 Abs. 1 GG und dem Republikprinzip nach Art. 28 Abs. 1 GG zugeschrieben wird. Gleiches gilt für Art. 1 CF, der feierlich verkündet: „Frankreich ist eine unteilbare Republik".[22] In keinem der beiden Länder war diese verfassungsrechtliche Grundentscheidung für die Republik während der Entstehung der heute geltenden Verfassungen umstritten. Sie wurde vielmehr als selbstverständlich vorausgesetzt. Die Französische Verfassung von 1958 hebt dies nur feierlicher hervor. In diesem Punkt gleicht sie der Weimarer Reichsverfassung, deren Art. 1 lautete: „Das Deutsche Reich ist eine Republik".

14 Die Wiedererrichtung einer Erbmonarchie wurde in Deutschland ebenso wie in Frankreich durch die Entscheidung für die Republik aus juristischer Sicht unmöglich gemacht. Gleiches gilt für die Einführung einer Wahlmonarchie, in der das Staatsoberhaupt zwar durch eine Wahl bestimmt, ihm aber ein Mandat auf Lebenszeit zugebilligt wird. In diesem formell-negativen Sinne als Gegenpol zur Monarchie, ist die Republik Teil des änderungsfesten Verfassungsbestands beider Länder. In Deutschland ist das Republikprinzip zudem durch die Homogenitätsklausel des Art. 28 Abs. 1 GG geschützt. Danach müssen auch die Verfassungsordnungen der Länder republikanisch ausgerichtet sein. Im französischen Verfassungsrecht bestimmt Art. 89 Abs. 5 CF: „Die republikanische Regierungsform darf nicht zum Gegenstand einer Verfassungsänderung gemacht werden". Diese Bestimmung entspricht mehr oder weniger Art. 8 des Verfassungsgesetzes vom 25. Februar 1875, der die Verfassungsrevision unter der III. Republik regelte und selbst vom Verfassungsänderungsgesetz vom 14. August 1884 wie folgt ergänzt wurde: „Die republikanische Regierungsform kann nicht zum Gegenstand eines Verfassungsänderungsvorschlags gemacht werden. Mitglieder der königlichen Familien können nicht zum Präsident der Republik gewählt werden." Auch wenn ihr zweiter Teil später nicht mehr aufgegriffen wurde, zielte diese Vorschrift unter der III. Republik ursprünglich darauf ab, die Wiedererrichtung der Monarchie in Frankreich zu verhindern.[23]

---

[22] Die erste französische Verfassung von 1791 besagte schon: „Das Königsreich ist einheitlich und unteilbar". Der Nationalkonvent ordnete am 21. und 22. September 1792 die Abschaffung des Königtums an und erklärte am 25. September 1792: „Die französische Republik ist einheitlich und unteilbar".

[23] → *Gaillet* § 2 Rn. 20.

b) Die Remanenz der monarchistischen Tradition

Aus dem Monarchieverbot allein lässt sich allerdings nicht schließen, dass Deutschland und Frankreich seither alle typisch monarchischen Wesenszüge abgelegt hätten. Vielmehr lebt in mindestens drei Charakteristika der Rolle des Staatsoberhaupts dieses historische Erbe bis heute fort.[24] So finden die Immunität und politische Unverantwortlichkeit des Staatsoberhaupts ihre Wurzeln in der Unverletzlichkeit und Heiligkeit des Königs. Dieser galt als weltlicher Vertreter Gottes und musste sich allein vor ihm verantworten.[25] Gleiches gilt für das Begnadigungsrecht des Präsidenten der Republik und des Bundespräsidenten. Doch besonders deutlich wird das Fortwirken des historischen Erbes in Anbetracht der Aufgabe des Staatsoberhaupts, die Einheit des Staates in seiner Person zu verkörpern. Diese besondere Funktion drückt sich in seiner Rolle als Repräsentant des Staates auf internationaler Ebene aus, aber auch darin, dass er im Inneren gleichzeitig als „neutrale Macht" über den Parteien stehen und über die Verfassung wachen soll.[26]

Trotz dieser Gemeinsamkeit kann man Frankreich und Deutschland in diesem Punkt einander nicht gleichstellen. Tatsächlich tritt die eben genannte monarchistische Tradition im politischen System in Frankreich deutlicher zu Tage als in Deutschland. Während unter dem Grundgesetz die Rolle des Bundespräsidenten in Abgrenzung zu der des Reichspräsidenten der Weimarer Republik bewusst abgeschwächt wurde, ging Frankreich einen ganz anderen Weg: Die Autorität des Präsidenten wurde unter der V. Republik bewusst gestärkt, sodass aus ihm letztendlich ein „republikanischer Monarch" wurde. So sah das jedenfalls General *de Gaulle*, für den die Aufgabe der V. Republik darin lag, einen Ausgleich zwischen monarchischen und republikanischen Traditionen zu finden.[27]

Angesichts dieser Vorrangstellung des Präsidentenamtes vor allen anderen Verfassungsorganen, die weit über den Wortlaut der Verfassung hinausgeht, wurde den Institutionen der V. Republik vorgeworfen, von einer „Mystik des Staatschefs" geprägt zu sein, die zudem autoritäre Züge aufweise.[28] Diese Prägung kann aber

---

[24] Näher → *Vilain/Wendel* § 4 Rn. 78 ff.
[25] Vgl. *Zoller*, Droit constitutionnel, 2. Aufl. 1999, Rn. 224.; *Favoreu et al.*, Droit constitutionnel, 15. Aufl. 2013, Rn. 884; *Pernice,* in: Dreier (Hrsg.), GG II, 2. Aufl. 2006, Art. 60 Rn. 2.
[26] Vgl. Urteil v. 10.6.2014, 2 BvE 2/09, 2 BvE 2/10, Rn. 91 ff. Erleuchtend ist in diesem Zusammenhang die Vorrede des Präsidenten des Bundesverfassungsgerichts bei der Urteilsverkündung, zitiert nach http://www.tagesschau.de/inland/bverfg-npd-102.html (letztmaliger Abruf am 17.12.2014): „Alles in allem offenbart sich in der Wahl des Bundespräsidenten durch die Bundesversammlung ein eigentümlicher, demokratisch veredelter Rückgriff auf das Erbe der konstitutionellen Monarchie, der vom Verfassungsgeber aber so gewollt war und der der Bundesrepublik Deutschland letztendlich gut getan hat."
[27] *Peyrefitte*, Le Mal français, 1978, S. 56.
[28] Diese Kritik wurde schon 1964 in einem politischen Pamphlet geäußert, das aus der Feder von *Mitterrand* stammte: *Mitterrand*, Le coup d'Etat permanent, 1964. 1981 wurde ausgerechnet der schärfste Kritiker dieses Regimes selbst als Staatspräsident gewählt und bekleidete von nun an dieses Amt sicherlich wie keiner zuvor. Für eine radikale Kritik: *François*, Misères de la Ve République, 2007; *François/Montebourg*, La Constitution de la 6e République. Réconcilier les Français avec la démocratie, 2005.

nicht allein auf die monarchistische Tradition zurückgeführt werden. Sie knüpft vielmehr an den „demokratischen Cäsarismus" an, der in den napoleonischen Regimen (1799–1814 und 1851–1870) seinen beispielhaften Niederschlag fand und *de Gaulles* Verfassungskonzept ebenfalls beeinflusste.[29] Hier zeichnet sich der Gegensatz zu Deutschland besonders deutlich ab, da die Idee der Republik in der deutschen Rechtslehre gerade mit der Ablehnung eines autoritären Regimes verbunden wird. *De Gaulles* ursprünglicher Wille, in Frankreich eine „republikanische Monarchie"[30] bzw. eine „autoritäre Republik" zu errichten, unterscheidet die beiden politischen Systeme diesseits und jenseits des Rheins somit in besonderem Maße und verdient dementsprechend herausgehobene Beachtung in rechtsvergleichender Perspektive.

18 Aus diesen Entwicklungen ergibt sich, dass die juristische Tragweite des Republikmodells als Regierungsform ein historisches Vermächtnis darstellt, dessen normative Kraft im positiven Recht Deutschlands und Frankreichs kaum mehr als symbolischer Natur ist. Es wird in erster Linie als politischer Kampfbegriff zur Abschaffung der Monarchie verstanden. Die einschlägigen Verfassungsnormen haben ihre Bedeutung dagegen weitgehend verloren. Gleichzeitig hat die monarchistische Tradition ihrerseits Spuren hinterlassen, die heute paradoxerweise in Frankreich lebendiger sind, obwohl die monarchische Staatsform in Deutschland zeitlich später abgeschafft wurde.

3. Republik als Grund- und Werteordnung

a) Republik als verfassungsmäßige Grundordnung

19 Lässt sich aber der Republikbegriff über eine erste, weitgehend hinfällig gewordene formelle Bedeutung hinaus mit materiellem Inhalt anreichern? In Deutschland versuchen einige Autoren neuerdings, den Sinngehalt und die Bedeutung des Republikbegriffs vor dem Hintergrund dessen sprachlicher Verkümmerung wieder aufleben zu lassen und eine republikanische Staats- und Verfassungslehre zu entwickeln. Ihres Erachtens solle die Republik als Oberbegriff dienen, um das Gemeinwohl auf nationaler aber auch auf europäischer Ebene zu umschreiben,[31] weshalb es

---

[29] *Jouanjan*, Grundlagen und Grundzüge staatlichen Verfassungsrechts, in: v. Bogdandy et al. (Hrsg.), Ius Publicum Europaeum I, 2007, § 2 Frankreich, Rn. 16; → *Gaillet* § 2 Rn. 62.

[30] Der Ausdruck geht anscheinend auf die Arbeit einer deutschen Forschergruppe zurück: vgl. *Zürn*, Die republikanische Monarchie. Zur Struktur der Verfassung der V. Republik in Frankreich, 1965. Sie wurde jedenfalls durch *Duverger* in Frankreich eingeführt: *Duverger*, Monarchie républicaine, 1974.

[31] Vgl. *Isensee*, Republik – Sinnpotential eines Begriffs, JZ 1981, S. 1 ff.; *v. Bogdandy*, Die europäische Republik, Aus Politik und Zeitgeschichte 36 (2005), S. 21 ff.; *Anderheiden*: Gemeinwohl in Republik und Union, 2006; jüngst auch *v. Bogdandy/Guérot*, Eine neue Leitidee – die europäische Republik, Frankfurter Allgemeine Zeitung, Nr. 219, 20.9.2013, S. 7; Grundsatzrede des Bundespräsidenten *Gauck*, Rede zu Perspektiven der europäischen Idee, http://www.bundespraesident.de/SharedDocs/Reden/DE/Joachim-Gauck/Reden/2013/02/130222-Europa.html (letztmaliger Abruf 2.9.2014).

§ 3 Verfassungsprinzipien

sinnvoll sei, ihr eine materielle Dimension zu verleihen. Diese Bemühungen haben aber bisher kaum Früchte getragen – jedenfalls nicht in der Verfassungsrechtsprechung.[32] Die Republik ist in Deutschland ein überwiegend formell-negatives Konzept geblieben. Dieses erschöpft sich darin, die Einführung einer monarchischen Regierungsform zu verhindern. Materiell aufgeladen sind in Deutschland eher das Rechtsstaats- und Demokratieprinzip. Im Gegensatz zum Republikprinzip nehmen sie nicht nur eine herausragende Rolle in der Rechtsprechung ein, sondern haben in der deutschen Literatur einen geradezu inflationären Zuwachs an Bedeutungszuschreibungen erlebt.[33]

In Frankreich liegen die Dinge anders. Hier wird sowohl unter Politikern als auch unter Rechtsgelehrten sehr oft auf die Republik oder die „republikanische Tradition" Bezug genommen.[34] Der Sinngehalt, der diesen Begriffen im politischen System und in der juristischen Literatur in Frankreich zugeschrieben wird, übersteigt bei Weitem die schlicht antimonarchistische Bedeutung, die den Republikbegriff seit der Französischen Revolution kennzeichnete. 20

Schon ein Vergleich der Normen, in denen die Verfassungsprinzipien der deutschen und französischen Rechtsordnung niedergelegt sind, deckt eine unterschiedliche Weichenstellung auf: Während Art. 1 CF das Republikprinzip in den Mittelpunkt rückt, nimmt diesen Platz im entsprechenden Art. 20 Abs. 1 GG das Bundesstaatsprinzip ein. Derselbe Unterschied findet sich in den „Ewigkeitsklauseln" der beiden Verfassungen wieder, in denen die materiellen Schranken der Verfassungsänderung niedergeschrieben sind. Wo Art. 79 Abs. 3 GG[35] gleich in dreifacher Weise das Bundesstaatsprinzip schützt, betont Art. 89 Abs. 5 CF das Verbot, die „republikanische Regierungsform" anzutasten. 21

In Frankreich stellte sich in diesem Zusammenhang die Frage nach der Reichweite dieses Verbots, was letztendlich zu der Frage nach der Bedeutung des Begriffs der „republikanischen Regierungsform" führt. Hierzu haben sich in der Rechtsdogmatik zwei Meinungen herausgebildet. Die erste vertritt eine formell-restriktive Auslegung, indem sie in Art. 89 Abs. 5 CF nicht mehr sieht, als ein bloßes Monarchieverbot. Damit folgt sie der oben genannten ursprünglichen Formulierung von 1884. Mehrheitlich wird jedoch eine extensiv-substantielle Interpretation dieser Norm vertreten. Als Begründung wird zu Recht angebracht, dass die „sprachlich-emotionale Anreicherung des Republikbegriffs"[36] seit seinen Ursprüngen beachtlich zugenommen hat. Folglich schützt die französische Verfassung über die „republikanische Regierungsform" auch die in Art. 1 CF erwähnten Eigenschaften der 22

---

[32] Eine Ausnahme bildet die Entscheidung des Bundesverfassungsgerichts zum Wahlautomat: BVerfGE, 123, 39 (68 f.) – Wahlcomputer.

[33] Schon der Vergleich der Abhandlungen zum Rechtsstaatsprinzip und zur Demokratie in den ersten Ausgaben der Grundgesetz-Kommentare mit den jüngsten Ausgaben genügt, um diese Tendenz festzustellen. So auch *Dreier*, in: ders. (Hrsg.), GG II, 2. Aufl. 2006, Art 20 (Republik) Rn. 28.

[34] Vgl. *Bertrand/Verpeaux*, La République en droit français, 1996.

[35] Art. 20 Abs. 1 GG: Die *Bundesrepublik* Deutschland ist ein demokratischer und sozialer *Bundesstaat*; Art. 79 Abs. 3 GG: Eine Änderung dieses Grundgesetzes, durch welche die Gliederung des Bundes in Länder, die grundsätzliche Mitwirkung der Länder bei der Gesetzgebung oder die in den Artikeln 1 und 20 niedergelegten Grundsätze berührt werden, ist unzulässig.

[36] *Favoreu et al.*, Droit constitutionnel, 15. Aufl. 2013, Rn. 149.

französischen Republik: „Frankreich ist eine unteilbare, laizistische, demokratische und soziale Republik", ergänzt durch die Formulierung aus dem Jahr 2003, wonach Frankreichs „Verwaltungsaufbau dezentral gegliedert [ist]". Die Republik fungiert somit als Oberbegriff für die verfassungsmäßige Grundordnung des französischen Staates.

23   Aus dieser Sicht lässt sich zunächst einmal festhalten, dass die materiellen Schranken des Art. 89 Abs. 5 CF i. V. m. Art. 1 CF trotz der oben erläuterten Unterschiede durchaus zu einem großen Teil denen des Art. 79 Abs. 3 GG entsprechen. Letztendlich schützen beide Normen die grundlegenden Verfassungsprinzipien beider Rechtsordnungen: das Demokratie- und Sozialstaatsprinzip, die republikanische als antimonarchische Regierungsform und die in Deutschland föderale, in Frankreich dezentralisierte Staatsform.

24   Interessant ist, wie die französischen Verfassungsrichter zu der Auslegung des Art. 89 Abs. 5 CF stehen. Diese wichtige Frage wurde dem Conseil constitutionnel im Rahmen einer Klage von rund sechzig sozialistischen Parlamentariern im Jahr 2003 gestellt. Sie bezweifelten die Vereinbarkeit des Verfassungsänderungsgesetzes vom 28. März 2003 über die dezentrale Organisation der Republik mit dem verfassungsrechtlichen Prinzip der Unteilbarkeit der Republik und damit letztendlich auch mit der republikanischen Regierungsform. Anders gesagt, sie sahen in dem Gesetz eine Verletzung der materiellen Schranken der Verfassungsänderung. Der Conseil constitutionnel stand dementsprechend vor der Aufgabe, den Bedeutungsgehalt des Begriffs der „republikanischen Regierungsform" zu bestimmen und auf dieser Grundlage zu prüfen, ob das verfassungsändernde Gesetz im Falle einer extensiven Auslegung des Begriffs mit der Unteilbarkeit der französischen Republik vereinbar war.

25   Die in ihn gesetzten Erwartungen konnte bzw. wollte der Verfassungsrat indes nicht erfüllen. Der Conseil constitutionnel hielt sich nämlich nicht für zuständig, verfassungsändernde Gesetze anhand der Verfassung zu überprüfen. Eine verfassungsgerichtliche Prüfung am Maßstab der „Ewigkeitsgarantie" wie sie in Deutschland das Bundesverfassungsgericht speziell im Kontext der europäischen Integration vornimmt,[37] gibt es im französischen Recht daher nicht.[38] Der Conseil constitutionnel kann damit die Frage nach der juristischen Tragweite des Begriffs der „republikanischen Regierungsform" letztlich offen lassen.[39] Der entscheidende Unterschied zwischen deutscher und französischer Ewigkeitsklausel liegt also nicht so sehr in ihrem materiellen Gehalt bzw. den hierfür möglichen Zuschreibungs-

---

[37] Dazu → *Wendel* § 8 Rn. 60 f.
[38] C.C., 26.3.2003, 2003–469 DC – Dezentralisierung; vgl. dazu *Schmidt-Aßmann/Dagron*, Deutsches und französisches Verwaltungsrecht im Vergleich ihrer Ordnungsideen, ZaöRV 67 (2007), S. 395 (458); → *Marsch* § 6 Rn. 35.
[39] Als Vergleich hat sich der italienische Verfassungsgerichtshof zu einer wortgleichen Vorschrift der italienischen Verfassung (Art. 139) für eine extensive Auslegung des Begriffs der „republikanischen Regierungsform" ausgesprochen: Italienischer VfGH, 29.12.1988, Urteil 1146/1988. Vgl. dazu *Luciani*, Le contrôle de constitutionnalité des lois constitutionnelles en Italie, Cahiers du Conseil constitutionnel Nr. 27, 2009, S. 27 (29).

angeboten, sondern vielmehr in der Reichweite ihrer Justiziabilität. Der Conseil constitutionnel legt hier deutlich mehr Zurückhaltung und Behutsamkeit an den Tag als das BVerfG.

Eines haben die französischen Verfassungsrichter jedoch klargestellt: Allein der Verweis auf eine angebliche „republikanische Tradition" genügt nicht, um ein Prinzip von Verfassungsrang zu begründen. Obwohl sie ihrem Inhalt nach unklar ist und von der Verfassung an keiner Stelle genannt wird, berufen sich Parlamentarier in Klagen vor dem Conseil constitutionnel doch immer wieder auf die „republikanische Tradition" als Teil ungeschriebenen Verfassungsrechts. Das Begehren der Antragsteller zielt dann darauf ab, dass die Richter ein Gesetz wegen eines etwaigen Verstoßes gegen die Prinzipien des republikanischen Verfassungsgewohnheitsrechts für verfassungswidrig erklären. Doch auch wenn sich Anspielungen auf eine angebliche „republikanische Tradition" im politischen und juristischen Diskurs in Frankreich derart gemehrt haben, dass sie seit den 80er Jahren zum Gegenstand der Dogmatik und Rechtsprechung geworden sind,[40] hat der Conseil doch klar zu erkennen gegeben, dass ein Verstoß gegen die „republikanische Tradition" für sich allein genommen noch nicht einem Verstoß gegen die Verfassung gleichkommt. Dafür muss sich diese Tradition vielmehr in einem in den Gesetzen der III. Republik anerkannten Verfassungsgrundsatz niedergeschlagen haben. Ein solcher Verfassungsgrundsatz kann nach dem Conseil nur dann anerkannt werden, wenn er einem vorkonstitutionellen Gesetz entspringt und ihm keine späteren Gesetze widersprechen.[41] Andernfalls ist der Rückgriff auf das ungeschriebene Verfassungsrecht als Rechtsquelle vor dem Conseil constitutionnel von vornherein erfolglos.

b) Republik als Gesellschaftsmodell und universelle Werteordnung

aa) Der republikanische Universalismus: Ursprungsidee und Fortentwicklung

Es wäre dennoch falsch, aus dieser Haltung des Conseil constitutionnel zu schließen, dass die Bezugnahme auf die republikanische Tradition lediglich ein Beiwerk oder eine rhetorische Figur für politische Reden[42] ist. Sie verkörpert vielmehr „das Wesen der politischen Einheit, die Frankreich bildet. Sie ist eine Art Urwert. Sie trägt auch die Grundzüge des französischen politischen Systems, ist praktisch der Staat in seiner Substanz".[43] Offen gestanden geht ihre Bedeutung sogar über den rein nationalen Wirkungsbereich hinaus, da die Republik in diesem Sinne eine Werteordnung und ein Zivilisationsmodell darstellen soll. Worin aber besteht dieser „republikanische Universalismus" genau?

---
[40] Vgl. nur *Vimbert*, La tradition républicaine en droit public français, 1995.
[41] C.C., 21.2.2008, 2008-563 DC – Kommunales Wahlrecht.
[42] *Picard*, Vorwort, in: Vimbert (Hrsg.), La tradition républicaine en droit public français, 1992, S. 13 (13).
[43] *Jouanjan*, Die Rechtslage in Frankreich, in: Hofmann et al. (Hrsg.), Armut und Verfassung. Sozialstaatlichkeit im europäischen Vergleich, 1998, S. 141 (141).

28 Von den universellen und fortschrittlichen Werten, mit denen in Frankreich die republikanische Idee verbunden wird, drängt sich zunächst die Losung der Französischen Republik, der berühmte Dreiklang von „Freiheit, Gleichheit und Brüderlichkeit", auf. Dicht darauf folgt die Idee der Souveränität des Volkes, also die „Regierung des Volkes, durch das Volk, für das Volk" (Art. 2 CF). Außerdem betraut Art. 1 CF die Republik mit der Aufgabe, „die Gleichheit aller Bürger vor dem Gesetz ohne Unterschied der Herkunft, Rasse oder Religion" zu gewährleisten, wozu die Achtung „eines jeden Glaubens" hinzutritt. Insoweit zeichnet sich der republikanische Universalismus durch die Pflicht der Staatsgewalt zur Neutralität gegenüber sozialen, kulturellen, religiösen und regionalen Besonderheiten aus. Die Laizität als Ausfluss des republikanischen Universalismus zeigt dies beispielhaft für den Bereich der Religion. Der republikanische Universalismus sieht das Staatsvolk dementsprechend als „eins und unteilbar" an. Die Individuen, aus denen es sich zusammensetzt, sind einander an Würde gleich und daher gleich und neutral zu behandeln.[44]

29 Dies erklärt – gewissermaßen als die andere Seite der Medaille – die Vorbehalte in Frankreich, innerstaatlich kollektive Identitäten nach einem ethnischen, sexuellen, geografischen oder religiösen Maßstab anzuerkennen. Davon zeugen die lebhaften Kontroversen über die Anerkennung regionaler Sprachen,[45] über die Aufstellung ethnischer Statistiken[46] oder über die Einführung der Frauenquote.[47] Insoweit stellt sich der republikanische Universalismus dem Differentialismus oder auch dem generell mit dem angelsächsischen Integrationsmodell in Verbindung gebrachten Kommunitarismus entgegen. In Frankreich kennt man eine solche Anerkennung durch die Staatsgewalt nicht. Mit anderen Worten: Der Einzelne hat in Frankreich ein Recht auf staatliche Neutralität im öffentlichen Raum. Alles in allem beinhaltet der „republikanische Universalismus" im politischen Diskurs nicht mehr und nicht weniger als die Gesamtheit aller Werte, die das Integrationsideal der französischen Gesellschaft bestimmen sollen. Darüber hinaus versucht er, ein universelles Zivilisationsmodell aufzustellen.

30 Im Vergleich zu Deutschland fällt auf, dass diese Formen der Berufung auf den Universalismus, der Ablehnung einer staatlichen Anerkennung des gesellschaftlichen Pluralismus und der integrativen Kraft des „Republikkonzepts" eine Besonderheit des politischen Denkens und der Geschichte Frankreichs, besonders der Kolonialgeschichte, darstellen. Davon zeugen noch heute die französischen Ver-

---

[44] Vgl. Fatin-Rouge Stefanini, Les „discriminations positives" en matière électorale aux États-Unis et en France, Cahiers du Conseil constitutionnel 23 (2007), S. 91 (92); eingehend *Mélin-Soucramanien*, Le principe d'égalité dans la jurisprudence du conseil constitutionnel, Economica, 1997.

[45] C.C., 15.6.1999, 99-412 DC – Europäische Charta der Regional- oder Minderheitensprachen. Laut dieser Entscheidung verstoße die Charta gegen mehrere Verfassungsprinzipien, darunter die Unteilbarkeit der Republik, die Gleichheit vor dem Gesetz und die Einheitlichkeit des französischen Volkes.

[46] C.C., 15.11.2007, 2007-557 DC – Einwanderung und Integration.

[47] C.C., 18.11.1982, 82-186 DC – Geschlechterquote.

§ 3 Verfassungsprinzipien

fassungstexte.⁴⁸ Eine solche Vorstellung gründet sich auf eine verbreitete mythische Darstellung der französischen Identität und der universellen Werte, die die Republik seit der Französischen Revolution verkörpern soll. Kritik am Ethnozentrismus ist an dieser Stelle nicht unberechtigt: Obwohl der Ausgangspunkt des Republikkonzepts die Vorstellung ist, dass sich alle Menschen an Würde gleich sind, tendiert es in Wirklichkeit doch dazu, die Vorherrschaft einer kulturellen Gruppierung oder einer sozialen Schicht über andere zu stützen und aufrechtzuerhalten. Übersehen wird dann freilich die Situation benachteiligter Bevölkerungsgruppen. Diese Konzeption der Republik entpuppt sich somit als ungeeignet, um gegen Diskriminierungen vorzugehen. Zudem konfligiert eine derart universalistische Ausrichtung mit dem wachsenden Streben nach der Berücksichtigung von Vielfalt in einer komplexen, globalisierten und durch die Erschütterung des nationalen Bezugsrahmens im Umbruch befindlichen Gesellschaft.⁴⁹

Angesichts dieser Kritik, aber auch angesichts der Veränderungen innerhalb der französischen Gesellschaft, bestand und besteht die Herausforderung vor allem darin, das republikanische Modell anzupassen und fortzuentwickeln. Gleichzeitig dürfen seine Grundzüge – der Zusammenhalt des französischen Volkes als Nation, die gleiche Würde der Einzelnen und der Respekt, der ihnen danach von der Staatsgewalt entgegengebracht werden soll – nicht ausgehöhlt werden. Der zunächst überraschenden Berufung einer Soziologin an den Conseil constitutionnel im Jahr 2001 lagen ohne Zweifel die genannten Anpassungsbestrebungen zugrunde.⁵⁰ Noch grundlegender wird die Anpassung des republikanischen Modells in verschiedenen Verfassungsänderungen der 90er Jahre adressiert, wovon drei ganz besonders für die Berücksichtigung der Diversität der französischen Gesellschaft stehen. Die erste betraf die Gleichstellung von Männern und Frauen,⁵¹ die zweite ermöglichte eine stärkere Dezentralisierung⁵² und die dritte führte zur Anerkennung der Regionalsprachen als Teil des Kulturerbes Frankreichs.⁵³

31

---

⁴⁸ In der Präambel der französischen Verfassung von 1958 ist zu lesen: „Die Republik bietet „den überseeischen Gebieten, die den Willen zum Beitritt bekunden, neue Einrichtungen, die auf dem gemeinsamen Ideal von Freiheit, Gleichheit und Brüderlichkeit beruhen und die auf ihre demokratische Entfaltung hin entworfen wurden"; vgl. auch Art. 87 und 88 CF.

⁴⁹ Siehe hierzu: *Chevalier*, L'État post-moderne, 2003, S. 89 ff.; *Biu-Xuan*, Le droit public français entre universalisme et différencialisme, Economica, 2004; *Schnapper*, La Communauté des citoyens, 1994.

⁵⁰ So zumindest die Analyse der Betroffenen selbst: *Schnapper*, L'expérience-enquête au Conseil constitutionnel. Réflexion sur la méthode, Sociologie 2011, S. 295 (298 f.).

⁵¹ Verfassungswidrigkeitserklärung: C.C., 18.11.1982, 82-186 DC – Geschlechterquote; Verfassungsänderungsgesetz 99-569 vom 8.7.1999: „Das Gesetz fördert den gleichen Zugang von Frauen und Männern zu den Wahlmandaten und auf Wahl beruhenden Ämtern sowie zu den Führungspositionen im beruflichen und sozialen Bereich" (Neuer Art. 1 Abs. 2 CF).

⁵² Verfassungswidrigkeitserklärung: C.C., 17.1.2002, 2001-454 DC – Korsika II; Verfassungsänderungsgesetz 2003-276 vom 28.3.2003 (Neuer Art. 72 Abs. 4 CF).

⁵³ Verfassungswidrigkeitserklärung: C.C., 15.6.1999, 99-412 DC – Europäische Charta der Regionalsprachen; Verfassungsänderungsgesetz 2008-724 vom 23.7.2008 (Neuer Art. 75-1 CF).

bb) Die gemeinsame Bindung an universalistische Verfassungsprinzipien und an die Menschenwürde

32   Im Rahmen einer rechtsvergleichenden Betrachtung kann vorweggenommen werden, dass sowohl der Föderalismus als auch die durch das deutsche Grundgesetz getroffene Unterscheidung zwischen Deutschen- und Jedermannsgrundrechten[54] zeigen, dass gesellschaftliche Diversität und staatlicher Pluralismus in Deutschland gestärkt werden sollen.[55] Es wird sogar in gewisser Weise und unter der Kontrolle des Bundesverfassungsgerichts eine Art Asymmetrie akzeptiert.[56] Aber auch wenn der Partikularismus hier weniger offen abgelehnt wird, heißt dies nicht, dass nicht auch in Deutschland intensive Debatten über Themen wie die Idee der Leitkultur oder die Einführung von Quoten oder Regelungen für einen besseren Zugang von Frauen zu öffentlichen Ämtern geführt würden.[57] Im Gegensatz zu Frankreich standen diese Debatten jedoch nie im Zusammenhang mit der republikanischen Idee. Diese diente in Deutschland gerade nicht als Inbegriff für ein Gesellschaftsmodell „à l'allemande".

33   Man kann außerdem nicht leugnen, dass die Anspielung auf den Universalismus, die der französischen Vorstellung der Republik innewohnt, im Grundgesetz weitaus weniger deutlich erkennbar ist. Im Vergleich zum Wortlaut der französischen Verfassung scheint das Grundgesetz vor allem nach innen gerichtet zu sein und bekundet so eine gewisse Zurückhaltung. Andererseits verweist es ausdrücklich auf die christlichen Wurzeln Deutschlands und weist daher in kultureller Hinsicht eine deutlichere Färbung auf. So erinnert die Präambel des Grundgesetzes an die Verantwortung Deutschlands vor Gott und vor den Menschen sowie an die Zielstellung, dem Weltfrieden zu dienen. Im Jahr 1949 standen der Wiederaufbau Deutschlands, seine Wiedereingliederung in die internationale Gemeinschaft und in langfristiger Perspektive seine Einheit im Vordergrund. Die erkennbare Vorsicht ist vor dem Hintergrund der Entstehungsgeschichte des Grundgesetzes und den Unsicherheiten, die seine Geburtsstunde erschwerten, somit ohne weiteres verständlich. In diesem historischen Kontext, in dem das Grundgesetz noch nicht mehr war als ein „Provisorium für einen deutschen Teilstaat", wäre jede Art von Universalismus zweifelsohne verfehlt gewesen.[58]

34   Trotz allem hat sich das Grundgesetz seit mehr als zwei Jahrzehnten zum „Exportprodukt" entwickelt, das im Ausland womöglich größere Beachtung findet als die französische Verfassung von 1958.[59] Gleichzeitig kommt ihm eine hohe Wert-

---

[54] → *Hochmann* § 7 Rn. 27.

[55] Aus einer soziologischen und vergleichenden Perspektive: *Schnapper*, La France de l'intégration. Sociologie de la nation en 1990, 1991, S. 49 ff.

[56] Vgl. *Boysen*, Gleichheit im Bundesstaat, 2005; *Jouanjan*, Le principe d'égalité devant la loi en droit allemand, Economica, 1992.

[57] *Masing,* in: Dreier (Hrsg.), GG II, 2. Aufl. 2006, Art. 33 Rn. 52; sowie *Heun,* in: Dreier (Hrsg.), GG I, 3. Aufl. 2013, Art. 3 Rn. 89.

[58] → *Gaillet* § 2 Rn. 62; § 9 Rn. 7 ff.

[59] Vgl. *Grimm*, Identität und Wandel – das Grundgesetz 1949 und heute, Leviathan 2009, S. 603 (606).

§ 3 Verfassungsprinzipien

schätzung innerhalb der deutschen Bevölkerung zu. Dadurch erfüllt es eine Integrationsfunktion, die *Jürgen Habermas* im Begriff des „Verfassungspatriotismus"[60] zu fassen sucht. Tatsächlich macht dieses Konzept deutlich, dass der Bundesrepublik – anders als Frankreich – „Nation, Geschichte, (und) Kultur als Anknüpfungspunkt für Patriotismus nicht zur Verfügung standen, (sodass sie) ihre Identität (…) weithin aus der Verfassung bezog, die über ihre juristische Effizienz zum Symbol für die Abkehr vom Nationalsozialismus, den Wiedereintritt des Landes in die zivilisierte Welt, den Aufstieg zu einer wirtschaftlich starken und politisch stabilen Demokratie sowie die Überlegenheit im Vergleich mit der DDR wurde".[61]

Daraus entsteht der Eindruck, dass letztendlich zwischen der französischen Verfechtung der Republik und dem deutschen Verfassungspatriotismus eine gewisse innere Verbundenheit und ein Wertegleichklang bestehen. Beide drücken „eine in Überzeugungen verankerte Bindung an universalistische Verfassungsprinzipien"[62] aus, erfüllen eine integrative Funktion und durchbrechen gleichermaßen die traditionelle Einteilung in politische Rechte und Linke. Dennoch entsteht der Eindruck, als verfüge die „Republik" über eine stärkere Mobilisierungskraft. In ihr zeichnet sich im Vergleich zum deutschen Verfassungspatriotismus deutlicher eine emotionale Dimension des politischen Diskurses in Frankreich ab, wohingegen das deutsche Konzept eher Ausdruck einer Vernunftsliebe zu sein scheint.   35

Darüber hinaus tragen die Werteordnungen, die beide Verfassungen durch ihre jeweils eigenen Akzentuierungen und Konzepte verkörpern, den gemeinsamen Stempel eines auf der Menschenwürde begründeten humanistischen Gedankenguts. Man braucht nicht lange zu suchen: Art. 1 Abs. 1 GG garantiert die Unantastbarkeit der Menschenwürde, während die Grundrechte generell als Ausfluss derselben konzipiert werden.[63] Auf diese Weise bringt das Grundgesetz ein System universeller Werte hervor.[64] In Frankreich bietet sich eine ähnliche Situation. Lange galt die Vorstellung, dass die Republik aufgrund einer ganzheitlichen Vorstellung der Nation als eines „einzigen und unteilbaren" Ganzen die Gleichheit aller Bürger vor dem Gesetz zu gewährleisten habe. Eine solche holistische Grundauffassung ist aber heute überholt bzw. allein nicht mehr gültig. Gerade weil alle Menschen gleich   36

---

[60] *Habermas*, Geschichtsbewusstsein und posttraditionale Identität. Die Westbindung der Bundesrepublik, in: ders. (Hrsg.), Eine Art Schadensabwicklung, 1987, S. 161 (168, 173). Bevor das Konzept durch *Habermas* popularisiert wurde, war es zunächst von *Sternberger* in einem Artikel der FAZ vom 23.5.1979 eingeführt worden.

[61] *Grimm*, Die Zukunft des Staatsrechts, in: Grundmann et al. (Hrsg.), Festschrift 200 Jahre Juristische Fakultät der Humboldt-Universität zu Berlin, 2010, S. 1283 (1284); vgl. auch *Grimm*, Verfassungspatriotismus nach der Wiedervereinigung, in: ders. (Hrsg.), Die Verfassung und die Politik, 2001, S. 107 ff.

[62] *Habermas*, Apologetische Tendenzen, in: ders. (Hrsg.), Eine Art Schadensabwicklung, 1987, S. 120 (135).

[63] Art. 1 GG: „Die Würde des Menschen ist unantastbar. Sie zu achten und zu schützen ist Verpflichtung aller staatlichen Gewalt. Das Deutsche Volk bekennt sich darum zu unverletzlichen und unveräußerlichen Menschenrechten als Grundlage jeder menschlichen Gemeinschaft, des Friedens und der Gerechtigkeit in der Welt. (…)"; → *Hochmann* § 7 Rn. 44 ff.

[64] Dazu *Häberle*, Die Menschenwürde als Grundlage der staatlichen Gemeinschaft, in: Isensee/Kirchhof (Hrsg.), Handbuch des Staatsrechts II, 3. Aufl. 2004, § 22 Rn. 7 ff.

an Würde und Rechten geboren sind, muss die Republik Unterschiede zwischen Individuen sowie soziale Besonderheiten grundsätzlich ausblenden.[65] Angesichts dieses gemeinsamen Menschenbildes, dem die Anerkennung der Menschenwürde zugrunde liegt, scheint es treffend und folgerichtig, einen Gleichlauf zwischen dem Konzept der Republik als einer universellen Werteordnung und der Verbundenheit des Grundgesetzes mit seinem Grundrechtekatalog als einer Garantie zivilisatorischer Errungenschaft zu konstatieren.

III. Der säkulare Verfassungsstaat

1. Die religiös-weltanschauliche Neutralität des Staates als Verfassungsprinzip?

37 Der Begriff des säkularen Staates bezeichnet einen „weltanschaulich neutralen Staat mit umfassender Verbürgung der Glaubens- und Weltanschauungsfreiheit für seine Bürger".[66] Deutsche Leser werden möglicherweise erstaunt sein, die religiös-weltanschauliche Neutralität des Staates unter den hier behandelten Verfassungsprinzipien zu finden. In der deutschen Dogmatik wird sie auf diesem Feld jedenfalls nicht aufgeführt. Aber angesichts der Kriterien, die der Definition dieser Prinzipien in diesem Kapitel zugrunde gelegt wurden, erweist sich die nähere Befassung aus drei verschiedenen Gründen als geboten.

38 Erstens ist darauf hinzuweisen, dass die religiös-weltanschauliche Neutralität in Art. 1 CF genannt wird, der vom laizistischen Charakter der Republik spricht. Sie ist somit in rechtsdogmatischer Hinsicht Teil der Verfassungsprinzipien Frankreichs. In Deutschland wird eine derartige Verbindung der Bundesrepublik mit der Neutralität des Staates in der Literatur überwiegend abgelehnt. Und dennoch: Wenn das Republikprinzip einen Staat voraussetzt, „in dem die Bürger nicht aufgrund höherer Einsicht, (…) einer Sendung, Offenbarung oder Berufung von Personen regiert werden, die ihnen im Besitz solchen höheren Auftrags selbstständig gegenüberstehen, sondern von ihresgleichen",[67] dann ist es nicht weit hergeholt, auch im deutschen Recht die Brücke zwischen dem Verfassungsprinzip der Republik und der religiös-weltanschaulichen Neutralität des Staates zu schlagen. Diese Verbindung ist zudem historisch gerechtfertigt. Die Bekräftigung der Neutralität des

---

[65] Dieser Gedanke findet sich schon in der Präambel der Verfassung von 1946: „Am Tage nach dem Siege, den die freien Völker über die Regime davongetragen haben, die versucht hatten, die menschliche Person zu unterjochen und zu entwürdigen, verkündet das französische Volk von neuem, dass jedes menschliche Wesen ohne Unterschied der Rasse, der Religion oder des Glaubens unveräußerliche und geheiligte Rechte besitzt".

[66] *Dreier*, Säkularisierung und Säkularität, 2013, S. 15.

[67] *Henke*, Die Republik, in: Isensee/Kirchhof (Hrsg.), Handbuch des Staatsrechts I, 2. Aufl. 1995, § 21 Rn. 16; vgl. auch *Gröschner*, Die Republik, in: Isensee/Kirchhof (Hrsg.), Handbuch des Staatsrechts II, 3. Aufl. 2004, § 23 Rn. 6 und 21.

Staates geht mit der Errichtung der Weimarer Republik einher. Erst mit Weimar war die endgültige Loslösung der Kirche vom Staat in Deutschland abgeschlossen und damit „das Bündnis von Thron und Altar beendet".[68]

Zweitens gehört aus der Sicht der Verfassungstheorie die Beziehung von Staat und Kirche zu den zentralen Fragen des modernen politischen Diskurses.[69] Genauer gesagt stellt die religiös-weltanschauliche Neutralität der öffentlichen Gewalt eine Errungenschaft des freiheitlichen Konstitutionalismus dar: Sie garantiert die Abkoppelung des Politischen vom Religiösen. So schützt sie einerseits die Weltanschauungsfreiheit des Einzelnen und die Autonomie der Religionsgemeinschaften innerhalb eines geistlichen Bereichs. Andererseits sichert sie das Primat des Rechts und der Volkssouveränität in der weltlichen Sphäre. Sie ist also ein konstitutives Element des freiheitlichen Verfassungsstaates und kann dahingehend als ein Grundpfeiler der juristischen Kultur Europas angesehen werden.[70]

39

Drittens handelt es sich auch in dogmatischer und rechtsvergleichender Hinsicht um eine zentrale Fragestellung. Davon zeugen die lebhaften Debatten über die sogenannte „Renaissance der Religion" und den Platz des Islams in Frankreich und Deutschland. Sie führten dazu, dass die Beziehung zwischen Religionen und Staat neu überdacht werden muss. Die Frage ist also höchst aktuell, was man nicht zuletzt an den zahlreichen Veröffentlichungen zu diesem Thema sehen kann.[71] Zudem ist sie vermehrt zum Gegenstand von Gerichtsverfahren im Inland und auf europäischer Ebene geworden. Gleichzeitig reiht sich diese Thematik aber auch in die lange Geschichte der deutsch-französischen Beziehungen ein. Seit der unter der III. Republik eingeleiteten Entkonfessionalisierung des Staates, die in das Gesetz zur Trennung von Kirche und Staat von 1905 mündete, werden Deutschland und Frankreich als zwei gegensätzliche Modelle beschrieben.[72] Ein durchaus verblüffendes Beispiel für diese Gegensätzlichkeit liefert die bedeutende Kontroverse um die Bezugnahme auf das religiöse Erbe oder gar die christlichen Wurzeln Europas

40

---

[68] v. Campenhausen/de Wall, Staatskirchenrecht, 4. Aufl. 2006, S. 32.

[69] Eingehend dazu Skinner, Les fondements de la pensée politique moderne, 2001, S. 517 ff.

[70] Siehe hierzu Häberle, Europäische Rechtskultur, 1997, S. 25 f.; Morlok, Selbstverständnis als Rechtskriterium, 1993, S. 305 ff.

[71] Vgl. etwa Morlok, Neutralität des Staates und religiöser Radikalismus, in: Masing/Jouanjan (Hrsg.), Weltanschauliche Neutralität, Meinungsfreiheit, Sicherungsverwahrung, 2013, S. 3 ff.; Rambaud, Zum Grundsatz der religiösen Neutralität im französischen Staatsrecht, in: Masing/Jouanjan (Hrsg.), Weltanschauliche Neutralität, Meinungsfreiheit, Sicherungsverwahrung, 2013, S. 21 (25 f.); Waldhoff, Neue Religionskonflikte und staatliche Neutralität, in: Verhandlungen des Deutschen Juristentages Berlin, 2010; Walter, Religionsverfassungsrecht, 2006; Robbers, Staat und Kirche in der Europäischen Union, 2. Aufl. 2005; Classen, Religionsfreiheit und Staatskirchenrecht in der Grundrechtsordnung, 2003; Conseil d'Etat, Rapport public 2004, Un siècle de laïcité, La documentation française, 2004; Rambaud, Le principe de séparation des cultes et de l'Etat en droit public comparé, 2004.

[72] Historisch soll freilich daran erinnert werden, dass die erste Säkularisierung i. S. d. Verstaatlichung kirchlichen Besitzes durch den Dekret der Nationalversammlung vom 2.11.1789 den Reichsdeputationshauptschluss vom 1803 inspiriert hat. Vgl. dazu v. Campenhausen/de Wall, Staatskirchenrecht, 4. Aufl. 2006, S. 23 ff.; Robbers, Staat und Kirche in der Bundesrepublik Deutschland, in: ders. (Hrsg.), Staat und Kirche in der Europäischen Union, 2. Aufl. 2005, S. 83 (84).

in der Charta der Grundrechte der Europäischen Union. Vor allem die christlich-demokratischen Parteien in Deutschland forderten einen solchen Bezug vehement ein. Jedoch wurden diese Bestrebungen aufgegeben und der neutraleren Bezugnahme auf „das geistlich-religiöse und sittliche Erbe" Europas der Vorzug gegeben, was der Verfassungsidentität Frankreichs besser gerecht wird.[73] Im Folgenden soll dieses Spannungsfeld genauer herausgearbeitet werden, um sein wahres Gesicht oder, anders gesagt, seinen mythischen Charakter zu entlarven.

2. Die religiös-weltanschauliche Neutralität des Staates im Vergleich

a) Laizität als politischer Kampf- und Gegenbegriff

41 Die Laizität charakterisiert in markanter Weise sowohl das Selbstverständnis Frankreichs als auch sein Bild im Ausland. Sie steht für das französische Modell strikter Trennung von Staat und Kirche.[74] Ihr einen konkreten Sinngehalt abzugewinnen, erweist sich jedoch als schwierig. Laizität ist ein Wort, das „nach Schießpulver riecht und gegenläufige leidenschaftliche Resonanzen erweckt".[75] Etymologisch geht der Begriff auf das griechische Adjektiv ‚laikos' (zum gemeinen Volk gehörend) zurück.[76] Im Jahre 1873 gibt das Wörterbuch *Larousse* zum ersten Mal folgende Definition vor: Laizität „bezeichnet, was laiisch ist: ein Mensch, die Schule". Die Bedeutung leitet sich also von dem Wort ‚laiisch' ab, das im *Larousse* mit „nicht-kirchlich", „nicht-religiös" umschrieben wird. Diese rein lexikalische Definition vermag diesen vieldeutigen Begriff freilich nicht abschließend zu erklären. Er besitzt vielmehr zahlreiche und zum Teil widersprüchliche Bedeutungen bzw. Zielrichtungen. Umso zwingender ist es daher, die politische und rechtliche Dimension des Begriffes voneinander zu unterscheiden.

42 Im politischen Diskurs stehen sich grundsätzlich zwei Begriffsdeutungen gegenüber.[77] Die erste knüpft an den Laizismus an und ist demnach ein antiklerikaler Kampfbegriff. Sie bezeichnet „eine weltanschauliche Forderung, nämlich die Lösung des öffentlichen Lebens von Religion und Kirche".[78] Sie gründet sich auf ein tradiertes Verständnis des Universalismus und hat zum Ziel, durch die Verdrängung der Religion in die Privatsphäre die Gefahr einer gesellschaftlichen Zersplitterung zu bekämpfen. Demgegenüber plädieren die Gegner dieser ersten und teilweise noch herrschenden Auffassung für eine sogenannte „offene Laizität", die sich auf

---

[73] C.C., 19.11.2004, 2004-505 DC – Europäischer Verfassungsvertrag.

[74] Vgl. *Troper*, Le principe de laïcité, in: Annuaire International de Justice Constitutionnelle, Economica, 2000, S. 445 (450).

[75] *Rivero*, La notion juridique de laïcité, 1949, Chroniques XXXIII, S. 137 (137).

[76] Duden Herkunftswörterbuch, 2. Aufl. 1989.

[77] Vgl. *Durand-Prinborgne*, Le port de signes extérieurs de conviction religieuse à l'école, RFDA 1997, S. 151 (158).

[78] *v. Campenhausen/de Wall*, Staatskirchenrecht, 4. Aufl. 2006, S. 370.

die gegenseitige und positive Toleranz und den Pluralismus stützt. Ausgehend von der tatsächlichen Vielfalt der Gesellschaft sucht sie diese Gegebenheit mit dem Universalismus als einem Integrationsmodell pragmatisch und gewissermaßen in praktischer Konkordanz – um eine dogmatische Figur des deutschen Verfassungsrechts zu bemühen – in Einklang zu bringen. Nach dieser jüngeren Sichtweise, die in den achtziger Jahren anlässlich des Kopftuchstreites entstanden ist, ist Multikulturalismus nicht *per se* mit Kommunitarismus gleichzusetzen.[79]

In Deutschland verbindet man das französische Modell indes nach wie vor mit dem Laizismus und setzt es so als Gegenpol vom deutschen Modell ab.[80] Dieses Verständnis lässt sich bei *von Campenhausen* nachlesen: „Der Verfassungsgeber hat nämlich 1919 in der Deutschen Nationalversammlung, ebenso im Parlamentarischen Rat 1949 in Kenntnis der Alternative eines radikalen Trennungssystems in Frankreich (...) sich anders entschieden, nämlich für ein System der organisatorischen Trennung von Staat und Kirche bei geregelter fortgesetzter Kooperation".[81] Seither wird die Laizität in ihrer Eigenschaft als negativ besetzter Begriff herangezogen und dies gleichwohl in der Literatur wie auch in der Rechtsprechung. Die abweichende Meinung dreier Richter des ersten Senats des Bundesverfassungsgerichts zum berühmten und kontroversen Kruzifix-Beschluss zeigt dies in überaus deutlicher Weise: „Durch das Anbringen von Kreuzen in Unterrichtsräumen wird die Pflicht des Staates zu weltanschaulich-religiöser Neutralität nicht verletzt. Unter der Geltung des Grundgesetzes darf das Gebot der weltanschaulich-religiösen Neutralität nicht als eine Verpflichtung des Staates zur Indifferenz oder zum Laizismus verstanden werden".[82]

43

b) Trennungsmodell im Vergleich

Im rechtsdogmatischen Diskurs ist die Bedeutung des Laizitätsbegriffs freilich nüchterner. Sie entspricht weder dem antiklerikalen Laizismus noch dem pluralistischen Ansatz der offenen Laizität, sondern bezeichnet vielmehr die religiös-weltanschauliche Neutralität des Staates. Damit ist zwar nicht gesagt, dass sie dem Neutralitätsgebot des deutschen Grundgesetzes gleichzusetzen wäre, wohl aber, dass sie ihm nicht radikal entgegensteht.

44

Eine Definition der Laizität enthält die französische Verfassung nicht. Dennoch fordert sie in ihrem ersten Artikel die Staatsgewalt auf, die Gleichheit aller Bürger vor dem Gesetz ohne Unterschied der Religion zu gewährleisten und zudem jeden

45

---

[79] Siehe dazu die Ausgabe zum Thema „La laïcité" der Revue Pouvoirs 75 (1995), insbesondere den Beitrag von *Rémond*, La laïcité et ses contraires, S. 7 ff.

[80] Eingehend *Classen*, Religionsfreiheit und Staatskirchenrecht in der Grundrechtsordnung, 2003, S. 13 f.

[81] *v. Campenhausen/de Wall*, Staatskirchenrecht, 4. Aufl. 2006, S. 369.

[82] BVerfGE 93, 1 (25 ff.) – Kruzifix; vgl. auch im Schrifttum *Heckel*, Die Kirchen unter dem Grundgesetz, in: VVDStRL 26 (1968), S. 5 (27 ff.); *Grundmann*, Laizistische Tendenzen im deutschen Staatskirchenrecht, in: Festschrift für Hermann Kunst, 1967, S. 126 ff.

Glauben zu achten. Diese Verpflichtung steht in engem Zusammenhang mit dem laizistischen Charakter der Republik, der in dem vorherigen Satz zu dieser Bestimmung festgelegt wird. Dieser Zusammenhang wurde vom Conseil constitutionnel in seiner Entscheidung vom 21. Februar 2013 aufgegriffen und bestätigt.[83] Hier erkannte der Conseil die Laizität sogar zum ersten Mal als Grundrecht an. Folglich begründet dieser Grundsatz in Verbindung mit dem Schutz der weltanschaulichen Meinungsvielfalt – Art. 10 DDHC – einen Anspruch darauf, dass der Staat in diesen Angelegenheiten neutral handeln muss.

46 Zusätzlich zu diesem Neutralitätsgebot beinhaltet die Laizität aber auch ein liberales Toleranzgebot, denn sie verpflichtet die Republik dazu, jeden Glauben zu achten. Daran erinnert auch das Gesetz vom 9. Dezember 1905 zur Trennung von Staat und Kirche, dessen erster Artikel lautet: „Die Republik schützt die Glaubensfreiheit. Sie gewährleistet die freie Religionsausübung, die nur aufgrund bestimmter Einschränkungen und im Interesse der durch das Gesetz begründeten öffentlichen Ordnung eingeschränkt werden darf".

47 Dadurch wird deutlich, dass das Laizitätsprinzip nicht mit dem religionsfeindlichen Laizismus gleichzusetzen ist und dem deutschen Religionsverfassungsrecht im Hinblick auf das Neutralitäts- und Toleranzgebot mehr ähnelt, als gemeinhin angenommen. Auch in Deutschland bildet die staatliche Neutralitätspflicht den Kernsatz des deutschen religionsverfassungsrechtlichen Systems. Das hat das Bundesverfassungsgericht in seiner Rechtsprechung dementsprechend festgehalten: „Der Staat hat auf eine am Gleichheitssatz orientierte Behandlung der verschiedenen Religions- und Weltanschauungsgemeinschaften zu achten (…) und darf sich nicht mit einer bestimmten Religionsgemeinschaft identifizieren".[84] Abgeleitet wird dieses Gebot der „Nichtidentifikation" insbesondere aus der Gewährleistung der negativen Dimension der Glaubensfreiheit – Art. 4 Abs. 1 GG – und der Vorschrift des Art. 140 GG i.V.m. Art. 137 Abs. 1 WRV, demzufolge es keine Staatskirche gibt.

48 In diesem Zusammenhang ist zudem das Toleranzgebot zu erwähnen, das dem Staat versagt, Glauben und Lehre einer Religionsgemeinschaft als solche zu bewerten, zu verbieten oder zu bekämpfen.[85] Dieses Gebot staatlicher Toleranz entnimmt das Gericht sowohl dem Respekt gegenüber unterschiedlichen weltanschaulichen Sichtweisen als auch dem Schutz der Menschenwürde und der Persönlichkeit. Schließlich spielt auch das Gleichheitsgebot bzw. der Paritätsgrundsatz eine entscheidende Rolle, denn die Zusammenarbeit zwischen Staat und Religionsgemeinschaften darf nicht zu „einer Privilegierung bestimmter Bekenntnisse führen".[86] Aus den Neutralitäts-, Paritäts- und Toleranzgeboten ergibt sich zusammenfassend, dass der deutsche Staat selbst kein Bekenntnis haben und Bekenntnisse der Einzelnen weder bevorzugen noch behindern darf.

---

[83] C.C., 21.2.2013, 2012-297 QPC – Laizität in den Departements Bas-Rhin, Haut-Rhin und Moselle.

[84] Exemplarisch: BVerfGE 93, 1 (17) – Kruzifix; BVerfGE 108, 282 (300) – Kopftuch.

[85] Vgl. etwa BVerfGE 33, 23 (29) – Eidesverweigerung; BVerfGE 108, 282 (300) – Kopftuch.

[86] Vgl. namentlich BVerfGE 30, 415 (422) – Mitgliedschaftsrecht; BVerfGE 108, 282 (299) – Kopftuch.

§ 3 Verfassungsprinzipien

Die Unterschiede zwischen beiden Rechtssystemen ergeben sich letztlich aus **49** den konkreten Rechtsfolgen dieser Kernsätze. In Deutschland wird die Trennung von Staat und Kirche generell als „hinkende Trennung" bezeichnet. Die Neutralität des Staates steht der Zusammenarbeit und Förderung von Religionsgesellschaften nicht im Wege. Diese Kooperation darf allerdings nicht gegen die drei genannten Gebote verstoßen. Sie wird teilweise von der Verfassung selbst geregelt. Dies gilt etwa für den Religionsunterricht an öffentlichen Schulen gemäß Art. 7 Abs. 3 GG, die Seelsorge in öffentlichen Einrichtungen gemäß Art. 140 GG i. V. m. Art. 141 WRV oder die Erhebung von Kirchensteuern nach Art. 140 GG i. V. m. Art. 137 Abs. 4 WRV.

Im Vergleich dazu ist das französische System durch eine unverkennbar stren- **50** gere Trennung gekennzeichnet. Konkret ergibt sich aus dem Laizitätsprinzip, dass der Staat keine Glaubensgemeinschaft anerkennt und finanziert. Zudem schließt das Prinzip aus, dass sich jemand auf seine religiösen Anschauungen zu dem Zweck beruft, sich nicht an die öffentlich-rechtlichen Bestimmungen zu halten, die das Verhältnis zwischen Privatpersonen und öffentlichen Einrichtungen – *services publics* – regeln.[87] Daraus erklärt sich zum Beispiel, dass das Tragen religiöser Zeichen für das Schulpersonal, aber auch für die Schüler, verboten ist. Denn diese Personen gelten in dieser Hinsicht ebenfalls als Mitglieder dieser Einrichtung.

Auf den ersten Blick erscheint die Trennung von Staat und Kirche in Frankreich **51** somit deutlich strenger ausgeprägt als in Deutschland. Angesichts der zahlreichen Abweichungen ist dieser erste Eindruck aber freilich zu relativieren. Die Schulgesetze sind hierfür ein gutes Beispiel. So bezieht sich das Gesetz, welches das Tragen religiöser Zeichen durch die Schüler verbietet, lediglich auf „das Tragen von Kleidungsstücken oder anderen religiösen Zeichen, die *ostentativ* eine religiöse Zugehörigkeit ausdrücken".[88] Es betrifft ferner nur Schüler und findet keine Anwendung auf Studierende an Hochschulen. Zudem muss die Schulleitung mit den betroffenen Schülern zunächst den Dialog suchen, bevor Disziplinarmaßnahmen überhaupt eingeleitet werden können. Zweck dieses Gesetzes ist daher primär die Schlichtung von Konflikten, die sich seit den 1980er Jahren vermehrt haben. Soweit ersichtlich wurde dieses Ziel auch erreicht. Das Bedürfnis nach einer Beilegung von Streitigkeiten dieser Art ist allerdings nicht neu. Während die Schulen und öffentlichen Einrichtungen durch das berühmte Gesetz vom 28. März 1882 säkularisiert

---

[87] C.C., 19.12.2004, 2004-505 DC – Europäischer Verfassungsvertrag.
[88] Gesetz 2004-228 vom 15.3.2004 zur Regelung des Tragens von äußeren Zeichen und Kleidungsstücken, die eine religiöse Zugehörigkeit ausdrücken. Anders als dieses Gesetz, das das Schulwesen betraf, also das Verhältnis zwischen Privatpersonen und öffentlichen Einrichtungen, und sich daher auf das Laizitätsprinzip beziehen konnte, ist dies bei dem Gesetz 2010-1192 vom 11.10.2010 zum Vollverschleierungsverbot nicht der Fall. Hier wird das Verbot mit dem Argument der Gewährleistung der öffentlichen Ordnung (*ordre public*) begründet und nicht mit dem der Laizität. Die öffentliche Ordnung umfasst einerseits die materielle Sicherheit, hat jedoch auch eine immaterielle Komponente. Sein Antlitz in der Öffentlichkeit zu verschleiern bedeutet eine Gefahr für die Sicherheit und verstoße gegen die Grundwerte einer demokratischen und offenen Gesellschaft. Beide Aspekte rechtfertigen eine Einschränkung der Religionsfreiheit. Hierzu: C.C., 7.10.2010, 2010-613 DC – Vollverschleierungsverbot; EGMR, 1.7.2014, Nr. 43835/11 – S.A.S/ Frankreich.

wurden, besagten gleichzeitig die Verordnungen zur Anwendung des Gesetzes, dass es in behutsamer Weise umgesetzt werden solle. Die Schulleiter hatten die persönlichen Überzeugungen zu achten und Unruhen zu vermeiden. Besonders gut veranschaulicht wird dieses Bemühen durch die Empfehlung des damaligen Erziehungsministers *Ferry*, man möge auf einen geeigneten Augenblick – die Sommerpause oder Malerarbeiten – warten, um die religiösen Zeichen aus der Schulklasse zu entfernen.[89]

52 Weitere Abweichungen vom Laizitätsprinzip in Frankreich beinhalten u. a. die Regelungen über Privatschulen, die konfessionellen eingeschlossen. Diesen kommt im Übrigen auch staatliche Finanzierung zugute.[90] Zudem unterstützt die öffentliche Hand indirekt über den Umweg der staatlichen Denkmalpflege die christlichen Kirchen. Ebenso dürfen Geistliche auch in Frankreich in öffentlichen Einrichtungen die Seelsorge übernehmen. An letzter und wichtigster Stelle sei darauf hingewiesen, dass das Laizitätsprinzip nicht auf dem gesamten Staatsgebiet Wirkung entfaltet. In einer Entscheidung aus dem Jahr 2012 hat der Conseil constitutionnel die Vereinbarkeit des Konkordats im ehemaligen „Elsass-Lothringen" – den heutigen Departements Bas-Rhin, Haut-Rhin und Moselle –, das ursprünglich durch das Gesetz vom 8. April 1802 ins französische Recht eingeführt worden war, mit dem Laizitätsprinzip festgestellt. Dieses Gesetz ist auch heute noch in Kraft. Das bedeutet, dass in den drei Departements seither Religionsunterricht an den Schulen angeboten wird und dass Geistliche vom Staat bezahlt werden. Ähnliche Ausnahmen gibt es auch für einige Überseegebiete, wie beispielsweise Guyana.[91]

53 Festzuhalten bleibt, dass dem Laizitätsprinzip nach französischem Verfassungsrecht kaum ein strikter Charakter zugeschrieben werden kann, wenn es Abweichungen der beschriebenen Art zulässt. Die Unterschiede zwischen französischem und deutschem Recht zeigen sich somit vor allem in ihren konkreten Ausprägungen. Ein systemischer Wesensunterschied ist hingegen nicht ersichtlich. Dies gilt umso mehr, als sich der deutsche und der französische Staat gleichermaßen dem Respekt der Religionsfreiheit verschrieben haben, die überdies auch auf europäischer und völkerrechtlicher Ebene geschützt wird.[92]

IV. Herrschaftsform

54 Der Begriff der „Demokratie" steht für eine nicht enden wollende Anzahl an Konzepten, sei es aus der politischen Theorie oder der Verfassungsrechtswissenschaft. Konsens dürfte ganz allgemein darüber herrschen, dass die Demokratie eine bestimmte Form von Herrschaft bezeichnet. Demokratie steht somit allgemein für ein

---

[89] Rundschreiben des Erziehungsministers *Ferry* vom 17.11.1883: „Nie werden Sie mit zu viel Bedenken eine so empfindliche und geheiligte Sache wie das Gewissen eines Kindes berühren".
[90] *Muhlmann/Zalc*, La laicité, de la III. à la V. République, Pouvoirs 126 (2008), S. 101 (106 ff.).
[91] Königliche Verordnung (*Ordonnance royale*) von *Charles X.* vom 27.8.1828.
[92] Art. 10 der Charta der Grundrechte der EU und Art. 9 EMRK.

System, in dem die Rechtsnormen von ihren Adressaten selbst gesetzt werden. Mit den mittlerweile klassischen Worten von *Hans Kelsen* kann der Demokratiebegriff wie folgt umrissen werden: „Demokratie ist der Idee nach eine Staats- oder Gesellschaftsform, bei der der Gemeinschaftswille, oder ohne Bild gesprochen, die soziale Ordnung durch die ihr Unterworfenen erzeugt wird: durch das Volk. Demokratie bedeutet Identität von (...) Subjekt und Objekt der Herrschaft, bedeutet Herrschaft des Volkes über das Volk".[93] Als eine Form von Selbstbestimmung stellt sie sich heteronomen Herrschaftsformen wie etwa der Autokratie entgegen. Unter Zugrundelegung einer solchen Definition entwickeln die verschiedenen Konzepte Idealtypen, die wiederum als Ausgangspunkt für die Beschreibung politischer Systeme dienen, ohne dass diese in der Realität exakt den Idealtypen entsprechen.[94]

Aber der Begriff „Demokratie" bezieht sich auch auf ein positivrechtliches Verfassungsprinzip, worauf die französische Verfassung in Art. 1 und das Grundgesetz in Art. 20 Abs. 1 ausdrücklich Bezug nehmen. Dennoch wurde dem Demokratieprinzip als politischem Prinzip in beiden Ländern lange Zeit nur eine schwache juristische Relevanz beigemessen[95] – vielleicht mit Ausnahme des Wahlrechts.[96] Das hat sich in Deutschland schlagartig geändert, als das Bundesverfassungsgericht in seinen Grundsatzentscheidungen über das Ausländerwahlrecht vom 31. Oktober 1990 aus Art. 20 Abs. 2 GG ein Grundprinzip „demokratischer Legitimation" abgeleitet hat.[97] Die französischen und deutschen Verfassungstexte unterscheiden sich zudem in Bezug auf die Art und Weise, in der das Demokratieprinzip verwirklicht wird, sei es mit Blick auf die verfassungsrechtliche Stellung von Parteien, die Beteiligung des Volkes an der Gesetzgebung oder die Mechanismen zum Schutz der Demokratie.

55

1. Demokratische Legitimation und nationale Souveränität

Das positivrechtliche Verfassungsprinzip demokratischer Legitimation wurde in Deutschland aus gemeinsamen Bestrebungen der Rechtsdogmatik und der Rechtsprechung heraus konkretisiert und systematisiert.[98] Es stützt sich auf Art. 20 Abs. 2 GG, wonach „alle Staatsgewalt vom Volke ausgeht". Sein Ziel ist es, sicherzustellen, dass jeder Entscheidungsakt ein hinreichendes Legitimationsniveau aufweist,

56

---

[93] *Kelsen*, Vom Wesen und Wert der Demokratie, 2. Aufl. 1929, abgedruckt in: Jestaedt/Lepsius (Hrsg.), Verteidigung der Demokratie. Abhandlungen zur Demokratietheorie, 2006, S. 149 (162).
[94] Näher: *Hamon/Troper*, 33. Aufl. 2012, Rn. 72 ff.; *Schnapp*, in: v. Münch/Kunig (Hrsg.), GG I, 6. Aufl. 2012, Art. 20 Rn. 3.
[95] Treffend *Schmidt-Aßmann/Dagron*, Deutsches und französisches Verwaltungsrecht im Vergleich ihrer Ordnungsideen, ZaöRV 67 (2007), S. 395 (426 f.).
[96] Dazu → *Vilain/Wendel* § 4 Rn. 15 ff.
[97] BVerfGE 83, 37 (51) und 83, 60 (71) – Ausländerwahlrecht I und II.
[98] Grundlegend *Böckenförde*, Demokratie als Verfassungsprinzip, in: Isensee/Kirchhof (Hrsg.), Handbuch des Staatsrechts II, 3. Aufl. 2004, § 24 Rn. 11 ff.

dass also jede Entscheidung auf den Willen des deutschen Volkes zurückzuführen ist.

57 Dieses Legitimationsniveau kann prinzipiell auf zwei Wegen erreicht werden. Erstens muss es zwischen Volk, Gewähltem und Amtswalter eine „ununterbrochene Legitimationskette" geben. In diesem Sinne unterscheidet die deutsche Dogmatik hier zwischen *personeller* und *materieller* Legitimation. Während sich erstere auf die (gewählten) Personen bezieht, stellt letztere auf den Inhalt der Entscheidung ab, der auf den Willen des Volkes zurückgehen muss. Dem entspricht letztendlich die Bindung der Organe an die Gesetze, die freilich wiederum durch die Organe angewendet und dadurch konkretisiert werden sollen. Diese Legitimationsschiene kann auf unterschiedliche Arten hergestellt werden. Die beiden traditionellsten sind zum einen die Kontrolle der Regierung durch das Parlament und zum anderen die hierarchische Struktur der Verwaltung.[99] Unter starker Kritik seitens der Literatur wurden diese Anforderungen indes kürzlich vom Bundesverfassungsgericht in Bezug auf die Träger funktionaler Selbstverwaltung abgeschwächt.[100]

58 In Frankreich scheint das Prinzip der „nationalen Souveränität" auf den ersten Blick mit der „demokratischen Legitimation" verwandt zu sein. Laut Art. 3 CF liegt die nationale Souveränität beim Volke und „keine Körperschaft und kein Einzelner darf eine Gewalt ausüben, die nicht ausdrücklich von ihr ausgeht". Dies entspricht auch Art. 3 DDHC. Im Übrigen scheint ein Vergleich der Grenzen zur europäischen Integration diese Verwandtschaft zu bestärken. Wie der Conseil constitutionnel in einem seiner Leitsätze formuliert: Jede Übertragung von Kompetenzen an die Europäische Union, durch die „grundlegende Bedingungen der Ausübung der nationalen Souveränität betroffen" werden, setzen eine Verfassungsänderung voraus. Das Bundesverfassungsgericht betont seinerseits, dass die Akte der Organe der Europäischen Union einem hinreichenden Legitimationsniveau genügen müssen, um den Anforderungen in Bezug auf das Demokratieprinzip des Grundgesetzes gerecht zu werden.[101]

59 Trotz dieser Ähnlichkeit weist das Demokratieprinzip in Frankreich eine wesentlich unscheinbarere juristische Tragweite auf als in Deutschland.[102] Das ist zunächst überraschend, denn Art. 20 CF ordnet die hierarchische Unterordnung der Verwaltung unter die Regierung an, welche ihrerseits durch das Parlament kontrol-

---

[99] BVerfGE 83, 60 (72) – Ausländerwahlrecht II: „Dieser Zurechnungszusammenhang zwischen Volk und staatlicher Herrschaft wird vor allem durch die Wahl des Parlaments, durch die von ihm beschlossenen Gesetze als Maßstab der vollziehenden Gewalt, durch den parlamentarischen Einfluss auf die Politik der Regierung sowie durch die grundsätzliche Weisungsgebundenheit der Verwaltung gegenüber der Regierung hergestellt".

[100] BVerfGE 107, 59 (91) – Lippeverband; dazu *Wiedemann*, Unabhängige Verwaltungsbehörde und die Rechtsprechung des BVerG, in: Masing/Marcou (Hrsg.), Unabhängige Regulierungsbehörden, 2010, S. 39 (46 f.).

[101] C.C., 19.11.2004, 2004-505 DC – Europäischer Verfassungsvertrag; BVerfGE 123, 267 (356 ff.) – Lissabon; vgl. *Grimm*, Souveränität – Herkunft und Zukunft eines Schlüsselbegriffs, 2009, S. 110; → *Wendel* § 8 Rn. 62.

[102] Siehe dazu nur die Beiträge des Deutsch-Französischen Gesprächskreises für Öffentliches Recht, in EuGRZ 2006, Hefte 12–16.

§ 3 Verfassungsprinzipien

liert wird, dessen Mitglieder wiederum direkt vom Volk gewählt sind.[103] Trotzdem wurden in den letzten dreißig Jahren in Frankreich zahlreiche von der Regierung unabhängige Verwaltungsbehörden geschaffen. Diese stehen gerade nicht unter der Aufsicht der Regierung oder des Parlaments, die ihnen keine Weisung erteilen können. Der Conseil constitutionnel hat die Kompetenzen dieser Verwaltungsbehörden zwar strikt eingehegt, ihre Existenz aber niemals als Problem in Bezug auf das Demokratieprinzip formuliert.[104] In Deutschland wurden hingegen unabhängige Verwaltungsbehörden nur vereinzelt, zaghaft und unter dem zunehmenden Druck des Unionsrechts eingeführt. Sie sind bis heute noch Gegenstand heftiger Debatten, gerade weil ihre Unabhängigkeit angesichts des Prinzips der demokratischen Legitimation problematisch ist.[105] Im Vergleich zu Frankreich bleibt die deutsche Verwaltung in der Gesamtperspektive also grundsätzlich strenger hierarchisch organisiert, was dem klassischen Modell der Organisation eines demokratischen Verfassungsstaates entspricht.[106]

2. Verschiedene Demokratiemodelle

a) Repräsentative und direkte Demokratie

Sowohl die französische Verfassung als auch das deutsche Grundgesetz sehen vor, dass das Volk seine Souveränität durch Wahlen und Abstimmungen ausübt. Allerdings ist das demokratische Modell des Grundgesetzes auf Bundesebene im Gegensatz zu Frankreich tatsächlich ein streng repräsentatives. Die Abstimmungen, die in Art. 29, 118 oder 118a GG vorgesehen sind, betreffen nur die Landesvölker und nicht das Bundesstaatsvolk. Zwar sieht Art. 146 GG vor, dass das Grundgesetz seine Gültigkeit an dem Tage verliert, an dem eine Verfassung in Kraft tritt, die von dem deutschen Volke in freier Entscheidung beschlossen worden ist. Dennoch wurde bei der Wiedervereinigung auf diese Möglichkeit verzichtet. Auch wenn die Vorschrift im Jahr 1990 textlich ergänzt wurde und weiterhin gilt – sogar durch die Lissabon-Entscheidung des Bundesverfassungsgerichts möglicherweise an Relevanz

60

---

[103] Art. 20 CF: Die Regierung bestimmt und leitet die Politik der Nation. Sie verfügt über die Verwaltung und die Streitkräfte. Sie ist (...) dem Parlament gegenüber verantwortlich.
[104] Eine nennenswerte Ausnahme war die Unabhängigkeit der französischen und europäischen Zentralbanken, die anlässlich des Vertrags von Maastricht entschieden wurde. Hier sah der Conseil constitutionnel die wesentlichen Bedingungen der Ausübung der nationalen Souveränität berührt. Eine Verfassungsänderung wurde daher erforderlich: C.C., 9.4.1992, 92-308 DC – Maastricht I.
[105] *Groß*, Unabhängige EU-Agenturen – eine Gefahr für die Demokratie?, JZ 2012, S. 1087 ff.; *Proeßl*, Das Regulierungsermessen – eine Ausprägung des behördlichen Letztentscheidungsrechts?, AöR 136 (2011), S. 402 ff.; *Gärditz*, Europäisches Regulierungsverwaltungsrecht auf Abwegen, AöR 135 (2010), S. 251 ff.; *Ludwigs*, Das Regulierungsermessen als Herausforderung für die Letztentscheidungsdogmatik im Verwaltungsrecht, JZ 2009, S. 290 ff.
[106] Näher und rechtsvergleichend hierzu: *Marcou/Masing* (Hrsg.), Unabhängige Regulierungsbehörden, 2010.

gewonnen hat –,¹⁰⁷ handelt es sich hierbei sinngemäß um ein einmaliges Verfahren, das den Übergang zwischen der Verfassungsordnung des Grundgesetzes und einer neuen Verfassungsordnung regelt. Folgerichtig kann man mit *Dreier* feststellen, dass es auf Bundesebene „keinen konkreten grundgesetzlichen Anwendungsfall für „Abstimmungen" i. S. d. Art. 20 Abs. 2 GG" gibt.¹⁰⁸

61 Groß ist dagegen der Kontrast zwischen diesem Befund und den vielfältigen Formen der Bürgerbeteiligung auf Landes- und Kommunalebene. Neben den Volksbegehren und Volksentscheiden auf Landesebene sind auf kommunaler Ebene Bürgerentscheide und Bürgerbegehren möglich. Sogar eine Abwahl des Bürgermeisters durch Bürgerentscheid ist jetzt in fast allen Bundesländern zulässig. Bemerkenswert ist dabei, dass der Föderalismus in Deutschland eine demokratische Funktion zu entfalten scheint, indem die Bundesländer als Laboratorium für die Entwicklung von Bürgerbeteiligungsformen fungieren, die letzten Endes oft – mit kleineren oder größeren Abweichungen – von den anderen Bundesländern übernommen werden.¹⁰⁹

62 Groß ist auch der Kontrast zwischen der Situation auf Bundesebene in Deutschland und der Situation auf Zentralebene in Frankreich. Die Verfassung der V. Republik sieht primär zwei Fälle direkter Volksbeteiligung vor: als Verfahrensmodus im Rahmen von Verfassungsänderungen gemäß Art. 89 CF und für den Bereich der ordentlichen Gesetzgebung in Art. 11 CF. Seit 1958 wurden insgesamt acht Gesetze dem Volk zur Entscheidung im Wege des Referendums vorgelegt, von denen zwei keine Mehrheit finden konnten. Das Initiativrechtrecht steht indes allein der Exekutive und dem Parlament zu. Auch wenn im Rahmen des Art. 11 CF nunmehr ein Volksentscheid auf Initiative eines Fünftels der Mitglieder des Parlaments, unterstützt von einem Zehntel der eingeschriebenen Wähler stattfinden kann, ist diese Novellierung freilich nicht als Volksinitiative oder Volksbegehren (*referendum d'initiative populaire*) zu begreifen, denn die Initiative bleibt auch hier den politischen Organen der repräsentativen Demokratie vorbehalten. Im Unterschied zu Deutschland sind Abstimmungen des gesamten Volkes in Frankreich somit zwar möglich. Das französische Volk ist aber keineswegs Herr über die Einleitung einer solchen Abstimmung.¹¹⁰

63 Über diesen ersten Unterschied zum deutschen Recht hinaus unterscheidet sich die Situation in Frankreich auch hinsichtlich der Auswirkungen, die die direkte Volksbeteiligung auf die Verfassungskontrolle hat. Der Conseil constitutionnel hat in seiner Entscheidung zum Gesetz über die Direktwahl des Präsidenten der Republik, das durch den Volksentscheid vom 28. Oktober 1962 angenommen wurde, klargestellt, dass er die Verfassungskonformität von Gesetzen nicht überprüft, die durch

---

¹⁰⁷ → *Wendel* § 8 Rn. 56 sowie eingehend *Nettesheim*, Wo „endet" das Grundgesetz? Verfassungsgebung als grenzüberschreitender Prozess, Der Staat 50 (2012), S. 313 ff.

¹⁰⁸ *Dreier*, Grundlagen und Grundzüge staatlichen Verfassungsrechts, in: v. Bogdandy et al. (Hrsg.), Ius Publicum Europaeum I, 2007, § 1 Deutschland, Rn. 113.

¹⁰⁹ *Vilain*, La démocratie participative dans un cadre fédéral: l'expérience allemande, in: Allegretti (Hrsg.), La democrazia partecipativa in Italia e in Europa: esperienze e prospettive, 2009, S. 299 (307 ff.).

¹¹⁰ Näher hierzu → *Marsch* § 5 Rn. 65.

Referendum angenommen wurden.¹¹¹ Der Verfassungsrat betrachtet diese Gesetze als Ergebnis der direkten Ausübung der nationalen Souveränität und entzieht sie als solche seiner Prüfungskompetenz. Gleiches gilt überdies für die verfassungsändernden Gesetze – unabhängig davon, ob sie durch Referendum bestätigt wurden oder nicht.¹¹² Gleichwohl bleibt es durchaus möglich, dass ein Parlamentsgesetz ein per Volksentscheid angenommenes Gesetz ändert oder aufhebt.

Schließlich sieht die Verfassung noch weitere Fälle von Volksabstimmungen vor. Auf nationaler Ebene gibt Art. 88-5 CF dem Präsidenten vor, jeden Beitritt eines neuen Landes zur Europäischen Union zum Volksentscheid des französischen Volkes zu bringen, außer das Parlament erteilt entsprechend dem Verfahren des Art. 89 CF seine Zustimmung. Abschließend sei noch auf die lokale Ebene hingewiesen. Die Verfassungsänderung von 2003 leitete hier eine Entwicklung ein, die sich schon seit den 90er Jahren abgezeichnet hatte, nämlich eine verstärkte Form der direkten Volksbeteiligung an lokalen Entscheidungen.¹¹³ **64**

b) Politische Willensbildung und Bedeutung der Parteien

Demokratie lebt von Konfrontationen. Diese sind Ausdruck des Pluralismus der Gesellschaft. Im Vergleich zu autokratischen Herrschaftsformen zeichnet sich die politische Willensbildung in einer Demokratie dadurch aus, dass sie anlässlich einer gewaltfreien und offenen Konfrontation von Ideen und Interessen entsteht. Dass in diesem Zusammenhang die Meinungsfreiheit, im Besonderen in ihrer Ausprägung als Pressefreiheit, eine bedeutende Grundbedingung der Demokratie darstellt, liegt auf der Hand.¹¹⁴ Für sich genommen genügt diese Grundfreiheit freilich nicht. Die Auseinandersetzung zwischen verschiedenen Meinungsströmungen und unterschiedlichen sozialen Interessen und Kräften erfordert vielmehr Verfahren und Vermittler. Hierbei fungieren die politischen Parteien – trotz der unverkennbaren Politikverdrossenheit – weiterhin als zentrale Zwischenglieder.¹¹⁵ Sie wirken an der Willensbildung des Volkes mit und schaffen dadurch die Bedingungen der Möglichkeit einer Willensbildung des Staates. Als Zwischenglieder haben sie mit anderen Worten die Funktion, die politische Konfrontation unterschiedlicher Meinungsspektren zu fördern und zu rationalisieren, die Komplexität der Gesellschaft wider- **65**

---

¹¹¹ C.C., 6.11.1962, 62-20 DC – Direktwahl des Staatspräsidenten.
¹¹² Zu den Verfahrensvarianten des verfassungsändernden Verfahrens vgl. → *Marsch* § 5 Rn. 67 f.
¹¹³ *Schmidt-Aßmann/Dagron*, Deutsches und französisches Verwaltungsrecht im Vergleich ihrer Ordnungsideen, ZaöRV 67 (2007), S. 395 (459).
¹¹⁴ BVerfGE 20, 162 (174 f.) – Spiegel; zuletzt etwa BVerfGE 117, 244 (258) – Cicero. In Frankreich: C.C., 11.10.1984, 1984-181 DC, zuletzt etwa C.C., 1.7.2004, 2004-497 DC – Elektronische Kommunikation; → *Hochmann* § 7 Rn. 55 ff.
¹¹⁵ Zu neuen Wegen der Demokratie: *Rosanvallon*, Demokratische Legitimität, 2013.

zuspiegeln und gleichzeitig zu reduzieren. Als Ergebnis ihrer Konkurrenz gewinnt der Staat ein Handlungsprogramm.[116]

66   In der Praxis scheint diese Konfrontation in Deutschland eher als in Frankreich durch die politischen Parteien zu erfolgen.[117] Dieser Unterschied ist daran erkennbar, dass im politischen System Frankreichs das Programm der Kandidaten für die Präsidentschaftswahlen normalerweise deutlich von dem ihrer jeweiligen Parteien abweicht, um auch außerhalb dieses Wählerkreises Stimmen zu gewinnen. Die Präsidentschaftswahlen werden also klassischerweise als eine Begegnung zwischen einem Einzelnen und dem französischen Volk dargestellt. In der deutschen Kanzlerdemokratie spielt die Person des Kanzlers natürlich eine ausschlaggebende Rolle, aber im Moment der Wahl entspricht das Programm der Kanzlerkandidaten genau demjenigen ihrer jeweiligen Partei. Der Kanzler bzw. die Kanzlerin ist regelmäßig der bzw. die Parteivorsitzende der größten Partei. In Frankreich ist das praktisch kaum der Fall – weder für den Präsidenten noch für den Premierminister. Beide versuchen vielmehr, sich außerhalb der politischen Parteien zu situieren, obwohl sie natürlich genauso in die interne Struktur ihrer eigenen Parteien eingegliedert sind.[118]

67   Diese politischen Unterschiede spiegeln sich auch im Recht wider. Zwar gibt es durchaus gemeinsame Elemente. Sowohl das Grundgesetz als auch die französische Verfassung beinhalten Vorschriften über die politischen Parteien in ihren Art. 21 GG und Art. 4 CF. Im Vergleich zu vorangegangenen Verfassungen stellt dies ein verfassungstextliches Novum dar. Interessant ist der Ursprung des Art. 4 CF, dem zu Teilen Vorschriften des Grundgesetzes zugrunde liegen, welches neun Jahre zuvor in Kraft getreten war. Die genannten Artikel gehen beide von einer ähnlichen Grundvorstellung aus, indem sie die politischen Parteien in den demokratischen Aufbau eingliedern und ihre Gründungsfreiheit garantieren und sie gleichzeitig gewissen Begrenzungen unterwerfen.[119]

68   Trotz dieser Verwandtschaft ist der Status der deutschen Parteien im Vergleich zu ihren französischen Pendants indes ganz klar weiter entwickelt. Im französischen Recht gibt es kein Gesetz, das den generellen Status politischer Parteien regelt, wie dies in Deutschland durch das Parteiengesetz vom 24. Juli 1967 geschieht. Zudem gibt Art. 4 CF den Parteien zwar vor, die nationale Souveränität und die Demokratie zu achten, aber diese Verpflichtungen sind deutlich weniger konkret als die aus Art. 21 GG folgenden. Gleiches gilt auch für die Regeln über Parteiverbote, die in Deutschland Ausdruck des Konzepts einer „streitbaren bzw. wehrhaften Demokratie" sind. Obwohl es sich mit der Frage des Schutzes der Demokratie vor inneren

---

[116] Grundlegend: *Kelsen*, Vom Wesen und Wert der Demokratie, 2. Aufl. 1929, S. 19 ff., abgedruckt in: Jestaedt/Lepsius (Hrsg.), Verteidigung der Demokratie, 2006, S. 149 (156 ff.); *Grimm*, Die Zukunft der Verfassung, 1991, S. 265 ff.

[117] Vgl. *Jäger*, Parteien in der Bundesrepublik Deutschland und in Frankreich, Der Staat 19 (1980), S. 583 ff.

[118] → *Vilain/Wendel* § 4 Rn. 107 ff., 149 f. u. 176.

[119] Vgl. namentlich *Fromont*, Le statut des partis politiques en France et en Allemagne, in: Festschrift für Dimitris Th. Tsatsos, 2003, S. 151 (152).

und äußeren Feinden um ein seit langem in beiden Ländern diskutiertes Problem handelt, zeigen sich hier erneut bedeutsame Unterschiede im rechtsdogmatischen Umgang mit dem Demokratieprinzip.

3. Wehrhafte Demokratie und Schutz der verfassungsmäßigen Ordnung

a) Begriffsbildung

Im Sinne eines begrifflichen Ausgangspunktes kann das Konzept der wehrhaften Demokratie generell definiert werden als „eine politische und rechtliche Struktur, deren Ziel es ist, die Demokratie gegen diejenigen, die sie von innen aushöhlen oder von außen offensichtlich zerstören wollen, durch demokratische Strukturen und Unterstützung innerhalb der Gesellschaft zu schützen".[120] Der Schutz der Demokratie vor ihrer Selbstpreisgabe erfordert daher ihre Beschränkung. Diese Beschränkung erfolgt paradoxerweise gerade dadurch, dass zwei konstituierenden Bestandteilen des Demokratieprinzips Schranken gesetzt werden, nämlich zum einen dem politischen Relativismus und zum anderen der freien Selbstbestimmung der Bürger.

Das Konzept der wehrhaften Demokratie wird ursprünglich als Reaktion auf den tragischen Niedergang der Weimarer Republik angesehen. Gleichwohl reiht es sich in die lange Entwicklung des Konstitutionalismus ein. Die Idee, die freiheitliche Verfassungsordnung zu schützen, steht seit der zweiten Hälfte des 19. Jahrhunderts im Zentrum der Überlegungen vieler Staatstheoretiker. *Benjamin Constant* ist einer davon und er drückte dies anschaulich in seiner berühmten Unterscheidung zwischen „Freiheit der Alten" und „Freiheit der Modernen" aus.[121] Für ihn charakterisierte sich die Moderne durch die Sorge, die Volkssouveränität mit grundlegenden Werten wie der Freiheit – heute würde man von Grundrechten sprechen – zu vereinen. Aber das bedeutet gerade, die Begrenzung der Volkssouveränität zu akzeptieren. Hier findet sich die Funktion der Verfassung wieder: „Die Verfassung ist aus sich selbst heraus ein Akt des Misstrauens, da sie die Herrschaft begrenzt und es wäre unnötig, ihr Grenzen aufzuzeigen, wenn ihr glaubtet, sie sei unfehlbar weise und auf ewig gemäßigt".[122]

In diesem Sinne kann jeder demokratische Verfassungsstaat als eine wehrhafte Demokratie gedeutet werden. Diese Wehrhaftigkeit dient dazu, die verfassungsmäßige Werteordnung sicherzustellen und figuriert als Korrektiv des Demokratieprin-

---

[120] *Pfersmann*, Shaping Militant Democracy, in: Sajó (Hrsg.), Militant Democracy, Eleven International Publishing, 2004, S. 47 (47).

[121] *Constant*, De la Liberté des Anciens comparée à celle des Modernes, 1849, abgedruckt in: ders., Ecrits politiques, 1997, S. 593 ff.

[122] Archives parlementaires de 1800 à 1860, Band I, Rede vom 5.1.1800 über das neue Gesetzgebungsverfahren, S. 31.

zips.¹²³ Die dergestalt erfolgende Beschränkung der Demokratie verfassungstheoretisch lediglich als einen Ausgleich bzw. eine praktische Konkordanz mit anderen Verfassungsprinzipien zu konzipieren, würde freilich zu kurz greifen. Vielmehr ist die streitbare Demokratie inhärenter Bestandteil des Demokratieprinzips. Sie wohnt diesem selbst inne und will im Grunde das ihm innewohnende Paradox auflösen: Die Selbstpreisgabe der Demokratie.

72 Die Betrachtung des Konzepts der „wehrhaften" Demokratie in diesem theoretischen und generellen Rahmen und Zusammenhang darf nicht darüber hinwegtäuschen, dass es zwischen den nationalen Systemen Unterschiede gibt. Die Konzeptualisierung der wehrhaften Demokratie bleibt auf unverkennbare Weise mit der deutschen Verfassungsgeschichte verbunden. Sie wurde ursprünglich von *Karl Löwenstein*¹²⁴ in einem 1937 veröffentlichten Artikel entwickelt und wird konzeptionell generell als Antwort auf die angebliche „Wehrlosigkeit" der Weimarer Verfassung gegenüber der Machtergreifung der Nationalsozialisten dargestellt. Auch wenn dies eigentlich weniger auf einen vorgeschobenen Geburtsfehler der Weimarer Reichsverfassung als auf ihre spätere Interpretation und auf die damalige politische Situation zurückzuführen ist,¹²⁵ muss doch festgestellt werden, dass im Jahr 1949 als Reaktion bewusst die Entscheidung getroffen wurde, die Mittel für den Schutz der verfassungsmäßigen Ordnung weiter auszubauen.¹²⁶ Diese Mittel sind derartig ausgefeilt, dass die Schutzvorschriften des Grundgesetzes heute zuweilen sogar als ultimatives Stadium des Formalisierungsprozesses eines Systems konstitutioneller Verteidigung angesehen werden.¹²⁷

73 Im Vergleich dazu kennt die französische Dogmatik keinen solchen Sammelbegriff, in dem sich systematisch die Gesamtheit der juristischen Mittel zum Schutz der verfassungsmäßigen Ordnung vereinen.¹²⁸ Zu den Gründen, die diesen Unterschied

---

¹²³ *Dreier*, Grenzen demokratischer Freiheit im Verfassungsstaat, JZ 1994, S. 741 (750 f.).

¹²⁴ *Löwenstein* war ein deutscher Staatsrechtler, der einige Monate nach Hitlers Machtergreifung nach Amerika emigrieren musste und dort dieses Konzept zunächst in zwei Aufsätzen in The American Political Science Review entwickelte: *Löwenstein*, Militant democracy and fundamental rights, in: The American Political Science Review 31 (1937), S. 417 ff., 638 ff.

¹²⁵ Vgl. *Grimm*, Missglückt oder glücklos? Die Weimarer Verfassung im Widerstreit der Meinungen, in: Winkler (Hrsg.), Weimar im Widerstreit, 2002, S. 151 ff.; auch *Dreier*, Grenzen demokratischer Freiheit im Verfassungsstaat, JZ 1994, S. 741 (751).; teilweise anderer Ansicht *Müller*, Militant Democracy, in: Rosenfeld/Sajó (Hrsg.), Oxford Handbook of Comparative Constitutional Law, 2012, S. 1253 (1256 f.).

¹²⁶ → *Gaillet* § 2 Rn. 36 f.

¹²⁷ Für einen Vergleich am Beispiel Frankreich und USA: *Boventer*, Das Konzept der streibaren Demokratie im internationalen Vergleich, Aus Politik und Zeitgeschichte, 16 (1985), S. 33 ff.; allgemein rechtsvergleichend: *Müller*, Militant Democracy, in: Rosenfeld/Sajó (Hrsg.), Oxford Handbook of Comparative Constitutional Law, 2012, S. 1253 ff.; in diesem Sinne auch: *Simard*, L'échec de la constitution de Weimar et les origines de la „démocratie militante" en R.F.A, in: Droit politique, Jus politicum 1 (2008): http://www.juspoliticum.com/L-echec-de-la-Constitution-de,29.html (letztmaliger Abruf 2.9.2014).

¹²⁸ So auch *Wachsmann*, Meinungsfreiheit und Schutz der verfassungsrechtlichen Ordnung, in: Masing/Jouanjan (Hrsg.), Weltanschauliche Neutralität, Meinungsfreiheit, Sicherungsverwahrung, 2013, S. 61 (61 f.).

erklären können, zählen sicherlich auch die Unterschiede in der Art der Geschichtsbewältigung in beiden Ländern. Während in Deutschland Hitlers Machtergreifung als tragischer Beweis für die vermeintlichen Unzulänglichkeiten der Weimarer Verfassung stand und daher zur Verstärkung des Schutzes der verfassungsmäßigen Ordnung unter dem Grundgesetz führte, fand in Frankreich keine vergleichbare Auseinandersetzung mit den Ursachen des Scheiterns der III. Republik statt. Diese wurden vielmehr bewusst und nachhaltig verdrängt.[129] Obwohl im Juli 1940 die Übertragung aller Vollmachten an den Marschall *Philippe Pétain* durch das Parlament erfolgte, gelang es *Charles de Gaulle*, das Vichy-Regime als illegitime Regierung und „die Regierung des freien Frankreichs" als Vertreter und Hüter der republikanischen Ordnung darzustellen.[130] Nachdem die Kollaborateure anlässlich der Befreiung zur Rechenschaft (*épuration*) gezogen worden waren, hatten die Versöhnung und die nationale Einheit, der Aufbau des Landes und das Ansehen Frankreichs als Siegesmacht Priorität: „Die Republik hatte keine Feinde mehr".[131] Anders als in der damaligen Bundesrepublik galt in Frankreich die kommunistische Partei zudem nicht als Gefahr für die Demokratie. Dies zeigt aufs Neue, wie die Angst vor einem Missbrauch der Demokratie und die Sorge um die Sicherstellung des Vorrangs der Verfassung in Deutschland tendenziell ausgeprägter waren und sind als in Frankreich (→ Rn. 121).[132] In dieser Hinsicht ist das geltende positive Verfassungsrecht in Frankreich der Weimarer Reichsverfassung durchaus ähnlicher als dem Grundgesetz.

b) Rechtsdogmatischer Vergleich

Im deutschen Verfassungsrecht gelten die „freiheitliche demokratische Grundordnung" und „der Bestand und die Sicherheit des Bundes oder eines Landes" als wichtige Schutzgüter. Im Vergleich zu Frankreich, aber auch zu anderen europäischen Demokratien, verfügt Deutschland zu diesem Zweck über ein „reiches verfassungsrechtliches Arsenal".[133] Zwei Arten von Instrumenten können hier genannt werden: Solche, die auf den Schutz gegen Bedrohungen aus dem Innern abzielen und solche, die den Schutz vor Bedrohungen von außen garantieren.

74

Vier Hauptinstrumente des Schutzes gegen Bedrohungen von innen sollen im Folgenden beleuchtet werden.[134] Das erste ist in Art. 9 Abs. 2 GG i. V. m. den Vereinsgesetzen geregelt und erlaubt das Verbot von „Vereinigungen, deren Zwe-

75

---

[129] Vgl. *Azéma/Wieviorka*, Vichy, 1940–1944, 2004.

[130] → *Gaillet* § 2 Rn. 26.

[131] *Wachsmann*, Meinungsfreiheit und Schutz der verfassungsrechtlichen Ordnung, in: Masing/Jouanjan (Hrsg.), Weltanschauliche Neutralität, Meinungsfreiheit, Sicherungsverwahrung, 2013, S. 61 (62).

[132] So auch *Wachsmann*, a. a. O., S. 61 (63); → *Gaillet* § 2 Rn. 46.

[133] *Dreier*, Grenzen demokratischer Freiheit im Verfassungsstaat, JZ 1994, S. 741 (752).

[134] Hinzu kommen auch die Beschränkung des Briefgeheimnisses sowie des Post- und Fernmeldegeheimnisses – Art. 10 Abs. 2 GG – sowie der Verfassungsschutz – Art. 73 Abs. 1 Nr. 10 lit. b GG – und die Treuepflicht des Beamten – BVerfGE 39, 334, (346 ff.) – Extremistenbeschluss.

cke oder deren Tätigkeit den Strafgesetzen zuwiderlaufen oder die sich gegen die verfassungsmäßige Ordnung oder gegen den Gedanken der Völkerverständigung richten". Das zweite folgt aus Art. 21 GG i. V. m. dem PartG und dem BVerfGG und regelt das Verbot einer politischen Partei, die auf eine Beeinträchtigung oder Beseitigung der freiheitlichen demokratischen Grundordnung ausgerichtet ist oder den Bestand der Bundesrepublik gefährdet. Über die Frage der Verfassungswidrigkeit von Parteien entscheidet allein das Bundesverfassungsgericht (sog. Parteienprivileg). Von fünf angestrebten Parteiverbotsverfahren haben bislang zwei zu einem Verbot geführt: 1952 wurde die in der Tradition der NSDAP stehende Sozialistische Reichspartei (SRP), vier Jahre später die Kommunistische Partei Deutschland (KPD) verboten.[135] Nach dem verfassungsrechtlich bedingten Scheitern eines ersten großen Verfahrens gegen die NPD im Jahr 2003[136] ist aktuell ein neuer Antrag vor dem Bundesverfassungsgericht anhängig.[137] An dritter Stelle sei ein Novum des Grundgesetzes genannt, das in der durch Art. 18 GG gegebenen Möglichkeit besteht, einem Einzelnen bestimmte Grundrechte, wie etwa die Meinungs-, Presse-, Lehr, oder Versammlungsfreiheit, abzusprechen (sog. Grundrechtsverwirkung). Diese Maßnahme hat Ausnahmecharakter und kam bisher noch nie zur Anwendung.[138] Schließlich sieht Art. 91 GG vor, dass ein Land im Falle drohender Gefahr für den Bestand oder die freiheitliche demokratische Grundordnung des Bundes oder eines anderen Landes auf Polizeikräfte sowie auf die Bundespolizei (ehemals Bundesgrenzschutz) zurückgreifen kann. Auch wenn die letztgenannte Maßnahme eigentlich für den inneren Notstand gilt, scheint es dennoch konsequent, sie zu den Instrumenten der streitbaren Demokratie zu zählen. Das gilt auch für die Maßnahmen zum äußeren Notstand, die in Art. 80a GG geregelt sind sowie für Art. 115a ff. im Verteidigungsfall.

76   Aus all dem folgt mit den Worten eines deutschen Verfassungsrechtslehrers, dass „das Bekenntnis zur wehrhaften Demokratie dem demokratischen Prinzip unserer Verfassung ein spezifisch deutsches Gepräge gibt".[139] Das heißt jedoch nicht, dass das Bemühen um die Garantie solcher Schutzgüter im französischen Recht fehlte. Es gibt zwar kein verfassungsrechtliches Pendant zur Verwirkung von Grundrechten, aber es gibt dafür die Möglichkeit, einem Mitglied einer Miliz oder einer Kampfgruppe die staatsbürgerlichen Ehrenrechte und die Familienrechte abzusprechen.[140] Zudem sehen die Gesetze ein Verbotsverfahren für Parteien bzw. Vereine vor, deren Ziel es ist, gegen die territoriale Integrität oder die republikanische Regierungsform vorzugehen. Über diese Streitigkeiten urteilt jedoch nicht der Conseil constituti-

---

[135] BVerfGE 2, 1 – SRP-Verbot; BVerfGE 5, 85 – KPD-Verbot.
[136] BVerfGE 107, 339 (339) – NPD-Verbot.
[137] Aktenzeichen 2 BVR C06/14.
[138] Vgl. *Dreier*, in: ders. (Hrsg.), GG I, 3. Aufl. 2013, Art. 18, Rn. 28.
[139] *Becker*, Die wehrhafte Demokratie des Grundgesetzes, in: Isensee/Kirchhof (Hrsg.), Handbuch des Staatsrechts VII, 1. Aufl. 1992, S. 309 ff.; etwas relativierend *Schliesky*, Die wehrhafte Demokratie des Grundgesetzes, in: Isensee/Kirchhof (Hrsg.), Handbuch des Staatsrechts XII, 3. Aufl. 2014, § 277 Rn. 5 ff.
[140] Art. 431-18 des Code pénal.

onnel sondern der Conseil d'État. Seit 1958 wurden etwa 60 administrative Auflösungen erlassen, größtenteils in den 1960er Jahren gegenüber Gruppen der außerparlamentarischen Opposition.[141] Ein solches Verbot ergeht durch den Ministerrat als Gesetzesverordnung (*décret*) und aufgrund der Entscheidung des Präsidenten.[142] Gleiches gilt für die Ausrufung des Belagerungszustands (Art. 36 CF) und des Notstands (Art. 16 CF), die jeweils unter die Zuständigkeit des Präsidenten fallen. Im letzten Fall obliegt es ihm allein, die den Umständen angemessenen Maßnahmen zu ergreifen, „wenn die Einrichtungen der Republik, die Unabhängigkeit der Nation, die Unversehrtheit ihres Staatsgebietes oder die Erfüllung ihrer internationalen Verpflichtungen schwer und unmittelbar bedroht sind und wenn die ordnungsgemäße Ausübung der verfassungsmäßigen öffentlichen Gewalten unterbrochen ist".

Im Gegensatz zum deutschen Recht, wo die Wächterfunktion über die Demokratie vorwiegend dem Bundesverfassungsgericht zukommt, steht sie in Frankreich dem Präsidenten zu. Auch hier steht das aktuelle französische System dem der Weimarer Republik näher, das diese Rolle primär der Exekutive und nicht der Verfassungsgerichtsbarkeit zuwies. Zudem entspringen die Mittel zum Schutz der Demokratie vorwiegend dem Strafrecht oder dem Militärrecht und nicht dem Verfassungsrecht. Außerdem sind diese Mittel weniger ausgefeilt und die Tatbestände unbestimmter formuliert. Viel enger als im deutschen Recht sind sie mit der Idee des Ausnahmezustandes und mit dem Notstandsrecht verbunden. In Deutschland werden sie hingegen vom Grundgesetz und vom Bundesverfassungsgericht strenger eingegrenzt.

Ist also angesichts der Ähnlichkeit des französischen Schutzarsenals mit dem der Weimarer Reichsverfassung von der Unzulänglichkeit der französischen Verfassung auszugehen? Das wäre wohl eine voreilige Schlussfolgerung. Die juristischen Mittel zum Schutz der französischen Demokratie sind für sich genommen hinreichend. Ein effektiver Demokratieschutz setzt hier natürlich mehr politischen Willen voraus. Von der Verfassung zu erwarten, dass sie aus sich heraus diese Funktion erfüllt, hieße, sie zu überfordern. Dieser Erwartung kann eine Verfassung allein kaum nachkommen. So führte *Dieter Grimm* mit treffenden Worten in Bezug auf die Weimarer Reichsverfassung aus: „Ebenso wenig sind Verfassungen in der Lage, ihre Akzeptanz oder Einhaltung selbst zu garantieren, obwohl der Erfolg davon abhängt. Sie können nur mehr oder weniger günstige Voraussetzungen für die Beachtung schaffen. Letztlich kommt es aber darauf an, ob die politischen Akteure gewillt sind, die Verfassung einzuhalten, oder es sich leisten können, sie zu mißachten, wenn sie ihre Pläne stört (…). Das Schicksal einer Verfassung ergibt sich erst aus dem Zusammenwirken von Konstruktion, Situation und Interpretation über die Zeit".[143]

---

[141] Weitere Nachweise bei *Fromont*, Die Institution der politischen Parteien in Frankreich, in: Tsatsos et al. (Hrsg.), Parteienrecht im europäischen Vergleich, 1990, S. 219 (242 ff.). Für ein junges Beispiel: Dekret vom 25.7.2013 zur Auflösung des Vereins „Jeunesses nationalistes".

[142] Art. 3 des Gesetzes vom 1.7.1901, Art. L. 212-1 des Code de sécurité intérieure und Art. 431-13 des Code pénal.

[143] *Grimm*, Missglückt oder glücklos? Die Weimarer Verfassung im Widerstreit der Meinungen, in: Winkler (Hrsg.), Weimar im Widerstreit, 2002, S. 151 (152); in diesem Sinne auch: *Schneider*, Die Institution der politischen Parteien in der Bundesrepublik Deutschland, in: Tsatsos et al. (Hrsg.), Parteienrecht im europäischen Vergleich, 1990, S. 151 (208).

V. Staatsform

1. Staatsform als Gliederung der Rechtsordnung

79 Mit dem Begriff „Staatsform" soll im Folgenden die territoriale Gliederung der Rechtsordnung bezeichnet werden. Diese Gliederung kann mehr oder weniger zentral bzw. dezentral organisiert werden. Ausschlaggebend dafür ist, wie die Kompetenzen zwischen den verschiedenen Organen verteilt werden. Diese Verteilung bestimmt den Autonomiegrad der verschiedenen Ebenen: Zentralstaat, Länder, Regionen, Kommunen.[144] In der Verfassungsvergleichung versucht man häufig, die Staatsformen Deutschlands und Frankreichs als zwei unterschiedliche und geradezu idealtypische Grundmodelle einander gegenüberzustellen, nämlich zum einen den Bundesstaat und zum anderen den Einheitsstaat.[145] Es zeichnen sich jedoch Entwicklungen in beiden Ländern ab, die diese scharfe Gegenüberstellung in Frage stellen. So gibt es in Frankreich dezentralistische Bestrebungen, während in Deutschland zentralistische Bewegungen zunehmend Rückhalt finden.[146]

a) Ausgangspunkt: Bundestaat und Einheitsstaat als Gegenmodelle?

80 Der vielfältigen Literatur zur Struktur des Föderalismus und seiner vermeintlichen Gegensätzlichkeit zum unitarischen Staat werden wir uns an dieser Stelle nicht widmen können.[147] Vielmehr soll die Föderalismus-Definition des Bundesverfassungsgerichts zugrunde gelegt werden, wonach Charakteristikum des deutschen Bundesstaates die doppelte Staatlichkeit der Länder und des Bundes ist. Konkret bedeutet dies, dass jedes Land seine eigene Verfassungsautonomie, sein Parlament, seine Gerichtsorganisation und seine eigene Regierung hat, welche an der Spitze der Verwaltung steht. Zudem wird den Ländern ein ausschließlich ihnen vorbehaltener Kompetenzbereich zugeschrieben. Der Bund dagegen stellt den Gesamtstaat dar und bündelt dessen Interessen.[148]

---

[144] Nach wie vor grundlegend *Kelsen*, Allgemeine Staatslehre, S. 163 ff.; vgl. auch *Koja*, Allgemeine Staatslehre, 1993, S. 346 ff.

[145] Vgl. *Grimm*, Subsidiarität und Föderalismus, in: Durner et al. (Hrsg.), Freiheit und Sicherheit in Deutschland und Europa, Festschrift für Hans-Jürgen Papier zum 70. Geburtstag, 2013, S. 49 f.; *Beaud*, Fédéralisme et fédération en France. Histoire d'un concept impensable?, in: Annales de la faculté de droit de l'Université de Strasbourg III, 1999, S. 7 ff.

[146] Rechtsvergleichend und ausdifferenziert *Grewe/Ruiz-Fabry*, Droits constitutionnels européens, 1995, S. 271 ff.; *Halberstam/Reimann* (Hrsg.), Federalism and Legal Unification, 2014; instruktiv auch die Beiträge aus den Bänden des Jahrbuchs des Föderalismus, zum Beispiel *Gamper*, Dezentralisation als Element gemeineuropäischer Verfassungsstaatlichkeit, in: Jahrbuch des Föderalismus 2007, S. 42 ff.; vgl. auch die Länderberichte in: Autonomie régionale et locale et Constitutions, Annuaire international de justice constitutionnelle XXII, Economica, 2006, S. 187 ff.

[147] Statt vielen *Jestaedt*, Bundesstaat als Verfassungsprinzip, in: Isensee/Kirchhof (Hrsg.), Handbuch des Staatsrechts II, 3. Aufl. 2004, § 29 Rn. 15 ff.

[148] BVerfGE 36, 342 (360 ff.) – Niedersächsisches Landesbesoldungsgesetz.

§ 3 Verfassungsprinzipien

Auf den ersten Blick scheint das französische System den Gegenpol zum deutschen darzustellen. Der Föderalismus galt lange Zeit als Synonym für die Zersplitterung nationaler Souveränität. In der Jakobinerzeit während der Französischen Revolution wurde die Befürwortung des Föderalismus gar als Verbrechen angesehen.[149] Nach der berühmten These *Alexis de Tocquevilles* ist die Zentralisierung historisch „der einzige Bestandteil der politischen Verfassung des *Ancien Regime*, der die Revolution überlebt hat".[150] Diese Tradition wurde zudem von den Reformen *Napoléons* verstärkt. Dies erklärt, warum Frankreich immer noch als Beispiel *par excellence* für einen unitarischen Staat mit einer stark hierarchisierten und zentralisierten Verwaltung angesehen wird.[151]

81

So besagt schon Art. 1 CF, dass die französische Republik „unteilbar" ist. Dies wurde lange Zeit als rein politisches Prinzip verstanden, bis es der Conseil constitutionnel herangezogen hat, um das Prinzip der Einheit des französischen Volkes zu entwickeln. Diese Einheit verbiete es dem Gesetzgeber, Regional-„Völker" anzuerkennen, weshalb der Conseil constitutionnel den in einem Gesetz verankerten Verweis auf ein „korsisches Volk" für verfassungswidrig erklärte.[152] Den Verfassungsprinzipien der Unteilbarkeit der Republik, der Gleichheit vor dem Gesetz und der Einheit des Volkes widerspricht es auch, „einer Gruppe, die sich über Herkunft, Kultur, Sprache oder Glaube definiert, spezielle Rechte zuzusprechen."[153] Das bedeutet, dass beispielsweise für die Ratifizierung der Europäischen Charta für Regional- oder Minderheitensprachen eine Verfassungsänderung notwendig war.[154]

82

Schließlich veranschaulicht der Vergleich der jeweiligen materiellen Schranken der Verfassungsänderung womöglich am deutlichsten die angebliche Opposition zwischen den Staatsformen beider Länder. Der föderale Aufbau Deutschlands wird in der Ewigkeitsklausel des Art. 79 Abs. 3 GG gleich auf dreifache Weise geschützt, wodurch der Einführung eines Einheitsstaats eine Absage erteilt wird. In der französischen Verfassung nimmt diesen Platz dagegen der unteilbare Charakter der Republik ein. Dieses Prinzip wird allgemein als Grundpfeiler des unitarischen Charakters Frankreichs angesehen. Demnach darf also kein föderaler Staat aufgebaut werden.

83

---

[149] Eingehend und instruktiv: *Hintze*, Staatseinheit und Föderalismus im alten Frankreich und in der Revolution 1928, S. 262.

[150] *Tocqueville*, L'Ancien Régime et la Révolution (1856), 1967, S. 98.

[151] Vgl. *Isensee*, Idee und Gestalt des Föderalismus im Grundgesetz, in: Isensee/Kirchhof (Hrsg.), Handbuch des Staatsrechts VI, 3. Aufl. 2008, § 126 Rn. 16; *Beaud*, Conceptions of the State, in: Rosenfeld/Sajó (Hrsg.), The Oxford Handbook of Comparative Constitutional Law, 2012, S. 269 (275).

[152] C.C., 9.5.91, 91-290 DC – Korsika I.

[153] CC., 15.6.99, 99-412 DC – Europäische Charta der Regionalsprachen.

[154] Neuer Art. 75-1 CF seit dem Verfassungsänderungsgesetz 2008-724 vom 23.7.2008.

b) Der Weg zum dezentralisierten Einheitsstaat und zum unitarischen Bundesstaat

84   Vor allem im Hinblick auf die Verfassungsänderung des Jahres 2003 in Frankreich muss dieses paradigmatische Bild jedoch korrigiert werden.[155] Dass Art. 1 CF seither auf den „dezentralisierten" Charakter der Republik Bezug nimmt, kann zwar einerseits als Distanzierung von einer föderalistischen Anwandlung verstanden werden, da die Dezentralisierung auf den Aufbau der Verwaltung beschränkt wird und die politische Organisation außer Acht lässt. Anderseits steht die Reform aber gleichzeitig auch für einen politischen Willen, der sich juristisch in einer klaren Stärkung der Autonomie der lokalen und regionalen Gebietskörperschaften durch die bedeutende Neufassung der Art. 72 ff. CF niedergeschlagen hat.

85   Obwohl die Verfassungsänderung des Jahres 2003 sicherlich einen wichtigen Punkt in der Geschichte der Dezentralisierung Frankreichs markiert, ist letztere dennoch nicht allein ein Kind unserer Zeit. Schon die ersten Rechtstexte, die nach der Französischen Revolution erlassen wurden – die Gesetze vom 14. und 22. Dezember 1789 sowie Art. 8 des zweiten Titels der Verfassung von 1791 – nehmen auf die Theorie des *pouvoir municipal* („Gemeindefreiheit") Bezug, indem sie den Kommunen eigene Kompetenzen zusprechen, die dieser Theorie zufolge nicht vom Zentralstaat delegiert sind. Diese Gesetze sowie die von ihnen getroffene grundlegende Unterscheidung zwischen eigenen und staatlichen Aufgaben hatten darüber hinaus einen bemerkenswerten Einfluss auf die kommunalen Reformen des *Freiherrn vom Stein* im Preußen des frühen 19. Jahrhunderts.[156] Die kommunale Aufgabenstruktur in vielen Bundesländern wird übrigens heute noch von dieser Unterscheidung geprägt.

86   Den Grundstein für die Dezentralisierung der französischen Verwaltung legten in der III. Republik die Gesetze vom 10. August 1871 über die Departements und vom 5. April 1884 über die Gemeinden. Grundzüge davon sind noch heute im positiven Recht wiederzufinden. Die Beziehungen zwischen dem Staat und den Gebietskörperschaften nahmen aber vor allem seit den durch das Gesetz vom 2. März 1982 eingeläuteten Reformen eine neue Gestalt an. Diese Entwicklung wurde schließlich durch die Verfassungsänderung von 2003 immerhin auf eine verfassungsrechtliche Ebene gehoben und inhaltlich zugleich vertieft.

87   Trotz des Prinzips der Unteilbarkeit wurde ferner den Überseegebieten kraft Verfassung die Möglichkeit eingeräumt, aus der französischen Republik auszutreten[157] – ein Recht, welches das Grundgesetz für die Länder von vornherein ausschließt. Seit 2003 lautet Art. 72-3 CF: „Die Republik erkennt innerhalb des französischen Volkes die überseeischen Bevölkerungen in einem gemeinsamen Ideal von Freiheit, Gleichheit und Brüderlichkeit an". Durch diese politische Aussage wird versucht,

---

[155] Die berühmte und von *Tocqueville* aufgestellte These wurde nun in verschiedenen historiographischen Arbeiten deutlich relativiert. Für eine guten Überblick hierzu: *Biard*, Les lilliputiens de la centralisation. Des intendants aux préfets: les hésitations d'un „modèle français", 2007.
[156] Vgl. *Kahl*, Die Staatsaufsicht, 2000, S. 59 ff., m. w. N.
[157] C.C., 2.6.87, 87-226 DC – Neukaledonien; Art. 53 CF.

sowohl der Einheit des französischen Volkes als auch den autonomen Bedürfnissen seiner überseeischen Gebiete gerecht zu werden. Mit der Verfassungsänderung von 1998 war man bereits einen Schritt weiter gegangen, indem man eine spezifische „Bürgerschaft" Neukaledoniens eingeführt hatte. Allein wer seit zehn Jahren dort wohnhaft ist, darf an den Wahlen zu den lokalen Versammlungen (*Assemblées de province*) und zum Landesparlament (*Congrès*) sowie an der Abstimmung über die Selbstbestimmung und Unabhängigkeit Neukaledoniens teilnehmen.[158] Dagegen entpuppt sich die Landesstaatsangehörigkeit in Deutschland, sogar die des Freistaats Bayern, als leere Hülse.[159]

Dennoch wird diesseits und jenseits des Rheins die Staatlichkeit der Bundesländer politisch gerne hochstilisiert. Juristisch ist sie freilich nicht über zu bewerten. Richtig ist, dass der Föderalismus in Deutschland Teil der Verfassungsprinzipien ist, die durch die Ewigkeitsklausel des Art. 79 Abs. 3 GG geschützt werden. Zudem verlangt jede Verfassungsänderung eine Zweidrittelmehrheit der Stimmen im Bundesrat. Und trotzdem haben die Länder keine individuelle institutionelle Bestandsgarantie. Gemäß Art. 29 Abs. 1 GG kann das Bundesgebiet „neu gegliedert werden, um zu gewährleisten, dass die Länder nach Größe und Leistungsfähigkeit ihre Aufgaben wirksam erfüllen können". Auch die damals umstrittene Zusammenlegung der Bundesländer Baden, Württemberg-Baden sowie Württemberg-Hohenzollern zeigt die Grenzen der Staatlichkeit der Bundesländer auf. Dieses Bekenntnis zum „labilen Bundesstaat" wurde sogar vom Bundesverfassungsgericht bestätigt. Daraus folgt, dass es dem Grundgesetz nicht widerspricht, wenn ein Land im Zuge einer Neugliederung seine Existenz verliert.[160] Ob die Bundesrepublik damit ihren authentischen föderalen Charakter, ihr bündisches Wesen verloren hat und vielmehr dem Modell eines dezentralisierten Einheitsstaats entspricht, kann hier dahingestellt bleiben.[161]

88

Hierzu kommt noch, dass der deutsche Föderalismus sich seit den 1960er Jahren von einem „dualistischen" zu einem „kooperativen" Föderalismus entwickelt hat. Gemeint ist damit eine engere Zusammenarbeit zwischen den Ländern untereinander und zwischen Bund und Ländern. Die Folge war eine Politikverflechtung[162] sowie der zahlenmäßige Anstieg von Gesetzen, die der Zustimmung des Bundesrats bedürfen, obwohl die Notwendigkeit der Zustimmung eigentlich gesetzessystematisch eine Ausnahme darstellt.[163] Der Großteil der Gesetzgebungskompetenzen findet sich auf Bundesebene wieder (Art. 30 u. 70 i. V. m. Art. 73 u. 74 GG), wobei der

89

---

[158] Art. 188-1 des verfassungsausführenden Gesetzes 99-209 vom 19.3.1999 zu Neukaledonien.
[159] Art. 7 Bayerische Verfassung.
[160] BVerfGE 1, 14 (48) – Südweststaat.
[161] Vgl. *Oeter*, Integration und Subsidiarität, 1998, S. 398 ff.; *Möllers*, Staat als Argument, 2. Aufl. 2011, S. 350 ff.; kritisch: *Beaud*, Théorie de la Fédération, 2007, S. 330 ff.
[162] *Scharpf et al. (Hrsg.)*, Politikverflechtung: Theorie und Empirie des kooperativen Föderalismus in der Bundesrepublik, 1976.
[163] BVerfGE 1, 76 (79) – Steuerverwaltung; näher hierzu *Lehmbruch*, Parteienwettbewerb im Bundesstaat, 3. Aufl. 2000; → *Marsch* § 5 Rn. 53.

Gesetzesvollzug maßgeblich durch die Länder erfolgt (Art. 30 u. 83 GG).[164] Dies führte dazu, dass Deutschland nach und nach in einen „unitarischen Bundesstaat" umgewandelt wurde.[165] Diese Tendenz zum Zentralismus wurde durch die Rechtsprechung des Bundesverfassungsgerichts und durch die europäische Integration teilweise noch befördert.[166]

90 Um dem entgegenzuwirken, erweiterte die Verfassungsänderung von 1994 die Kontrollkompetenzen des Bundesverfassungsgerichts um eine besondere abstrakte Normenkontrolle (Art. 93 Abs. 1 Nr. 2a GG) zur Einhaltung der sog. Erforderlichkeitsklausel im Bereich der konkurrierenden Gesetzgebung (Art. 72 Abs. 2 GG). Nach der Erforderlichkeitsklausel besteht die Gesetzgebungskompetenz des Bundes in bestimmten Feldern nur dann, wenn die Herstellung gleichwertiger Lebensverhältnisse im Bundesgebiet oder die Wahrung der Rechts- oder Wirtschaftseinheit im gesamtstaatlichen Interesse eine bundesgesetzliche Regelung erforderlich machen.[167] Auch im Zuge der bedeutenden Verfassungsänderungen von 2006 und 2009 wurde mehr oder weniger erfolgreich versucht, diese Tendenz umzukehren, indem den Ländern vor allem im Bereich der Gesetzgebung mehr Autonomie zugesprochen wurde und durch die Reduktion von Zustimmungsgesetzen zur Politikentflechtung maßgeblich beigetragen wurde.[168]

91 Gleichwohl bleibt der Autonomiegrad der Länder durch Art. 28 Abs. 1 GG grundsätzlich eingeschränkt. Landesgesetze müssen den Grundprinzipien des föderalen Verfassungsrechts entsprechen. Im Konfliktfall bricht Bundesrecht gemäß Art. 31 GG Landesrecht. Im Streitfall obliegt die rechtliche Entscheidung gemäß Art. 93 GG dem Bundesverfassungsgericht. Das BVerfG verlangt zudem sowohl vom Bund als auch von den Ländern den Respekt der sogenannten Bundestreue.[169] Mit diesem Prinzip gleicht das Gericht die Beziehungen zwischen Bund und Ländern aus. Es gibt ihnen auf diese Weise den Auftrag, gegenseitig auf ihre jeweiligen Interessen Rücksicht zu nehmen.[170] Dadurch wird die Funktionsfähigkeit der bundesstaatlichen Ordnung als Gesamtsystem gesichert.[171]

---

[164] Für die spezielle Form der Ausführung auf Grundlage von Abkommen vgl. *Schneider*, Verträge zwischen Gliedstaaten im Bundestaat, VVDStRL 19 (1961), S. 1 ff.

[165] Begriffsprägend *Hesse*, Der unitarische Bundesstaat, 1962.

[166] Eingehend *Oeter*, Integration und Subsidiarität, 1998, S. 185 ff.

[167] BVerfGE 106, 62 (135 ff.) – Altenpflegegesetz; BVerfGE 111, 226 (246 ff.) – Juniorprofessur.

[168] Vgl. etwa *Meyer*, Die Föderalismusreform 2006, 2008; *Starck* (Hrsg.) Föderalismusreform, 2007; *Scharpf*, Föderalismusreform, 2009; *Vilain*, Bilan et perspectives de la réforme du fédéralisme allemand, in: Miard-Delacroix et al. (Hrsg.), Espaces de pouvoir, espaces d'autonomie en Allemagne, 2010, S. 216 ff.

[169] Vgl. statt vielen *Bauer*, Die Bundestreue, 1992.

[170] Vgl. auch *Oeter*, a. a. O., S. 213 ff., 480 ff.; exemplarisch aus der Rechtsprechung: BVerfGE 92, 203 (230) – EG Fernsehrichtlinie.

[171] Treffend *Jestaedt*, Bundesstaat als Verfassungsprinzip, in: Isensee/Kirchhof (Hrsg.), Handbuch des Staatsrechts II, 3. Aufl. 2004, § 29 Rn. 73 ff.

2. Gesetzgebungskompetenzen

a) Verteilung der Gesetzgebungskompetenzen

Die Unterscheidung zwischen Bundestaat und Einheitsstaat ergibt sich im Prinzip aus der Zentralisation bzw. Dezentralisation der Gesetzgebungskompetenz. Während die Gesetzgebungshoheit in einem Einheitsstaat dem nationalen Gesetzgeber allein vorbehalten ist, wird sie in einem Bundestaat zwischen Bund und Ländern aufgeteilt. Die Gesetzgebungskompetenz ist zugleich ein Anhaltspunkt zur Unterscheidung zwischen den Gebietskörperschaften eines Einheitsstaates und den Gliedstaaten eines Bundesstaates: Erstere haben allein ein administratives Selbstverwaltungsrecht und werden daher als ausführende Organe begriffen. Letztere verfügen indes über eine Gesetzgebungshoheit und werden als politische Gebilde wahrgenommen.[172] Einheitsstaaten wie Italien oder Spanien zeigen aber, dass diese traditionelle Unterscheidung weitaus weniger aussagekräftig ist als generell angenommen, denn italienische und spanische Regionen verfügen ebenfalls kraft Verfassung über Gesetzgebungskompetenzen.[173] Für den Verfassungsvergleich zwischen Frankreich und Deutschland bewahrt die Unterscheidung nach dem Gesichtspunkt der Gesetzgebungskompetenz aber dennoch ihre grundsätzliche Relevanz, wenngleich im Detail eine stärkere Ausdifferenzierung geboten ist.

92

In Deutschland ist die Verteilung der Gesetzgebungskompetenzen zwischen Bund und Ländern in den Art. 70 bis 74 des Grundgesetzes geregelt.[174] Es handelt sich dabei um die grundlegende föderale Frage, welcher (Herrschafts-)Verband zuständig ist, weshalb man auch von der Frage der Verbandskompetenz spricht. Der grundgesetzlichen Systematik nach steht die Gesetzgebungskompetenz den Ländern zu, soweit nicht dem Bund ausdrücklich ein Kompetenztitel durch das GG zugewiesen ist (Art. 30, 70 GG). Die grundgesetzlichen Kompetenzzuweisungen an den Bund fallen allerdings sachbereichlich so umfassend aus, dass dem Bund entgegen des juristischen Regel-Ausnahme-Verhältnisses eine Gesetzgebungskompetenz in der ganz überwiegenden Anzahl an Regelungsgebieten zusteht. Systematisch unterteilen sich die Gesetzgebungskompetenzen in ausschließliche (Art. 71, 73 GG) und konkurrierende (Art. 72, 74 GG). Im Rahmen der ausschließlichen Gesetzgebungskompetenz des Bundes dürfen die Länder nur im Falle einer ausdrücklichen Ermächtigung durch den Bund gesetzgeberisch tätig werden; im Rahmen der

93

---

[172] Vgl. *Möllers*, Staat als Argument, 2. Aufl. 2011, S. 362 ff.; *Greber*, Die vorpositiven Grundlagen des Bundesstaates, 2000; älter aber immer noch instruktiv *Usteri*, Theorie des Bundesstaates, 1954.

[173] Siehe dazu die Beiträge von *Dogliani/Pinelli*, Grundlagen und Grundzüge staatlichen Verfassungsrechts, in: v. Bogdandy et al. (Hrsg.), Ius Publicum Europaeum I, § 5 Italien, Rn. 133 ff. und von *Guerrero*, Grundlagen und Grundzüge staatlichen Verfassungsrechts, ebd., § 11 Spanien, Rn. 73 ff.; *Vandelli*, Formes d'Etat: Etat régional, Etat décentralisé, in: Troper/Chagnollaud (Hrsg.), Traité international de droit constitutionnel II, 2012, S. 53 ff.; *Kotzur*, Föderalisierung, Regionalisierung und Kommunalisierung als Strukturprinzipien des europäischen Verfassungsraumes, JöR 50 (2002), S. 257 ff.

[174] Vgl. auch → *Marsch* § 5 Rn. 8.

konkurrierenden Gesetzgebungskompetenz bleiben die Länder zur Gesetzgebung berechtigt, solange und soweit der Bund nicht von seiner Gesetzgebungskompetenz Gebrauch gemacht hat. Die ehemals dritte Kategorie der sog. Rahmengesetzgebung (Art. 75 GG a. F.) wurde mit der Föderalismusreform des Jahres 2006 abgeschafft. Im Jahr 2006 wurde zudem die Erforderlichkeitsklausel des Art. 72 Abs. 2 GG (→ Rn. 90) in ihrem Anwendungsbereich beschränkt, sodass der Bund auch in zahlreichen Gebieten der konkurrierenden Gesetzgebung Gesetze verabschieden kann, ohne dass dies für die Herstellung gleichwertiger Lebensverhältnisse im Bundesgebiet oder die Wahrung der Rechts- oder Wirtschaftseinheit im gesamtstaatlichen Interesse erforderlich zu sein hätte. Als Ausgleich können die Länder gemäß Art. 72 Abs. 3 GG in einigen Bereichen von einem Bundesgesetz abweichende Regelungen treffen. Diese Abweichungsgesetzgebung ist jedoch nur in wenigen Bereichen zulässig und wurde bislang kaum praktisch erprobt. Schließlich verbleibt den Ländern dort, wo dem Bund keine Gesetzgebungskompetenz ausdrücklich durch das GG zugewiesen ist, eine ausschließliche Gesetzgebungskompetenz in einigen Gebieten. Dazu zählen insbesondere ihre Verwaltungsorganisation, das Kommunalrecht, das Polizei- und Ordnungsrecht sowie der Bildungs- Rundfunk- und Kulturbereich, was zum Teil auch in Art. 23 Abs. 6 GG sichtbar wird.[175]

94 Eine solche verfassungsrechtliche Aufteilung der Gesetzgebungskompetenzen zwischen dem Zentralstaat und den französischen Gebietskörperschaften besteht im französischen Recht nicht. Vielmehr hat das französische Parlament das Kompetenzmonopol der Gesetzgebung inne. Allein der nationale Gesetzgeber wird durch die Verfassung ermächtigt, „an erster Stelle Normen aufzustellen, woraus sich dann die Rechte und Pflichten seiner Adressaten ergeben".[176] Trotz dieses allgemeinen Vorbehalts des nationalen Gesetzes muss die Tragweite dieser normativen Einheit klar umrissen werden. In Wirklichkeit erscheint sie weniger absolut als oft dargestellt.

95 Die französische Verfassung belässt durchaus Raum für eine Art „Rechtspluralismus". Zunächst einmal bedeutet Einheitsstaat keinesfalls Uniformität. Der Gesetzgeber kann den Geltungsbereich eines Gesetzes an lokale Unterschiedlichkeiten anpassen, indem er ihre Anwendung für bestimmte Teile des Staatsgebiets ausschließt oder einschränkt. In diesem Sinne wird der französische Einheitsstaat in der französischen Dogmatik teilweise als *État plurilégislatif* (gesetzlich pluralistischer Staat) bezeichnet.[177]

96 Als Beispiel für diese oft verkannte gesetzgeberische Diversität kann das Recht in der Region Elsass-Moselle genannt werden. Es bricht mit einigen Verfassungsprinzipien, wie beispielsweise der Laizität, ohne dabei dem Prinzip der Unteilbarkeit der Republik entgegenzustehen. In diesen Departements wird, wie bereits angesprochen (→ Rn. 52), beispielsweise Religionsunterricht an den Schulen angeboten und Geistliche werden vom Staat bezahlt. Der Conseil constitutionnel erkennt es sogar als Verfassungsgrundprinzip der französischen Republik an, dass in den

---

[175] Vgl. *Starck*, Föderalismusreform, 2007, Rn. 291.
[176] *Favoreu et al.*, Droit constitutionnel, 15. Aufl. 2013, Rn. 232.
[177] Vgl. dazu *Favoreu et al.*, a. a. O., Rn. 715.

Departements Bas-Rhin, Haut-Rhin und Moselle anwendbare Rechtsvorschriften aus der Gesetzgebung vor 1946 fortgelten können, solange ihr Anwendungsbereich nicht erweitert wird. Dieses Verfassungsgrundprinzip muss allerdings auch mit den anderen verfassungsrechtlichen Vorgaben in Einklang gebracht werden.[178]

Die Anpassung an lokale Unterschiede ist in Bezug auf die Überseegebiete Frankreichs noch stärker ausgeprägt. So erlaubt Art. 73 CF, dass die Überseegebiete in bestimmten Sachbereichen Gesetze und Verordnungen ihren „besonderen Eigenheiten und Erfordernissen" gemäß erlassen können, wobei diese Möglichkeit in dem Gesetz bzw. in der Verordnung selbst eröffnet werden soll. Mit anderen Worten ermöglicht es die Verfassung dem Gesetzgeber, in einem Gesetz vorzusehen, dass die Überseegebiete Rechtsakte erlassen dürfen, die vom nationalen Gesetz abweichen. Ferner kann seit dem Jahr 2003 keine Statusänderung in Bezug auf Departements oder Überseegebiete ohne die vorherige Zustimmung der Wählerinnen und Wähler der betroffenen Gebietskörperschaft verabschiedet werden.[179] Darüber hinaus haben der Regionalrat von Korsika und die Überseegebiete das Recht, Änderungsvorschläge in Bezug auf Gesetze oder Verordnung einzubringen, ob sie nun bereits in Kraft getreten sind oder erst ausgearbeitet werden. Gebunden werden die Staatsorgane durch diese Vorschläge allerdings nicht.[180]

97

Seit 2003 beinhaltet die Verfassung außerdem zwei weitere Möglichkeiten, zu Experimentierzwecken von den gesetzlichen oder verordnungsrechtlichen Bestimmungen abzuweichen. Die erste findet sich in Art. 37-1 CF und ermächtigt dazu, im Rahmen eines Gesetzes oder einer Verordnung, „zeitlich und sachlich begrenzt Experimentierklauseln aufzustellen". Sie wird als *experimentation-transfert* bezeichnet, denn durch sie können bestimmte Kompetenzen an einige Gebietskörperschaften übertragen werden, wie beispielsweise die direkte Verwaltung der EU-Regionalfonds. Von dieser Möglichkeit war bereits vor der Verfassungsänderung Gebrauch gemacht worden, die sie lediglich verfassungsrechtlich verankerte.

98

Die zweite Möglichkeit ist ein veritables Novum. Sie erforderte aufgrund ihrer deutlich größeren Tragweite eine Verfassungsänderung, um den Vorgaben des Conseil constitutionnel gerecht werden zu können. Im Jahr 2001 hatte der Conseil ein Gesetz für verfassungswidrig erklärt, das Korsika ermächtigte, zu experimentellen Zwecken gesetzliche oder verordnungsrechtliche Bestimmungen außer Acht zu lassen und stattdessen eigene Regelungen zu treffen.[181] Im Jahr 2003 wurde daher der neue Art. 72 Abs. 4 CF eingeführt. Der französische Gesetzgeber darf seither seine Kompetenzen an Gebietskörperschaften abtreten.[182]

99

Diese Möglichkeit ist freilich stark eingegrenzt. Die Ermächtigung kann erstens nur zu einem vom nationalen Gesetzgeber zu bestimmenden experimentellen Zweck durchgeführt werden. Zweitens darf sie nur für eine Zeitspanne von fünf Jahren erteilt werden, allerdings mit der Möglichkeit zur Verlängerung. Das Experiment darf

100

---

[178] C.C., 5.8.2011, 2011-157 QPC – Sonntagsarbeitsverbot im Elsass.
[179] Art. 72-4 CF.
[180] C.C., 9.5.91, 91-290 DC – Korsika I; C.C., 7.12.2000, 2000-435 DC – Übersee.
[181] C.C., 17.1.2002, 2001-454 DC – Korsika II.
[182] Zum Beispiel: Art. 19 des Gesetzes 2007-1223 vom 21.8.2007 über die soziale Mindestsicherung.

drittens nicht die Grundbedingungen der Ausübung einer Grundfreiheit oder eines verfassungsrechtlich garantierten Rechts beeinträchtigen. Einmal beendet, müssen die von den Gebietskörperschaften erlassenen Bestimmungen vom nationalen Gesetzgeber entweder verworfen oder für allgemeingültig erklärt werden.[183] Der nationale Gesetzgeber bleibt daher die zentrale Figur, die das Experiment und die erforderliche gesetzgeberische Ermächtigung allein zulässt und beendet.

101   Das gilt allerdings nicht mehr für die „Ländergesetze", die das Landesparlament Neukaledoniens seit der Verfassungsänderung vom 20. Juli 1998 erlassen darf.[184] Denn dieses Landesparlament darf in einigen Bereichen Gesetze erlassen,[185] die zudem dem Conseil constitutionnel zur Kontrolle vorgelegt werden können. Diese besondere Ermächtigung führte tatsächlich zu einer Form von konkurrierender Gesetzgebung gegenüber dem nationalen Gesetzgeber und rüttelte an der Einheit der gesetzgebenden Gewalt, die traditionsgemäß einen unitarischen Staat ausmacht. Auch wenn es sich mit Neukaledonien um einen historisch bedingten Einzelfall handelt, stellt er als schwieriger Grenzfall („hard case") gleichwohl die Grenzen der juristischen und politischen Einheit Frankreichs in Frage. Er zeigt jedenfalls auf, wie nötig eine Korrektur der herkömmlichen Gegenüberstellung zwischen dem französischen unitarischen Einheitsstaat und dem deutschen Bundesstaat ist.[186]

b) Die Mitwirkung bei der Gesetzgebung: Bundesrat und Senat im Vergleich

102   Abschließend soll die Beteiligung der Länder bzw. der französischen Gebietskörperschaften am parlamentarischen Gesetzgebungsverfahren zumindest kurz angerissen werden.[187] In Deutschland erfolgt gemäß Art. 50 GG die Mitwirkung der Länder bei der Gesetzgebung und Verwaltung des Bundes sowie in Angelegenheiten der Europäischen Union durch den Bundesrat. Dieses Bundesorgan entspringt der föderalen Struktur Deutschlands und vereint die Vertreter der Länderregierungen auf Bundesebene. Seine Zustimmung wird für bestimmte Bundesgesetze vorausgesetzt (sog. Zustimmungsgesetze), meistens in den Fällen, in denen bestimmte Gebiete betroffen sind oder die Modalitäten der Ausführung durch die Länder geregelt werden. Art. 84 GG ist hierfür ein besonders praxisrelevantes Beispiel.

103   Mit der Föderalismusreform des Jahres 2006 wurde versucht, die Zahl dieser Zustimmungsgesetze zu verringern. Sie spielen aber nach wie vor eine bedeutende Rolle.[188] Soweit zu einem Gesetz die Zustimmung des Bundesrates nicht erforder-

---

[183] Vgl. hierzu Art. LO 1113-6 des allgemeinen Kommunalgesetzbuchs (CGCT).
[184] Vgl. hierzu das Abkommen von Nouméa vom 5.5.1998 und das verfassungsausführende Gesetz 99-209 vom 19.3.1999 über Neukaledonien.
[185] Art. 99 des Gesetzes 99-209.
[186] Siehe dazu *Michalon*, La République française, une fédération qui s'ignore?, RDP 1982, S. 623 ff.; *Kuhlmann*, Konvergenz lokaler Verwaltungsmodelle? Dezentralisierung im deutsch-französischen Vergleich, Die Verwaltung, 42 (2009), S. 589 ff.
[187] Eingehend → *Marsch* § 5 Rn. 51 ff. sowie kurz auch → *Vilain/Wendel* § 4 Rn. 63.
[188] Vgl. die Auflistung bei *Gröpl*, Staatsrecht I, 5. Aufl. 2013, Rn. 1257.

lich ist, kann er gemäß Art. 77 GG Einspruch einlegen. Der Bundestag kann diesen Einspruch aber wiederum mit einer entsprechenden Mehrheit zurückweisen.[189] Verfassungsänderungen bedürfen hingegen stets der Zustimmung durch den Bundesrat mit einer Mehrheit von zwei Dritteln seiner Stimmen.

In Frankreich soll der Senat nach Art. 24 Abs. 4 CF „die Vertretung der Gebietskörperschaften der Republik" gewährleisten, obwohl Frankreich doch ein unitarischer Staat ist. Diese Vertretung ist indes weder in institutioneller noch in kompetenzieller Hinsicht mit derjenigen der Länder im Bundesrat gleichzusetzen.[190] Auch der Versuch, diese Vertretungsfunktion politisch zu begründen, ist zweifelhaft.[191] Verfassungsrechtlich ergibt sie sich allein aus der Zusammensetzung der Wahlversammlung, welche die Senatoren wählt und im Wesentlichen aus Vertretern der beschließenden Versammlungen der Gebietskörperschaften bestehen muss.

104

Hier besteht schließlich ein wichtiger Unterschied zwischen dem deutschen Bundesstaat und dem französischen Einheitsstaat. Eine Annäherung könnte freilich erfolgen, falls der Vorschlag, einen Senat *à l'allemande* einzurichten, verwirklicht werden sollte.[192] Ein jüngstes Beispiel dafür ist die erfolgreiche Verfassungsreform vom August 2014 in Italien, infolge derer der italienische Senat nun ähnlich wie der deutsche Bundesrat ausgestaltet wurde. Ob eine derartige „Bundesratisierung" des französischen Senats möglich ist, wird die Zukunft zeigen.

105

3. Staatsaufbau und kommunale Selbstverwaltung

a) Verwaltungsaufbau

Während sich ihre Staatsform auf zwei Säulen gründet, weist die Verwaltungsstruktur der Bundesrepublik drei Ebenen auf: die Bundesverwaltung, die Länderverwaltung und die Kommunalverwaltung. Letztere ist aber in die mittelbare Verwaltung der Länder eingegliedert, da diese die Kompetenz in Bezug auf die Organisation der Gebietskörperschaften haben. Hinzu kommt, dass der deutsche Föderalismus ein „Exekutivföderalismus" ist. Demnach obliegt dem Bund der Großteil der Gesetzgebungskompetenzen, die meisten Bundesgesetze werden aber durch die Landesverwaltungen ausgeführt. Eine Mischverwaltung darf es nur in den vom Grundgesetz explizit genannten Fällen – wie etwa in Art. 91e GG – geben. Seit 2006 wurde diese Trennung bewusst gestärkt. Seither ist es dem Bund bis auf wenige Ausnahmen verboten, Aufgaben direkt an die Kommunen zu übertragen.[193] Damit wurde die Herrschaft der Länder über die Kommunen verstärkt.

106

---

[189] Vgl. im Einzelnen → *Marsch* § 5 Rn. 53.
[190] Näher → *Vilain/Wendel* § 4 Rn. 67 ff.
[191] In diesem Sinne *Robbe*, La représentation des collectivités territoriales par le Sénat, 2001, S. 45 ff. und S. 553 f.
[192] *Carcassonne*, Pour un Bundesrat français, Pouvoirs locaux 67 (2005), S. 104 ff.
[193] Art. 84 Abs. 7 GG.

107   Hier liegt ein wichtiger Unterschied zum französischen Recht, in dem Regionen, Departements und Gemeinden untereinander grundsätzlich gleichgesetzt werden. Laut Art. 72 Abs. 5 CF darf keine Gebietskörperschaft Aufsicht über eine andere ausüben. Diese Zuständigkeit kommt allein dem Zentralstaat bzw. den Präfekten in ihrer Funktion als staatliche Aufsichtsbehörden zu. Nur soweit die Ausübung einer Zuständigkeit das Zusammenwirken mehrerer Gebietskörperschaften erfordert, kann das Gesetz eine von ihnen – oft die Region – ermächtigen, die Modalitäten ihres gemeinsamen Handelns federführend zu organisieren und so zum *chef de fil* zu werden. Im Vergleich zu den deutschen Ländern, aber auch zu den spanischen oder italienischen Regionen, haben die französischen Regionen also keine überragende Position gegenüber den lokalen Gebietskörperschaften inne. Französische Regionen sind überdies im historischen Vergleich noch relativ jung, denn sie wurden erst im Jahr 1982 als vollwertige Gebietskörperschaften anerkannt.[194]

108   In Deutschland finden sich die wichtigsten Verwaltungsstrukturen auf der Ebene der Länder und der Kommunen wieder. Die kommunale Ebene umfasst hauptsächlich die Gemeinden und die Gemeindeverbände. Im Zuge verschiedener Territorialreformen seit den 1970er Jahren haben die Länder viele Gemeinden zusammengeschlossen.[195] Dennoch variiert die Situation von Land zu Land, da jedes selbst für die Organisation seiner Verwaltung zuständig ist und verschiedene interne Strukturen, beispielsweise Bezirke, einführen kann. Eine Besonderheit in dieser Hinsicht sind die Stadtstaaten, die zugleich als Bundesland und Stadtgemeinde(n) fungieren.[196]

109   Obgleich in Frankreich die Verwaltungsstruktur auf zentraler Ebene bestimmt wird, ist die französische Verwaltungslandschaft auf regionaler und kommunaler Ebene außerordentlich vielschichtig. Denn neben den Gemeinden, den Departements und den Regionen gelten als Gebietskörperschaften gemäß Art. 72 Abs. 1 CF auch „die Körperschaften mit besonderer Rechtsstellung und die Überseegebiete (…). Jede andere Gebietskörperschaft wird durch Gesetz geschaffen". Verglichen mit Deutschland ist die territoriale Organisation Frankreichs zudem durch eine sehr hohe Anzahl an Kommunen gekennzeichnet: Mit 36.000 Gemeinden hat Frankreich ca. die Hälfe aller Gemeinden Europas. Der Versuch, diese Zahl anlässlich einer Territorialreform zu reduzieren, ist bislang am Widerstand der Bevölkerung (und der Gewählten) in den kleinen Gemeinden gescheitert. Um dieser Zersplitterung entgegenzuwirken und die kommunalen öffentlichen Dienstleistungen auf ein angemessenes Niveau zu bringen, ist die interkommunale Zusammenarbeit im fran-

---

[194] Vgl. *Schöndorf-Haubold*, Dezentralisierung und die verfassungsrechtliche Garantie kommunaler Selbstverwaltung in Frankreich, Die Verwaltung 40 (2007), S. 513 ff.; *Wiedemann*, Föderalismus als europäische Utopie, AöR 121 (1992), S. 46 ff.

[195] Näher hierzu *Kuhlmann*, Politik- und Verwaltungsreform in Kontinentaleuropa, 2009, S. 67 ff. und S. 114 ff.

[196] Berlin und die „Freie und Hansestadt Hamburg" sind zugleich jeweils ein Bundesland und eine kreisfreie Stadt, während das Bundesland „Freie Hansestadt Bremen" als sog. Zwei-Städte-Staat aus zwei kreisfreien Städten bzw. Stadtgemeinden besteht (Bremen und Bremerhaven). In allen drei Bundesländern unterteilen sich die kreisfreien Städte wiederum in Bezirke und ggf. Ortsteile.

§ 3 Verfassungsprinzipien

zösischen System sehr ausgeprägt.[197] Geplant ist hingegen eine starke Reduzierung der Anzahl der Regionen von 22 auf 13 und mittelfristig sogar die Abschaffung der Departements als Gebietskörperschaft.[198]

b) Kommunale Selbstverwaltung

Deutschen und französischen Gebietskörperschaften steht beiden das Recht auf Selbstverwaltung zu. Dafür steht auch die Ratifikation der Europäischen Charta der kommunalen Selbstverwaltung durch Frankreich und Deutschland.[199] Aber die rechtliche Verankerung der kommunalen Selbstverwaltung ist weder in Frankreich noch in Deutschland etwas grundsätzlich Neuartiges. Seit 1958 gibt Art. 72 CF den französischen Gebietskörperschaften das Recht, sich durch gewählte Räte selbst zu verwalten – inoweit im Einklang mit der früheren Regelung des Art. 87 der Verfassung von 1946. Verfassungsrechtlich haben die deutschen Gemeinden und Gemeindeverbände gemäß Art. 28 Abs. 2 GG ebenfalls das Recht, ihre eigenen Angelegenheiten im Rahmen der Gesetze in eigener Verantwortung zu regeln.

110

Daraus resultiert ein Mindestmaß an Kompetenzen auf kommunaler Ebene. Im Fall einer verfassungsgerichtlichen Prüfung wird sowohl in Frankreich als auch in Deutschland in ähnlicher Weise darauf geachtet, dass die sogenannte rechtliche Institutionsgarantie der Gebietskörperschaften nicht ausgehöhlt wird. Geschützt werden vor allem der Aufgabenbereich der Gebietskörperschaften und die Eigenverantwortlichkeit der Aufgabenerledigung.[200] Laut Art. 28 Abs. 2 GG umfassen die

111

---

[197] Gesetz 2014-58 vom 27.1.2014 zur Modernisierung der Territorialverwaltung und zur Schaffung von Metropolregionen und das Gesetz 2010-1563 vom 16.12.2010 zur Gebietsreform. Vgl. hierzu *Kuhlmann*, Interkommunale Revolution in Frankreich? Reformschritte, Effekte und Schwächen territorialer Konsolidierung ohne Gebietsfusion, in: Bogumil/Kuhlmann (Hrsg.), Kommunale Aufgabenwahrnehmung im Wandel: Kommunalisierung, Regionalisierung und Territorialreform in Deutschland und Europa, 2010, S. 277 ff.; *Lührs*, Die französischen communautés und die niedersächsische Samtgemeinde als Formen interkommunaler Zusammenarbeit, 2010; *Marcou*, La réforme territoriale: ambition et défaut de perspective, RFDA 2010, S. 357 ff. und die Beiträge zum Thema La réforme des collectivités territoriale, Revue française d'administration publique 141 (2012).

[198] Siehe namentlich die zwei Gesetzesentwürfe vom 18.6.2014 zur Reform der Territorialverwaltung und zur Zusammenlegung von Regionen.

[199] Vgl. *Cathaly-Stelkens*, Kommunale Selbstverwaltung und Ingerenz des Gemeinschaftsrechts: insbesondere am Beispiel Frankreichs und Deutschlands, 1996; *Sommermann*, Kommunen und Föderalismusreform, in: Jahrbuch Bitburger Gespräche 2005, 2005, S. 59 ff.; *Ruffert*, Unions- und Gemeinschaftsrechtliche Auswirkungen auf die kommunale Selbstverwaltung, in: Püttner/Mann (Hrsg.), Handbuch der kommunalen Wissenschaft und Praxis I, 3. Aufl. 2007, § 38 Rn. 10 ff.; *Häberle*, Kommunale Selbstverwaltung unter dem Stern des gemeineuropäischen Verfassungsrechts, JöR 58 (2010), S. 301 ff. Aus einer politikwissenschaftlichen Perspektive vgl. nur *Kuhlmann*, Politik- und Verwaltungsreform in Kontinentaleuropa, 2009.

[200] Grundlegend BVerfGE 79, 127 (146) – Rastede; C.C., 29.5.1990, 90-274 DC – Recht auf Wohnen; vgl. *Schmidt-Aßmann/Dagron*, Deutsches und französisches Verwaltungsrecht im Vergleich ihrer Ordnungsideen, ZaöRV 67 (2007), S. 395 (451 ff.); *Marcou*, Autonomie communale: étude comparative, Pouvoirs 95 (2000), S. 69 (82 ff.).

Gemeindeaufgaben „alle Angelegenheiten der örtlichen Gemeinschaft", während der Aufgabenbereich der Gemeindeverbände dem Gesetz überlassen bleibt. Trotz dieses Unterschiedes ist festzuhalten, dass Umfang und Inhalt der Gemeindeaufgaben verfassungsrechtlich weitestgehend unbestimmt sind und daher ebenfalls vom Landesgesetzgeber festgelegt werden.[201]

112 Anders als in Deutschland wird in der französischen Verfassung nicht zwischen den Aufgaben der Gemeinden, Departements und Regionen unterschieden. Gemäß Art. 34 CF obliegt es dem nationalen Gesetzgeber, die Kompetenzen der Gebietskörperschaften zu bestimmen. Hierbei muss er zwar seit 2003 das Subsidiaritätsprinzip respektieren, denn Art. 72 Abs. 2 CF sieht nun vor, dass die Gebietskörperschaften dazu berufen sind, „Entscheidungen in allen Bereichen zu treffen, die am besten auf ihrer Ebene umgesetzt werden können". Hier bestehen durchaus Ähnlichkeiten zum Subsidiaritätsprinzip, das als Kompetenzausübungsschranke auf EU-Ebene gilt (Art. 5 Abs. 3 EUV). Weil dem Gesetzgeber vom Conseil constitutionnel aber ein erheblicher Gestaltungsspielraum eingeräumt wird, bleibt die verfassungsrechtliche Durchsetzungskraft des Subsidiaritätsprinzips freilich sehr schwach.[202]

113 Im Vergleich zu den deutschen Kommunen unterscheidet sich die Aufgabenstruktur der französischen Gebietskörperschaften dadurch, dass sie quasi ausschließlich Selbstverwaltungsaufgaben wahrnehmen und kaum staatliche Aufgaben erfüllen (monistisches Modell). Letztere werden unmittelbar durch die regionalen und lokalen Behörden der Staatsverwaltung erledigt, beispielsweise durch Präfekturen.[203] Der Präfekt leitet die staatlichen Dienststellen in den Departements und in den Regionen. Gemäß Art. 72 Abs. 6 CF ist er der Vertreter des Staates und zugleich Vertreter eines jeden Regierungsmitglieds in den Gebietskörperschaften der Republik. Er trägt die Verantwortung für die nationalen Belange, die Verwaltungsaufsicht und die Einhaltung der Gesetze. Seit 1982 unterstehen die französischen Gebietskörperschaften dennoch allein der „Rechtsaufsicht" des Präfekten, welcher kommunale Maßnahmen erst nach ihrem Inkrafttreten vor dem Verwaltungsgericht anfechten kann.[204] Hingegen zeichnet sich das deutsche Modell durch eine „Verschränkung" von Staat und Kommunen aus. Deutsche Kommunen müssen sowohl Selbstverwaltungsaufgaben als auch staatliche Aufgaben übernehmen und stehen daher, je

---

[201] BVerfGE 79, 127 (141 ff.) – Rastede; vgl. dazu etwa *Schmidt-Aßmann*, Die Garantie der kommunalen Selbstverwaltung, in: Festschrift 50 Jahre Bundesverfassungsgericht II, 2001, S. 803 ff.; *Püttner*, Kommunale Selbstverwaltung in: Isensee/Kirchhof (Hrsg.), Handbuch des Staatsrechts VI, 3. Aufl. 2008, § 144 Rn. 28 ff.; *Grimm*, Subsidiarität und Föderalismus in: Durner et al. (Hrsg.), Freiheit und Sicherheit in Deutschland und Europa, Festschrift für Hans-Jürgen Papier zum 70. Geburtstag, 2013, S. 49 (51).

[202] C.C., 7.7.2005, 2005-516 DC – Energiegesetz; vgl. *Faure*, Droit des collectivités territoriales, 2007, S. 494 f.

[203] Art. 72 Abs. 6 CF: „Der Vertreter des Staates, zugleich Vertreter eines jeden Regierungsmitglieds, trägt die Verantwortung für die nationalen Belange, die Verwaltungsaufsicht und die Einhaltung der Gesetze".

[204] *Schmidt-Aßmann/Dagron*, Deutsches und französisches Verwaltungsrecht im Vergleich ihrer Ordnungsideen, ZaöRV 67 (2007), S. 395 (453).

nach Bereich, unter der Rechts- bzw. Fachaufsicht des Staates (dualistisches Modell). Diese Verschränkung wird durch die Einordnung der Kommunalverwaltung in „die mittelbare Staatsverwaltung" verdeutlicht. Eine solche „Verstaatlichung" ist in Frankreich weniger ausgeprägt. Vielmehr werden die Gebietskörperschaften dem Staat gegenübergestellt und der Gesellschaft zugeordnet.[205]

In der Praxis sind freilich weder in Frankreich noch in Deutschland Eingriffe in den Mindestbestand an Kompetenzen festzustellen. Vielmehr ist seit 1982 mehrfach, zuletzt anlässlich der letzten Dezentralisationsreformen von 2014, der Kompetenzkatalog der französischen Gebietskörperschaften immer weiter ausgedehnt worden. Auch in Deutschland ist nicht selten von einer aufgabenmäßigen Überbürdung bzw. gar Überforderung der Gemeinden die Rede.[206] Um diese Aufgaben zu bewältigen, verfügen die französischen und die deutschen Gebietskörperschaften über eine Satzungsbefugnis, die sie nach Maßgabe des Gesetzes ausüben können. Zudem wird ihre Finanzautonomie verfassungsrechtlich geschützt. Während diese in Deutschland durch die Grundgesetzänderung von 1994 verfassungsrechtlich gestärkt wurde, wurde sie in Frankreich erst 2003 verfassungsrechtlich erstmals explizit verankert. Diesseits und jenseits des Rheins waren diese Vorschriften jedoch kaum in der Lage, der ausgreifenden und andauernden Krise der Kommunalfinanzen wirksam zu begegnen.[207] Sie ermöglichen den Kommunen nämlich lediglich, Gesetze anzufechten, die diese Autonomie gravierend gefährden.

114

Immerhin wachen die französischen Verfassungsrichter seit 1979 aufmerksamer über das Recht auf kommunale Selbstverwaltung.[208] Dieser Schutz wurde aber vor allem durch die im Jahr 2010 eingeführte *question prioritaire de constitutionnalité* (QPC) deutlich verstärkt.[209] Da die Selbstverwaltung vom Conseil constitutionnel als Grundfreiheit anerkannt wurde, können die Gebietskörperschaften von nun an den Conseil constitutionnel anrufen.[210] Die deutsche Dogmatik erkennt hingegen das Recht auf lokale Autonomie nicht als „Grundrecht" an, dafür aber als „Einrichtungsgarantie", da die Kommunen dem Staat und nicht der Gesellschaft zugeordnet

115

---

[205] Hierzu *Marsch*, Frankreich, in: Schneider (Hrsg.), Verwaltungsrecht in Europa II, 2009, S. 33 (212 ff.); *Wollmann*, Das deutsche Kommunalsystem im europäischen Vergleich – zwischen kommunaler Autonomie und „Verstaatlichung", in: Bogumil/Kuhlmann (Hrsg.), Kommunale Aufgabenwahrnehmung im Wandel, 2010, S. 223 (233 ff.).

[206] *Tettinger*, Die Verfassungsgarantie der kommunalen Selbstverwaltung, in: Handbuch der kommunalen Wissenschaft und Praxis I, 3. Aufl. 2007, § 12 Rn. 34; *Burgi*, Kommunalisierung als gestaltungsbedürftiger Wandel von Staatlichkeit und von Selbstverwaltung, Die Verwaltung 42 (2009), S. 155 ff.

[207] *Kuhlmann*, Politik- und Verwaltungsreform in Kontinentaleuropa, 2008, S. 139 ff.; *Wollmann*, Reformen in Kommunalpolitik und – verwaltung, 2008, S. 237 ff.

[208] C.C., 23.5.1979, 79-104 DC – Wahlrecht in Neukaledonien; vgl. *Favoreu*, Libre administration et principes constitutionnels, in: Moreau/d'Arcy (Hrsg.), La libre administration des collectivités locales, Economica, 1984, S. 67 (68 ff.).

[209] Zur QPC eingehend → *Marsch* § 6 Rn. 58 ff.

[210] C.C., 2.7.2010, 2010-12 QPC – Gemeindefusion; vgl. etwa *Verpeaux*, Question prioritaire de constitutionnalité et libre administration des collectivités territoriales, AJDA 2010, S. 1594 ff.; schon in diesem Sinne *Faure*, Le rôle du juge constitutionnel dans l'élaboration du droit des collectivités locales, Pouvoirs 99 (2001), S. 117 (124 f.).

werden. Trotzdem gibt ihnen Art. 93 Abs. 1 Nr. 4b GG die Möglichkeit einer speziellen Klage zum Schutz ihrer lokalen Autonomie, die in Zügen der Verfassungsbeschwerde ähnelt (sog. Kommunalverfassungsbeschwerde).[211] Die prozessualen Instrumente der deutschen Kommunalverfassungsbeschwerde und der Anrufung des Conseil constitutionnel durch die französischen Gebietskörperschaften haben insoweit die gleiche Stoßrichtung.

116 Schließlich genießen in beiden Ländern die Gebietskörperschaften eine institutionelle Rechtssubjektsgarantie. Während unter dem Grundgesetz die Gemeinde und die Gemeindeverbände als Typus geschützt werden, umfasst die Garantie in Frankreich alle in Art. 72 Abs. 1 CF genannten Gebietskörperschaftstypen. Eine individuelle Rechtssubjektsgarantie besteht hingegen weder in Frankreich noch in Deutschland. Dafür können in Deutschland die Landesverfassungen bestimmte Garantien – häufig im Bereich der Finanzautonomie – vorsehen, die über diejenigen des Grundgesetzes hinausgehen.

117 Zusammenfassend kann festgehalten werden, dass es zwar aufschlussreiche theoretische Divergenzen zwischen der deutschen und der französischen Dogmatik im Hinblick auf die juristische Natur der kommunalen Selbstverwaltung – Grundrechte oder institutionelle Garantie – und somit hinsichtlich des Verhältnisses zwischen Selbstverwaltung, Staat und Gesellschaft gibt. Dennoch soll dies nicht darüber hinwegtäuschen, dass angesichts der rechtspositiven Ausgestaltung der kommunalen Selbstverwaltung die Gemeinsamkeiten zwischen beiden Ländern überwiegen.

VI. Rechtsstaat

1. Begriffsbildung

118 Im politischen und dogmatischen Diskurs erfreut sich das Rechtsstaatsprinzip heutzutage großer Beliebtheit. Es wird gerne als eine gemeinsame Errungenschaft der „europäischen Rechtsgemeinschaft" dargestellt, die als Wundermittel vor allem in nicht-demokratische Staaten getragen werden könne.[212] Dahinter verbirgt sich die verführerische und doch zu kurz greifende Vorstellung, dass der Rechtsstaat ein klares und allgemeingültiges Prinzip darstelle. Die deutsche Konzeption des „Rechtsstaats" stimmt grundsätzlich mit dem französischen Begriff des *État de droit* überein und sogar die britische *Rule of law* reiht sich in diese Begriffskette ein. Aber es

---

[211] → *Marsch* § 6 Rn. 27.
[212] Vgl. hierzu *Ullerich*, Rechtsstaat und Rechtsgemeinschaft im Europarecht, 2011; *Krieger*, Rule of Law, in: Rosenfeld/Sajó (Hrsg.), Oxford Handbook of Comparative Constitutional Law, 2012, S. 233 ff.; *Delmas-Marty*, La construction d'un État de droit en Chine dans le contexte de la mondialisation, in: Delmas-Marty/Will (Hrsg.), La Chine et la démocratie, 2007, S. 551 ff.; kritisch: *Grimm*, Stufen der Rechtsstaatlichkeit: Zur Exportfähigkeit einer westlichen Errungenschaft, JZ 2009, S. 596 ff.

sind dennoch nennenswerte Unterschiede erkennbar, die im Folgenden aufgezeigt werden sollen.[213]

Ebenso wie die anderen Verfassungsprinzipien ist das Rechtsstaatsprinzip Ausfluss politischer Forderungen und semantischer Kontroversen.[214] Der „Rechtsstaat" hat seinen Ursprung im Deutschland der vorletzten Jahrhundertwende. Er beruhte anfangs auf einer liberalen Lehre der Selbstbegrenzung der Staatsgewalt und versuchte die Freiheitssphäre der Gesellschaft zu schützen. Insofern kann er der Willkür des „Polizeistaats" gegenüber gestellt werden. Diese Lehre des Rechtsstaatsprinzips wurzelt letztlich im monarchistischen Liberalismus des Vormärz. Ihre wichtigsten Vertreter waren süddeutsche Autoren wie die Herausgeber des Rotteck-Welckerschen Staatslexikons, *Karl von Rotteck* und *Carl Theodor Welcker*, sowie darüber hinaus *Johann Christoph von Aretin* oder *Robert von Mohl*. Sie waren alle von den Ideen der Aufklärer wie *Kant, Montesquieu, Locke* oder *Wilhelm von Humboldt* beeinflusst. Zu dieser Zeit verbarg sich hinter dem Rechtsstaatsprinzip ein weites verfassungspolitisches Programm, dessen Ziel es eigentlich war, eine Verfassung einzuführen, die Rechte des Parlaments zu erweitern und liberale Gesetze zu erlassen.[215] **119**

Von dieser materiell aufgeladenen liberal-progressiven Konzeption ausgehend entwickelte sich die Bedeutung des „Rechtsstaats" später in eine formellere, apolitischere Richtung. Dies war nötig, um den Begriff vor dem Hintergrund des monarchisch geprägten Deutschlands des 19. Jahrhunderts für das konservative Lager annehmbar zu machen.[216] In der zweiten Hälfte des 19. Jahrhunderts setzte sich also die Definition *Friedrich Julius Stahls* durch: „Rechtsstaat bedeutet überhaupt nicht Ziel und Inhalt des Staates, sondern nur Art und Charakter, dieselben zu verwirklichen".[217] **120**

Ob nun als formelles oder als materielles Konzept, der Rechtsstaat bildete sich als deutsche Reaktion auf die *Rousseauschen* Ideen der Französischen Revolution **121**

---

[213] Vgl. *Mockle*, Rule of Law, in: Troper/Chagnollaud (Hrsg.), Traité international de droit constitutionnel, 2012, S. 671 ff.; *Sommermann*, Entwicklungsperspektiven des Rechtsstaates: Europäisierung und Internationalisierung eines staatsrechtlichen Leitbegriffs, in: Magiera/Sommermann (Hrsg.), Freiheit, Rechtsstaat und Sozialstaat in Europa, 2007, S. 75 ff.; *Heuschling*, Etat de droit, Rechtsstaat, Rule of Law, 2002, S. 431; *Grote*, Rule of Law, Rechtsstaat et Etat de Droit, in: Starck (Hrsg.), Constitutionalism, Universalism, and Democracy, 1999, S. 269 ff.; → *Gaillet* § 2 Rn. 43 ff.

[214] Zur Geschichte des Begriffs: *Stolleis*, Rechtsstaat, Handwörterbuch zur Deutschen Rechtsgeschichte IV, 1990, S. 367 ff.; *Sommermann*, Staatsziele und Staatszielbestimmungen, 1997, S. 48 ff.; *Gaillet*, L'individu contre l'État. Essai sur l'évolution des recours de droit public dans l'Allemagne du XIXe siècle, 2012.

[215] *Schönberger*, Etat de droit et Etat conservateur: Friedrich Julius Stahl, in: Jouanjan (Hrsg.), Figures de l'Etat de droit, 2001, S. 177 (182 f.).

[216] *Grimm*, Recht und Staat der bürgerlichen Gesellschaft, 1987, S. 299.

[217] *Stahl*, Die Philosophie des Rechts. Rechts- und Staatslehre auf der Grundlage christlicher Weltanschauung II, 3. Aufl. 1856, S. 138.

vom „Volksstaat" und von der Volkssouveränität.[218] Anders als in Frankreich ging es in Deutschland aber nicht darum, eine neue demokratische Ordnung zu errichten, sondern die Monarchie in ihrer Rechtsgebundenheit zu stärken.[219] Der Rechtsstaat stellte in Deutschland den Ausgleich zu der fehlenden direkten Teilhabe des Einzelnen an der Gestaltung des Gemeinwohls dar. Er stand für den Rückzug des Bürgertums in die Privatsphäre.[220] In diesem Sinne schreibt *Rainer Wahl*: „Die politische Entwicklung in Deutschland, die insgesamt stark von den Regierenden her bestimmt war, hat dem Recht eine besondere, auch kompensatorische Rolle zugewiesen. Wenn die Untertanen, die erst spät zum Bürger wurden, schon nicht die entscheidende politische Macht erringen konnten, dann wollten sie wenigstens ihre Eigensphäre der Freiheit und des Eigentums gegen willkürliche und unvorhersehbare Eingriffe von oben abgeschirmt sehen, durch rechtsstaatliches Recht und rechtsstaatlich wirkende Gerichtsbarkeit".[221]

122   Als Reaktion auf das Scheitern der Weimarer Republik und die Machtergreifung der Nationalsozialisten findet sich später der Versuch wieder, im Rechtsstaat einen Ausgleich zu den Schwächen der Demokratie zu finden. „Von 1949 bis einschließlich 1972 war die bundesdeutsche Staatsrechtslehre von den Themen des Rechtsstaates und der schrittweisen Umsetzung der Grundrechte beherrscht gewesen".[222] Vor diesem Hintergrund lässt sich besser verstehen, warum die deutsche Rechtslehre in Bezug auf das Verfassungsprinzip des Rechtsstaats so einzigartig und rechtsdogmatisch ausgeklügelt ist. Das Rechtsstaatsprinzip ist sicherlich einer der Grundsätze des deutschen Rechtssystems, das im Ausland am häufigsten rezipiert bzw. wissenschaftlich durchdrungen wird. Nicht ohne Grund wird er sogar als „Exportschlager" etikettiert.[223]

123   *Dieter Grimm* brachte den Inhalt der Idee des Rechtsstaats wie folgt auf den Punkt: „Im Zentrum der Rechtsstaatsidee steht die Forderung, dass der Staat seine Herrschaft in Form des Rechts ausübt. Damit ist gemeint, dass er nach Regeln herrscht und dass er durch Regeln herrscht. Nach Regeln herrschen bedeutet, dass der Staat nicht nur Regeln für die Menschen in seinem Herrschaftsbereich setzt, sondern sich auch selbst Regeln unterwirft. Durch Regeln herrschen bedeutet, dass die Verhaltensanforderungen, welche der Staat an die Personen in seinem Herr-

---

[218] Vgl. *Jouanjan*, Présentation, in: ders. (Hrsg.), Figures de l'Etat de droit, 1999, S. 7 (10 f.); *Schönberger*, Etat de droit et Etat conservateur: Friedrich Julius Stahl, in: Jouanjan (Hrsg.), Figures de l'Etat de droit, 2001, S. 177 (182).

[219] *Wahl*, Verfassungsstaat, Europäisierung, Internationalisierung, 2003, S. 291.

[220] *Hummel*, Le constitutionnalisme allemand, 2002, S. 113; *Grimm*, Recht und Staat der bürgerlichen Gesellschaft, 1987, S. 49 ff. und S. 70 ff.

[221] *Wahl*, Herausforderung und Antworten: Das Öffentliche Recht der letzten fünf Jahrzehnte, 2005, S. 19.

[222] *Stolleis*, Die Staatsrechtslehre der fünfziger Jahre, in: Henne/Riedlinger (Hrsg.), Das Lüth-Urteil aus (rechts-)historischer Sicht, 2005, S. 253 (298).

[223] Vgl. das Programm „Rechtsstaatsdialog" der Bundesregierung, beispielsweise mit der Volksrepublik China; *Sommermann*, Entwicklungsperspektiven des Rechtsstaates, in: Magiera/Sommermann (Hrsg.) Freiheit, Rechtsstaat und Sozialstaat in Europa, 2007, S. 75 (84 ff.).

schaftsbereich richtet, in Form von Regeln ergehen und auf Regeln beruhen. Zum Begriff der Regel gehört es, dass sie nicht auf einen Einzelfall bezogen ist, sondern für eine Vielzahl künftiger Fälle gilt, dass sie im laufenden Vollzug geändert wird und dass sie auf alle, die in der gleichen Situation sind, auch gleichmäßig angewendet wird. Regelhafte Herrschaft ist das Gegenteil von willkürlicher Herrschaft (....). Im Rechtsstaat gelten für den Machtgebrauch vielmehr Zuständigkeiten und Verfahren. Erst ihre Beachtung begründet die Verbindlichkeit von Herrschaftsakten".[224]

Interessant aus der Sicht der Begriffsgeschichte und des Verfassungsvergleichs ist die Frage nach dem Einfluss der französischen Revolution auf das deutsche Rechtsstaatskonzept und, umgekehrt, nach der späteren Rezeption dieses Konzepts in Frankreich. Einerseits stand die Erklärung der Menschen- und Bürgerrechte von 1789 für die Notwendigkeit, der staatlichen Willkür ein Ende zu setzen, indem die Gewalten geteilt und individuelle Rechte[225] verbürgt werden – vor allem im strafrechtlichen Bereich.[226] Sie hatte sicherlich einen positiven Einfluss auf die deutsche Lehre zum Rechtsstaatsprinzip. Aber wie gesehen beruhte die deutsche Vorstellung des Rechtsstaats zu dieser Zeit anderseits auf der Prämisse der Monarchie und gerade nicht der Volkssouveränität. Letztere stellte jedoch gerade das zentrale Element der revolutionären Kämpfe Frankreichs dar. Hier bestand also eine starke Gegensätzlichkeit.[227]

Daran lässt sich erklären, warum das Rechtsstaatsprinzip in der französischen Lehre zunächst abgelehnt wurde.[228] *Raymond Carré de Malberg* hat dies am deutlichsten auf den Punkt gebracht. Er bezeichnet das Frankreich der III. Republik nicht als „Rechtsstaat" sondern als *État légal* („Gesetzesstaat").[229] Beiden Begriffen ist sicherlich gemein, das Handeln der Verwaltung einem Gesetz zu unterwerfen. Aber der Begriff „Gesetz" war in der deutschen Rechtslehre zur Kaiserzeit „frei von demokratischem Inhalt, der dagegen den *État légal* der III. Republik kennzeichnete".[230] In diesem Sinne versuchte der deutsche „Rechtsstaat" lediglich, die individuellen Freiheiten zu schützen, während der französische *État légal* die Herrschaft des Volkswillens durch die Gesetze zu sichern suchte. Das Gesetz galt in Frankreich als Ausdruck der „nationalen Souveränität" und war von demokratisch gewählten

---

[224] *Grimm*, Stufen der Rechtsstaatlichkeit, JZ 2009, S. 596 (596 f.). Zur These der Identität von Staat und Recht, der zufolge der Staat als eine relativ zentralisierte Rechtsordnung definiert wird und dementsprechend ein dem Recht nicht unterworfener Staat undenkbar ist, vgl. *Kelsen*, Reine Rechtslehre, 2. Aufl. 1960, S. 289 ff.

[225] Art. 16 DDHC.

[226] Art. 8 DDHC.

[227] Vgl. *Carré de Malberg*, Contribution à la théorie générale de l'Etat I, 1920, S. 49 ff.

[228] *Redor*, De l'État légal à l'État de droit. L'évolution des conceptions de la doctrine publiciste française 1879–1914, Economica 1992.

[229] *Carré de Malberg*, Contribution à la théorie générale de l'Etat I, 1920, S. 232 und S. 488 ff.; zu diesem Begriff in deutscher Sprache vgl. *Sommermann*, in: v. Mangoldt et al. (Hrsg.), GG II, 6. Aufl. 2010, Art. 20 Rn. 243.

[230] *Carré de Malberg*, Contribution à la théorie générale de l'Etat I, 1920, S. 490.

Vertretern erlassen. Daher kam es gar nicht in Frage, den Gesetzgeber dergestalt zu kontrollieren, dass den Bürgern für die Rüge der Verfassungswidrigkeit der Rechtsweg eröffnet würde. Eine solche Vollendung des Rechtstaats stand vielmehr unter dem Verdacht des *Gouvernement des juges* (Richterstaat).[231]

126 Vor dem Hintergrund gegenseitiger und ambivalenter Einflussnahmen versteht man besser, warum die deutsche Lehre zum Rechtsstaatsprinzip heute so weit entwickelt ist, während in Frankreich Bezugnahmen auf dieses Konzept eher vereinzelt und unsystematisch bleiben.[232] Der Begriff „Rechtsstaat" wird in der französischen Verfassung nicht einmal erwähnt, geschweige denn definiert. Auch in der Rechtsprechung des Conseil constitutionnel wird nicht darauf Bezug genommen. Im Gegensatz zu Deutschland ist der „Rechtsstaat" in Frankreich also lediglich ein Kind der Verfassungslehre. Um diesen Unterschied deutlich zu machen, sprechen manche Autoren in Bezug auf Frankreich lieber von einem „Grundsatz der Vorherrschaft des Rechts", in Anlehnung an die Formulierung der Präambel der EMRK.[233]

127 Ganz anders in Deutschland: Auf das Konzept der Rechtsstaatlichkeit bezieht sich namentlich Art. 20 Abs. 3 GG, wonach „die Gesetzgebung an die verfassungsmäßige Ordnung, die vollziehende Gewalt und die Rechtsprechung an Gesetz und Recht gebunden [sind]". Ausdrücklich genannt wird der „Rechtsstaat" in Art. 28 Abs. 1 GG. Vor allem aber hat das Bundesverfassungsgericht dem Rechtsstaatsprinzip verschiedene verfassungsrechtliche Grundsätze zugeordnet, die im Grundgesetz keine andere Verankerung finden.[234] Gleichzeitig räumt es jedoch ein: „Das Rechtsstaatsprinzip, wie es in Art. 20 Abs. 3 GG zum Ausdruck kommt, enthält keine in allen Einzelheiten eindeutig bestimmten Gebote und Verbote. Es bedarf vielmehr der Konkretisierung. Diese ist Sache der jeweils zuständigen Organe. Angesichts der Weite und Unbestimmtheit des Rechtsstaatsprinzips ist bei der Ableitung konkreter Bindungen des Gesetzgebers mit Behutsamkeit vorzugehen".[235]

128 Ungeachtet dieser Unterschiede ist es angesichts der zunehmenden Verweise auf das Rechtsstaatsprinzip im französischen Schrifttum[236] heute nicht mehr möglich zu behaupten, dass es „ein germanisches Konstrukt ist, das in den französischen

---

[231] Carré de Malberg, Contribution à la théorie générale de l'Etat I, 1920 S. 493.

[232] Näher hierzu auch bei *Grewe*, Das Verständnis des Rechtsstaates in Frankreich und in Deutschland, in: Jurt et al. (Hrsg.), Wandel von Recht und Rechtsbewußtsein in Frankreich und Deutschland, 1999, S. 157 (161 ff.).

[233] Vgl. *Fromont*, Droit administratif des Etats européens, 2006, S. 249 f.; *Jouanjan*, Grundlagen und Grundzüge staatlichen Verfassungsrechts, in: v. Bogdandy et al. (Hrsg.), Ius Publicum Europaeum I, 2007, § 2 Frankreich, Rn. 108.

[234] Vgl. *Schulze-Fielitz*, in: Dreier (Hrsg.), GG II, 2. Aufl. 2006, Art. 20 (Rechtsstaat) Rn. 19 und Rn. 40 m. w. N.

[235] Exemplarisch: BVerfGE 90, 60 (86) – Rundfunkentscheidung; zuletzt etwa BVerfGE 111, 54 (82) – Rechenschaftsbericht.

[236] *Chevallier*, L'État de droit, 4. Aufl. 2003; *Troper*, Le concept d'État de droit, Droits 15 (1992), S. 51 ff.; *Carpano*, État de droit et droits européens, 2005; *Favoreu et al.*, Droit constitutionnel, 15. Aufl. 2013, Rn. 30.

Köpfen schwer anzusiedeln ist",[237] wie es *Adhémar Esmein* einst formuliert hatte. Die Entwicklung der Überprüfung von Gesetzen hinsichtlich ihrer Verfassungsmäßigkeit und am Maßstab von völkerrechtlichen Verträgen, im Besonderen anhand der EMRK, hat in Frankreich dazu geführt, dass der Mythos vom perfekten Gesetz angekratzt wurde. Sie bereitete den Weg vom *Etat légal* zum *Etat de droit*. Diese Entwicklung wurde – nolens volens – von der Cour de cassation, dem Conseil d'État und dem Conseil constitutionnel begleitet und durch die Einführung der QPC eindeutig bereichert.[238] Anlässlich dieser Entwicklung erlangte die Erklärung der Menschen- und Bürgerrechte von 1789 eine juristische Tragweite, die sie bis dato nicht innegehabt hatte. Somit wurde einer der bedeutendsten Texte der europäischen Verfassungsgeschichte zu einem der wichtigsten juristischen Instrumente des Rechtsstaats in Frankreich.[239]

Eine umfassende Abhandlung über die jeweilige Dogmatik zum Rechtsstaatsprinzip würde den Rahmen des vorliegenden Beitrags sprengen. Es soll aber zumindest ein Überblick über die geläufigen Bezugnahmen auf das Konzept durch Lehre und Rechtsprechung gegeben werden.[240]

2. Hauptelemente des Rechtsstaatsbegriffes

a) Hierarchie der Rechtsordnung

Mit dem Rechtsstaat ist ein besonderer Staatstypus bezeichnet, der den „Forderungen der Demokratie und der Rechtssicherheit entspricht".[241] Mit dem Rechtsstaat wird dennoch nicht der Staat dem Recht unterworfen, sondern die Faktizität bzw. die selbstwüchsige Gewalt.[242] Das setzt voraus, dass dem hierarchischen Aufbau der Rechtsordnung Rechnung getragen wird.[243] Aus dieser Prämisse resultiert die Garantie des Vorrangs der Verfassung und der Bindung der Verwaltung und der Rechtsprechung an das Gesetz. Dies impliziert wiederum das Recht auf effektiven Zugang zu Gericht, da anderenfalls die Verstöße gegen die aufgestellten Regeln nicht sanktioniert werden könnten.

---

[237] *Esmein*, Eléments de droit constitutionnel français, 7. Aufl. 1927, S. 55.
[238] → *Marsch* § 6 Rn. 55 ff.
[239] → *Hochmann* § 7 Rn. 7 ff.
[240] Vgl. *Schmidt-Aßmann*, Der Rechtsstaat, in: Isensee/Kirchhof (Hrsg.), Handbuch des Staatsrechts II, 3. Aufl., 2004, § 26 Rn. 69 ff.; *Sommermann*, in: v. Mangoldt et al. (Hrsg.), GG II, 6. Aufl. 2010, Art. 20 Rn. 248 ff.
[241] *Kelsen*, Reine Rechtslehre, 2. Aufl. 1960, S. 314.
[242] Im Sinne eines formellen, normativistischen Rechtsstaatsverständnisses, siehe *Pfersmann*, Prolégomènes pour une théorie normativiste de l'Etat de droit, in: Jouanjan (Hrsg.), Figures de l'État de droit, 2001, S. 53 ff.; kürzer auch *Favoreu et al.*, Droit constitutionnel, 15. Aufl. 2013, Rn. 116 ff.
[243] Näher hierzu *Kelsen*, Reine Rechtslehre, 2. Aufl. 1960, S. 228 ff.

aa) Vorrang der Verfassung

131 Der Vorrang der Verfassung gilt für die Gesamtheit der Staatsgewalten und im Besonderen für den Gesetzgeber: „Vorrang der Verfassung bedeutet den Nachrang des Gesetzes".[244] Das deutsche Recht bekennt sich in Art. 20 Abs. 3 GG ganz deutlich zu diesem Vorrang. Er schlägt sich in Bezug auf die Grundrechte zudem in Art. 1 Abs. 3 GG nieder. Auf Grundlage des Art. 93 GG ist das Bundesverfassungsgericht dafür zuständig, verfassungswidrige Gesetze für nichtig zu erklären. Gleichzeitig kontrolliert es, meist im Rahmen von Verfassungsbeschwerden, die Verfassungsmäßigkeit von Verwaltungsmaßnahmen und Gerichtsurteilen.[245]

132 Auch im französischen Recht wird der Vorrang der Verfassung vom Conseil constitutionnel sichergestellt. Seit den 1970er Jahren hat der Conseil dieses Prinzip umgesetzt. Anlass war die Grundsatzentscheidung über das Gesetz zur Verstaatlichung im Zuge des politischen Wechsels im Jahr 1981. In dieser Entscheidung hebt der Conseil constitutionnel hervor, dass die Kompetenzzuteilung an den Gesetzgeber aus Art. 34 CF nicht zur Folge haben kann, ihn „von seiner Pflicht zur Einhaltung der Grundsätze und Bestimmungen von Verfassungsrang, die alle öffentlichen Organe verpflichten, zu entbinden".[246]

133 Und dennoch weist das Prinzip des Vorrangs der Verfassung in Frankreich nicht die gleiche generelle Tragweite auf wie in Deutschland. Auch wenn der Conseil constitutionnel eingesteht, dass Parlamentsgesetze die *volonté générale*, also den Ausdruck des Volkswillens, nur im Rahmen der Verfassung auszudrücken vermögen,[247] will er Gesetze, die im Wege des Volksentscheides angenommen wurden, oder verfassungsändernde Gesetze unter Verweis darauf, dass diese „direkter Ausdruck der nationalen Souveränität" sind, dennoch nicht auf ihre Verfassungsmäßigkeit hin überprüfen. Außerdem obliegt in Frankreich die Prüfung der Verfassungsmäßigkeit von administrativen Maßnahmen allein der Verwaltungsgerichtsbarkeit. Schließlich sind die höchsten Gerichte Frankreichs (Conseil d'État und Cour de cassation) für die Kontrolle der Entscheidungen der unteren Instanzen zuständig, was die Kontrolle der Verfassungsmäßigkeit einschließt. Es gibt aber keinen direkten Weg für den Conseil constitutionnel, die Verfassungsmäßigkeit der Rechtsprechung dieser höchsten Gerichte zu überprüfen.[248]

---

[244] *Wahl*, Der Vorrang der Verfassung, Der Staat 20 (1981), S. 485 (487).

[245] Hier ist auch auf die Landesverfassungsgerichtsbarkeit hinzuweisen. Zur Verfassungsgerichtsbarkeit → *Marsch* § 6 Rn. 8 ff.

[246] C.C., 11.2.1982, DC 82-132 – Verstaatlichungsgesetze.

[247] C.C., 8.8.1995, DC 85-196 – Neukaledonien.

[248] Seit 2010 und der Einführung der *question prioritaire de constitutionnalité* (QPC) wird dieser Befund allerdings insofern abgemildert, dass der Conseil constitutionnel nicht nur das „nackte" Gesetz als solches, sondern das Gesetz, wie es vom jeweiligen Höchstgericht ausgelegt wird, kontrolliert. Näher hierzu → *Marsch* § 6 Rn. 73.

§ 3 Verfassungsprinzipien

bb) Vorrang und Vorbehalt des Gesetzes

Die Bindung der Verwaltung und der Rechtsprechung an das Gesetz ist die Keimzelle des Rechtsstaatsbegriffs. Sie beinhaltet zwei Momente: den „Vorrang des Gesetzes" und den „Vorbehalt des Gesetzes". Im deutschen Recht ist der Vorrang des Gesetzes formell in Art. 20 Abs. 3 GG niedergeschrieben. Er besagt, dass „der Staatswille in Form von Legislativakten juristisch über allen anderen Willensäußerungen der Staatsorgane steht".[249] Dagegen wird das Prinzip des Vorbehalts des Gesetzes im Grundgesetz nicht ausdrücklich genannt. Im französischen Recht ist es genau umgekehrt: Der Vorrang des Gesetzes schlägt sich nicht ausdrücklich in der Verfassung nieder. Dagegen setzt Art. 34 CF die Reichweite der Gesetzgebung fest. **134**

Der Vorrang des Gesetzes bedeutet im Grunde genommen, dass Verwaltungshandeln und Rechtsprechung den Gesetzen nicht widersprechen dürfen. Tun sie es doch, können sie für ungültig erklärt werden. In Frankreich ergibt sich der Vorrang des Gesetzes gegenüber Maßnahmen der Exekutive aus der Zusammenschau verschiedener Verfassungsnormen. So bindet das Gesetz innerhalb seines Anwendungsbereichs (Art. 34 CF) als Ausdruck der *volonté générale* (Art. 6 DDHC) die Exekutive, die für seine Ausführung zuständig ist (Art. 13, 21 und 72 CF). **135**

Ungleich schwieriger ist die Frage zu beantworten, ob der Vorrang des Gesetzes auch im Bereich autonomer Rechtsverordnungen Anwendung findet. In Deutschland verlangt Art. 80 Abs. 1 GG für jede staatliche Rechtsverordnung eine gesetzliche Grundlage. Dagegen sieht Art. 37 CF vor, dass „Bereiche, die nicht Gegenstand der Gesetzgebung sind, auf dem Verordnungswege geregelt werden". Diese Unterscheidung bleibt aber aufgrund der Interpretation dieser Kompetenzverteilung durch die Verfassungs- und Verwaltungsrichter von geringer Bedeutung. Die Verfassungsrichter haben nämlich sogar anerkannt, dass ein Übergreifen des parlamentarischen Gesetzgebers in den der Regierung vorbehaltenen Bereich nicht zur Verfassungswidrigkeit des Gesetzes führt.[250] Der Conseil d'État hat diese Interpretation noch untermauert, indem er forderte, dass Rechtsverordnungen den Gesetzen entsprechen müssen. Allein ein Verfahren nach Art. 37 Abs. 2 CF könnte diesen Vorrang zu Fall bringen.[251] **136**

Auch die Judikative unterliegt dem Vorrang des Gesetzes. Sie ist nach Art. 97 Abs. 1 GG an Recht und Gesetze gebunden. Der entsprechende Art. 66 CF erlaubt der ordentlichen Gerichtsbarkeit „nach Maßgabe der Gesetze" über die individuellen Freiheiten zu wachen. Die Entscheidung des Verfassungsgebers, hier von der *autorité judiciaire* (Justizbehörden) und nicht etwa vom *pouvoir judiciaire* (Judikative) zu sprechen, wird weitgehend als Ausdruck der französischen Vorstellung der Aufgabe der Judikative als „Sprachrohr des Gesetzeswortlauts" (*bouche qui prononce les paroles de la loi*)[252] verstanden. Sowohl die Verwaltung als auch die **137**

---

[249] BVerfGE 8, 155 (169) – Lastenausgleich.
[250] C.C., 30.7.1982, DC 82-143 – Preisgesetz. → *Marsch* § 5 Rn. 19.
[251] C.E., 27.2.1979 – Dautan; C.E., 20.2.1985 – Morel; → *Marsch* § 5 Rn. 16 ff.
[252] Im Sinne von *Montesquieus* Formel aus L'Esprit des Lois, Livre XI, Chapitre VI; vgl. hierzu *Brondel et al.* (Hrsg.), Gouvernement des juges et démocratie, 2001.

Gerichte verfügen aber *per se* über eine – mehr oder weniger ausgeprägte – Autonomie in Bezug auf die Konkretisierung der Gesetze.[253]

138 Das zweite Prinzip ist der Gesetzesvorbehalt. Er verlangt, dass bestimmte staatliche Maßnahmen – besonders gilt dies für Eingriffe in Grundrechte bzw. -freiheiten – auf Grundlage eines Gesetzes erfolgen müssen. Die französische Übersetzung des „Gesetzesvorbehalts" (*réserve de la loi*) wird heutzutage immer öfter im französischen Schrifttum verwendet. Der Sache nach ist dieses Prinzip jedoch nichts Neues. Es ist in Art. 34 CF in genereller Weise und in den Art. 7 und 8 DDHC speziell für das Strafrecht vorgesehen. Zudem besagt Art. 4 DDHC, dass allein ein Gesetz die Grenzen der Ausübung der natürlichen Rechte jedes Menschen ziehen kann. Diese Pflicht des Gesetzgebers wird regelmäßig vom Conseil constitutionnel überwacht. Er hat in seiner Rechtsprechung deutlich gemacht, dass es „Aufgabe des Gesetzgebers ist, die Zuständigkeit, die ihm von der Verfassung gegeben wurde, in vollem Maße auszuschöpfen. Besonders gilt dies für Art. 34 CF, dessen Reichweite sonst verkannt würde".[254] Dieser Fall von sog. „negativer Unzuständigkeit" (*compétence négative*) ist mit der Wesentlichkeitstheorie des Bundesverfassungsgerichts vergleichbar, wonach der Gesetzgeber verpflichtet ist, „in grundlegenden normativen Bereichen, zumal im Bereich der Grundrechtsausübung, soweit diese staatlicher Regelung zugänglich ist, alle wesentlichen Entscheidungen selbst zu treffen".[255] Es reicht also nicht aus, dass der Eingriff auf Grundlage eines Gesetzes erfolgt. Vielmehr müssen in diesem Gesetz auch alle substanziell wesentlichen Entscheidungen durch den demokratisch legitimierten Gesetzgeber getroffen werden. Der Gesetzesvorbehalt verdichtet sich dann zum sog. „Parlamentsvorbehalt."

cc) Rechtsschutz

139 Der Rechtsschutz zählt zu den grundsätzlichen Bestandteilen des Rechtsstaats. Damit die Hierarchie der Rechtsordnung – Vorrang der Verfassung und Vorrang des Gesetzes – effektiv umgesetzt werden kann, muss die Übereinstimmung der angewandten Norm mit höherrangigem Recht effektiv überprüft werden können. In Deutschland entspringt das Recht auf einen derartigen Rechtsschutz Art. 19 Abs. 4 GG und hat damit subjektiv-rechtlichen Charakter. Das Schrifttum geht noch weiter und sieht hierin die Verpflichtung für den Staat, die Klagemöglichkeiten als Gegenleistung für das Monopol legitimer Rechtseinschränkungen zu gewährleisten.[256] Die französische Verfassung enthält ein solches Recht dagegen nicht unmittelbar. Allerdings haben die Verfassungsrichter das „Recht derjenigen, die vor einem Ge-

---

[253] → *Marsch* § 5 Rn. 26 ff.
[254] Bereits C.C., 26.1.1967, 67-31 DC – Richtergesetz.
[255] Exemplarisch hierzu BVerfGE 49, 89 (126) – Kalkar I; BVerfGE 108, 282 (312) – Kopftuch; Zum Ganzen → *Marsch* § 5 Rn. 19, 27.
[256] *Schulze-Fielitz*, in: Dreier (Hrsg.), GG II, 2. Aufl. 2006, Art. 20 (Rechtsstaat) Rn. 214; BVerfGE 85, 337 (345) – Justizgewährungspflicht; 107, 395 (401) – Rechtsschutz gegen den Richter I.

§ 3 Verfassungsprinzipien

richt Klage erheben wollen" auf Art. 16 DDHC und seine Forderung nach „Gewährleistung der Rechte" gestützt.[257]

Dennoch hat der Rechtsschutz in Deutschland traditionell eine größere Bedeutung als in Frankreich. Dies gilt nicht nur für die Verfassungsgerichtsbarkeit,[258] sondern auch für die Verwaltungsgerichtsbarkeit. Schon quantitativ unterliegt in Frankreich ein geringfügig kleinerer Teil des Verwaltungshandelns einer solchen Kontrolle. So genießen beispielsweise behördeninterne Anweisungen und Regierungshandeln rechtliche Immunität. Außerdem ist die Kontrolle der deutschen Verwaltungsrichter umfassender als die der französischen. Seit den 1990er Jahren zeichnet sich aber unter dem Einfluss der Rechtsprechung des EGMR – vor allem zu Art. 6 Abs. 1 EMRK – eine Annäherung von französischer und deutscher Verwaltungsrechtsprechung ab, wobei die Unterschiede nicht völlig eingeebnet werden.[259]

140

Die Ausübung des Rechts auf effektiven Rechtsschutz hängt auch von gewissen Voraussetzungen bzw. institutionellen Vorbedingungen ab. Die erste betrifft die persönliche und materielle Unabhängigkeit der Richter. Sie wird vom Grundgesetz in Art. 97 normiert. In Frankreich resultiert sie aus Art. 64 CF. Die Unabhängigkeit der Verwaltungsgerichtsbarkeit wurde von den Verfassungsrichtern in Frankreich sogar als ein verfassungsrechtlicher Grundsatz deklariert, der dem Gesetz vom 24. Mai 1872 entspringt.[260] Zu den anderen Bedingungen für einen effektiven Rechtsschutz gehören namentlich die Justizgrundrechte. So genießen insbesondere das Recht auf ein faires und gerechtes Verfahren, das Prinzip des kontradiktorischen Verfahrens und die Rechte im Fall des Freiheitsentzugs in der Regel einen besonderen Schutz.[261]

141

b) Prinzip der Gewaltenteilung

Das Prinzip der Gewaltenteilung ist bekanntermaßen eine Errungenschaft der Französischen und der Amerikanischen Revolutionen und eines der Schlüsselprinzipien des freiheitlich-demokratischen Verfassungsstaats. Es entstand als Vorzeigemodell der Philosophen der Aufklärung.[262] Im Kern meint es die Trennung der Staatsgewalt in Legislative, Exekutive und Judikative. Angesichts der vorausgehend dargestellten Elemente des Rechtsstaatskonzepts ist es nur schlüssig, dass dieses Prinzip ebenfalls zu den klassischen Bestandteilen des Rechtsstaats zählt. Denn die bereits

142

---

[257] C.C., 9.4.1996, 96-373 DC – Französisch-Polynesien.
[258] → *Marsch* § 6 Rn. 51 ff.
[259] Näher hierzu *Marsch*, Subjektivierung der gerichtlichen Verwaltungskontrolle in Frankreich, 2011.
[260] C.C., 23.7.87, 86-224 DC – Kartellamt.
[261] Zum Vergleich: *Schulze-Fielitz*, in: Dreier (Hrsg.), GG II, 2. Aufl. 2006, Art. 20 (Rechtsstaat) Rn. 211 ff.; *Favoreu et al.*, Droit constitutionnel, 15. Aufl. 2013, Rn. 1370 ff.
[262] Näher hierzu *Manin*, Montesquieu, in: Furet/Ozouf (Hrsg.), Dictionnaire critique de la Révolution française, Idées, 3. Aufl. 2007, S. 315 (326 ff.); *Troper*, La séparation des pouvoirs et l'histoire constitutionnelle française, 1973; *Möllers*, Gewaltengliederung, 2005, S. 66 ff.

erwähnten Komponenten des Rechtsstaatsbegriffes können ihre Wirksamkeit nur im Rahmen eines institutionellen Systems entfalten, in dem die Gewalt nicht an einer Stelle gebündelt sondern nach Funktion auf verschiedene Träger verteilt ist, die ggf. wechselseitigen Kontrollen im Sinne von *checks and balances* unterliegen. Würden sich die Gewalten an einer einzigen Stelle bündeln, bestünde eine erhebliche Gefahr willkürlicher Entscheidungen.²⁶³ Deshalb wird das Prinzip der Gewaltenteilung generell mit dem Verbot verknüpft, die Gewalten in einem einzigen Organ zu vereinen.²⁶⁴ Trotz dieser generellen Definition des Prinzips der Gewaltenteilung bleibt noch zu klären, wie dieses Verbot in beiden Ländern juristisch ausgestaltet wird.

143 Das Prinzip der Gewaltenteilung ist in Art. 20 Abs. 2 GG niedergelegt: „Alle Staatsgewalt wird durch besondere Organe der Gesetzgebung, der vollziehenden Gewalt und der Rechtsprechung ausgeübt". Anders gesagt, es „folgt aus der Funktionentrennung die Organtrennung".²⁶⁵ Dies heißt freilich nicht, dass die Gewalten miteinander nicht in Berührung kämen: „Nicht absolute Trennung, sondern gegenseitige Kontrolle, Hemmung und Mäßigung der Gewalten ist dem Verfassungsaufbau des Grundgesetzes zu entnehmen".²⁶⁶ Zudem lässt das Grundgesetz trotz der Normierung einiger Inkompatibilitäten und Unvereinbarkeiten Verschränkungen der Gewalten zu. Bedeutsam wird dies namentlich für das parlamentarische Mehrheitssystem, in dem die Regierung und die sie tragende Parlamentsmehrheit politisch auf einer Seite stehen, die parlamentarischen Kontrollbefugnisse somit also primär von der Opposition wahrgenommen werden.²⁶⁷

144 In Frankreich ist das Prinzip der Gewaltenteilung in Art. 16 DDHC explizit verankert: „Eine Gesellschaft, in der weder die Gewährleistung der Rechte zugesichert noch die Gewaltenteilung festgelegt ist, hat keine Verfassung". Freilich wird nirgends genauer definiert, was „Gewaltenteilung" eigentlich genau bedeutet. Traditionellerweise verstand die französische Rechtslehre die Gewaltenteilung aber gerade nicht als System von *checks and balances* sondern als System strenger Trennung, in dem jedem Organ eine bestimmte Funktion zugewiesen wird und von den jeweils anderen unabhängig ist. Dennoch organisiert das System der V. Republik die Gewaltenteilung lockerer als dies in den vorangegangen politischen Regimen der Fall war.²⁶⁸ In diesem Sinne hat der Conseil constitutionnel vor Kurzem die besondere Rolle der rechtsprechenden Gewalt, in die weder der Gesetzgeber noch die

---

²⁶³ Zu den Staatsfunktionen und zur Unterscheidung zwischen Gesetzgebung, Verwaltung und Rechtsprechung: *Merkl*, Allgemeines Verwaltungsrecht, 1927, S. 36 ff.; *Kelsen*, Reine Rechtslehre, 2. Aufl. 1960, S. 255 ff.
²⁶⁴ *Hamon/Troper*, Droit constitutionnel, 33. Aufl. 2012, Rn. 86 ff.
²⁶⁵ *Dreier*, Grundlagen und Grundzüge staatlichen Verfassungsrechts, in: v. Bogdandy et al. (Hrsg.), Ius Publicum Europaeum I, 2007, § 1 Deutschland, Rn. 117.
²⁶⁶ BVerfGE 34, 52 (59) – Hessisches Richtergesetz.
²⁶⁷ Näher → *Vilain/Wendel* § 4 Rn. 181 ff.
²⁶⁸ Vgl. hierzu *Zoller*, Droit constitutionnel, 2. Aufl. 1999, Rn. 167 ff.; *Favoreu et al.*, Droit constitutionnel, 15. Aufl. 2013, Rn. 497 ff.; → *Gaillet* § 2 Rn. 8 ff.

§ 3 Verfassungsprinzipien

Regierung eingreifen dürfen, unterstrichen.²⁶⁹ Danach erfordert der Grundsatz der Gewaltenteilung, dass der Gesetzgeber das Recht auf effektiven Rechtsschutz und auf ein faires Verfahren mit den sich aus den grundlegenden Interessen der Nation ergebenden verfassungsrechtlichen Vorgaben auf eine Art und Weise miteinander in Einklang bringt, die nicht unverhältnismäßig ist. Als problematisch erwies sich hier das Gesetz zur Freigabe von zum Schutz der Landesverteidigung geheim eingestuften Informationen durch die Verwaltung. Generell kann jedenfalls gesagt werden, dass das Regelungssystem der V. Republik die Rolle der Judikative im Verhältnis zur Legislative und Exekutive gestärkt hat, auch wenn der Conseil constitutionnel nicht müde wird zu betonen, dass es ihm nicht zustehe, „den Platz des Gesetzgebers einzunehmen".²⁷⁰

In der Praxis scheint der Rückgriff auf das Prinzip der Gewaltenteilung in der französischen Verfassungsrechtsprechung geläufiger zu sein als in der deutschen. Obwohl die Gewaltenteilung vom Bundesverfassungsgericht als „tragendes Organisationsprinzip des Grundgesetzes"²⁷¹ bezeichnet wird, kommt dem Prinzip nur eine beschränkte praktische Wirkung in der Rechtsprechung des Gerichts zu. Dies lässt sich darauf zurückführen, dass das Grundgesetz Vorschriften kennt, die in viel detaillierterer Form die Kompetenzverteilung zwischen den verschiedenen Verfassungsorganen regeln und dementsprechend zum normativen Ausgangspunkt der inter-institutionellen Konfliktlösung werden.²⁷² Vielleicht würde eine stärkere Operabilität des Grundsatzes der Gewaltenteilung auch das BVerfG selbst zuweilen in gewisse Bedrängnis bringen.²⁷³ Für die Rechtsprechung des Conseil constitutionnel ist die praktische Bedeutung dafür umso größer. Dass die Verwaltungsgerichtsbarkeit (und nicht die ordentlichen Gerichte) dafür zuständig ist, alle hoheitlichen Maßnahmen von Trägern der öffentlichen Gewalt gerichtlich zu prüfen, begründet der Conseil mit dem „französischen Verständnis der Gewaltenteilung".²⁷⁴ Außerdem stützt sich der Conseil in manchen „Grenzfällen" auf das Prinzip der Gewaltenteilung, um die Voraussetzungen für die Verfassungsmäßigkeit eines Gesetzes zu konkretisieren. So entschied er, dass es dem Grundsatz der Gewaltenteilung nicht widerspreche, wenn einer unabhängigen, weisungsfreien Verwaltungsbehörde eine Sanktionsbefugnis zukommt, obwohl es sich nach der traditionellen französischen Konzeption um eine typische gerichtliche Zuständigkeit handelt. Allerdings darf einerseits „die in Frage stehende Sanktion in keiner Weise in Grundfreiheiten eingreifen"; andererseits muss sich „die Ausübung der Sanktionsbefugnis auf

145

---

²⁶⁹ C.C., 10.11.2011, 2011-192 QPC – *Geheimsache zum Schutz der Landesverteidigung.*

²⁷⁰ C.C., 20.1.1981, 80-127 DC – *Gesetz zur Stärkung der inneren Sicherheit I*; zuletzt etwa C.C., 10.3.2011, 2011-625 DC – *Gesetz zur Stärkung der inneren Sicherheit II*; für ein Beispiel aus deutscher Sicht: Sondervotum des Richters *Broß*, der Richterin *Osterloh* und des Richters *Gerhardt* zu BVerfGE 109, 190 (245) – *Nachträgliche Sicherungsverwahrung*.

²⁷¹ BVerfGE 3, 225 (247) – *Gleichberechtigung*; BVerfGE 95, 1 (15) – *Südumfahrung Stendal*.

²⁷² *Schulze-Fielitz*, in: Dreier (Hrsg.), GG II, 2. Aufl. 2006, Art. 20 (Rechtsstaat) Rn. 70.

²⁷³ Kritisch im Kontext der bundesverfassungsgerichtlichen Integrationsrechtsprechung etwa *Wendel*, Kompetenzrechtliche Grenzgänge: Karlsruhes Ultra-vires-Vorlage an den EuGH, ZaöRV 2014, S. 615 (640 ff.).

²⁷⁴ C.C., 23.7.1987, 86-224 DC – *Kartellamt*.

ein Gesetz beziehen, das die verfassungsrechtlichen Grundrechte und -freiheiten schützt."[275] Das Gericht argumentiert ähnlich in Bezug auf verfassungsrechtliche Voraussetzungen für die Gültigkeit von sogenannten gesetzlichen Bestätigungen (*validations législatives*), d. h. von Gesetzen, die rückwirkend Verwaltungsmaßnahmen bestätigen, die zuvor von einem Gericht für rechtswidrig erkannt und dementsprechend annulliert worden sind.[276]

c) Formelle Anforderungen an die Rechtserzeugung

146 Wie wir gesehen haben, beinhaltet der Rechtsstaat im Kern, dass „durch Regeln" geherrscht wird,[277] dass also die Verhaltensanforderungen, welche der Staat an die Personen in seinem Herrschaftsbereich richtet, in Form von Regeln ergehen. Daraus folgen bestimmte formelle Anforderungen an die Rechtserzeugung, insbesondere an die Gesetzgebung.

147 Diese Anforderungen wurden vom Bundesverfassungsgericht relativ früh entwickelt. Es konnte sich hierfür auf Art. 20 Abs. 3 GG stützen. Gleichzeitig führte es in einem weiteren Sinne das Prinzip der „Rechtssicherheit" zur Begründung an.[278] Der Conseil constitutionnel war in dieser Hinsicht vorsichtiger. Eine formelle Kontrolle der Gesetzeserzeugung entwickelte er erst gegen Ende der 1990er Jahre unter Berufung auf Art. 34 CF und Art. 4, 5, 6 und 16 DDHC. Seither wacht er insbesondere über die normative Qualität von Gesetzen. Diese sollen ihrem Zweck entsprechend Regeln des positiven Rechts aufstellen, in dem sie statt der rein deklaratorischen Kraft eines „geschwätzigen Gesetzes" vielmehr Geltungsanspruch und Steuerungskraft entfalten sollen.[279]

148 Zu den Anforderungen, die dem deutschen wie dem französischen Recht gleichermaßen innewohnen, gehört zunächst das Bestimmtheits- und Klarheitsgebot. Man kann hierin die formelle Seite der „Rechtssicherheit" sehen.[280] Gesetze müssen zum einen hinreichend genau und eindeutig formuliert sein, damit der Einzelne sein Handeln so gut wie möglich danach ausrichten kann. Die hinreichende Bestimmtheit macht es aber auch den staatlichen Stellen möglich, die Gesetze einheitlich auszulegen und so ihren jeweiligen Aufgaben gerecht zu werden. Gesetze müssen zum anderen auch klar genug in dem Sinne sein, dass sie zugänglich und nicht derart komplex sind, dass sie für die Adressaten unverständlich wären.[281] Hier spiegeln

---

[275] C.C., 28.7.1989, 89-260 DC – Finanzmarktregulierung.

[276] Vgl. *Marsch*, Frankreich, in: Schneider (Hrsg.), Verwaltungsrecht in Europa II, 2009, S. 33 (54 f.).

[277] *Grimm*, Stufen der Rechtsstaatlichkeit, JZ 2009, S. 596 ff.

[278] BVerfGE 7, 89 (92) – Hamburgisches Hundesteuergesetz; BVerfGE 111, 54 (82) – Rechenschaftsbericht.

[279] C.C., 29.7.2004, 2004-500 DC – Kommunale Finanzautonomie.

[280] *Kelsen*, Reine Rechtslehre, 2. Aufl. 1960, S. 257 f.; *Pfersmann*, Prolégomènes pour une théorie normativiste de l'Etat de droit, in: Jouanjan (Hrsg.), Figures de l'État de droit, 2001, S. 53 (70 ff.).

[281] Vgl. C.C., 27.7.2006, 2006-540 DC – Informationsgesellschaft.

§ 3 Verfassungsprinzipien

sich formelle Anforderungen wider, die insbesondere im Bereich des Strafrechts entwickelt wurden.²⁸²

d) Materielle Anforderungen an die Rechtserzeugung

Über die formellen Anforderungen hinaus lehnt sich die Idee des Rechtsstaats auch an die Vorstellung eines gerechten Rechtssystems an.²⁸³ Aus diesen „grundlegenden Gerechtigkeitspostulaten der naturrechtlichen Verfassungstradition"²⁸⁴ ergeben sich zwei Prinzipien, denen die Verfassungsrichter verfassungsrechtlichen Wert zusprechen: die Rechtssicherheit im materiellen Sinne und die Verhältnismäßigkeit. 149

aa) Rechtssicherheit im materiellen Sinne

Das Prinzip der materiellen Rechtssicherheit beinhaltet die Forderung nach einer inhaltlichen Stabilität der Normen, um den Vertrauensschutz der Bürger in die Gesetze nicht zu beeinträchtigen. In diesem Sinne wurde das Prinzip der Rechtssicherheit ursprünglich in der Rechtsprechung des Bundesverfassungsgerichts als Ausfluss des Rechtsstaatsprinzips entwickelt.²⁸⁵ Seine besondere Funktion liegt darin, die zeitliche Anwendung der Gesetze festzulegen und ihre negativen Auswirkungen auf die Rechte des Einzelnen zu begrenzen. Vor allem im Hinblick auf rückwirkende Gesetze hat das Bundesverfassungsgericht ein komplexes System entwickelt, das drei Stufen schutzwürdigen Vertrauens und zwei Arten von Rückwirkung unterscheidet: die echte und die unechte Rückwirkung. Jede Kategorie unterliegt bestimmten juristischen Anforderungen, die vom Bundesverfassungsgericht überprüft werden.²⁸⁶ 150

In den letzten Jahren zeichnete sich in der Rechtsprechung des Conseil d'Etat sowie des Conseil constitutionnel eine Annäherung an die materiellen Anforderungen in Bezug auf die Rechtssicherheit ab, die dem deutschen Rechtssystem zugrunde liegen. Dies ist teils auf die Mittlerrolle des europäischen Rechts zurückzuführen. Doch in Deutschland sind die Anforderungen nach wie vor umfassender und gehaltvoller.²⁸⁷ Dennoch ist mittlerweile die gesamte Gesetzgebung materiellen An- 151

---

²⁸² Art. 7 et 8 DDHC.
²⁸³ Vgl. hierzu die sog. *Radbruchsche* Formel aus *Radbruchs* Aufsatz: Gesetzliches Unrecht und übergesetzliches Recht, Süddeutsche Juristenzeitung, 1946, S. 107; siehe *Schmidt-Aßmann*, Der Rechtsstaat, in: Isensee/Kirchhof (Hrsg.), Handbuch des Staatsrechts I, 3. Aufl. 2004, § 26 Rn. 41 ff.; exemplarisch BVerfGE 23, 98 (106) – Ausbürgerung I.
²⁸⁴ *Schulze-Fielitz*, in: Dreier (Hrsg.), GG II, 2. Aufl. 2006, Art. 20 (Rechtsstaat) Rn. 50.
²⁸⁵ St. Rspr. seit BVerfGE 2, 380 (403) – Haftentschädigung.
²⁸⁶ Dies kann hier nicht vertieft werden, vgl. hierzu *Schmidt-Aßmann*, a. a. O., Rn. 81 ff.; *Schulze-Fielitz*, a. a. O., Rn. 146 ff.
²⁸⁷ In diesem Sinne auch *Fromont*, Droit administratif des États européens, 2006, S. 294 ff.

forderungen unterworfen, die zuvor grundsätzlich nur im Strafrecht galten. Dies geht mit der oben dargestellten Ausweitung der formellen Anforderungen an die Rechtserzeugung einher. Begründet wird dies durch den Conseil mit dem in Art. 16 DDHC enthaltenen Verweis auf die Gewährleistung der Rechte.

152 Nach der Rechtsprechung des Conseil constitutionnel steht es dem Gesetzgeber zu jeder Zeit frei, innerhalb seines Kompetenzbereichs Gesetzestexte zu verändern oder sie aufzuheben, indem er sie durch andere Vorschriften ersetzt. Außerdem schließt der Conseil weiterhin im Gegensatz zum Bundesverfassungsgericht das „Prinzip des Vertrauensschutzes" von der Verfassungsmäßigkeitskontrolle aus.[288] Dennoch dürfen nachträgliche Abänderungen von Gesetzen nicht in verfassungsrechtliche Garantien eingreifen – besonders nicht, indem sie Rechtsverhältnisse in Frage stellen, die rechtmäßig zustande gekommen sind.[289] Eine solche Beeinträchtigung ist zwar grundsätzlich möglich, sie muss jedoch durch einen legitimen Zweck gerechtfertigt werden und wird dahingehend vom Conseil constitutionnel überprüft.[290]

bb) Verhältnismäßigkeitsprinzip

153 Angesichts dieser knappen Erwähnung der materiellen Anforderungen in Bezug auf das Prinzip der Rechtssicherheit im materiellen Sinne kann man erkennen, wie sehr die Verfassungsrichter eine Rechtsprechung entwickelt haben, deren Ziel es ist, das Handeln des Gesetzgebers dort einzugrenzen und zu mäßigen, wo grundlegende Rechte der Einzelnen in Rede stehen. Es ist genau dieser Gedanke, der auch dem Prinzip des Verbots exzessiver Maßnahmen, welches gemeinhin „Verhältnismäßigkeitsprinzip" genannt wird, innewohnt. Das Verhältnismäßigkeitsprinzip wurde ursprünglich von der Verwaltungsrechtsprechung im Polizeirecht entwickelt und hat unter dem Grundgesetz einen spektakulären Aufschwung erfahren, sodass es heute zweifelsohne das berühmteste und schillerndste Konstrukt der deutschen zeitgenössischen Verfassungsrechtsdogmatik ist. Es besagt, dass eine Maßnahme, die zur Erreichung eines legitimen Ziels oder Zwecks eingesetzt wird, zur Erreichung dieses Ziels geeignet (d. h. zweckförderlich), erforderlich (d. h. ohne Alternative eines milderen aber gleichwirksamen Mittels) und im Rahmen einer Güterabwägung angemessen (sog. Verhältnismäßigkeit im engeren Sinne) sein muss.[291] Hier soll dieses Prinzip nicht im Detail ausgebreitet werden. Dafür kann auf andere Stellen dieses Buches verwiesen werden.[292]

---

[288] C.C., 7.11.1997, DC 97-391 – Steuer- und Finanzgesetz.
[289] C.C., 13.1.2003, 2002-465 DC – Arbeitsmarktgesetz; C.C., 29.12.2005, 2005-530 DC – Haushaltsgesetz 2006.
[290] C.C., 22.7.2010, 2010-4/17 QPC – Rentenversicherung.
[291] Vgl. *Schulze-Fielitz*, in: Dreier (Hrsg.), GG II, 2. Aufl. 2006, Art. 20 (Rechtsstaat) Rn. 179 ff.
[292] → *Hochmann* § 7 Rn. 87 ff.; *Marsch* § 6 Rn. 41.

§ 3 Verfassungsprinzipien

Es ist jedoch hervorzuheben, dass diese Beschreibung im Großen und Ganzen auf die von den französischen Verfassungsrichtern ausgeübte Kontrolle zutrifft. Das Prinzip der Verhältnismäßigkeit war dem französischen Recht aber auch vorher nicht unbekannt. Klassischerweise wurde es von der Verwaltungsgerichtsbarkeit auf Polizeimaßnahmen angewandt, die subjektive Rechte einschränken. Im Verfassungsrecht kam es zunächst im Bereich der Strafverfolgung und der Steuererhebungen zum Tragen. Art. 8 DDHC sieht vor, dass das Gesetz nur solche Strafen festsetzen darf, die unbedingt und offenbar notwendig sind. Art. 13 DDHC besagt seinerseits, dass die öffentlichen Ausgaben auf alle Bürger ihrem Vermögen entsprechend gleichmäßig verteilt werden. Nunmehr geht die Prüfung durch die Verfassungsrichter aber über diese beiden Materien hinaus. So kontrolliert der Conseil constitutionnel, ob das einschlägige Interesse der Allgemeinheit im Hinblick auf die Einschränkungen der betroffenen Grundrechte schwerwiegend genug ist. Zudem prüft er, ob der Gesetzgeber Vorgaben von Verfassungsrang nicht den gesetzlichen Gewährleistungen entzieht. Angesichts der Unbestimmtheit dieser Rechtsbegriffe versteht es sich, dass der Beurteilungsspielraum des Gesetzgebers hier vergleichsweise groß ist.[293] Das betont jedenfalls der Conseil constitutionnel, in dem er regelmäßig erklärt, dass die Verfassung dem Verfassungsrat keinen allgemeinen Wertungs- und Entscheidungsspielraum wie dem Parlament einräumt, sondern ihm lediglich die Zuständigkeit überträgt, über die Vereinbarkeit einer gesetzlichen Bestimmung mit den Grundrechten zu entscheiden. Die dogmatische Begründung der französischen Verfassungsrichter bleibt daher in Intensität und Dichte deutlich hinter der der Bundesverfassungsrichter zurück. Letztere wiederum vermag nicht nur in rechtsvergleichender Perspektive zuweilen unnötig komplex anmuten.[294]

154

VII. Der Sozialstaat

1. Begriffsbildung

Von den hier behandelten Verfassungsprinzipien ist das Sozialstaatsprinzip sicherlich das formell am schwächsten ausgeprägte: Es zielt mehr auf die Umsetzung einer Politik (*policy*) als auf die Organisation der Staatsgewalt (*polity*). Verfassungspolitisch bedeutet der Begriff des Sozialstaates, dass der Staat keine Zweckgemeinschaft, sondern eine Solidargemeinschaft bildet. In diesem Sinne ist der Kampf gegen Armut und für soziale Gerechtigkeit eine der Daseinsberechtigungen des Staates.

155

---

[293] Näher hierzu *Dubut*, Le juge constitutionnel et les concept, RFDC 80 (2009), S. 749 ff.
[294] Zu einer Kritik innerhalb des Gerichts selbst vgl. das Sondervotum in BVerfGE 109, 190 (245) – Nachträgliche Sicherungsverwahrung; vgl. auch die kritischen Stimmen im Schrifttum am Beispiel der Lissabon-Entscheidung: *Jestaedt*, Warum in die Ferne schweifen, wenn der Maßstab liegt so nah?, Der Staat 48 (2009), S. 497 ff.; allgemein auch: *Jestaedt et al.* (Hrsg.), Das entgrenzte Gericht: Eine kritische Bilanz nach sechzig Jahren Bundesverfassungsgericht, 2011.

156 Unter den hier behandelten Verfassungsprinzipien ist das Konzept des Sozialstaats in historischer Perspektive aber auch das jüngste. Dies hat wiederum *Dieter Grimm* treffend ausgedrückt: „Der Verfassungsstaat war seinem Ursprung nach kein Soziaalstaat".[295] Im Gegensatz zum patriarchalischen Feudalsystem und zur Zunftverfassung war im bürgerlichen Sozialmodell die soziale Sicherheit keine öffentliche Aufgabe mehr: „Not war privatisiert",[296] Gerechtigkeit sollte nunmehr durch die gesellschaftliche Autonomie erreicht werden. Die Verfassung hatte daher die klare Funktion, die Sphäre der Gesellschaft und die Privatautonomie gegen staatliche Eingriffe zu schützen. In dieser liberalen Auffassung erfüllte der Staat im übertragenen Sinne lediglich die sicherheitsgewährende Aufgabe eines Nachtwächters (sog. Nachtwächterstaat).[297]

157 Mit der Explosion des Pauperismus, der strukturellen und andauernden Armut weiter Bevölkerungsteile in der ersten Hälfte des 19. Jahrhunderts, und den darauf folgenden sozialen Unruhen in Frankreich und in Deutschland wurde diese Engführung des Staates langsam, aber nachhaltig erschüttert. „Das Gemeinwohl war nicht mehr durch staatliche Abstinenz erreichbar, sondern verlangte wieder staatliche Aktivität".[298] In Deutschland entwickelte sich seit der Mitte des 19. Jahrhunderts bei Autoren wie *Robert von Mohl* und *Lorenz von Stein* die Idee eines materiellen bzw. sozialen Rechtsstaates.[299] Und wenn es in Frankreich „im Jahre 1789 dem vermögenden Dritten Stand um eine Begrenzung der Staatsaufgaben zugunsten individueller Freiheit gegangen war, so ging es 1848 dem besitzlosen vierten Stand um eine soziale Reaktivierung des Staates zu Lasten bürgerlicher Freiheit".[300] Die Antwort auf diese Anforderung erfolgte jedoch nicht sofort auf verfassungsrechtlicher Ebene, sondern fand zunächst in der Ausarbeitung einer Sozialgesetzgebung Widerhall.

158 Auf verfassungsrechtlicher Ebene wird die soziale Frage zwar in früheren Verfassungstexten erwähnt.[301] Sogar die Weimarer Verfassung wurde mit einer Reihe sozialer Rechte ausgestattet und sah vor, dass die Ordnung des Wirtschaftslebens den Grundsätzen der Gerechtigkeit mit dem Ziele der Gewährleistung eines menschenwürdigen Daseins für alle entsprechen muss.[302] Ein staatliches Handeln oder ein Rechtsanspruch war damit aber gerade nicht begründet bzw. als solcher jedenfalls nicht anerkannt.[303]

---

[295] *Grimm*, Recht und Staat der bürgerlichen Gesellschaft, 1987, S. 138.
[296] Ebd., S. 138.
[297] Ausdifferenzierter *Sommermann*, Staatsziele und Staatszielbestimmungen, 1997, S. 27 f.
[298] *Grimm*, Recht und Staat der bürgerlichen Gesellschaft, 1987, S. 145.
[299] *Waszek*, L'État de droit social chez Lorenz von Stein, in: Jouanjan (Hrsg.), Figures de l'État de droit, 2001, S. 193 ff.; vgl. *Sommermann*, Staatsziele und Staatszielbestimmungen, 1997, S. 175 ff.; *Hummel*, Le constitutionnalisme allemand, 2002, S. 117 ff.
[300] *Grimm*, Recht und Staat der bürgerlichen Gesellschaft, 1987, S. 145 ff.
[301] Vgl. Art. 21 der Menschenrechterklärung der Französischen Verfassung der I. Republik von 1793; Art. VIII der Präambel der Verfassung der II. Republik von 1848.
[302] Vgl. Art. 151 Weimarer Reichsverfassung.
[303] *Grimm*, Recht und Staat der bürgerlichen Gesellschaft, 1987, S. 154 f.

Erst nach dem Zweiten Weltkrieg wurde der Staat – allerdings immer noch in geringem Maße – verfassungsrechtlich zu entsprechenden Leistungen verpflichtet. Dass in dieser Zeit tatsächlich die wesentlichen Bausteine des modernen Wohlfahrtsstaates etabliert wurden, ist dennoch weniger der Verfassung als vielmehr externen Faktoren zu verdanken, wie namentlich den außergewöhnlichen wirtschaftlichen Rahmenbedingungen der Prosperität und des Wachstums der Nachkriegszeit, die diese Entwicklung überhaupt erst ermöglichten.[304]

159

2. Verfassungsdogmatischer Vergleich

a) Gemeinsamkeiten

Der erste Eindruck, der bei der vergleichenden Lektüre der französischen und deutschen Verfassungstexte entsteht, in denen sich das Sozialstaatsprinzip wiederfindet, ist der einer starken Übereinstimmung. In Frankreich findet das Sozialstaatsprinzip in Art. 1 CF einen besonders deutlichen Ausdruck, der besagt, dass Frankreich eine „soziale Republik" ist. In Deutschland finden sich mit Art. 20 Abs. 1 und Art. 28 Abs. 1 GG in Bezug auf Deutschland sowie mit Art. 23 Abs. 1 S. 1 GG in Bezug auf die Europäische Union drei Normen, in denen die soziale Dimension hervortritt.

160

Bestätigt wird dieser erste Eindruck der Gemeinsamkeiten auch angesichts der Tragweite, welche dieses Verfassungsprinzips in beiden Rechtsordnungen zukommt. Verfassungsrechtlich bezeichnet das Sozialstaatsprinzip das Ziel, eine gerechte Ordnung und die Mindestvoraussetzungen für ein menschenwürdiges Dasein der Bürger zu gewährleisten. Die Schaffung der sozialen Sicherheit erfolgt durch die Erbringung von Fürsorgeleistungen für die sozial schwachen Bevölkerungsteile und durch die Teilhabe der Bürger an den materiellen und ideellen gemeinsamen Gütern der Solidargemeinschaft. Art und konkreter Umfang dieser öffentlichen Daseinsvorsorge werden jedoch nicht durch die Verfassung, sondern – in Übereinstimmung mit dem Demokratieprinzip – durch den Gesetzgeber bestimmt.

161

Obwohl Frankreich das Bild des traditionell starken Wohlfahrtsstaates verkörpert,[305] spielt das Sozialstaatsprinzip in der Rechtsprechung des Conseil constitutionnel keine Rolle. Auch in Deutschland wird ihm nur eine geringe normative Kraft eingeräumt. Aufgrund seiner Unbestimmtheit und dem Demokratieprinzip folgend hängt seine konkrete Ausgestaltung in beiden Ländern von der politischen Willensbildung ab und wird daher weitgehend dem Ermessen des Gesetzgebers überantwortet. Im Vergleich zum Rechtsstaatsprinzip entfaltet das Sozialstaatsprinzip seine

162

---

[304] *Kaelble*, Das europäische Sozialmodell – eine historische Perspektive, in: Kaelble/Schmid (Hrsg.), Das europäische Sozialmodell. Auf dem Weg zum transnationalen Sozialstaat, 2004, S. 31 (35).
[305] *Schmidt et al.* (Hrsg.), Der Wohlfahrtsstaat. Eine Einführung in den historischen und internationalen Vergleich, 2007.

volle Kraft vielmehr auf der Ebene der Gesetzgebung und der Verwaltung als auf der Ebene der Verfassung.[306]

b) Dogmatische Unterschiede

163 Trotz dieser weitgehenden Übereinstimmung sind in verfassungsdogmatischer Hinsicht freilich Unterschiede zwischen beiden Rechtsordnungen festzustellen, die wir nun abschließend beleuchten werden. Im Gegensatz zur Weimarer Reichsverfassung und zur französischen Verfassung enthält das Grundgesetz keinen Katalog von sozialen Rechten. Dennoch urteilte das Bundesverfassungsgericht in einer seiner ersten Entscheidungen wie folgt: „Wenn auch die Wendung vom „sozialen Bundesstaat" nicht in den Grundrechten, sondern in Art. 20 des Grundgesetzes steht, so enthält sie doch ein Bekenntnis zum Sozialstaat, das bei der Auslegung des Grundgesetzes wie bei der Auslegung anderer Gesetze von entscheidender Bedeutung sein kann. Das Wesentliche zur Verwirklichung des Sozialstaates aber kann nur der Gesetzgeber tun".[307]

164 In diesem Sinne wird das Sozialstaatsprinzip in der deutschen Dogmatik zu den Staatszielen gezählt. Es enthält einerseits einen Gestaltungsauftrag an den Gesetzgeber und andererseits eine Auslegungshilfe für Verwaltung und Rechtsprechung, die ihnen bei der Konkretisierung der Grundrechte den Weg weisen soll. Das Sozialstaatsprinzip fungiert ferner als Sammelbegriff für verschiedene Prinzipien, die im engen Zusammenhang mit ihm stehen. Nach herrschender Meinung umfasst es die Abwehr sozialer Risiken, aber auch Aktivitäten zur Daseinsvorsorge, wie etwa die Bereitstellung von Bildungseinrichtungen oder die soziale Steuerung der Marktwirtschaft.[308]

165 Zwingend ist nach deutschem Verfassungsrecht lediglich, dass der Staat für eine gerechte Sozialordnung sorgt und die Mindestvoraussetzungen für ein menschenwürdiges Dasein schafft.[309] Dieses Ziel gilt allerdings stets unter dem Vorbehalt des Vorrangs der Selbsthilfe, die geradezu als ein Ausfluss des Prinzips der Sozialstaatlichkeit angesehen wird.[310] Eine prominente Ausnahme bildet freilich das Grundrecht auf Gewährleistung eines menschenwürdigen Existenzminimums, welches das BVerfG aus der Menschwürde (Art. 1 Abs. 1 GG) in Verbindung mit dem Sozialstaatsgebot ableitet und das ausnahmsweise einen direkten verfassungsrechtlichen Leistungsanspruch begründet.[311] Dieser erstreckt sich aber wiederum nur auf

---

[306] *Böckenförde*, Entstehung und Wandel des Rechtsstaatsbegriffs, in: ders. (Hrsg.), Recht, Staat und Freiheit, erw. Aufl. 2006, S. 143 (161).
[307] Grundlegend BVerfGE 1, 97 (105) – Hinterbliebenenrente.
[308] Vgl. *Gröschner*, in: Dreier (Hrsg.), GG II, 3. Aufl. 2006, Art. 20 (Sozialstaat) Rn. 33 ff.
[309] Vgl. zuletzt etwa BVerfGE 110, 412 (445) – Teilkindergeld.
[310] BVerfGE 17, 38 (56) – Witwenrente.
[311] Zuletzt etwa BVerfGE 125, 175 (222) – Hartz IV; BVerfGE 132, 134 (159) – Asylbewerberleistungsgesetz.

diejenigen Mittel, die zur Aufrechterhaltung eines menschenwürdigen Daseins als unbedingt erforderlich erachtet werden.

Im Vergleich fällt der Blick auf die französische sozialstaatliche Rechtsdogmatik nüchterner aus. Das Sozialstaatsprinzip besitzt verfassungsrechtlich allenfalls eine symbolische Funktion. Es spielt als solches keine Rolle in der Rechtsprechung des Conseil constitutionnel und wird als Grundbegriff in der juristischen Literatur bis auf wenige Ausnahmen kaum eruiert.[312] Dagegen ist das Sozialstaatsprinzip in Deutschland trotz seiner relativ geringen normativen Kraft Gegenstand einer beachtlichen dogmatischen Durchdringung. Diese Feststellung wirkt zunächst überraschend. Lautet die nationale französische Devise nicht „*liberté, égalité, fraternité*"? Dass das Sozialstaatsprinzip als verfassungsrechtlicher Sammelbegriff dogmatisch nicht aufgewertet wurde, darf aber nicht täuschen. Es bedeutet nicht, dass das Ziel des Sozialstaates nicht gewährleistet wird bzw. nicht gewährleistet werden soll. Es bedeutet nur, dass dieses Ziel *verfassungsrechtlich* nicht unter den Begriff „Sozialstaat" subsumiert wird.

166

Verschiedene Gründe können diesen Unterschied zwischen beiden Systemen und die geringe Bedeutung des Sozialstaats als Verfassungsprinzip in Frankreich erklären. Die Schwäche des Sozialstaatskonzepts in Frankreich ist erstens mit der Bedeutung in Beziehung zu setzen, die dem Konzept des *service public* (öffentliche Dienstleistung) zugeschrieben wird. Ohne diesen Aspekt hier ausführlich zu erläutern, kann man mit einem Wort sagen, dass der *service public* in materieller Hinsicht die Gesamtheit der Aufgaben umfasst, die im Sinne des Gemeinwohls direkt oder indirekt durch die öffentliche Hand erbracht werden. Hinter diesem Begriff steht also der Gedanke, dass die Legitimität des Staates oder doch wenigstens seine Funktion darin besteht, eine sozialgerechte Ordnung zu garantieren.

167

Das Konzept des *service public* gründet sich in der Theorie des juristischen Solidarismus, die von bedeutenden Autoren unter der III. Republik wie *Léon Duguit*, aber auch *Alfred Fouillée* oder *Léon Bourgeois* verfochten wurde.[313] Ihre Arbeiten hatten auf die Idee des Sozialstaats einen beachtlichen Einfluss – nicht nur in Frankreich sondern auch im Ausland und ganz besonders in Deutschland. Es ist also genau diese Idee von Solidarität, die im Herzen des Konzepts des Sozialstaats steht. Dies unterstreicht auch das Bundesverfassungsgericht: „Die Werteordnung des GG verlangt besonders im Hinblick auf das Sozialstaatsprinzip (Art. 20 Abs. 1 GG), daß die staatliche Gemeinschaft Lasten mitträgt, die aus einem von der Gesamtheit zu tragenden Schicksal entstanden sind und nur zufällig einen bestimmten Personenkreis treffen".[314]

168

In Deutschland findet das Konzept des *service public* in der Idee der Daseinsvorsorge Anklang – allerdings mit einer ganz anderen Tragweite, wenn man bedenkt,

169

---

[312] Unter diesen Ausnahmen *Supiot*, Der Geist von Philadelphia. Soziale Gerechtigkeit in Zeiten entgrenzter Märkte, 2011; *ders.*, Grandeur et misère de l'État social. Leçon inaugurale au Collège de France, 2013. Grundlegend *Ewald*, Der Vorsorgestaat, 1993; *Borgetto/Lafore* (Hrsg.), République sociale, 2000.

[313] Vgl. *Grimm*, Solidarität als Rechtsprinzip, 1973.

[314] BVerfGE 27, 253 (270) – Kriegsfolgeschäden.

dass der s*ervice public* eine zentrale Rolle für die Systematisierung des französischen öffentlichen Rechts eingenommen hat.[315] Der Unterschied besteht darin, dass der s*ervice public* im französischen Recht ein Konzept des Verwaltungsrechts ist. In diesem Rechtsgebiet, das in Frankreich lange Zeit als die Perle unter den Rechtsgebieten galt, wurde zum ersten Mal die Einklagbarkeit von Staatsleistungen entwickelt. So paradox es klingen mag: Das Konzept des *service public* nimmt auf Verfassungsebene nur einen zweitrangigen Platz ein. Angesichts dieser Diskrepanz zwischen der herausragenden öffentlich-rechtlichen Relevanz und der verfassungsrechtlichen Zweitrangigkeit drängt sich der Eindruck auf, „die Geschichte der Beziehungen zwischen dem *service public* und der Verfassung [sei] die eines verpassten Rendezvous".[316] Das Konzept des *service public* wird in der Verfassungsrechtsprechung nur in Fällen der Privatisierung oder Verstaatlichung herangezogen. Aber selbst hier bleibt dem Gesetzgeber ein umfassender, wenigstens aber sehr weitgehender Beurteilungsspielraum.[317] Zwar weist der neunte Absatz der Präambel der Verfassung von 1946 auf die verfassungsrechtliche Notwendigkeit bestimmter nationaler Dienstleistungen hin: „Jedes Vermögen, jedes Unternehmen, dessen Nutzung die Eigenschaft einer nationalen öffentlichen Dienstleistung oder eines tatsächlichen Monopols hat oder erlangt, muss Eigentum der Gemeinschaft werden". Zu diesen verfassungsrechtlichen öffentlichen Dienstleistungen zählt die herrschende Meinung die Hoheitsrechte, die der Souveränität des Staates zugeordnet werden sowie die Bildung und die Sozialversicherungen. Angesichts der Rechtsprechung des Conseil constitutionnel und des Conseil d'État, bleiben solcherlei „verfassungsrechtliche Services Publics" jedoch unauffindbar.[318]

170   Hinzu tritt ein zweiter Faktor, der Aufschluss über die Unterschiede zwischen beiden Ländern zu geben vermag. Es handelt sich dabei um die herkömmliche Zurückhaltung des Conseil constitutionnel, der seine Entscheidungen aus dogmatischer Sicht nicht begründen will. Dies gilt umso mehr in Fragen der Wirtschafts- und Sozialpolitik und angesichts eines so ausufernden Prinzips wie dem des Sozialstaats. Diese Selbstbeschränkung der Rechtsprechung des Conseil constitutionnel, die man gerne als *judicial self restraint* bezeichnet, trifft für die aktive Rechtsprechung des Bundesverfassungsgerichts zweifelsohne weniger zu. Dies zeigt sich in seiner Hartz-IV-Entscheidung von 2010, die durchaus von einem gewissen Grad an richterlichem Aktivismus (*judicial activism*) geprägt ist.[319] Die französische Verfassungsdogmatik ist demgegenüber ausbaufähig, was sich deutlich an einem

---

[315] Vgl. *Marcou*, Que reste-t-il de l'alinéa 9 du Préambule de la Constitution de 1946?, AJDA 2007, S. 192 ff.

[316] Foulquier/Rolin, Constitution et service public, Nouveaux Cahiers du Conseil constitutionnel 37 (2012), S. 21 (21).

[317] In diesem Sinne schon: *Rivero/Vedel*, Les principes économiques et sociaux de la constitution, le préambule, Droit social 31 (1947), S. 13 ff.; *Rangeon*, Droits-libertés et droits-créances: les contradictions du Préambule de la Constitution de 1946, in: CURAPP (Hrsg.), Le Préambule de la Constitution de 1946, PUF, 1996, S. 169 (185 f.).

[318] C.C., 26.6.1986, 86-207 DC – Ermächtigungsgesetz im wirtschaftlichen und sozialen Bereich. *Ramu de Bellescize*, Les services publics constitutionnels, 2005.

[319] → *Marsch* § 6 Rn. 42 ff.

Vergleich mit der deutschen zeigt, der hingegen zuweilen etwas Inflationäres anhaftet.

Ein letzter und sicherlich bedeutsamer Grund für die unterschiedliche verfassungsrechtliche Ausgestaltung in Frankreich und Deutschland bezieht sich auf die Tatsache, dass die französische Verfassung – namentlich die Präambel von 1946 – im Gegensatz zum Grundgesetz schon einen ausführlichen Katalog sozialer Rechte enthält.[320] Während der Rückgriff auf das Sozialstaatsprinzip in Deutschland dazu gedient hat, eine sozialstaatliche Interpretation der Grundrechte zu entwickeln, liefe ein solcher Versuch im französischen System ins Leere. Die Konsequenz für die Praxis bringt *Olivier Jouanjan* auf den Punkt. Die gesetzliche Umsetzung der sozialen Grundrechte in Frankreich habe „bereits ein hohes Niveau erreicht, sodass das Problem seiner Gewährleistung dem Gesetzgeber bis jetzt nie als frontaler Zusammenstoß mit Verfassungsnormen vorkam".[321] In der OECD ist Frankreich das Land mit dem höchsten Anteil an sozialen Ausgaben im Vergleich zum Bruttoinlandsprodukt.[322] Dies könnte sich ausblickend mit den angekündigten Modernisierungsreformen des Sozialmodells, die von der Agenda 2010 inspiriert sein sollen, ändern. Letztere haben in Deutschland zu einer Neuvermessung der verfassungsrechtlichen Grenzen des Sozialstaats beigetragen.[323]

171

VIII. Verfassungstexte in Auszügen

1. Verfassung der V. Republik (1958)

Article 1 La France est une République indivisible, laïque, démocratique et sociale. Elle assure l'égalité devant la loi de tous les citoyens sans distinction d'origine, de race ou de religion. Elle respecte toutes les croyances. Son organisation est décentralisée.

Article 2 La langue de la République est le français (…).
La devise de la République est „Liberté, Égalité, Fraternité".
Son principe est: gouvernement du peuple, par le peuple et pour le peuple.

---

[320] → *Hochmann* § 7 Rn. 61 ff.

[321] *Jouanjan*, Armut und Verfassung. Die Rechtslage in Frankreich, in: Hofmann et al. (Hrsg.), Armut und Verfassung. Sozialstaatlichkeit im europäischen Vergleich, 1998, S. 158.

[322] 33% des BIP im Jahre 2013 gegen 26,2% in Deutschland; vgl. hierzu *Schmidt et al.* (Hrsg.), Der Wohlfahrtsstaat. Eine Einführung in den historischen und internationalen Vergleich, 2007.

[323] *Papier*, Leistungsgrenzen und Finanzierung des Sozialstaats, in: Magiera/Sommermann (Hrsg.), Freiheit, Rechtsstaat und Sozialstaat in Europa, 2007, S. 93 ff.; *Metzler*, Der deutsche Sozialstaat. Vom bismarckschen Erfolgsmodell zum Pflegefall, 2003.

Article 3 La souveraineté nationale appartient au peuple qui l'exerce par ses représentants et par la voie du référendum.
Aucune section du peuple ni aucun individu ne peut s'en attribuer l'exercice.
Le suffrage peut être direct ou indirect dans les conditions prévues par la Constitution. Il est toujours universel, égal et secret.

Article 4 Les partis et groupements politiques concourent à l'expression du suffrage. Ils se forment et exercent leur activité librement. Ils doivent respecter les principes de la souveraineté nationale et de la démocratie.
Ils contribuent à la mise en œuvre du principe énoncé au second alinéa de l'article 1er dans les conditions déterminées par la loi.
La loi garantit les expressions pluralistes des opinions et la participation équitable des partis et groupements politiques à la vie démocratique de la Nation.

Article 11 Le Président de la République, sur proposition du Gouvernement (…) ou sur proposition conjointe des deux Assemblées (…) peut soumettre au référendum tout projet de loi portant sur l'organisation des pouvoirs publics, sur des réformes relatives à la politique économique, sociale ou environnementale de la nation et aux services publics qui y concourent, ou tendant à autoriser la ratification d'un traité qui, sans être contraire à la Constitution, aurait des incidences sur le fonctionnement des institutions (…).Un référendum portant sur un objet mentionné au premier alinéa peut être organisé à l'initiative d'un cinquième des membres du Parlement, soutenue par un dixième des électeurs inscrits sur les listes électorales.

Article 16 Lorsque les institutions de la République, l'indépendance de la Nation, l'intégrité de son territoire ou l'exécution de ses engagements internationaux sont menacées d'une manière grave et immédiate et que le fonctionnement régulier des pouvoirs publics constitutionnels est interrompu, le Président de la République prend les mesures exigées par ces circonstances, après consultation officielle du Premier ministre, des présidents des assemblées ainsi que du Conseil constitutionnel.

Article 20 Le Gouvernement détermine et conduit la politique de la Nation. Il dispose de l'administration et de la force armée. Il est responsable devant le Parlement dans les conditions et suivant les procédures prévues aux articles 49 et 50.

Article 24 (…)
Le Sénat, dont le nombre de membres ne peut excéder trois cent quarante-huit, est élu au suffrage indirect. Il assure la représentation des collectivités territoriales de la République.

Article 72 Les collectivités territoriales de la République sont les communes, les départements, les régions, les collectivités à statut particulier et les collectivités d'outre-mer régies par l'article 74.

Les collectivités territoriales ont vocation à prendre les décisions pour l'ensemble des compétences qui peuvent le mieux être mises en œuvre à leur échelon.
Dans les conditions prévues par la loi, ces collectivités s'administrent librement par des conseils élus et disposent d'un pouvoir réglementaire pour l'exercice de leurs compétences.
Dans les conditions prévues par la loi organique, et sauf lorsque sont en cause les conditions essentielles d'exercice d'une liberté publique ou d'un droit constitutionnellement garanti, les collectivités territoriales ou leurs groupements peuvent, lorsque, selon le cas, la loi ou le règlement l'a prévu, déroger, à titre expérimental et pour un objet et une durée limités, aux dispositions législatives ou réglementaires qui régissent l'exercice de leurs compétences.

Article 89 L'initiative de la révision de la Constitution appartient concurremment au Président de la République sur proposition du Premier ministre et aux membres du Parlement (...).
La forme républicaine du Gouvernement ne peut faire l'objet d'une révision.

2. Grundgesetz der Bundesrepublik Deutschland (1949)

Artikel 1 (1) Die Würde des Menschen ist unantastbar. Sie zu achten und zu schützen ist Verflichtung aller staatlichen Gewalt.
(2) Das Deutsche Volk bekennt sich darum zu unverletzlichen und unveräußerlichen Menschenrechten als Grundlage jeder menschlichen Gemeinschaft, des Friedens und der Gerechtigkeit in der Welt.

Artikel 9 (2) Vereinigungen, deren Zwecke oder deren Tätigkeit den Strafgesetzen zuwiderlaufen oder die sich gegen die verfassungsmäßige Ordnung oder gegen den Gedanken der Völkerverständigung richten, sind verboten.

Artikel 18 Wer die Freiheit der Meinungsäußerung, insbesondere die Pressefreiheit (Artikel 5 Abs. 1), die Lehrfreiheit (Artikel 5 Abs. 3), die Versammlungsfreiheit (Artikel 8), die Vereinigungsfreiheit (Artikel 9), das Brief-, Post- und Fernmeldegeheimnis (Artikel 10), das Eigentum (Artikel 14) oder das Asylrecht (Artikel 16a) zum Kampfe gegen die freiheitliche demokratische Grundordnung mißbraucht, verwirkt diese Grundrechte. Die Verwirkung und ihr Ausmaß werden durch das Bundesverfassungsgericht ausgesprochen.

Artikel 20 (1) Die Bundesrepublik Deutschland ist ein demokratischer und sozialer Bundesstaat.
(2) Alle Staatsgewalt geht vom Volke aus. Sie wird vom Volke in Wahlen und Abstimmungen und durch besondere Organe der Gesetzgebung, der vollziehenden Gewalt und der Rechtsprechung ausgeübt.

(3) Die Gesetzgebung ist an die verfassungsmäßige Ordnung, die vollziehende Gewalt und die Rechtsprechung sind an Gesetz und Recht gebunden.
(4) Gegen jeden, der es unternimmt, diese Ordnung zu beseitigen, haben alle Deutschen das Recht zum Widerstand, wenn andere Abhilfe nicht möglich ist.

Artikel 21 (1) Die Parteien wirken bei der politischen Willensbildung des Volkes mit. Ihre Gründung ist frei. Ihre innere Ordnung muß demokratischen Grundsätzen entsprechen. Sie müssen über die Herkunft und Verwendung ihrer Mittel sowie über ihr Vermögen öffentlich Rechenschaft geben.
(2) Parteien, die nach ihren Zielen oder nach dem Verhalten ihrer Anhänger darauf ausgehen, die freiheitliche demokratische Grundordnung zu beeinträchtigen oder zu beseitigen oder den Bestand der Bundesrepublik Deutschland zu gefährden, sind verfassungswidrig. Über die Frage der Verfassungswidrigkeit entscheidet das Bundesverfassungsgericht.

Artikel 28 (1) Die verfassungsmäßige Ordnung in den Ländern muß den Grundsätzen des republikanischen, demokratischen und sozialen Rechtsstaates im Sinne dieses Grundgesetzes entsprechen. In den Ländern, Kreisen und Gemeinden muß das Volk eine Vertretung haben, die aus allgemeinen, unmittelbaren, freien, gleichen und geheimen Wahlen hervorgegangen ist (…).
(2) Den Gemeinden muß das Recht gewährleistet sein, alle Angelegenheiten der örtlichen Gemeinschaft im Rahmen der Gesetze in eigener Verantwortung zu regeln. Auch die Gemeindeverbände haben im Rahmen ihres gesetzlichen Aufgabenbereiches nach Maßgabe der Gesetze das Recht der Selbstverwaltung. Die Gewährleistung der Selbstverwaltung umfaßt auch die Grundlagen der finanziellen Eigenverantwortung; zu diesen Grundlagen gehört eine den Gemeinden mit Hebesatzrecht zustehende wirtschaftskraftbezogene Steuerquelle.

Artikel 30 Die Ausübung der staatlichen Befugnisse und die Erfüllung der staatlichen Aufgaben ist Sache der Länder, soweit dieses Grundgesetz keine andere Regelung trifft oder zuläßt.

Artikel 50 Durch den Bundesrat wirken die Länder bei der Gesetzgebung und Verwaltung des Bundes und in Angelegenheiten der Europäischen Union mit.

Artikel 70 (1) Die Länder haben das Recht der Gesetzgebung, soweit dieses Grundgesetz nicht dem Bunde Gesetzgebungsbefugnisse verleiht.
(2) Die Abgrenzung der Zuständigkeit zwischen Bund und Ländern bemißt sich nach den Vorschriften dieses Grundgesetzes über die ausschließliche und die konkurrierende Gesetzgebung.

Artikel 79 (3) Eine Änderung dieses Grundgesetzes, durch welche die Gliederung des Bundes in Länder, die grundsätzliche Mitwirkung der Länder bei der Gesetzgebung oder die in den Artikeln 1 und 20 niedergelegten Grundsätze berührt werden, ist unzulässig.

Artikel 83 Die Länder führen die Bundesgesetze als eigene Angelegenheit aus, soweit dieses Grundgesetz nichts anderes bestimmt oder zuläßt.

Artikel 140 Die Bestimmungen der Artikel 136, 137, 138, 139 und 141 der deutschen Verfassung vom 11. August 1919 sind Bestandteil dieses Grundgesetzes.

Ausgewählte Literatur

von Alemann, Ulrich/Morlok, Martin/Roßner, Sebastian (Hrsg.), Parteien in Frankreich und Deutschland. Späte Kinder des Verfassungsstaates, Baden-Baden 2015 (Nomos), i. E.
Bauer, Hartmut/Huber, Peter Michael/Sommermann, Karl-Peter (Hrsg.), Demokratie in Europa, Tübingen 2005 (Mohr Siebeck).
Beaud, Olivier/Heyen, Erk Volkmar (Hrsg.), Eine deutsch-französische Rechtswissenschaft?, Baden-Baden 1999 (Nomos).
von Campenhausen, Axel Freiherr/de Wall, Heinrich, Staatskirchenrecht, 4. Aufl. München 2006 (C. H. Beck).
Carré de Malberg, Raymond, Contribution à la théorie générale de l'Etat I, Paris 1920 (Sirey).
Chagnollaud, Dominique/Troper, Michel (Hrsg.), Traité international de droit constitutionnel, 3 Bände, Paris 2012 (Dalloz).
Dreier, Horst, Grenzen demokratischer Freiheit im Verfassungsstaat, JZ 1994, S. 741–752.
Dreier, Horst, Grundlagen und Grundzüge staatlichen Verfassungsrechts in: v. Bogdandy/Cruz Villalón/Huber (Hrsg.), Ius Publicum Europaeum I, Heidelberg 2007 (C. F. Müller), § 1 Deutschland.
Fromont, Michel, Le statut des partis politiques en France et en Allemagne, in: Festschrift für Dimitris Th. Tsatsos, Baden-Baden 2003 (Nomos), S. 151–163.
Fromont, Michel, Droit administratif des Etats européens, Paris 2006 (PUF).
Grimm, Dieter, Recht und Staat der bürgerlichen Gesellschaft, Frankfurt am Main 1987 (Suhrkamp).
Grimm, Dieter, Missglückt oder glücklos? Die Weimarer Verfassung im Widerstreit der Meinungen, in: Winkler (Hrsg.), Weimar im Widerstreit, München 2002 (Oldenbourg Wissenschaftsverlag), S. 151–161.
Grimm, Dieter, Souveränität. Herkunft und Zukunft eines Schlüsselbegriffs, Berlin 2009 (bup).
Groupe d'Etudes et de Recherches sur la Justice Constitutionnelle (Hrsg.), Autonomie régionale et locale et constitutions, Annuaire International de Justice Constitutionnelle, Aix-en-Provence 2006 (Economica).
Habermas, Jürgen, Eine Art Schadensabwicklung, Frankfurt am Main 1987 (Suhrkamp).
Hintze, Hedwig, Staatseinheit und Föderalismus im alten Frankreich und in der Revolution, Frankfurt am Main 1989 (Suhrkamp).
Jestaedt, Bundesstaat als Verfassungsprinzip, in: Isensee/Kirchhof (Hrsg.), Handbuch des Staatsrechts II, 3. Aufl., Heidelberg 2004 (C. F. Müller), § 29.
Jouanjan, Olivier, Die Rechtslage in Frankreich, in: Hofmann et al. (Hrsg.), Armut und Verfassung. Sozialstaatlichkeit im europäischen Vergleich, Wien 1998 (Verlag Österreich), S. 141–160.
Jouanjan, Olivier, Grundlagen und Grundzüge staatlichen Verfassungsrechts, in: v. Bogdandy/Cruz Villalón/Huber (Hrsg.), Ius Publicum Europaeum I, Heidelberg 2007 (C. F. Müller), § 2 Frankreich.

Jouanjan, Olivier/Masing, Johannes (Hrsg.), Weltanschauliche Neutralität, Meinungsfreiheit, Sicherungsverwahrung, Tübingen 2013 (Mohr Siebeck).
Kelsen, Hans, Allgemeine Staatslehre, Berlin 1925 (J. Springer).
Kelsen, Hans, Reine Rechtslehre, 2. Aufl., Wien 1960 (Franz Deuticke).
Koja, Friedrich, Allgemeine Staatslehre, Wien 1993 (Manz).
Kuhlmann, Sabine, Politik- und Verwaltungsreform in Kontinentaleuropa, Baden-Baden 2009 (Nomos).
Löwenstein, Karl, Militant Democracy and Fundamental Rights, in: The American Political Science Review 31 (1937), S. 417–432, 638–658.
Magiera, Siegfried/Sommermann, Karl-Peter (Hrsg.), Freiheit, Rechtsstaat und Sozialstaat in Europa, Berlin 2007 (Duncker & Humblot).
Marcou, Gérard, Autonomie communale: étude comparative, Pouvoirs 95 (2000), S. 69–86.
Mathieu, Bertrand/Verpeaux, Michel, La République en droit français, Economica 1996.
Möllers, Christoph, Staat als Argument, 2. Aufl., Tübingen 2011 (Mohr Siebeck).
Oeter, Stefan, Integration und Subsidiarität im deutschen Bundesstaatsrecht, Tübingen 1998 (Mohr Siebeck).
Pfersmann, Otto, Normes juridiques et relativisme politique en démocratie, Cités 2011, S. 275–281.
Rosenfeld, Michel/Sajó, Andràs (Hrsg.), Oxford Handbook of Comparative Constitutional Law, 2012.
Schmidt-Aßmann, Eberhard/Dagron, Stéphanie, Deutsches und französisches Verwaltungsrecht im Vergleich ihrer Ordnungsideen, ZaöRV 67 (2007), S. 395–468.
Sommermann, Karl-Peter, Staatsziele und Staatszielbestimmungen, Tübingen 1997 (Mohr Siebeck).

§ 4 Parlament – Präsident – Regierung

Yoan Vilain und Mattias Wendel

Inhaltsverzeichnis

I. Einleitung	123
II. Parlament und Ländervertretung	124
1. Bikameralismus	124
2. Unmittelbar gewählte Volksvertretung: Assemblée nationale und Bundestag	126
a) Systemische Grundentscheidungen	126
aa) Parlementarisme rationalisé v. Parlamentsautonomie und Wesentlichkeitslehre	126
bb) Semipräsidentielles v. parlamentarisches Regierungssystem	127
b) Wahlsystem	128
aa) Personalisierte Verhältniswahl	129
bb) Mehrheitswahl	133
cc) Rolle der Parteien	136
c) Funktionen und Aufgaben	137
d) Rechtsstellung der Abgeordneten	139
e) Arbeitsweise	143
aa) Grad parlamentarischer Eigenständigkeit	143
bb) Plenum, Fraktionen, Gruppen, Ausschüsse, Sondergremien	146
cc) Mehrheitsprinzip und Minderheitenrechte	150
3. Senat und Bundesrat	152
a) Wahl bzw. Zusammensetzung	152
b) Funktionen und Aufgaben	155
c) Repräsentationsleistung und institutionelles Selbstverständnis	157
d) Arbeitsweise	159

Y. Vilain (✉)
European Law School, Humboldt-Universität zu Berlin, Unter den Linden 11, 10099 Berlin, Deutschland
E-Mail: yoan.vilain@rewi.hu-berlin.de

M. Wendel
Walter-Hallstein-Institut für Europäisches Verfassungsrecht, Humboldt-Universität zu Berlin, Unter den Linden 11, 10099 Berlin, Deutschland
E-Mail: mattias.wendel@hu-berlin.de

© Springer-Verlag Berlin Heidelberg 2015
N. Marsch, Y. Vilain, M. Wendel (Hrsg.), *Französisches und Deutsches Verfassungsrecht,* Springer-Lehrbuch, DOI 10.1007/978-3-642-45053-2_4

III. Staatspräsident und Bundespräsident 160
　1. Institutionelles Selbstverständnis und Wahl 161
　　a) Stellung und Funktion des Präsidentenamtes im politischen System 161
　　　aa) Das Erbe der Monarchie und die Verkörperung der Souveränität durch
　　　　den König 161
　　　bb) Das Staatsoberhaupt als Repräsentations- und Integrationsfigur 163
　　　cc) Die politische Autorität des Staatspräsidenten im Spiegel der
　　　　staatsnotariellen Funktion des Bundespräsidenten 167
　　b) Wahl und Amtsdauer 170
　　　aa) Wahlkörper und demokratische Legitimation des Staatsoberhaupts 170
　　　bb) Wahlverfahren: Von den Vorwahlen zum Wahlakt 173
　　　cc) Amtsdauer, Kohabitation und Rückkoppelung der Parlaments- an
　　　　die Präsidentschaftswahlen 176
　2. Befugnisse des Bundespräsidenten und des Staatspräsidenten 178
　　a) Die traditionellen Befugnisse des Staatsoberhaupts im Vergleich 178
　　　aa) Außenpolitische Befugnisse 179
　　　bb) Das Rederecht des Staatsoberhaupts 180
　　　cc) Die Ausfertigung von Gesetzen und die Unterzeichnung von
　　　　gesetzesvertretenden Verordnungen 181
　　　dd) Die Ernennungsbefugnis des Staatsoberhaupts 183
　　　ee) Das Begnadigungsrecht und die Ordensverleihung 184
　　b) Die außerordentlichen Befugnisse des Staatsoberhaupts 184
　　　aa) Der Notstand 184
　　　bb) Der Rückgriff auf den Volksentscheid 186
IV. Regierung 186
　1. Die Regierungsbildung im Spiegel der Regierungssysteme 187
　　a) Die politischen Regierungssysteme im Vergleich 187
　　b) Die Ernennung und die Amtsaufgabe des Regierungschefs 188
　　　aa) Ernennung 188
　　　bb) Amtsdauer und Ausscheiden aus dem Amt 190
　　c) Die Zusammensetzung der Regierung 191
　2. Die Willensbildung der Regierung 194
　　a) Befugnisse und Binnenorganisation der Regierung 194
　　　aa) Der Regierungschef und das politische Leitungsprinzip 194
　　　bb) Die Minister und das Ressortprinzip 196
　　　cc) Die Regierung und das Kollegialprinzip 197
　　b) Die inhaltliche Willensbildung der Regierung im Spiegel der Staatspraxis 198
V. Gesamtbild: Macht und Gegenmacht 199
　1. Parlament – Regierung 199
　　a) Parlamentarische Einsetzung und Kontrolle der Regierung 199
　　b) Gubernative Eindämmung des Parlaments 204
　2. Parlament – Staatsoberhaupt 205
　　a) Parlamentarische Kontrolle des Präsidenten? 205
　　b) Präsidiale Auflösung und Kontrolle des Parlaments 207
　3. Präsident und Regierung 209
VI. Verfassungstexte in Auszügen 210
　1. Verfassung der V. Republik (1958) 210
　2. Grundgesetz der Bundesrepublik Deutschland (1949) 212
Ausgewählte Literatur 213

I. Einleitung

Nirgendwo stellt die Verfassung die strukturelle Kopplung von Recht und Politik plastischer zur Schau als in ihren Vorschriften über die Verfassungsorgane. Durch die Verfassung mit grundlegenden Aufgaben und Befugnissen betraut bilden diese Institutionen in ihrem wechselseitigen Zusammenwirken die im wahrsten Sinne des Wortes „organische" Funktionsgrundlage des Verfassungsstaates.

Der vorliegende Beitrag nimmt mit Parlament und Ländervertretung sowie Präsident und Regierung die zentralen Verfassungsorgane der Legislative und der Exekutive in Frankreich und Deutschland vergleichend in den Blick.[1] Im Vordergrund steht dabei die *organisationsrechtliche Ausgestaltung* hinsichtlich Wahl, Zusammensetzung, Funktion, Aufgabe und Arbeitsweise (dazu II. bis IV.). Demgegenüber ist der Rechtsetzung als überragender Funktion des Parlaments und der Ländervertretung – nicht zuletzt aber auch der Exekutive – ein vertiefendes Kapitel vorbehalten, das unmittelbar an diesen Beitrag anschließt. Auch die Verfassungsgerichtsbarkeit, wie wohl in beiden Staaten als Verfassungsorgan anerkannt, wird in einem gesonderten Beitrag behandelt, der ihrem besonderen Zuschnitt als einem auf das Recht als Kontrollmaßstab beschränkten Verfassungsorgan Rechnung trägt (§ 6).

Neben der organisationsrechtlichen Ausgestaltung der einzelnen Organe schenkt der Beitrag ihren wechselseitigen Beziehungen besondere Aufmerksamkeit. Erst die relationale Verortung der Verfassungsorgane zueinander erlaubt eine gehaltvolle Aussage über ihre Position im verfassungsstaatlichen Institutionengefüge. In der französischen Verfassung wird die besondere Bedeutung dieses inter-institutionellen Verhältnisses schon textlich herausgestellt, handelt ihr Titel V doch ausdrücklich von den *rapports*, den Beziehungen, zwischen dem Parlament und der Regierung.[2] Das Verhältnis von Macht und Gegenmacht ist dabei sowohl zwischen Parlament und Regierung als auch zwischen Parlament und Präsident sowie zwischen Präsident und Regierung zu vermessen (dazu V.).

Bei der vergleichenden Analyse des Institutionengefüges spielt nicht nur die kontextuelle Folie der Verfassungsgeschichte eine überragende Bedeutung.[3] In besonderem Maße zu achten ist zudem auf das Auseinanderfallen zwischen Verfassungstext und gelebter „Verfassungswirklichkeit". Die parlamentarische und die gubernative Praxis heben sich hier mitunter sehr deutlich von dem Institutionenbild

---

[1] Der Abschnitt zu Parlament und Ländervertretung (II.) stammt aus der Feder von Mattias Wendel, die Abschnitte zur Regierung (III.) und zu Staatspräsident und Bundespräsident (III.) von Yoan Vilain. Der Abschnitt zu Macht und Gegenmacht (V.) geht auf beide Autoren in gleichem Maße zurück.

[2] In besonderem Maße, wenn auch nicht ausschließlich, auf die inter-institutionellen Beziehungen im Rahmen der Rechtsetzung bezogen, dazu → *Marsch* § 5 Rn. 9 ff.

[3] Eindrucksvoll *Schönberger*, Das Parlament im Anstaltsstaat, 1997; *ders.*, Das Parlament – Geschichte einer europäischen Erfindung, in: Morlok et al. (Hrsg.), Parlamentsrecht, Baden-Baden 2014, i. E. Für eine Gesamtperspektive vgl. → *Gaillet* § 2 Rn. 7 ff.

ab, das bei isolierter Lektüre der Verfassungstexte oder der Geschäftsordnungen entstehen könnte. Der vorliegende Beitrag blendet daher die Verfassungspraxis stets mit ein, auch wenn Ausgangspunkt grundsätzlich das (positive) Verfassungsrecht bleibt. Gerade für die Klassifizierung des jeweiligen Regierungssystems spielt der Blick auf die Praxis, wie zu zeigen sein wird, eine herausgehobene Bedeutung.

II. Parlament und Ländervertretung

5   Das Herz des demokratischen Verfassungsstaates ist das Parlament. Als Bürger- bzw. Volksvertretung ist es der Ort, an dem auf der Grundlage der gleichen Freiheit des Einzelnen die gesellschaftliche Pluralität legitimationsstiftend in einen formalisierten Prozess deliberativer Auseinandersetzung zwischen den Vertretern verschiedener politischer Meinungsspektren übersetzt und sodann in Mehrheitsentscheidungen mit rechtlicher Allgemeinverbindlichkeit überführt wird.

6   Jenseits normativer oder ideengeschichtlicher Idealisierungsversuche ist die organisationsrechtliche Ausformung des Parlaments und seiner Machtbeziehungen zu anderen Verfassungsorganen freilich in recht unterschiedlicher Weise denkbar. Die Parlamente des deutschen Grundgesetzes von 1949 und der französischen Verfassung von 1958 zeigen diese Vielgestalt in besonders anschaulicher Weise auf. Beide Parlamente sind in ihrer institutionellen Architektur jeweils konkrete Antworten auf historische Erfahrungen – zum einen auf das Scheitern der Weimarer Republik, zum anderen auf die politische Instabilität des aus den Fugen geratenen Parlamentarismus der III. und IV. Republik.[4]

1. Bikameralismus

7   Der geltenden französischen Verfassung der V. Republik liegt die bewusste Entscheidung für ein Zweikammersystem (*Bikameralismus*) zugrunde. Nach Art. 24 Abs. 2 CF besteht das französische Parlament aus der Nationalversammlung (*Assemblée nationale*) und dem Senat (*Sénat*). Diese bikamerale Struktur kraft Verfassung liegt auf einer bis 1875 zurückreichenden historischen Kontinuitätslinie.[5] Anders als die Verfassung der III. Republik erkennt die geltende Verfassung der V. Republik beiden Parlamentskammern indes nicht den gleichen Umfang an Befugnissen zu.[6] Gerade im Bereich der Gesetzgebung und der Kontrollbefugnisse fallen die Kompetenzen des Senats heute deutlich hinter die der Nationalversamm-

---

[4] Näher → *Gaillet* § 2 Rn. 33 ff., 38 ff.

[5] *Gicquel/Gicquel*, Droit constitutionnel et institutions politiques, 26. Aufl. 2012, Rn. 1328.

[6] Zur geschichtlichen Entwicklung einschließlich Textmaterial vgl. *Jan*, Les assemblées parlementaires, 2010, S. 17 ff.

lung zurück.⁷ Aufgrund dieser unterschiedlichen Konzentration von Befugnissen wird das parlamentarische Modell der V. Republik treffend als *inegalitärer Bikameralismus* charakterisiert und so begrifflich vom egalitären Bikameralismus der III. Republik abgesetzt.⁸ Trotz des Ungleichgewichts in der Kompetenzverteilung beider Kammern bleibt es aber bei der verfassungsrechtlichen Grundentscheidung, dass „das" Parlament in Frankreich strukturell aus zwei formell nebeneinander stehenden Kammern zusammengesetzt ist. Dementsprechend finden die verfassungsrechtlichen Bestimmungen über das Parlament i. d. R. auf beide Kammern Anwendung, etwa die Regelungen über die Rechtsstellung der Abgeordneten oder über die Sitzungszeiten. Die Einheit des französischen Parlaments kommt zudem in der aus Assemblée nationale und Sénat zusammengesetzten Formation des Kongresses (*Congrès*) zum Ausdruck, die eine besondere Rolle im Verfahren der Verfassungsrevision spielt.⁹

Haben sich bereits die Urheber eines Einheitsstaates für ein Zweikammersystem entschieden, müsste dies, so sollte man meinen, erst recht für die Verfassungsarchitekten eines Bundesstaates gelten. Interessanterweise greift das deutsche Grundgesetz aber nicht auf einen klassisch bikameralen Ansatz zurück. „Das" Parlament auf Bundesebene ist nach dem Grundgesetz allein der Deutsche Bundestag. Der Bundesrat hingegen ist mit den Worten des Bundesverfassungsgerichts „*nicht* eine zweite Kammer eines einheitlichen Gesetzgebungsorgans".¹⁰ Er ist jedenfalls kein Parlament.¹¹ Eine Senatslösung mit unmittelbar gewählten Vertretern nach US-amerikanischem oder mittelbar gewählten nach französischem Vorbild wurde während der Vorarbeiten zum Grundgesetz zwar diskutiert, sodann aber verworfen.¹²

8

Zweifelsfrei spielt der Bundesrat eine wichtige Rolle im Gesetzgebungsverfahren.¹³ Indes handelt es sich hierbei, wie das GG bereits semantisch nahelegt, lediglich um eine *Mitwirkung* an der Gesetzgebung (Art. 50 Abs. 1 GG), während es der Bundestag ist, der die Gesetze *beschließt* (vgl. Art. 77 Abs. 1 S. 1 GG).¹⁴ Auch ist der Bundesrat folgerichtig nicht Teil der Bundesversammlung, die den Bundes-

9

---

⁷ Für den Bereich der Gesetzgebung näher → *Marsch* § 5 Rn. 51 ff.

⁸ Vgl. *Jouanjan*, Grundlagen und Grundzüge staatlichen Verfassungsrechts, in: v. Bogdandy et al. (Hrsg.), Ius Publicum Europaeum I, 2007, § 2 Frankreich, Rn. 62; *Favoreu et al.*, Droit constitutionnel, 15. Aufl. 2013, Rn. 1007; *Hamon/Troper*, Droit constitutionnel, 33. Aufl. 2012, Rn. 616. Nuanciert *Jan*, Les assemblées parlementaires, 2010, S. 28: „tantôt des aspects égalitaires, tantôt des aspect inégalitaires".

⁹ Vgl. unten → Rn. 54 sowie → *Marsch* § 5 Rn. 67.

¹⁰ BVerfGE 37, 363 (380) – Bundesrat (Hervorh. hinzugefügt).

¹¹ Vgl. aus der Literatur nur *Herzog*, Stellung des Bundesrates im demokratischen Bundesstaat, in: Isensee/Kirchhof (Hrsg.), Handbuch des Staatsrechts III, 3. Aufl. 2005, § 57, Rn. 14 ff.; *Morlok/Michael*, Staatsorganisationsrecht, 2013, Rn. 807 und 817; *Degenhart*, Staatsrecht I – Staatsorganisationsrecht, 29. Aufl. 2013, Rn. 704.

¹² Dazu *Stern*, Staatsrecht II, S. 116 f.

¹³ Eingehend → *Marsch* § 5 Rn. 52 ff.

¹⁴ Dementsprechend stellt auch die Beschlussformel eines Zustimmungsgesetzes Bundestag und Bundesrat nicht gleichgeordnet nebeneinander, sondern lautet: „Der Bundestag hat mit Zustimmung des Bundesrates das folgende Gesetz beschlossen". Vgl. auch BVerfGE 37, 363 (380) – Bundesrat.

präsidenten wählt.¹⁵ Der Verzicht des GG auf eine veritable zweite Kammer folgt, ebenso wie die Verfassungsentscheidung für den Bikameralismus in Frankreich, einer verfassungshistorischen Tradition.¹⁶ Als Vorläufer des Bundesrates gelten namentlich der Reichsrat der Weimarer Reichsverfassung von 1919 und der Bundesrat der Reichsverfassung von 1871. Ein im Ansatz bikamerales Modell verfolgte demgegenüber einzig die nie in Kraft getretene Paulskirchenverfassung von 1849, die einen aus „Staatenhaus" und „Volkshaus" zusammengesetzten Reichstag vorsah.¹⁷

2. Unmittelbar gewählte Volksvertretung: Assemblée nationale und Bundestag

10   Die Versammlung der *unmittelbar* durch die Wahlberechtigten gewählten Abgeordneten sind in Frankreich die im *Palais Bourbon* residierende Nationalversammlung und in Deutschland (auf Bundesebene) der im *Reichstagsgebäude* residierende Deutsche Bundestag.

a) Systemische Grundentscheidungen

11   Zwei grundlegende und gleichsam systemprägende Unterschiede zwischen deutschem und französischem Parlamentarismus¹⁸ seien gleich zu Beginn benannt.

aa) Parlementarisme rationalisé v. Parlamentsautonomie und Wesentlichkeitslehre

12   Erstens wurde mit der französischen Verfassung von 1958 eine „Rationalisierung" des Parlamentarismus angestrebt, der sog. *parlementarisme rationalisé*. Gemessen an den vorausgehenden Verfassungssystemen bedeutet diese Richtungsentscheidung eine signifikante Stärkung der Gubernative zulasten des Parlaments. Der politischen Instabilität der III. und IV. Republik sollte in der V. Republik durch eine verfassungsrechtliche Einhegung des Parlaments begegnet werden.¹⁹ Auch wenn die groß angelegte Verfassungsreform des Jahres 2008 durch Stärkung und Ausweitung der Parlamentsrechte durchaus eine Trendwende eingeleitet hat, bleibt die Autonomie des französischen Parlaments doch bis heute in einem jedenfalls

---

¹⁵ Dazu näher unter → Rn. 96 f.

¹⁶ Vgl. *Ipsen*, Staatsrecht I – Staatsorganisationsrecht, 25. Aufl. 2013, Rn. 337.

¹⁷ Näher zu den historischen Vorläufern *Bauer*, in: Dreier (Hrsg.), Grundgesetz-Kommentar II, 2. Aufl. 2006, Art. 50, Rn. 2 ff. sowie *Korioth*, in: v. Mangoldt et al. (Hrsg.), GG II, 6. Aufl. 2010, Art. 50, Rn. 3 ff.

¹⁸ Instruktiver Überblick bei *Classen*, Parlamentarismus in der V. Republik Frankreichs, DÖV 2004, S. 269 ff.

¹⁹ Vgl. in historischer Perspektive → *Gaillet* § 2 Rn. 38 f.

für den deutschen Betrachter erstaunlichen Umfang limitiert.[20] Die verfassungsrechtliche Einhegung des französischen Parlaments ist dabei sowohl institutioneller als auch kompetenzieller Natur. Institutionell wird der Regierung ein erheblicher Einfluss auf das Gesetzgebungsverfahren und die parlamentarische Tagesordnung zuerkannt; kompetenziell werden die Sachbereiche, welche durch (Parlaments-) Gesetz geregelt werden dürfen (sog. *domaine de la loi*), verfassungsrechtlich eingegrenzt.[21] Symbolisch kommt die Einhegung des Parlaments bereits in der Stellung der einschlägigen Verfassungsbestimmungen zum Ausdruck: Der auf das Parlament bezogene Normenkreis (Art. 24-33 CF) ist den Bestimmungen über den Präsidenten der Republik (Art. 5-19 CF) und über die Regierung (Art. 20-23 CF) bewusst nachgestellt.

Demgegenüber ist der Bundestag nicht nur semantisch die erste Gewalt unter dem Grundgesetz (Art. 38-48 GG).[22] Institutionell verfügt der Bundestag über eine weitreichende verfassungsrechtliche *Autonomie* gegenüber anderen Verfassungsorganen. Gubernative Vorrechte, wie sie die französische Verfassung der Regierung einräumt, kennt das GG weder qualitativ noch quantitativ in vergleichbarer Weise. Aber auch in kompetenzieller Hinsicht reichen die Befugnisse des Bundestages über die der Assemblée nationale hinaus. Anders als in Frankreich gibt es in Deutschland grundsätzlich keine verfassungsrechtliche Begrenzung der Sachbereiche, die durch die Handlungsform des Parlamentsgesetzes geregelt werden dürfen.[23] Soweit der Bund nach Art. 30, 70 ff. GG zuständig ist, besteht infolge der vom BVerfG entwickelten Wesentlichkeitslehre (s. aber auch Art. 80 GG) vielmehr die verfassungsrechtliche Notwendigkeit, die wesentlichen – d. h. insbesondere die für die Grundrechtsausübung grundlegenden – Fragen durch Parlamentsgesetz zu regeln (*parlamentarischer Wesentlichkeitsvorbehalt*).[24]

13

bb) Semipräsidentielles v. parlamentarisches Regierungssystem

Zweitens folgen Grundgesetz und deutsche Verfassungspraxis dem Modell eines *parlamentarischen Regierungssystems* mit einer durch das Parlament eingesetzten und ihm gegenüber verantwortlichen Regierung, während in Frankreich zwar verfassungstextlich durchaus ein parlamentarisches Regierungssystem angelegt ist, in der Gesamtschau aber vielmehr ein *semipräsidentielles (Regierungs-)System*[25] vor-

14

---

[20] Zur Reform *Hamon*, La loi constitutionnelle du 23 juillet 2008, RSA, 344 (2008), S. 83 ff.; *Gicquel*, Les effets de la réforme constitutionnelle de 2008 sur le processus législatif, Jus Politicum 6 (2011), S. 1 ff.; Überblick bei → *Gaillet* § 2 Rn. 63.

[21] Eingehend zum Ganzen → *Marsch* § 5 Rn. 29 ff.

[22] Dies ist freilich nicht in einem protokollarischen Sinne gemeint. Staatsoberhaupt ist der Bundespräsident. Protokollarisch rangiert darum auch der Bundes*tags*präsident hinter dem Bundespräsidenten auf dem zweiten Platz.

[23] Zum Eigenbereich der Exekutive vgl. unten Rn. 183.

[24] Zur Wesentlichkeitslehre → *Marsch* § 5 Rn. 14.

[25] Nuanciert *Le Divellec*, Die dualistische Variante des Parlamentarismus. Eine französische Ansicht zur wissenschaftlichen Fata Morgana des semipräsidentiellen Systems, ZParl 1996,

herrscht, in dem ein mit einer weitreichender Machtfülle ausgestatteter Staatspräsident direkt vom Volk gewählt wird und in seiner exekutiven Funktion neben, ja machtpolitisch in aller Regel vor die Regierung tritt.[26] Diese janusköpfige Struktur der Exekutive in Frankreich hat bedeutende Rückwirkungen auf die Rolle des Parlaments, das im Wechselspiel von Macht und Gegenmacht nicht nur der Regierung, sondern auch dem Staatspräsidenten gegenübertritt.

b) Wahlsystem

15 Die rechtliche Ausgestaltung des Wahlsystems basiert in den demokratischen Verfassungsstaaten der Gegenwart im Wesentlichen auf zwei Grundmodellen: Zum einen auf dem System der *Mehrheits- oder Persönlichkeitswahl*, im Rahmen dessen ein Kandidat für den Einzug in das Parlament in seinem Wahlkreis eine absolute[27] bzw. relative Mehrheit[28] benötigt; zum anderen auf dem System der *Verhältnis- oder Listenwahl*, bei dem sich die Zusammensetzung des Parlaments proportional anhand des erreichten Stimmenanteils der Parteien (bzw. Listen) in der Gesamtheit des Wahlgebietes bemisst. Während die Wahlen zur Assemblée nationale in Frankreich auf dem Mehrheitswahlrecht basieren,[29] hat sich der Gesetzgeber in Deutschland im Kern für ein Verhältniswahlsystem entschieden, das durch Elemente der Persönlichkeitswahl angereichert ist (sog. *personalisiertes Verhältniswahlrecht*). Erstrebt werden mit beiden Systemen aber gleichermaßen die adäquate Repräsentation der jeweiligen Wählerschaft durch das Parlament und die hinreichende Funktionsfähigkeit und Stabilität des politischen Systems. Beim französischen Mehrheitswahlrecht ist die Orientierung am Individuum bzw. am politischen Einzelakteur ungleich stärker ausgeprägt als beim deutschen Verhältniswahlrecht, das sich trotz seines personalisierten Einschlages maßgeblich an der Zugehörigkeit zu Parteien (Listen) orientiert.

16 Ein weiterer Unterschied besteht in der Länge der (regulären) Legislaturperiode, die in Deutschland vier, in Frankreich hingegen fünf Jahre beträgt. Damit decken sich in Frankreich die (reguläre) Länge der Amtszeit des Staatspräsidenten (ab dem Jahr 2002 fünf statt vormals sieben Jahre) und die der Legislaturperiode der Nationalversammlung. Dies soll eine *Cohabitation* unwahrscheinlicher machen, kann sie freilich aber nicht ausschließen.[30] Die vergleichsweise schwächere Stellung der französischen Nationalversammlung im Verfassungsgefüge zeigt sich besonders deutlich im Recht des Staatspräsidenten, die Asemblée nationale aufzulösen und

---

S. 145 ff.; *Steffani*, Semi-Präsidentialismus: ein eigenständiger Systemtyp? Zur Unterscheidung von Legislative und Parlament, ZParl 1995, S. 621 ff.

[26] Im Einzelnen ist freilich genau zu differenzieren, vgl. → Rn. 142 ff. Speziell für die Machtverhältnisse im Rahmen einer Kohabitation vgl. → Rn. 111 ff.

[27] Mehr als die Hälfte der abgegebenen Stimmen, also 50 % + 1 Stimme.

[28] Die meisten der abgegebenen Stimmen.

[29] Ausnahme zwischen 1986 und 1988.

[30] Zur Problematik der Kohabitation vgl. näher unter → Rn. 111 ff.

§ 4 Parlament – Präsident – Regierung 129

Neuwahlen einzuleiten (Art. 12 Abs. 1 CF). Ein direkt vergleichbares Recht kennt das Grundgesetz in bewusster Abkehr von der Weimarer Reichsverfassung nicht.[31]

aa) Personalisierte Verhältniswahl

In Deutschland weist das GG die Ausgestaltung des Wahlrechts dem Gesetzgeber zu. Das BVerfG hat diesen in Art. 38 Abs. 3 GG enthaltenen Konkretisierungsauftrag früh anerkannt und dem Gesetzgeber hinsichtlich der Ausformung des Wahlsystems einen weiten Gestaltungsspielraum zugebilligt.[32] Insbesondere hat Karlsruhe klargestellt, dass der Gesetzgeber grundsätzlich die Freiheit habe, die Bundestagswahl als Mehrheitswahl oder als Verhältniswahl auszugestalten bzw. beide Ansätze miteinander zu kombinieren.[33] Bei dem durch das Bundeswahlgesetz (BWahlG) errichteten personalisierten Verhältniswahlrecht handelt es sich in erster Linie um ein Verhältniswahlsystem, das zwar Elemente der Mehrheitswahl beinhaltet, aber „dessen Grundcharakter als Verhältniswahl nicht durch die vorgeschaltete Mehrheitswahl der Wahlkreiskandidaten in Frage gestellt wird" und auch nicht gestellt werden darf.[34] 17

Die Eckdaten dieses im Einzelnen hochgradig komplexen[35] Wahlsystems lassen sich wie folgt umreißen: Dem Leitbild der Verhältniswahl folgend richtet sich die Zusammensetzung des Bundestages grundsätzlich nach dem prozentualen Stimmenanteil, den die Parteien bei der Wahl zum Bundestag bundesweit errungen haben. Auf diesen Proporz nimmt der Wähler mit seiner *Zweit-* bzw. *Listenstimme* Einfluss (§ 6 BWahlG). Trotz der irreführenden Bezeichnung ist sie wegen des Grundcharakters der Wahl als Verhältniswahl die für den Wahlausgang entscheidende Stimme. Bei der Sitzzuteilung nach Zweitstimmenanteil werden allerdings nur Parteien berücksichtigt, die bundesweit mindestens 5 % der Stimmen auf sich vereinigen (sog. *5 %-Sperrklausel*) oder die mindestens drei Direktmandate errungen haben (sog. *Grundmandatsklausel*).[36] Verkompliziert wird das System der Sitzzuteilung zusätzlich dadurch, dass die Wahllisten nicht auf Bundesebene, sondern in Anknüpfung an die bundesstaatliche Gliederung als Landeslisten in den einzelnen Bundesländern aufgestellt werden, weshalb länderbezogene Sitzkontingente 18

---

[31] Vgl. Art. 25 WRV. Dazu → *Gaillet* § 2 Rn. 12 ff. Zur Frage der Parlamentsauflösung nach geltendem Verfassungsrecht vgl. näher unten → Rn. 192 ff.
[32] BVerfGE 3, 19 (24) – Unterschriftenquorum; BVerfGE 95, 335 (349) – Überhangmandate I; BVerfGE 122, 266 (296) – Negatives Stimmgewicht.
[33] Indirekt bereits BVerfGE 1, 208 (246) – 7,5 % Sperrklausel Schleswig-Holstein. Vgl. vor allem aber BVerfGE 6, 84 (90) – 5 %-Sperrklausel und Grundmandatsklausel; BVerfGE 6, 104 (111) – Kommunalwahlsperrklausel I; BVerfGE 95, 335 (368 ff. und 373 ff.) – Überhangmandate I; BVerfGE 122, 266 (296) – Negatives Stimmgewicht; BVerfGE 131, 316 (335 f.) – Überhangmandate II.
[34] So BVerfGE 95, 335 (379) – Überhangmandate I m. w. N.
[35] Instruktiver Überblick für das Studium bei *Gröpl*, Staatsrecht I, 5. Aufl. 2013, Rn. 1029 ff.
[36] § 6 Abs. 3 S. 1, 1. u. 2. Alt. BWahlG. Beide Klauseln gelten gemäß § 6 Abs. 3 S. 2 BWahlG nicht für bestimmte Parteien nationaler Minderheiten.

errechnet werden müssen.[37] Mit diesem föderalen Element wird verhindert, dass Landesverbände aus großen Bundesländern die erfolgversprechenden Listenplätze unter sich aufteilen. Wahlgebiet bleibt freilich das Bundesgebiet als Ganzes. Auch werden die Bundestagsabgeordneten als Vertreter des ganzen Volkes und nicht etwa als Repräsentanten der vereinigten Landesvölker gewählt, Art. 38 Abs. 1 S. 2 GG.[38] Der Bundestag ist in diesem Sinne ein „unitarisches Organ im föderativ gegliederten Rechtsstaat".[39]

19   Die Personalisierung des Wahlsystems erfolgt sodann über die *Erst-* bzw. *Direktstimme*. 299 Abgeordnete, also maximal die Hälfte der Bundestagsabgeordneten, werden als Direktkandidaten mit einfacher Mehrheit der Erststimmen in den Wahlkreisen gewählt (§ 5 BWahlG). Da die direkt gewählten Abgeordneten auf jeden Fall – d. h. unabhängig vom bundesweiten Proporz ihrer Partei – in den Bundestag einziehen, ergeben sich u. U. Abweichungen von der Sitzverteilung im Bundestag, die das Verhältniswahlprinzip an sich vorgibt. Erringt eine Partei z. B. mehr Direktmandate als ihr nach dem Verhältnis der Zweitstimmen zustünden, gehen diese Direktmandate nicht verloren. Vielmehr erhöht sich durch sie die Gesamtzahl der Abgeordneten im Bundestag (sog. *Überhangmandate*). Da die Überhangmandate den durch die Verhältniswahl ermittelten Parteienproporz im Bundestag verzerren würden, erhalten wiederum diejenigen Parteien, welche sonst unterrepräsentiert blieben, gemäß der Neufassung des BWahlG aus dem Jahr 2013 zusätzliche Sitze, um eine Wiederannäherung an den Zweitstimmenproporz zu bewirken (sog. *Ausgleichsmandate*).[40] Das beschert Deutschland den zweifelhaften Segen eines beachtlichen Anstiegs der Gesamtzahl an Bundestagsabgeordneten. So umfasst der im Jahr 2013 gewählte 18. Deutsche Bundestag über die reguläre Anzahl von 598 Sitzen (§ 1 Abs. 1 BWahlG) hinaus weitere 33 Sitze, die sich aus vier Überhangmandaten und 29 Ausgleichsmandaten zusammensetzen.[41]

20   Obwohl das BVerfG grundsätzlich von einem weiten legislativen Gestaltungsspielraum für das Wahlrecht ausgeht, zieht es dem Gesetzgeber dort strikte verfassungsrechtliche Grenzen, wo die Grundsätze der Wahlgleichheit (Art. 38 Abs. 1 S. 1 GG) und der Chancengleichheit der Parteien (Art. 21 Abs. 1 GG i. V. m. Art. 38 Abs. 1 S. 1 GG) berührt werden.[42] Zwar hat das Gericht auch die Einhaltung der anderen Wahlgrundsätze des Art. 38 Abs. 1 GG

---

[37] Auch mäandriert das deutsche Wahlsystem seit Jahren zwischen verschiedenen Rechenmodellen vgl., mit Rechenbeispielen, abermals *Gröpl*, Staatsrecht I, 5. Aufl. 2013, Rn. 1044a ff.

[38] Dazu BVerfGE 131, 316 (342) – Überhangmandate II.

[39] *H. H. Klein*, Stellung und Aufgaben des Bundestages, in: Isensee/Kirchhof (Hrsg.), Handbuch des Staatsrechts III, 3. Aufl. 2005, § 50, Rn. 12.

[40] § 6 Abs. 5 BWahlG. Dem voraus ging die Nichtigerklärung der alten Regelung durch BVerfGE 131, 316 (368) – Überhangmandate II.

[41] Die Ausgleichsmandate gleichen allerdings nicht allein die anfallenden Überhangmandate aus, sondern dienen u. U. auch der Berücksichtigung einer etwaig unterschiedlichen Wahlbeteiligung in den Ländern und ggf. der Stimmenanzahl für Parteien, die nicht in den Bundestag eingezogen sind.

[42] St. Rechtsprechung, vgl. insbesondere BVerfGE 6, 84 (89 f.) – 5%-Sperrklausel und Grundmandatsklausel sowie BVerfGE 82, 322 (337 f.) – Gesamtdeutsche Wahl.

§ 4 Parlament – Präsident – Regierung

überprüft.[43] Keiner dieser Grundsätze hat indes eine vergleichbar zentrale Bedeutung erlangt wie der Grundsatz der Wahlgleichheit. Wegen des inneren Zusammenhangs mit dem egalitären demokratischen Prinzip entnimmt das BVerfG der Wahlgleichheit die Vorgabe einer „strengen und formalen Gleichheit".[44] Mit der Wahlgleichheit legt das BVerfG zwar im Ausgangspunkt einen durchaus ähnlichen Maßstab an wie der französische Verfassungsrat. Allerdings wirkt sich dieser Maßstab im (personalisierten) Verhältniswahlsystem ungleich strenger aus: Das BVerfG geht nämlich von der Prämisse aus, dass der Gesetzgeber seine Regelungen *systemisch kohärent und folgerichtig* ausgestalten muss. Während die Wahlgleichheit für alle Wahlsysteme verlange, dass jede Stimme bei der Auszählung gleich viel zählen müsse (*Zählwert*gleichheit), müsse im Rahmen des Verhältniswahlsystems darüber hinaus wegen der hier angestrebten proportionalen Sitzverteilung nach Stimmenanteil jede (Zweit-) Stimme grundsätzlich in gleicher Weise auf die Sitzverteilung im Parlament Einfluss haben (*Erfolgswert*gleichheit).[45] Die tragenden verfassungsrechtlichen Erwägungen hat das BVerfG in seiner ersten Leitentscheidung zu den Überhangmandaten im Jahr 1997 prägnant zusammengefasst. Soweit sich die Ausführungen des Gerichts dabei auf das Mehrheitswahlrecht beziehen, sind sie, wie noch näher zu zeigen sein wird, dem Grundsatz nach auch auf die Rechtslage in Frankreich übertragbar:

> Für die Festlegung eines Wahlsystems sind mehrere Gesichtspunkte verfassungsrechtlich relevant: Die Zusammensetzung des Parlaments muss die *wesentlichen politischen Strömungen* im Volk berücksichtigen; die Wahl muss eine *legitimierende Wirkung* haben, sie muss eine *autonome und rationale Entscheidung des Wählers* in der Wahl ermöglichen; das Parlament muss *funktionsfähig* für Regierungsbildung und Gesetzgebung sein. (...) In diesem Rahmen stellt der vom *egalitären demokratischen Prinzip* geprägte Grundsatz der Wahlrechtsgleichheit Grundanforderungen an alle Wahlsysteme. Diese legen zwar unterschiedliche Verfahren fest, durch welche die einzelnen Stimmen der Wähler in Sitze der Mandatsträger umgesetzt werden. Jedes dieser Verfahren muss aber bei der von ihm vorgesehenen Art und Weise der Mandatszuteilung alle Wähler *strikt gleich behandeln*. (...) So kann etwa ein Wahlsystem der oben dargestellten Aufgabe der Wahl, die Funktionsfähigkeit des Parlaments für Regierungsbildung und Gesetzgebung zu gewährleisten, in der Weise den Vorrang einräumen, dass es ein *Mehrheitswahlrecht* vorsieht, das nur denjenigen Stimmen einen Erfolg ermöglicht, die zu der Mehrheit beigetragen haben. Auch dieses Wahlsystem gewährleistet vollständige Erfolgschancengleichheit, wenn die *Wahlkreise annähernd gleich groß* sind (...), *jede Wählerstimme gleich gezählt* und dabei den jeweiligen Kandidaten gutgeschrieben wird. (...) Das System eines *Verhältniswahlrechts* legt demgegenüber den Schwerpunkt auf die Aufgabe der Wahl, ein *Repräsentationsorgan* zu schaffen, das die *wesentlichen politischen Strömungen im Volk abbildet*. Das Sitzzuteilungsverfahren eines Verhältniswahlsystems ist daher nicht schon mit dem Auszählen, Gutschreiben und Addieren der Wählerstimmen beendet. Hieran schließt sich noch ein *Rechenverfahren* an, welches das Verhältnis der Stimmen für die Parteilisten zu den Gesamtstimmen feststellt

---

[43] Zur Allgemeinheit der Wahl vgl. BVerfGE 36, 139 – Sesshaftigkeit; zur Unmittelbarkeit vgl. insbesondere BVerfGE 7, 77 – Nachrücker; zur freien Wahl s. BVerfGE 22, 125 (139) – Öffentlichkeitsarbeit; zur geheimen Wahl BVerfGE 21, 200 – Briefwahl II; zur Öffentlichkeit vgl. namentlich BVerfGE 123, 39 (68 ff.) – Wahlcomputer.

[44] Vgl. insbesondere BVerfGE 51, 222 (234) – 5%-Sperrklausel Europawahlen I m. w. N.; BVerfGE 82, 322 (337 f.) – Gesamtdeutsche Wahl; BVerfGE 95, 335 (368) – Überhangmandate I; BVerfGE 131, 316 (336 ff.) – Überhangmandate II.

[45] BVerfGE 95, 335 (353 f., 371) – Überhangmandate I m. w. N.

und dementsprechend die Sitzzuteilung regelt. Das Verhältniswahlrecht eröffnet damit von seiner Zielsetzung her – anders als das Mehrheitswahlrecht – jedem Wähler die Möglichkeit, mit seiner Stimme entsprechend dem Anteil der Stimmen ‚seiner' Partei auf die Sitzzuteilung Einfluss zu nehmen. Dann gebietet es die vom Demokratieprinzip geprägte Wahlrechtsgleichheit aber, dass der *Einfluss* eines jeden Wählers auf die Besetzung des Repräsentationsorgans *gleich groß* ist. Vor diesem Hintergrund ist es zu sehen, dass das Bundesverfassungsgericht bei der Verhältniswahl in ständiger Rechtsprechung die *Erfolgswertgleichheit* der Wählerstimmen verlangt (…).[46]

21   Abweichungen von der verfassungsrechtlichen Vorgabe der Gleichheit des Zählwertes und (im Rahmen der Verhältniswahl) des Erfolgswertes stellen einen Eingriff in den Grundsatz der Wahlgleichheit sowie ggf. in die Chancengleichheit der Parteien dar. Solche Eingriffe können nach dem BVerfG *nur in engen Grenzen gerechtfertigt* werden. Hierzu bedarf es eines zwingenden Grundes, der sich aus der Verfassung selbst ergeben und von mindestens gleichem Gewicht wie der Grundsatz der Wahlgleichheit sein muss.[47] Als einen solchen Grund erkennt das BVerfG namentlich die Sicherung der Funktionsfähigkeit des Parlamentes an.[48] Von diesen Maßstäben ausgehend hat das BVerfG den Gesetzgeber in den vergangenen Jahren wiederholt zur Nachjustierung des Wahlrechts in die Pflicht genommen. So erklärte es im Jahr 2012 die damalige Regelung des BWahlG für nichtig, da diese keinerlei Ausgleich für Überhangmandate vorsah. Anders als noch in seiner früheren Rechtsprechung[49] sah sich das Gericht angesichts der hohen Zahl an Überhangmandaten in den vorausgehenden Legislaturperioden zudem veranlasst, eine numerische Obergrenze für die Zulässigkeit ausgleichsloser Überhangmandate zu ziehen.[50] Auch erklärte das Gericht in den Jahren 2008 und 2012 das BWahlG für verfassungswidrig, soweit dieses in bestimmten Konstellationen ein *negatives Stimmgewicht* ermöglichte, d. h. den Effekt, dass eine Wählerstimme für eine Partei eine Wirkung gegen diese entfaltet.[51] Den mit der 5 %-Sperrklausel verbundenen Eingriff in die Wahlgleichheit (Abweichung von der Erfolgswertgleichheit) hat das BVerfG für die Bundestagswahl bis dato passieren lassen.[52]

---

[46] BVerfGE 95, 335 (369-371) – Überhangmandate I (Hervorh. hinzugefügt). In jüngerer Zeit daran anknüpfend, obgleich weniger prägnant, BVerfGE 131, 316 (337 f.) – Überhangmandate II.

[47] Für die Wahlen zum Deutschen Bundestag namentlich BVerfGE 6, 84 (92 f.) – 5 %-Sperrklausel und Grundmandatsklausel; BVerfGE 82, 322 (338 f.) – Gesamtdeutsche Wahl; BVerfGE 95, 335 (369 ff.) – Überhangmandate I; BVerfGE 122, 266 (296) – Negatives Stimmgewicht; BVerfGE 131, 316 (336 ff.) – Überhangmandate II.

[48] Ebd.

[49] BVerfGE 95, 335– Überhangmandate I.

[50] Maximal 15 Mandate, also die Hälfte der für eine Bildung einer Fraktion erforderlichen Zahl von Abgeordneten, vgl. BVerfGE 131, 316 (369 f.) – Überhangmandate II. Dazu *Morlok*, Anmerkung, NVwZ 2012, S. 1116 f.

[51] BVerfGE 121, 266 (299 ff.) – Negatives Stimmgewicht sowie daran anknüpfend BVerfGE 131, 316 (346 ff.) – Überhangmandate II.

[52] Vgl. insbesondere BVerfGE 6, 84 (93 ff.) – 5 %-Sperrklausel und Grundmandatsklausel sowie BVerfGE 82, 322 (338 f.) – Gesamtdeutsche Wahl.

Dies gilt allerdings nicht für Kommunalwahlen[53] und auch nicht für die Europawahlen. Die vormals im Europawahlgesetz (EuWG) für die Europawahlen vorgesehene 5 %-Sperrklausel erklärte das BVerfG im Jahr 2012 – anders als noch im Jahr 1979[54] – ebenso für verfassungswidrig[55] wie im Jahr 2014 die in der Folge vom Gesetzgeber eingefügte 3 %-Sperrklausel.[56] Dem BVerfG zufolge unterscheide sich das Europäische Parlament vom Bundestag insbesondere dahingehend, dass es zur Aufrechterhaltung seiner Funktionsfähigkeit nicht des gleichen Grades an mehrheitsbezogener bzw. parteipolitischer Stabilität bedürfe.[57] Damit degradiert das BVerfG das Europäische Parlament letztlich zu einem Parlament zweiter Klasse und blendet die dort zunehmend vorherrschende Notwendigkeit einer stabilen Parlamentsmehrheit mit Blick auf Gesetzgebung und Stützung der Kommission ebenso aus wie die sich zunehmend verfestigende Oppositionsstruktur.[58] Da das BVerfG stets betont, die Antwort auf die Frage der Verfassungsmäßigkeit einer Sperrklausel könne im Wandel der Zeit und in Abhängigkeit von den tatsächlichen Umständen jeweils anders ausfallen, ist nicht ausgeschlossen, dass eine künftige Entscheidung des Gesetzgebers zur Wiedereinführung der Sperrklausel bei den Europawahlen als verfassungsmäßig gelten könnte. Umgekehrt ist denkbar, dass die 5 %-Sperrklausel nunmehr auch auf bundespolitischer Ebene unter Druck gerät. In Frankreich hat die im französischen Europawahlgesetz vorgesehene 5 %-Klausel bei den Europawahlen indes bislang Bestand.[59]

22

bb) Mehrheitswahl

Gemessen an der Komplexität des personalisierten Verhältniswahlrechts in Deutschland und der hierzu ergangenen Rechtsprechung erscheint das französische Wahlsystem nahezu als ein Hort der Klarheit. Der französische Gesetzgeber hat sich

23

---

[53] BVerfGE 120, 82 – Kommunalwahlen Schleswig-Holstein.
[54] BVerfGE 51, 222 – 5 %-Sperrklausel Europawahlen I.
[55] BVerfGE 129, 300 – 5 %-Sperrklausel Europawahlen II.
[56] BVerfG, 26.2.2014, BvE 2/13 u. a. – 3 %-Sperrklausel Europawahlen.
[57] BVerfGE 129, 300 (335 ff.) – 5 %-Sperrklausel Europawahlen II und daran anknüpfend BVerfG, 26.2.2014, BvE 2/13 u. a. – 3 %-Sperrklausel Europawahlen, Rn. 70 ff.
[58] Kritisch daher völlig zu Recht die abweichende Meinung der Richter *Di Fabio* und *Mellinghoff*, BVerfGE 129, 300 (346 ff.) sowie aus der Literatur *Schönberger*, Das Bundesverfassungsgericht und die Fünf-Prozent-Klausel bei der Wahl zum Europäischen Parlament, JZ 2012, S. 80 ff.; *Grzeszick*, Demokratie und Wahlen im europäischen Verbund der Parlamente, EuR 2012, S. 667 (671 ff.). Überdies bemängelt das BVerfG die degressiv proportionale Sitzverteilung im Europäischen Parlament, vgl. BVerfGE 123, 267 (371 ff.) – Lissabon. Kritisch zu dieser Rechtsprechung *Schönberger*, Die Europäische Union zwischen „Demokratiedefizit" und Bundesstaatsverbot, Der Staat 48 (2009), S. 535 (548 ff.) und *Wendel*, Unionsbürgerrechte, Freizügigkeit, in: Grabenwarter (Hrsg.), Enzyklopädie des Europarechts, Bd. 2, 2014, § 18, Rn. 27.
[59] Art. 3 des französischen Europawahlgesetzes (2014). Wegen Art. 1 Abs. 1 des europarechtlichen Direktwahlaktes (Beschluss des Rates vom 20.9.1976, zuletzt geändert durch Beschluss des Rates vom 25.6.2002 und 23.9.2002) gilt auch in Frankreich die Vorgabe des Verhältniswahlrechts für die Europawahlen.

für ein Mehrheitswahlsystem in (bis zu) zwei Wahlgängen entschieden. Im ersten Wahlgang gewählt ist, wer die absolute Mehrheit der abgegebenen Stimmen und gleichzeitig mehr als 25 % der Stimmen der Wahlberechtigten seines Wahlkreises auf sich vereinigt. Regelmäßig ist allerdings eine Stichwahl notwendig. Bei diesem zweiten, eine Woche später stattfindenden Wahlgang dürfen die zwei bestplatzierten Kandidaten in der ersten Runde sowie zusätzlich diejenigen Kandidaten, welche mindestens 12,5 % der Stimmen der Wahlberechtigten erhalten haben, antreten. Die Besonderheit der Stichwahl besteht im internationalen Vergleich also darin, dass u. U. mehr als zwei Kandidaten zur Auswahl stehen können. In aller Regel verständigen sich die einander politisch nahestehenden Parteifamilien nach dem ersten Wahlgang auf einen gemeinsamen Kandidaten, was die Erfolgschancen für ihre politische Linie erhöht.

24 In der Gesamtschau ist die Mehrheitswahl in Frankreich durch ein wesentlich stärkeres Persönlichkeitsmoment gekennzeichnet als die personalisierte Verhältniswahl in Deutschland. Dementsprechend ist die lokale Bindung des Kandidaten in Frankreich ungleich deutlicher ausgeprägt als in Deutschland. Folge der Mehrheitswahl ist aber zugleich eine numerische Begünstigung der großen Parteifamilien. Parteien, deren Abgeordnete sich in den meisten Wahlkreisen als nicht mehrheitsfähig erweisen, gleichwohl aber einen nicht unerheblichen Anteil der Stimmen auf sich vereinigen, sind – gemessen an ihrem Stimmenanteil im ersten Wahldurchgang – in der Nationalversammlung deutlich unterrepräsentiert. So erhielt der rechtsextreme Front national (FN) bei den Wahlen zur 14. Legislaturperiode der V. Republik im Jahr 2012 zusammengerechnet 13,6 % der Stimmen im ersten Wahlgang, erlangte aber am Ende nur zwei von 577 Sitzen in der Nationalversammlung, was einem Anteil von lediglich 0,35 % entspricht.[60] Man mag dies politisch freilich begrüßen. Gleichwohl ist mit Blick auf die Repräsentationsleistung des Wahlsystems festzuhalten, dass die Nationalversammlung bestimmte politische Strömungen in der Bevölkerung – ähnlich wie das britische Unterhaus, aber anders als der Bundestag – quantitativ nicht abzubilden vermag. Auch haben es neue politische Bewegungen vergleichsweise schwer, im Parlament Fuß zu fassen. Dies illustriert etwa die unterschiedliche Entwicklung der ökologischen Parteien in Deutschland und in Frankreich.[61]

25 Die Grundentscheidung des französischen Gesetzgebers für das Mehrheitswahlrecht im Rahmen der V. Republik – einzige Ausnahme ist die Wahl von 1986[62] – beruht auf einer bewussten Abkehr vom Verhältniswahlrecht, wie es in der IV. Republik eingeführt wurde und heute als ein Katalysator für deren politische Instabilität gilt. Freilich ist das Wahlrecht nur einer von mehreren Faktoren, die auf die Stabilität des parlamentarischen Systems wirken. So hatte auch das Mehrheitswahlrecht

---

[60] Anders dementsprechend das Abschneiden bei den Europawahlen.

[61] Auch die ökologische Partei ist in der Assemblée nationale trotz der Bündnisse mit dem Parti socialiste nach wie vor erheblich unterrepräsentiert.

[62] Mit der Einführung des Verhältniswahlrechts wollte Staatspräsident *François Mitterrand* die sich abzeichnende umfassende Niederlage der Sozialisten bei den Parlamentswahlen abmildern und das konservative Lager spalten.

unter der III. Republik nicht zu stabilen Parlamentsmehrheiten beitragen können.[63] Gleichwohl kann das Mehrheitswahlrecht heute als eine feste Größe des politischen Systems der V. Republik gelten. Zwar werden immer wieder Forderungen nach einer Reform des Wahlsystems erhoben. Die Reformvorschläge konzentrieren sich dann aber in aller Regel auf eine Anreicherung des Systems mit Elementen der Verhältniswahl und stellen die Grundentscheidung für das Mehrheitswahlrecht nicht in Frage.[64]

Ähnlich wie das GG beschränkt sich die französische Verfassung auf die Festschreibung der tragenden Wahlgrundsätze. Die Grundsätze der allgemeinen, gleichen und geheimen Wahl sind bereits in Art. 3 Abs. 3 CF in allgemeiner Weise niedergelegt, während der Grundsatz der Unmittelbarkeit für die Wahlen zur Nationalversammlung speziell in Art. 24 Abs. 3 CF aufgestellt wird – im Gegensatz zur Mittelbarkeit der Senatswahlen nach Art. 24 Abs. 4 CF.[65] Ähnlich wie in Deutschland spielt auch in Frankreich der Grundsatz der Wahlgleichheit eine wichtige Rolle in der Rechtsprechung. Die spezifischen Problemlagen, mit denen sich das BVerfG wegen der Grundentscheidung des deutschen Gesetzgebers für die personalisierte Verhältniswahl konfrontiert sieht, stellen sich im französischen Wahlrecht gerade nicht. Als verfassungsrechtliches Problem des französischen Mehrheitswahlrechts verbleibt aber die Frage des Wahlkreiszuschnitts (*découpage électoral*) und die damit verbundenen Gefahren der Wahlkreisschiebung (sog. *Gerrymandering*) und sich entwickelnder demographischer Ungleichgewichte.[66] So waren die Wahlkreise bei den Wahlen im Jahr 2007 seit mehr als zwanzig Jahren nicht mehr an die demographische Entwicklung angepasst worden, weshalb der Verfassungsrat eine Neujustierung anmahnte.[67] Die sodann eingeleitete Reform erklärte der Verfassungsrat in seiner Leitentscheidung aus dem Jahr 2010 für verfassungsmäßig. Materiellrechtlich stellt der Verfassungsrat in seiner Rechtsprechung heraus, dass die Wahl zur Nationalversammlung im Wesentlichen demographischen Gegebenheiten folgen muss („bases essentiellement démographiques") und dass der Grundsatz der Wahlgleichheit durch Sitzverteilung sowie Wahlkreiszuschnitt bestmöglichst zu wahren ist („respectant au mieux l'égalité devant le suffrage").[68] Allerdings nimmt der Verfassungsrat insoweit seine Kontrolldichte zurück und gesteht dem Gesetzgeber die Befugnis zu Ausnahmeregelungen zu. So darf der Gesetzgeber bei der Wahlkreisfestlegung etwa Rücksicht auf historisch gewachsene Gebietszusammenhänge nehmen.[69] Eine Besonderheit im Zusammenhang mit der Festlegung der Wahlkreise

26

---

[63] Vgl. zum Ganzen → *Gaillet* § 2 Rn. 31, 49 f.
[64] Exemplarisch hierfür *Vedel*, Rapport sur le problème de la réforme du mode de scrutin pour l'élection des députés, Paris 1993. Staatspräsident Hollande kündigte bei seinem Amtsantritt im Jahr 2012 an, er werde sich für eine „dose de prorportionnalité" einsetzen.
[65] Näher dazu unter → Rn. 60 ff.
[66] Eingehend zum Problem *Hamon/Troper*, Droit constitutionnel, 33. Aufl. 2012, Rn. 536.
[67] C.C. 29.5.2008, 2008-24 ELEC – élections législatives 2007.
[68] C.C., 18.2.2010, 2010-602 DC, Cons. 13 – Découpage électoral. Vgl. zuvor bereits C.C., 18.11.1986, 86-218 DC, Cons. 7 – Délimitation des circonscriptions législatives.
[69] C.C., 18.2.2010, 2010-602 DC, Cons. 13 ff. und 19 ff. – Découpage électoral.

ergibt sich in Frankreich aus Art. 25 Abs. 3 CF. Danach bedarf es für Textentwürfe und Gesetzesvorschläge, welche die Grenzen der Wahlkreise für die Wahl der Abgeordneten festlegen oder die Verteilung der Abgeordneten- oder Senatorensitze ändern, der öffentlichen Stellungnahme einer unabhängigen Kommission.

27   Ähnlich wie der Conseil constitutionnel fordert auch das BVerfG mit Blick auf den Zuschnitt der Wahlkreise im Wesentlichen nur, dass die Wahlkreise annähernd gleich groß sein müssen, wobei für das BVerfG hier insbesondere die Zahl der Wahlberechtigten entscheidend ist.[70] Zur Begründung der verfassungsrechtlichen Vorgabe einer zeitgerechten Anpassung der Wahlkreise an demographische Verschiebungen hat das BVerfG sogar ausdrücklich auf die Rechtslage in Frankreich Bezug genommen.[71]

cc) Rolle der Parteien

28   Sowohl in Frankreich als auch in Deutschland kommt den politischen Parteien ein zentraler Einfluss auf die Wahlentscheidung bzw. die politische Willensbildung zu, was sowohl in der französischen Verfassung (Art. 4 Abs. 1 S. 1 CF) als auch im deutschen GG (Art. 21 GG) explizit zum Ausdruck gebracht wird.[72] Die Parteien stehen gewissermaßen „quer" zum innerstaatlichen Institutionengefüge und stellen einen durch das Prinzip der horizontalen Gewaltenteilung nicht hinreichend zu erfassenden Machtfaktor dar. Unterschiede zwischen Deutschland und Frankreich ergeben sich zunächst mit Blick auf die unterschiedliche Bedeutung der Parteien bei den Wahlen. Während in Deutschland das (wenn auch personalisierte) Verhältniswahlrecht bereits systemisch in besonderem Maße auf die politische Willensbildung durch politische Parteien setzt und in Verbindung mit der 5%-Sperrklausel für einen bislang überschaubaren Kreis an Parteien im Parlament bzw. in der Regie-

---

[70] BVerfGE 130, 212 (229 ff.) – Minderjährigenanteile in Wahlkreisen.
[71] BVerfGE 95, 335 (364) – Überhangmandate I: „Was die gleiche Größe der Wahlkreise betrifft, so bieten die Verfassungsordnungen anderer Staaten Anhaltspunkte; sie sind freilich für das deutsche Verfassungsrecht eigens zu gewichten. Aus dem vom Gericht eingeholten Gutachten des Max-Planck-Instituts für ausländisches öffentliches Recht und Völkerrecht geht hervor, daß auch in einer Reihe anderer demokratischer Staaten die Gleichheit der Repräsentation des Staatsvolks oder der Wahlberechtigten in den Wahlbezirken ein verfassungsrechtliches Anliegen ist. Aus ihm leiten sich Pflichten ab, zeitgerecht die Untergliederung des Staatsgebietes in Wahlkreise oder die Zahl der dort zu wählenden Abgeordneten an demographische Verschiebungen anzupassen. (…) In Frankreich sind innerhalb eines Departements Abweichungen von dem Postulat gleichgroßer Wahlkreise nur bis zu 20 v. H. gestattet."
[72] → *Vilain* § 3 Rn. 65 ff. Für einen Überblick für das deutsche Verfassungsrecht vgl. *Kunig*, Parteien, in: Isensee/Kirchhof (Hrsg.), Handbuch des Staatsrechts III, 3. Aufl. 2005, § 40, Rn. 14 ff. Für eine kritisch-reflexive Analyse vgl. früh *Leibholz*, Strukturprobleme der modernen Demokratie, 1959 sowie *Stolleis*, Parteienstaatlichkeit – Krisensymptome des demokratischen Verfassungsstaates?, in: VVDStRL 44 (1985), S. 7 ff. und *von Arnim*, Vom schönen Schein der Demokratie, 2000. Für Frankreich vgl. *Fromont*, Le statut des partis politiques en France et en Allemagne, in: Festschrift für Dimitris Th. Tsatsos, 2003, S. 152 ff; *Kempf*, Das politische Systems Frankreichs, 2007, S. 169 ff.; Alemann et al. (Hrsg.), Politische Parteien in Frankreich und Deutschland, 2015 (i. E.).

§ 4 Parlament – Präsident – Regierung

rungsverantwortung sorgt,[73] erscheinen die Parteistrukturen in Frankreich auf den ersten Blick deutlich volatiler.[74] Dies gründet in Teilen auf dem unterschiedlichen rechtlichen Status – einfacher Verein (Loi de 1904) hier, politische Partei nach dem Parteiengesetz dort. So besteht der sozialdemokratische PS (Parti socialiste) unter diesem Namen erst seit dem Jahr 1969,[75] die konservativ-bürgerliche UMP (Union pour un mouvement populaire) sogar erst seit dem Jahr 2002.[76] Darüber hinaus sind in der Nationalversammlung eine beachtliche Zahl an Klein- und Kleinstparteien vertreten.[77] Gleichwohl haben sich, bei Abstand besehen, letztlich zwei große Blöcke links und rechts der Mitte herausgebildet, die bislang das politische Spiel in Parlament und Regierung sowie vor allem auf Ebene des Staatspräsidenten beherrschen.[78] Darüber hinaus entsteht der Eindruck, dass die Parteien in Frankreich weniger in der Bevölkerung verankert und stärker auf die Präsidentschaftswahlen fokussiert sind. Auch führt das französische Mehrheitswahlrecht, wie bereits erwähnt, zu einer stärkeren Bindung des Abgeordneten an seine lokale Wählerschaft. Insgesamt ist das System daher stärker von der Orientierung an der einzelnen politischen Persönlichkeit geprägt.

c) Funktionen und Aufgaben

Die vornehmste und grundlegendste Funktion von Assemblée nationale und Bundestag ist die *Gesetzgebung* (vgl. Art. 24 Abs. 1 S. 1 CF, Art. 77 Abs. 1 S. 1 GG). Anders als dem Bundestag wurden der Nationalversammlung als Folge des *parlementarisme rationalisé* verfassungsrechtliche Schranken gleich in mehrfacher Hinsicht gezogen. So verlor das französische Parlament unter der V. Republik durch die Einführung der Volksgesetzgebung (Art. 11 CF) das Deliberations- und Entscheidungsmonopol über Gesetze. Vor allem aber wurde mit Art. 34 CF der Sachbereich, der durch die Handlungsform des Gesetzes überhaupt geregelt werden darf, begrenzt und damit die gubernative Rechtssetzung[79] gestärkt. Auch die der Regierung zuerkannten Vorrechte im Gesetzgebungsverfahren wirken sich letztlich limitierend auf die parlamentarische Autonomie aus.[80] Zwar bleibt die Gesetzgebung auch unter der V. Republik die zentrale Funktion der Nationalversammlung. Es han-

29

---

[73] Im Bundestag waren bis dato nie mehr als fünf Parteien bzw. Parteifamilien gleichzeitig vertreten. Im 18. Bundestag sind es mit CDU/CSU (311 Sitze), SPD (193 Sitze), Die Linke (64 Sitze) und Bündnis90/DieGrünen (63 Sitze) insgesamt vier.
[74] S. aber den Parti communiste francais seit 1920.
[75] Zuvor Section française de l'Internationale ouvrière (SFIO). Als politisch geeinte Kraft kann der PS erst ab 1971 gelten (Congrès d'Epernay).
[76] Vorgängerformationen als gaullistische Parteien u. a. die UD-Ve, UDR, RPR.
[77] Vgl. die Übersicht unter http://www.assemblee-nationale.fr/qui/Rattachement_partis_2014.pdf.
[78] Allerdings steht zu fürchten, dass der zunehmende Zuspruch für den rechtsextremen Front national dieses Gleichgewicht künftig durcheinanderbringen könnte.
[79] Grundlegend zum Konzept *v. Bogdandy*, Gubernative Rechtssetzung, 2000, S. 107 ff.
[80] Eingehend zum Ganzen → *Marsch* § 5 Rn. 9 ff., 29 ff.

delt sich aber mit den treffenden Worten *Favoreus* um eine „*fonction législative en principe limitée*",[81] eine im Grundsatz beschränkte Legislativfunktion. Dies steht in deutlichem Kontrast zur (im Rahmen der dem Bund zustehenden Kompetenzen) sachbereichlich nahezu unbeschränkten Rechtsetzungskompetenz des Bundestages und der Wesentlichkeitslehre im grundrechtssensiblen Bereich. Auch in anderen Feldern, etwa dem Einsatz der Bundeswehr bei Auslandseinsätzen oder der Zustimmung zu bestimmten Vertragsentwicklungen auf EU-Ebene, nimmt das BVerfG den Bundestag verstärkt in die parlamentarische Pflicht.[82]

30 Eine weitere grundlegende Funktion beider Parlamente ist die *Kontrolle der Exekutive*. In der französischen Verfassung ist diese Kontrollfunktion auch ausdrücklich in Art. 24 Abs. 1 S. 2 CF aufgeführt. Verfassungsrechtlich konkretisiert ist sie vor allem im Zitier- und Interpellationsrecht, der Einsetzung von Untersuchungsausschüssen sowie dem Misstrauensvotum.[83] Aber bereits auf den ersten Blick zeichnet sich auch hier die Grundentscheidung für den *parlementarisme rationalisé* ab, sind die Voraussetzungen für Misstrauensvotum und Vertrauensfrage in Art. 49 CF doch im Gegensatz zu III. und IV. Republik eng umrissen. Darum wird zuweilen von einer „*fonction de contrôle encadrée*", einer eingehegten Kontrollfunktion, gesprochen.[84] Für die Ausübung der parlamentarischen Kontrollfunktion ist von großer Bedeutung, dass in beiden Ländern in den vergangenen Jahrzehnten weitgehend stabile Mehrheiten bestanden – nicht zuletzt infolge des Wahlrechts. In diesem Mehrheitsparlamentarismus aber kommt die Aufgabe, die Regierung zu kontrollieren, in besonderem Maße der Opposition zu, da Regierung und Parlamentsmehrheit politisch in einem Lager stehen. Im semipräsidentiellen System Frankreichs richtet sich die Kontrollfunktion aber eben nicht allein auf die Regierung, sondern auch – obgleich primär politisch und praktisch kaum verrechtlicht – auf den Staatspräsidenten.[85]

31 In Frankreich weist Art. 24 Abs. 1 S. 3 CF dem Parlament zudem die Funktion zu, die öffentliche Politik zu evaluieren (*Evaluierungsfunktion*). Hierbei geht es im Kern um eine Art Qualitätsmanagement, d. h. eine eingehende Analyse der Aufgaben und Tätigkeitsfelder des Staates mit dem Ziel der Effizienzsteigerung, der Reduzierung öffentlicher Ausgaben und ggf. der Einleitung von Strukturreformen. Die konzeptionelle Nähe der Evaluierungsfunktion zur Kontrollfunktion wird in Art. 51-2 CF deutlich, der zur Erfüllung der Kontroll- und Evaluierungsfunktion die Einrichtung von Untersuchungsausschüssen mit dem Ziel der Informationsgewinnung vorsieht.

32 Eine weitere zentrale Funktion des Parlaments ist die *Kreationsfunktion*, d. h. die Mitwirkung an der Wahl bzw. Besetzung anderer (Verfassungs-)Organe. Wegen der unmittelbaren demokratischen Legitimation des Parlaments kommt ihr eine besondere Bedeutung zu. So wählt der Bundestag den Bundeskanzler bzw. die Bundes-

---

[81] *Favoreu et al.*, Droit constitutionnel, 15. Aufl. 2013, Rn. 1009.
[82] Im Einzelnen → *Wendel* § 8 Rn. 24 u. 71.
[83] Dazu näher unter → Rn. 179 ff.
[84] Treffend abermals *Favoreu et al.*, Droit constitutionnel, 15. Aufl. 2013, Rn. 1010.
[85] Dazu unter → Rn. 188 ff.

kanzlerin (Art. 63 GG). Auch wirken die Bundestagsabgeordneten in unterschiedlicher Weise u. a. bei der Wahl des Bundespräsidenten (Art. 54 Abs. 1 und 3 GG) sowie bei der Besetzung des Bundesverfassungsgerichts[86] und der obersten Bundesrichter mit. Demgegenüber werden der französische Premierminister und die französische Regierung gemäß Art. 8 CF durch den seinerseits direkt gewählten Präsidenten ernannt.[87]

Nationalversammlung und Bundestag erhalten durch die unmittelbare Wahl ein besonderes Maß an demokratischer Legitimation und repräsentieren – wenn auch auf Basis unterschiedlicher Wahlsysteme – das Wahlvolk. Durch die Öffentlichkeit der Parlamentsdebatten werden Meinungsbildungsprozesse und die Zuordnung von politischer Verantwortlichkeit sichtbar gemacht. Die Parlamente erfüllen insoweit eine grundlegende *Legitimations-, Repräsentations- und Öffentlichkeitsfunktion*, die für das demokratische Leben im Verfassungsstaat von geradezu essenzieller Bedeutung ist.

33

Schließlich ist eine in der parlamentarischen Praxis zunehmend wichtige Funktion zu betonen, die mittlerweile auch in beiden Verfassungstexten Niederschlag gefunden hat: Die Mitwirkung in Angelegenheiten der Europäischen Union (*Europafunktion*). Hierbei geht es zum einen um die parlamentarische Fundierung der Übertragung von Hoheitsrechten, namentlich der parlamentarischen Zustimmung zu Vertragsrevisionen und zum anderen um eine kontinuierliche Begleitung der auf EU-Ebene stattfindenden Rechtsetzungstätigkeit.[88]

34

d) Rechtsstellung der Abgeordneten

Die Rechtsstellung der Abgeordneten ist sowohl in Frankreich als auch in Deutschland vom verfassungsrechtlichen Leitbild des *freien Mandates* geprägt. So statuiert die französische Verfassung in Art. 27 Abs. 1 ausdrücklich, dass jedes imperative Mandat, also eine (rechtliche) Bindung des Abgeordneten an den Wählerwillen oder Parteianweisungen, nichtig ist. Dies gilt sowohl für die Abgeordneten der Nationalversammlung als auch – im Unterschied zum Bundesrat – für die Senatoren. Das Grundgesetz sieht in Art. 38 Abs. 1 S. 2 in vergleichbarer Weise vor, dass die Abgeordneten des Bundestages Vertreter des ganzen Volkes, an Aufträge und Weisungen nicht gebunden und nur ihrem Gewissen unterworfen sind. Dass ein Spannungsverhältnis aus „der Doppelstellung des Abgeordneten als Vertreters des gesamten Volkes und zugleich als Exponenten einer konkreten Parteiorganisation" resultiert, hat das BVerfG früh gesehen.[89] Denn „auf der einen Seite erscheinen die Parteien als hauptsächliche Träger der politischen Willensbildung des Volkes, auf der anderen Seite soll aber der Abgeordnete, der doch in aller Regel über eine Partei sein Mandat erhält, als Vertreter des Gesamtvolkes und nicht als Repräsentant sei-

35

---

[86] Zum Richterwahlverfahren → *Marsch* § 6 Rn. 18 ff.
[87] Dazu nochmals näher unter → Rn. 147 ff.
[88] Näher → *Wendel* § 8 Rn. 69 ff.
[89] BVerfGE 2, 1 (72) – SRP-Verbot.

ner Partei gesehen werden."[90] Der scheinbare Gegensatz zwischen freiem Mandat und Parteibindung lässt sich aber dahingehend auflösen, dass Art. 38 Abs. 1 S. 2 GG einer politischen Bindung nicht entgegensteht, sondern vielmehr allein eine *rechtliche* ausschließen soll.[91] Rechtsfolge ist insbesondere, dass der Abgeordnete sein Mandat auch nach einem Parteiaustritt oder Parteiausschluss behält. Blankoverzichtserklärungen oder Abmachungen über die Ausübung des Mandats sind nichtig.[92] Auch darf die Fraktion nicht unbegrenzt auf den Abgeordneten einwirken. Die Grenze von der *zulässigen Fraktionsdisziplin* hin zum *unzulässigen Fraktionszwang* ist dann als überschritten anzusehen, wenn eine Fraktion Maßnahmen trifft oder Sanktionen androht, die unmittelbar bestimmend auf die Entscheidungsfreiheit des Abgeordneten einwirken.[93] Probeabstimmungen, der Rückruf eines Abgeordneten aus einem Ausschuss sowie ggf. ein Fraktionsausschluss sind aber zulässig.[94] Ganz ähnlich wird in Frankreich davon ausgegangen, dass das verfassungsrechtliche Verbot des imperativen Mandats nur die rechtswirksame Bindung des Abgeordneten ausschließen, nicht aber seine politische Verantwortlichkeit in Frage stellen soll.[95] Um das in Art. 27 Abs. 1 CF niedergelegte Verbot flankierend abzusichern, verbieten die Geschäftsordnungen von Nationalversammlung und Senat zudem die Bildung parlamentarischer Gruppen zur Wahrnehmung örtlicher oder beruflicher Privatinteressen, die für ihre Mitglieder die Annahme eines imperativen Mandats zur Folge hätten.[96] Tendenziell zuwider läuft diesem Verbot allerdings die umfängliche parlamentarische Praxis der Bildung sog. „groupes d'études".[97]

36 Aus der verfassungsrechtlichen Stellung der Parlamentsabgeordneten als Vertreter des ganzen Volkes mit freiem Mandat leiten sich zahlreiche grundlegende Statusrechte ab. Das BVerfG zählt zu diesen Kernrechten insbesondere

> das Rederecht (...) und das Stimmrecht, die Beteiligung an der Ausübung des Frage- und Informationsrechts des Parlaments (...), das Recht, sich an den vom Parlament vorzunehmenden Wahlen zu beteiligen und parlamentarische Initiativen zu ergreifen, und schließlich das Recht, sich mit anderen Abgeordneten zu einer Fraktion zusammenzuschließen (...) Indem die Abgeordneten diese Befugnisse ausüben, wirken sie an der Erfüllung der Aufgaben des Bundestages im Bereich der Gesetzgebung, des Budgetrechts, des Kreations-, Informations- und Kontrollrechts und – nicht zuletzt – an der Erörterung anstehender Probleme in öffentlicher Debatte (vgl. Art. 42 Abs. 1 GG) mit und genügen so den Pflichten ihres Amtes (vgl. Art. 48 Abs. 2 S. 1 GG). Alle Mitglieder des Bundestages haben dabei gleiche Rechte und Pflichten.[98]

---

[90] Ebd.
[91] Differenziert darum *Ipsen*, Staatsrecht I – Staatsorganisationsrecht, 25. Aufl. 2013, Rn. 292 ff.
[92] BVerfGE 2, 1 (74) – SRP-Verbot.
[93] Näher *Pfeil*, Der Abgeordnete und die Fraktion, 2008, S. 169 f.
[94] BVerfGE 80, 188 (233 f.) – Wüppesahl (Fraktionsloser Abgeordneter).
[95] Zum Ganzen *Avril/Gicquel*, Droit parlementaire, 4. Aufl. 2010, S. 31 f.
[96] Art. 23 GO AN; Art. 5 Abs. 6 GO Sénat.
[97] Vgl. *Favoreu et al.*, Droit constitutionnel, 15. Aufl. 2013, Rn. 1033. Zu den groupes d'études s. sogleich unter → Rn. 51.
[98] BVerfGE 80, 188 (218) – Wüppesahl (Fraktionsloser Abgeordneter), Hervorh. hinzugefügt. Dies aufgreifend auch BVerfGE 130, 318 (342) – Neunergremium.

Aus dem verfassungsrechtlich abgesicherten Status der Abgeordneten hat das 37
BVerfG die Schlussfolgerung gezogen, dass der Bundestag zwar über einen weiten
Gestaltungsspielraum hinsichtlich seiner Selbstorganisation und insbesondere der
Ausgestaltung der Rechte von Fraktionen verfügt, dass diese Geschäftsordnungsautonomie aber den durch Art. 38 Abs. 1 S. 2 GG garantierten Kern an Rechten
nicht einschränken darf. Daraus leitet sich u. a. der Anspruch eines fraktionslosen
Abgeordneten auf Redezeit ab.[99] Sowohl in Deutschland als auch in Frankreich
bleibt es aber gleichwohl bei der herausragenden Bedeutung der Fraktionen bzw.
politischen Gruppen im parlamentarischen Alltag.

Mit Blick auf das Stimmrecht gibt es einen Unterschied zwischen französischem 38
und deutschem Verfassungsrecht. Anders als das Grundgesetz kennt die französische Verfassung die Möglichkeit einer Stimmrechtsübertragung. Zwar ist nach dem
Grundsatz des Art. 27 Abs. 2 CF das Stimmrecht der Parlamentsmitglieder grundsätzlich persönlich auszuüben. Jedoch lässt die Verfassung nach Art. 27 Abs. 3 CF
ausnahmsweise eine Übertragung des Stimmrechts zu, wobei kein Parlamentarier
mehr als eine Stimme übertragen darf.[100] Dessen ungeachtet hatte sich in der Vergangenheit die Praxis herausgebildet, dass gleich eine ganze Gruppe von Abgeordneten einen Parteifreund mit der Abstimmung betraut und ihm hierzu die persönlichen Registrierungsschlüssel für das elektronische Abstimmungssystem der Nationalversammlung für den *scrutin publique ordinaire* aushändigt. Folge war, dass
nach der elektronischen Aufzeichnung zahlreiche Abgeordnete einer Fraktion abgestimmt hatten, während letztlich nur wenige oder gar nur einer von ihnen tatsächlich
anwesend war. Um diesem Vorgehen Einhalt zu gebieten – es erfordert, dass der betreffende Abgeordnete die Abstimmung für sich und seine Kollegen nacheinander
mithilfe des jeweiligen Schlüssels durchführt – beauftragte der ehemalige Präsident
der Nationalversammlung *Philippe Séguin* den informatischen Dienst im Jahr 1993
damit, das Zeitfenster für die Registrierung der Abstimmung zu verengen, was die
faktische Möglichkeit, jedenfalls aber den Umfang der Fremdabstimmung erheblich reduzierte.[101]

Zum Schutz des verfassungsrechtlichen Abgeordnetenstatus gewähren sowohl 39
die französische Verfassung als auch das deutsche Grundgesetz den Abgeordneten
Indemnität und Immunität. Die beiden einschlägigen Vorschriften – Art. 26 CF und
Art. 46 GG – stimmen in Struktur und Inhalt weitgehend überein. Ihr jeweiliger
Absatz 1 regelt den Grundsatz der *Indemnität*, demzufolge die Abgeordneten (zu
keiner Zeit) wegen Äußerungen oder Abstimmungsverhalten im Zusammenhang
mit ihrer parlamentarischen Tätigkeiten belangt werden dürfen – sei es straf- oder

---

[99] S. bereits BVerfGE 10, 4 (12) – Redezeit.
[100] Dazu näher im Kontext des Gesetzgebungsverfahrens → *Marsch* § 5 Rn. 49. Diese Übertra-
gungsmöglichkeit findet durchaus eine Parallele im Wahlakt der Wahlberechtigten, der bei vote
par procuration durch einen Beauftragten vorgenommen wird. Eine solche Vertretungsmöglichkeit
wäre in Deutschland nicht mit Art. 38 Abs. 1 S. 1 GG vereinbar. Ebenfalls verfassungsrechtlich
problematisch wäre es in Deutschland, wie neuerdings in Frankreich möglich, sich per Internet an
der Wahl zur Assemblée nationale zu beteiligen. Es scheint fast so, als hätte man in Frankreich
insgesamt weniger Zurückhaltung, den Wahlakt vom Wählenden abzulösen.
[101] Dazu *Hamon/Troper*, Droit constitutionnel, 33. Aufl. 2012, Rn. 651.

zivilrechtlich. Während dieser Grundsatz nach der französischen Verfassung vorbehaltslos gilt, nimmt das Grundgesetz verleumderische Beleidigungen vom Schutzbereich aus. Terminologisch ist anzumerken, dass das französische Verfassungsrecht nicht von indemnité, sondern von *irresponsabilité* spricht. Der Begriff der indemnité steht indes für die Vergütung der Abgeordneten, also ihre finanzielle Schadloshaltung.[102] Die Folgeabsätze beider Vorschriften normieren zudem die parlamentarische *Immunität*, d. h. den lebensbereichlich umfassenden, aber nur während der Zeit des Mandats geltenden Schutz der Parlamentarier vor Strafverfolgung und Freiheitsentziehung. Beide Verfassungen machen Strafverfolgung und Freiheitsentziehung grundsätzlich von der Zustimmung des Parlaments bzw. der Parlamentskammer (Nationalversammlung und Senat) abhängig.[103]

40 In Deutschland und Frankreich bestehen darüber hinaus weitgehende (gesetzlich konkretisierte) Regelungen über die *Inkompatibilität,* d. h. die Unvereinbarkeit bestimmter Tätigkeiten mit dem parlamentarischen Mandat. Beide Verfassungsordnungen sehen dem Grundsatz nach die Trennung von Amt und Mandat vor, durch welche die Gewaltenteilung zwischen Legislative und Exekutive, aber auch zwischen Legislative und Judikative personell sichergestellt werden soll. So ist in beiden Ländern z. B. der Status des Abgeordneten mit dem des Beamten unvereinbar.[104] Im Unterschied zu Frankreich sind in Deutschland allerdings weder das Amt des Bundeskanzlers noch das der Bundesminister mit dem parlamentarischen Mandat unvereinbar. Diese personelle Gewaltenverschränkung in Deutschland ist letztlich Ausdruck des Mehrheitsparlamentarismus, in dem sich weniger Parlament und Regierung gegenüberstehen als vielmehr die parlamentarische Opposition auf der einen und die Parlamentsmehrheit nebst Regierung auf der anderen Seite. In Frankreich hingegen müssen Parlamentarier ihr Abgeordnetenmandat niederlegen, wenn sie zum Minister berufen werden.[105] Seit der Verfassungsreform des Jahres 2008 werden sie im Parlament von sog. „Suppléants" ersetzt und erhalten im Falle der Entlassung ihr Mandat automatisch zurück.[106] Weitergehend sind die französischen Regelungen überdies mit Blick auf die Inkompatibilität bestimmter privat-

---

[102] Vgl. *Favoreu et al.,* Droit constitutionnel, 15. Aufl. 2013, Rn. 1039 (irresponsabilité) und Rn. 1042 (indemnité).

[103] Dieser Genehmigung bedarf es nach Art. 26 Abs. 2 S. 2 CF nicht bei einem bei Begehung festgestellten Verbrechen oder Vergehen oder bei einer rechtskräftigen Verurteilung (näher *Hamon/Troper*, Droit constitutionnel, 33. Aufl. 2012, Rn. 636). Art. 46 Abs. 2 GG sieht insoweit eine Ausnahme vor, wenn der Betroffene bei Begehung der Tat oder im Laufe des folgenden Tages festgenommen wird (näher *Ipsen*, Staatsrecht I – Staatsorganisationsrecht, 25. Aufl. 2013, Rn. 301 ff.). Soweit aber eine Entscheidung notwendig ist, wird diese in Deutschland von einem Ausschuss vorbereitet.

[104] In Deutschland §§ 5 und 8 des Abgeordnetengesetzes (AbgG); in Frankreich Art. LO 142 des Code électoral. Für weitere Einzelheiten vgl. *Ipsen*, Staatsrecht I – Staatsorganisationsrecht, 25. Aufl. 2013, Rn. 761 ff. und *Hamon/Troper*, Droit constitutionnel, 33. Aufl. 2012, Rn. 630 ff.

[105] Die dem ursprünglich zugrunde liegende Idee *de Gaulles* war, dass die Minister eine größere Regierungssolidarität an den Tag legen, wenn sie ihr Abgeordnetenmandat verlieren und bei einem Sturz der Regierung nicht automatisch als Abgeordnete weitermachen können.

[106] Zuvor konnten Minister nur dann in das Parlament zurückkehren, wenn sie ihren Ersatzmann bzw. ihre Ersatzfrau zum Rücktritt bewegen und die darauf folgende Nachwahl gewinnen konnten.

§ 4 Parlament – Präsident – Regierung   143

wirtschaftlicher Tätigkeiten.[107] In Deutschland bestehen insoweit nur Transparenzpflichten mit Blick auf Nebentätigkeiten.[108] In Frankreich wurden die Regelungen über die Mandatshäufung (*cumul des mandats*)[109] im Jahr 2014 reformiert und verbieten künftig, dass die Parlamentarier gleichzeitig bestimmte Wahlämter auf lokaler Ebene wahrnehmen.[110] Der Verfassungsrat hat diese Reform überwiegend für verfassungskonform erklärt.[111]

e) Arbeitsweise

Hinsichtlich der parlamentarischen Arbeitsweise zeichnen sich infolge der unterschiedlichen Grundmodelle in Frankreich und Deutschland zuweilen signifikante Unterschiede ab.   41

aa) Grad parlamentarischer Eigenständigkeit

Ein grundlegender Unterschied zwischen Bundestag und Nationalversammlung   42
betrifft, wie bereits eingangs erwähnt, den Grad parlamentarischer Eigenständigkeit. Während der Bundestag nach dem Text des Grundgesetzes und der Rechtsprechung des BVerfG über eine weitreichende Geschäftsordnungsautonomie verfügt,[112] schränkt der *parlementarisme rationalisé* der V. Republik das Selbstorganisationsrecht des französischen Parlaments durch die Konstitutionalisierung zahlreicher Regelungen über die Arbeitsweise und Binnenorganisation in erheblichem

---

[107] Vgl. im Einzelnen Art. LO 146 des Code électoral.
[108] § 44b AbgG.
[109] Der Begriff der Mandatshäufung ist insoweit angemessener als der im Deutschen geläufigere Begriff der Ämterhäufung, weil es um die Kumulation mehrerer (Wahl-)Mandate geht.
[110] Loi organique Nr. 2014-125 v. 14.2.2014. Weiterhin erlaubt ist es Abgeordneten und Senatoren aber, die Mandate von Gemeinde-, Departement- und Regionalräten auszuüben.
[111] C.C., 13.2.2014, 2014-689– Loi organique interdisant le cumul de fonctions exécutives locales avec le mandat de député ou de sénateur.
[112] Vgl. dazu nur BVerfGE 80, 188 (218) – Wüppesahl (Fraktionsloser Abgeordneter): „Die Geschäftsordnung dient der Erfüllung der Aufgaben des Bundestages. Sie zu erlassen und zu gestalten, kommt dem Bundestag selbst als eine ihm von der Verfassung verliehene autonome Befugnis zu (Art. 40 Abs. 1 Satz 2 GG). Das Recht des Parlaments, seine Angelegenheiten zu regeln, erstreckt sich traditionell auf die Bereiche ‚Geschäftsgang' und ‚Disziplin' (…). Dazu gehört auch die Befugnis, sich selbst zu organisieren und sich dadurch zur Erfüllung seiner Aufgaben in den Stand zu setzen. So entscheidet der Bundestag in der Geschäftsordnung beispielsweise über den Ablauf des Gesetzgebungsverfahrens, soweit es nicht in der Verfassung selbst geregelt ist (…), und im Zusammenhang damit über Funktion, Zusammensetzung und Arbeitsweise der Ausschüsse, über die Wahrnehmung von Initiativ-, Informations- und Kontrollrechten, über Bildung und Rechte von Fraktionen und die Ausübung des parlamentarischen Rederechts. Hierbei werden die den einzelnen Abgeordneten aus ihrem verfassungsrechtlichen Status zufließenden Rechte durch die Geschäftsordnung nicht erst begründet, sie regelt vielmehr nur die Art und Weise ihrer Ausübung."

Maße ein.[113] Fragen, über die das Parlament der III. und IV. Republik autonom in seiner Geschäftsordnung entscheiden konnte, werden nunmehr unmittelbar durch die Verfassung geregelt. Dies gilt insbesondere für die Festlegung der Sitzungsperioden (Art. 28 bis 30 CF), die Vorgaben für die Tagesordnung (Art. 48 CF), die Begrenzung der Anzahl ständiger Ausschüsse (Art. 43 Abs. 2 CF), die Vorgaben für den Ablauf der Beratungen über Gesetzgebungsvorschläge (Art. 42 und 44 CF) sowie die Dauer der Präsidentschaft beider Parlamentskammern (Art. 32 CF).[114] Zur Vermeidung etwaiger Umgehungsversuche sieht die Verfassung zudem eine obligatorische Überprüfung der parlamentarischen Geschäftsordnungen durch den Verfassungsrat vor (Art. 61 Abs. 1 CF).[115] In all diesen Vorschriften kommt die *ratio* der Einhegung des Parlaments zum Ausdruck.

43 Ein besonders auffälliger Unterschied zwischen Bundestag und Nationalversammlung betrifft die Frage der Sitzungsperioden. Während der Sitzungskalender des Bundestages als Kernelement parlamentarischer Autonomie vom Bundestag selbst – konkret dem Ältestenrat – festgelegt wird, stellt die französische Verfassung präzise Vorgaben für die Sitzungsperiode von Nationalversammlung und Senat auf. Ursprünglich sah die französische Verfassung der V. Republik zwei ordentliche Sitzungsperioden vor. Sie waren bewusst so kurz gehalten, dass für die Bewältigung der parlamentarischen Kernaufgaben, insbesondere die Kontrolle der Regierung, nicht genügend Zeit zur Verfügung stand.[116] Die zur Bewältigung der Aufgaben notwendige Einberufung einer außerordentlichen Sitzungsperiode verlangte aber stets die Intervention des Staatspräsidenten (Art. 30 CF), was das Parlament in eine Position der Abhängigkeit manövrierte.[117] Die Verfassungsreform des Jahres 1995 dämmte diese Problematik durch die Erhöhung des zur Verfügung stehenden Zeitintervalls ein. Seither sieht die Verfassung eine von Oktober bis Juni dauernde ordentliche Sitzungsperiode vor.[118] Innerhalb dieses Zeitraums darf gemäß Art. 28 Abs. 2 CF zwar die Zahl von 120 Sitzungs*tagen* nicht überschritten werden. Allerdings kann die Abhaltung zusätzlicher Sitzungstage gemäß Art. 28 Abs. 3 CF vom Premierminister nach Beratung mit dem Präsidenten der betreffenden Kammer oder – und für die parlamentarische Selbstorganisation entscheidend – von der Mehrheit der Mitglieder jeder Kammer beschlossen werden. Auch wenn die verfassungsrechtliche Einhegung dem Grundsatz nach bestehen bleibt, verfügen die Kammern somit von Oktober bis Juni über einen gegenüber der Ausgangslage im Jahr 1958 zumindest gesteigerten Grad an Eigenständigkeit in Bezug auf den Sitzungskalender.

44 Ein zweiter bedeutender Unterschied besteht hinsichtlich des Einflusses der Regierung auf die parlamentarische Tagesordnung. Während das GG dem Bundestag

---

[113] *Jouanjan*, Grundlagen und Grundzüge staatlichen Verfassungsrechts, in: v. Bogdandy et al. (Hrsg.), Ius Publicum Europaeum I, 2007, § 2 Frankreich, Rn. 68.

[114] Vgl. ebd.

[115] *Gicquel/Gicquel*, Droit constitutionnel et institutions politiques, 26. Aufl. 2012, Rn. 1419.

[116] Nach Art. 28 CF a. F. insgesamt 170 Tage.

[117] Näher *Hamon/Troper*, Droit constitutionnel, 33. Aufl. 2012, Rn. 638.

[118] Art. 28 Abs. 1 CF n. F.: Nunmehr ca. 270 Tage.

§ 4 Parlament – Präsident – Regierung

außer allgemeinen verfassungsrechtlichen Anforderungen – wie insbesondere der Wahrung der Abgeordnetenrechte – keinerlei spezifische Vorgaben für das Regime der Tagesordnung auferlegt,[119] trifft die französische Verfassung hier detaillierte Regelungen. Ganz im Geiste des *parlementarisme rationalisé* sollen sie der Regierung einen prägenden Einfluss auf die Tagesordnung des Parlaments sichern. Die ursprüngliche Fassung des Verfassungstextes von 1958 ging sogar soweit, der Regierung eine umfassende Prärogative hinsichtlich der Festlegung der parlamentarischen Tagesordnung zuzubilligen.[120] Zusammen mit den vormals kurzen ordentlichen Sitzungsperioden führten diese Regelungen zu einer erheblichen Einschränkung der parlamentarischen Autonomie. Nach einer vorsichtigen Lockerung im Jahr 1995 erfolgte mit der Verfassungsreform des Jahres 2008 indes eine beachtliche Richtungsänderung.[121] Seither sind „nur" noch zwei von vier Sitzungswochen vorrangig dem von der Regierung vorgegebenen Tagesordnungsprogramm vorbehalten (Art. 48 Abs. 2 CF). Eine von vier Sitzungswochen ist demgegenüber vorrangig der Kontrolle der Arbeit der Regierung und der Evaluierung der öffentlichen Politik zu widmen (Art. 48 Abs. 4 CF). Ein Sitzungs*tag* pro Monat ist zudem einer Tagesordnung vorbehalten, die von jeder Kammer auf Initiative der Oppositions- und Minderheitsfraktionen hin festgelegt wird (Art. 48 Abs. 5 CF). Zudem ist mindestens eine Sitzung pro Woche vorrangig den Fragen von Mitgliedern des Parlaments und den Antworten der Regierung vorbehalten (Art. 48 Abs. 6 CF). Gleichwohl bleibt der verfassungsrechtlich normierte Einfluss der Regierung auf die Tagesordnung ein zentrales Instrument zur gubernativen Einhegung des Parlaments. Dies zeigt sich auch daran, dass die Regierung bestimmte, substanziell bedeutende Gesetzesvorlagen unabhängig von der zeitlichen Vorgabe als vorrangig auf die Tagesordnung setzen darf, wie z. B. Entwürfe von Haushaltsgesetzen oder von Gesetzen zur Finanzierung der Sozialversicherung (vgl. Art. 48 Abs. 3 CF). Auf informeller Ebene sind freilich auch in Deutschland die gubenativen Einwirkungen auf das Parlament vorhanden. Sie reichen von den Gesetzesentwürfen, die in aller Regel eben nicht im Parlament, sondern in den Ministerialbürokratie entstehen, bis hin zu dem Umstand, dass die Fraktionsvorsitzenden der Regierungsparteien an den Kabinettssitzungen der Bundesregierung teilnehmen können und von da aus die Regierungsfraktionen im Sinne der Regierungspolitik einhegen.

---

[119] Nach § 20 Abs. 1 GOBT werden Termin und Tagesordnung jeder Sitzung des Bundestages im Ältestenrat vereinbart, es sei denn, dass der Bundestag vorher darüber beschließt oder der Präsident sie unter bestimmten Voraussetzungen selbständig festsetzt. Nach § 20 Abs. 2 S. 2 GOBT kann jedes Mitglied des Bundestages nach Eröffnung jeder Plenarsitzung vor Eintritt in die jeweilige Tagesordnung eine Änderung der Tagesordnung beantragen, wenn es diesen Antrag bis spätestens 18 Uhr des Vortages dem Präsidenten vorgelegt hat.

[120] Art. 48 Abs. 1 CF lautete in seiner ursprünglichen Fassung: „Die Tagesordnung der Kammern enthält vorrangig die Beratungen über die von der Regierung eingebrachten Gesetzesentwürfe und die von ihr akzeptierten Gesetzesvorschläge in der von der Regierung bestimmten Reihenfolge."

[121] Näher *J.-E. Gicquel*, Les effets de la réforme constitutionnelle de 2008 sur le processus législatif, Jus Politicum 6 (2011), S. 1 (3 f.). Vgl. zum Gesetzgebungsverfahren auch → *Marsch* § 5 Rn. 42.

45 Festzuhalten bleibt damit, dass die Reformen der französischen Verfassung in jüngerer Zeit zwar in der Gesamtperspektive eine verfassungsrechtliche Stärkung des französischen Parlaments eingeleitet haben, dass es aber auch nach dem heute geltenden Recht bei beachtlichen Unterschieden zwischen Bundestag und Nationalversammlung *in puncto* parlamentarischer Eigenständigkeit bleibt.

bb) Plenum, Fraktionen, Gruppen, Ausschüsse, Sondergremien

46 Die Arbeitsweise der Parlamente Deutschlands und Frankreichs ist maßgeblich durch die parlamentarische Binnenstrukturierung in Fraktionen, Gruppen, Ausschüsse und Sondergremien geprägt.

47 Gerade in Deutschland wurde allerdings vom BVerfG die bedeutende Rolle des *Plenums* wiederholt herausgestellt. So werde die Repräsentation des Volkes „nicht von einzelnen oder einer Gruppe von Abgeordneten, auch nicht von der parlamentarischen Mehrheit, sondern *vom Parlament als Ganzem*, d. h. in der Gesamtheit seiner Mitglieder als Repräsentanten, bewirkt".[122] Daraus leitet sich das verfassungsrechtliche Erfordernis ab, dass zentrale Fragen zur Absicherung der parlamentarischen Verantwortung im Plenum entschieden werden müssen, insbesondere die Wahrnehmung der Budgethoheit und der damit einhergehenden Budgetöffentlichkeit.[123] Gleichwohl bleibt es auch für den Bundestag in den allermeisten Bereichen parlamentarischer Praxis bei der herausragenden Bedeutung der parlamentarischen Untereinheiten. Zwei Formen von Untergliederungen lassen sich identifizieren: Zum einen eine politische, zum anderen eine thematisch-arbeitsteilige.

48 *Politisch* untergliedern sich die Parlamente Deutschlands und Frankreichs in *Fraktionen* bzw. *politische Gruppen*, also in Zusammenschlüsse von Abgeordneten, die derselben Partei bzw. Parteienfamilie angehören oder die zumindest politisch gleich gesinnt sind. Das BVerfG bezeichnet die Fraktionen darum auch als „politisches Gliederungsprinzip für die Arbeit des Bundestages".[124] Die Fraktionen tragen zur Organisierung und Stabilisierung politischer Mehrheiten bei. Auch schaffen sie die Grundlage für eine arbeitsteilige Spezialisierung der Abgeordneten. Denn die politische Zugehörigkeit zu einer Fraktion ermöglicht, dass sich die Abgeordneten politisch auf die Beschlussempfehlungen der fachfremden Fraktionskollegen verlassen können.[125] Mit den Worten des BVerfG sind die Fraktionen im „Zeichen der Entwicklung zur Parteiendemokratie (…) notwendige Einrichtungen des Verfassungslebens und maßgebliche Faktoren der politischen Willensbildung".[126] Gleichwohl bleiben die Fraktionen im Text des GG nahezu unerwähnt.[127] Dieses Schweigen zeugt nicht unbedingt von einer Blindheit des GG für die Wirkmechanismen

---

[122] BVerfGE 80, 188 (218) – Wüppesahl (Fraktionsloser Abgeordneter), Hervorh. hinzugefügt.
[123] BVerfGE 130, 318 (343 ff.) – Neunergremium.
[124] BVerfGE 80, 188 (219) – Wüppesahl (Fraktionsloser Abgeordneter).
[125] Vgl. *Morlok/Michael*, Staatsorganisationsrecht, 2013, Rn. 693.
[126] BVerfGE 80, 188 (219) – Wüppesahl (Fraktionsloser Abgeordneter).
[127] Vgl. aber Art. 53a Abs. 1 S. 2 GG über den gemeinsamen Ausschuss.

der Parteiendemokratie, sondern lässt sich vielmehr als Ausdruck der durch das GG anerkannten weitreichenden Geschäftsordnungsautonomie des Bundestages deuten. Gemäß § 10 GOBT bedarf es für die Bildung einer Fraktion mindestens 5 % der Mitglieder des Bundestages. Nach der GOBT stehen den Fraktionen zudem bedeutende Rechte zu, wie insbesondere das Initiativrecht, Änderungsantragsrechte, anteilige Zuteilung der Redezeit, Einberufung des Vermittlungsausschusses, Verlangen nach Anwesenheit der Bundesregierung, Initiierung von Großen und Kleinen Anfragen sowie Beschickung der Ausschüsse.[128] Freilich sind diese Rechte letztlich nichts anderes als eine Konkretisierung des verfassungsrechtlich vorgezeichneten Rahmens, welcher der Parlamentsautonomie Grenzen insbesondere in Gestalt der Rechte der einzelnen Abgeordneten zieht. Verfassungsrechtlicher Anker der Fraktionen bleibt aber der verfassungsrechtliche Parteienartikel, Art. 21 GG.

Auch in Frankreich sind die politischen Gruppen ein zentraler Faktor der parlamentarischen Praxis. Als Mindestanzahl sieht die Geschäftsordnung der Nationalversammlung eine Zahl von 15 Abgeordneten vor.[129] Auch wenn diese Zahl auf den ersten Blick gering erscheinen mag, kann die Bildung einer Fraktion aufgrund des französischen Wahlsystems für kleine Parteien in Frankreich schwieriger sein als in Deutschland. So erlangten die deutschen Grünen im Jahr 1998 mit 6,7 % der (Zweit-)Stimmen 47 Sitze im Bundestag. Ein Jahr zuvor kamen die französischen Grünen mit einem leicht besseren Ergebnis von 6,8 % im ersten Wahlgang lediglich auf 6 Sitze in der Nationalversammlung und konnten daher noch keine eigene Fraktion bilden. Den politischen Gruppen werden im Wesentlichen ähnliche Rechtspositionen zuerkannt wie den Fraktionen des Deutschen Bundestages. Seit der Reform im Jahr 2008 besteht allerdings die Besonderheit, dass die französische Verfassung in ihrem Art. 51-1 zwischen Mehrheits-, Oppositions- und Minderheitengruppen trennt. Danach sollen die Geschäftsordnungen der Parlamentskammern den Oppositions- und Minderheitengruppen „besondere Rechte" (*droits spécifiques*) einräumen.[130] Die Neuregelung hebelt damit über den Weg der Verfassungsrevision eine Entscheidung des Verfassungsrates aus, der noch zuvor im Jahr 2006 solche Sonderrechte als ungerechtfertigte Privilegierung qualifiziert und für verfassungswidrig erklärt hatte.[131] Als Oppositionsgruppe gilt eine politische Gruppe, wenn sie sich ausdrücklich als solche erklärt; als Minderheitengruppe, wenn sie sich nicht als der Opposition zugehörig erklärt hat und nicht die politische Gruppe mit der höchsten Mitgliederzahl darstellt.[132] Das verfassungsrechtliche Erfordernis von Sonderrechten für Oppositions- und Minderheitsfraktionen trägt dem Umstand Rechnung, dass der Regierung im Mehrheitsparlamentarismus weniger das Parlament als Ganzes, sondern vielmehr die Opposition gegenübertritt. Allerdings wird es dieser Logik

---

[128] Übersicht bei *Ipsen*, Staatsrecht I – Staatsorganisationsrecht, 25. Aufl. 2013, Rn. 271. Für das Gesetzgebungsverfahren vgl. → *Marsch* § 5 Rn. 32.

[129] Art. 19 Abs. 1 der Geschäftsordnung der Nationalversammlung.

[130] Dazu *Jan*, Les assemblées parlementaires, 2010, S. 90, 95 ff.

[131] C.C. 22.6.2006, 2006-537 DC, Cons. 12-14 – Résolution modifiant le règlement de l'Assemblée nationale.

[132] Vgl. Art. 19 Abs. 3 und 4 der Geschäftsordnung der Nationalversammlung.

wenig gerecht, dass der Status der Minderheitengruppen nicht mit Blick auf ihr Verhältnis zur Regierung, sondern zur größten politischen Gruppe bestimmt wird.[133] Auch sind die Sonderrechte bislang eher schwach ausgeprägt. So steht den Oppositions- und Minderheitengruppen, wie gesehen, nach Art. 48 Abs. 5 CF ein Tag im Monat zu, an dem sie die Tagesordnung bestimmen können. Auch verfügen Oppositions- und Minderheitengruppe über besondere Rechte im Zusammenhang mit der Einrichtung von Untersuchungsausschüssen.[134] Exklusiv für die Oppositionsgruppen kommen folgende Rechte hinzu: Sie stellen den Präsidenten des Finanzausschusses, dürfen die Hälfte der wöchentlichen parlamentarischen (Kontroll-)Fragen i. S. d. Art. 48 Abs. 6 CF an die Regierung richten[135] und im Rahmen des sog. *temps législatif programmé* auf eine Redezeit von 60 % zurückgreifen.[136]

50   *Thematisch-arbeitsteilig* untergliedern sich die Parlamente in Ausschüsse (*commissions*). Sowohl in Frankreich als auch in Deutschland sind die Ausschüsse für die Erfüllung der Aufgaben und Funktionen des Parlaments von geradezu essenzieller Bedeutung. Insbesondere kommt ihnen eine vorbereitende Rolle im Gesetzgebungsverfahren zu. Als „verkleinertes Abbild des Plenums"[137] setzen sie sich entsprechend dem numerischen Verhältnis der Fraktionen und politischen Gruppen im Parlament zusammen. Obwohl beide Verfassungen vom Grundsatz der Öffentlichkeit der Debatten im Plenum ausgehen (Art. 42 Abs. 1 S. 1 GG, Art. 33 CF), finden die Ausschusssitzungen in Deutschland bislang regelmäßig hinter verschlossenen Türen statt, während in Frankreich auch hier zunehmend die Öffentlichkeit Einzug hält.[138] Bundesregierung und Bundesrat sowie ihre „Beauftragten" – d. h. praktisch die Ministerialbürokratie – haben, anders als die allgemeine Öffentlichkeit, auf Grundlage von Art. 43 GG Zutritt zu allen Untergliederungen des Bundestages.

51   Organisationsrechtlich ist in Frankreich zwischen Legislativausschüssen (*commissions législatives*) und sonstigen Ausschüssen zu trennen. Die Legislativausschüsse wiederum unterteilen sich in *ständige* und *ad hoc* Ausschüsse. Das Herz der parlamentarischen Legislativ-, zunehmend aber auch der Kontrolltätigkeit, schlägt in den ständigen Ausschüssen (*commissions permanentes*). Unter dem *parlementarisme rationalisé* der V. Republik war ihre Anzahl bis zur Verfassungsreform des Jahres 2008 auf sechs limitiert. Auch mit dieser Regelung wurde die Schwächung des Parlaments im Vergleich zu den historischen Vorläufern bezweckt. Insbesondere sollte vermieden werden, dass sich die Ausschussvorsitzenden wie zu Zeiten der

---

[133] Kritisch dementsprechend *Jan*, Les assemblées parlementaires, 2010, S. 97.

[134] Vgl. zu den Untersuchungsausschüssen → Rn. 183.

[135] Art. 133 Abs. 2 der GO der Nationalversammlung.

[136] Vgl. *J.-E. Gicquel*, Les effets de la réforme constitutionnelle de 2008 sur le processus législatif, Jus Politicum 6 (2011), S. 1 (8 f.) sowie → *Marsch* § 5 Rn. 45.

[137] So BVerfGE 84, 304 (323) – PDS/Linke Liste.

[138] Vgl. für den Bundestag § 69 Abs. 1 GOBT. Für die Nationalversammlung setzt Art. 46 der Geschäftsordnung zwar auch die Nichtöffentlichkeit voraus, sieht aber ausdrücklich die Möglichkeit zur öffentlichen Gestaltung der Arbeitsprozesse vor. Angesichts des jüngsten, weitgehend unumstrittenen Vorschlags in Deutschland, die Beratung der Ausschüsse im Bundestag nun grundsätzlich öffentlich zu machen, scheint insoweit eine Annäherung in Sicht, vgl. den Antrag zur Änderung der Geschäftsordnung des Deutschen Bundestages (BT-Drs. 18/3045).

§ 4 Parlament – Präsident – Regierung   149

III. und IV. Republik als Minister im Wartestand gerieren, als Zahl und Zuschnitt der Ausschüsse im Wesentlichen denen der Ministerien entsprachen.[139] Seit der Verfassungsreform von 2008 wurde die Obergrenze gemäß Art. 43 Abs. 1 CF n. F. auf acht ständige Ausschüsse angehoben, was die sachbereichliche Ausdifferenzierung und damit die Effizienz der parlamentarischen Arbeit gesteigert hat.[140] Ihrer zentralen Rolle als Vorbereitungsorgan im Gesetzgebungsverfahren entsprechend werden den ständigen Ausschüssen die Gesetzentwürfe und Gesetzesvorschläge gemäß Art. 43 Abs. 1 CF zur Prüfung überwiesen.[141] Eine entscheidende, die Rolle des Parlaments stärkende Neuerung der Verfassungsreform des Jahres 2008 liegt zudem in der Maßgabe, dass im Plenum in aller Regel nicht mehr der ursprüngliche, sondern bereits der Gesetzentwurf in der vom Ausschuss beschlossenen Fassung diskutiert wird.[142] Zu den *ad hoc* gebildeten Ausschüssen zählen die *commission mixte paritaire*, die eine spezifische Funktion der Kompromissfindung im Gesetzgebungsverfahren erfüllt,[143] sowie die in Einzelfällen gebildeten Sonderausschüsse (*commissions spéciales*). Zu den sonstigen Ausschüssen gehören insbesondere die Untersuchungsausschüsse[144] sowie der Europaausschuss, der trotz seiner Bezeichnung als *commission* kein ständiger Ausschuss i. S. d. Art. 43 CF ist. Seine Aufgabe besteht als parlamentarisches „Kompetenzzentrum" in Sachen Europa primär in der informationellen Aufbereitung und innerstaatlichen Kontrolle der Gesetzgebungsvorhaben auf EU-Ebene und insoweit in der Vorbereitung der Arbeit der ständigen Ausschüsse. Neben den Ausschüssen gibt es zudem mehrere *délégations* bzw. *offices parlementaires*, die durch Gesetz errichtet wurden und im Zuschnitt den ständigen Ausschüssen ähneln, aber nicht über deren Befugnisse verfügen. Im Wesentlichen nehmen sie Aufgaben der Information und des Aufbaus fachlicher Expertise wahr.[145] Kernanliegen für ihre Einrichtung war die wenig überraschende Erkenntnis, dass die zahlenmäßige Begrenzung der ständigen Ausschüsse eine fachliche Spezialisierung nicht in hinreichendem Maße erlaubt. Dies erklärt auch die große Zahl sog. „groupes d'études", in denen sich mehrere Parlamentarier zur

---

[139] Vgl. → *Marsch* § 5 Rn. 43.

[140] Nach Art. 36 der Geschäftsordnung: Ausschüsse für Verteidigung und Militär; für auswärtige Angelegenheiten; für Finanzen, Wirtschaft und Haushaltskontrolle; für Verfassung, Gesetzgebung und Verwaltung; für Kultur und Bildung; für Wirtschaft; für nachhaltige Entwicklung und Raumplanung; für Soziales.

[141] Dies war bereits zuvor in mehr als 90 % der Fälle gängige parlamentarische Praxis, entsprach aber nicht dem verfassungsrechtlichen Regel-Ausnahme-Verhältnis, da Art. 43 Abs. 1 CF a. F. als Regelfall eine Überweisung an einen *ad hoc* Ausschuss vorsah.

[142] S. auch → *Marsch* § 5 Rn. 44 sowie *J.-E. Gicquel*, Les effets de la réforme constitutionnelle de 2008 sur le processus législatif, Jus Politicum 6 (2011), S. 1 (4 ff.) und *Le Divellec*, Vers la fin du „parlementarisme négatif" à la française?, Jus Politicum 6 (2011), S. 1 (28).

[143] Näher → *Marsch* § 5 Rn. 54.

[144] Dazu unter → Rn. 183.

[145] In der Nationalversammlung gibt es derzeit folgende délégations bzw. Offices, einige davon zugleich im Senat: Délégation aux droits des femmes; Délégation aux outre-mer; Délégation au renseignement; Comité d'évaluation et de contrôle; l'Office parlementaire d'évaluation des choix scientifiques et technologiques (inter-parlamentarisches Gremium, dem sowohl Abgeordnete als auch Senatoren angehören).

Erörterung diverser Partikularthemen zusammenfinden, u. a. zu Themen wie Jagd oder Weinbau.[146] Hinzu tritt schließlich eine Reihe von beratenden Gremien, deren Anhörung insbesondere im Gesetzgebungsverfahren relevant wird.[147]

52 Anders als die französische Verfassung limitiert das GG die Parlamentsautonomie des Bundestages auch hinsichtlich des Ausschusswesens kaum. Allerdings werden einige Ausschüsse verfassungsrechtlich ausdrücklich vorausgesetzt, wie etwa die Ausschüsse für auswärtige Angelegenheiten und für Verteidigung (Art. 45a Abs. 1 GG), der Petitionsausschuss (Art. 45c Abs. 1 GG) und der Europaausschuss (Art. 45 GG). Letzterer ist anders als der Europaausschuss der Nationalversammlung ein ständiger Ausschuss und darf im Wege der Ermächtigung durch den Bundestag sogar stellvertretend dessen Rechte gegenüber der Bundesregierung nach dem deutschen Europaverfassungsrecht wahrnehmen.[148] Insgesamt hat die weiter reichende Parlamentsautonomie des Bundestages zur Bildung von ungleich mehr ständigen (Fach-)Ausschüssen geführt als in Frankreich. So steht jedem Bundesministerium in aller Regel spiegelbildlich ein Fachausschuss gegenüber.[149] Zudem kann der Bundestag im Wege der Ausschussbildung auf einzelne, für dringlich empfundene Politikbereiche zusätzliche Schwerpunkte setzen. Neben den Fachausschüssen gibt es zudem den mit dem Bundesrat zusammen gebildeten und im Gesetzgebungsverfahren bedeutenden Vermittlungsausschuss[150] sowie die jeweils eingesetzten Untersuchungsausschüsse. Daneben bestehen spezielle Gremien, wie etwa der Wehrbeauftragte (Art. 45b GG) oder das Parlamentarische Kontrollgremium, das die Kontrolle über die Geheimdienste sicherstellen soll (Art. 45d GG).

cc) Mehrheitsprinzip und Minderheitenrechte

53 Grundsätzlich entscheiden Bundestag und Nationalversammlung nach dem *Mehrheitsprinzip*, in aller Regel mit der Mehrheit der abgegebenen Stimmen (*einfache Mehrheit*).[151] Die Beschlussfähigkeit ist dabei häufig auch bei geringer Anwesenheit im Plenum gewährleistet, da die Beschlussunfähigkeit, d. h. das Unterschreiten

---

[146] In der Nationalversammlung derzeit mehr als hundert, vgl. http://www.assemblee-nationale.fr/qui/xml/ge_alpha.asp?legislature=14 (10.8.2014).

[147] Dazu → *Mars*ch § 5 Rn. 36 ff.

[148] Zu diesen Rechten → *Wendel* § 8 Rn. 72.

[149] Der 18. Bundestag umfasst folgende ständige Fachausschüsse: Arbeit und Soziales; Auswärtiges; Bildung, Forschung und Technikfolgenabschätzung; Digitale Agenda; Ernährung und Landwirtschaft; Europäische Union; Familie, Senioren, Frauen und Jugend; Finanzen; Gesundheit; Haushalt; Inneres; Kultur und Medien; Menschenrechte und humanitäre Hilfe; Petitionen; Recht und Verbraucherschutz; Sport; Tourismus; Umwelt, Naturschutz, Bau und Reaktorsicherheit; Verkehr und digitale Infrastruktur; Verteidigung; Wahlprüfung, Immunität und Geschäftsordnung; Wirtschaft und Energie; Wirtschaftliche Zusammenarbeit und Entwicklung. Der zu Beginn der 18. Wahlperiode eingerichtete Hauptausschuss arbeitete nur übergangsweise (anders auf Länderebene, z. B. in NRW).

[150] Dazu → *Mars*ch § 5 Rn. 54.

[151] Vgl. Art. 42 Abs. 2 S. 1 GG und Art. 68 der GO der Nationalversammlung.

des erforderlichen Anwesenheitsquorums, nur auf Antrag festgestellt wird.[152] In der Praxis kommt dies nur selten vor. In bestimmten Fällen verlangen die Verfassungen auch die *absolute Mehrheit*, d. h. mehr Stimmen als die Hälfte der Mitglieder des Parlaments bzw. der Parlamentskammer. In Deutschland ist dies insbesondere der Fall bei der Wahl des Bundeskanzlers (Art. 63 Abs. 2 S. 1 GG in den ersten beiden Wahlgängen), beim konstruktiven Misstrauensvotum (Art. 67 S. 1 GG) und der Vertrauensfrage (Art. 68 GG). Darum spricht man auch von der sog. „Kanzlermehrheit". Die französische Verfassung schreibt eine absolute Mehrheit in der Nationalversammlung insbesondere bei der Vertrauensfrage (Art. 49 Abs. 1 CF), beim Misstrauensvotum (Art. 49 Abs. 2 und 3 CF) sowie für den Fall der Uneinigkeit zwischen Nationalversammlung und Senat über ein verfassungsausführendes Gesetz (Art. 46 Abs. 3. S. 2 CF) vor.

Qualifizierte Mehrheiten verlangen beide Verfassungen dagegen im Rahmen des verfassungsändernden Verfahrens. Das GG schreibt hier eine Mehrheit von zwei Dritteln der Mitglieder des Bundestages und der Stimmen im Bundesrat (Art. 79 Abs. 2 GG) vor, die französische Verfassung unter bestimmten Voraussetzungen die Mehrheit von drei Fünfteln der abgegebenen Stimmen im sog. Kongress (Congrès), zu dem sich beide Parlamentskammern zur gemeinsamen Abstimmung zusammenfinden (Art. 89 Abs. 3 CF).[153] In seltenen Fällen wird die Mehrheitsschwelle auch vom Handeln eines anderen Verfassungsorgans abhängig gemacht. So verlangt das GG in Art. 77 Abs. 4 S. 1 GG für die Zurückweisung eines Einspruchs des Bundesrats gegen ein Einspruchsgesetz eine absolute Mehrheit im Bundestag, wenn der Einspruch mit der Mehrheit der Stimmen des Bundesrates beschlossen wurde. Hat der Bundesrat den Einspruch dagegen mit einer Mehrheit von mindestens zwei Dritteln seiner Stimmen beschlossen, bedarf die Zurückweisung durch den Bundestag nach Art. 77 Abs. 4 S. 2 GG einer Mehrheit von zwei Dritteln (der abgegebenen Stimmen), mindestens aber der absoluten Mehrheit. Auch die Beschlüsse auf Erhebung einer Präsidentenanklage (Art. 61 Abs. 1 S. 3 GG) und auf Amtsenthebung (Art. 68 Abs. 4 CF) erfordern jeweils eine qualifizierte Mehrheit.

Dort, wo es um die Kontrolle des Regierungshandelns durch das Parlament geht – d. h. im Mehrheitsparlamentarismus in aller Regel durch die Opposition –, tragen deutsches und französisches Verfassungsrecht dem durch eine Ausnahme vom Mehrheitsprinzip in Gestalt von *Minderheitenrechten* Rechnung.[154]

---

[152] Vgl. § 45 GOBT und Art. 61 GO der Nationalversammlung.
[153] Näher zum Revisionsverfahren → *Marsch* § 5 Rn. 67.
[154] Dazu näher unter → Rn. 181 ff.

3. Senat und Bundesrat

56 „Lorsqu'une liberté publique est en cause, deux chambres, c'est deux chances."[155] Dieses Plädoyer des ehemaligen Senatspräsidenten *Monory* für den Bikameralismus – und damit zugleich für den *Sénat* – ist in Frankreich durchaus umstritten. Ob und in welcher Weise ein Zweikammersystem einen Mehrwert im verfassungsstaatlichen Institutionengefüge zu entfalten vermag, hängt entscheidend davon ab, welche Zwecke mit der Einrichtung zweier Parlamentskammern verfolgt und welche konkreten Befugnisse ihnen zuerkannt werden.[156]

57 Wie bereits erwähnt, unterscheiden sich französischer Senat und deutscher Bundesrat in ihrer verfassungsrechtlichen Stellung grundlegend darin, dass der Senat ausweislich des Art. 24 Abs. 2 CF eine Kammer des französischen Parlaments darstellt, während der Bundesrat kein Parlament, sondern ein eigenständiges Verfassungsorgan ist. Auch mit dieser Feststellung ist für sich genommen wenig gewonnen, kommt es für eine Einordnung doch auf die substanzielle organisationsrechtliche Ausgestaltung an. Mit Blick auf Zusammensetzung, Funktionen, Aufgaben und Arbeitsweise können zahlreiche Unterschiede, aber auch einige Gemeinsamkeiten von Senat und Bundesrat identifiziert werden.

a) Wahl bzw. Zusammensetzung

58 Der Bundesrat entspringt der föderalen Struktur des deutschen Verfassungsstaates, die bereits früh von *Konrad Hesse* in begriffsprägender Weise als „unitarischer Bundesstaat" charakterisiert wurde.[157] Gemäß Art. 51 Abs. 1 S. 1 GG besteht der Bundesrat aus Mitgliedern der *Regierungen* der Länder und trägt deshalb föderativ-exekutivische Züge.[158] Weder werden die Bundesratsmitglieder in den Ländern unmittelbar gewählt, wie etwa im US-amerikanischen Senat, noch mittelbar durch ein Wahlkollegium, wie im französischen Senat. Freilich sind sie als Mitglieder der ihrerseits auf demokratischem Wege gewählten Landesregierungen mittelbar demokratisch legitimiert.[159] Jedes Land kann gemäß Art. 51 Abs. 3 S. 1 GG so viele Mitglieder entsenden, wie es Stimmen hat. Nach Art. 51 Abs. 2 GG hat jedes Land mindestens drei Stimmen, Länder mit mehr als zwei Mio. Einwohnern haben vier,

---

[155] Übersetzt so viel wie: „Wenn eine öffentliche Freiheit in Frage steht, liegen in zwei Kammern zwei Chancen." Vgl. zum Begriff der öffentlichen Freiheiten näher → Hochmann § 7 Rn. 4. *René Monory* war Präsident des französischen Senats von 1992 bis 1998.

[156] Für eine Analyse des französischen Senats aus deutscher Perspektive vgl. *Ruß*, Der französische Senat: Die Schildkröte der Republik, in: Riescher et al. (Hrsg.), Zweite Kammern, 2. Aufl. 2010, S. 361 ff. sowie *Roche*, Die Stellung des Senats innerhalb der politischen Institutionen Frankreichs, BayVBl. 1983, S. 452 ff.

[157] *Hesse*, Der unitarische Bundesstaat, 1962.

[158] Näher *Herzog*, Stellung des Bundesrates im demokratischen Bundesstaat, in: Isensee/Kirchhof (Hrsg.), Handbuch des Staatsrechts III, 3. Aufl. 2005, § 57, Rn. 14 ff.

[159] *Korioth*, in: v. Mangoldt et al. (Hrsg.), GG II, 6. Aufl. 2010, Art. 50, Rn. 15.

Länder mit mehr als sechs Mio. Einwohnern fünf und Länder mit mehr als sieben Mio. Einwohnern sechs Stimmen.[160] Mit dieser degressiven Stufung verfolgt das GG letztlich einen Kompromiss zwischen dem Modell einer strikten Gleichheit der Länder (eine Stimme pro Land) und dem Modell einer proportionalen Abbildung der Länder nach Bevölkerungszahl.[161]

Wen die Länder in den Bundesrat bestellen oder abberufen, bleibt ihnen überlassen, sofern es sich jeweils um Mitglieder der Landesregierung handelt. Dementsprechend wechseln die Mitglieder des Bundesrates in unterschiedlichem personellen Umfang und zu unregelmäßigen Zeitpunkten in Abhängigkeit von den jeweiligen landespolitischen Gegebenheiten, insbesondere einer Regierungs(um-)bildung nach Parlamentswahlen. Anders als der Bundestag konstituiert sich der Bundesrat also nicht nach einer bestimmten Legislaturperiode neu, sondern ist ein kontinuierliches („ewiges") Verfassungsorgan, dessen Mitglieder abberufen werden können und weisungsgebunden sind.[162] Im Gegensatz zum französischen oder zum US-amerikanischen Senat gibt es aber eben auch keinen festen Turnus personeller Teilerneuerung. Trotz der starken Rückkopplung an das jeweilige politische Machtgefüge in den 16 Bundesländern sowie die dortigen Ministerialbürokratien ist der Bundesrat seiner Struktur nach ein kollegiales Verfassungsorgan des Bundes und nicht etwa ein Organ der Länder zur gesamten Hand.[163] Figurativ wird der Bundesrat darum zuweilen als „Ohr des Bundes" bezeichnet, da er gerade nicht der „Mund der Länder" sei.[164]

59

Demgegenüber werden die Mitglieder des altehrwürdigen, im *Palais du Luxembourg* residierenden französischen Senats gemäß Art. 24 Abs. 4 S. 1 CF in mittelbarer Wahl (*suffrage indirect*) gewählt. Infolge der grundlegenden Reform der Senatswahlen im Jahr 2004[165] wird der Senat nunmehr alle drei Jahre jeweils zur Hälfte erneuert (früher zu einem Drittel) und die Senatoren jeweils für sechs Jahre gewählt (früher neun). Eine Vergleichbarkeit zum Bundesrat besteht allerdings insoweit, als auch der Senat ein ständiges Organ ist. Die Zahl der Senatoren wurde aus demographischen Gründen sukzessive erhöht, wobei heute eine Höchstzahl von 348 gilt. Funktion des Senats ist die Vertretung der Gebietskörperschaften (*collectivités territoriales*), also der Regionen, Départements und Kommunen sowie der überseeischen Gebiete. Die Senatssitze sind dabei organisationsrechtlich nach Départements verteilt und richten sich in ihrer Anzahl grob nach deren Bevölkerungszahl,

60

---

[160] Über drei Stimmen verfügen die Bundesländer Bremen, Hamburg, Mecklenburg-Vorpommern und das Saarland; über vier Stimmen Berlin, Brandenburg, Rheinland-Pfalz, Sachsen, Sachsen-Anhalt, Schleswig-Holstein und Thüringen; über fünf Stimmen Hessen; über sechs Stimmen Baden-Württemberg, Bayern, Niedersachsen und Nordrhein-Westfalen.

[161] *Morlok/Michael*, Staatsorganisationsrecht, 2013, Rn. 819.

[162] Instruktive Gegenüberstellung, auch in anderen Punkten bei *Gröpl*, Staatsrecht I, 5. Aufl. 2013, Rn. 1130-1135.

[163] BVerfGE 106, 310 (330) – Zuwanderungsgesetz.

[164] So *Morlok/Michael*, Staatsorganisationsrecht, 2013, Rn. 814.

[165] Loi organique v. 30.7.2003, Nr. 2003-696 sowie loi v. 30.7.2003, Nr. 2003-697.

allerdings – ähnlich wie im Bundesrat – nicht in proportionaler Weise.[166] Durch die Erhöhung der Anzahl der Senatorensitze in den vergangenen Jahren wurden Ungleichgewichte in der demographischen Abbildung der einzelnen Départements verringert, wenn auch nicht gänzlich aufgehoben. Die verbleibenden Unwuchten hat der Conseil constitutionnel noch als vereinbar mit Artikel 6 der Erklärung von 1789 i. V. m. Art. 3 und 24 CF gewertet.[167]

61 Ganz anders als die Bestellung des Bundesrates erfolgt die Wahl der Senatoren auf Ebene der Départements über ein Wahlkollegium, dessen Mitglieder einer Wahlpflicht unterliegen. Zu diesen sog. *grands électeurs* gehören die aus den betreffenden Départements stammenden Abgeordneten der Nationalversammlung, vor allem aber die Mitglieder der gewählten Selbstverwaltungsorgane, also die Regional-, General- und Gemeinderäte. Nach wie vor stellen die Vertreter der Gemeinden mit ca. 95% die weitaus größte Gruppe der *grands électeurs*. Hinzu kommt die Besonderheit, dass innerhalb der Gruppe der Gemeindevertreter bevölkerungsschwache und ländliche Gemeinden gegenüber bevölkerungsreichen und urbanen Kommunen signifikant überrepräsentiert sind.[168] Ein Reformversuch des sozialistischen Premierministers *Lionel Jospin*, der den Senat offen als demokratische Anomalie kritisiert hatte, scheiterte im Jahr 2000 vor dem Conseil constitutionnel.[169] Hinsichtlich des Wahlverfahrens kommt in den größeren Départements das Verhältniswahlrecht zur Anwendung, während für die Senatorenwahl in den kleineren Départements das Mehrheitswahlrecht gilt.[170] Die zunehmende Bedeutung des Verhältniswahlrechts wird als einer der Gründe dafür angesehen, dass im klassischerweise von Senatoren konservativer Parteiprovenienz dominierten Senat seit den Wahlen im Jahr 2011 erstmals eine linke Mehrheit vorherrscht.

62 Durch das überproportional hohe Gewicht der Gemeindevertreter in den Wahlkollegien auf Départementsebene erhalten die Senatswahlen eine sehr spezifische Prägung. Die *grands électeurs* und die Kandidaten für Senatorenposten kennen sich

---

[166] Ein Senator für Départements mit weniger als 150.000 Einwohnern, danach je ein weiterer Senatorensitz für jede Tranche von 250.000 Einwohnern (für die jeweils letzte Tranche auch weniger). Auf die einwohnermäßig kleinsten Départements, wie z. B. das Département Alpes-de-Haute-Provence, fallen dementsprechend nur jeweils 1 Senatorensitz, während Paris mit 12 Senatoren die meisten Sitze beansprucht.

[167] C.C., 24.7.2003, 2003-475 DC, Cons. 5-8 – Senatswahlen II. Vgl. bereits zuvor den Hinweis auf die Reformbedürftigkeit in C.C., 6.7.2000, 2000-431 DC, Cons. 11 – Senatswahlen I. Zusammenfassung der Rechtsprechung bei *Hamon/Troper*, Droit constitutionnel, 33. Aufl. 2012, Rn. 620.

[168] Dies war bereits vor den Reformen der letzten Jahre der Fall, vgl. *Grote*, Das Regierungssystem der V. französischen Republik, 1995, S. 70 f. Für die Rechtslage heute vgl. im Einzelnen *Jan*, Les assemblées parlementaires, 2010, S. 41 f.

[169] C.C., 6.7.2000, 2000-431 DC, Cons. 2-9 – Senatswahlen I. Dazu *Favoreu et al.*, Droit constitutionnel, 15. Aufl. 2013, Rn. 1023.

[170] Stellt ein Département vier Senatoren oder mehr, gilt das Verhältniswahlrecht. Derzeit werden 180 Senatoren (52%) über das Verhältniswahlrecht bestimmt, 168 Senatoren (48%) über das Mehrheitswahlrecht.

bereits als „Politprofis" aus der politischen Arbeit auf lokaler Ebene.[171] Die Chance auf einen Senatorenposten setzt deshalb in aller Regel hohen persönlichen Einsatz und intensive politische Vernetzung auf lokaler Ebene voraus. Darum spielt auch das jüngst abgesenkte Mindestalter für die Wählbarkeit auf 24 Jahre (von ehemals 35) praktisch keine Rolle.[172] Die von *Léon Gambetta* noch zu Zeiten der III. Republik getroffene Feststellung, der Senat sei der „Grand Conseil des communes", der Große Rat der Gemeinden, hat also auch heute noch seine Berechtigung.[173] In diesem Kontext erklärt sich auch die Absenkung der Amtszeit der Senatoren auf sechs Jahre, mit der eine Synchronisierung mit der Amtszeit der Vertreter der Selbstverwaltungsorgane angestrebt wurde. Eine tiefgreifende und in ihren Konsequenzen noch nicht gänzlich absehbare Änderung stellen auch die im Jahr 2014 in Kraft getretenen Neuregelungen zum Verbot der bisher weit verbreiteten Mandatshäufung dar, die ab den Senatswahlen im Jahr 2017 ausschließen, dass zugleich auf lokaler Ebene bestimmte Wahlämter, wie etwa das Amt des Bürgermeisters, übernommen werden.[174]

b) Funktionen und Aufgaben

Die Kernaufgaben des Bundesrates sind durch Art. 50 GG vorgegeben. Danach wirken die Länder durch den Bundesrat bei der Gesetzgebung und Verwaltung des Bundes und in Angelegenheiten der Europäischen Union mit. Die grundsätzliche Mitwirkung der Länder an der Gesetzgebung wird dabei zusätzlich über die Ewigkeitsklausel des Art. 79 Abs. 3 GG abgesichert. Der Bundesrat in seiner konkreten Organisationsform ist durch sie aber nicht geschützt.[175] Auch wenn durch die Föderalismusreform von 2006 versucht wurde, den Einfluss des Bundesrates als Blockadeorgan zurückzudrängen, spielt er nach dem GG, aber auch in der Verfassungspraxis nach wie vor eine wichtige Rolle im Gesetzgebungsverfahren. So kommt die weiterhin bedeutende Kategorie der Zustimmungsgesetze nur mit Zustimmung des Bundesrates zustande.[176] Eine vergleichbare Position im Gesetzgebungsverfahren hat der französische Senat nicht inne. Denn nach Art. 45 Abs. 4 CF kann die Regierung stets eine endgültige Beschlussfassung durch die Nationalversamm-

63

---

[171] *Ruß*, Der französische Senat: Die Schildkröte der Republik, in: Riescher et al. (Hrsg.), Zweite Kammern, 2. Aufl. 2010, S. 361 (368).
[172] *Hamon/Troper*, Droit constitutionnel, 33. Aufl. 2012, Rn. 622.
[173] *Jan*, Les assemblées parlementaires, 2010, S. 41 ff.
[174] Vgl. bereits im Kontext der Assemblée nationale unter → Rn. 40.
[175] Vgl. *Korioth*, in: v. Mangoldt et al. (Hrsg.), GG II, 6. Aufl. 2010, Art. 50, Rn. 19, der aber jedenfalls davon ausgeht, dass das Vorhandensein eines „föderativen Organs" vom Schutzgehalt des Art. 79 Abs. 3 GG umfasst ist.
[176] Katalog der zustimmungsbedürftigen Bundesgesetze bei *Gröpl*, Staatsrecht I, 5. Aufl. 2013, Rn. 1257.

lung herbeiführen und dieser so das letzte Wort erteilen.[177] Gleichberechtigt mit der Nationalversammlung entscheidet der Senat nur im Falle von Verfassungsgesetzen und zwei Kategorien von Organgesetzen, zum einen über den Senat selbst (Art. 46 Abs. 4 CF) und zum anderen über die Modalitäten des aktiven und passiven Wahlrechts von Unionsbürgern (Art. 88-3 CF).[178]

64 Obwohl seine Befugnisse im Gesetzgebungsverfahren nicht an die der Nationalversammlung heranreichen, wird dem Senat als „chambre de réflexion" eine wichtige Funktion als Gremium der Moderation, der Stabilität, des Sachverstands und zum Schutz der verfassungsrechtlich verbürgten Freiheiten zugesprochen. Der Senat soll die „registrierten Umschwünge des Volkswillens moderieren, die Gesetze verbessern und so die Republik schützen".[179] Im Vordergrund steht also eine auf Sachwissen und technischer Expertise basierende Begleitung der Ausarbeitungs- und Korrekturphase des Gesetzgebungsprozesses.[180] Freilich hängt der Erfolg dieser Mission in besonderem Maße von den politischen Mehrheiten in Assemblée nationale und Regierung ab. Auch die Existenz des Bundesrates rechtfertigt sich in gewissem Umfang durch die dort erfolgende Bündelung spezifischen Sachwissens. Allerdings geht es hier primär um die föderale Dimension. Durch den Bundesrat kann der Bund die Verwaltungserfahrung der Länder und damit eine spezifische Form von technischem Wissen abschöpfen, was gerade vor dem Hintergrund des Art. 83 GG von großer Bedeutung ist.[181]

65 Der Bundesrat dient zudem der politischen Koordination – und zwar nicht nur zwischen Bund und Ländern, sondern gerade auch zwischen den Ländern untereinander. Er macht interregionale Kontraste bzw. Antagonismen sichtbar und überführt sie in einen politischen Prozess: Zum einen lassen sich regelmäßig unterschiedliche landestypische Interessen identifizieren, die einzelne Länder voneinander abgrenzen (Stadtstaaten und Flächenstaaten, alte und neue Bundesländer etc.); zum anderen prallen im Bundesrat Landesregierungen unterschiedlicher Parteizugehörigkeit und damit auch unterschiedlicher politischer Loyalität gegenüber dem Regierungslager aufeinander.[182] Durch die ungleich stärkere Personalisierung des französischen Senats und den Umstand, dass die Senatoren gerade nicht von den jeweiligen Gebietskörperschaften bestellt und abberufen werden, kann eine vergleichbare föderale Kontrastierungsfunktion im französischen Senat nicht festgestellt werden.

66 Eine zunehmend wichtige Rolle spielt der Bundesrat zudem bei der Vertretung der Länder in Angelegenheiten der Europäischen Union (Art. 23 Abs. 4-7 GG).[183] Neben der Pflicht der Regierung, die Länderpositionen in bestimmten Fällen zu

---

[177] Eingehend zum Unterschied → *Marsch* § 5 Rn. 52 ff.
[178] Vgl. *Jouanjan*, Grundlagen und Grundzüge staatlichen Verfassungsrechts, in: v. Bogdandy et al. (Hrsg.), Ius Publicum Europaeum I, 2007, § 2 Frankreich, Rn. 62.
[179] *Ruß*, Der französische Senat: Die Schildkröte der Republik, in: Riescher et al. (Hrsg.), Zweite Kammern, 2. Aufl. 2010, S. 361.
[180] Ebd., S. 380.
[181] *Morlok/Michael*, Staatsorganisationsrecht, 2013, Rn. 809.
[182] Treffend *Morlok/Michael*, Staatsorganisationsrecht, 2013, Rn. 810.
[183] Dazu → *Wendel* § 8 Rn. 75.

§ 4 Parlament – Präsident – Regierung

berücksichtigen (Art. 23 Abs. 5 GG), gibt es nach dem Grundgesetz in bestimmten Fällen sogar einen vom Bundesrat benannten Vertreter der Länder, der die Verhandlungsführung auf europäischer Ebene für Deutschland übernimmt (Art. 23 Abs. 6 GG). Ein solches Instrument der Interessendurchsetzung der Regionalebene auf EU-Ebene kennt die französische Verfassung nicht. Allerdings wurden die Informations- und Beteiligungsrechte des Senates zusammen mit denen der Nationalversammlung verfassungsrechtlich über Art. 88-4 und Art. 88-5 CF gestärkt. Sowohl die französische als auch die deutsche Verfassung sehen zudem die Einrichtung eines EU-Ausschusses für den Senat[184] und einer speziellen Europakammer für den Bundesrat[185] vor. Allerdings ist der EU-Ausschuss des Senats i. S. d. Art. 88-4 CF, ebenso wie der der Nationalversammlung, kein ständiger Ausschuss. Auch er dient der Aufbereitung der europäischen Gesetzgebungsvorhaben und damit der Vorbereitung der Arbeit der ständigen Ausschüsse. Während die Befugnisse des EU-Ausschusses des Senats hinter denen der ständigen Ausschüsse zurückbleiben, gehen die Befugnisse der Europakammer des Bundesrates indes über die der übrigen Ausschüsse hinaus. Die Beschlüsse der Europakammer gelten ausweislich des Art. 52 Abs. 3a GG als Beschlüsse des Bundesrates. Die Europakammer kann damit das Plenum des Bundesrates ersetzen, was mit Blick auf die zuweilen anfallende Eilbedürftigkeit in EU-Fragen eine erhebliche Steigerung der Effizienz darstellt.

c) Repräsentationsleistung und institutionelles Selbstverständnis

Während der Bundesrat als föderatives Bundesorgan die Länder repräsentiert, soll der Senat nach dem normativen Anspruch des Art. 24 Abs. IV CF die Vertretung der Gebietskörperschaften (*collectivités territoriales*) gewährleisten.[186] Weder institutionell noch kompetenziell ist diese Vertretung jedoch mit der der Länder im Bundesrat gleichzusetzen. 67

In institutioneller Hinsicht ist zum einen festzuhalten, dass nicht jede einzelne Gebietskörperschaft als solche im Senat vertreten ist. Mit mehr als 36.000 Gemeinden wäre dergleichen auch völlig undenkbar. Auch wenn der Verfassungsrat verlangt, dass jede Kategorie von Körperschaft an sich im Wahlkollegium vertreten sein muss,[187] bleibt die Vertretung der Gebietskörperschaften durch den Senat letztlich nur genereller Natur. Zum anderen erfolgt sie lediglich indirekt. Im Unterschied zum Bundesrat werden die Mitglieder des Senates nämlich nicht von den Gebietskörperschaften bestellt und abberufen, sondern von einer Wahlversammlung auf Ebene der Départements mittelbar gewählt. Aus der verfassungsrechtlichen Vorgabe, dass der Senat die Vertretung der Gebietskörperschaften der Republik gewähr- 68

---

[184] Verpflichtend, Art. 88-4 Abs. 3 CF.
[185] Optional, ihre Beschlüsse gelten als Beschlüsse des Bundesrates, Art. 52 Abs. 3a GG.
[186] Dazu auch → *Vilain* § 3 Rn. 110 ff. Zum Ganzen *Ruß*, Die andere Kammer. Zur Repräsentationsleistung des Senats in der Fünften Republik, in: FS Adolf Kimmel, 2005, S. 105 ff.
[187] C.C., 6.7.2000, 2000-431 DC, Cons. 5 – Senatswahlen I („que toutes les catégories de collectivités territoriales doivent y être représentées").

leisten muss, folgt also lediglich, dass die Wahlversammlung im Wesentlichen aus Vertretern der beschließenden Versammlungen der Gebietskörperschaften bestehen muss.[188] Bedenkt man die Dominanz der Gemeindevertreter in den Wahlkollegien, so lässt sich hieraus freilich das Selbstverständnis des Senats erklären, der sich insbesondere als der Verfechter der gemeindlichen Interessen versteht.

69   Der Anspruch auf Vertretung der Gebietskörperschaften müsste sich zudem kompetenziell in der Mitwirkung des Senats am Gesetzgebungsverfahren widerspiegeln. Dies ist jedoch nur in begrenztem Umfang der Fall. So sieht Art. 39 Abs. 2 CF zwar vor, dass Gesetzesvorschläge, die speziell die Organisation von Gebietskörperschaften betreffen, *vornehmlich* im Senat zu erörtern sind. Zustimmungspflichtig sind diese Gesetze aber gerade nicht.

70   In politischer Hinsicht wurde außerdem versucht, den Vertretungsanspruch des Senats mit der französischen Besonderheit der Mandatshäufung zu begründen. Denn ein Großteil der französischen Mitglieder des Senats übt derzeit noch ein weiteres Wahlmandat auf lokaler Ebene aus, meistens als (gewählter) Bürgermeister. Allerdings ist der Anteil der Abgeordneten der Assemblée nationale, die ebenfalls ein zusätzliches Wahlmandat innehaben, statistisch sogar noch höher. Eine politische Besonderheit des Senats ist hier also nicht erkennbar. Dessen ungeachtet waren die Senatoren bemüht, dieses vermeintliche Spezifikum der Mandatshäufung zu bewahren, als die Regierung im April 2013 den Gesetzesentwurf zu den bereits angesprochenen Neuregelungen zur Einschränkung der Mandatshäufung vorlegte.[189] Nach heftigen Debatten verabschiedeten die Kollegen in der französischen Nationalversammlung das Gesetz gegen den Einspruch des Senats, was die bereits angesprochene schwächere Position des Senats gegenüber der Nationalversammlung im Gesetzgebungsverfahren eindrucksvoll veranschaulicht.

71   In der Gesamtschau erscheint das Selbstverständnis des Senats als Vertreter der Gebietskörperschaften damit fragwürdig. Verfassungsrechtlich untermauert wird es allein durch die Zusammensetzung der Wahlversammlung bei den Senatswahlen. Insoweit ist es durchaus naheliegend, die Daseinsberechtigung des Senats als zweiter Parlamentskammer generell in Zweifel zu ziehen. Diesen Schritt haben einige Politiker, wie einst *Charles de Gaulle*, gewagt und sich für eine Abschaffung des Senats ausgesprochen. Für *de Gaulle* hatte der Misserfolg des diesbezüglich abgehaltenen Referendums im Jahre 1969 sogar seinen Rücktritt zur Folge.[190] Jüngst wurde in der Literatur interessanterweise der Vorschlag formuliert, einen Senat *à l'allemande*, also nach deutschem Vorbild, zu errichten. Begründet wurde eine solche „Bundesratisierung" des französischen Senats mit dem Argument, dass sie die wachsende Dezentralisierung der französischen Rechtsordnung ebenso wie die zunehmende Bedeutung der Gebietskörperschaften sinnvoll begleiten würde.[191] Derartige Vorschläge erfordern freilich eine Verfassungsänderung, die verfahrens-

---

[188] C.C., 6.7.2000, 2000-431 DC, Cons. 5 – Senatswahlen I („ce corps électoral doit être essentiellement composé de membres des assemblées délibérantes des collectivités territoriales").
[189] Vgl. bereits Rn. 40 und 62.
[190] Vgl. hierzu *Lauvaux*, Quand la deuxième chambre s'oppose, Pouvoirs 106 (2004), S. 81 (97).
[191] *Carcassonne*, Pour un Bundesrat français, Pouvoirs locaux 67 (2005), S. 104–109.

rechtlich wiederum eine Einigung von Senat und Assemblée nationale auf den wortgleichen Text voraussetzt.[192] Aufgrund dieses Vetorechts bleibt der Senat dann doch Herr über sein eigenes Schicksal.

d) Arbeitsweise

Für die Arbeitsweise des Senats kann weitgehend auf die Ausführungen zur Assemblée nationale verwiesen werden, da beide Parlamentskammern in weiten Teilen verfassungsrechtlich denselben Regeln unterfallen.[193] Hier liegt zugleich einer der Hauptunterschiede zum exekutiv-föderalistischen Bundesrat. Für die Arbeitsweise des Bundesrates von zentraler Bedeutung ist nämlich gerade, dass seine Mitglieder gegenüber ihren jeweiligen Ländern – ganz anders als die Mitglieder des französischen Senats, Art. 27 Abs. 1 CF – weisungsgebunden sind, was zugleich ihre Vertretung ermöglicht, Art. 51 Abs. 1 S. 2 GG.

Hinzu kommt, dass die Stimmen eines Landes gemäß Art. 51 Abs. 3 S. 2 GG im Bundesrat nur *einheitlich* abgegeben werden können. Verfassungsrechtlich relevant wurde diese Regelung insbesondere anlässlich der Abstimmung über das politisch hochgradig umstrittene Zuwanderungsgesetz im Jahre 2002. Für eine Mehrheit im Bundesrat (mindestens 35 von 69 Stimmen) kam es in diesem Fall entscheidend auf das Land Brandenburg an, dessen Große Koalition aber in der Frage gespalten war. Ein Minister des Landes Brandenburg stimmte mit Ja, ein anderer mit Nein. Auf die Uneinheitlichkeit hinweisend wandte sich der Präsident des Bundesrates – der damalige regierende Bürgermeister von Berlin *Wowereit* – sodann an den ebenfalls anwesenden Ministerpräsidenten des Landes Brandenburg *Stolpe* und fragte diesen, wie das Land Brandenburg abstimme. Nachdem *Stolpe* mit Ja geantwortet hatte, wertete *Wowereit* – ohne nochmalige Rückfrage an die brandenburgischen Minister und unter gespielter Empörung einiger Ländervertreter, u. a. des hessischen Ministerpräsidenten *Koch* – die 4 Stimmen des Landes Brandenburg einheitlich als Ja und stellte demensprechend eine Mehrheit des Bundesrates fest. Angerufen im Wege der abstrakten Normenkontrolle entschied das BVerfG, dass der Bundesratspräsident die Stimmenabgabe Brandenburgs nicht als Zustimmung hätte werten dürfen und erklärte das Zustimmungsgesetz mangels erforderlicher Mehrheit des Bundesrates für formell verfassungswidrig. Nach der Lesart des BVerfG sind die Bundesratsmitglieder gleichberechtigte Vertreter, da ihre landesverfassungsrechtliche Stellung auf Bundesebene irrelevant sei. Nach dieser Auslegung erlaubt das GG zwar die Stimmabgabe eines Landes über einen Stimmführer (etwa den Ministerpräsidenten), schreibt dergleichen aber nicht zwingend vor und zwingt im Falle einer uneinheitlichen Stimmabgabe vielmehr zur Wertung der Stimmen als ungültig, was letztlich dem Ergebnis einer Enthaltung gleichkommt.[194] Im französischen Senat gibt es eine vergleichbare Problemlage nicht, da das Stimmrecht jedes Senators als

---
[192] Zum Verfassungsänderungsverfahren → *Marsch* § 5 Rn. 67 f.
[193] Vgl. bereits → Rn. 41 ff.
[194] BVerfGE 106, 310 (330 ff.) – Zuwanderungsgesetz. Die beiden abweichenden Meinungen gingen demgegenüber davon aus, dass lediglich die Stimm*abgabe* unwirksam sei.

eines Parlamentariers gemäß Art. 27 Abs. 2 CF grundsätzlich persönlich ausgeübt werden muss.[195]

74 Sowohl im Bundesrat als auch im Senat spielen die Ausschüsse für die praktische Arbeit eine herausgehobene Rolle. Während die Ausschüsse des Senats[196] unter Abbildung der Mehrheitsverhältnisse von den Senatoren besetzt werden, finden sich in den Ausschüssen des Bundesrates[197] in aller Regel die jeweils zuständigen Fachbeamten der Landesministerien bzw. der Landesvertretungen in Berlin wieder, was den exekutiv-föderativen Charakter des Bundesrates unterstreicht. Schließlich sei abschließend eine interessante Gemeinsamkeit benannt, die unmittelbar zur verfassungsrechtlichen Stellung des Staatsoberhauptes überleitet: Bundesrat und Senat weisen eine interessante Parallele dahingehend auf, dass Bundesratspräsident bzw. Senatspräsident jeweils das Staatsoberhaupt – d. h. den Bundespräsidenten bzw. den Staatspräsidenten – vertreten, wenn dieser verhindert ist oder vorzeitig aus dem Amt scheidet (Art. 57 GG, Art. 7 Abs. 4 CF).

III. Staatspräsident und Bundespräsident

75 Schon die Lektüre der Verfassungstexte lässt erkennen, wie weit die Kompetenzen des Präsidenten der Republik über diejenigen des Bundespräsidenten hinausgehen. Dennoch genügt der schlichte Vergleich des Umfangs ihrer jeweiligen Kompetenzen nicht, um die politische Macht dieser beiden Organe zu erfassen. Erst auf den zweiten Blick wird deutlich, warum das französische System als „semi-präsidentielles System" und nicht wie das deutsche als System einer „parlamentarischen Regierung" bezeichnet wird. Will man den Präsidenten der Republik und den Bundespräsidenten in einer möglichst umfassenden Weise vergleichen, so ist es zwingend erforderlich, sich in einem ersten Schritt den jeweiligen politischen Kontext zu vergegenwärtigen. In einem zweiten Schritt können sodann die Kompetenzen des Bundespräsidenten und des Präsidenten der Republik näher betrachtet werden.

---

[195] Zur Möglichkeit der Stimmrechtsdelegation nach Art. 27 Abs. 3 CF vgl. bereits → oben Rn. 38 sowie → *Marsch* § 5 Rn. 49.

[196] Folgende ständige Ausschüsse i. S. d. Art. 43 CF bestehen im Senat: Wirtschaft; Auswärtige Angelegenheiten und nationale Verteidigung; Soziales; Kultur, Erziehung und Kommunikation; Finanzen; Nachhaltige Entwicklung, Infrastruktur und Raumordnung; Verfassungsrecht und Gesetzgebung.

[197] Derzeit: Agrarpolitik und Verbraucherschutz (AV); Arbeit und Sozialpolitik (AS); Auswärtige Angelegenheiten (AA); Fragen der Europäischen Union (EU); Familie und Senioren (FS); Finanzausschuss (Fz); Frauen und Jugend (FJ); Gesundheitsausschuss (G); Innere Angelegenheiten (In); Kulturfragen (K); Rechtsausschuss (R); Umwelt, Naturschutz und Reaktorsicherheit (U); Verkehrsausschuss (Vk); Verteidigung (V); Wirtschaftsausschuss (Wi); Städtebau, Wohnungswesen und Raumordnung (Wo).

§ 4 Parlament – Präsident – Regierung

1. Institutionelles Selbstverständnis und Wahl

Nur Staatsoberhaupt oder auch Staatschef? Anhand dieser Frage kann man im Großen und Ganzen die Entwicklung der politischen Vorstellung des Präsidentenamtes in Frankreich wie in Deutschland nachzeichnen.[198] Auch wenn die Persönlichkeit des Amtsinhabers und seine Machtausübung nicht unbedeutend sind, scheint aus institutioneller Sicht die Position im politischen System insbesondere durch die Art und Weise der Bestellung des Amtsinhabers geprägt zu sein.

76

a) Stellung und Funktion des Präsidentenamtes im politischen System

Um die Stellung des Bundespräsidenten zu umschreiben, wird dieser nicht selten mit dem Reichspräsidenten der Weimarer Verfassung verglichen und ihm gegenübergestellt. Ein ähnlicher Vergleich erfolgt auch mit Blick auf den französischen Präsidenten.[199] Der Bundespräsident wird durch diese Brille auf die Funktion eines schlichten Staatsnotars reduziert, während der französische Präsident und der Reichspräsident als „regierende Präsidenten" erscheinen. Die Betonung dieser Unterschiede darf aber nicht darüber hinwegtäuschen, dass es doch eine wichtige Gemeinsamkeit gibt: Beide Präsidenten fungieren als Repräsentations- und Integrationsfigur und haben die Funktion, die Einheit des Staates zu verkörpern. Will man diese Gemeinsamkeit beleuchten, stellt sich die Frage, worin das Bedürfnis nach einer solchen Verkörperung des Staates wurzelt.

77

aa) Das Erbe der Monarchie und die Verkörperung der Souveränität durch den König

Über Jahrhunderte hinweg verkörperte der Monarch die Souveränität unmittelbar in seiner Person. Mit der Entstehung der modernen politischen Theorie änderte sich diese Vorstellung und es entwickelte sich die Lehre der zweifachen Körperlichkeit des Königs.[200] Diese begriffliche Entwicklung zeigte sich schon in der Vor-

78

---

[198] Für eine gute und aktuelle Typologie: *Hartmann/Kempf*, Staatsoberhäupter in der Demokratie, 2012.

[199] *Morlok/Michael*, Staatsorganisationsrecht, 2013, Rn. 843; *Ipsen*, Staatsrecht I, 25. Aufl. 2013, Rn. 478; *Wiegand*, Zum Begriff des Staatsoberhaupts, AöR 133 (2008), S. 475 ff.; *Tomuschat*, Präsidialsystem und Demokratie, in: FS für Karl Carstens, Bd. 2 (Staatsrecht), 1984, S. 911 ff.; *Kimminich*, Das Staatsoberhaupt in der parlamentarischen Demokratie, VVDStRL 25 (1967), S. 2 ff.; *Loewenstein*, Der Staatspräsident. Eine rechtsvergleichende Studie, AöR 75 (1949), S. 129 ff.

[200] *Kantorowicz*, Die zwei Körper des Königs, 1957. In Anlehnung an die politische Theologie und an die Unterscheidung zwischen dem *corpus naturale* und dem *corpus mysticum* Christus wird ebenfalls zwischen dem natürlichen Körper und dem politischen Körper des Königs differenziert. Zur Parallelisierung des Gemeinwesens mit einem Körper: *Wiegand*, AöR 133 (2008), S. 475 (484). Zu den theologischen Ursprüngen der modernen politischen Kategorien: *Schmitt*,

stellung der monarchischen Souveränität von *Thomas Hobbes*.[201] Dieser geht mit *Jean Bodin*, dem Schöpfer des klassischen Souveränitätsbegriffs,[202] davon aus, dass die Souveränität oberste Macht ist, d. h. unteilbar und allmächtig und auch gegen den Willen der Untertanen durchsetzbar. *Hobbes* gibt dabei die Idee auf, nach der die Souveränität in einem göttlichen oder natürlichen Gesetz fußt.[203] Für ihn ist der Staat eine fiktive juristische Person, dem die Individuen aus freien Stücken die Gesamtheit ihrer Rechte überschreiben. In diesem Kontext ist der Herrscher der Repräsentant dieses überindividuellen Staates. Er erfüllt so eine wesentliche Funktion, da es für *Hobbes* „die Repräsentation ist, die Souveränität hervorbringt und nicht umgekehrt [...]. Ohne souveränen Repräsentanten wird die Gesellschaft wieder zum Naturstaat."[204] Erst durch den Monarchen werde der Staat handlungsfähig und könne den inneren Frieden gewährleisten.[205] Genau diese Verbindung zwischen Repräsentation und Souveränität sieht man im berühmten Bild des Leviathans. Dieses biblische Ungeheuer besteht aus unzähligen Individuen, deren Haupt der Monarch ist.[206]

79 Vielleicht noch bekannter als die Metapher von *Hobbes* Leviathan ist der Ludwig XIV. zugeschriebene Ausspruch „L'Etat, c'est moi!", der gerne als Leitsatz des französischen Absolutismus zitiert wird. In dieser Metapher kommt jedenfalls auf prägnante Weise zum Ausdruck, wie sehr das französische Königtum jener Zeit dem Modell der absolutistischen Monarchie entsprach.[207] Mit der französischen Revolution und dem Übergang von der absoluten zur konstitutionellen Monarchie verlor der Monarch dann zwar seine Stellung als Souverän. Das Bedürfnis, die poli-

---

Verfassungslehre, 1928 (Nachdr., 10. Aufl., 2010), S. 282 ff.; *Haltern*, Was bedeutet Souveränität?, S. 11 ff.

[201] *Hobbes*, Leviathan, übersetzt von Mayer, 2012, Kap. XVIII.

[202] Zu den unterschiedlichen Souveränitätsbegriffen in rechtsvergleichender Perspektive vgl. *Wendel*, Permeabilität im europäischen Verfassungsrecht, 2011, S. 77 ff. Zur Entstehungsgeschichte vgl. insbesondere *Schliesky*, Souveränität und Legitimität von Herrschaftsgewalt, 2004, S. 59 ff.

[203] *Grimm*, Souveränität – Herkunft und Zukunft eines Schlüsselbegriffs, 2009, S. 32 f.

[204] *Jaume*, Représentation, in: Alland/Rials (Hrsg.), Dictionnaire de la culture juridique, 2003, S. 1328.

[205] *Grimm*, Souveränität – Herkunft und Zukunft eines Schlüsselbegriffs, 2009, S. 32 f.; *Goyard-Fabre*, La notion de souveraineté, in: Zarka (Hrsg.), Hobbes et son vocabulaire, 1992, S. 207 (217 ff.).

[206] "A multitude of men are made *One* person when they are by one man, or one person, represented; so that it be done with the consent of every one of that multitude in particular. For it is the *Unity* of the representer, not the *Unity* of the represented, that maketh the person one. And it is the representer that beareth the person, and but one person: and *Unity* cannot otherwise be understood in multitude": *Hobbes*, Leviathan, Cambrige University Press, 2003, S. 114. *Wiegand*, Zum Begriff des Staatsoberhaupts, AÖR 133 (2008), S. 475 (491) bemerkt dazu: Das Neue bei *Hobbes* ist „im Hinblick auf die Körpermetapher, dass *Hobbes* ihren metaphorischen Charakter reflektiert und übersteigt, indem er den Akt der Schöpfung dieses Körpers durch Verträge thematisiert".

[207] Dennoch wäre es falsch, dieses Modell allein auf Frankreich zu beschränken. Näher hierzu: *Grimm*, War das Deutsche Kaiserreich ein souveräner Staat?, in: Müller/Torp (Hrsg.), Das Deutsche Kaiserreich in der Kontroverse, 2009, S. 86 ff.

tische Macht zu verkörpern und zu repräsentieren, um den Staat handlungsfähig zu machen, blieb jedoch erhalten.[208]

bb) Das Staatsoberhaupt als Repräsentations- und Integrationsfigur

Heute ist die Wiedererrichtung einer Monarchie in Frankreich wie in Deutschland verfassungsrechtlich untersagt.[209] Aus diesem Verbot allein lässt sich allerdings nicht schließen, dass seither alle typisch monarchischen Wesenszüge der Verfassung ausradiert worden wären. Auch in Staaten mit republikanischen Regierungsformen wird gefordert, „die Einheit des Staates äußerlich sichtbar darzustellen [...]. Darin kann man sogar die Hauptfunktion jenes Organs erblicken, das die verschiedenen Verfassungen als Staatsoberhaupt berufen".[210] In bemerkenswerter Weise spiegelt sich diese Verkörperungsfunktion in der deutschen Sprache in der Bezeichnung „Staats*oberhaupt*" wider.[211] Freilich ist im Zuge der offenen Staatlichkeit das Festhalten am klassischen Souveränitätsbegriff in hohem Maße fragwürdig geworden. Der klassische Souveränitätsbegriff ist letztlich konzeptionell nicht in der Lage, mehrere aus jeweils autonomen Quellen stammende und auf den Bürger unmittelbar durchgreifende Hoheitsgewalten im Mehrebenensystem zu erfassen, ohne sein Kernmerkmal, die Einzigkeit, aufgeben zu müssen.[212] Trotz der durch Europäisierung und Internationalisierung grundlegend geänderten Rahmenbedingungen wirkt das historische Erbe aber zumindest im institutionellen Zuschnitt des Präsidentenamtes fort. Die klassischen Arbeiten der Weimarer Zeit von Autoren wie *Hans Kelsen*, *Rudolf Smend* oder auch *Carl Schmitt* haben ihre Relevanz dementsprechend nie ganz eingebüßt: Sie prägen – zumindest in Teilen – auch das gegenwärtige Verständnis des Präsidialamtes in Deutschland[213] mit und wurden außerdem auch in Frankreich rezipiert und diskutiert.[214]

80

---

[208] Vgl. Titel III, Art. 1 und 2 der Verfassung von 1791: „Die Souveränität ist einheitlich, unteilbar, unveräußerlich und unverjährbar. Sie gehört der Nation (...). Ihre Repräsentanten sind der gesetzgebende Körper und der König". Im Unterschied zum Corps législatif war der König aber nicht gewählt und ersterem daher nachgeordnet, vgl. *Grimm*, Souveränität – Herkunft und Zukunft eines Schlüsselbegriffs, 2009, S. 44.

[209] → *Vilain* § 3 Rn. 12 ff. u. 21 ff.

[210] *Kelsen*, Wer soll der Hüter der Verfassung sein?, Die Justiz 6 (1930/31), S. 576 (613), abgedruckt in: van Ooyen (Hrsg.), Wer soll der Hüter der Verfassung sein?, 2008, S. 58 (92).

[211] Zur Geschichte des Begriffs und zu ihrer Verwendung im Kontext des Grundgesetzes: *Nettesheim*, Amt und Stellung des Bundespräsidenten in der grundgesetzlichen Demokratie, in: Isensee/Kirchhof (Hrsg.), Handbuch des Staatsrechts III, 3. Aufl. 2005, § 61, Rn. 14; *Pernice*, in: Dreier (Hrsg.), GG II, 2. Aufl. 2006, Art. 54, Rn. 14 f.; *Stern*, Staatsrecht der Bundesrepublik Deutschland, Bd. 2, 1980, § 30 I 2, S. 190 f.

[212] Zur Problematik *Wendel*, Permeabilität im europäischen Verfassungsrecht, 2011, S. 97 ff. m. w. N. sowie im Kontext der Integrationsschranken → *Wendel* § 8 Rn. 62.

[213] Im Kontext des Präsidentenamtes statt vieler *van Ooyen*, Integration. Die antidemokratische Staatstheorie von Rudolf Smend im politischen System der Bundesrepublik, 2014.

[214] Näher zu *Schmitts* Einfluss in Frankreich → Rn. 92

81　In Anlehnung an die innere und äußere Dimension des klassischen Souveränitätsbegriffs weist die Repräsentationsfunktion des Staatsoberhaupts ebenfalls zwei Facetten auf. Nach außen übernimmt das Staatsoberhaupt die Rolle des Repräsentanten des Staates auf internationaler Ebene.[215] Gemäß der deutschen und der französischen Verfassung (Art. 52 Abs. 1 CF und Art. 59 Abs. 1 GG) obliegt es dem Bundes- bzw. Staatspräsidenten, völkerrechtliche Verträge zu ratifizieren und Diplomaten zu akkreditieren.[216]

82　Politisch bedeutsamer als diese internationale Repräsentationsfunktion ist die innerstaatliche. In ihr drückt sich nach der klassischen Formulierung von *Hans Kelsen* die „unverzichtbare Forderung nach einer mehr als formalen, nach einer materialen Einheit des Staates *symbolisch* aus".[217] Diese Betonung der Symbolkraft des Präsidialamtes verdeutlicht, dass sich diese Funktion kaum aus den sachlichen Kompetenzen des Staatsoberhaupts ergibt. Mit anderen Worten: Während die auswärtige Funktion sich noch anhand rechtlicher Handlungsbefugnisse fassen lässt, kann die innerstaatliche Repräsentationsfunktion verfassungsrechtlich kaum erschlossen werden.

83　Besonders deutlich wird dies im deutschen Verfassungsrecht. Wenn das Bundesverfassungsgericht wie vor Kurzem entscheidet, dass der Bundespräsident „eine integrierende, die Einheit des Staates und des Volkes repräsentierende Autorität"[218] sein soll, so bezieht es sich nicht auf explizite Bestimmungen des Grundgesetzes, sondern auf die Vorstellung des Verfassungsgebers der Jahre 1948/1949 und auf eine seitdem verfestigte Verfassungstradition. Ferner heißt es: „Der Bundespräsident hat neben der Wahrnehmung der ihm durch die Verfassung ausdrücklich zugewiesenen Befugnisse *kraft seines Amtes* insbesondere die Aufgabe, im Sinne der Integration des Gemeinwesens zu wirken".[219] Auch im französischen Verfassungsrecht wird dieser Ansicht gefolgt. Zwar besagt Art. 5 CF, dass der Präsident Schiedsrichter, Hüter der Verfassung und Garant der nationalen Unabhängigkeit ist. Es wird aber, unabhängig von der Frage, ob der Begriff „Schiedsrichter" als moralischer Vermittler in Krisensituationen oder als übergeordneter politischer Entscheidungsträger zu verstehen ist, einhellig anerkannt, dass diese Bestimmung in sehr allgemeiner Weise die innerstaatliche und vor allem die politische Funktion des Staatsoberhaupts *umschreibt,* anstatt ihm juristisch fassbare Befugnisse zu übertragen.[220]

84　Wenn im Zusammenhang mit dieser innerstaatlichen Repräsentationsfunktion vom „Staat" die Rede ist, ist also nicht die Rechtsordnung, sondern das Gemein-

---

[215] Eingehend hierzu *Société française pour le droit international*, Le Chef d'Etat et le droit international, 2002; vgl. auch *Lagrange*, La représentation institutionnelle dans l'ordre international, 2002.

[216] → *Wendel* § 8 Rn. 24–26.

[217] *Kelsen*, Wer soll der Hüter der Verfassung sein?, Die Justiz 6 (1930/31), S. 576 (613), abgedruckt in: van Ooyen (Hrsg.), Wer soll der Hüter der Verfassung sein?, 2008, S. 58 (92).

[218] BVerfG, Urt. v. 10.6.2014, 2 BvE 2/09 u. 2 BvE 2/10, Rn. 91 ff.

[219] BVerfG, Urt. v. 10.6.2014, 2 BvE 4/13, Rn. 21 (Hervorh. hinzugefügt).

[220] Vgl. *Ardant*, L'article 5 et la fonction présidentielle, Pouvoirs 41 (1987), S. 37 ff.; *Grote*, Das Regierungssystem der V. französischen Republik, 1995, S. 223 ff. Näher hierzu → Rn. 90.

wesen gemeint.[221] Fraglich ist, welche Schlussfolgerungen hieraus zu ziehen sind. Mit der Repräsentationsfunktion könnte mit *Carl Schmitt* „kein normativer Vorgang, kein Verfahren und keine Prozedur, sondern etwas *Existentielles*"[222] gemeint sein. Repräsentieren hieße dann „ein unsichtbares Sein durch ein öffentlich anwesendes Sein sichtbar machen und vergegenwärtigen".[223] Dass das Staatsoberhaupt den „wahren" Willen eines einheitlichen Volkes zum Ausdruck bringen solle oder könne, beruht indes auf einer fehlgehenden Prämisse, nämlich der irrigen Annahme, es gebe einen als solchen identifizierbaren wahren Staatswillen, der durch das Staatsoberhaupt sichtbar und erfahrbar gemacht werden könne.[224] Im Gegensatz zur *Schmitt*schen Deutung legte *Rudolf Smend* dar, dass die Repräsentationsfunktion des Staatsoberhaupts vielmehr mit einer „personellen Integration"[225] einhergehe. Dieser zufolge solle das Staatsoberhaupt die Interessensgegensätze einer pluralistischen und offenen Gesellschaft thematisieren und mitbegleiten. Diese integrierende Funktion, die das heutige Verständnis des Präsidentenamtes immer noch prägt, definierte *Smend* wie folgt: „Es ist mehr oder weniger der Sinn der Stellung aller Staatshäupter, die Einheit des Staatsvolkes zu ‚repräsentieren' oder zu ‚verkörpern', d. h. ein Symbol für sie zu sein, wie es Fahnen, Wappen, Nationalhymnen in mehr sachlichem und funktionellem Typus sind. Diese Einheit selbst ist aber nichts Festes, Statisches, das hier nur gewissermaßen anschaulich gemacht, gezeigt, ins Gedächtnis gerufen würde, sondern sie lebt als geistige Wirklichkeit nur in fortdauerndem Flusse geistigen Lebens".[226]

Für unseren Vergleich sind diese theoretischen Definitionen der Repräsentations- und Integrationsfunktion des Staatsoberhaupts durchaus relevant. Sie heben hervor, welche geistig-moralischen Erwartungen mit dem Amt des Staatsoberhaupts, aber auch mit dem Amtsinhaber selbst verbunden werden können. Mit anderen Worten: „Die in eine Integrationstheorie umgedeutete staatsrechtliche Repräsentationslehre nähert sich einer Lehre des politischen Symbolismus und ihr juristischer Gehalt zerrinnt unter den Fingern".[227]

---

[221] Grundlegend: *Kelsen*, Vom Wesen und Wert der Demokratie, 2. Aufl. 1929, S. 14 ff., abgedruckt in: Jestaedt/Lepsius (Hrsg.), Verteidigung der Demokratie. Abhandlungen zur Demokratietheorie, 2006, S. 153 (162 ff.).

[222] *Schmitt*, Verfassungslehre, 1928 (Nachdr., 10. Aufl. 2010), S. 209.

[223] Ebd., S. 209.

[224] Kritisch zu *Schmitts* Auffassung *Kelsen*, Wer soll der Hüter der Verfassung sein?, Die Justiz 6 (1930/31), S. 576 (615 ff.), abgedruckt in: van Ooyen (Hrsg.), Wer soll der Hüter der Verfassung sein?, 2008, S. 58 (94 ff.).

[225] Zum Integrationskonzept als grundlegendem Lebensvorgang des Staates: *Smend*, Verfassung und Verfassungsrecht, 1928, in: ders. (Hrsg.), Staatsrechtliche Abhandlungen, 3. Aufl., 1994, S. 121 (136 ff.).

[226] Ebd., S. 144 ff. Für eine Übernahme, vgl. *Pernice*, in: Dreier (Hrsg.), GG II, 2. Aufl. 2006, Art. 54, Rn. 29; *Morlok/Michael*, Staatsorganisationsrecht, 2013, Rn. 856. Kritisch *van Ooyen*, Integration. Die antidemokratische Staatstheorie von Rudolf Smend im politischen System der Bundesrepublik, 2014, S. 83 ff.

[227] *Kimminich*, Das Staatsoberhaupt in der parlamentarischen Demokratie, VVDStRL 25 (1967), S. 2 (58).

86 Diese moralische Vorbildfunktion des Amtes und dieses personelle Moment machen im Kontext des Grundgesetzes zweifelsohne *die* Besonderheit des Staatsoberhaupts aus, denn der Einfluss des Bundespräsidenten basiert vor allem auf der Symbolkraft und dem hohen Ansehen des Amtes.[228] Das wird jüngst in einer Entscheidung des Bundesverfassungsgerichts zur Äußerungsbefugnis des Bundespräsidenten in Bezug auf politische Parteien unter besonderer Betonung des präsidialen Gestaltungsspielraums klargestellt: „Wie der Bundespräsident seine Repräsentations- und Integrationsaufgaben mit Leben erfüllt, entscheidet der Amtsinhaber grundsätzlich selbst. Besteht eine wesentliche Aufgabe des Bundespräsidenten darin, durch sein öffentliches Auftreten die Einheit des Gemeinwesens sichtbar zu machen und diese Einheit *mittels der Autorität des Amtes* zu fördern, muss ihm insoweit ein weiter Gestaltungsspielraum zukommen. Der Bundespräsident kann [...] den mit dem Amt verbundenen Erwartungen nur gerecht werden, wenn er auf gesellschaftliche Entwicklungen und allgemeinpolitische Herausforderungen entsprechend seiner Einschätzung eingehen kann und dabei in der Wahl der Themen ebenso frei ist, wie in der Entscheidung über die jeweils angemessene Kommunikationsform".[229]

87 Aber auch im Kontext der französischen Verfassung machen moralische Vorbildfunktion und personelles Moment zumindest *eine* Besonderheit des Amtes des Staatsoberhaupts aus. Zwar verfügt der französische Staatspräsident über eine Kompetenz- und Machtfülle, welche diejenige des Bundespräsidenten weit übersteigt. Im Unterschied zum Amt des Bundespräsidenten hängen deshalb Sinn und Notwendigkeit des Amtes des Staatspräsidenten nicht vorwiegend von der vorbildlichen Amtsführung des jeweiligen Amtsinhabers ab. Dennoch ist dieser subjektive Faktor angesichts der Direktwahl des französischen Staatspräsidenten von erheblicher Bedeutung. Ferner wird in beiden Ländern in vergleichbarer Weise von der moralischen Erhabenheit und Würde des Amtes gesprochen[230] und insbesondere in Frankreich gar von einem angeblichen „*style présidentiel*", einem besonderen präsidialen Stil.[231] Dies veranschaulicht auch die protokollarische Vorrangstellung des Bundespräsidenten und des Staatspräsidenten, die als höchste Verfassungsorgane gelten.[232] In beiden Ländern wird von dem Staatsoberhaupt erwartet, dass es über der Parteipolitik steht und durch seine Wort- und Redemacht gesamtgesellschaftliche Themen anspricht. Ob diese Erwartungen erfüllt werden, hängt freilich vom jeweiligen Amtsinhaber ab. Unabhängig von den mehr oder weniger erfolgreichen Leistungen der verschiedenen Amtsinhaber bleibt es aber letztlich fragwürdig, ob

---

[228] So *Isensee,* Braucht die Republik einen Präsidenten?, NJW 1994, S. 1329.
[229] BVerfG, Urt. v. 10.6.2014, 2 BvE 4/13, Rn. 22 (Hervorh. hinzugefügt).
[230] *Pernice,* in: Dreier (Hrsg.), GG II, 2. Aufl. 2006, Art. 54, Rn. 16; *Schmitt,* Verfassungslehre, 1928 (Nachdr., 10. Aufl. 2010), S. 121.
[231] Über *Sarkozys* umstrittenen „Style présidentiel": *Avril/Gicquel,* Chroniques constitutionnelles françaises, Revue Pouvoirs 138 (2011), S. 151 (177).
[232] Näher hierzu *Grote,* Das Regierungssystem der V. französischen Republik, 1995, S. 213 f.; *Nettesheim,* Amt und Stellung des Bundespräsidenten in der grundgesetzlichen Demokratie, in: Isensee/Kirchhof (Hrsg.), Handbuch des Staatsrechts III, 3. Aufl. 2005, § 61, Rn. 14.

in offenen, komplexen und globalisierten Gesellschaften sowie in Anbetracht des wachsenden Strebens nach der Berücksichtigung von (gesellschaftlichem) Pluralismus eine solche Repräsentationsfunktion durch eine Einzelperson noch zeitgemäß sein kann.[233]

cc) Die politische Autorität des Staatspräsidenten im Spiegel der staatsnotariellen Funktion des Bundespräsidenten

Trotz dieser funktionellen Gemeinsamkeit kann man die politische Stellung des Staatsoberhaupts in Frankreich und Deutschland nicht gleichstellen. Die Unterschiede zwischen beiden Ländern hinsichtlich der politischen Bedeutung des Präsidentenamtes sind ohne die Geschichte der Weimarer Republik und *Hitlers* Machtergreifung bzw. ohne die Geschichte der III. und IV. Republik nicht zu verstehen. Diese historische Folie wurde bereits im ersten Kapitel dargestellt, sodass auf sie hier nur kurz hingewiesen wird.[234] In diesem Abschnitt soll der Akzent hingegen auf einer Kontrastierung von deutschem und französischem Verfassungsrecht mit Blick auf die Autorität des Präsidentenamtes liegen.

Um einen Rückfall in die politische Instabilität der III. und IV. Republik zu vermeiden, sollte mit der Verfassung der V. Republik die Autorität des Präsidenten gestärkt werden. Dieser wurde somit zum „Grundpfeiler" bzw. zum „Schlussstein" des Systems erhoben. So sah es jedenfalls General *de Gaulle*, für den das zentrale Anliegen der V. Republik darin lag, einen Ausgleich zwischen monarchischen und republikanischen Traditionen zu finden, sodass aus dem Amt des Staatsoberhauptes letztendlich ein „republikanischer Monarch" werden sollte.[235]

Die Gründe dieser Vorrangstellung des Staatspräsidenten fußen demnach vornehmlich auf *de Gaulles* Amtsverständnis und seiner Amtsführung und nicht unbedingt auf dem Verfassungstext selbst. Das belegt die Formulierung des Art. 5 CF. Demzufolge wacht der Präsident der Republik „über die Einhaltung der Verfassung. Mittels seiner Schiedsgewalt stellt er die ordnungsgemäße Ausübung der öffentlichen Gewalten sowie den Bestand des Staates sicher. Er ist Garant der nationalen Unabhängigkeit, der Unversehrtheit des Staatsgebietes und der Einhaltung der Verträge". Diese Bestimmung, die die politische Stellung des Staatsoberhaupts um-

---

[233] Kritisch schon: *Kelsen*, Allgemeine Staatslehre, 1925, S. 369; *Merkl*, Die monarchische Befangenheit der deutschen Staatsrechtslehre, Schweizerische Juristenzeitung 1920, S. 378 ff. Vgl. heute: *van Ooyen*, Integration. Die antidemokratische Staatstheorie von Rudolf Smend im politischen System der Bundesrepublik, 2014, S. 55 ff. Für einen kulturellen Vergleich mit den USA: *Haltern*, Obamas politischer Körper, 2009.

[234] → *Gaillet* § 2 Rn. 7 ff.

[235] Diese Auffassung thematisierte *de Gaulle* bereits 1958 in seiner Antrittsrede, in der er sich als „Führer Frankreichs und Chef des republikanischen Staates" präsentierte. Vgl. dazu *Peyrefitte*, Le Mal français, 1978, S. 56. Der Ausdruck „Republikanischer Monarch" geht anscheinend auf die Arbeit einer deutschen Forschergruppe zurück, vgl. *Zürn*, Die republikanische Monarchie: Zur Struktur der Verfassung der V. Republik in Frankreich, 1965. Sie wurde jedenfalls durch *Duverger* in Frankreich eingeführt, *Duverger*, Monarchie républicaine, 1974.

schreibt, zeugt vom Kompromisscharakter der Verfassung. Er ist nicht nur allgemein sondern auch mehrdeutig gefasst. Für die Anhänger eines parlamentarischen Regimes war nämlich die Schiedsrichtergewalt des Staatspräsidenten, wie in der III. und IV. Republik, als Vermittlungsfunktion auszulegen, während *de Gaulles* Amtsverständnis zufolge dadurch die Überlegenheit und Autorität des Staatschefs zum Ausdruck gebracht wurden.[236] Aufgrund dieser Mehrdeutigkeit waren beide Auslegungen zulässig. Ausschlaggebend war daher letztendlich die Verfassungspraxis.

91 Angesichts der politischen Vorrangstellung des Staatspräsidenten, die weit über den Wortlaut der Verfassung hinausgeht, wurde den Institutionen der V. Republik vorgeworfen, von einer „Mystik des Staatschefs" geprägt zu sein, die von autoritären Zügen gekennzeichnet sei.[237] Diese spezifische Prägung kann aber nicht allein auf die monarchische Tradition zurückgeführt werden. Sie knüpft vielmehr an den „demokratischen Cäsarismus" an, der in den napoleonischen Regimen (1799–1814; 1851–1870) seinen beispielhaften Niederschlag fand und *de Gaulles* Verfassungskonzept ebenfalls beeinflusst hat.[238]

92 Aufschlussreich für den Vergleich, aber zugleich umstritten ist die Frage, ob die Weimarer Verfassung eine positive Vorbildfunktion für die französische Verfassung von 1958 besaß.[239] Hier wird oft auf den Einfluss des Juristen *René Capitant* hingewiesen, der damals *de Gaulle* in verfassungsrechtlichen Fragen beriet und ein großer Kenner der Weimarer Republik und der Lehre *Carl Schmitts* war.[240] Eindeutig sei daher, so die These, der Zusammenhang zwischen *de Gaulles* Konzeption der Präsidentschaft und dem Idealbild des Weimarer Reichspräsidenten als einem „Hüter der Verfassung" und „republikanisiertem Monarchen", das der umstrittene *Carl Schmitt*[241] damals entworfen hatte. Auch wenn die Frage des konkreten Einflusses des Weimarer Modells auf die V. Republik hier letztlich offen bleiben kann, ist

---

[236] *Grote*, Das Regierungssystem der V. französischen Republik, 1995, S. 225. *Heseler*, Der Präsident der französischen Republik zwischen Verfassungswortlaut und Wirklichkeit, DÖV 2007, S. 585 (586 f.). Siehe auch *Beaud*, Les mutations de la Ve République, Revue Pouvoirs 99 (2001), S. 19 (27 ff.).

[237] Diese Kritik wurde schon 1964 in einem politischen Pamphlet geäußert, das aus der Feder von *Mitterrand* stammte: *Mitterrand*, Le coup d'Etat permanent, 1964. 1981 wurde ausgerechnet der schärfste Kritiker dieses Regimes selbst als Staatspräsident gewählt und bekleidete von nun an dieses Amt sicherlich wie keiner zuvor. Für eine radikale Kritik: *François*, Misères de la Ve République, 2007; *François/Montebourg*, La Constitution de la 6e République. Réconcilier les Français avec la démocratie, 2005.

[238] *Jouanjan*, Grundlagen und Grundzüge staatlichen Verfassungsrechts, in: v. Bogdandy et al. (Hrsg.), Ius Publicum Europaeum I, 2007, § 2 Frankreich, Rn. 16.

[239] Zum Vergleich zwischen der Stellung des Reichspräsidenten und des französischen Staatspräsidenten, vgl. *Haungs*, Überparteiliches Staatsoberhaupt und parlamentarische Parteiregierung, in: Festgabe für Dolf Sternberger zum sechzigsten Geburtstag, 1968, S. 340 ff.

[240] *Jouanjan*, Grundlagen und Grundzüge staatlichen Verfassungsrechts, in: v. Bogdandy et al. (Hrsg.), Ius Publicum Europaeum I, 2007, § 2 Frankreich, Rn. 28. Dagegen: *Brunet*, Vouloir pour la Nation, 2005, S. 320 ff.; *Le Divellec*, Diskussionsbeitrag in: Grewe/Gusy (Hrsg.), Französisches Staatsdenken, 2002, S. 253 (260).

[241] Grundlegend *Schmitt*, Der Hüter der Verfassung, 1931; *ders.*, Verfassungslehre, 1928 (Nachdr., 10. Aufl. 2010), S. 291.

jedenfalls eine Ähnlichkeit zwischen dem französischen Staatspräsidenten und dem deutschen Reichspräsidenten der Weimarer Zeit festzustellen. Für den Vergleich ist sie in besonderem Maße relevant. Denn durch sie tritt der Kontrast zwischen dem geltenden französischen und deutschen System besonders deutlich zu Tage.

Im Deutschland der Nachkriegszeit stellte das Amt des Reichspräsidenten aufgrund der Erfahrungen aus der Weimarer Zeit und der nationalsozialistischen Diktatur den negativen Bezugspunkt zum Staatsoberhaupt unter dem Grundgesetz dar. Im Gegensatz zum Reichspräsidenten, der noch unmittelbar vom Volk gewählt war und eine prominente Stellung im Institutionengefüge des Deutschen Reiches innehatte, sollte der Bundespräsident unter dem Grundgesetz nur noch die Funktion eines indirekt gewählten Staatsnotars erfüllen. Die Gründe, welche von den Verfechtern einer Abschaffung des Präsidialamtes regelmäßig angegeben werden, reflektieren diese gegensätzlichen Ausgangspunkte bis heute. In Deutschland wird bisweilen die Notwendigkeit dieses Amtes wegen seiner angeblichen Belanglosigkeit bezweifelt. In Frankreich wiederum bemängelt man die zu starke „Präsidentialisierung" des Regimes.[242]

Aufgrund der Verwandtschaft zwischen dem deutschen Reichspräsidenten der Weimarer Republik und dem französischen Staatspräsidenten ist nicht auszuschließen, dass die Erfahrungen aus der Weimarer Zeit, insbesondere für die deutschen Leserinnen und Leser, einen Schatten auf die politische Autorität des französischen Staatspräsidenten werfen. Sie könnte als mit obrigkeitsstaatlichen Züge behaftet erscheinen und dementsprechend Zweifel, wenn nicht sogar Befremdung hervorrufen.[243] Zweifellos sind die Machtfülle und der politische Einfluss des französischen Staatspräsidenten bedeutsam und jedenfalls erheblicher als die des Bundespräsidenten. Auch ist die lebendige Erinnerung an *de Gaulles* hegemonistische Amtsführung immer noch prägend. Und dennoch darf die politische Vorrangstellung des französischen Staatspräsidenten nicht überschätzt werden. Überdies griffe es umgekehrt zu kurz, den Bundespräsidenten allein auf seine Funktion als Staatsnotar zu reduzieren. Einerseits ist er weniger als andere Verfassungsorgane durch Rechts- und Sachzwänge determiniert und bleibt in seiner öffentlichen Breitenwirkung daher weniger beschränkt.[244] Anderseits verfügt er insbesondere in Krisensituationen über eine gewisse politische Gestaltungsfreiheit.[245]

---

[242] Vgl. zu Frankreich *Ponthoreau*, Le Président de la République, une fonction à la croisée des chemins, Revue Pouvoirs 99 (2001), S. 33 ff.; *Avril*, Un Président, pourquoi faire?, 1965. Für Deutschland *Isensee*, Braucht die Republik einen Präsidenten? NJW 1994, S. 1329 f.
[243] Beispielhaft dafür: *Kirch*, Von einigen Merkwürdigkeiten des französischen Staatsverständnisses, in: Grewe/Gusy (Hrsg.), Französischen Staatsdenken, 2002, S. 25 (39 ff.); vgl. auch Langeron, Frankreich – eine verfassungsrechtliche Anomalie?, JZ 1996, S. 170 ff.
[244] *Grimm*, Der Bundespräsident, FAZ vom 19.1.2012, S. 29.
[245] Dazu näher → Rn. 132 ff.

b) Wahl und Amtsdauer

95   Die Stellung des Staatsoberhauptes im politischen System wird auch durch die Art und Weise der Bestellung des Amtsinhabers maßgeblich geprägt. Dabei unterscheiden sich die beiden Länder in frappierender Weise sowohl angesichts des Wahlkörpers als auch mit Blick auf den Wahlakt und die Rückkoppelung an die Parlamentswahlen.

aa) Wahlkörper und demokratische Legitimation des Staatsoberhaupts

96   Bedeutsame Unterschiede bestehen zunächst im Hinblick auf den Wahlkörper und die demokratische Legitimation des Staatsoberhaupts. Während der französische Staatspräsident direkt vom Volk gewählt wird, erfolgt die Wahl des Bundespräsidenten nach Art. 54 Abs. 1 GG durch die Bundesversammlung. Dieses Wahlgremium wird als „Kreationsorgan" umschrieben und hat einzig und allein die Aufgabe, den Bundespräsidenten zu wählen. Gemäß Art. 54 Abs. 3 GG besteht die Bundesversammlung „aus den Mitgliedern des Bundestages und einer gleichen Anzahl von Mitgliedern, die von den Volksvertretungen der Länder nach den Grundsätzen der Verhältniswahl gewählt werden". In der Praxis werden von den Landtagen neben prominenten Sportlern oder Künstlern vorwiegend Landtagsabgeordnete entsandt.[246] In dieser besonderen Zusammensetzung soll sich die Bundestaatlichkeit Deutschlands widerspiegeln. Die Bundesversammlung selbst zählt zu den Verfassungsorganen, obgleich es sich um ein nichtständiges Verfassungsorgan handelt. Es stellt sich allerdings die Frage, ob sie als Verfassungsorgan des Bundes[247] oder als gesamtstaatliches Verfassungsorgan einzuordnen ist. Letzteres scheint angesichts ihrer Zusammensetzung und angesichts der Kompetenz, den Bundespräsident als Vertreter des Gesamtstaates zu wählen, passender zu sein.[248]

97   Wenn die einstige Bezeichnung der Bundesversammlung durch *Carlo Schmid* als „höchste Gesamtvertretung des deutschen Volkes überhaupt"[249] sicherlich hochgegriffen ist, bringt sie doch deutlich zum Ausdruck, dass der Bundespräsident unter den Verfassungsorganen des Grundgesetzes wohl über die stärkste mittelbare

---

[246] *Umbach*, in: Clemens/Umbach (Hrsg.), GG Mitarbeiterkommentar, Band II, 2002, Art. 54, Rn. 62. Insgesamt besteht die Bundesversammlung aus etwa 1.200 Mitgliedern.

[247] So *Nettesheim*, Die Bundesversammlung und die Wahl des Bundespräsidenten, in: Isensee/Kirchhof (Hrsg.), Handbuch des Staatsrechts III, 3. Aufl. 2005, § 63, Rn. 1.

[248] Vgl. *Morlok/Michael*, Staatsorganisationsrecht, 2013, Rn. 847. Dies lässt sich ebenfalls in Anlehnung an die Unterscheidung zwischen Gesamtstaat, Bund und Länder – die sogenannte Dreigliedrigkeitstheorie des Bundesstaates – rechtfertigen. Grundlegend hierzu: *Kelsen*, Allgemeine Staatslehre, 1925, S. 199 f.

[249] *Schmid* in der 10. Sitzung des Hauptausschusses des Parlamentarischen Rates v. 30.11.1948, in: Parlamentarischer Rat, Verhandlungen des Hauptausschusses 1948/49, S. 290.

§ 4 Parlament – Präsident – Regierung 171

Legitimation verfügt.²⁵⁰ Vom Bundesverfassungsgericht wurde dies jüngst festgestellt: Um einerseits den Bundespräsidenten von den Organen der Legislative abzuheben und andererseits „die Wurzeln seiner Wahl [...] so tief wie möglich in das Volk hineinreichen zu lassen und die Wahl auf eine möglichst breite Basis zu stellen, wurde mit der Bundesversammlung ein besonderes, großes und mit Absicht nicht homogen zusammengesetztes Wahlgremium geschaffen".²⁵¹

Bis 1962 wurde der französische Staatspräsident auch von einem Wahlgremium gewählt, das sich aus 81.764 Wahlmännern – Abgeordneten, Senatoren, Bürgermeistern, Gemeinde- sowie Departementsräten – zusammensetzte.²⁵² **98**

Trotz dieser breiten Basis sah *de Gaulle* in der indirekten Wahl eine Gefahr für die überparteiische Vorrangstellung des Staatspräsidenten und die nachhaltige Verankerung des Regimes. Die Abgeordneten, die bislang die einzig direkt vom Volk gewählten Vertreter waren, hätten sich auf diese größere Legitimation berufen können, um ihre Vormachtvorstellung aus früheren Zeiten zurückzugewinnen und den Staatspräsidenten an den Rand zu drängen.²⁵³ Zwar bestand diese Gefahr im Fall *de Gaulles* kaum. Er genoss ein außerordentliches und einmaliges Ansehen aufgrund seiner Rolle als Führer des Widerstands im Zweiten Weltkrieg und als „Retter" Frankreichs in der Algerienkrise. Es war ihm aber bewusst, dass sich nicht alle seine Nachfolger auf ein solches historisches Schicksal (*équation personnelle*) würden berufen können. Gewissermaßen ersatzweise sollte die Direktwahl den siegreichen Kandidaten die entscheidende politische Legitimität verschaffen und sie auf diese Weise dem parteipolitischen Streit entziehen.²⁵⁴ Kurz nach dem Ende des Algerienkriegs bekam *de Gaulle* anlässlich des gegen ihn gerichteten Attentats von *Petit-Clamart* im August 1962 die Gelegenheit, die Reform des Präsidentenwahlmodus einzuleiten. **99**

Hierfür war allerdings eine Änderung der Bestimmungen der Verfassung erforderlich, die das Wahlverfahren regelten. Diese Verfassungsänderung wurde rasch zur Machtprobe mit den politischen Parteien. Gemäß Art. 89 Abs. 2 CF muss der Verfassungsänderungsentwurf des Staatspräsidenten von beiden Kammern im gleichen Wortlaut verabschiedet werden, um anschließend dem Volk vorgelegt werden zu können. Wohlwissend, dass er für seine Pläne sicherlich keine Mehrheit im Senat und voraussichtlich auch nicht in der Assemblée Nationale würde gewinnen können, entschied sich *de Gaulle*, dieses Verfahren der Verfassungsrevision zu umgehen und sich stattdessen des Referendumsverfahrens nach Art. 11 CF zu bedienen. Danach kann der Präsident der Republik auf Vorschlag der Regierung jeden Gesetzesent- **100**

---

²⁵⁰ Dazu *Nettesheim*, Amt und Stellung des Bundespräsidenten in der grundgesetzlichen Demokratie, in: Isensee/Kirchhof (Hrsg.), Handbuch des Staatsrechts III, 3. Aufl. 2005, § 61, Rn. 29.
²⁵¹ BVerfG, Urt. v. 10.6.2014, 2 BvE 2/09 u. 2 BvE 2/10, Rn. 97.
²⁵² Vgl. *Hartmann/Kempf*, Staatsoberhäupter in der Demokratie, 2012, S. 34.
²⁵³ *Grote*, Das Regierungssystem der V. französischen Republik, 1995, S. 204 ff.
²⁵⁴ Vgl. *Jouanjan*, Grundlagen und Grundzüge staatlichen Verfassungsrechts, in: v. Bogdandy et al. (Hrsg.), Ius Publicum Europaeum I, 2007, § 2 Frankreich, Rn. 32; *Mengel*, Die Verfassung der französischen Republik, JÖR 30 (1981), S. 21 ff.

wurf zum Volksentscheid bringen, welcher – unter anderem – die Organisation der öffentlichen Gewalten betrifft.[255]

101 Weil diese Bestimmung für die einfache Gesetzgebung und nicht für Verfassungsänderungen vorgesehen war, löste *de Gaulles* Entscheidung in der Politik, aber auch im Schrifttum, einen Sturm der Entrüstung aus.[256] Zu Recht wurde sie aufgrund ihrer Verfassungswidrigkeit als Verfassungsbruch oder gar als „Coup d'Etat" wahrgenommen.[257] Politisch war sie jedenfalls eine Meisterleistung. Nachdem die Abgeordneten aus Protest gegenüber dem Verfahren der Regierung *Pompidou* das Vertrauen durch die Annahme eines Misstrauensantrags entzogen hatten, löste *de Gaulle* die Nationalversammlung auf. Es folgten der erfolgreiche Volksentscheid vom 28. Oktober 1962 und einige Wochen später der Sieg von *de Gaulles* frisch gegründeter Partei und deren Verbündeten bei den Parlamentswahlen.

102 Soweit mit der Einführung der Direktwahl die nachhaltige Verankerung der Verfassung von 1958 nach *de Gaulles* Ausscheiden bezweckt worden war, ist das Kalkül aufgegangen. Im Vergleich zu den früheren Regimen zeichnet sich die V. Republik sicherlich durch eine viel höhere politische Stabilität aus.[258] Die demokratisch legitimitätsstiftende Wirkung der Direktwahl für *de Gaulles* Nachfolger hat sich verwirklicht und wurde durch eine starke Personalisierung der Wahl erreicht. In der direkten Persönlichkeitswahl spielt das subjektive Moment eine entscheidende Rolle. Metaphorisch und nicht ohne Pathos wird der Sieg regelmäßig als „die Zusammenkunft einer Person mit dem französischen Volk" definiert. Dementsprechend sind die Kandidaten bemüht, sich über ihre Partei hinaus als „Präsidenten aller Franzosen" zu inszenieren. Ihr Wahlprogramm distanziert sich nicht selten in einigen Punkten von dem ihrer jeweiligen Parteien. Die Reform hat ferner maßgeblich dazu beigetragen, dass die Präsidentschaftswahl zum Dreh- und Angelpunkt des politischen Lebens Frankreichs geworden ist. Die präsidialdemokratischen Wesenszüge des Amtes wurden dadurch erheblich verstärkt und die Vorrangstellung des Staatspräsidenten gesichert.[259]

103 Von dem weiteren Zweck, „die Verurteilung des desaströsen Parteienregimes[260]" zu besiegeln und dem Staatspräsidenten eine übergeordnete Distanz gegenüber der Tagespolitik zu ermöglichen, lässt sich das freilich nicht sagen. Vielmehr wurde die zentrale Bedeutung der Parteien im Rahmen der V. Republik offenbar. Diese sind zu unersetzlichen „Maschinen zur Erstellung von Präsidentschaftskandidaten[261]"

---

[255] → *Marsch* § 5 Rn 65 f.

[256] Dazu *Heseler*, Der Präsident der französischen Republik zwischen Verfassungswortlaut und Wirklichkeit, DÖV 2007, S. 585 (588); *Grote*, Das Regierungssystem der V. französischen Republik, 1995, S. 59 f.

[257] Es ist strittig, ob diese Praxis, die vom Verfassungsrat nicht geprüft wurde, da er sich als unzuständig erklärte, seitdem als neuer Weg der Verfassungsrevision gelten kann. Zu dieser Problematik: *Favoreu et al.*, Droit constitutionnel, 15. Aufl. 2013, Rn. 1116 ff.; → *Marsch* § 5 Rn. 67.

[258] → *Gaillet* § 9 Rn. 5 ff.

[259] Vgl. *Beaud*, Les mutations de la Ve République, Revue Pouvoirs 99 (2001), S. 19 (24).

[260] *Jouanjan*, Grundlagen und Grundzüge staatlichen Verfassungsrechts, in: v. Bogdandy et al. (Hrsg.), Ius Publicum Europaeum I, 2007, § 2 Frankreich, Rn. 109.

[261] Ebd. Rn. 32.

geworden. Ihre Unterstützung ist nicht allein angesichts des logistischen und finanziellen Aufwands einer Wahlkampagne eine unerlässliche Voraussetzung für eine siegreiche Präsidentschaftskandidatur, sondern auch für die spätere erfolgreiche Umsetzung des Wahlprogramms des gewählten Präsidenten.[262] Vor allem hat die Direktwahl das Rollenverständnis des Präsidenten vollkommen verändert. Wenngleich sie mit der Erwartung verbunden ist, aufgrund ihrer legitimitätsstiftenden Wirkung den siegreichen Kandidaten zu einer der Parteipolitik übergeordneten Figur – kurzum zum Staatsoberhaupt – zu küren, erfüllt diese Wahl zugleich die Funktion, einen Staatschef einzusetzen, der die Regierungspolitik bestimmen und leiten soll. Hierin liegt eine Ambivalenz bzw. sogar ein Widerspruch, der sich letztlich eher zugunsten dieser regierungspolitischen Funktion gelöst hat.[263] Das unterscheidet den französischen Staatspräsidenten vom deutschen Bundespräsidenten in besonders markanter Weise. Diese Entwicklung hat sich mit der jüngsten Einrichtung von Vorwahlen (*primaires*) in Frankreich noch einmal verfestigt.[264]

bb) Wahlverfahren: Von den Vorwahlen zum Wahlakt

104 Vorwahlen gibt es in Deutschland nicht. Die Wahl des Bundespräsidenten findet ohne eigentlichen Wahlkampf statt. Daher erübrigt sich auch eine entsprechende Wahlkampffinanzierung.[265] Die Entscheidung über die Aufstellung von Kandidaten für das Amt des Bundespräsidenten wird zunächst parteiintern besprochen. Im Fall einer ersten Wahl treten generell mehrere Kandidaten gegeneinander an. Besonders auffällig im Vergleich zu Frankreich ist insbesondere, dass unter gewissen Umständen eine parteiübergreifende Absprache anvisiert wird. Die Einigung von CDU/CSU, SPD, FDP und Bündnis 90/Die Grünen auf die Kandidatur des parteilosen Bürgerrechtlers *Joachim Gauck* im Februar 2012 ist dafür beispielhaft, ebenso wie die Wahl des deutschen Bundespräsidenten im Jahr 1989, als *Richard von Weizsäcker* als einziger Kandidat auftrat. Auch wenn man seit den Bundespräsidentenwahlen von 2009 von „einer neuen Praxis im Wahlkampf um das höchste Amt"[266] sprechen könnte, bleiben im Fall einer Wiederwahl die Bemühungen um eine parteiübergreifende Konsensfindung doch offensichtlich vorherrschend. Zu hoch wäre in dieser Konstellation der Preis, den die großen Parteien für die Aufstellung eines Gegenkandidaten zur politischen Profilierung zahlen müssten. Eine zu starke Politisierung der Wahl des Bundespräsidenten könnte vor allem dessen womöglich wichtigste Ressource aufs Spiel setzen: die Würde und überparteiliche Symbolkraft des Amtes.

---

[262] *Grote*, Das Regierungssystem der V. französischen Republik, 1995, S. 207 m. w. N.
[263] So auch *Beaud*, Les mutations de la Ve République, Revue Pouvoirs 99 (2001), S. 19 (24).
[264] Vgl. *Bergounioux*, Primaires or not primaires? Revue Pouvoirs 138 (2011), S. 47 ff.
[265] Für einen Überblick seit 1949 vgl. *Hartmann/Kempf*, Staatsoberhäupter in der Demokratie, 2012, S. 112 ff.
[266] Ebd., S. 117.

105 Diese Sorge um das hohe Ansehen des Amtes spiegelt sich im Wahlverfahren selbst wider. Gewählt ist gemäß Art. 54 Abs. 1 GG, wer im ersten bzw. zweiten Wahlgang die Stimmen der Mehrheit der Mitglieder der Bundesversammlung erhält. Im dritten Wahlgang wird gewählt, wer die meisten Stimmen auf sich vereinigt. Bis auf wenige Ausnahmen – 1969, 1994 und 2010 – haben bislang zwei Wahlgänge genügt, nicht selten sogar nur einer.[267] Ferner sieht Art. 54 Abs. 1 GG vor, dass die Wahl des Bundespräsidenten ohne Aussprache vor der Bundesversammlung stattfindet. Zu einer Personal- oder Sachdebatte über oder mit den Kandidaten sind die Mitglieder der Bundesversammlung demnach nicht berechtigt. Dementsprechend richtet sich das Ausspracheverbot nicht nur an die Mitglieder der Bundesversammlung, sondern auch an die Kandidaten selbst. Das hat das Bundesverfassungsgericht in seiner Entscheidung vom 10. Juni 2014 eindeutig klargestellt.[268] Andernfalls bestünde die Gefahr, dass die Bundesversammlung zum Forum für politische Auseinandersetzungen unter den Kandidaten oder jedenfalls zu einer politischen (Selbst-)Darstellung mutierte.[269]

106 Erklären lässt sich diese aus demokratischer Sicht zunächst überraschende Konzeption einer Wahl ohne politische Auseinandersetzung erneut durch die Sorge um den Schutz der Würde des Wahlakts und die weitgehende Machtlosigkeit des Bundespräsidenten. Dieser soll dem parteipolitischen Streit enthoben sein. Daher haben sich die Wahlmänner und -frauen nach dem Urteil des BVerfG die für ihre Wahlentscheidung erforderlichen Informationen außerhalb der Bundesversammlung zu beschaffen. Das setzt allerdings voraus, dass die öffentliche Debatte um und mit den Kandidaten bereits im Vorfeld stattfindet. Diese wird freilich – wie vorhin dargelegt – mehr oder weniger eingeschränkt und vor allem durch die Parteien in den Landtagen und im Bundestag mediatisiert. Weil das Amt sich letztendlich mehr durch seine Repräsentations- und Integrationsfunktion als durch umfangreiche Befugnisse oder Machtansprüche auszeichnet, wird das heutige System dennoch vorwiegend als zufriedenstellend und zweckmäßig angesehen.[270] Erhellend ist in diesem Zusammenhang die Vorrede des Präsidenten des Bundesverfassungsgerichts bei der Urteilsverkündung: „Alles in allem offenbart sich in der Wahl des Bundespräsidenten durch die Bundesversammlung ein eigentümlicher, demokratisch veredelter Rückgriff auf das Erbe der konstitutionellen Monarchie, der vom Verfassungsgeber aber so gewollt war und der der Bundesrepublik Deutschland letztendlich gut getan hat".[271]

---

[267] So jedenfalls 1954, 1964, 1974, 1979, 1984, 1989. Für eine Übersicht zu den Wahlergebnissen vgl. Hartmann/Kempf, Staatsoberhäupter in der Demokratie, 2012, S. 98.

[268] BVerfG, Urt. v. 10.6.2014, 2 BvE 2/09 u. 2 BvE 2/10, Rn. 107.

[269] Ebd., Rn. 109.

[270] Vgl. etwa *Nettesheim*, Amt und Stellung des Bundespräsidenten in der grundgesetzlichen Demokratie, in: Isensee/Kirchhof (Hrsg.), Handbuch des Staatsrechts III, 3. Aufl. 2005, § 61, Rn. 31; *Grimm*, Der Bundespräsident, FAZ vom 19.1.2012, S. 29; *Morlok/Michael*, Staatsorganisationsrecht, 2013, Rn. 848.

[271] Zitiert nach http://www.tagesschau.de/inland/bverfg-npd-102.html (letztmaliger Abruf am 17.12.2014). Vgl. auch → *Vilain* § 3 Rn. 15.

Ebenfalls vom Abglanz der Monarchie geprägt, aber deutlich hegemonistischer war *de Gaulles* Verständnis des Präsidialamtes. Danach sollte der Präsident von einer breiten Mehrheit gewählt werden, um ihm die nötige politische Legitimität und überparteiische Stellung zu verleihen. Dieser Anspruch findet sich im Wahlverfahren wieder. Der Präsident der Republik wird mit der absoluten Mehrheit der abgegebenen gültigen Stimmen gewählt (Art. 7 Abs. 1 CF). Erreicht kein Kandidat im ersten Wahlgang die absolute Mehrheit, wird zwei Wochen später ein zweiter Wahlgang als Stichwahl durchgeführt. Für diesen können sich nur die beiden Kandidaten zur Wahl stellen, die im ersten Wahlgang die meisten Stimmen auf sich vereinigt haben. 107

Dieses Wahlsystem hat zu einer starken Polarisierung der französischen Parteienlandschaft geführt. Eine solche politische Lagerbildung scheint es in dieser Form in Deutschland nicht zu geben, jedenfalls angesichts der Zunahme an Großen Koalitionen zwischen CDU/CSU und SPD.[272] In der Praxis werden in Frankreich zwischen den beiden Wahlgängen Allianzen und Bündnisse um die zwei Kandidaten gebildet, welche die zukünftigen Mehrheitsverhältnisse und politischen Lager in der Nationalversammlung maßgeblich bestimmen. Die Wahl erfüllt daher die Funktion, einen regierenden Staatschef einzusetzen, der die Regierungspolitik bestimmen und leiten soll. Entgegen *de Gaulles* ursprünglicher Vorstellung wird der siegreiche Kandidat nun als Parteichef und Führer einer Parlamentsmehrheit wahrgenommen bzw. auf diese Rolle herabgestuft.[273] 108

Ebenfalls entgegen *de Gaulles* ursprünglicher Vorstellung spielen die Parteien im Wahlverfahren eine wesentliche Rolle. Zunächst im Hinblick auf den Wahlvorschlag: Zwar sind alle volljährigen Franzosen wählbar, die die entsprechenden Voraussetzungen erfüllen.[274] Zulässig ist eine Bewerbung jedoch nur, wenn sie von mindestens 500 gewählten Mandatsträgern unterstützt wird. Ziel ist es, eine hohe Zahl aussichtsloser Kandidaturen zu vermeiden. Der Kreis der Vorschlagsberechtigten ist jedoch weit genug und ermöglicht deshalb trotzdem die Bewerbung von Kandidaten, deren Partei nicht oder kaum im Parlament repräsentiert wird.[275] Das bestätigte 2012 der Verfassungsrat, der in dieser Einschränkung keinen Verstoß gegen das Grundrecht auf Meinungsfreiheit und Pluralismus sah.[276] Mit der allmählichen Etablierung von Vorwahlen ist diese Vermittlung durch Parteien schließlich unumgänglich geworden. 109

Zudem ist die Unterstützung durch starke Parteiorganisationen angesichts der logistischen Planung und Finanzierung der Wahlkampagne ebenfalls eine Voraussetzung für eine erfolgreiche Kandidatur. Zwar bürgt der Kandidat und nicht die Partei 110

---

[272] Eine solche Große Koalition gab es auf Bundesebene bereits in drei Fällen: 1966–1969, 2005–2009 und seit 2013.
[273] Vgl. etwa *Grote*, Das Regierungssystem der V. französischen Republik, 1995, S. 207; *Hartmann/Kempf*, Staatsoberhäupter in der Demokratie, 2012, S. 256 ff.
[274] Art. 3 Gesetz Nr. 62-1292 vom 6.11.1962 i. d. F. v. 28.2.2012.
[275] Der Kreis der Vorschlagsberechtigten entspricht etwa der Zusammensetzung des Wahlgremiums für die Präsidentschaftswahl vor 1962 → Rn. 98.
[276] C.C., 21.2.2012, 2012-233 QPC, Cons. 8 – Marine Le Pen.

für die korrekte Wahlkampffinanzierung. Seine Wahlkampfkosten werden staatlich bezuschusst und je nach Ergebnis zum Teil vom Staat zurückerstattet.[277] Dennoch ist er in diesen Angelegenheiten auf die Unterstützung seiner Partei angewiesen. Im Fall einer Ablehnung der Wahlkampfabrechnung aufgrund der Überziehung der Obergrenze für Wahlkampfkosten und aufgrund von Unregelmäßigkeiten kann diese Unterstützung sogar besonders dringend sein, um die verhängte Bußgeldzahlung begleichen zu können, wie im Fall von *Nicolas Sarkozy* im Jahre 2012.[278] Ob dies rechtens war, ist allerdings umstritten.

cc) Amtsdauer, Kohabitation und Rückkoppelung der Parlaments- an die Präsidentschaftswahlen

111   Mit der Verkürzung der Amtsdauer des Staatspräsidenten anlässlich der Verfassungsrevision von Oktober 2000 wurde das Rollenverständnis des Staatspräsidenten als Führer einer Parlamentsmehrheit noch einmal verfestigt.[279] Bis zu diesem Zeitpunkt war der Staatspräsident für sieben Jahre gewählt worden und daher zwei Jahre länger im Amt als die Abgeordneten der Nationalversammlung.[280] Dieses Auseinanderklaffen von präsidialer Amtszeit und parlamentarischer Legislaturperiode hatte in drei Fällen zu einer sog. Kohabitation geführt. Der Begriff der Kohabitation (*cohabitation*) beschreibt ein politisches Szenario, in dem der französische Staatspräsident nicht dem gleichen politischen Lager angehört wie Parlamentsmehrheit und Regierung. Ohne Mehrheit in der Nationalversammlung ist der Staatspräsident seiner Macht aber weitgehend entkleidet. Er verliert dadurch seine Vorrangstellung gegenüber der Regierung.[281] Um eine solche Kohabitationen zu vermeiden, wurde die Amtsdauer des Staatspräsidenten auf fünf Jahre verkürzt, sodass sie nunmehr mit der Amtsdauer der Abgeordneten übereinstimmt.[282] Ein Auseinanderfallen der politischen Lager des Präsidenten und der Mehrheit in der Nationalversammlung ist damit sehr unwahrscheinlich geworden. Denn in allen drei Kohabitationsfällen der Jahre 1986–1988, 1993–1995 und 1997–2002 hatte die Parlamentsmehrheit, auf die sich der Staatspräsident stützte, die Wahlen zur Nationalversammlung verloren, während der Staatspräsident aufgrund einer längeren Amtsdauer weiter im Amt bleiben durfte.

---

[277] Art. 3 Gesetz Nr. 62-1292 vom 6.11.1962 i. d. F. v. 28.2.2012 und den Dekret Nr. 2009-1730 v. 30.12.2009.

[278] C.C., 4.7.2013, 2013-156 PDR, Cons. 24 – Nicolas Sarkozy.

[279] Verfassungsgesetz Nr. 2000-964 vom 2.10.2000.

[280] Vgl. → *Gaillet* § 2 Rn. 63.

[281] Eingehend und zugleich kritisch zur Vorrangstellung des Staatspräsidenten *Cohendet*, Cohabitation et constitution, Revue Pouvoirs 91 (1999) S. 33 ff. A.A. *Vedel*, Variations et cohabitations, Revue Pouvoirs 83 (1997), S. 101 ff.

[282] *Heseler*, Der Präsident der französischen Republik zwischen Verfassungswortlaut und Wirklichkeit, DÖV 2007, S. 585 (590 f.); *Hartmann/Kempf*, Staatsoberhäupter in der Demokratie, 2012, S. 41 f.; *Jouanjan*, Grundlagen und Grundzüge staatlichen Verfassungsrechts, in: v. Bogdandy et al. (Hrsg.), Ius Publicum Europaeum I, 2007, § 2 Frankreich, Rn. 52.

Hinzu kommt, dass im Zusammenhang mit der Verfassungsrevision beide Wahl- **112**
termine vertauscht wurden, obwohl die für 2002 vorgesehenen Parlamentswahlen
ursprünglich einige Wochen vor den Präsidentschaftswahlen hätten stattfinden sollen. Darin ist eine weitere Maßnahme zur Sicherung und Verstärkung der Vorrangstellung der Präsidentschaftswahlen zu sehen. Die Parlamentswahlen sind nunmehr
de facto an die etwa sechs Wochen vorher stattfindenden Präsidentschaftswahlen
rückgekoppelt. Wie sie ausgehen, hängt, so hat die Praxis gezeigt, vor allem von
den Ergebnissen der Präsidentschaftswahlen ab. Zwar ist theoretisch nicht auszuschließen, dass es dem frisch gewählten Präsident nach einer siegreichen Wahl nicht
gelingt, eine Parlamentsmehrheit für die ihn unterstützenden Parteien zu gewinnen;
sehr wahrscheinlich ist dieses Szenario jedoch nicht.[283] Nur im Falle einer (nunmehr ebenfalls unwahrscheinlich gewordenen) vorzeitigen Auflösung der Nationalversammlung durch den Staatspräsidenten oder im Falle eines frühzeitigen Ausscheidens desselben wäre der Gleichlauf von präsidialer Amtszeit und parlamentarischer Legislaturperiode durchbrochen. Im letzteren Fall könnte der nachfolgende
Präsident allerdings seinerseits die Nationalversammlung auflösen, wenn die Mehrheit im Parlament aus einem entgegengesetzten politischen Lager stammte. Somit
könnte er im Falle eines nachfolgenden Wahlsiegs seiner Partei eine Kohabitation
vermeiden und sein Wahlprogramm umsetzen.

In dieser faktischen Rückkoppelung der Parlamentswahlen an die Präsident- **113**
schaftswahlen besteht ein weiterer zentraler Unterschied zwischen beiden Ländern.
Im Gegensatz zur Wahl des französischen Staatspräsidenten hat die Wahl des deutschen Bundespräsidenten in aller Regel keinerlei Einfluss auf die Mehrheitsverhältnisse im Parlament.[284] Im Gegenteil: zeitliche Überschneidungen mit der Bundestagswahl werden in der Regel vermieden.[285] Vielmehr wird eher umgekehrt der
Ausgang der Wahl des Bundespräsidenten durch die Parlamentswahlen bestimmt.
Aufgrund der Zusammensetzung der Bundesversammlung sind es die Mehrheitsverhältnisse im Bundestag und in den Landesparlamenten, die für die Bestellung
des Amtsinhabers ausschlaggebend sind.

Gemäß Art. 54 Abs. 2 GG beträgt die Amtszeit des Bundespräsidenten ebenfalls **114**
fünf Jahre. Eine anschließende Wiederwahl ist nur einmal zulässig. Eine solche
Einschränkung wurde mit der Verfassungsrevision von 2008 auch in Frankreich
eingeführt (Art. 6 Abs. 2 CF). Im Fall eines vorzeitigen Ausscheidens wird der französische Staatspräsident durch den Senatspräsidenten (Art. 7 Abs. 4 CF) vertreten
und der Bundespräsident durch den Präsidenten des Bundesrates (Art. 57 GG).

---

[283] So auch Jouanjan, Grundlagen und Grundzüge staatlichen Verfassungsrechts, in: v. Bogdandy et al. (Hrsg.), Ius Publicum Europaeum I, 2007, § 2 Frankreich, Rn. 35; A.A. *Heseler.* Der Präsident der französischen Republik, DÖV 2007, S. 585 ff.
[284] Politisch wurde im Ausgang der Bundespräsidentschaftswahlen von 1969 und 2005 jedoch ein Menetekel für die den Kanzler stellende Partei gesehen.
[285] Vgl. *Pieper*, BeckOK GG, Art. 54, Rn. 17.

2. Befugnisse des Bundespräsidenten und des Staatspräsidenten

115 Gewöhnlich wird in der französischen Dogmatik zwischen den „geteilten" und den „eigenständigen" Befugnissen des Staatspräsidenten unterschieden. Während die *pouvoirs partagés* gemäß Art. 19 CF der Gegenzeichnung des Premierministers oder eines verantwortlichen Ministers bedürfen, besteht eine solche Notwendigkeit bei den *pouvoirs propres* gerade nicht. Sie ermächtigen das Staatsoberhaupt zu politischen Leitentscheidungen und betreffen vor allem einmalige bzw. außerordentliche Handlungen wie die Ernennung des Premierministers oder die Auflösung der Nationalversammlung.[286]

116 Obgleich die Ernennung und Entlassung des Bundeskanzlers und die Auflösung des Bundestages gemäß Art. 58 GG ebenfalls keiner Gegenzeichnung bedürfen, findet sich eine derartige Unterscheidung in der deutschen Dogmatik nicht. Der Grund dafür dürfte namentlich darin liegen, dass dem Bundespräsidenten – in Abkehr zum Reichspräsidenten – eine eigene Entscheidungsgewalt grundsätzlich nicht beigemessen wird.[287] Allenfalls kommt ihm in Krisensituationen eine sogenannte „Reservefunktion" zu.

117 Angesichts dieser verschiedenen Ausgangspunkte scheint es für eine vergleichende und systematische Erfassung der jeweiligen Befugnisse und Machtansprüche des Bundespräsidenten und des Staatspräsidenten deshalb geeigneter, zwischen den traditionellen und den außerordentlichen Befugnissen des Staatsoberhaupts zu differenzieren.

a) Die traditionellen Befugnisse des Staatsoberhaupts im Vergleich

118 Unter den traditionellen Befugnissen versteht man diejenigen Kompetenzen, die zum Teil auf das Erbe der Monarchie zurückgehen und zuweilen unter dem Begriff der „staatsnotariellen Aufgaben" geführt werden. Trotz dieser Bezeichnung werden sie – je nach Materie und je nach Land – mit mehr oder weniger großem Ermessensspielraum vom Staatsoberhaupt ausgeübt.

---

[286] Dies betrifft im Einzelnen die Ernennung des Premierministers (Art. 8 Abs. 1 CF) und dreier Mitglieder des Verfassungsrates (Art. 56 Abs. 1 und 3 CF), den Rückgriff auf das Legislativreferendum (Art. 11 Abs. 1 CF), die Auflösung der Nationalversammlung (Art. 12 Abs. 1 CF), die Ergreifung der Ausnahmebefugnisse (Art. 16 Abs. 1 CF), das Rede- und Mitteilungsrecht vor dem Parlament (Art. 18 Abs. 1 und 2 CF) und die Anrufung des Verfassungsrates (Art. 54 und 61 Abs. 2 CF).

[287] Zustimmend: *Pernice*, in: Dreier (Hrsg.), GG II, 2. Aufl. 2006, Art. 58, Rn. 10 ff.; *Morlok/Michael*, Staatsorganisationsrecht, 2013, Rn. 843 ff. Für ein extensiveres bzw. aufwertendes Verständnis vgl. *Nettesheim*, Amt und Stellung des Bundespräsidenten in der grundgesetzlichen Demokratie, in: Isensee/Kirchhof (Hrsg.), Handbuch des Staatsrechts III, 3. Aufl. 2005, § 61, Rn. 36 ff. und *ders.*, Die Aufgaben des Bundespräsidenten, in: Isensee/Kirchhof, Handbuch des Staatsrechts III, 3. Aufl. 2005, § 62, Rn. 1 ff.

§ 4 Parlament – Präsident – Regierung   179

aa) Außenpolitische Befugnisse

Bereits erwähnt wurde die traditionelle Rolle des Staatsoberhaupts als Repräsen- **119**
tant des Staates auf internationaler Ebene.[288] Im Rahmen dieser völkerrechtlichen
Vertretungsmacht obliegt es dem Bundes- bzw. Staatspräsidenten, völkerrechtliche
Verträge zu ratifizieren und hochrangige Diplomaten – hauptsächlich Botschafter
– zu akkreditieren. Nach Art. 59 Abs. 1 GG vertritt der Bundespräsident den Bund
völkerrechtlich und schließt in dessen Namen die Verträge mit auswärtigen Staaten.
In ähnlicher Weise besagt Art. 52 CF, dass der Staatspräsident die Verträge verhandelt und ratifiziert. In formeller Hinsicht besteht in dieser staatsnotariellen Funktion
eine eindeutige Gemeinsamkeit zwischen beiden Organen.

Während diese Aufgabe dem Bundespräsidenten nach der Systematik des **120**
Grundgesetzes kaum außenpolitische Gestaltungsfreiheit verleiht, gilt diese Einschränkung für den französischen Staatspräsidenten aber gerade nicht.[289] In
Deutschland erfolgt die Aushandlung von Verträgen durch Regierungsvertreter. In
Frankreich übernimmt meist der außenpolitische Chefunterhändler des Staatspräsidenten – der sogenannte *Sherpa* – in Zusammenarbeit mit dem Außenministerium
die Verhandlung von politisch bedeutsamen Verträgen.[290] Besonders auffällig ist
der Unterschied zwischen beiden Ländern in ihrer Repräsentation auf EU-Ebene.
Deutschland wird im Europäischen Rat durch den Bundeskanzler, Frankreich dagegen durch den Staatspräsidenten vertreten.

Uneingeschränkt ist die außenpolitische Befugnis des französischen Staatspräsi- **121**
denten jedoch auch nicht. Sowohl das Parlament als auch die Regierung haben seine
Entscheidungen mitzutragen bzw., jedenfalls in formeller Hinsicht, sogar unmittelbar zu verantworten. Das belegt Art. 53 Abs. 1 CF, nach dem die Ratifizierung von
bedeutsamen völkerrechtlichen Verträgen nur auf Grund eines Gesetzes erfolgen
darf. Das gilt aber auch im Fall von Auslandseinsätzen. Zwar bezeichnet Art. 15
CF das französische Staatsoberhaupt als „Oberbefehlshaber der Streitkräfte" und
fügt hinzu: „Er führt den Vorsitz in den obersten Räten und Ausschüssen für die
Landesverteidigung". Richtig ist daher, dass Entscheidungen über Auslandseinsätze
zunächst vom Staatspräsidenten getroffen werden. In der Praxis erfolgt eine solche
Entscheidung dennoch erst nach Rücksprache mit der Regierung.[291] Zudem setzt
diese Entscheidung gemäß Art. 35 Abs. 2 und 3 CF die Unterrichtung des Parlaments durch die Regierung spätestens drei Tage nach Beginn des Einsatzes voraus.
Falls die Dauer des Einsatzes vier Monate überschreitet, ist die Zustimmung des
Parlaments unabdingbar. Ferner bedarf eine Kriegserklärung der Zustimmung des
Parlaments (Art. 35 Abs. 1 CF). Schließlich besagt einerseits Art. 20 Abs. 2 CF, dass
die Regierung – und nicht der Präsident – über die Streitkräfte verfügt. Anderseits
übergibt Art. 21 Abs. 1 CF dem Premierminister die Verantwortung für die Landes-

---

[288] Vgl. auch → *Wendel* § 8 Rn. 24 ff.
[289] → *Wendel* § 8 Rn. 25.
[290] Zur außenpolitischen Kompetenz des Staatspräsidenten vgl. *Kempf*, Das politische Systems Frankreichs, 2007, S. 66 ff.
[291] *Favoreu et al.*, Droit constitutionnel, 15. Aufl. 2013, Rn. 963.

verteidigung. Im Fall einer Kohabitation liegt es auf der Hand, dass sich die außenpolitische Gestaltungsfreiheit des Staatspräsidenten dementsprechend verringert und eine inhaltliche Übereinstimmung zwischen der Regierung, der Parlamentsmehrheit und dem Präsidenten noch notwendiger ist.

122 Trotz dieser Einschränkungen kann man nicht leugnen, dass der Handlungsspielraum des Staatspräsidenten im Vergleich zu dem des Bundespräsidenten eindeutig größer ist. Das liegt freilich weniger an der Formulierung des Art. 59 Abs. 1 GG, dessen Auslegung ein solches Ermessen durchaus umfasst hätte. So sah es jedenfalls die herrschende Meinung bis Mitte der 50er Jahre, die dem Bundespräsidenten eine gewisse Beteiligung an der Willensbildung im außenpolitischen Bereich zubilligte. Angesichts der Praxis *Konrad Adenauers*, der als Bundeskanzler – und anfänglich zugleich Außenminister – den Bereich der Außenpolitik für sich allein in Anspruch nahm und der Zurückhaltung des Bundespräsidenten *Theodor Heuss* wurde diese Lehre freilich schnell aufgegeben.[292] Seitdem ist dieser Bereich dem Bundespräsidenten weitestgehend verwehrt und primär der Bundesregierung und dem Parlament überlassen.[293]

bb) Das Rederecht des Staatsoberhaupts

123 Auch hinsichtlich des Rederechts des Staatsoberhaupts zeichnen sich bemerkenswerte Unterschiede zwischen beiden Ländern ab. Die in Deutschland diskutierte Frage, ob Reden des Bundespräsidenten einer verfassungsrechtlichen Pflicht zur formellen Gegenzeichnung durch die Bundesregierung unterliegen, ist ein erster Kristallisationspunkt dieser Unterschiede. Gemäß Art. 58 Abs. 1 GG bedürfen Anordnungen und Verfügungen des Bundespräsidenten zu ihrer Gültigkeit der Gegenzeichnung durch den Bundeskanzler oder durch den zuständigen Bundesminister. Fraglich ist daher, ob die Reden des Bundespräsidenten in den Anwendungsbereich dieser Bestimmung fallen. Während dies für Reden zu innenstaatlichen Themen nicht gilt, plädiert ein Teil der Lehre für eine solche Gegenzeichnungspflicht für die Reden des Bundespräsidenten zur Außenpolitik.[294] Geradezu undenkbar scheint eine solche juristische Fragestellung in Frankreich, obwohl im Fall einer Kohabitation in der Tat die Gefahr besteht, dass die Französische Republik mit zwei konkurrierenden Stimmen spricht. Auch wenn dieser verfassungsrechtliche Streitpunkt in Deutschland schließlich vor allem das Schrifttum zu befassen scheint, zeigen in politischer Hinsicht jedenfalls die Rücktrittsumstände des damaligen Bundespräsidenten *Horst Köhler*, der für seine Äußerungen in Bezug auf Auslandseinsätze der

---

[292] Vgl. *Schlaich*, Die Funktionen des Bundespräsidenten im Verfassungsgefüge in: Isensee/Kirchhof (Hrsg.), Handbuch des Staatsrechts II, 2. Aufl. 1994, § 49, Rn. 49.

[293] Vgl. *Morlok/Michael*, Staatsorganisationsrecht, 2013, Rn. 880. Gegen eine Reduzierung auf eine rein „dekorative Rolle" *Nettesheim*, Die Aufgaben des Bundespräsidenten, in: Isensee/Kirchhof (Hrsg.), Handbuch des Staatsrechts III, 3. Aufl. 2005, § 62, Rn. 44.

[294] Dafür: *Morlok/Michael*, Staatsorganisationsrecht, 2013, Rn. 864. A.A. *Nettesheim*, Die Aufgaben des Bundespräsidenten, in: Isensee/Kirchhof (Hrsg.), Handbuch des Staatsrechts III, 3. Aufl. 2005, § 62, Rn. 32.

§ 4 Parlament – Präsident – Regierung 181

Bundeswehr heftig kritisiert wurde, wie wenig selbstverständlich und heikel solche Aussagen eines Staatsoberhaupts in Deutschland waren.[295]

Zweitens lassen sich die Unterschiede plastisch anhand der Frage darstellen, ob das Staatsoberhaupt im Parlament sprechen darf – eine in Frankreich heftig umstrittene, in Deutschland aber weitgehend belanglose Frage. In Frankreich war bis 2008 nur die Verlesung präsidialer Mitteilungen im Parlament erlaubt. Da der Präsident nicht dem Parlament gegenüber politisch verantwortlich ist, durfte über diese Mitteilungen auch folgerichtig keine Aussprache stattfinden. Ein Großteil der Lehre hielt auch aus diesem Grund eine Rede des Staatspräsidenten im Parlament für grundsätzlich unmöglich.[296] In einem solchen Rederecht des Staatspräsidenten verberge sich eine Gefahr für die Gewaltenteilung: Im Falle der Verbindung dieser Rede mit einer Aussprache und einer Abstimmung entstünde eine Art politischer Verantwortlichkeit des Staatspräsidenten vor dem Parlament. Ohne Aussprache würde wiederum die Vorrangstellung des Staatspräsidenten gegenüber dem Parlament verstärkt und das Parlament in seiner Funktion degradiert. Auf Wunsch des damaligen Staatspräsidenten *Nicolas Sarkozy* wurde aber im Jahr 2008 ein solches Rederecht ausdrücklich in Art. 18 Abs. 2 S. 1 CF eingefügt und gleichzeitig versucht, beide Risiken zu entschärfen. Danach darf der Staatspräsident vor dem als Kongress einberufenen Parlament zwar sprechen. Allerdings findet die ggf. an seine Erklärung anschließende Aussprache in seiner Abwesenheit statt und darf nicht Gegenstand einer Abstimmung sein. Hingegen scheint in Deutschland die Frage, ob der Bundespräsident im Bundestag eine Rede halten darf, vollkommen irrelevant zu sein. Reden im Rahmen von Gedenkstunden oder gleich nach der Vereidigung (Art. 56 GG) des Bundespräsidenten sind politisch selbstverständlich und verfassungsrechtlich unumstritten.[297]

124

cc) Die Ausfertigung von Gesetzen und die Unterzeichnung von gesetzesvertretenden Verordnungen

Die Ausfertigung von Gesetzen obliegt sowohl in Frankreich – Art. 10 Abs. 1 CF – als auch in Deutschland – Art. 82 Abs. 1 Satz 1 GG – dem Staatsoberhaupt. Es handelt sich um eine traditionelle Befugnis, die schon der Monarch innehatte und die darin besteht, die Echtheit eines Textes zu beurkunden.[298] Zwei Unterschiede zwischen Frankreich und Deutschland sollen allerdings herausgestellt werden. Der erste betrifft die Frist für die Verkündung. In Frankreich muss sie innerhalb

125

---

[295] *Hartmann/Kempf*, Staatsoberhäupter in der Demokratie, 2012, S. 119. Siehe dennoch: Rede des Bundespräsidenten *Gauck* bei der Münchner Sicherheitskonferenz am 31. Januar 2014: http://www.bundespraesident.de/SharedDocs/Reden/DE/Joachim-Gauck/Reden/2014/01/140131-Muenchner-Sicherheitskonferenz.html (letztmaliger Abruf 4.12.2014).
[296] Vgl. *Favoreu, et al.*, Droit constitutionnel, 15. Aufl. 2013, Rn. 937.
[297] *Nettesheim*, Amt und Stellung des Bundespräsidenten in der grundgesetzlichen Demokratie, in: Isensee/Kirchhof (Hrsg.), Handbuch des Staatsrechts III, 3. Aufl. 2005, § 61, Rn. 54.
[298] Ebd., § 62, Rn. 34.

von fünfzehn Tagen nach Übermittlung des Gesetzes erfolgen. Hingegen sieht das Grundgesetz dafür ausdrücklich keine Frist vor.

126 Ein zweiter und bedeutsamerer Unterschied, der auch mit dieser verfassungsrechtlichen Frist zusammenhängt, betrifft die in Deutschland klassisch gewordene Frage des Prüfungsrechts des Staatsoberhaupts. Obwohl der französische Staatspräsident nach Art. 5 CF über die Einhaltung der Verfassung zu wachen hat, ist in der französischen Lehre unstrittig, dass er ein Gesetz grundsätzlich innerhalb der genannten Frist verkünden muss.[299] Hält er ein Gesetz indes für verfassungswidrig, so kann er vor Ablauf dieser Frist vom Parlament eine neue Beratung des Gesetzes verlangen (Art. 10 Abs. 2 CF).[300] Zudem kann er vor der Ausfertigung eine abstrakte Normenkontrolle durch den Conseil constitutionnel beantragen (Art. 61 Abs. 2 CF).[301]

127 Hierin liegt ein Unterschied zum Prüfungsrecht des deutschen Bundespräsidenten. Gemäß Art. 82 Abs. 1 GG werden die nach den Vorschriften des Grundgesetzes zustande gekommenen Gesetze vom Bundespräsidenten nach Gegenzeichnung ausgefertigt und im Bundesgesetzblatt verkündet. Daher wird ihm jedenfalls ein formelles Prüfungsrecht eingeräumt. Strittig ist hingegen, ob und vor allem in welchem Umfang er auch von einem materiellen Prüfungsrecht Gebrauch machen kann. Dergleichen scheint nach zutreffender Ansicht zumindest im Falle eines offenkundigen Verfassungsverstoßes begründbar, sodass von einer präsidialen *Befugnis zu einer materiellen Evidenzkontrolle* auszugehen ist.[302] Ein wichtiger Unterschied zur Rechtslage in Frankreich besteht darin, dass der Bundespräsident nicht befugt ist, eine abstrakte Normenkontrolle vor dem BVerfG zu beantragen.

128 Obgleich die Pflicht des französischen Staatspräsidenten zur fristgerechten Ausfertigung von Gesetzen unumstritten ist, wurde doch um die Frage gerungen, ob der Staatspräsident gesetzesvertretende Verordnungen unterzeichnen muss (Art. 13 Abs. 1 CF).[303] Im Rahmen der ersten Kohabitation (1986–1988) entschied sich der damalige Premierminister *Jacques Chirac* solche gesetzesvertretenden Verordnungen i. S. d. Art. 38 CF zu erlassen, um in verkürzter Zeit und mit der Ermächtigung des Parlaments Maßnahmen zu ergreifen, die nach Art. 34 CF sachbereichlich grundsätzlich in die Regelungskompetenz des parlamentarischen Gesetzgebers fallen.[304] Sein parteipolitischer Gegenspieler, der damalige Staatspräsident *François Mitterrand* weigerte sich aber, solche Verordnungen zu unterzeichnen. Es blieb der Regierung daher nur noch die Möglichkeit, einen ordentlichen Gesetzesentwurf

---

[299] Vgl. statt viele *Favoreu, et al.*, Droit constitutionnel, 15. Aufl. 2013, Rn. 942.

[300] Dergleichen ist bisher aber nur in drei Fällen vorgekommen.

[301] Näher dazu → *Marsch* § 5 Rn. 53; *Marsch* § 6 Rn. 36.

[302] Bislang wurden lediglich acht Gesetze nicht ausgefertigt. Zwar wäre es im Wege des Organstreits möglich, den Bundespräsidenten zur Unterschrift zu zwingen. In politischer Sicht wäre ein solches Vorgehen allerdings mit zahlreichen Unwägbarkeiten behaftet. Vgl. im Einzelnen *Morlok/Michael*, Staatsorganisationsrecht, 2013, Rn. 867 ff. m. w. N.; dazu → *Marsch* § 5 Rn. 59.

[303] Art. 13 Abs. 1 CF lautet: „Der Präsident der Republik unterzeichnet die im Ministerrat beschlossenen gesetzesvertretenden Verordnungen und Dekrete".

[304] Dazu → *Marsch* § 5 Rn. 22.

vorzulegen. Nachdem diese Maßnahmen in Gestalt eines Parlamentsgesetzes erlassen worden waren, wurden sie von dem amtierenden Staatspräsidenten tatsächlich verkündet.[305] Da das französische Recht ein entsprechendes Organstreitverfahren nicht kennt, besteht keine Möglichkeit, diese Unterschrift zu erzwingen. Seit 2007 kann im Falle einer offensichtlichen Pflichtverletzung allenfalls eine Amtsenthebung in Betracht kommen. Die Einleitung eines solchen Verfahrens in dieser Konstellation bleibt freilich äußerst unwahrscheinlich.[306]

dd) Die Ernennungsbefugnis des Staatsoberhaupts

Zu den traditionellen Befugnissen des Staatsoberhaupts in Frankreich und Deutschland gehört die Ernennung der Inhaber hoher Staatsämter. Dies schließt zunächst die Ernennung des Regierungschefs und der Regierungsmitglieder ein, was wir im folgenden Abschnitt noch näher beleuchten werden.[307] Die Befugnis betrifft ferner die Ernennungen zu bestimmten zivilen und militärischen Staatsämtern gemäß Art. 60 Abs. 1 GG und Art. 13 Abs. 2 CF. Obwohl beide Vorschriften den Eindruck vermitteln, dass allein das Staatsoberhaupt diese Befugnis innehat, wird sie vielmehr von anderen Stellen ausgeübt. Gemäß Art. 60 Abs. 3 GG kann der Bundespräsident diese Befugnisse namentlich auf andere Behörden übertragen, während sich der Staatspräsident gemäß Art. 21 Abs. 1 CF die Ernennungsbefugnis mit dem Premierminister teilt.

129

Im Fall des Bundespräsidenten geht die Ernennungsbefugnis allerdings nicht mit einer Auswahlbefugnis einher. Das ist ein wichtiger Unterschied zum französischen Staatspräsidenten, der über dieses Ermessen jedenfalls für die in Art. 13 Abs. 3 CF genannten Ämter verfügt.[308] In bemerkenswerter Weise zeigt sich dies im Vergleich der Ernennung von Bundesverfassungsrichtern und Mitgliedern des Conseil constitutionnel.[309] Während der Bundespräsident an die Wahl der Bundesverfassungsrichter durch den Bundestag und den Bundesrat gebunden ist,[310] steht es dem französischen Staatspräsidenten zunächst frei, die Person seiner Wahl zu ernennen. Seit 2008 wird zwar sein Ernennungsrecht nach öffentlicher Stellungnahme im Parlament ausgeübt, ein Vetorecht kann das Parlament aber nur bei Erreichen einer qualifizierten Mehrheit ausüben (Art. 13 Abs. 5 CF). Generell darf der Bundespräsident kraft seiner Ernennungs- und Entlassungsbefugnis lediglich prüfen, ob die gesetzlichen Voraussetzungen tatsächlich erfüllt sind. Fraglich ist hierbei, ob seine Kompetenz ein materielles Prüfungsrecht umfasst und ihn zu einer Ablehnung veranlassen darf. In der Praxis wird die Bundesregierung aber vor der Beschlussfassung in aller

130

---

[305] *Grote*, Das Regierungssystem der V. französischen Republik, 1995, S. 282 ff.; *Favoreu et al.*, Droit constitutionnel, 15. Aufl. 2013, Rn. 943.
[306] Dazu → Rn. 190.
[307] Näher dazu → Rn. 147 ff.
[308] *Favoreu et al.*, Droit constitutionnel, 15. Aufl. 2013, Rn. 944.
[309] → *Marsch* § 6 Rn. 21 ff.
[310] *Hartmann/Kempf*, Staatsoberhäupter in der Demokratie, 2012, S. 104.

Regel versuchen, etwaige Bedenken des Bundespräsidenten auf informellem Wege auszuräumen oder anderenfalls eine Personalvorlage zurückziehen.[311]

ee) Das Begnadigungsrecht und die Ordensverleihung

131 Die Befugnisse des Begnadigungsrechts und der Ordensverleihung oblagen einst dem Monarchen. Zudem sind sie nicht justiziabel und liegen im freien Ermessen des Staatsoberhaupts, obwohl sie formell einer Gegenzeichnung bedürfen. Das Begnadigungsrecht ist in Art. 17 CF bzw. in Art. 60 Abs. 3 GG geregelt. Wenngleich der französische Staatspräsident bis 2008 noch eine generelle Amnestie aussprechen durfte, darf er dieses Recht seit der Verfassungsrevision nur noch im Einzelfall ausüben. In dieser Änderung ist eine Angleichung an das Begnadigungsrecht des Bundespräsidenten zu sehen, der dieses auch nur im Einzelfall ausüben kann.

b) Die außerordentlichen Befugnisse des Staatsoberhaupts

132 Unter die außerordentlichen Befugnisse werden diejenigen Kompetenzen gefasst, die das Staatsoberhaupt zu politischen Leitentscheidungen ermächtigen. Dies erfolgt in erster Linie im Kontext von Störungs- und Krisenfällen. Darunter fallen einerseits der Notstand und andererseits eine parlamentarische Krise. Letztere wird im Abschnitt zu Macht und Gegenmacht erörtert werden, da die Auflösung des Bundestages bzw. der Assemblée Nationale unmittelbar das Verhältnis zwischen dem Staatsoberhaupt und dem Parlament betrifft.[312] Eine politische Leitentscheidung liegt ferner vor, wenn das Staatsoberhaupt eine unmittelbare Entscheidung des Volkes in Gestalt eines nationalen bzw. gesamtstaatlichen Volksentscheids anfordert, um über eine politisch bedeutsame Frage zu entscheiden. Diese Möglichkeit sieht derzeit allein die französische Verfassung vor.

aa) Der Notstand

133 Mit Blick auf den Notstand ist in Deutschland zunächst der Gesetzgebungsnotstand zu erwähnen. Im Falle einer gescheiterten Vertrauensfrage des Bundeskanzlers im Bundestag kann der Bundespräsident aufgrund einer inneren oder äußeren Krise nach Art. 81 GG den Gesetzgebungsnotstand für eine Gesetzesvorlage erklären.[313] Dies setzt voraus, dass der Bundestag diese Gesetzesvorlage ablehnt, obwohl die Bundesregierung sie als dringlich bezeichnet hat. Die Erklärung erfordert einen Antrag der Bundesregierung und die Zustimmung des Bundesrats. Sie erlaubt der Bun-

---

[311] Vgl. Hartmann/Kempf, Staatsoberhäupter in der Demokratie, 2012, S. 103 mit weiteren Hinweisen auf Verweigerungsfälle, z. B. von *Horst Köhler*, einen Staatssekretär in den einstweiligen Ruhestand zu versetzen.
[312] Näher dazu → Rn. 192 ff.
[313] BVerfGE 114, 121 (151, 159) – Bundestagsauflösung II (Schröder).

§ 4 Parlament – Präsident – Regierung

desregierung, für einen Zeitraum von sechs Monaten Gesetzesvorlagen auch ohne Zustimmung des Bundestages umzusetzen. Im Verteidigungsfall ist der Bundespräsident dafür zuständig, die Feststellung des Verteidigungsfalles zu verkünden. Mit der Verkündung des Verteidigungsfalles geht aber die Befehls- und Kommandogewalt über die Streitkräfte auf den Bundeskanzler über (Art. 115 b GG). Der Bundespräsident übernimmt also selbst keine gubernative oder legislative Kompetenz, sondern hat vielmehr die Aufgabe, die rechtliche Grundlage dafür zu schaffen, dass andere Organe – hier die Bundesregierung bzw. der Bundeskanzler – trotz schwieriger Umstände handeln können.[314]

Darin liegt ein wesentlicher Unterschied zum Weimarer Reichspräsidenten, aber auch zum französischen Staatspräsidenten, der in einer solchen Situation anstelle des Parlaments und der Regierung selbst regieren kann. Art. 16 CF sieht vor, dass, „wenn die Einrichtungen der Republik, die Unabhängigkeit der Nation, die Unversehrtheit ihres Staatsgebietes oder die Erfüllung ihrer internationalen Verpflichtungen schwer und unmittelbar bedroht sind und wenn die ordnungsgemäße Ausübung der verfassungsmäßigen öffentlichen Gewalten unterbrochen ist, der Präsident der Republik nach förmlicher Beratung mit dem Premierminister, mit den Präsidenten der Kammern sowie mit dem Verfassungsrat die unter diesen Umständen nötigen Maßnahmen trifft".

134

Ob die aufgeführten Voraussetzungen tatsächlich erfüllt sind, obliegt zunächst allein der Einschätzung des französischen Staatspräsidenten. Diese Entscheidung wird gerichtlich nicht geprüft.[315] Erst nach dreißig Tagen kann der Verfassungsrat vom Präsidenten der Nationalversammlung, dem Präsidenten des Senats, sechzig Abgeordneten oder sechzig Senatoren angerufen werden, um zu prüfen, ob die Voraussetzungen noch gegeben sind (Art. 16 Abs. 3 CF). Da eine Auflösung der Nationalversammlung im Notstand nicht gestattet ist, kann das Parlament im Fall eines Missbrauchs der präsidialen Sonderbefugnisse den Staatspräsidenten seines Amtes entheben.

135

Die vom französischen Staatspräsidenten getroffenen Maßnahmen können entweder im Bereich der Verordnungsgewalt oder auch im Gesetzgebungsbereich erlassen werden. Während sie im ersten Fall vom höchsten Verwaltungsgericht überprüfbar sind, werden die Maßnahmen, die im Gesetzgebungsbereich erlassen werden, vom Conseil constitutionnel im Einzelnen nicht geprüft. Der Conseil gibt gemäß Art. 16 Abs. 3 CF allein eine Einschätzung darüber ab, ob diese Maßnahmen von dem Willen getragen sind, sicherzustellen, dass die Verfassungsorgane innerhalb kürzester Frist die Mittel erhalten, die sie zur Erfüllung ihrer Aufgaben benötigen.

136

Zweifellos stellt sich nach dem Gesagten die Frage, inwiefern diese präsidialen Sonderbefugnisse mit rechtsstaatlichen Standards überhaupt kompatibel sind. Sie wirken eher autoritär und prägen nicht selten das (Fremd-)Bild des politischen Regimes Frankreichs, dessen dezisionistische und präsidentielle Wesenszüge dadurch

137

---

[314] Zu dieser Wächterfunktion des Bundespräsidenten, die Funktionsfähigkeit des politischen Prozesses zu schützen *Nettesheim*, Die Aufgaben des Bundespräsidenten, in: Isensee/Kirchhof (Hrsg.), Handbuch des Staatsrechts III, 3. Aufl. 2005, § 62, Rn. 3, 20 ff.
[315] C.E., 2.3.1962, GAJA Nr. 78 – Rubin de Servens.

noch bekräftigt werden.³¹⁶ Der Blick auf die Verfassungspraxis trägt freilich dazu bei, diesen ersten Eindruck zu relativieren, denn bislang wurden diese Sonderbefugnisse überhaupt nur ein einziges Mal in Anspruch genommen.³¹⁷

bb) Der Rückgriff auf den Volksentscheid

138 Eine weitere Besonderheit des französischen Systems, die schon an verschiedenen Stellen näher dargelegt wurde,³¹⁸ besteht in der Befugnis des Staatsoberhaupts, einen Gesetzesentwurf (Art. 11 Abs. 1 CF) oder einen Entwurf über eine Verfassungsänderung (Art. 89 Abs. 1 CF) zum Volksentscheid zu bringen. Obwohl diese Befugnis keiner Gegenzeichnung bedarf, hängt ihre Umsetzung nicht allein vom Willen des Staatspräsidenten ab. In beiden Fällen muss ein Vorschlag der Regierung vorliegen. Bei einer Verfassungsrevision muss der Änderungsentwurf sogar von beiden Kammern im gleichen Wortlaut verabschiedet werden.

139 Diese Voraussetzungen erschweren den unmittelbaren Rückgriff auf den Volksentscheid durch den Staatspräsidenten, insbesondere im Fall einer Kohabitation. Aber auch jenseits dieser Konstellation ist der Staatspräsident auf Kompromisse mit der Mehrheit in der Nationalversammlung und im Senat angewiesen, um sein Vorhaben erfolgreich durchzusetzen.

IV. Regierung

140 Die französische Verfassung fasst die Funktion und die Stellung der Regierung in ihrem Artikel 20 Abs. 1 treffend zusammen: „Die Regierung bestimmt und leitet die Politik der Nation. Sie verfügt über die Verwaltung und die Streitkräfte. Sie ist schließlich (...) dem Parlament gegenüber verantwortlich". Obwohl das Grundgesetz eine solche Bestimmung nicht enthält, trifft diese Umschreibung fast noch mehr auf die Bundesregierung zu. Einmal mehr gilt im Rahmen des Rechtsvergleichs: Die Lektüre der Verfassungstexte genügt für sich allein genommen nicht. Erst durch den vergleichenden Blick auf die jeweiligen Staatspraxen und insbesondere auf die Machtverhältnisse innerhalb der Exekutive wird deutlich, inwiefern sich beide Regierungssysteme voneinander unterscheiden. Besonders gilt dies für die Unterscheidung zwischen dem parlamentarischen Regierungssystems Deutschlands und der „semi-präsidentiellen" Eigenschaft des französischen Regierungssystems, einschließlich der Unterordnung der französischen Regierung gegenüber

---

³¹⁶ Kritisch: *Grote*, Das Regierungssystem der V. französischen Republik, 1995, S. 269; *Hartmann/Kempf*, Staatsoberhäupter in der Demokratie, 2012, S. 255 f.

³¹⁷ Zwischen dem 23. April und dem 29. September 1962, nach einem militärischen Putschversuch von mehreren französischen Generalen in Algier: *Favoreu et al.*, Droit constitutionnel, 15. Aufl. 2013, Rn. 936.

³¹⁸ → *Vilain* § 3 Rn. 62 f; → *Marsch* § 5 Rn. 63 ff.

dem Staatspräsidenten. Auch mit Blick auf die Regierungsbildung zeigen sich Differenzen, die anhand des Verfassungstextes allein nicht sichtbar werden. Hingegen zeichnen sich gewisse Konvergenzen im Bereich der Binnenorganisation und der Befugnisse beider Regierungen ab.

1. Die Regierungsbildung im Spiegel der Regierungssysteme

Wie eine Regierung zustande kommt und ggf. zurücktritt, ist – zusammen mit der Kompetenz- und Machtfülle des Parlaments und des Staatsoberhaupts – ausschlaggebend für die rechts- und politikwissenschaftliche Einordnung eines Regierungssystems. *Parlamentarische Regierungssysteme* wie das deutsche sind dadurch gekennzeichnet, dass Bildung und Fortbestand der Regierung vom Vertrauen der Parlamentsmehrheit abhängen. In *semi-präsidentiellen Regierungssystemen* wirkt das Staatsoberhaupt maßgeblich an der Bestellung und Abrufung der Regierung mit. Obgleich Frankreich als Paradebeispiel eines solchen Regierungssystems gilt, darf diese Klassifizierung doch nicht überstrapaziert werden. Sie ist vielmehr in Bezug auf verschiedene politische Konstellationen auszudifferenzieren.

141

a) Die politischen Regierungssysteme im Vergleich

In Frankreich wie in Deutschland benötigt die Regierung das Vertrauen der Parlamentsmehrheit – genauer: der Nationalversammlung bzw. des Bundestages. Entzieht das Parlament der Regierung das Vertrauen, etwa durch ein erfolgreiches Misstrauensvotum, so muss die Regierung zurücktreten (Art. 50 CF und Art. 67 Abs. 1 GG).[319] In einem klassischen parlamentarischen System kommt hinzu, dass die Bestellung des Regierungschefs auch vom Parlament bestimmt wird. Dieser gilt als politischer Führer der Parlamentsmehrheit. Nach seiner Ernennung kann er mehr oder weniger frei – abhängig von den herrschenden Kraftverhältnissen im Parlament und von vorherigen Absprachen mit Koalitionspartnern – über die personelle Besetzung der Regierung entscheiden. Die Mitwirkung des Staatsoberhaupts hat hierbei im Grunde nur formellen Charakter.[320]

142

Im Unterschied dazu gewinnt das Staatsoberhaupt in einem semi-präsidentiellen System erhebliche Gestaltungsspielräume bezüglich der Regierungsbildung.[321] Sie ergeben sich jedoch nicht unbedingt aus der Verfassung selbst. Im Falle Frankreichs verleiht Art. 8 Abs. 1 CF dem Staatspräsidenten lediglich eine Ernennungsbefugnis. In rechtlicher Hinsicht ist die Regierung gemäß Art. 20 CF nicht vor dem Staatspräsidenten verantwortlich, sondern nur vor dem Parlament. Allein die gewichtige Le-

143

---

[319] Näher → Rn. 178.
[320] Vgl. die Typologie bei *Hartmann/Kempf*, Staatsoberhäupter in der Demokratie, 2012, S. 10 ff.; auch rechtsvergleichend, *Pernice*, in: Dreier (Hrsg.), GG II, 2. Aufl. 2006, Art. 54, Rn. 8 ff.
[321] Näher → Rn. 147 ff., 156 ff.

gitimität des Staatspräsidenten, die ihm durch die Direktwahl zukommt, ermöglicht es ihm, die Auswahl des Regierungschefs zu bestimmen und bei der personellen Besetzung der Regierung mitzuentscheiden. Hält er gar einen Regierungswechsel politisch für sinnvoll, kann er dem Premierminister einen Rücktritt nahelegen und somit *de facto* veranlassen. Weil die Regierung von dem politischen Vertrauen sowohl der Parlamentsmehrheit als auch des Staatspräsidenten abhängig ist, wird das semipräsidentielle Regierungssystem deshalb oft auch als „Mischsystem" bezeichnet.[322]

144 Diese Einflussmöglichkeit besteht allerdings nur, solange der Staatspräsident mit einer ihm politisch treuen Mehrheit in der Nationalversammlung rechnen kann. Verliert er diese, verliert er auch seinen Einfluss auf das politische Schicksal der Regierung. Das haben die drei Kohabitationen in der Vergangenheit auf frappierende Weise gezeigt.[323] Da das Vertrauen der Nationalversammlung für den Fortbestand der Regierung entscheidend ist, kann der Staatspräsident dann als Premierminister nur noch einen Politiker ernennen, der zu seinen politischen Gegnern gehört. Dadurch verliert er seine politische Vorrangstellung zugunsten des Premierministers, der nunmehr sein eigenes Wahlprogramm durchsetzen kann.[324]

145 Historisch gesehen bleibt die Kohabitation freilich eine Ausnahme und ist seit der Verfassungsreform des Jahres 2008, wie gesehen, unwahrscheinlicher geworden.[325] Im Regelfall stimmt die politische Couleur der Mehrheit in der Nationalversammlung mit derjenigen des Staatspräsidenten überein.

b) Die Ernennung und die Amtsaufgabe des Regierungschefs

146 Hinsichtlich der Ernennung und der Amtsaufgabe des Regierungschefs zeichnen sich einige formelle Gemeinsamkeiten ab. Gleichwohl bestehen gerade in der Praxis bedeutsame Unterschiede.

aa) Ernennung

147 In formeller Hinsicht wird der Regierungschef in Frankreich (Art. 8 Abs. 1. CF) wie in Deutschland (Art. 63 Abs. 2 GG) durch das Staatsoberhaupt ernannt. Die Ernennung schließt in beiden Ländern die Ausübung bestimmter – teils unterschiedlicher – politischer Ämter und Funktionen aus und verlangt die Einhaltung gewisser formeller Voraussetzungen, die ebenso für die Regierungsmitglieder gelten.[326] In

---

[322] *Hartmann/Kempf*, Staatsoberhäupter in der Demokratie, 2012, S. 11.
[323] Wie bereits näher unter → Rn. 111 ff. dargelegt, bedeutet Kohabitation eine politische Konstellation, in der Staatspräsident und Parlamentsmehrheit entgegengesetzten politischen Lagern angehören.
[324] Statt vieler *Carcassonne*, Ce que fait Matignon, Pouvoirs 68 (1994), S. 31 ff.
[325] Dazu → Rn. 112.
[326] Vgl. Art. 23 CF sowie Loi und loi organique vom 11.10.2013, 2013-906 und 2013-907 über die Transparenz des öffentlichen Lebens; Art. 66 GG sowie Art. 4 und 5 BMinG.

beiden Ländern ist die Ernennung des Regierungschefs von der Gegenzeichnungspflicht entbunden.

In Deutschland erfolgt die Ernennung des Regierungschefs bzw. der Regierungschefin erst nachdem der Bundeskanzler bzw. die Bundeskanzlerin zunächst auf Vorschlag des Bundespräsidenten vom Bundestag gewählt wurde. Formell wirkt der Bundespräsident daher in zweifacher Hinsicht an der Bestellung des Bundeskanzlers mit. Er ist zudem rechtlich nicht an einen bestimmten Vorschlag gebunden. Pikant ist in diesem Zusammenhang die Anekdote, wonach *Horst Köhler* im November 2005 angeblich gedroht haben soll, *Angela Merkel* als designierte Regierungschefin nicht zur Wahl vorzuschlagen, nachdem sie angekündigt hatte, einen verfassungswidrigen Haushalt vorzulegen: „Kurz darauf äußerte Frau Merkel öffentlich, sie werde einen verfassungsmäßigen Etatentwurf vorlegen".[327] Daraus zu schließen, dass der Bundespräsident den Bundeskanzler frei auswählen könne, wäre freilich verfehlt. Vielmehr richtet sich sein Wahlvorschlag nach den Ergebnissen der Bundestagswahlen und bei unklaren Mehrheitsverhältnissen nach den entsprechenden Koalitionsvereinbarungen. Um die Mehrheitsfähigkeit des designierten Kandidaten zu sichern, werden gewöhnlich Gespräche zwischen Vertretern der Fraktionen im Bundestag und dem Bundespräsidenten geführt.[328] Sollte der Vorgeschlagene allerdings nicht gewählt werden, so geht in einem zweiten Schritt die Initiative der Kanzlerwahl gemäß Art. 63 Abs. 3 GG ausschließlich auf den Bundestag über. Erst wenn der gewählte Kandidat die absolute Mehrheit nicht erreicht, steht es Art. 63 Abs. 4 GG zufolge nach einem dritten Wahlgang wiederum dem Bundespräsidenten frei, entweder einen „Minderheitskanzler" zu ernennen oder den Bundestag aufzulösen.[329] Allein in dieser parlamentarischen Krise also gewinnt der Bundespräsident eine echte politische Entscheidungsmacht. Diese ist aber bisher bedeutungslos geblieben, denn in der Praxis wurden *bis dato* alle vom Bundespräsidenten vorgeschlagenen Kandidaten vom Bundestag gleich im ersten Wahlgang gewählt.

Der Tradition eines parlamentarischen Regierungssystems entsprechend liegt in Deutschland die politische Verantwortung hinsichtlich der Bestellung des Bundeskanzlers grundsätzlich beim Parlament. Dies trifft im Falle Frankreichs nur in Kohabitationsphasen zu. Im Regelfall des Gleichlaufs der politischen Couleur von Staatspräsident und Nationalversammlung wird stattdessen der Premierminister vom Staatspräsidenten ausgewählt.[330] Dieses Abhängigkeitsverhältnis des Premierministers vom Staatspräsidenten wird außerdem dadurch bekräftigt, dass die rechtliche Amtseinführung allein mit der Ernennung per Dekret durch den Staatspräsidenten erfolgt.

---

[327] *Müller*, Kein Ersatzkaiser, kein Unterschriftenautomat, FAZ vom 1.6.2010, S. 2.

[328] *Schröder*, Bildung, Bestand und parlamentarische Verantwortung der Bundesregierung in: Isensee/Kirchhof (Hrsg.), Handbuch des Staatsrechts III, 3. Aufl. 2005, § 65, Rn. 9.

[329] Ebd., Rn. 20.

[330] Vgl. *Heseler*, Der Präsident der französischen Republik zwischen Verfassungswortlaut und Wirklichkeit, DÖV 2007, S. 585 (589 f.); *Grote*, Das Regierungssystem der V. französischen Republik, 1995, S. 298 f.

150   Ein bedeutsamer Unterschied zu Deutschland besteht darin, dass das französische Verfassungsrecht keine Wahl des Premierministers durch die Assemblée Nationale vorsieht. Gleichwohl bleibt das französische Parlament in der Praxis nicht gänzlich außen vor. Gemäß Art. 49 Abs. 1 CF kann der Premierminister die Nationalversammlung ersuchen, der Regierung das Vertrauen über ihr Programm oder über eine Erklärung zur allgemeinen Politik auszusprechen. Obwohl eine Investitur durch die Nationalversammlung rechtlich nicht erforderlich ist, hat bislang jeder Premierminister seit 1993 nach seiner Ernennung eine solche allgemeinpolitische Erklärung abgegeben, um die politische Zustimmung der Parlamentsmehrheit sicherzustellen.[331] Dadurch wird an eine parlamentarische Tradition angeknüpft, die mit der Verfassung von 1958 zumindest formell aufgegeben wurde.[332] Zugleich wird die zunehmende politische Bedeutung des Parlaments jedenfalls hinsichtlich der Auswahl des Regierungschefs bekräftigt.[333] Ungeachtet der Kohabitationsphasen bleibt ihre Tragweite aber deutlich hinter der des Bundestages zurück.

bb) Amtsdauer und Ausscheiden aus dem Amt

151   In Frankreich wie in Deutschland hängt der Fortbestand der Regierung vom Amt des Regierungschefs ab. Gibt dieser sein Amt auf, endet die Amtszeit der Regierung. Neben einzelnen rechtlichen Gemeinsamkeiten zeigen sich die politischen Unterschiede beider Regierungssysteme vor allem im Vergleich der tatsächlichen Bedingungen der Amtsaufgabe des Regierungschefs.

152   In Deutschland kommen für das Amt des Bundeskanzlers drei verschiedene Beendigungsgründe in Betracht.[334] Der erste ist nicht ausdrücklich im Grundgesetz geregelt und liegt in der Person des Amtsinhabers begründet. Die Beendigung kann aufgrund von Tod oder Verlust der Amtsfähigkeit erfolgen, falls der amtierende Kanzler die Wählbarkeitsvoraussetzungen gemäß § 15 BWahlG nicht mehr erfüllt; wahrscheinlicher und bereits dreimal eingetreten ist ein freiwilliger Rücktritt des Bundeskanzlers.[335] Die beiden anderen Gründe sind im Grundgesetz festgelegt und belegen die parlamentarischen Wesenszüge des deutschen Regierungssystems. In Art. 69 Abs. 2 GG ist die Amtszeit der Bundesregierung ausdrücklich an die Legislaturperiode gekoppelt, denn mit dem Zusammentritt eines neuen Bundestages endet das Amt des Bundeskanzlers oder eines Bundesministers. Ferner kann der Bundestag gemäß Art. 67 Abs. 1 GG eine Entlassung des Bundeskanzlers durch

---

[331] *Favoreu et al.*, Droit constitutionnel, 15. Aufl. 2013, Rn. 1088 ff.; näher hierzu → Rn. 177.

[332] *Jouanjan*, Grundlagen und Grundzüge staatlichen Verfassungsrechts, in: v. Bogdandy et al. (Hrsg.), Ius Publicum Europaeum I, 2007, § 2 Frankreich, Rn. 57; → § 2 Rn. 59.

[333] Überblick bei → *Gaillet* § 2 Rn. 63.

[334] Im Einzelnen *Morlok/Michael*, Staatsorganisationsrecht, 2013, Rn. 778 ff.

[335] Namentlich mit Konrad Adenauer (1963), Ludwig Erhard (1966) und Willy Brandt (1974): ebd., Rn. 780.

den Bundespräsidenten erreichen, wenn ihm die Mehrheit seiner Mitglieder das Vertrauen entzieht und einen Nachfolger wählt.³³⁶

In Frankreich ist das Ausscheiden des Premierministers in Art. 8 Abs. 1 CF geregelt. Demzufolge entlässt der Staatspräsident den Premierminister, wenn dieser ihm den Rücktritt der Regierung vorlegt. Dieser Rücktritt kann freiwillig sein.³³⁷ Der Premierminister kann zur Einreichung seines Rücktritts beim Präsidenten aber auch gezwungen werden, wenn die Nationalversammlung ihm das Vertrauen entzieht (Art. 50 CF). Beide Möglichkeiten sind daher formell mit der deutschen Rechtslage vergleichbar. Sie bilden aber die Praxis nur unzureichend ab. In der Verfassungspraxis der V. Republik kam der Fall eines durch die Nationalversammlung angenommenen Misstrauensantrags bislang nur einmal vor, nämlich im Jahre 1962 in Bezug auf *Georges Pompidou*. Die infolge dessen beim Staatspräsidenten *de Gaulle* eingereichte Rücktrittserklärung wurde aber von diesem zunächst abgelehnt. Stattdessen löste *de Gaulle* die Nationalversammlung auf. Erst nach dem Sieg von *de Gaulles* Partei bei den Parlamentswahlen nahm er die Rücktrittserklärung formell an, ernannte *Pompidou* aber noch am gleichen Tag abermals zum Premierminister. Ein derartiger Einfluss des französischen Staatspräsidenten auf die Amtszeit des Regierungschefs stellt einen bemerkenswerten Unterschied zum parlamentarischen Regierungssystem in Deutschland dar.

153

In Frankreich führt der Zusammentritt einer neuen Nationalversammlung in der Praxis nur bedingt zur Beendigung der Amtszeit des Premierministers. Dies galt vor allem im Fall einer Kohabitation. Im Regelfall scheidet der Premierminister entweder aufgrund der Wahl eines neuen Staatspräsidenten aus oder weil dieser im Laufe seines Mandats einen Wechsel des Premierministers für wünschenswert hält.³³⁸ Im Fall einer Niederlage – beispielsweise bei Kommunal- oder Europawahlen – oder im Fall schlechter Umfragewerte wird ein solcher Wechsel vom Staatsoberhaupt gern als strategisches Mittel genutzt, um neue politische Weichen zu stellen. Ob dies genügt, um das Vertrauen der Bevölkerung zurückzugewinnen, kann an dieser Stelle dahingestellt bleiben. Da der Staatspräsident seit der Verkürzung der Amtsdauer auf fünf Jahre noch stärker als früher als regierender Staatschef und Führer einer Parlamentsmehrheit fungiert, erscheint diese Schutzwallfunktion des Premierministers freilich mehr als fragwürdig.³³⁹

154

c) Die Zusammensetzung der Regierung

In formeller Hinsicht werden die Regierungsmitglieder sowohl in Frankreich (Art. 8 Abs. 1 CF) als auch in Deutschland (64 Abs. 1 GG) vom Staatsoberhaupt ernannt und entlassen. In beiden Ländern erfolgt diese Ernennung bzw. Entlassung

155

---

³³⁶ Dazu → Rn. 177.
³³⁷ So in dem Fall von *Jacques Chirac* (1978).
³³⁸ Überblick bei *Favoreu et al.*, Droit constitutionnel, 15. Aufl. 2013, Rn. 968 f.
³³⁹ Vgl. *Avril*, Enchantement et désenchantement constitutionnels sous la Ve République, Pouvoirs 126 (2008), S. 5 (10 ff.); *Carcassonne*, Immuable Ve République, Pouvoirs 126 (2008), S. 27 (30 f.).

auf Vorschlag des Regierungschefs und soll von ihm gegengezeichnet werden. Welche politischen Spielräume diese Kompetenzen dem Regierungschef gewähren, hängt von den jeweiligen Machtverhältnissen innerhalb der Exekutive und von der Prägung beider politischer Systeme ab. Während der Einfluss des französischen Staatspräsidenten auch in der Kabinettsbildung im Regelfall maßgeblich ist, wird in Deutschland die Entscheidung über die personelle Auswahl der Bundesminister durch den Bundeskanzler getroffen.

156   Hierfür orientiert er sich gewöhnlich an Koalitionsvereinbarungen.[340] Diese sind Ausdruck der Kraftverhältnisse im Bundestag und somit für die Regierungsbildung politisch ausschlaggebend. Der Bundespräsident hat insoweit die rechtlichen Voraussetzungen für die Ernennung zu überprüfen, bleibt aber in der Sache an den Vorschlag des Bundeskanzlers gebunden. Dementsprechend übt der Bundespräsident zunächst eine formelle Kontrolle der Amtsfähigkeit der vorgeschlagenen Kandidaten aus. Erfüllen sie aber die Ernennungsvoraussetzungen, muss der Bundespräsident dem Vorschlag entsprechen.[341]

157   Ganz ohne Einfluss ist der Bundespräsident jedoch nicht. Zwar darf dieser Einfluss nicht parteipolitisch motiviert sein. Im Vorfeld des Kandidatenvorschlags finden in der Praxis gleichwohl regelmäßig Gespräche zwischen dem Bundespräsidenten und dem Bundeskanzler statt, um – ähnlich wie bei den Spitzenbeamten – sicherzustellen, dass der Bundespräsident dem Ernennungs- oder Entlassungsvorschlag nachkommen wird.[342] Dass der Bundespräsident hier einen entscheidenden Einfluss auf die personelle Zusammensetzung des Kabinetts ausübt, darf als absoluter Ausnahmefall gelten. So hatte beispielsweise gleich in den ersten Jahren der Bundesrepublik der damalige Bundespräsident *Theodor Heuß* gegenüber Bundeskanzler *Konrad Adenauer* Bedenken gegen die Wiederernennung von Bundesjustizminister *Thomas Dehler* erhoben und *Adenauer* letztlich dazu bewegt, *Dehler* nicht in sein neu gebildetes Kabinett zu berufen.[343]

158   In Frankreich stellt die Mitwirkung des Staatspräsidenten an der Regierungsbildung hingegen den Regelfall dar. Je nach Amtsinhaber kann die Einmischung des Staatspräsidenten oder die Autonomie des Premierministers mehr oder weniger umfangreich sein.[344] Für gewöhnlich wird dem Staatsoberhaupt ein herausragender Einfluss zumindest auf einige politische Schlüsselposten (*ministères régaliens*) beigemessen. Dies sind insbesondere: Auswärtiges Amt, Verteidigung, Justiz, Inneres

---

[340] Vgl. *Morlok/Michael*, Staatsorganisationsrecht, 2013, Rn. 776 ff.; *Schröder*, Bildung, Bestand und parlamentarische Verantwortung der Bundesregierung, in: Isensee/Kirchhof (Hrsg.), Handbuch des Staatsrechts III, 3. Aufl. 2005, § 65, Rn. 33.

[341] So *Hermes*, in: Dreier (Hrsg.) GG II, 2. Aufl. 2006, Art. 64, Rn. 26 ff.

[342] Vgl. *Schröder*, Bildung, Bestand und parlamentarische Verantwortung der Bundesregierung, in: Isensee/Kirchhof (Hrsg.), Handbuch des Staatsrechts III, 3. Aufl. 2005, § 65, Rn. 34. Das betrifft auch Staatssekretäre, s. *Hartmann/Kempf*, Staatsoberhäupter in der Demokratie, 2012, S. 101 ff.

[343] Der Grund hierfür scheint *Dehlers* scharfe und abfällige Kritik am Plenarbeschluss des Bundesverfassungsgerichts zur Wiederbewaffnung gewesen zu sein. Näher hierzu *Schönberger*, Anmerkung zu Karlsruhe, in: Jestaedt et al (Hrsg.), Das entgrenzte Gericht, 2011, S. 22; vgl. auch *Hermes*, in: Dreier (Hrsg.), GG II, Art. 64, Rn. 26.

[344] Vgl. *Favoreu et al.*, Droit constitutionnel, 15. Aufl. 2013, Rn. 940.

§ 4 Parlament – Präsident – Regierung   193

sowie Wirtschaft und Finanzen.³⁴⁵ In Kohabitationsphasen wird dieser präsidiale Einfluss zugunsten des Premierministers weitgehend zurückgedrängt. Machtlos wie der Bundespräsident ist der Staatspräsident aber auch dann nicht. Zum Teil erkennt ihm das Schrifttum aufgrund seiner verfassungsrechtlichen Kompetenzen (Art. 15 und Art. 53 i. V. m. Art. 5 CF) bzw. aufgrund der – strittigen – Lehre des präsidialen Eigen- bzw. Kernbereichs (*domaine réservé*) ein textlich nicht vorgesehenes Mitsprache- oder sogar Vetorecht hinsichtlich der Auswahl der Außen- und Verteidigungsminister zu.³⁴⁶

Die Entlassung der einzelnen Regierungsmitglieder erfolgt entsprechend dieser personalpolitischen Besonderheiten. In Deutschland kann allein der Bundeskanzler gemäß Art. 64 Abs. 1 GG i. V. m. Art. 9 Abs. 2 BMinG die Entlassung eines Bundesministers verlangen.³⁴⁷ Der Bundespräsident hat, wie bei der Ernennung, diesem Vorschlag in der Sache zu entsprechen, soweit die formellen Voraussetzungen vorliegen. Auch in Frankreich kann der Premierminister einen solchen Vorschlag unterbreiten. Allerdings wird diese Entscheidung in der Praxis im Einvernehmen mit dem Staatspräsidenten getroffen, der Ministerrücktritte zudem selbst einfordern kann.³⁴⁸ Schließlich kann das Amtsverhältnis eines Ministers in beiden Länder aufgrund von Tod, des Verlust der Amtsfähigkeit oder freiwilligen Rücktritts – insbesondere im Fall einer politischen Meinungsverschiedenheit – erfolgen. Ebenfalls übereinstimmend endet mit dem Ausscheiden des Bundeskanzlers bzw. des Premierministers das Amtsverhältnis aller Regierungsmitglieder (Art. 8 Abs. 1 CF und Art. 69 Abs. 2 GG). 159

Im Vergleich zeichnet sich die Zusammensetzung des deutschen Bundeskabinetts durch eine größere parteipolitische Rückkoppelung und zeitliche Stabilität aus. Letzteres gilt auch angesichts der Zahl der Regierungsmitglieder und Ministerressorts. Die Zusammensetzung der Regierung wird in Frankreich eher den politischen Gegebenheiten angepasst und auf die Prioritätssetzung des Staatspräsidenten zugeschnitten.³⁴⁹ Nicht selten werden bei einem Regierungswechsel beispielsweise ehemalige einflussreiche Stabsmitarbeiter des Staatspräsidenten zum Minister ernannt, die zwar bis dato nie gewählt wurden, dafür aber das besondere Vertrauen des Präsidenten genießen.³⁵⁰ Generell lässt sich aber zumindest eine in beiden Ländern ähnliche Tendenz feststellen, die Zahl der Regierungsmitglieder – inklusive 160

---

³⁴⁵ *Grote*, Das Regierungssystem der V. französischen Republik, 1995, S. 249.
³⁴⁶ Eingehend *Carcasonne*, Le Premier ministre et le domaine dit réservé, Pouvoirs 83 (1997), S. 65 ff.; *Avril*, Diriger le Gouvernement, Pouvoirs 83 (1997), S. 31 (37 ff.).
³⁴⁷ Art. 9 Abs. 2 S. 2 des Gesetzes über die Rechtsverhältnisse der Mitglieder der Bundesregierung lautet: „Die Bundesminister können jederzeit entlassen werden und ihre Entlassung jederzeit verlangen".
³⁴⁸ *Grote*, Das Regierungssystem der V. französischen Republik, 1995, S. 250.
³⁴⁹ Vgl. *Kempf*, Das politische Systems Frankreichs, 2007, S. 96 ff.
³⁵⁰ Zum Beispiel: *Emmanuel Macron* als Wirtschaftsminister (2014) unter *François Hollande*, *Claude Guéant* als Innenminister (2011–2012) unter *Nicolas Sarkozy* und *Dominique De Villepin* zunächst als Außenminister (2002–2004), später als Innenminister (2004–2005) und zuletzt als Premierminister (2005–2007) unter *Jacques Chirac*.

der Staatssekretäre – geringer zu halten als früher und eine Parität zwischen Frauen und Männern anzustreben bzw. einzuhalten.

2. Die Willensbildung der Regierung

161   Die Willensbildung der Regierung wird zunächst durch den rechtlichen Rahmen bedingt. Relevant dafür sind die Befugnisse der Regierung und ihre Binnenorganisation. Hier zeichnen sich klare Gemeinsamkeiten zwischen Frankreich und Deutschland ab. In beiden Ländern wird zwischen den einzelnen Regierungsmitgliedern, dem Regierungschef und der Regierung als Gesamtorgan differenziert. Ihnen werden durch die Verfassung jeweils spezifische Befugnisse zuerkannt. Obwohl sich die Binnenorganisation vornehmlich durch das Prinzip der Kollegialität auszeichnet, wird den Regierungschefs in beiden Ländern eine besondere Stellung zuteil. Dieser formelle Rahmen lässt aber den politischen Organen ein erhebliches Ermessen, innerhalb dessen sie die Willensbildung der Regierung inhaltlich bestimmen. Ausschlagend hierfür sind – neben dem Charisma der verschiedenen Amtsinhaber – die politischen Kraftverhältnisse.

a) Befugnisse und Binnenorganisation der Regierung

162   Wie die Kompetenzen aufgeteilt und mögliche Konflikte geregelt werden, lässt sich in Frankreich und Deutschland anhand dreier Grundsätze erfassen, die beiden Ländern gemein sind: Für den Regierungschef gilt das *politische Leitungsprinzip*, für die Minister das *Ressortprinzip* und für die Regierung als Gesamtorgan das *Kollegialprinzip*.

aa) Der Regierungschef und das politische Leitungsprinzip

163   In beiden Ländern obliegt es dem Regierungschef, die Geschäfte der Regierung zu koordinieren und politisch zu leiten. In Frankreich ergibt sich diese Führungs- bzw. Leitungskompetenz aus Art. 21 Abs. 1 CF. Die Arbeitsweise innerhalb der Regierung wird weniger in der wortkargen Geschäftsordnung der Regierung[351] festgelegt, als vielmehr durch das Rundschreiben (*circulaire*), das jeder Premierminister gleich zu Beginn seiner Amtszeit verabschiedet und in dem zugleich an die politischen Ziele der Regierung erinnert wird.[352]

---

[351] Dekret Nr. 59-178 vom 22.1.1959 über die Aufgaben der Ministerien.
[352] *Avril*, Diriger le gouvernement, Pouvoirs (83) 1997, S. 31 (35 f.); vgl. zuletzt das Rundschreiben des Premierministers *Valls* vom 12. September 2014: http://circulaires.legifrance.gouv.fr/pdf/2014/09/cir_38729.pdf.

§ 4 Parlament – Präsident – Regierung

In ähnlicher Weise ist in Deutschland im Zusammenhang mit Art. 65 GG von der Richtlinienkompetenz des Bundeskanzlers die Rede, dem sog. *Kanzlerprinzip*.[353] Der Kanzler bzw. die Kanzlerin bestimmt die Richtlinien der Politik und trägt dafür die Verantwortung. Diese allgemeine Befugnis wird ferner durch die Bestimmungen der Geschäftsordnung der Bunderegierung (GOBReg) konkretisiert. Danach bestimmt der Bundeskanzler die Richtlinien der inneren und äußeren Politik, welche für die Bundesminister verbindlich und durch sie eigenverantwortlich auszuführen sind (§ 1 Abs. 2 GOBReg). **164**

Das Amt des Regierungschefs ist grundsätzlich ressortfrei bzw. ressortübergreifend.[354] In seiner Funktion wird der Bundeskanzler vom Bundeskanzleramt unterstützt. Der französische Premierminister bekommt die Unterstützung des Generalsekretariats der Regierung (*secrétariat général du gouvernement*) und den politischen Beistand eines Stabs (*cabinet*), der sich angesichts seiner Funktion, Struktur und seines Einflusses vom Stab des Bundeskanzleramts und vom Kanzlerbüro abhebt und eine französische Besonderheit bildet.[355] Dem Regierungschef kommen einflussreiche Ernennungsbefugnisse zu, insbesondere für Spitzenbeamte (Art. 21 GG und §§ 18 ff. GOBReg). Bedeutend sind ebenfalls die Befugnisse beider Regierungschefs im parlamentarischen Verfahren. Besonders deutlich ist dies im Hinblick auf die Vertrauensfrage, die sowohl in Frankreich als auch in Deutschland vom Regierungschef gestellt werden kann. **165**

Im Vergleich zum Bundeskanzler werden dem Premierminister durch die Verfassung tendenziell mehr eigene Befugnisse verliehen. So ist der französische Premierminister ermächtigt, Gesetzesentwürfe einzubringen (Art. 39 Abs. 1 CF) und den Verfassungsrat anzurufen (Art. 54 und 61 Abs. 2 CF), während beide Befugnisse in Deutschland der Bundesregierung als Kollegialorgan (Art. 76 Abs. 1 GG und 93 Abs. 1 GG) zustehen. Gemäß Art. 21 Abs. 1 CF ist der Premierminister für die Ausführung der Gesetze verantwortlich und besitzt hierfür das Verordnungsrecht.[356] Vorbehaltlich der Befugnisse des Staatspräsidenten ist er als einziges Regierungsmitglied dazu befugt, Verordnungen (*décrets*) zu erlassen. Seine Akte müssen aber dennoch durch die Minister, die mit ihrer Ausführung betraut werden, gegengezeichnet werden (Art. 22 CF). Sie werden in der Praxis auch meist durch oder jedenfalls in Zusammenarbeit mit den jeweiligen Ministerien vorbereitet. Im föderalen Deutschland werden die Bundesgesetze durch die Länder ausgeführt (Art. 84 ff. GG). Dem Bundeskanzler kommen hierbei als Organ keine spezifischen Befugnisse zu. Diese obliegen abermals der Bundesregierung als Kollegialorgan. Art. 80 Abs. 1 GG i. V. m. § 30 GOBReg zufolge dürfen nicht nur allein der Bun- **166**

---

[353] *Detterbeck*, Innere Ordnung der Bundesregierung in: Isensee/Kirchhof (Hrsg.), Handbuch des Staatsrechts III, 3. Aufl. 2005, § 66, Rn. 15 ff.

[354] Vgl. *Schröder*, Kritische Tendenzen im normativen Umriss von Regierung und Parlament, in: Brenner et al. (Hrsg.), Der Staat des Grundgesetzes - Festschrift für Peter Badura, S. 513 (520 ff.).

[355] *Avril*, Diriger le gouvernement, Pouvoirs (83) 1997, S. 31 (33 ff.); *Quermone*, La mise en examen des cabinets ministériels, Revue Pouvoirs 68 (1994), S. 61 (62); *Ziller*, Administrations comparées, 1993, S. 325.

[356] → *Marsch* § 5 Rn. 17.

deskanzler, sondern auch die Bundesregierung und die einzelnen Bundesminister Verordnungen erlassen.

167 Daraus folgt freilich nicht, dass der französische Regierungschef mehr Handlungsfreiheit hätte. Ein bedeutsamer Unterschied zwischen dem französischen Premierminister und dem deutschen Bundeskanzler liegt vielmehr darin, dass sich der Premierminister bestimmte Befugnisse mit dem Staatspräsidenten teilen muss. Strebt der Premierminister eine Verfassungsänderung oder den Rekurs auf einen Volksentscheid an, so kann er dies lediglich dem Staatspräsidenten vorschlagen, dem die Entscheidungshoheit darüber vorbehalten bleibt. Wie gesehen verfügen beide Spitzen der französischen Exekutive zudem über Befugnisse im militärischen Bereich (Art. 15 und Art. 20 Abs. 1 i. V. m. Art. 21 Abs. 1 CF).[357] Was das Verhältnis zum Staatsoberhaupt anbelangt, ist die Handlungsfähigkeit des Premierministers mit der des Bundeskanzlers in Perioden der Kohabitation eher vergleichbar. Außerhalb von Kohabitationsphasen – also im politischen Regelfall – dominiert politisch der direkt gewählte und daher mit stärkerer Legitimation ausgestattete Staatspräsident. Der Premierminister soll im semi-präsidentiellen System dem Staatspräsidenten dabei helfen, dessen Wahlprogramm umzusetzen, was mit einem beträchtlichen Bedeutungsverlust des Amtes des Premierministers einhergeht. Rhetorisch auf die Spitze getrieben wurde dies von Staatspräsident *Sarkozy*, der den von ihm ernannten Premierminister *Fillon* im Jahr 2007 als seinen „Mitarbeiter" (*collaborateur*) bezeichnete und ihm damit seine politische Eigenständigkeit absprach. Gegenüber den anderen Regierungsmitgliedern besitzen Premierminister und Kanzler hingegen eine ähnlich starke Stellung, obwohl sie nicht als rechtliche Vorgesetzte der Minister gelten. Im Falle ihres Rücktritts, muss jedoch die ganze Regierung zurücktreten.[358]

bb) Die Minister und das Ressortprinzip

168 Das Ressortprinzip bezeichnet die Kompetenz eines Ministers, innerhalb seines Zuständigkeitsbereichs eigenverantwortlich zu handeln. In Deutschland wird der Geschäftsbereich der einzelnen Bundesminister in den Grundzügen durch den Bundeskanzler festgelegt (§ 9 GOBReg).[359] Innerhalb dieser Richtlinien leitet jeder Bundesminister seinen Geschäftsbereich selbständig und unter eigener Verantwortung (Art. 65 GG). In Frankreich wird gleich nach der Regierungsbildung für jedes Ministerium ein Dekret vom Staatspräsidenten erlassen und vom Premierminister gegengezeichnet, in dem ebenfalls die einzelnen Aufgaben und Befugnisse des Ministers festgelegt werden.[360]

---

[357] Vgl. hierzu *Favoreu et al.*, Droit constitutionnel, 15. Aufl. 2013, Rn. 948, 963 f.
[358] Dazu bereits → Rn. 159.
[359] Vgl. etwa den Organisationserlass der Bundeskanzlerin vom 17.12.2013 (BGBl. I S. 4310).
[360] Vgl. exemplarisch das Dekret Nr. 2014-401 vom 16.4.2014 zu den Aufgaben der Umweltministerin.

§ 4 Parlament – Präsident – Regierung

Dem Ressortprinzip entsprechend stehen die Minister in Frankreich wie in Deutschland an der Spitze einer Verwaltung, die sie in organisatorischer und personaler Hinsicht leiten und verantworten. In ihrem eigenen Geschäftsbereich sind die Minister grundsätzlich keinen konkreten Weisungen unterworfen – auch nicht gegenüber dem Regierungschef.[361] In beiden Ländern gibt es zudem einen Kernbestand an Ministerien, deren Aufgabenbereich in aller Regel gleich bleibt. Eine Sonderstellung besitzt in beiden Ländern insbesondere der Finanzminister, der über die Allokation der Finanzen mitentscheidet und daher eine schlichtende Funktion erfüllt.[362]

169

cc) Die Regierung und das Kollegialprinzip

Das Kollegialprinzip deutet auf die Gesamtverantwortlichkeit der Regierung hin. Als Mitglieder eines Kollegialorgans sollen Regierungschef und Minister bemüht sein, sich solidarisch zu zeigen und ihre Meinungsverschiedenheiten intern zu klären. Im Spannungsfall werden im Vorfeld interministerielle Gespräche geführt, um Streitigkeiten zu schlichten. Dem Regierungschef kommt in dieser Hinsicht eine besondere Verantwortung zu. Dieser Vorgang sowie die generelle Zusammenarbeit innerhalb der Regierung werden in Deutschland in der Gemeinsamen Geschäftsordnung der Bundesministerien (§ 17 GGO) ausführlich und systematisch geregelt, während sie in Frankreich nur durch punktuelle Texte erfasst werden.[363]

170

Große Bedeutung in beiden Ländern kommt den wöchentlichen Sitzungen des deutschen Bundeskabinetts bzw. des französischen Ministerrates zu. In diesem Rahmen Sitzungen werden Gesetzesentwürfe, Verordnungen, Ernennungen und sonstige Regierungsinitiativen sowie politische Mitteilungen beraten und beschlossen und die politische Agenda der Regierung dementsprechend festgelegt. Die französische Verfassung überträgt dem Ministerrat insbesondere neben einigen Befugnissen im Rahmen des Gesetzgebungsverfahrens[364] u. a. die Befugnis, die Vertrauensfrage in der Nationalversammlung zu stellen sowie den Belagerungszustand zu verhängen (Art. 36 Abs. 1 GG). Hinzu kommt, dass gemäß Art. 13 Abs. 3 CF die wichtigsten staatlichen Ämter im Ministerrat vergeben werden. In Deutschland werden dem Kabinett ebenfalls wichtige Zuständigkeiten zugeschrieben (§ 15 GOBReg), wie

171

---

[361] In Deutschland wird diese Eigenverantwortlichkeit aus Art. 65 GG abgeleitet. In Frankreich wird sie paradoxerweise nicht aus Art. 21 Abs. 2 CF, sondern aus der Rechtsprechung des Conseil d'Etat abgeleitet: C.E., 7.2.1936, GAJA Nr. 47 – Jamart; C.E., 15.11.1965, AJDA 1972, S. 167 – Compagnie marchande de Tunisie. Dazu: *Foyer*, Les ministres entre eux, Revue Pouvoirs 1986 (36), S. 103 (108 ff.).

[362] Vgl. *Schroeder*, Aufgaben der Bundesregierung, in: Isensee/Kirchhof (Hrsg.), Handbuch des Staatsrechts III, 3. Aufl. 2005, § 64, Rn. 23; *Foyer*, Les ministres entre eux, Pouvoirs 36 (1986), S. 103 (109 f.).

[363] Rundschreiben des Premierministers vom 7.7.2011 über die Rechtsförmlichkeit (Legistik). Vgl. auch *Lasvignes/Sauvé*, Guide pour l'élaboration des textes législatifs et réglementaire, 2. Aufl., 2007.

[364] Eingehend zum Ganzen → *Marsch* § 5 Rn. 9 ff., 29 ff.

die Einbringung von Gesetzesentwürfen, den Erlass von Rechtsverordnungen und Verwaltungsvorschriften oder die Entscheidung über den Bundeszwang.³⁶⁵

172 Ein formeller Unterschied besteht in der Binnenorganisation dieser Gremien. In Deutschland führt der Bundeskanzler den Vorsitz der Bundeskabinettsitzungen. Der Bundespräsident nimmt selbst nicht daran teil. Er wird zunächst nur vom Chef des Bundespräsidialamtes vertreten und später in regelmäßigen Abständen vom Bundeskanzler gesondert unterrichtet (§ 5 GOBReg).³⁶⁶ In Frankreich hingegen wird die Tagesordnung des Ministerrates vom Staatspräsidenten festgelegt, der nach Art. 9 CF den Vorsitz führt. Aus diesem zunächst nur formellen Unterschied erfolgen freilich weitreichende Konsequenzen hinsichtlich der inhaltlichen Willensbildung der Regierung, die für den Vergleich beider Regierungssysteme besonders relevant sind.

b) Die inhaltliche Willensbildung der Regierung im Spiegel der Staatspraxis

173 Im Hinblick auf die inhaltliche Willensbildung der Regierung sind weniger der rechtliche Rahmen als vielmehr die politischen Kraftverhältnisse im Bundestag und in der Nationalversammlung entscheidend. Im politischen Regelfall der Nicht-Kohabitation ist die politische Bedeutung des Regierungschefs derjenigen des Staatspräsidenten weitgehend untergeordnet. Letzterer kann sich dann politisch im Rahmen des Ministerrats an der Willensbildung der Regierung beteiligen.³⁶⁷ Wie sehr er sich einmischt, hängt freilich von der Person des jeweiligen Amtsinhabers ab. Nur im Falle einer Kohabitation wandelt sich das französische Regierungssystem in eine veritable „premier-ministeriale" (*primo-ministerielle*) Demokratie. In dieser Konstellation kann sich der Staatspräsident weigern, beispielsweise einen Gesetzesentwurf auf die Tagesordnung des Ministerrats zu setzen, eine gesetzesvertretende Verordnung zu unterschreiben oder eine außerordentliche Parlamentssitzung einzuberufen. Dadurch kann er die Regierungsarbeit beeinträchtigen.³⁶⁸

174 Im Vergleich lässt sich feststellen, dass in der deutschen „Kanzlerdemokratie" die inhaltliche Willensbildung der Regierung in höherem Maße durch den Bundeskanzler geprägt wird. Hat seine Partei eine absolute Mehrheit im Bundestag, wird seine Stellung eindeutig gestärkt. Wenn hingegen erst nach langwierigen Verhand-

---

³⁶⁵ Siehe dazu Detterbeck, Innere Ordnung der Bundesregierung, in: Isensee/Kirchhof (Hrsg.), Handbuch des Staatsrechts III, 3. Aufl. 2005, § 66, Rn. 49 ff.; *Morlok/Michael*, Staatsorganisationsrecht, 2013, Rn. 801 ff.
³⁶⁶ § 5 GOBReg: „Der Bundeskanzler unterrichtet den Bundespräsidenten laufend über seine Politik und die Geschäftsführung der einzelnen Bundesminister durch Übersendung der wesentlichen Unterlagen, durch schriftliche Berichte über Angelegenheiten von besonderer Bedeutung sowie nach Bedarf durch persönlichen Vortrag."
³⁶⁷ Vgl. etwa *Carcassonne*, Ce que fait Matignon, Pouvoirs 68 (1994), S. 31 ff.; *Favoreu et al.*, Droit constitutionnel, 15. Aufl. 2013, Rn. 965 ff.; *Grote*, Das Regierungssystem der V. französischen Republik, 1995, S. 270 ff.
³⁶⁸ *Jouanjan*, Grundlagen und Grundzüge staatlichen Verfassungsrechts, in: v. Bogdandy et al. (Hrsg.), Ius Publicum Europaeum I, 2007, § 2 Frankreich, Rn. 35.

lungen eine Koalitionsvereinbarung getroffen wurde, richten sich die inhaltliche Willensbildung der Regierung und die Richtlinienkompetenz des Kanzlers strenger an dieser Vereinbarung aus. Streitige Fragen werden dann regelmäßig im verfassungsrechtlich nicht vorgesehenen Koalitionsausschuss beraten und entschieden, der im Wesentlichen mit den Partei- und Fraktionsvorsitzenden der Regierungsparteien bzw. -fraktionen besetzt ist. Nicht unbedeutend sind im deutschen Kontext schließlich die politischen Kraftverhältnisse im Bundesrat, der aufgrund seiner Vetorechte die Handlungsfähigkeit des Kanzlers ebenfalls einschränken kann.

V. Gesamtbild: Macht und Gegenmacht

Die verfassungsrechtliche Stellung eines Verfassungsorgans im Institutionengefüge bestimmt sich maßgeblich anhand seiner Beziehungen zu anderen Verfassungsorganen. Will man eine Aussage über die verfassungsrechtliche Stellung des Parlamentes treffen, so ist der Blick auf sein Verhältnis zu anderen Verfassungsorganen von mindestens ebenso großer Aussagekraft wie die Beschreibung der ihm verfassungsrechtlich zuerkannten Kompetenzen oder die Analyse seiner organschaftlichen Binnenstruktur und Arbeitsweise.[369] Die folgenden, den Beitrag abschließenden Betrachtungen gehen dieser Beziehung von Macht und Gegenmacht nach. Dabei geht es nicht nur um wechselseitige Kontrollmechanismen im engeren Sinne, wie etwa das Instrument des parlamentarischen Misstrauensvotums. Vor allem sind die bislang aus der Einzelperspektive beleuchteten inter-institutionellen Verhältnisse, wie namentlich die Einhegung des französischen Parlamentes durch die zahlreichen Vorrechte der Exekutive, aber auch das Verhältnis zwischen Regierung und Präsident nochmals abschließend zu einem Gesamtbild verfassungsrechtlicher *checks and balances* zusammenzufügen.[370]

175

1. Parlament – Regierung

a) Parlamentarische Einsetzung und Kontrolle der Regierung

Der Grundpfeiler des in Deutschland durch das GG errichteten parlamentarischen Regierungssystems ist die Wahl des Bundeskanzlers durch das Parlament (Art. 63 GG). Der französische Premierminister und die französische Regierung werden hingegen, wie gesehen, durch den Staatspräsidenten ernannt (Art. 8 CF). Nach Er-

176

---

[369] Freilich können die einem Organ zuerkannten Kompetenzen wiederum Ausdruck eines verfassungsrechtlich regulierten inter-institutionellen Verhältnisses sein, wie etwa die parlamentarischen Kontrollrechte gegenüber der Regierung.

[370] Das inter-institutionelle Verhältnis beider französischer Parlamentskammern zueinander sowie zwischen Bundestag und Bundesrat wird, da es im Kern um die Machtbalance im Rahmen des Gesetzgebungsverfahren geht, im Kapitel zur Rechtsetzung erörtert → *Marsch* § 5 Rn. 51 ff.

nennung durch den Staatspräsidenten ist die Regierung aber nach den verfassungsrechtlichen Regelungen allein dem Parlament verantwortlich (Art. 20 Abs. 3 i. V. m. Art. 49 f. CF). Die Verfassung stellt dem Präsidenten kein rechtliches Mittel zur Verfügung, den Premierminister zu entlassen. Somit ist zwar die Ernennung eines Premierministers gegen die politische Mehrheit im Parlament rechtlich möglich, letztlich aber politisch aussichtslos. Das Parlament könnte den Premier im Wege des Misstrauensvotums sofort zum Rücktritt zwingen. Dass der Präsident letztlich keine Regierung gegen die Parlamentsmehrheit durchsetzen kann, wird vor allem in der *Cohabitation* praktisch bedeutsam.[371] Gehören Staatspräsident und Parlamentsmehrheit der gleichen politischen Couleur an, kann sich das Parlament aus politischen Gründen in aller Regel weder der Ernennung eines besonderen Vertrauten des Präsidenten zum Premierminister noch dem Verlangen des Präsidenten nach einem Rücktritt des Premiers widersetzen. Der starke und im Verfassungstext nicht sichtbare Einfluss des Staatspräsidenten auf den Verbleib des Premierministers im Amt, ist insoweit vor allem politischer Natur.[372]

177 Die parlamentarische Verantwortlichkeit des Premierministers konkretisiert sich sowohl im deutschen als auch im französischen Verfassungsrecht zunächst im Instrument der *Vertrauensfrage* (Art. 49 Abs. 1 und 3 CF, Art. 68 GG). In beiden Ländern dient die Vertrauensfrage der Stärkung und Stabilisierung von Mehrheiten. Allgemeiner gesprochen ist sie Ausdruck des Vertrauensprinzips als tragendes Wesensmerkmal eines parlamentarischen Regierungssystems, im Rahmen dessen das Zustandekommen und der Fortbestand der Regierung von der Parlamentsmehrheit abhängen.[373] Da die französische Verfassung aber gerade kein (klassisches) parlamentarisches Regierungssystem konstituiert, fällt die Rolle der Vertrauensfrage in der Praxis auch etwas anders aus als unter dem deutschen Grundgesetz. Dies zeigt der häufige Rückgriff auf das Instrument der Vertrauensfrage nach Amtsantritt.[374] Die im Gegensatz zu klassischen parlamentarischen Regierungssystemen fehlende Wahl der französischen Regierung durch das Parlament wird so durch eine zunehmend ausgeprägte Verfassungspraxis post-nominationeller Vertrauensfragen teilweise ausgeglichen. Am rechtlich rein fakultativen Charakter der Vertrauensfrage ändert dies freilich nichts.[375] Eine weitere Besonderheit – und zugleich eines der prägnantesten Beispiele für die Prärogativen der französischen Regierung unter dem *parlementarisme rationalisé* – ist die in Art. 49 Abs. 3 CF niedergelegte Möglichkeit, über das Instrument der Vertrauensfrage ein Gesetz ohne positive Zustimmung der Nationalversammlung in Kraft zu setzen.[376] Danach kann der Premierminister die Vertrauensfrage mit der Abstimmung über einen Haushaltsgesetzentwurf oder einen Gesetzentwurf zur Finanzierung der Sozialversicherung verbinden,

---

[371] Vgl. → Rn. 111 ff.

[372] Dazu bereits → Rn. 147 ff.

[373] Vgl. *Epping*, in: v. Mangoldt et al. (Hrsg.), GG II, 6. Aufl. 2010, Art. 68, Rn. 1.

[374] Listung bei *Favoreu et al.*, Droit constitutionnel, 15. Aufl. 2013, Rn. 1090. Vgl. bereits → Rn. 150.

[375] Dies hob insbesondere *Pompidou* hervor, vgl. dazu *Jan*, Les assemblées parlementaires, 2010, S. 173.

[376] Eingehend dazu → *Marsch* § 5 Rn. 56.

§ 4 Parlament – Präsident – Regierung

wobei die Vorlage als angenommen gilt, wenn nicht innerhalb der darauffolgenden 24 Stunden ein Misstrauensantrag eingebracht und angenommen wird. Auf dieses Instrument, welches das mögliche Fehlen einer Mehrheit präventiv umgeht und dergestalt stabilisierend wirkt, kann der Premierminister nach Art. 49 Abs. 3 S. 2 CF auch für einen anderen Gesetzentwurf oder einen Gesetzesvorschlag pro Sitzungsperiode zurückgreifen.

In Deutschland, wo (wie in Frankreich) kein Selbstauflösungsrecht des Parlaments, aber (anders als in Frankreich) auch kein weitreichendes Auflösungsrecht des Bundespräsidenten besteht, hat sich in der Praxis die Problematik der auflösungsgerichteten Vertrauensfrage herausgebildet, auf die sogleich zurückzukommen ist.[377]   **178**

Während das Instrument der Vertrauensfrage von der Regierung selbst ausgeht, nimmt das *Misstrauensvotum* seinen Ausgang im Parlament. Es bildet damit die Speerspitze der parlamentarischen Kontrollmöglichkeiten gegenüber der Regierung. Unterschiede zwischen französischem und deutschem Verfassungsrecht bestehen dahingehend, dass das GG in Art. 67 GG einen Kanzlersturz allein durch die Neuwahl eines anderen Bundeskanzlers durch das Parlament ermöglicht (sog. *konstruktives Misstrauensvotum*), während in Frankreich, wo der Premierminister vom Staatspräsidenten ernannt und eben nicht durch das Parlament gewählt wird, eine solche Kopplung von parlamentarischem Misstrauensvotum und Neuwahl bzw. vielmehr Neuernennung fehlt (Art. 49 Abs. 2 CF). In Deutschland ist das konstruktive Misstrauensvotum eine unmittelbare Antwort auf die negativen Erfahrungen mit Art. 54 der Weimarer Reichsverfassung (WRV), bei dem eine solche Kopplung fehlte.[378] Da die missbräuchliche Anwendung des in Art. 54 WRV ermöglichten autonomen Kanzlersturzes nach verbreiteter Deutung maßgeblich zur Destabilisierung der Weimarer Republik beitrug, wird diese Variante des Misstrauensvotums in Deutschland als *destruktives Misstrauensvotum* bezeichnet. Aufgrund seines spezifischen historischen Bezugs[379] sollte dieser Begriff aber nicht auf die Rechtslage in Frankreich übertragen werden. Zwar scheinen die Ähnlichkeiten augenfällig zu sein: Auch der Reichskanzler der Weimarer Republik wurde ähnlich dem französischen Premierminister nicht vom Parlament gewählt, sondern vom Reichspräsidenten ernannt (Art. 53 WRV). Gleichwohl hat das Misstrauensvotum der V. Französischen Republik nicht einmal im Ansatz ein vergleichbar destruktives Potenzial entfaltet wie Art. 54 WRV. Zwar wird auf Art. 49 Abs. 2 CF gerade von Oppositionsseite häufig zurückgegriffen. Jedoch erfüllt die – mit Ausnahme des Jahres 1962 bis dato immer erfolglose – Einbringung eines Misstrauensantrages primär die symbolische Funktion der politischen Missfallensbekundung bzw. der Initialzündung für eine Generaldebatte im Parlament.[380]   **179**

Mit Blick auf das Verfahren des Misstrauensvotums verlangt die französische Verfassung, dass der Antrag von mindestens einem Zehntel der Mitglieder der Na-   **180**

---

[377] Dazu sogleich im Kontext unter → Rn. 194.
[378] Zum historischen Kontext vgl. *Epping*, in: v. Mangoldt et al. (Hrsg.), GG II, 6. Aufl. 2010, Art. 67, Rn. 2 ff.
[379] Vgl. auch *Hermes*, in: Dreier (Hrsg.), GG II, 2. Aufl. 2006, Art. 67, Rn. 2.
[380] Vgl. *Favoreu et al.*, Droit constitutionnel, 15. Aufl. 2013, Rn. 1095.

tionalversammlung unterzeichnet wird. In Deutschland lässt Art. 67 GG die Frage des Antragsquorums offen und delegiert sie implizit an die Geschäftsordnung. Diese verlangt die Unterzeichnung durch mindestens ein Viertel der Mitglieder des Bundestages oder aber durch eine Fraktion, die mindestens ein Viertel der Mitglieder des Bundestages umfasst.[381] Hinsichtlich der Abstimmung verlangen sowohl die französische als auch die deutsche Verfassung die absolute Mehrheit. In Deutschland und Frankreich zeigt sich mit Blick auf Vertrauensfrage und Misstrauensvotum im Übrigen abermals das Machtgefälle zwischen Nationalversammlung und Senat bzw. zwischen Bundestag und Bundesrat: Allein die Nationalversammlung bzw. der Bundestag entscheiden über Misstrauensantrag und Vertrauensfrage.

181 Im Mehrheitsparlamentarismus stellen sowohl der Erfolg eines Misstrauensantrags als auch der Misserfolg einer Vertrauensfrage den seltenen Ausnahmefall dar. Anders gesagt: weil es kaum mehr darum geht, die Regierung stürzen zu können, haben die Instrumente der Vertrauensfrage und des Misstrauensvotums an Bedeutung verloren. Im Vordergrund steht vielmehr, dass sich die Regierung für ihr Handeln gegenüber dem Parlament rechtfertigen muss. Dabei verschwindet allerdings der ursprünglich im Konzept der Gewaltenteilung angelegte Antagonismus zwischen Parlament und Regierung und wird abgelöst durch einen Antagonismus zwischen Regierung und Koalitionsfraktionen einerseits und Opposition andererseits. Denn es ist die Opposition, die politisch die Rechtfertigung der Regierung gegenüber dem Parlament einfordert und dementsprechend hierzu verfassungsrechtlich befähigt werden muss. Vor diesem Hintergrund erklärt sich die Notwendigkeit, Kontrollinstrumente wie den Untersuchungsausschuss oder das Interpellationsrecht als parlamentarische *Minderheitenrechte* auszugestalten.[382] In Frankreich ordnet Art. 51-1 CF deshalb auch, wie gesehen,[383] ausdrücklich die Zuerkennung besonderer Rechte für Oppositions- und Minderheitsfraktionen in den Geschäftsordnungen der jeweiligen Kammern an.

182 Neben Regelungen zur politischen Verantwortlichkeit der Regierung gegenüber dem Parlament beinhaltet die französische Verfassung – und das ist eine Besonderheit im Vergleich zu Deutschland – ausdrückliche Bestimmungen über die strafrechtliche Verantwortlichkeit der Minister. Seit der Verfassungsrevision von 1993 ist für die strafrechtlichen Handlungen der Regierungsmitglieder, die sie in Ausübung ihres Amtes begangen haben, ein besonderes Gericht zuständig: der sogenannte Gerichtshof der Republik (Art. 68-1 CF). Obgleich dieser Gerichtshof auf der Grundlage des Strafgesetzbuches judiziert, handelt es sich nicht um eine Instanz der ordentlichen Strafgerichtsbarkeit. Das belegt die Zusammensetzung dieses Gerichts, das gemäß Art. 68-2 Abs. 1 CF aus zwölf Parlamentariern und nur drei Richtern beim Kassationshof besteht. Durch diese politische Besetzung verspricht

---

[381] S. § 97 GOBT.
[382] Grundlegend zu Deutschland *Schneider*, Die Parlamentarische Opposition im Verfassungsrecht der Bundesrepublik Deutschland, Bd. 1, 1974, S. 236 ff.
[383] Dazu → Rn. 49.

man sich, dass die Bedingtheit der ministerialen Amtsführung angesichts der vorgeworfenen Straftat geachtet wird.[384]

Ein zentrales Element der parlamentarischen Kontrolle ist zudem der *Untersuchungsausschuss*. Durch ihn erlangt das Parlament ein Recht auf investigative Selbstinformation.[385] Entsprechend der dargelegten essenziellen Rolle der Opposition für die Kontrolle der Regierung kennen sowohl das französische als auch das deutsche Verfassungsrecht nicht nur die *Mehrheitsenquête*, also die Einsetzung eines Untersuchungsausschusses durch die Parlaments- bzw. Kammermehrheit, sondern insbesondere die *Minderheitenenquête*. In Deutschland hat der Bundestag nach Art. 44 GG nicht nur das Recht, sondern auf Antrag eines Viertels seiner Mitglieder vielmehr die Pflicht, einen Untersuchungsausschuss einzusetzen. In Frankreich überlässt 51-2 Abs. 2 CF die Regelung der Einsetzungsvoraussetzungen den Geschäftsordnungen beider Kammern. Danach hängt die Einrichtung eines Untersuchungsausschusses zwar grundsätzlich von der (mehrheitlichen) Annahme eines entsprechenden Entschließungsantrages ab. In der Nationalversammlung verfügt allerdings jede Oppositions- und Minderheitgruppe einmal in jeder ordentlichen Sitzungsperiode über das Sonderrecht, einen auf Einrichtung eines Untersuchungsausschusses gerichteten Entschließungsantrag einzubringen, der nur mit einer qualifizierten Mehrheit von drei Fünfteln der Mitglieder der Nationalversammlung abgewiesen werden kann.[386] Während die Untersuchungsausschüsse in beiden Ländern über weitgehende substanzielle Untersuchungsbefugnisse verfügen, die allenfalls mit Blick auf die verfassungsrechtliche Zulässigkeit des Untersuchungsgegenstandes und einen eng gezogenen Kernbereich der Exekutive[387] an Grenzen stoßen,[388] sind die Untersuchungsausschüsse in Frankreich, anders als in Deutschland, in zeitlicher Hinsicht auf sechs Monate limitiert.[389] **183**

Ein weiteres parlamentarisches Minderheitenrecht mit Kontrollfunktion ist das *Interpellationsrecht*. In Deutschland folgt es unmittelbar aus den in Art. 38 Abs. 1 S. 2 GG verbürgten Abgeordnetenrechten und konkretisiert sich im Wesentlichen in den Großen und Kleinen Anfragen, den Einzelfragen zur mündlichen oder schriftlichen Beantwortung sowie der sog. aktuellen Stunde.[390] Anders als das Zitierrecht nach Art. 43 Abs. 1 GG setzt das Interpellationsrecht gerade keinen Mehrheitsbeschluss voraus. In Frankreich hat sich neben den schriftlichen und mündlichen **184**

---

[384] Kritisch über die unreine Mischform: *Robert*, Une ténébreuse affaire, RDP, Sonderheft, März-April 1999, S. 382 ff.; *Beaud*, Le sang contaminé. Essai critique sur la criminalisation de la responsabilité des gouvernants, 1999, S. 83 ff.

[385] Vgl. *Morlok/Michael*, Staatsorganisationsrecht, 2013, Rn. 714; *Masing*, Parlamentarische Untersuchungen privater Sachverhalte, 1998.

[386] Art. 141 Abs. 2 und 3 der GO der Nationalversammlung. Vgl. zu den Untersuchungsausschüssen → Rn. 51.

[387] Dazu BVerfGE 67, 100 (139) – Flick-Untersuchungsausschuss.

[388] Dies kann hier nicht vertieft werden. Für einen Überblick vgl. respektive *Jan*, Les assemblées parlementaires, 2010, S. 163 ff. sowie *Geis*, Untersuchungsausschuss, in: Isensee/Kirchhof (Hrsg.), Handbuch des Staatsrechts III, 3. Aufl. 2005, § 55, Rn. 47 ff.

[389] Dies ergibt sich aus der *Ordonnance* Nr. 58-1100 vom 17.11.1958.

[390] §§ 100 GOBT ff., vgl. *Morlok/Michael*, Staatsorganisationsrecht, 2013, Rn. 638.

Fragen insbesondere die Praxis der sog. „Fragen an die Regierung" (*questions au Gouvernement*) herausgebildet. In der Nationalversammlung finden diese während der Sitzungsperiode dienstags und mittwochs, im Senat donnerstags statt. Im Unterschied zu den klassischen schriftlichen und mündlichen Fragen werden die Fragen den Vertretern der Exekutive erst ca. eine Stunde vorab übermittelt. Die Hälfte der Redezeit steht der Opposition zur Verfügung und für Frage und Antwort sind jeweils nur zwei Minuten vorgesehen. Dies hat in der Praxis zu einem lebhaften Aufeinandertreffen von Regierung und Parlamentsopposition geführt und zu einer Stärkung der parlamentarischen Kontrollfunktion beigetragen.[391]

185 Weitere, speziell auf die Opposition zugeschnittene parlamentarische Kontrollrechte sind Antragsrechte vor dem BVerfG bzw. dem Verfassungsrat. Seit dem 1.12.2009 bedarf es für die Einleitung einer abstrakten Normenkontrolle vor dem BVerfG nur noch eines Viertels (vormals eines Drittels) der Mitglieder des Bundestages. In Zeiten einer großen Koalition erweist sich aber selbst diese abgesenkte Schwelle noch als tendenziell zu hoch. In Frankreich liegt die Antragsschwelle für die präventiven Normen- und Vertragskontrollen (Art. 61 Abs. 2 und Art. 54 CF) bei 60 Abgeordneten bzw. 60 Senatoren, also ebenfalls bei einer parlamentarischen Minderheit. In beiden Ländern ist zudem die parlamentarische Subsidiaritätskontrolle nach Art. 88-6 CF und Art. 23 Abs. 1a S. 2 GG als Minderheitenrecht ausgestaltet.[392]

b) Gubernative Eindämmung des Parlaments

186 Das entscheidende Wesensmerkmal des französischen *parlementarisme rationalisé* liegt in der verfassungsrechtlichen Eindämmung der parlamentarischen Autonomie zugunsten der Gubernative. Die wesentlichen Ausprägungen dieser verfassungsrechtlichen Grundentscheidung seien hier nochmals abschließend und summarisch in Erinnerung gerufen: Der für das französische Verfassungsrecht charakteristische Einfluss der Regierung auf das Parlament beginnt bereits mit den Vorrechten der Regierung über die Tagesordnung des Parlaments, die zwar durch die Reform von 2008 quantitativ eingeschränkt wurden, aber nach wie vor erheblich sind. Mit Blick auf das Gesetzgebungsverfahren können zudem zahlreiche Einflussmöglichkeiten und Prärogativen der Regierung identifiziert werden, von denen die einschneidendste sicherlich die Möglichkeit der Inkraftsetzung eines Gesetzes ohne parlamentarische Mehrheit nach Art. 49 Abs. 3 CF ist. Hinzu kommt die verfassungsrechtliche Einhegung der *domaine de la loi* und die spiegelbildlich hierzu bestehende, weitreichende Befugnis der Regierung zur gubernativen Rechtsetzung.[393]

187 Demgegenüber nimmt der Bundestag im Verfassungsgefüge des Grundgesetzes eine sowohl in institutioneller wie auch in kompetenzieller Hinsicht bedeutendere Rolle ein. Nicht nur ist die parlamentarische Autonomie unter zahlreichen Gesichts-

---

[391] *Favoreu et al.*, Droit constitutionnel, 15. Aufl. 2013, Rn. 1077.
[392] Vgl. dazu → *Wendel* § 8 Rn. 74.
[393] Eingehend hierzu → *Marsch* § 5 Rn. 46 ff.

punkten weitreichender ausgestaltet. Auch wird dem Bundestag im Bereich der Rechtsetzung eine im inter-institutionellen Gefüge mächtigere Position zuerkannt als der Nationalversammlung – nicht zuletzt befördert durch die Wesentlichkeitslehre und die richterrechtlichen Vorgaben zur parlamentarischen Verantwortung, etwa im Bereich der Außenbeziehungen und der europäischen Integration. Diese Unterschiede in der Grundanlage der Verfassung können gleichwohl nicht verdecken, dass das politische Zusammenspiel von Regierung und der sie tragenden Parlamentsmehrheit auch in Deutschland eine letztlich eindämmende Wirkung auf das Parlament hat. Für die Ausübung seiner Kontrollrechte ist es maßgeblich auf die Opposition angewiesen.

2. Parlament – Staatsoberhaupt

a) Parlamentarische Kontrolle des Präsidenten?

Französisches und deutsches Staatsoberhaupt genießen während ihrer Amtszeit Immunität. Das legen Art. 67 Abs. 2 CF bzw. Art. 60 Abs. 4 GG gleichermaßen fest.[394] Damit wird jedoch nicht die Person geschützt, sondern das Ansehen des Präsidialamtes und die Kontinuität des Staates, die vom Staatsoberhaupt gesichert werden soll.[395] In beiden Länder können aber nach Beendigung des Amtes die verhinderten gerichtlichen Instanzen und Ermittlungen wiederaufgenommen oder eingeleitet werden. **188**

Ferner ist das Staatsoberhaupt *dem Parlament gegenüber grundsätzlich nicht verantwortlich*.[396] Dies knüpft durchaus an die monarchische Tradition der Gegenzeichnung an, nach der die politische Verantwortlichkeit des Staatsoberhaupts im Grunde durch die Gegenzeichnung seiner Rechtsakte durch Regierungsmitglieder übernommen werden soll (Art. 19 CF und Art. 58 GG).[397] Während die französische Verfassung den grundsätzlichen Ausschluss einer politischen Verantwortlichkeit des Staatspräsidenten in Art. 67 Abs. 1 CF ausdrücklich normiert, findet sich im Grundgesetz keine vergleichbare Bestimmung. **189**

---

[394] Die Immunität des französischen Staatspräsidenten ist freilich noch umfangreicher als diejenige des Bundespräsidenten. Eine Vernehmung des Bundespräsidenten ist in seiner Wohnung gemäß § 49 Strafprozessordnung zulässig, während der Staatspräsident zu einer Zeugenaussage nicht aufgefordert werden darf. Außerdem kommt im französischen Kontext nur eine Amtsenthebung in Betracht, während die Immunität des Bundespräsidenten vom Bundestag aufgehoben werden kann, ohne dass es rechtlich zu einer Entfernung des Amtes für den Bundespräsident führt.

[395] Art. 5 Abs. 1 CF. Zur Kontinuitätsidee, vgl. *Nettesheim*, Amt und Stellung des Bundespräsidenten in der grundgesetzlichen Demokratie, in: Isensee/Kirchhof (Hrsg.), Handbuch des Staatsrechts III, 3. Aufl. 2005, § 61, Rn. 31.

[396] Rechtsvergleichend *Le Divellec*, La responsabilité politique dans le parlementarisme majoritaire: quelques remarques autour du cas allemand, in: Beaud/Blanquer (Hrsg.), La Responsabilité des gouvernants, 1999, S. 189 ff.

[397] Vgl. *Amson*, La responsabilité politique et pénale des ministres de 1789 à 1958, Pouvoirs 92 (2000), S. 31 ff.

190   Dennoch folgt hieraus nicht, dass es kein verfassungsrechtliches Verfahren zur *Amtsenthebung* gäbe. Gemäß Art. 61 Abs. 1 GG können der Bundestag oder der Bundesrat den Bundespräsidenten wegen vorsätzlicher Verletzung des Grundgesetzes oder eines anderen Bundesgesetzes vor dem Bundesverfassungsgericht anklagen (sog. Präsidentenanklage). In Frankreich entscheidet hingegen das Parlament als Hoher Gerichtshof (*Haute Cour*), ob der Staatspräsident seines Amtes enthoben werden soll. Gemäß Art. 68 Abs. 1 CF darf dies nur im Fall einer Pflichtverletzung geschehen, die offensichtlich mit der Ausübung des Präsidialamtes unvereinbar ist. Obgleich in beiden Fällen vom „Gericht" die Rede ist, handelt es sich in Deutschland ungleich stärker um eine rechtliche Verantwortlichkeit,[398] denn die Entscheidung, ob eine entsprechende Pflichtverletzung vorliegt, obliegt ausschließlich dem Bundesverfassungsgericht. In Frankreich dagegen fungiert das Parlament als „Hohes Gericht", auch wenn das vor ihm eingeleitete Verfahren durchaus justizförmige Züge auf weist.[399] Dennoch bleibt es in den Händen der Parlamentarier. Darüber hinaus verlangt die Präsidentenanklage in Deutschland eine vorsätzliche Verletzung des Grundgesetzes oder eines anderen Bundesgesetzes, während in Frankreich die Amtsverletzung auch politisch bedingt sein kann und jedenfalls inhaltlich offener ist. Diese Differenzen verdeutlichen erneut, wie unterschiedlich das Verhältnis zwischen Recht und Politik, Verfassungsgericht und Parlament in beiden Ländern aufgefasst und umgesetzt wird. Gleichwohl weisen beide Verfahren bestimmte Ähnlichkeiten auf. Zunächst kann nur ein außerordentlich gravierendes Fehlverhalten des Staatsoberhaupts Grund für die Amtsenthebung sein. Formell ist außerdem in beiden Ländern eine qualifizierte Mehrheit erforderlich, um das Verfahren einzuleiten. Diese materiellen und formellen Hürden sind hoch und machen deutlich, dass das Verfahren in beiden Ländern als *ultima ratio* konzipiert ist. Denn bereits die Einleitung eines solchen Verfahrens wäre für den Amtsinhaber heikel, da sie das Ansehen des Amtes und somit eine ihrer wichtigsten politischen Ressourcen ernsthaft und nachhaltig beeinträchtigen würde. Allerdings kann ein solches Vorgehen angesichts der überparteilichen Reputation des Staatsoberhaupts auch für die Antragsteller politisch riskant sein. Bislang sind diese Vorschriften in der Praxis jedenfalls bedeutungslos geblieben.

191   Schließlich kann der Rücktritt des Staatsoberhaupts auch *politisch* – also außerhalb eines verfassungsrechtlich normierten Verfahrens – erzwungen werden. Beispielhaft hierfür ist der Rücktritt des damaligen Bundespräsidenten *Christian Wulff* im Februar 2012, der sich aufgrund des öffentlichen Drucks nicht mehr in der Lage sah, sein Amt fortzuführen.[400] Im Vergleich zu Deutschland sind in Frankreich miserable Umfragewerte in aller Regel kein politischer Grund für Rufe nach einem Rücktritt des Staatsoberhaupts. Die Direktwahl des Staatspräsidenten sichert ihm einen nachhaltigen Schutz gegen einen derartigen Druck, ebenso wie die Möglichkeit, den Premierminister auszuwechseln. Weil *de Gaulle* aber sein politisches

---

[398] *Nettesheim*, Amt und Stellung des Bundespräsidenten in der grundgesetzlichen Demokratie, in: Isensee/Kirchhof (Hrsg.), Handbuch des Staatsrechts III, 3. Aufl. 2005, § 61, Rn. 26.
[399] Loi organique Nr. 2014-1392 vom 24.11.2014 zur Anwendung und Umsetzung von Art. 68 CF.
[400] Rücktrittserklärung vom 17.2.2012, abrufbar unter: http://www.bundespraesident.de/.

Schicksal ausdrücklich mit dem Ausgang der von ihm initiierten Referenden und dem Ausgang der Wahlen der zuvor aufgelösten Nationalversammlung verknüpfte, galten diese Entscheidungen lange Zeit als ein Plebiszit, das im Falle eines Scheiterns zu einem Rücktritt des Staatspräsidenten führen würde. Im Falle *de Gaulles* und des gescheiterten Referendums über die Reform des Senates im Jahre 1969 trat dies dann auch ein. Diese gaullistische Praxis wurde jedoch von seinen Nachfolgern nicht fortgeführt. Heute gilt der Staatspräsident vielmehr als Chef einer politischen Mehrheit, dessen politische Verantwortlichkeit erst bei den kommenden Präsidentschaftswahlen auf den Prüfstein gestellt wird.

b) Präsidiale Auflösung und Kontrolle des Parlaments

Die tragende Rolle des Staatspräsidenten in der französischen Verfassungsarchitektur zeigt sich nicht nur in seiner grundsätzlich fehlenden politischen Verantwortlichkeit dem Parlament gegenüber, sondern vor allem in seinem Recht, die Nationalversammlung aufzulösen (Art. 12 Abs. 1 CF). Dieses Recht ist an keine weiteren materiell-rechtlichen Voraussetzungen geknüpft und juristisch lediglich dergestalt limitiert, dass nach Art. 12 Abs. 3 CF in dem auf die Neuwahl folgenden Jahr keine erneute Auflösung vorgenommen werden darf. Dieser entscheidende Einfluss des seinerseits direkt gewählten Staatspräsidenten auf die Nationalversammlung ist einer der bemerkenswertesten Unterschiede zwischen dem parlamentarischen Regierungssystem Deutschlands und dem semipräsidentiellen System Frankreichs. Denn das Auflösungsrecht ist in Frankreich gerade nicht auf Fälle beschränkt, in denen sich das Parlament selbst blockiert und der Staatspräsident so als Garant politischer Stabilität fungiert. Der Präsident verfügt im französischen System vielmehr über ein rechtlich umfassendes Ermessen[401] und ein politisch effizientes Druckmittel, um seine Autorität gegenüber dem Parlament zu bekräftigen und seine politische Agenda durchzusetzen. Politisch sinnvoll erscheint eine Auflösung der Nationalversammlung, jedenfalls in Anbetracht der bisherigen Praxis, im klassischen Fall einer parlamentarischen oder politischen Krise, wie insbesondere in den Jahren 1962 und 1968. Vor allem aber dient die Auflösung der Nationalversammlung der Vermeidung einer Kohabitation. Die im Jahr 2000 eingeführte Übereinstimmung der Amtsdauer des Staatspräsidenten mit der Legislaturperiode und die Rückkoppelung der Parlamentswahlen an die vorausgehenden Präsidentschaftswahlen haben das Instrument der präsidialen Auflösung der Nationalversammlung freilich nicht wirkungslos gemacht, sicherlich aber in seiner praktischen Bedeutung gemindert.[402]

192

In Deutschland ist das Auflösungsrecht des Bundespräsidenten auf enge Ausnahmefälle begrenzt. Nach Art. 63 Abs. 4 S. 3 GG steht es in seinem Ermessen, den Bundestag aufzulösen, wenn die Kanzlerwahl erst im dritten Wahlgang und nur mit relativer Mehrheit gelingt. Ebenso kann der Bundespräsident den Bundestag

193

---

[401] Seine Entscheidung ist unanfechtbar: C.E., 20.2.1989, RFDA 1989, S. 868 ff. – Allain; C.C., 88-1040/1054, 13.7.88 ELEC – Charente-Maritime.

[402] Dazu → Rn. 111 ff.

nach Art. 68 Abs. 1 S. 1 GG auf Vorschlag des Bundeskanzlers hin auflösen, wenn eine Vertrauensfrage nicht die Zustimmung mit absoluter Mehrheit findet. Ratio dieses sachlich eng begrenzten Auflösungsrechts ist es, die Handlungsfähigkeit der Regierung sicherzustellen und Situationen politischer Instabilität durch Neuwahlen auflösen zu können.[403]

194 Aufgrund dieser begrenzten Möglichkeiten zur Auflösung des Bundestages durch den Bundespräsidenten und in Ermangelung eines Selbstauflösungsrechts des Bundestages wurde zuweilen versucht, die Vertrauensfrage als Instrument zur Herbeiführung von Neuwahlen einzusetzen (sog. *auflösungsgerichtete* bzw. *unechte Vertrauensfrage*). Die Problematik ist evident: Durch eine Absprache zwischen Regierung und Parlamentsmehrheit kann der negative Ausgang einer Vertrauensfrage organisiert und so der bewusste Verzicht des GG auf ein Selbstauflösungsrecht umgangen werden, etwa mit dem Ziel, ein gegenwärtiges Umfragehoch zu nutzen und bei den Neuwahlen die bestehende Parlamentsmehrheit weiter auszubauen. Darum verlangt das BVerfG nicht nur eine formelle Auflösungslage (Vertrauensfrage findet keine absolute Mehrheit), sondern darüber hinaus eine sog. *materielle Auflösungslage*. Demnach müssen die politischen Kräfteverhältnisse im Bundestag die Handlungsfähigkeit des Bundeskanzlers „so beeinträchtigen oder lähmen, dass er eine vom stetigen Vertrauen der Mehrheit getragene Politik nicht sinnvoll zu verfolgen vermag."[404] Dabei gesteht das BVerfG sowohl dem Bundeskanzler als auch dem Bundespräsidenten einen weiten Beurteilungsspielraum zu,[405] was die praktische Bedeutung des materiellen Kriteriums wiederum mindert. Letztlich erkennt das BVerfG zutreffend an, dass das GG in erster Linie auf das in Art. 68 GG angelegte Verfahren „der gegenseitigen politischen Kontrolle und des politischen Ausgleichs zwischen den beteiligten politischen Verfassungsorganen" selbst vertraut.[406] Dementsprechend hat das BVerfG sowohl die Bundestagsauflösung des Jahres 1983 (auflösungsgerichtete Vertrauensfrage *Helmut Kohl*) als auch die des Jahres 2005 (auflösungsgerichtete Vertrauensfrage *Gerhard Schröder*) für verfassungskonform erklärt, letztere unter Nichtbeanstandung der Einschätzung des Bundeskanzlers, es liege eine „verdeckte Minderheitssituation" vor.[407]

---

[403] Näher BVerfGE 114, 121 (149 ff.) – Bundestagsauflösung II (Schröder).
[404] BVerfGE 62, 1 (44) – Bundestagsauflösung I (Kohl).
[405] Ebd., S. 50 f.
[406] Ebd., S. 51.
[407] BVerfGE 114, 121 (157) – Bundestagsauflösung II (Schröder). Kritisch zu diesem Konzept abw. Meinung *Lübbe-Wolff*, ebd., S. 187 sowie – mit unterschiedlichen Vorzeichen – abw. Meinung *Jentsch*, ebd., S. 175. Zur Problematik *Ipsen*, Die Auflösung des Deutschen Bundestages – eine Nachlese, NVwZ 2005, S. 1147 ff. sowie *Pestalozza*, Art. 68 GG light oder Die Wildhüter der Verfassung, NJW 2005, S. 2817 ff. Für eine Falllösung vgl. *Wendel*, Auflösungsgerichtete Vertrauensfrage, WHI-Didactic-Material 2/2006.

3. Präsident und Regierung

Der Vergleich der Beziehungen innerhalb der Exekutive verdeutlicht schließlich auf frappierende Weise die Labilität des französischen und die Stabilität des deutschen Regierungssystems.

Nimmt man das Verhältnis zwischen Bundespräsident und Bundesregierung in den Blick, lassen sich zunächst zwei konstante Merkmale erkennen. Zuerst fällt die nachhaltig prominente Rolle des Bundeskanzlers im parlamentarischen Regierungssystem auf. Zugleich wäre es aber praxisfern, den Bundespräsidenten zum bloßen „Unterschriftenautomaten" zu degradieren. Zwar verfügt er über eine geringere personelle Legitimation als beispielsweise der französische Präsident. Weil er aber kein politischer Akteur ersten Ranges ist, kann er leichter Distanz zu den Parteien und zur Tagespolitik wahren und sein Ansehen als Repräsentationsfigur besser aufrechterhalten. Neben seiner Reservefunktion in Störfällen und der formellen Prüfung der Entscheidungen, welche ihm die Regierung zur Verkündung vorlegt, ist sein Einfluss auf die inhaltliche Willensbildung der Regierung lediglich sporadischer, informeller und sekundärer Natur. Dementsprechend kann er der Bundesregierung im Vorfeld einer Entscheidung seine Bedenken zunächst vertraulich, ggf. aber auch öffentlich kundtun. Die primäre und faktische Entscheidungshoheit bleibt aber allein bei der Bundesregierung, insbesondere beim Bundeskanzler. Ob eine Direktwahl des Bundespräsidenten ein Gewinn wäre, scheint daher fraglich.[408]

Hingegen zeichnen sich die Verhältnisse zwischen dem Staatspräsidenten und der Regierung in Frankreich durch ihre Doppeldeutigkeit und ein hohes Konfliktpotenzial aus. Im Jahr 1962 konnte *de Gaulle* noch behaupten: „es steht unstrittig fest (...), dass dem Staatspräsidenten aufgrund seiner Wahl durch das Volk die unteilbare und vollkommene Staatsgewalt übertragen wird. Alle Staatsämter – ministerieller, ziviler, militärischer oder gerichtlicher Art – können nur von ihm ausgehen oder durch ihn bestätigt werden. Ihm obliegt es, den ihm eigens zustehenden hoheitlichen Bereich zu definieren und dann darüber zu entscheiden, was er an andere delegiert."[409] Spätestens mit der Kohabitation wurde dieses hegemonistische Amtsverständnis widerlegt. Infolgedessen löste sich der „präsidentielle Nebel" des französischen Regierungssystems auf. Der Verfassung entsprechend „bleibt nun einfach eine parlamentarische Regierung",[410] deren Konvergenz mit dem deutschen Regierungssystem viel größer ist als die denkbaren Unterschiede. Allerdings bildet die Kohabitation, wie gesehen, den Ausnahmefall, was durch die Angleichung von präsidialer Amtsdauer und parlamentarischer Legislaturperiode noch verstärkt wurde. Angesicht der Staatspraxis seit 1958 ergibt sich, dass im politischen Regelfall der parteipolitischen Übereinstimmung von Staatspräsident und Nationalversammlung der Staatspräsident allmählich zum faktischen Regierungschef aufgestiegen ist.

---

[408] So *van Ooyen*, Integration. Die antidemokratische Staatstheorie von Rudolf Smend im politischen System der Bundesrepublik, 2014, S. 59 ff.

[409] Pressekonferenz vom 31.1.1964: *De Gaulle*, Discours et messages, Bd. 4, 1970, S. 168; auch als Video: http://www.ina.fr/video/CAF90033365 (ab der 27. Minute).

[410] *Le Divellec*, Die institutionelle Demokratie, in: Grewe/Gusy (Hrsg.), Französisches Staatsdenken, 2002, S. 85 (86).

198   Das Bild eines dergestalt „regierenden Präsidenten" kollidiert freilich mit der Repräsentationsfunktion und dem nachhaltig gaullistisch geprägten Verständnis des Präsidialamtes, demzufolge der Staatspräsident die „nationale Legitimität" und die Langzeit-Politik verkörpern solle – mit anderen Worten: die Staatsgewalt. Die bis in die III. Republik zurückreichende Tradition der siebenjährigen Amtsdauer, an die 1958 angeknüpft wurde, sollte dem Staatspräsidenten der V. Republik eine gewisse Distanz und Unabhängigkeit gegenüber dem Parlament, den Parteien sowie schließlich auch gegenüber der Gesellschaft und „der bunt gemischten Realität sowie den alltäglichen Belangen des demokratischen Lebens"[411] gewähren. Sich mit dergleichen zu befassen, war vielmehr allein die Aufgabe der Regierung. Mit der Einführung der Direktwahl und der Verkürzung der Amtsdauer ist diese Unterscheidung zwischen Regierung und Präsident aber in zentralen Punkten hinfällig geworden, obgleich die Erwartungen an einen übergeordneten Präsidenten erhalten geblieben sind. Dass unter diesen Voraussetzungen das System in Widerspruch und in Not gerät, liegt auf der Hand. Das belegen die verheerenden Umfragewerte der letzten Staatspräsidenten, die hohe Anzahl an Verfassungsrevisionen, die den Status des Staatspräsidenten betrafen, und schließlich die immer wiederkehrenden Rufe nach einer VI. Republik.[412] Es würde nicht überraschen, würde das Amt des Staatspräsidenten künftig im Zentrum einer solchen Reform stehen.

VI. Verfassungstexte in Auszügen

1. Verfassung der V. Republik (1958)

Article 5 Le Président de la République veille au respect de la Constitution. Il assure, par son arbitrage, le fonctionnement régulier des pouvoirs publics ainsi que la continuité de l'État.

Il est le garant de l'indépendance nationale, de l'intégrité du territoire et du respect des traités.

Article 6 Le Président de la République est élu pour cinq ans au suffrage universel direct.

Nul ne peut exercer plus de deux mandats consécutifs.

Les modalités d'application du présent article sont fixées par une loi organique.

Article 8 Le Président de la République nomme le Premier ministre. Il met fin à ses fonctions sur la présentation par celui-ci de la démission du Gouvernement.

---

[411] *Burdeau*, La conception du Pouvoir selon la Constitution française du 4 octobre 1958, Revue française de science politique, 1959, S. 87 (90). Hierzu: *Brunet*, Vouloir pour la Nation, 2005, S. 312 ff.

[412] → *Gaillet* § 9 Rn. 13.

Sur la proposition du Premier ministre, il nomme les autres membres du Gouvernement et met fin à leurs fonctions.

Article 9 Le Président de la République préside le Conseil des ministres.

Article 10 Le Président de la République promulgue les lois dans les quinze jours qui suivent la transmission au Gouvernement de la loi définitivement adoptée.

Il peut, avant l'expiration de ce délai, demander au Parlement une nouvelle délibération de la loi ou de certains de ses articles. Cette nouvelle délibération ne peut être refusée.

Article 12 Le Président de la République peut, après consultation du Premier ministre et des Présidents des assemblées, prononcer la dissolution de l'Assemblée nationale.

(…)

Article 20 Le Gouvernement détermine et conduit la politique de la Nation.

Il dispose de l'administration et de la force armée.

Il est responsable devant le Parlement dans les conditions et suivant les procédures prévues aux articles 49 et 50.

Article 21 Le Premier ministre dirige l'action du Gouvernement. Il est responsable de la Défense nationale. Il assure l'exécution des lois. Sous réserve des dispositions de l'article 13, il exerce le pouvoir réglementaire et nomme aux emplois civils et militaires.

Il peut déléguer certains de ses pouvoirs aux ministres.

Il supplée, le cas échéant, le Président de la République dans la présidence des conseils et comités prévus à l'article 15.

Il peut, à titre exceptionnel, le suppléer pour la présidence d'un Conseil des ministres en vertu d'une délégation expresse et pour un ordre du jour déterminé.

Article 22 Les actes du Premier ministre sont contresignés, le cas échéant, par les ministres chargés de leur exécution.

Article 24 Le Parlement vote la loi. Il contrôle l'action du Gouvernement. Il évalue les politiques publiques.

Il comprend l'Assemblée nationale et le Sénat.

Les députés à l'Assemblée nationale, dont le nombre ne peut excéder cinq cent soixante-dix-sept, sont élus au suffrage direct.

Le Sénat, dont le nombre de membres ne peut excéder trois cent quarante-huit, est élu au suffrage indirect. Il assure la représentation des collectivités territoriales de la République.

Les Français établis hors de France sont représentés à l'Assemblée nationale et au Sénat.

Article 25 Une loi organique fixe la durée des pouvoirs de chaque assemblée, le nombre de ses membres, leur indemnité, les conditions d'éligibilité, le régime des inéligibilités et des incompatibilités.

Elle fixe également les conditions dans lesquelles sont élues les personnes appelées à assurer, en cas de vacance du siège, le remplacement des députés ou des sénateurs jusqu'au renouvellement général ou partiel de l'assemblée à laquelle ils appartenaient ou leur remplacement temporaire en cas d'acceptation par eux de fonctions gouvernementales.

Une commission indépendante, dont la loi fixe la composition et les règles d'organisation et de fonctionnement, se prononce par un avis public sur les projets de texte et propositions de loi délimitant les circonscriptions pour l'élection des députés ou modifiant la répartition des sièges de députés ou de sénateurs.

2. Grundgesetz der Bundesrepublik Deutschland (1949)

Artikel 38 (1) Die Abgeordneten des Deutschen Bundestages werden in allgemeiner, unmittelbarer, freier, gleicher und geheimer Wahl gewählt. Sie sind Vertreter des ganzen Volkes, an Aufträge und Weisungen nicht gebunden und nur ihrem Gewissen unterworfen.

(2) Wahlberechtigt ist, wer das achtzehnte Lebensjahr vollendet hat; wählbar ist, wer das Alter erreicht hat, mit dem die Volljährigkeit eintritt.

(3) Das Nähere bestimmt ein Bundesgesetz.

Artikel 39 (1) Der Bundestag wird vorbehaltlich der nachfolgenden Bestimmungen auf vier Jahre gewählt. Seine Wahlperiode endet mit dem Zusammentritt eines neuen Bundestages. Die Neuwahl findet frühestens sechsundvierzig, spätestens achtundvierzig Monate nach Beginn der Wahlperiode statt. Im Falle einer Auflösung des Bundestages findet die Neuwahl innerhalb von sechzig Tagen statt.

(…)

Artikel 50 Durch den Bundesrat wirken die Länder bei der Gesetzgebung und Verwaltung des Bundes und in Angelegenheiten der Europäischen Union mit.

Artikel 51 (1) Der Bundesrat besteht aus Mitgliedern der Regierungen der Länder, die sie bestellen und abberufen. Sie können durch andere Mitglieder ihrer Regierungen vertreten werden.

(2) Jedes Land hat mindestens drei Stimmen, Länder mit mehr als zwei Millionen Einwohnern haben vier, Länder mit mehr als sechs Millionen Einwohnern fünf, Länder mit mehr als sieben Millionen Einwohnern sechs Stimmen.

(3) Jedes Land kann so viele Mitglieder entsenden, wie es Stimmen hat. Die Stimmen eines Landes können nur einheitlich und nur durch anwesende Mitglieder oder deren Vertreter abgegeben werden.

Artikel 54 (1) Der Bundespräsident wird ohne Aussprache von der Bundesversammlung gewählt. Wählbar ist jeder Deutsche, der das Wahlrecht zum Bundestage besitzt und das vierzigste Lebensjahr vollendet hat.

(2) Das Amt des Bundespräsidenten dauert fünf Jahre. Anschließende Wiederwahl ist nur einmal zulässig.

(3) Die Bundesversammlung besteht aus den Mitgliedern des Bundestages und einer gleichen Anzahl von Mitgliedern, die von den Volksvertretungen der Länder nach den Grundsätzen der Verhältniswahl gewählt werden.
(...)

Artikel 58 Anordnungen und Verfügungen des Bundespräsidenten bedürfen zu ihrer Gültigkeit der Gegenzeichnung durch den Bundeskanzler oder durch den zuständigen Bundesminister. Dies gilt nicht für die Ernennung und Entlassung des Bundeskanzlers, die Auflösung des Bundestages gemäß Artikel 63 und das Ersuchen gemäß Artikel 69 Abs. 3.

Artikel 62 Die Bundesregierung besteht aus dem Bundeskanzler und aus den Bundesministern.

Artikel 63 (1) Der Bundeskanzler wird auf Vorschlag des Bundespräsidenten vom Bundestage ohne Aussprache gewählt.
(2) Gewählt ist, wer die Stimmen der Mehrheit der Mitglieder des Bundestages auf sich vereinigt. Der Gewählte ist vom Bundespräsidenten zu ernennen.
(...)

Artikel 64 (1) Die Bundesminister werden auf Vorschlag des Bundeskanzlers vom Bundespräsidenten ernannt und entlassen.
(...)

Artikel 65 Der Bundeskanzler bestimmt die Richtlinien der Politik und trägt dafür die Verantwortung. Innerhalb dieser Richtlinien leitet jeder Bundesminister seinen Geschäftsbereich selbständig und unter eigener Verantwortung. Über Meinungsverschiedenheiten zwischen den Bundesministern entscheidet die Bundesregierung. Der Bundeskanzler leitet ihre Geschäfte nach einer von der Bundesregierung beschlossenen und vom Bundespräsidenten genehmigten Geschäftsordnung.

Ausgewählte Literatur

v. Alemann, Ulrich/Morlok, Martin/Roßner, Sebastian (Hrsg.), Parteien in Frankreich und Deutschland. Späte Kinder des Verfassungsstaates, Baden-Baden 2015 (Nomos), i. E.
Avril, Pierre, Enchantement et désenchantement constitutionnels sous la Ve République, Pouvoirs 126 (2008), S. 5 ff.
ders./Gicquel, Jean, Droit parlementaire, 4. Aufl., Paris 2010 (Montchrestien).
Beaud, Olivier, Les mutations de la Ve République, Pouvoirs 99 (2001), S. 19 ff.
Carcassonne, Guy, Ce que fait Matignon, Pouvoirs 68 (1994), S. 31 ff.
ders., Le Premier ministre et le domaine dit réservé, Pouvoirs 83 (1997), S. 65 ff.
Classen, Claus Dieter, Parlamentarismus in der V. Republik Frankreichs, DÖV 2004, S. 269 ff.
Cohendet, Marie-Anne, Cohabitation et constitution, Pouvoirs 91 (1999) S. 33 ff.
Divellec, Armel Le, Die dualistische Variante des Parlamentarismus. Eine französische Ansicht zur wissenschaftlichen Fata Morgana des semipräsidentiellen Systems, in: ZParl 1996, S. 145 ff.
ders., Die institutionelle Demokratie, in: Grewe/Gusy (Hrsg.), Französisches Staatsdenken, Baden-Baden 2002 (Nomos), S. 85 ff.

Dreier, Horst, Grundlagen und Grundzüge staatlichen Verfassungsrechts, in: v. Bogdandy/Cruz Villalón/Huber (Hrsg.), Handbuch Ius Publicum Europaeum, Band I, Heidelberg 2007 (C. F. Müller), § 1 Deutschland.

Franzke, Hans-Georg, Die Kompetenzen des französischen Staatspräsidenten, Der Staat 38 (1999), S. 86 ff.

Grote, Rainer, Das Regierungssystem der V. französischen Republik: Verfassungstheorie und -praxis, Baden-Baden 1995 (Nomos).

Herzog, Roman, Stellung des Bundesrates im demokratischen Bundesstaat, in: Isensee/Kirchhof (Hrsg.), Handbuch des Staatsrechts III, 3. Aufl., Heidelberg 2005 (C. F. Müller), § 57.

Heseler, Frank, Der Präsident der französischen Republik zwischen Verfassungswortlaut und Wirklichkeit, DÖV 2007, S. 585 ff.

Jan, Pascal, Les assemblées parlementaires françaises, Paris 2010 (documentation française).

Jouanjan, Olivier, Grundlagen und Grundzüge staatlichen Verfassungsrechts, in: v. Bogdandy/Cruz Villalón/Huber (Hrsg.), Handbuch Ius Publicum Europaeum, Band I, Heidelberg 2007 (C. F. Müller), § 2 Frankreich.

Kempf, Udo, Das politische System Frankreichs, 4. Aufl., Wiesbaden 2007 (VS Verlag).

ders./Hartmann, Jürgen, Staatsoberhäupter in der Demokratie, Wiesbaden 2011 (VS Verlag).

Klein, Hans Hugo, Stellung und Aufgaben des Bundestages, in: Isensee/Kirchhof (Hrsg.), Handbuch des Staatsrechts III, 3. Aufl., Heidelberg 2005 (C. F. Müller), § 50.

Nettesheim, Martin, Amt und Stellung des Bundespräsidenten in der grundgesetzlichen Demokratie, in: Isensee/Kirchhof (Hrsg.), Handbuch des Staatsrechts III, 3. Aufl. 2005, Heidelberg 2005 (C. F. Müller), § 61.

van Ooyen, Christian, Integration. Die antidemokratische Staatstheorie von Rudolf Smend im politischen System der Bundesrepublik, Wiesbaden 2014 (VS Verlag).

Roche, Jean, Die Stellung des Senats innerhalb der politischen Institutionen Frankreichs, BayVBl. 1983, S. 452 ff.

Ruß, Sabine, Die andere Kammer. Zur Repräsentationsleistung des Senats in der Fünften Republik, in: Schild/Uterwedde (Hrsg.), Frankreichs V. Republik: Ein Regierungssystem im Wandel – Festschrift für Adolf Kimmel, 1. Aufl., Wiesbaden 2005 (Springer), S. 105 ff.

dies., Der französische Senat: Die Schildkröte der Republik, in: Riescher/Ruß/Haas (Hrsg.), Zweite Kammern, 2. Aufl., München 2010 (Oldenbourg).

Schönberger, Christoph, Das Parlament. Geschichte einer europäischen Erfindung, in: Morlok/Schliesky/Wiefelspütz (Hrsg.), Parlamentsrecht, Baden-Baden 2015 (Nomos), i. E.

Schroeder, Meinhard, Aufgaben der Bundesregierung, in: Isensee/Kirchhof (Hrsg.), Handbuch des Staatsrechts III, 3. Aufl. 2005, Heidelberg 2005 (C. F. Müller), § 64.

Steffani, Winfried, Semi-Präsidentialismus: ein eigenständiger Systemtyp? Zur Unterscheidung von Legislative und Parlament, in: ZParl 1995, S. 621 ff.

Wiegand, Marc Andre, Zum Begriff des Staatsoberhaupts, AöR 133 (2008), S. 475 ff.

§ 5 Rechtsetzung

Nikolaus Marsch

Inhaltsverzeichnis

I. Einleitung	216
II. Rechtsetzungskompetenzen	217
1. Verbandskompetenz in Bundesstaat und Einheitsstaat	218
2. Organkompetenz	219
a) Parlamentarische Rechtsetzungskompetenz: Das Gesetz	219
aa) (Nahezu) Unbeschränkte parlamentarische Rechtsetzungskompetenz in Deutschland	221
bb) Enumerative parlamentarische Rechtsetzungskompetenz in Frankreich (Art. 34 CF)	222
b) Rechtsetzung durch die Regierung: Die Rechtsverordnung	223
aa) Das Prinzip der delegierten Rechtsetzung in Artikel 80 Abs. 1 GG – Die gesetzesakzessorische Verordnung	223
bb) Die autonome Verordnungsbefugnis des Art. 37 CF	225
(1) Konzeptionelle Revolution	225
(2) Verfassungspraxis	226
cc) Rechtsvergleichendes Zwischenfazit: Gesetzesakzessorische Verordnungen mit und ohne gesetzliche Ermächtigung	228
dd) Die gesetzesvertretende Verordnung (ordonnance) nach Artikel 38 CF	229
c) Fazit: Verbleibende konzeptionelle Unterschiede trotz Konvergenzen in der Verfassungspraxis	232
III. Parlamentarisches Gesetzgebungsverfahren	234
1. Das allgemeine parlamentarische Gesetzgebungsverfahren	234
a) Rechtsgrundlagen – Bedeutung der Geschäftsordnungen	234
b) Erarbeitung eines Gesetzentwurfs	235
aa) Initiativrecht	235
bb) Gesetzesfolgenabschätzung	239
cc) Beteiligung von Beratungsorganen, (sachverständigen) Dritten und Verbänden	240

N. Marsch (✉)
Institut für Medien- und Informationsrecht, Albert-Ludwigs-Universität Freiburg, 79085 Freiburg, Deutschland
E-Mail: nikolaus.marsch@jura.uni-freiburg.de

© Springer-Verlag Berlin Heidelberg 2015
N. Marsch, Y. Vilain, M. Wendel (Hrsg.), *Französisches und Deutsches Verfassungsrecht,* Springer-Lehrbuch, DOI 10.1007/978-3-642-45053-2_5

c) Vom Entwurf zum Beschluss in Nationalversammlung und Bundestag 243
   aa) Tagesordnung und Sitzungskalender als Machtinstrumente der
       französischen Regierung/Parlamentsautonomie in Deutschland 243
   bb) Beratung in Plenum und Ausschüssen: Obstruktion im rationalisierten
       Parlamentarismus 245
   cc) Einfluss der Regierung auf das Gesetzgebungsverfahren 248
   dd) Abstimmung 250
   ee) Grundsatz materieller Diskontinuität 251
d) Die Beteiligung von Senat und Bundesrat an der Gesetzgebung 252
e) Gesetzgebung ohne parlamentarische Mehrheit: Ausnahme für den
   Krisenfall oder „Waffe" der Regierung 256
f) Die Beteiligung des Staatsoberhaupts: Ausfertigung,
   Verkündungsanordnung – und präsidiales Veto? 257
g) Verfassungsgerichtliche Kontrolle von Verfahrensverstößen 259
h) Allgemeine prozedurale und materielle „Qualitätsanforderungen" 259
2. Besondere Gesetzgebungsverfahren 261
   a) Volksgesetzgebung 261
   b) Verfassungsänderungen 264
   c) Lois organiques (verfassungsausführende Gesetze) 265
IV. Fazit 266
V. Verfassungstexte in Auszügen 267
   1. Verfassung der V. Republik (1958) 267
   2. Grundgesetz der Bundesrepublik Deutschland (1949) 271
Ausgewählte Literatur 272

I. Einleitung

1   Recht ist das zentrale Instrument des Staates, um die demokratisch bestimmten Gemeinwohlziele zu erreichen und das Handeln der Staatsorgane und Bürger in diesem Sinne zu steuern. Dies geschieht zum einen durch an den einzelnen Bürger gerichtete konkrete Anordnungen der Verwaltung, die in Deutschland als Verwaltungsakte bezeichnet werden und die (wie in Frankreich auch) Gegenstand der Lehrbücher zum Verwaltungsrecht sind.[1] Gegenstand des Verfassungsrechts und des vorliegenden Kapitels ist dagegen die Produktion abstrakt-genereller Rechtsnormen.

2   Dabei soll es in einem ersten Teil um die Rechtsetzungs*kompetenz*, also um die Frage gehen, wer zur Rechtsetzung befugt ist und damit rechtmäßiger Urheber einer Norm sein kann. Zu unterscheiden sind hier die *Verbandskompetenz*, die bestimmt, welche Ebene – Bund/Zentralstaat oder Länder/Gebietskörperschaften – für die Rechtsetzung zuständig ist (II.1), und die *Organkompetenz*, nach der sich bemisst,

---

[1] Der französische Begriff des *acte administratif* ist nur scheinbar und in Teilen das Pendant zum deutschen Verwaltungsakt, da er neben dem Verwaltungsakt im Sinne von § 35 VwVfG auch die Rechtsverordnung und damit alle einseitig von der Exekutive gesetzten Regelungen umfasst, seien sie konkret-individuell oder generell-abstrakt, s. hierzu *Marsch*, Frankreich, in: J.-P. Schneider (Hrsg.), Verwaltungsrecht in Europa II, 2009, S. 33 (98 ff.).

§ 5 Rechtsetzung

welches Staatsorgan – Parlament oder Regierung – Recht setzen darf (II.2.).² Letztere kommt begrifflich in der Unterscheidung zwischen dem (Parlaments-)Gesetz und der (von der Exekutive stammenden) Rechtsverordnung zum Ausdruck. Sie spielt für den deutsch-französischen Rechtsvergleich eine zumindest theoretisch bedeutsame Rolle, was eine vertiefte Behandlung und in der Folge den weiten Titel des Kapitels („Rechtsetzung", nicht „Gesetzgebung") rechtfertigt.

Gegenstand des zweiten Teils des Kapitels wird dann jedoch nur das *parlamentarische* Gesetzgebungsverfahren sein (III.). Der Beitrag beschränkt sich hier zum einen deshalb, weil das vom Parlament beschlossene Gesetz zumindest der Legitimation nach weiterhin die wichtigste Form des nationalen Rechts unterhalb der Verfassung darstellt.³ Zum anderen ist das parlamentarische Gesetzgebungsverfahren durch beide Verfassungen stärker formalisiert als das Verfahren zum Erlass von Rechtsverordnungen, für das im Verfassungsrecht nur rudimentäre Regelungen enthalten sind.⁴

Beide Teile durchzieht schließlich die grundlegende Frage nach dem Verhältnis von Regierung und Parlament. Ging es im vorangegangenen Kapitel um die vom Parlament ausgeübte allgemeine Kontrolle der Regierung und die Möglichkeiten diese zu ersetzen oder zum Rücktritt zu zwingen, so soll im Folgenden dargestellt werden, welche Befugnisse Regierung und Parlament im Prozess der Rechtsetzung haben. Da politische Ziele ganz wesentlich im Wege der Rechtsetzung zu erreichen sind, kommen hier zentrale verfassungsrechtliche Weichenstellungen der beiden Verfassungsordnungen zum Ausdruck. Zumindest symbolisch nennt daher der – den Abschnitt über das Parlament einleitende – Artikel 24 der französischen Verfassung die Rechtsetzung an erster Stelle.⁵

3

4

II. Rechtsetzungskompetenzen

Der zunächst zu behandelnden Frage nach der Verbandskompetenz liegt eine vertikale Gewaltenteilung zugrunde, wonach den unterschiedlichen Ebenen des Staates jeweils eigene Rechtsetzungskompetenzen zugewiesen sind.⁶ Sie ist der Organkompetenz vorgelagert, da es von der Verbandskompetenz abhängt, welches Recht über

5

---

² Zu den Begriffen der Verbands- und der Organkompetenz siehe nur *Degenhart*, Staatsorganisationsrecht, 29. Aufl. 2013, Rn. 150.

³ Zum normhierarchischen Rang des Völker- und des Europarechts in beiden Rechtsordnungen → *Wendel* § 8 Rn. 20 f., 76 ff.

⁴ Ausführlich hierzu *v. Bogdandy*, Gubernative Rechtsetzung, 2000, S. 380 ff.; zu den wenigen Verfahrens- und Formvorschriften in Frankreich s. *Favoreu et al.*, Droit constitutionnel, 16. Aufl. 2014, Rn. 1212.

⁵ Artikel 24 Abs. 1 CF: „Das Parlament beschließt die Gesetze. Es kontrolliert das Regierungshandeln. Es bewertet die Politik der öffentlichen Hand."

⁶ Diese vertikale Gewaltenteilung betrifft grundsätzlich auch die Vollziehungs- und Rechtsprechungstätigkeit, s. *Hesse*, Grundzüge des Verfassungsrechts der Bundesrepublik Deutschland, 20. Aufl. (Neudruck) 1999, Rn. 231.

die Organkompetenz entscheidet. Ist in Deutschland für die Rechtsetzung in einem bestimmten Sachbereich der Bund zuständig, so richten sich Organzuständigkeit und Verfahren nach dem Grundgesetz; fällt ein Sachbereich in die Zuständigkeit der Länder, kommt die jeweilige Landesverfassung zur Anwendung. Im vorliegenden Rahmen eines Lehrbuches muss sich die Darstellung der Organkompetenz, wie auch der Teil über das Gesetzgebungsverfahren, auf das Bundesverfassungsrecht des Grundgesetzes beschränken.[7]

1. Verbandskompetenz in Bundesstaat und Einheitsstaat

6   Deutschland und Frankreich werden einander für gewöhnlich prototypisch als Bundesstaat und Einheitsstaat gegenübergestellt. Dass diese antagonistische Gegenüberstellung einiges ihrer Schärfe längst verloren hat, ist bereits im Kapitel über die Verfassungsprinzipien gezeigt worden.[8] Daher sollen an dieser Stelle nur kurz die für die Rechtsetzung wesentlichen Punkte in Erinnerung gerufen werden.

7   Ausgangspunkt ist, dass auch im nunmehr dezentralisierten französischen Einheitsstaat grundsätzlich allein der Zentralstaat für die Gesetzgebung zuständig bleibt, wohingegen die Gebietskörperschaften (Regionen, Departements, Gemeinden) nur Verwaltungsaufgaben wahrnehmen.[9] Zwar sieht die französische Verfassung seit 2003 die Möglichkeit vor, Gebietskörperschaften für einen bestimmten Zeitraum zu einer abweichenden Gesetzgebung zu ermächtigen (experimentelle Gesetzgebungskompetenz, Art. 72 Abs. 4 CF) und den überseeischen Gebietskörperschaften sind (zum Teil schon 1998) in weitergehendem Maße Gesetzgebungsbefugnisse übertragen worden.[10] Anders aber als durch das englische Konzept der *devolution* wurden im französischen Mutterland keine bedeutenden Gesetzgebungsbefugnisse unbefristet an unterstaatliche Gebietskörperschaften delegiert.[11] Die französische Nationalversammlung ist im Wesentlichen (und unter Außerachtlassung der Über-

---

[7] Hinsichtlich der Organkompetenz ist diese Beschränkung auch deshalb unschädlich, weil das Bundesverfassungsgericht die Geltung des Gehalts der insoweit zentralen Norm des Art. 80 GG über die Homogenitätsklausel des Art. 28 Abs. 1 S. 1 GG auf die Bundesländer erstreckt, BVerfGE 41, 251 (265 f.); kritisch hierzu *Wallrabenstein*, in: v. Münch/Kunig (Hrsg.), GG II, 6. Aufl. 2012, Art. 80 Rn. 5 m. w. N.

[8] → *Vilain* § 3 Rn. 79 ff.

[9] Im Rahmen dieser Verwaltungsaufgaben können sie durch Gesetz zur exekutiven Normsetzung ermächtigt werden.

[10] → *Vilain* § 3 Rn. 94.

[11] Zur *devolution* s. *Möstl*, British Devolution und deutscher Föderalismus, BayVBl. 2013, S. 581 ff.; *Kleve/Schirmer*, England und Wales, in: J.-P. Schneider (Hrsg.), Verwaltungsrecht in Europa I, 2007, S. 35 (45 f.) m. w. N. Diese Stufe zwischen Bundesstaat auf der einen und Einheitsstaat auf der anderen Seite wird von manchen Autoren auch als Regionalstaat oder Regionalismus bezeichnet, s. z. B. *Favoreu et al.*, Droit constitutionnel, 16. Aufl. 2014, Rn. 638 ff.; *Häberle*, Föderalismus, Regionalismus und Präföderalismus als alternative Strukturformen der Gemeineuropäischen Verfassungskultur, in: Härtel (Hrsg.), Handbuch Föderalismus I, 2012, § 10 Rn. 27 ff.

seegebiete) der einzige Gesetzgeber geblieben; der französische Einheitsstaat hat sich dezentralisiert, aber nicht föderalisiert.[12]

Dagegen kommt in Art. 70 des Grundgesetzes das bundesstaatliche Grundprinzip zum Ausdruck, wonach für die Gesetzgebung in Deutschland die Bundesländer zuständig sind, soweit sich aus dem Grundgesetz nicht etwas anderes ergibt.[13] Dieses normative Regel-Ausnahme-Verhältnis darf jedoch nicht zu der Annahme verleiten, die Länder seien auch tatsächlich für den überwiegenden Teil der Gesetzgebungsmaterien zuständig. Denn die Artikel 73 und 74 GG enthalten Kompetenztitel des Bundes für eine Vielzahl bedeutsamer Sachbereiche, in denen dem Bund entweder eine ausschließliche (s. Art. 71 GG) oder eine konkurrierende Gesetzgebungszuständigkeit (s. Art. 72 GG) zugewiesen wird.[14] Den Bundesländern verbleiben in der Folge nur wenige ausschließliche Gesetzgebungszuständigkeiten, wie vor allem der Schul- und Bildungsbereich, das Kulturwesen, das Polizei- und das Kommunalrecht sowie das Presse- und Rundfunkrecht.[15] Diese Unitarisierungstendenz, die nicht erst mit dem Grundgesetz einsetzte, betrifft jedoch vor allem die Gesetzgebungskompetenzen, wohingegen der Vollzug der Gesetze im Wesentlichen Sache der Länder ist (Art. 83 ff. GG),[16] weshalb auch vom Modell eines „Exekutivföderalismus" gesprochen wird.[17] Es wird somit deutlich, dass sich der unitarische Bundesstaat[18] Deutschland und der zentralisierte Einheitsstaat Frankreich einander angenähert haben, ohne dabei ihre tiefe Grundprägung zu verlieren.

2. *Organkompetenz*

a) Parlamentarische Rechtsetzungskompetenz: Das Gesetz

Werden Rechtsnormen vom Parlament beschlossen, so bezeichnet man diese als *Gesetze*[19], in Frankreich als *lois*. Für beide Rechtsordnungen gilt der Satz von

---

[12] *Kimmel*, Gesetzgebung im politischen System Frankreichs, in: Ismayr (Hrsg.), Gesetzgebung in Westeuropa, 2008, S. 229 (230).

[13] *Ismayr*, Gesetzgebung im politischen System Deutschlands, in: ders. (Hrsg.), Gesetzgebung in Westeuropa, 2008, S. 383 (384).

[14] Hierzu ausführlich *Morlok/Michael*, Staatsorganisationsrecht, 2013, Rn. 444 ff.

[15] *Ismayr*, Gesetzgebung im politischen System Deutschlands, in: ders. (Hrsg.), Gesetzgebung in Westeuropa, 2008, S. 383 (385); für eine Auflistung weiterer Gesetzgebungszuständigkeiten der Länder s. *Kunig*, in: v. Münch/ders. (Hrsg.), GG II, 6. Aufl. 2012, Art. 70 Rn. 8 f.

[16] Zur „Unitarisierung als dominierende(m) Entwicklungsmoment der deutschen Bundesstaatlichkeit" s. *J.-P. Schneider*, Bundesstaatliche Finanzbeziehungen im Wandel, Der Staat 40 (2001), S. 272 (281 ff.).

[17] *Dann*, Parlamente im Exekutivföderalismus, 2004, S. 4 ff., 21 ff. Der Begriff bezieht sich zugleich auf den Modus der Mitwirkung der Länder an der Bundesgesetzgebung, die über die im Bundesrat vertretenen Länder*regierungen* erfolgt.

[18] Grundlegend *Hesse*, Der unitarische Bundesstaat, 1962.

[19] Parlamentsgesetze werden auch als Gesetze im formellen Sinne bezeichnet in Abgrenzung zu einem materiellen Gesetzesbegriff, der alle abstrakt-generellen Regelungen und damit auch von

Badura, wonach „das Gesetz (…) der Schlüsselbegriff des demokratischen Rechtsstaates (ist)."[20] Von den Volksvertretern im Parlament oder den Bürgern selbst verabschiedet besitzt es höchste demokratische Legitimation und bildet zugleich Grundlage und Grenze für das Handeln von Exekutive und Judikative (vgl. Art. 20 Abs. 3 GG).[21] Die weiterhin hohe Symbolkraft des Gesetzesbegriffs zeigte sich beispielsweise nach dem Scheitern des EU-Verfassungsvertrages: Um jegliche Verfassungssymbolik aus dem Reformvertrag zu tilgen, wurde auch die vorgesehene Umbenennung der „EU-Verordnungen" und „EU-Richtlinien" in „Europäische Gesetze" und „Europäische Rahmengesetze" verworfen.[22] Das „Gesetz" bleibt den Nationalstaaten vorbehalten.

10   Allerdings ist in Bezug auf Frankreich auch eine Desakralisierung des lange Zeit fast mythisch verehrten Gesetzes zu konstatieren. *„La loi est l'expression de la volonté générale"* (Das Gesetz ist der Ausdruck des allgemeinen Willens) heißt es in Artikel 6 der Erklärung der Menschen- und Bürgerrechte von 1789, weshalb es nach der revolutionär-republikanischen Konzeption als notwendigerweise gerecht und unfehlbar angesehen wurde.[23] Diese – von Rousseau beeinflusste – Vorstellung, im Gesetz materialisiere sich eine höhere Vernunft, prägte das französische Verfassungsrecht bis weit in das 20. Jahrhundert hinein.[24] Eine Kontrolle von Gesetzen durch ein Verfassungsgericht und ein Vorrang des Völkerrechts vor nationalen Gesetzen wurden daher lange Zeit abgelehnt[25]; die gesamte Staatstätigkeit sollte bis auf wenige Ausnahmen einer Regelung durch Parlamentsgesetze zugänglich sein.[26] Die Verfassung von 1958 brach jedoch mit den vorgenannten Punkten und ermöglichte erstmals eine verfassungsgerichtliche Kontrolle von Gesetzen, die

---

der Exekutive erlassene Rechtsverordnungen umfasst, s. hierzu knapp *Zippelius/Würtenberger*, Deutsches Staatsrecht, 32. Aufl. 2008, § 45 Rn. 1 ff.; ausführlich *Franz*, Der Begriff des Gesetzes, ZG 2008, S. 140 (147 ff.); *Grawert*, Gesetz und Gesetzgebung im modernen Staat, Jura 1982, S. 247 (303 f., 307 ff.); *Hartmann/Kamm*, Gesetzgebungsverfahren in Land, Bund und Union, Jura 2014, S. 283 (283 f.); *Starck*, Der Gesetzesbegriff des Grundgesetzes, 1970, S. 77 ff.

[20] *Badura*, Staatsrecht, 5. Aufl. 2012, Kap. D Rn. 49.

[21] Vgl. *Degenhart*, Staatsorganisationsrecht, 29. Aufl. 2013, Rn. 142 f.; ausführlich zu den Funktionen des Parlamentsgesetzes *F. Reimer*, Das Parlamentsgesetz als Steuerungsmittel und Kontrollmaßstab, in: Hoffmann-Riem et al. (Hrsg.), Grundlagen des Verwaltungsrechts I, 2. Aufl. 2012, § 9 Rn. 1 ff. Zu Gesetzesvorrang und Gesetzesvorbehalt als tragende Elemente des Rechtsstaates → *Vilain* § 3 Rn. 134 ff.

[22] *Dumont/Drooghenbroeck*, La loi, in: Troper/Chagnollaud (Hrsg.), Traité international de droit constitutionnel II, 2012, S. 529 (530 f.).

[23] Ausführlich hierzu und zum Folgenden *Schlette*, Die Konzeption des Gesetzes im französischen Verfassungsrecht, JöR 33 (1984), S. 279 ff.

[24] Hierzu auch → *Hochmann* § 7 Rn. 4. Gleichsam spiegelbildlich wurde in Deutschland nach 1945 diskutiert, ob jene während der NS-Herrschaft beschlossenen Gesetze überhaupt als Gesetze anzusehen sind, deren Inhalt elementare Gerechtigkeitsvorstellungen verletzten, hierzu *Roellecke*, Der Begriff des positiven Gesetzes und das Grundgesetz, S. 32 ff., 229 ff., 305 ff.

[25] Zum Streit hierüber während der III. Republik → *Hochmann* § 7 Rn. 5.

[26] *Kimmel*, Gesetzgebung im politischen System Frankreichs, in: Ismayr (Hrsg.), Gesetzgebung in Westeuropa, 2008, S. 229 (231).

allerdings nur *vor* der Verkündung des Gesetzes erfolgen durfte.[27] Das Gesetz ist nunmehr, so die feinsinnige Formulierung des Conseil constitutionnel, nur insoweit Ausdruck der *volonté générale*, als es sich im Rahmen der Verfassung befindet.[28] Zudem genießen völkerrechtliche Verträge in Frankreich seit 1958 einen normenhierarchischen Vorrang gegenüber den einfachen Parlamentsgesetzen.[29] Vorliegend von besonderem Interesse ist schließlich aber der dritte der oben genannten Punkte, auch weil die deutsche und die französische Verfassung hier diametral entgegengesetzte Ausgangspunkte gewählt haben. Während der parlamentarische Gesetzgeber in Deutschland weiterhin in allen Lebensbereichen und Regelungsgebieten rechtsetzend tätig werden kann (aa), ist seine Rechtsetzungskompetenz in Frankreich – zumindest der Theorie nach – auf die in Art. 34 CF enumerativ aufgeführten Regelungsgebiete beschränkt (bb). Hinzu kommt, dass das französische Parlament seit 1958 nicht mehr der alleinige Urheber von Gesetzen ist, da diese nunmehr auch vom Volk im Wege des Referendums beschlossen werden können.[30]

aa) (Nahezu) Unbeschränkte parlamentarische Rechtsetzungskompetenz in Deutschland

„Im freiheitlich-demokratischen System des Grundgesetzes fällt dem Parlament als Legislative die verfassungsrechtliche Aufgabe der Normsetzung zu. Nur das Parlament besitzt hierfür die demokratische Legitimation."[31] Mit diesen Worten (auf die zurückzukommen sein wird) hat das Bundesverfassungsgericht in seiner Entscheidung „Südumfahrung Stendal" ein (grundsätzliches) Monopol des Parlaments für staatliche Rechtsetzung aus dem Grundgesetz abgeleitet.[32] Hiernach darf der parlamentarische Gesetzgeber alles regeln, was sich nicht schon dem Inhalt nach einer gesetzlichen Regelung entzieht, sofern er dabei die weiten Grenzen des Gewaltenteilungsgrundsatzes[33] und – bei grundrechtseinschränkenden Gesetzen – das Verbot von Einzelfallgesetzen (Art. 19 Abs. 1 S. 1 GG) beachtet.[34] Ein an das Parlament gerichtetes Unwesentlichkeitsverbot, also ein Verbot, unbedeutende Fragen

11

---

[27] → *Marsch* § 6 Rn. 30 ff.
[28] Hierzu und zur Diskussion über die Legitimation von Verfassungsgerichtsbarkeit → *Marsch* § 6 Rn. 3 f., 12 ff., 31.
[29] Der Vorrang ergibt sich bereits aus Artikel 55 CF; gerichtlich durchgesetzt werden kann er allerdings erst seit 1975 (Zivilgerichtsbarkeit) bzw. 1989 (Verwaltungsgerichtsbarkeit), → *Wendel* § 8 Rn. 94.
[30] → Rn. 65 f. und → *Gaillet* § 2 Rn. 47.
[31] BVerfGE 95, 1 (15 f.).
[32] Zur Kritik an dieser Formulierung s. sogleich → Rn. 14 f.
[33] Hier ist vom Parlament insbesondere der „Kernbereich exekutiver Eigenverantwortung" zu beachten, wie ihn das Bundesverfassungsgericht entwickelt hat, s. BVerfGE 67, 100 (139); 68, 1 (86 f.).
[34] Zu diesen Grenzen BVerfGE 95, 1 (15 ff.); *Ossenbühl*, Gesetz und Recht – Die Rechtsquellen im demokratischen Rechtsstaat, in: Isensee/Kirchhof (Hrsg.), Handbuch des Staatsrechts V, 3. Aufl. 2007, § 100 Rn. 63 ff.; *H. Schneider*, Gesetzgebung, 3. Aufl. 2002, Rn. 28. Das Verbot des

durch ein Parlamentsgesetz zu regeln, scheint dagegen eher ein Postulat politischer Vernunft zu sein, als dass es sich aus dem Grundgesetz ableiten ließe.[35]

bb) Enumerative parlamentarische Rechtsetzungskompetenz in Frankreich (Art. 34 CF)

12   Eine solche, weitgehend schrankenlose Rechtsetzungskompetenz genossen auch die Parlamente der III. und IV. französischen Republik.[36] Da jedoch das Scheitern beider Republiken ganz maßgeblich auch auf die (zu) starke Stellung der Parlamente gegenüber schwachen und instabilen Regierungen zurückgeführt wird,[37] bricht die Verfassung der V. Republik mit einer bis dahin auch in Frankreich herrschenden europäischen Tradition[38]: Nach Art. 34 CF, der ein wichtiger Baustein des Konzepts eines *parlementarisme rationalisé* ist,[39] beschränkt sich die Rechtssetzungskompetenz des französischen Parlaments nunmehr allein auf die in diesem Artikel enumerativ aufgeführten Regelungsmaterien (sogenannte *domaine de la loi*).[40] Für die nicht in Artikel 34 CF genannten Regelungsmaterien und für Detailregelungen in jenen Bereichen, in denen der Gesetzgeber nur für die Regelung der grundlegenden Prinzipien zuständig ist, bestimmt Artikel 37 dagegen, dass sie durch Verordnungen zu regeln sind. Dem französischen Verfassungstext nach ist das Parlamentsgesetz somit nicht mehr nur formell (nach seinem Urheber dem Parlament), sondern auch materiell (nach seinem Regelungsgegenstand) zu definieren.[41] Schon hier sei jedoch darauf hingewiesen, dass Artikel 34 CF in der weiten Auslegung durch den Conseil constitutionnel nahezu alle wichtigen und für die Grundrechtsausübung wesentlichen Regelungs(teil)gebiete dem Gesetzgeber zuweist.[42]

---

grundrechtseinschränkenden Einzelfallgesetzes ist jedoch nur wenig entfaltet worden, s. hierzu *G. Kirchhof*, Die Allgemeinheit des Gesetzes, 2009, S. 196 ff.

[35] So *F. Reimer*, Das Parlamentsgesetz als Steuerungsmittel und Kontrollmaßstab, in: Hoffmann-Riem et al. (Hrsg.), Grundlagen des Verwaltungsrechts I, 2. Aufl. 2012, § 9 (Rn. 55); anders aber *Sommermann*, in: v. Mangoldt et al. (Hrsg.), GG II, 6. Aufl. 2010, Art. 20 Rn. 274, der ein solches Verbot aus dem Gewaltenteilungsgrundsatz ableitet.

[36] *Constantinesco/Pierré-Caps*, Droit constitutionnel, 5. Aufl. 2011, Rn. 462; ausführlich zur historischen Entwicklung *Gicquel/Gicquel*, Droit constitutionnel et institutions politiques, 26. Aufl. 2012, Rn. 1481 ff.

[37] → *Gaillet* § 2 Rn. 24 ff., 31 f.

[38] *v. Bogdandy*, Gubernative Rechtsetzung, 2000, S. 263.

[39] Zu diesem Konzept → *Gaillet* § 2 Rn. 19 ff. (insb. 30), 38 f.

[40] Ausführlich zu den Zielen der Reform *Grote*, Das Regierungssystem der V. französischen Republik, 1995, S. 97 ff.

[41] *Favoreu et al.*, Droit constitutionnel, 16. Aufl. 2014, Rn. 1151.

[42] *Favoreu et al.*, Droit constitutionnel, 16. Aufl. 2014, Rn. 1149 f.; *Gicquel/Gicquel*, Droit constitutionnel et institutions politiques, 26. Aufl. 2012, Rn. 1489 ff.

b) Rechtsetzung durch die Regierung: Die Rechtsverordnung

Angesichts der gestiegenen Regelungsbedürfnisse im pluralistischen Sozialstaat würde es die Parlamente überfordern, wenn sie allein für die Rechtsetzung zuständig wären, weshalb der Rechtsetzung durch die Exekutive heute quantitativ in beiden Ländern eine hohe Bedeutung zukommt.[43] Die als Rechtsverordnungen bzw. *règlements* bezeichneten Rechtsnormen sind zugleich Gegenstand des Verfassungsrechts, welches zumindest teilweise ihren Erlass regelt, sowie des Verwaltungsrechts, da sie eine wichtige Handlungsform des Verwaltungshandelns darstellen. Der folgende Abschnitt ist jedoch vor allem der Rechtsetzung durch die Regierung oder einzelne Regierungsmitglieder und damit jenem Teil der exekutivischen Normsetzung gewidmet, der auch als „gubernative Rechtsetzung"[44] bezeichnet wird.

aa) Das Prinzip der delegierten Rechtsetzung in Artikel 80 Abs. 1 GG – Die gesetzesakzessorische Verordnung

Während dem deutschen Parlament eine nahezu unbeschränkte Rechtsetzungskompetenz zukommt, kann die Regierung nur dann rechtsetzend tätig werden, wenn sie hierzu zuvor vom Parlament ermächtigt worden ist (Art. 80 Abs. 1 GG). Nach den Erfahrungen der Weimarer Republik soll sich das Parlament nicht pauschal seinem Rechtsetzungsauftrag entledigen können,[45] weshalb Art. 80 Abs. 1 S. 1 GG den Erlass von Rechtsverordnungen von einer nach Inhalt, Zweck und Ausmaß bestimmten gesetzlichen Ermächtigung abhängig macht.[46] Ermächtigt werden können neben der Bundesregierung als Kollegialorgan auch einzelne Bundesminister oder Landesregierungen.[47] Rechtsverordnungen ohne gesetzliche Ermächtigung kann es daher in Deutschland nicht geben.[48] Nach der vom Bundesverfassungsgericht entwickelten Wesentlichkeitslehre müssen zudem insbesondere die für die Grundrechtsausübung wesentlichen Maßnahmen vom parlamentarischen Gesetz-

---

[43] Zu Deutschland *Ossenbühl*, Rechtsverordnung, in: Isensee/Kirchhof (Hrsg.), Handbuch des Staatsrechts V, 3. Aufl. 2007, § 103 Rn. 2, 6; zu Frankreich *Favoreu et al.*, Droit constitutionnel, 16. Aufl. 2014, Rn. 1154-2.

[44] *v. Bogdandy*, Gubernative Rechtsetzung, 2000, S. 107 ff.

[45] → *Gaillet* § 2 Rn. 16, 35.

[46] Zur Handhabbarmachung dieser sich überschneidenden Begriffe durch die Selbstentscheidungsformel (Perspektive des Gesetzgebers), die Vorhersehbarkeitsformel (Perspektive des Bürgers) und die Programmformel (Perspektive der Regierung) s. *Morlok/Michael*, Staatsorganisationsrecht, 2013, Rn. 366 ff. Ausführlich zum parlamentarischen Einfluss auf die Verordnungsgebung *Uhle*, Parlament und Rechtsverordnung, 1999.

[47] Des Weiteren kann das Gesetz zur Subdelegation ermächtigen (Art. 80 Abs. 1 S. 4 GG).

[48] So deutlich *Ramsauer*, in: Denninger et al. (Hrsg.), AK-GG, 3. Aufl. 2001, Art. 80 Rn. 18. Diese Ansicht ist zwar herrschend, aber nicht unumstritten, s. *Hill/Martini*, Normsetzung und andere Formen exekutivischer Selbstprogrammierung, in: Hoffmann-Riem et al. (Hrsg.), Grundlagen des Verwaltungsrechts II, 2. Aufl. 2012, § 34 Rn. 24; zur Gegenansicht s. z. B. ausführlich *Seiler*, Der einheitliche Parlamentsvorbehalt, 2000, S. 189 ff.

geber selbst getroffen werden und dürfen nicht der Exekutive mit dem Ziel einer Regelung durch Rechtsverordnungen überlassen werden.[49] Hieraus folgt ein alle wichtigen Maßnahmen betreffendes Delegationsverbot bzw. ein hierzu spiegelbildlicher Parlamentsvorbehalt für die für die Grundrechtsausübung wesentlichen Regelungen.[50] Das Bundesverfassungsgericht hat die Rechtsverordnung daher als „Ausnahme" bezeichnet[51] und sieht in der oben zitierten Entscheidung „Südumfahrung Stendal" das Parlament als allein zur (abstrakt-generellen) Rechtsetzung demokratisch legitimiertes Verfassungsorgan an.

15   Gerade letztere Aussage ist auf Kritik gestoßen. Rechtsetzung durch die Exekutive sei keine Ausnahme, sondern Ausdruck einer funktionengerechten Wahrnehmung der Rechtsetzung als gemeinsame Aufgabe.[52] Die „Verordnungsphobie" der bundesrepublikanischen Staatsrechtslehre und ihr „Generalverdacht gegen jede Form exekutivischer (...) Rechtsetzung" müsse überwunden und die „praktische rechtsstaatliche Bedeutung" der Rechtsverordnung anerkannt werden.[53] Artikel 80 Abs. 1 GG dürfe nicht als (rechtsstaatlich bedenkliche) Ausnahme von einem Rechtsetzungsmonopol des Parlaments begriffen werden, sondern normiere allein die Voraussetzungen für den Erlass von Rechtsverordnungen.[54] Der Begriff der delegierten Rechtsetzung werde daher der Realität nicht gerecht, sondern es sei zutreffender, von gesetzesakzessorischen Verordnungen zu sprechen.[55] Diese Beschreibungen zielen zu Recht auf eine rationalere Betrachtung des Verhältnisses von parlamentarischer und gubernativer Rechtsetzung als sie in der frühen Bundesrepublik herrschend war.[56] Gerade in Rechtsgebieten, die sich wie das Umwelt- und Technikrecht auf schnell wandelnde Lebensbereiche beziehen, sind Rechtsverordnungen unverzichtbar, da sie eine rasche Anpassung des Rechts ermöglichen.[57] So richtig eine Entdämonisierung der Rechtsverordnung daher ist, darf sie jedoch

---

[49] In welchem Verhältnis die Wesentlichkeitslehre und die Bestimmtheitsanforderungen des Art. 80 Abs. 1 S. 2 GG stehen, ist ungeklärt und umstritten, s. hierzu nur *Ramsauer*, in: Denninger et al. (Hrsg.), AK-GG, 3. Aufl. 2001, Art. 80 Rn. 28 f.; *Saurer*, Die Funktionen der Rechtsverordnung, 2005, S. 275 ff.

[50] Kritisch zur Wesentlichkeitsrechtsprechung *Hoffmann-Riem*, Gesetz und Gesetzesvorbehalt im Umbruch, AöR 130 (2005), S. 5 (50 ff.).

[51] BVerfGE 24, 184 (197).

[52] Vgl. beispielsweise *Schmidt-Aßmann*, Das allgemeine Verwaltungsrecht als Ordnungsidee, 2. Aufl. 2006, Kap. 6 Rn. 85.

[53] Die Zitate stammen in dieser Reihenfolge von *Ossenbühl*, Gesetz und Verordnung im gegenwärtigen Staatsrecht, in: Schuppert (Hrsg.), Das Gesetz als zentrales Steuerungsinstrument des Rechtsstaates, 1998, S. 27 (32); *Wahl*, Verwaltungsvorschriften: Die ungesicherte dritte Kategorie des Rechts, in: FG 50 Jahre BVerwG, 2003, S. 577 (594); *Schmidt-Aßmann*, Das allgemeine Verwaltungsrecht als Ordnungsidee, 2. Aufl. 2006, Kap. 6 Rn. 85.

[54] *Wallrabenstein*, in: v. Münch/Kunig (Hrsg.), GG II, 6. Aufl. 2012, Art. 80 Rn. 3.

[55] *Schmidt-Aßmann*, Das allgemeine Verwaltungsrecht als Ordnungsidee, 2. Aufl. 2006, Kap. 6 Rn. 85 unter Verweis auf *v. Bogdandy*, Gubernative Rechtsetzung, 2000, S. 304 ff.

[56] Von einer Stigmatisierung der Rechtsverordnung aufgrund der Weimarer Erfahrungen spricht *Ossenbühl*, Gesetz und Verordnung im gegenwärtigen Staatsrecht, in: Schuppert (Hrsg.), Das Gesetz als zentrales Steuerungsinstrument des Rechtsstaates, 1998, S. 27 (32).

[57] *Saurer*, Die Funktionen der Rechtsverordnung, 2005, S. 82 ff., insb. S. 90.

nicht dazu führen, im Wege der Auslegung die Wertung des Artikels 80 Abs. 1 GG zu überspielen, der jegliche exekutivische Normsetzung von einer gesetzlichen Ermächtigung abhängig macht.[58]

bb) Die autonome Verordnungsbefugnis des Art. 37 CF

(1) Konzeptionelle Revolution

In Frankreich bedarf es dagegen keiner gesetzlichen Ermächtigung zum Erlass von Dekreten (*décrets*), wie Rechtsverordnungen der Regierung heißen.[59] Anders als in Deutschland und wie oben bereits gesehen, ist die Rechtsetzung nicht beim Parlament konzentriert, das die Regierung per Gesetz zum Verordnungserlass ermächtigt, sondern die Artikel 34 und 37 der französischen Verfassung weisen Parlament und Regierung eigenständig wahrzunehmende Rechtsetzungskompetenzen zu. Spiegelbildlich zur enumerativen Rechtsetzungskompetenz des Parlaments ist die Regierung nach Artikel 37 zur Regelung all jener Fragen befugt, die nicht durch Artikel 34 (oder eine andere Verfassungsbestimmung[60]) explizit dem Parlament zugewiesen sind. Diese Kompetenz zum Erlass „autonomer" Verordnungen, die keiner gesetzlichen Ermächtigungsgrundlage bedürfen, wird gemeinhin als eine der zentralen juristischen Revolutionen der Verfassung von 1958 angesehen,[61] die dem Ziel einer Stärkung der Exekutive diente. Zumindest theoretisch tritt die Verordnung als Rechtsquelle „selbständig und gleichberechtigt neben das Gesetz".[62]

Innerhalb der Regierung ist nach Artikel 21 Abs. 1 S. 4 CF grundsätzlich der Premierminister für den Erlass von Verordnungen zuständig,[63] der diese Befugnis jedoch im Einzelfall an seine Minister delegieren kann.[64] Anderes gilt nur für jene Dekrete, die im Ministerrat[65] beraten wurden, da diese nach Artikel 13 Abs. 1 CF vom Staatspräsidenten (der nach Artikel 9 CF dem Ministerrat vorsitzt) zu unter-

16

17

---

[58] *Hill/Martini*, Normsetzung und andere Formen exekutivischer Selbstprogrammierung, in: Hoffmann-Riem et al. (Hrsg.), Grundlagen des Verwaltungsrechts II, 2. Aufl. 2012, § 34 Rn. 25a.

[59] Auch konkret-individuelle Entscheidungen des Staatspräsidenten und des Premierministers, wie beispielsweise Beamtenernennungen, werden als Dekrete bezeichnet; generelle und individuelle Regelungen der Minister oder der Präfekten werden als *arrêté* bezeichnet.

[60] Hierzu *Gicquel/Gicquel*, Droit constitutionnel et institutions politiques, 26. Aufl. 2012, Rn. 1491.

[61] Vgl. nur *Jouanjan*, Grundlagen und Grundzüge staatlichen Verfassungsrechts, in: v. Bogdandy et al. (Hrsg.), Ius Publicum Europaeum I, 2007, § 2 Frankreich, Rn. 79.

[62] *Zürn*, Die republikanische Monarchie, 1965, S. 167.

[63] Vorliegend wird die Lesart zugrundegelegt, nach der Art. 21 Abs. 1 S. 4 CF nur die Organzuständigkeit des Premierministers normiert. Diese bestimmt wohl auch die Rechtsprechung des Conseil constitutionnel, wohingegen der Conseil d'Etat bisweilen zwischen autonomen Verordnungen nach Art. 37 CF und Anwendungsverordnungen nach Art. 21 Abs. 1 CF unterscheidet, s. hierzu *Favoreu*, Les règlements autonomes n'existent pas, RFDA 1987, S. 871 (873 f.).

[64] Hierzu und zum Folgenden *Favoreu et al.*, Droit constitutionnel, 16. Aufl. 2014, Rn. 1210 f.

[65] Zum Ministerrat → *Vilain/Wendel* § 4 Rn. 171 f.

zeichnen sind.⁶⁶ Diese Dekrete des Staatspräsidenten stehen normhierarchisch über den Dekreten des Premierministers und sie können daher grundsätzlich nur durch ein im Ministerrat beratenes Dekret geändert werden. Bemerkenswert ist in diesem Zusammenhang, dass keine allgemeine Regel darüber existiert, welche Dekrete im Ministerrat zu beraten sind, sondern dass zum einen einige spezielle verfassungsrechtliche oder einfachgesetzliche Regelungen eine solche Beratung anordnen, zum anderen aber der Staatspräsident nach eigenem Ermessen Verordnungsentwürfe auf die Tagesordnung des Ministerrates setzen kann.⁶⁷ Da sich der Staatspräsident zudem weigern kann, eine Frage auf die Tagesordnung des Ministerrates zu setzen oder ein beratenes Dekret zu unterzeichnen,⁶⁸ wird Artikel 13 CF in Zeiten der Kohabitation (*cohabitation*)⁶⁹ zu einer uneinnehmbaren Festung des Staatspräsidenten.⁷⁰

(2) Verfassungspraxis

18 Auf den deutschen Betrachter wirkt die autonome Verordnungsbefugnis zunächst schockierend,⁷¹ wird doch Art. 80 Abs. 1 GG gemeinhin als Konkretisierung von Demokratie- und Rechtsstaatsprinzip angesehen.⁷² Recht apodiktisch stellt beispielsweise *Ismayr* fest, dass die Regelung des Art. 37 CF mit dem Anspruch demokratischer Rechtsstaatlichkeit nur schwer vereinbar sei.⁷³ Dieses Urteil ist jedoch in zweierlei Hinsicht zu nuancieren: Zum einen wird auch in Deutschland bezweifelt, ob die Regelung des Art. 80 Abs. 1 GG ein unverzichtbarer Kernbestandteil des demokratischen Rechtsstaates und damit durch Art. 79 Abs. 3 GG auch der Verfassungsänderung entzogen ist.⁷⁴ Zum anderen hat sich in Hinblick auf die Artikel 34 und 37 CF die französische Verfassungspraxis unter maßgeblichem Einfluss der Rechtsprechung des Conseil constitutionnel parlamentsfreundlicher entwickelt, als

---

⁶⁶ C.E., Ass., 10.9.1992, Nr. 140376 u. a. – Meyet.
⁶⁷ *Jouanjan*, Grundlagen und Grundzüge staatlichen Verfassungsrechts, in: v. Bogdandy et al. (Hrsg.), Ius Publicum Europaeum I, 2007, § 2 Frankreich, Rn. 76.
⁶⁸ Ob die Weigerung von Staatspräsident *Mitterrand*, im Ministerrat beratene gesetzesvertretende Verordnungen (hierzu sogleich) zu unterzeichnen, verfassungsgemäß war, ist in Frankreich umstritten, kann aber in Ermangelung eines Organstreitverfahrens nicht endgültig geklärt werden, hierzu ausführlich *Franzke*, Die Kompetenzen des französischen Staatspräsidenten, Der Staat 38 (1999), S. 86 (89 ff.), zum Organstreitverfahren → *Marsch* § 6 Rn. 75 f.
⁶⁹ Dazu näher → *Vilain/Wendel* § 4 Rn. 111 ff.
⁷⁰ So *Jouanjan*, Grundlagen und Grundzüge staatlichen Verfassungsrechts, in: v. Bogdandy et al. (Hrsg.), Ius Publicum Europaeum I, 2007, § 2 Frankreich, Rn. 76.
⁷¹ So *Classen*, Parlamentarismus in der V. Republik Frankreichs, DÖV 2004, S. 269 (269).
⁷² *Wallrabenstein*, in: v. Münch/Kunig (Hrsg.), GG II, 6. Aufl. 2012, Art. 80 Rn. 4 m. w. N.
⁷³ *Ismayr*, Gesetzgebung in den Staaten der Europäischen Union im Vergleich, in: ders. (Hrsg.), Gesetzgebung in Westeuropa, 2008, S. 9 (13).
⁷⁴ So rechtsvergleichend zum deutschen und französischen Recht bereits *Seiler*, Der einheitliche Parlamentsvorbehalt, 2000, S. 166; s. a. *Wallrabenstein*, in: v. Münch/Kunig (Hrsg.), GG II, 6. Aufl. 2012, Art. 80 Rn. 5.

es der Verfassungstext zunächst nahegelegt hatte. Die erwartete Revolution blieb aus, der Berg gebar eine Maus, so das Fazit in der französischen Literatur.[75]

Verantwortlich hierfür ist eine Reihe von Gründen. Zunächst hat der Conseil constitutionnel, wie bereits angedeutet, die dem Parlament vorbehaltene *domaine de la loi* des Artikels 34 CF weit ausgelegt, sodass nunmehr nahezu alle wesentlichen Regelungsgebiete erfasst sind.[76] Die Grenze zwischen den beiden Vorbehaltsbereichen der Artikel 34 und 37 CF ist „porös" geworden[77] und daher schwer zu bestimmen.[78] Dies liegt auch daran, dass Artikel 34 CF die Rechtsetzungskompetenz für den „Schutz der Bürger und ihrer Grundrechte" dem Parlament zuweist, weshalb auch in jenen Regelungsgebieten, die grundsätzlich nicht in die *domaine de la loi* fallen, trotzdem Inseln einer Parlamentszuständigkeit verbleiben.[79] Vor allem aber hat der Conseil constitutionnel in seinem Grundsatzurteil „Blocage des prix et des revenus" (1982) entschieden, dass ein Übergreifen des parlamentarischen Gesetzgebers in den der Regierung vorbehaltenen Bereich nicht zur Verfassungswidrigkeit des Gesetzes führt.[80] Es stehe im Ermessen der Regierung, im laufenden Gesetzgebungsverfahren die Kompetenzüberschreitung zu rügen und nötigenfalls durch Anrufung des Conseil constitutionnel vor der Verabschiedung des Gesetzes zu verhindern (Art. 41 CF, hierzu → Rn. 46).[81] Zudem habe die Regierung gemäß Artikel 37 Abs. 2 S. 2 CF jederzeit die Möglichkeit, die normhierarchische Herabstufung (*délégalisation*) bereits verabschiedeter und in Kraft getretener Gesetze und einzelner Vorschriften durch den Conseil constitutionnel zu beantragen, was ihr sodann eine Änderung der herabgestuften Vorschriften im Wege des Dekrets ermöglicht (*procédure de déclassement*).[82] In der Verfassungspraxis ist Artikel 37 CF daher heute als eine Form der konkurrierenden Rechtssetzungskompetenz anzusehen, da das Parlament über die ihm durch Artikel 34 CF zugedachten Regelungsgebiete hinaus rechtsetzend tätig werden kann, solange die Regierung ihre Rechtsetzungskompetenz nach Artikel 37 CF nicht im Gesetzgebungsverfahren verteidigt

19

---

[75] In dieser Reihenfolge *Rivero*, zitiert nach *Favoreu et al.*, Droit constitutionnel, 16. Aufl. 2014, Rn. 1208; *Gicquel/Gicquel*, Droit constitutionnel et institutions politiques, 26. Aufl. 2012, Rn. 1479.

[76] *Favoreu et al.*, Droit constitutionnel, 16. Aufl. 2014, Rn. 1149 f.; *Kimmel*, Gesetzgebung im politischen System Frankreichs, in: Ismayr (Hrsg.), Gesetzgebung in Westeuropa, 2008, S. 229 (232).

[77] So *Hamon/Troper*, Droit constitutionnel, 33. Aufl. 2012, Rn. 706, 717.

[78] *Mathieu*, La part de la loi, la part du règlement, Pouvoirs 114 (2005), S. 73 (81 ff.).

[79] *Gicquel/Gicquel*, Droit constitutionnel et institutions politiques, 26. Aufl. 2012, Rn. 1492.

[80] C.C., 30.7.1982, 82-143 DC, Cons. 11 – *Blocage des prix et des revenus. Diese Rechtsprechung wurde noch einmal ausdrücklich bestätigt in* C.C., 15.3.2012, 2012-649 DC, Cons. 10 – Loi relative à la simplification du droit, nachdem zuvor Zweifel an ihrer Fortgeltung aufgekommen waren aufgrund der Entscheidung C.C., 21.4.2005, 2005-512 DC – Avenir de l'École, hierzu *J.-B. Auby*, L'avenir de la jurisprudence Blocage des prix et des revenus, Cahiers du Conseil constitutionnel 19 (2006), III-VI. Zum Ganzen *Favoreu et al.*, Droit constitutionnel, 16. Aufl. 2014, Rn. 1149.

[81] Ebd. Diese auf das Ermessen der Regierung abstellende Argumentation lässt sich auf die Entstehungsgeschichte stützen, s. *Mathieu*, La part de la loi, la part du règlement, Pouvoirs 114 (2005), S. 73 (76).

[82] Ebd.

oder sich später zurückerobert.[83] Schließlich hat der Conseil constitutionnel in einer der bundesverfassungsgerichtlichen Wesentlichkeitslehre ähnelnden Weise[84] entschieden, dass der parlamentarische Gesetzgeber die wesentlichen Fragen eines ihm zugewiesenen Regelungsgebietes in präziser und umfassender Weise selber regeln muss.[85] Kommt das Parlament dieser Verpflichtung nicht nach, wird das Gesetz vom Conseil constitutionnel für verfassungswidrig erklärt (sogenannte *incompétence négative*), was in der Praxis relativ häufig geschieht.[86] Bemerkenswert ist in diesem Zusammenhang, dass in Fällen von Grundrechtsbeschränkungen die *incompétence négative* auch im Verfahren der konkreten Normenkontrolle[87] von den Beteiligten eines fachgerichtlichen Prozesses gerügt werden kann, obwohl Fragen der formellen Verfassungsmäßigkeit im Grundsatz nicht Gegenstand dieses Verfahren sein können.[88] Da der Conseil constitutionnel diese Rechtsprechung angesichts der individualrechtsschützenden Funktion des Verfahrens explizit auf grundrechtsverkürzende Gesetze beschränkt,[89] zeigt sich, dass die französische Variante einer Wesentlichkeitslehre heute auch grundrechtlich fundiert ist.

cc) Rechtsvergleichendes Zwischenfazit: Gesetzesakzessorische Verordnungen mit und ohne gesetzliche Ermächtigung

20 Die Rechtsprechung des Conseil constitutionnel hat dazu geführt, dass die autonome Verordnungsbefugnis des Art. 37 CF an Bedeutung verloren hat. Rechtstatsächlich ist zu konstatieren, dass auch in Frankreich nur wenige Verordnungen nicht der Anwendung eines Gesetzes dienen. Bei der ganz überwiegenden Mehrheit handelt es sich um *décrets d'application* (Anwendungsverordnungen), mithin um geset-

---

[83] *Jouanjan*, Grundlagen und Grundzüge staatlichen Verfassungsrechts, in: v. Bogdandy et al. (Hrsg.), Ius Publicum Europaeum I, 2007, § 2 Frankreich, Rn. 80.

[84] So *Classen*, Die normative Demokratie, in: Grewe/Gusy (Hrsg.), Französisches Staatsdenken, 2002, S. 146 (151).

[85] C.C., 26.1.1967, 67-31 DC, Cons. 4 – Conseillers référendaires; C.C., 12.1.2002, 2001-455 DC, Cons. 9 – Modernisation sociale.

[86] *Favoreu et al.*, Droit constitutionnel, 16. Aufl. 2014, Rn. 1149. Die französische Literatur spricht in diesem Zusammenhang auch von *réserve de loi* (Gesetzesvorbehalt), s. nur *Mathieu*, La part de la loi, la part du règlement, Pouvoirs 114 (2005), S. 73 (78).

[87] Zur *question prioritaire de constitutionnalité* (QPC) → *Marsch* § 6 Rn. 58 ff.

[88] C.C., 18.6.2010, 2010-5 QPC, Cons. 3 – Kimberly-Clark; 18.6.2012, 2012-254 QPC, Cons. 3 – Régimes spéciaux de sécurité sociale.

[89] *Chamussy*, La procédure parlementaire et le Conseil constitutionnel, Nouveaux Cahiers du Conseil constitutionnel 38 (2013), S. 37 (57 mit Fn. 61).

zesakzessorische (nicht um autonome) Verordnungen.⁹⁰ Zuspitzend stellt *Favoreu* sogar fest: „Autonome Verordnungen existieren nicht."⁹¹

Der in dieser Weise eingehegte Verordnungsvorbehalt ist mit *Classen* letztlich nicht als schockierend, sondern als ein möglicher Ausdruck eines funktionengerechten Verständnisses von Gewaltenteilung anzusehen.⁹² Materiell unterscheidet sich die Verteilung der Rechtsetzungskompetenzen in Deutschland und Frankreich somit in einem viel geringeren Ausmaße als die Lektüre der Artikel 34 und 37 CF zunächst glauben lässt. Allerdings erfordert gubernative Rechtsetzung in Deutschland nach dem weiterhin herrschenden Verständnis immer eine parlamentsgesetzliche Grundlage, wohingegen die französische Regierung auch ohne eine solche Ermächtigung rechtsetzend tätig werden kann. Darüber hinaus besitzt die französische Regierung die Möglichkeit, die ihr zugewiesen Regelungsgebiete – sofern sie dies für politisch opportun hält⁹³ – gegen ein Übergreifen des Parlaments zu verteidigen. Der Erlass von Anwendungsdekreten kann daher von der Regierung aus politischen Gründen verschleppt werden.⁹⁴ Dem deutschen Parlament steht es dagegen frei, auch Detailregelungen im Gesetz mit zu beschließen, ohne dass sich die Bundesregierung hiergegen zur Wehr setzen könnte. **21**

dd) Die gesetzesvertretende Verordnung (ordonnance) nach Artikel 38 CF

Wirkt schon die autonome Verordnungsbefugnis des Artikels 37 CF auf den deutschen Betrachter zunächst schockierend, so gilt dies erst recht für die als *ordonnances* bezeichneten, gesetzesvertretenden Verordnung nach Artikel 38 CF. Waren die in der III. Republik aufgekommenen *décrets-lois* von der Verfassung der IV. Republik noch explizit verboten, in der Verfassungspraxis dann aber doch üblich geworden, lässt die Verfassung der V. Republik sie (unter anderem Namen) ausdrücklich zu.⁹⁵ Die Regierung kann nunmehr (auf ihre Initiative hin) vom Parlament für **22**

---

⁹⁰ Ein Großteil der Verordnungen stützt sich auf eine gesetzliche Ermächtigung oder auf Artikel 21 CF, der dem Premierminister die Aufgabe des Gesetzesvollzugs zuweist, s. *Classen*, Die normative Demokratie, in: Grewe/Gusy (Hrsg.), Französisches Staatsdenken, 2002, S. 146 (150 f.); *v. Bogdandy*, Gubernative Rechtsetzung, 2000, S. 284 beide m. w. N.; *Kimmel*, Gesetzgebung im politischen System Frankreichs, in: Ismayr (Hrsg.), Gesetzgebung in Westeuropa, 2008, S. 229 (232).

⁹¹ *Favoreu*, Les règlements autonomes n'existent pas, RFDA 1987, S. 871 ff.

⁹² *Classen*, Die normative Demokratie, in: Grewe/Gusy (Hrsg.), Französisches Staatsdenken, 2002, S. 146 (150).

⁹³ Dies betont auch *Mathieu*, La part de la loi, la part du règlement, Pouvoirs 114 (2005), S. 73 (75 ff.).

⁹⁴ Aus deutscher Sicht bemerkenswert ist, dass im Einzelfall die Verpflichtung zum Erlass von Anwendungsdekreten auf dem Verwaltungsrechtsweg in einem der deutschen Untätigkeitsklage vergleichbaren Anordnungsverfahren und mit Hilfe von Zwangsgeldern durchgesetzt werden kann, s. *Marsch*, Subjektivierung der gerichtlichen Verwaltungskontrolle in Frankreich, 2011, S. 167 f., 186 f.

⁹⁵ Zur historischen Entwicklung *Gicquel/Gicquel*, Droit constitutionnel et institutions politiques, 26. Aufl. 2012, Rn. 1484 ff.

einen bestimmten Zeitraum und zu einem bestimmten Zweck ermächtigt werden, im Verordnungswege Regelungen zu treffen, die nach Artikel 34 CF grundsätzlich in die Regelungskompetenz des parlamentarischen Gesetzgebers fallen. Es können auf diese Weise also auch der Erlass wesentlicher und für die Grundrechtsausübung bedeutsamer Regelungen durch ein in seiner Geltung zeitlich und gegenständlich begrenztes Ermächtigungsgesetz an die Regierung delegiert werden. Angesichts der möglichen Bedeutung der durch *ordonnance* getroffenen Regelungen sind diese nach Artikel 38 Abs. 2 S. 2 CF vom Ministerrat zu beschließen, wodurch dem Staatspräsidenten wie oben gezeigt (→ Rn. 17) de facto ein Vetorecht zukommt.[96]

23 Die Geltung einer *ordonnance* muss vom Ermächtigungsgesetz auf einen bestimmten Zeitraum beschränkt werden, nach deren Ablauf sie außer Kraft tritt, sofern die Regierung nicht ein Ratifikationsgesetz beim Parlament eingebracht hat (Artikel 38 Abs. 2 S. 2 CF). Hat die Regierung ein Ratifikationsgesetz eingebracht, dann bleibt die *ordonnance* in Kraft, auch wenn das Ratifikationsgesetz nicht auf die Tagesordnung des Parlaments gesetzt wurde und daher keine Abstimmung erfolgt ist.[97] Normenhierarchisch stellt die *ordonnance* allerdings bis zu einer möglichen Ratifikation durch das Parlament eine Verordnung dar, mit der Folge dass sie – wie alle Verordnungen in Frankreich – im Wege der verwaltungsgerichtlichen Klage vor dem Conseil d'Etat angegriffen und inzidenter von allen Verwaltungsgerichten kontrolliert werden kann.[98] Erst die Ratifikation durch das Parlament führt zu einer *rückwirkenden Vergesetzlichung* der *ordonnance*, wodurch auch rechtshängige verwaltungsgerichtliche Klagen unstatthaft werden.[99]

24 Verfassungstheoretisch nimmt die *ordonnance* schließlich eine Zwischenstellung[100] ein: Sie ist formell als delegierte Rechtsetzung anzusehen, da sie einer gesetzlichen Ermächtigung bedarf; materiell ist sie jedoch anders als die Rechtsverordnungen in Deutschland nicht gesetzesakzessorisch, sondern gesetzesvertretend, weil sie als umfassende Regelung an die Stelle eines Parlamentsgesetzes tritt, was mit Artikel 80 Abs. 1 S. 2 GG und der Wesentlichkeitslehre nicht vereinbar wäre.[101] In der französischen Literatur wird daher auch von einer „zeitweiligen Ausdehnung der Verordnungsbefugnis" gesprochen,[102] die der Conseil constitutionnel dadurch einzuhegen versucht, dass er relativ hohe Anforderungen an die Bestimmtheit des

---

[96] *Jouanjan*, Grundlagen und Grundzüge staatlichen Verfassungsrechts, in: v. Bogdandy et al. (Hrsg.), Ius Publicum Europaeum I, 2007, § 2 Frankreich, Rn. 77. Ob der Staatspräsident zur Unterschrift verpflichtet ist oder eine eigene (politische) Entscheidung zu treffen hat, ist weiterhin umstritten, s. *Favoreu et al.*, Droit constitutionnel, 16. Aufl. 2014, Rn. 1197.
[97] *Favoreu et al.*, Droit constitutionnel, 16. Aufl. 2014, Rn. 1198. *Kimmel*, Gesetzgebung im politischen System Frankreichs, in: Ismayr (Hrsg.), Gesetzgebung in Westeuropa, 2008, S. 229 (255) weist jedoch darauf hin, dass diese Praxis mit dem Geist der Verfassung nur schwer vereinbar ist.
[98] Hierzu ausführlich *Favoreu et al.*, Droit constitutionnel, 16. Aufl. 2014, Rn. 1200.
[99] C.E., 23.10.2002, Nr. 232945 – Société Laboratoires Juva Santé.
[100] Von einer Zwitterstellung spricht auch *v. Bogdandy*, Gubernative Rechtsetzung, 2000, S. 300 ff.
[101] Vgl. auch Art. 129 Abs. 3 GG, der das Erlöschen von Ermächtigungen zum Erlass gesetzesvertretender Verordnungen, die sich in nicht wenigen fortgeltenden vorkonstitutionellen Gesetzen fanden, anordnet, s. hierzu *Kirn*, in: v. Münch/Kunig (Hrsg.), GG II, 6. Aufl. 2012, Art. 129 Rn. 5.
[102] *Favoreu et al.*, Droit constitutionnel, 16. Aufl. 2014, Rn. 1202.

§ 5 Rechtsetzung

Ermächtigungsgesetzes stellt.[103] Auch wenn man hierin Ähnlichkeiten zu den Anforderungen des Art. 80 Abs. 1 S. 2 GG erkennen mag,[104] darf doch nicht der grundlegende Unterschied übersehen werden, der darin besteht, dass die französische Regierung im Wege der *ordonnances* gerade auch die wesentlichen Fragen und damit auch die grundrechtssensiblen Punkte regeln darf.

In der Verfassungspraxis spielte die *ordonnance* zunächst eine untergeordnete Rolle.[105] Seit den 1990er Jahren greifen die Regierungen aber vermehrt auf dieses Instrument zurück, da es ihnen eine raschere Rechtsetzung ermöglicht. So ist die Regierung mehrfach ermächtigt worden, die über eine Vielzahl von Gesetzen und Dekreten verstreuten Regelungen bestimmter Regelungsbereiche in *Codes* (Gesetzbüchern) zusammenzufassen.[106] Dieses Vorgehen weist eine gewisse funktionale Ähnlichkeit zur Praxis des Bundestages auf, durch Änderungs*gesetze* auch Vorschriften in existierenden Ausführungs*verordnungen* zu ändern.[107] Über diesen eher technischen Bereich hinaus stellt die Ermächtigung zum Erlass von *ordonnances* aber zugleich ein machtvolles Instrument in den Händen der Regierung dar, um als besonders eilig angesehene Probleme möglichst schnell zu lösen oder um die sie tragenden Regierungsfraktionen in politisch umstrittenen Fragen zu disziplinieren: Bringt die Regierung ein Ermächtigungsgesetz in das Parlament ein, so haben die Mehrheitsfraktionen im Wesentlichen die Wahl, entweder die Regierung zum Erlass einer *ordonnance* zu ermächtigen oder eine solche Ermächtigung abzulehnen und der Regierung damit de facto das Vertrauen zu entziehen.[108] Politisch ist diese Form der Rechtsetzung jedoch umstritten, da sie von vielen als eine Umgehung der parlamentarischen Debatte und deshalb unter demokratischen Gesichtspunkten als zweifelhaft angesehen wird. So stieß die Ankündigung von Staatspräsident *Hollande* im Frühjahr 2013, den Reformprozess beschleunigen und zu diesem Zweck zukünftig vermehrt auf *ordonnances* zurückgreifen zu wollen, auch auf Widerstand im eigenen Lager, während die Opposition ihm vorhielt, dass er in seiner Zeit als Parteichef der damals oppositionellen Sozialisten die Ermächtigungen der damaligen Regie-

25

---

[103] *Jouanjan*, Grundlagen und Grundzüge staatlichen Verfassungsrechts, in: v. Bogdandy et al. (Hrsg.), Ius Publicum Europaeum I, 2007, § 2 Frankreich, Rn. 81.

[104] In diese Richtung *Weber*, Europäische Verfassungsvergleichung, 2010, Kap. 9 Rn. 49.

[105] S. auch zum Folgenden die Zahlen bei *Favoreu et al.*, Droit constitutionnel, 16. Aufl. 2014, Rn. 1193.

[106] Hierzu *Verpeaux*, La codification devant le Conseil constitutionnel, AJDA 2004, S. 1849 ff. Siehe aktuell das Gesetz 2013-1005 vom 12.11.2013, das die Regierung zur Zusammenfassung und Vereinfachung bestehender Gesetze in einem Verwaltungsverfahrensgesetz ermächtigt.

[107] Die durch Gesetz geänderten Vorschriften der Ausführungsverordnung behalten dabei (auch ohne eine sogenannte Entsteinerungsklausel) ihren normhierarchischen Rang als Bestandteile eines Rechtsverordnung, so jedenfalls BVerfG, NVwZ 2006, 191 (195 ff.); s. a. *H. Schneider*, Gesetzgebung, 3. Aufl. 2002, Rn. 663 mit Nachweisen auch zu kritischen Stimmen.

[108] Gegen den Willen der Regierung kann das Parlament dieser keine inhaltlichen Vorgaben machen, da der Regierung das alleinige Initiativrecht für Ermächtigungsgesetze zukommt und sie Änderungen durch das Parlament im Wege des *vote bloquée,* (→ Rn. 48) verhindern kann.

rung zum Erlass von *ordonnances* mehrfach scharf kritisiert hatte.[109] Doch auch sein Vorgänger *Sarkozy* hatte sich immer wieder des Instruments der *ordonnance* bedient.

c) Fazit: Verbleibende konzeptionelle Unterschiede trotz Konvergenzen in der Verfassungspraxis

26   Trotz der dargestellten Konvergenzen in der Verfassungspraxis, die maßgeblich auf der Rechtsprechung des Conseil constitutionnel beruhen, bleiben die konzeptionellen Unterschiede zwischen den beiden Verfassungsordnungen bedeutsam.[110] Aufgrund der jeweiligen historischen Erfahrungen soll das Grundgesetz vor allem verhindern, dass sich das Parlament selbst zu Gunsten der Exekutive aufgibt, wohingegen zentraler Ausgangspunkt für die französische Verfassung eine Stärkung der Exekutive gegenüber dem Parlament war und (noch) ist.[111] Während gubernative Rechtsetzung in Frankreich auch ohne eine gesetzgeberische Ermächtigung möglich ist und der Regierung Regelungs(teil)materien vorbehalten bleiben, sofern sie die Durchsetzung dieses Vorbehalts für politisch opportun hält, verbietet Artikel 80 Abs. 1 GG nach herrschender Lesart jegliche Form der gubernativen Rechtsetzung ohne parlamentarische Grundlage. Dennoch tut sich die deutsche Rechtsordnung bemerkenswerterweise weiterhin damit schwer, direkten verwaltungsgerichtlichen Rechtsschutz gegen (Bundes-)Rechtsverordnungen zu gewähren,[112] während in Frankreich Dekrete und selbst *ordonnances* direkt vor dem Conseil d'Etat[113] angegriffen werden können.[114]

27   Doch auch über diesen eher formalen Unterschied hinaus verbleiben gewichtige Unterschiede. Zwar hat die als relativ streng wahrgenommene Rechtsprechung des Conseil constitutionnel zur Bestimmtheit des Ermächtigungsgesetzes und zur *incompétence négative* eine Konvergenz der beiden Verfassungsordnungen bewirkt, zumal die bundesverfassungsgerichtliche Kontrolle der Voraussetzungen des Arti-

---

[109] Le Monde v. 15.3.2013, S. 11. Eher positiv dagegen die Bewertung von *Guillaume*, Les ordonnances: Tuer ou sauver la loi?, Pouvoirs 114 (2005), S. 117 ff.

[110] *Seiler*, Der einheitliche Parlamentsvorbehalt, 2000, S. 166 f.

[111] *Classen*, Die normative Demokratie, in: Grewe/Gusy (Hrsg.), Französisches Staatsdenken, 2002, S. 146 (149).

[112] Hierzu *Seiler*, Verwaltungsprozessualer Rechtsschutz gegen normatives Unrecht, DVBl. 2007, S. 538 ff.; Rechtsverordnungen der Bundesländer können dagegen – sofern das Landesrecht dies vorsieht – Gegenstand einer verwaltungsgerichtlichen Normenkontrolle nach § 47 Abs. 1 Nr. 2 VwGO sein.

[113] Dieser ist erst- und letztinstanzlich für Klagen gegen Rechtsverordnungen der Regierung und der Minister zuständig, s. *Marsch*, Frankreich, in: J.-P. Schneider (Hrsg.), Verwaltungsrecht in Europa II, 2009, S. 33 (154) m. w. N.

[114] Ein weiterer gewichtiger Grund sind die sich unterscheidenden Systementscheidungen für einen subjektiven Verwaltungsrechtsschutz in Deutschland bzw. eine objektive Verwaltungskontrolle in Frankeich, s. hierzu *Marsch*, Subjektivierung der gerichtlichen Verwaltungskontrolle in Frankreich, 2011, S. 37 ff., insb. 63 ff.

kels 80 Abs. 1 S. 2 GG als eher zurückhaltend beschrieben wird.[115] Entscheidend ist hier jedoch, dass Artikel 38 CF mit der *ordonnance* ein Instrument zur Durchbrechung der französischen Spielart einer Wesentlichkeitslehre bereitstellt, das kein Äquivalent im deutschen Verfassungsrecht besitzt.

Die gesunkene Bedeutung des Regierungsvorbehalts in Artikel 37 CF und der zunehmende Rückgriff auf den Erlass von *ordonnances* verweisen schließlich auf ein gewandeltes Verhältnis von Regierung und Parlament. Ziel des von *de Gaulle* und *Debré* geprägten Konzepts eines *parlementarisme rationalisé* war es, die Regierung gegenüber dem Parlament zu stärken. Im Gegensatz zur III. und IV. Republik sind die politischen Mehrheitsverhältnisse seit Beginn der V. Republik jedoch relativ stabil.[116] Dies hat zur Folge, dass sich heute regelmäßig nicht Regierung und Parlament, sondern Regierung und Mehrheitsfraktionen auf der einen und die Oppositionsfraktionen auf der anderen Seite gegenüberstehen. Solange sich aber Regierung und Mehrheitsfraktionen auf eine gemeinsame inhaltliche Grundlinie im Rechtsetzungsprozess verständigen können, hat die Regierung regelmäßig kein starkes Interesse, ihre Rechtsetzungskompetenz als solche gegen das Parlament zu verteidigen.[117] Dies erklärt beispielsweise, warum die Regierung während des Gesetzgebungsverfahrens nur selten den Conseil constitutionnel nach Artikel 41 CF anruft, von der zeitlich unbegrenzt offenstehenden Möglichkeit einer normhierarchischen Herabstufung nach Artikel 37 Abs. 2 S. 2 CF aber relativ häufig Gebrauch macht.[118] Bringt die Regierung dagegen ein zum Erlass einer *ordonnance* ermächtigendes Gesetz in das Parlament ein, so unterbindet sie nicht nur weitgehend eine intensive inhaltliche Diskussion im Parlament, sondern sie diszipliniert zugleich die eigene Mehrheit. Diese kann im Wesentlichen nur für oder gegen das ermächtigende Gesetz – und damit zugleich die eigene Regierung – stimmen, ohne aber an der inhaltlichen Ausgestaltung der *ordonnance* beteiligt zu sein.[119] Schließlich hat der Regierungsvorbehalt des Artikels 37 CF aber an Bedeutung verloren, weil die Verfassung der V. Republik – ganz im Sinne des *parlementarisme rationalisé* – die Stellung der Regierung im Gesetzgebungsverfahren gestärkt und dem Parlament eine Reihe von Fesseln angelegt hat,[120] die zentraler Gegenstand des folgenden Abschnitts sein werden. Der starke Einfluss der Regierung auf das Gesetzgebungsver-

28

---

[115] *Classen*, Parlamentarismus in der V. Republik Frankreichs, DÖV 2004, S. 269 (271 f.). Zu letzterem auch *Dreier*, Hierarchische Verwaltung im demokratischen Staat, 1991, S. 179; *Ossenbühl*, Rechtsverordnung, in: Isensee/Kirchhof (Hrsg.), Handbuch des Staatsrechts V, 3. Aufl. 2007, § 103 Rn. 21 f.

[116] Hiermit hatte *Debré* wohl nicht gerechnet; ein wesentlicher Grund für die Herausbildung eines majoritären Parlamentarismus war aber vermutlich die erst 1962 eingeführte Direktwahl des Staatspräsidenten, s. *Kempf*, Das politische System Frankreichs, 4. Aufl. 2007, S. 119.

[117] In diese Richtung *Avril*, Qui fait la loi?, Pouvoirs 114 (2005), S. 89 (91); *Mathieu*, La part de la loi, la part du règlement, Pouvoirs 114 (2005), S. 73 (74).

[118] *Rousseau*, Droit du contentieux constitutionnel, 9. Aufl. 2010, Rn. 341 f.

[119] *Verpeaux*, Les ordonnances de l'article 38 ou les fluctuations contrôlées de la répartition des compétences entre la loi et le règlement, Cahiers du Conseil constitutionnel 19 (2006), Intro. u. I. B.

[120] *Avril*, Qui fait la loi?, Pouvoirs 114 (2005), S. 89 (91); *Classen*, Parlamentarismus in der V. Republik Frankreichs, DÖV 2004, S. 269; *Avril*, Qui fait la loi?, Pouvoirs 114 (2005), S. 89 (269 ff.).

fahren, und damit auch auf das Gesetz als dessen Ergebnis, lässt die (ohnehin durch den Conseil constitutionnel eingeschränkte) autonome Rechtsetzungskompetenz der Regierung heute als weitgehend entbehrlich erscheinen.

III. Parlamentarisches Gesetzgebungsverfahren

29   Die wichtigsten Stationen des parlamentarischen Gesetzgebungsverfahrens in Frankreich und Deutschland[121] werden im Folgenden schlaglichtartig dargestellt, wobei ein besonderes Augenmerk auf Konvergenzen und Divergenzen der beiden Rechtsordnungen gelegt wird. Als ein prägender Unterschied sei jedoch schon an dieser Stelle die Tatsache hervorgehoben, dass der enorme Einfluss der Regierung auf das Gesetzgebungsverfahren in Frankreich nicht wie in vielen anderen parlamentarischen Regimen (unter anderem Deutschland) vor allem Ausdruck von politischer Macht als tatsächlichem Faktum ist, sondern die starke Stellung der Regierung auch aus einer Reihe von Verfassungsnormen folgt.[122]

1. Das allgemeine parlamentarische Gesetzgebungsverfahren

a) Rechtsgrundlagen – Bedeutung der Geschäftsordnungen

30   Das Parlamentsrecht besteht in Deutschland wie in Frankreich aus einer ganz eigenen Mischung aus geschriebenem Recht, Parlamentsbräuchen, Konventionen und Observanzen, in dessen Zentrum die Geschäftsordnungen stehen.[123] Auch das Gesetzgebungsverfahren ist nur in Teilen in den Verfassungen, darüber hinaus aber vor allem in den Geschäftsordnungen geregelt,[124] wobei jedoch die verfassungsrechtliche Regelungstiefe in Frankreich deutlich ausgeprägter ist als in Deutschland. Dies liegt daran, dass die Rationalisierung gerade des Gesetzgebungsverfahrens

---

[121] Der Beitrag muss sich auch hier auf das Bundesgesetzgebungsverfahren beschränken; zur Gesetzgebung in den Ländern siehe den Überblick bei *Degenhart*, Staatsorganisationsrecht, 29. Aufl. 2013, Rn. 244–260.

[122] *Jouanjan*, Grundlagen und Grundzüge staatlichen Verfassungsrechts, in: v. Bogdandy et al. (Hrsg.), Ius Publicum Europaeum I, 2007, § 2 Frankreich, Rn. 85; *Pactet/Mélin-Soucramanien*, Droit constitutionnel, 30. Aufl. 2011, S. 468.

[123] *J.-E. Gicquel*, Les effets de la réforme constitutionnelle de 2008 sur le processus législatif, Jus Politicum 6 (2011), S. 1 (2); *Zeh*, Parlamentarisches Verfahren, in: Isensee/Kirchhof (Hrsg.), Handbuch des Staatsrechts III, 3. Aufl. 2005, § 53 Rn. 12 ff. Zum ungeschriebenen Parlamentsrecht *Schulze-Fielitz*, Parlamentsbrauch, Gewohnheitsrecht, Observanz, in: H.-P. Schneider/Zeh (Hrsg.), Parlamentsrecht und Parlamentspraxis in der Bundesrepublik Deutschland, 1989, § 11.

[124] Besondere Bedeutung kommt im Bereich der Gesetzgebung schließlich der (informellen) Praxis zu, die daher – soweit im vorliegenden Rahmen möglich – zu berücksichtigen ist, s. *Ismayr*, Gesetzgebung im politischen System Deutschlands, in: ders. (Hrsg.), Gesetzgebung in Westeuropa, 2008, S. 383 (389).

ein zentrales Ziel der Begründer der V. Republik war und das Konzept des *parlementarisme rationalisé* verfassungsrechtlich abgesichert werden sollte.¹²⁵ Während die parlamentarischen Geschäftsordnungen in der III. und IV. Republik noch die wesentliche Grundlage für die Vormachtstellung der Parlamente bildeten, wurden 1958 eine ganze Reihe von Regeln in die Verfassung geschrieben, die sich zuvor (und noch heute in vielen anderen Ländern) in den Geschäftsordnungen fanden. So bestimmt die französische Verfassung die Anzahl der ständigen parlamentarischen Ausschüsse und trifft detaillierte Regelungen über die Aufstellung der Tagesordnung. Zugleich sieht Art. 61 Abs. 1 CF vor, dass die parlamentarischen Geschäftsordnungen obligatorisch vor ihrem Inkrafttreten durch den Conseil constitutionnel zu kontrollieren sind.¹²⁶ Diese – vom Conseil constitutionnel relativ intensiv vorgenommene – Kontrolle soll verhindern, dass das Parlament seine Stellung gegenüber der Regierung mit Hilfe der Geschäftsordnung stärkt.¹²⁷

b) Erarbeitung eines Gesetzentwurfs

In einer ersten Phase des Gesetzgebungsverfahrens ist ein Gesetzentwurf zu erarbeiten, der sodann in das Parlament zur Beratung und Abstimmung eingebracht wird. Ein zentrales verfassungsrechtliches Thema in dieser Phase ist die Frage nach dem Initiativrecht, also die Bestimmung jener Staatsorgane, die zur Einleitung eines Gesetzgebungsverfahrens berechtigt sind (aa). Bedeutsam sind darüber hinaus die (zum Teil verfassungsrechtlich verankerten) Pflichten zur Gesetzesfolgenabschätzung (bb) sowie zur Beteiligung von beratenden Organen (cc).

31

aa) Initiativrecht

Wie in den meisten parlamentarischen Regimen kommt das Initiativrecht in Deutschland und in Frankreich grundsätzlich sowohl der Regierung als auch den Abgeordneten(gruppen) zu. So bestimmt Artikel 39 Abs. 1 CF, dass der Premierminister und die Mitglieder des Parlaments das Initiativrecht besitzen. Die als *projets de loi* bezeichneten Gesetzentwürfe des Premierministers müssen zuvor allerdings im Ministerrat beraten werden (Art. 39 Abs. 2 CF), dessen Vorsitz der Staatspräsident führt. Dieser hat zwar kein formelles Recht zur Gesetzesinitiative, steuert aber (außer in Zeiten der *cohabitation*) politisch die Erarbeitung einer Vielzahl gerade

32

---

¹²⁵ Hierzu und zum Folgenden *Jouanjan*, Grundlagen und Grundzüge staatlichen Verfassungsrechts, in: v. Bogdandy et al. (Hrsg.), Ius Publicum Europaeum I, 2007, § 2 Frankreich, Rn. 68; *Kimmel*, Gesetzgebung im politischen System Frankreichs, in: Ismayr (Hrsg.), Gesetzgebung in Westeuropa, 2008, S. 229 (245 f.).

¹²⁶ Ausführlich hierzu *Theodossis*, Gerichtskontrolle der parlamentarischen Geschäftsordnungen in Griechenland, Frankreich und der Bundesrepublik Deutschland, 1996, S. 47 ff.

¹²⁷ *Kimmel*, Gesetzgebung im politischen System Frankreichs, in: Ismayr (Hrsg.), Gesetzgebung in Westeuropa, 2008, S. 229 (245 f.).

der bedeutenden Gesetzesentwürfe.[128] Die von Fraktionen, aber auch von einzelnen Abgeordneten[129] ins Parlament eingebrachten Gesetzentwürfe werden dagegen in Frankreich nicht als *projets* (Entwürfe), sondern als *propositions de loi*, wörtlich also als „Gesetzes*vorschläge*" bezeichnet. Eine vergleichbare Unterscheidung kennt Art. 76 Abs. 1 GG nicht. „Gesetzesvorlagen" können hiernach „durch die Bundesregierung, aus der Mitte des Bundestages oder durch den Bundesrat" in den Bundestag eingebracht werden. Zunächst wird hier die unterschiedliche Konzeption von Senat als zweiter Gesetzgebungskammer und Bundesrat als Vertretung der Länderregierungen deutlich: Während den einzelnen Senatoren das Initiativrecht zukommt, kann in Deutschland nur der Bundesrat mit Mehrheitsbeschluss, nicht aber eine einzelne Landesregierung eine Gesetzesvorlage einbringen.[130] Aber auch einzelne Bundestagsabgeordnete sind im Gegensatz zu den Abgeordneten der Nationalversammlung nicht berechtigt, eine Gesetzesvorlage einzubringen: Während Art. 76 Abs. 1 GG dies noch zulassen würde,[131] sind nach § 76 Abs. 1 der Geschäftsordnung des Bundestages (GOBT) Gesetzesvorlagen entweder von einer Fraktion oder von mindestens 5 % der Abgeordneten zu unterzeichnen. Diese Hürde ist im europäischen Vergleich hoch und die Ausnahme.[132] Sie soll die Funktionsfähigkeit des Parlamentes erhalten und wird aus verfassungsrechtlicher Sicht als „überaus rigide" und „an der Obergrenze des Zulässigen" liegend kritisiert.[133] Die Bürger besitzen schließlich nach beiden Verfassungen – und damit anders als noch die Weimarer Reichsverfassung – kein Recht zur Gesetzesinitiative, wohingegen einige Länderverfassungen Volksinitiativen kennen.[134]

---

[128] *Kimmel*, Gesetzgebung im politischen System Frankreichs, in: Ismayr (Hrsg.), Gesetzgebung in Westeuropa, 2008, S. 229 (235, 243). Besonders deutlich war die Aussage von Staatspräsident *Mitterrand*, der die im Präsidentschaftswahlkampf gegebenen Wahlversprechen als „Charta des Handelns" für die von ihm aufgelöste und neu gewählte Nationalversammlung bezeichnete, *Kimmel*, a. a. O., S. 235.

[129] *Kimmel*, Gesetzgebung im politischen System Frankreichs, in: Ismayr (Hrsg.), Gesetzgebung in Westeuropa, 2008, S. 229 (239).

[130] Zu letzterem *Bryde*, in: v. Münch/Kunig (Hrsg.), GG II, 6. Aufl. 2012, Art. 76 Rn. 16; *Masing*, in: v. Mangoldt et al. (Hrsg.), GG II, 6. Aufl. 2010, Art. 76 Rn. 40. Statistisch gesehen machen die Gesetzesinitiativen des Senats und des Bundesrates um die 5 % aus, *Ismayr*, Gesetzgebung in den Staaten der Europäischen Union im Vergleich, in: ders. (Hrsg.), Gesetzgebung in Westeuropa, 2008, S. 9 (22).

[131] So die herrschende Ansicht, s. nur *B. J. Hartmann*, Verfassungsvorgaben für Gesetzesinitiativen im Bundestag, ZG 2008, S. 42 (45 f.) mit Nachweisen zur Gegenansicht.

[132] *Ismayr*, Gesetzgebung in den Staaten der Europäischen Union im Vergleich, in: ders. (Hrsg.), Gesetzgebung in Westeuropa, 2008, S. 9 (20).

[133] In dieser Reihenfolge *Masing*, in: v. Mangoldt et al. (Hrsg.), GG II, 6. Aufl. 2010, Art. 76 Rn. 36; *Bryde*, in: v. Münch/Kunig (Hrsg.), GG II, 6. Aufl. 2012, Art. 76 Rn. 13. *Kersten*, in: Maunz/Dürig (Begr.), GG, 69. Lfg. (Stand: 05/2013), Art. 76 Rn. 48 hält die Regelung sogar für verfassungswidrig.

[134] *Masing*, in: v. Mangoldt et al. (Hrsg.), GG II, 6. Aufl. 2010, Art. 76 Rn. 51. Nach der Verfassungsreform von 2008 kann in Frankreich ein Fünftel der Parlamentsmitglieder mit Unterstützung von einem Zehntel der in die Wahllisten eingetragenen Bürger ein Referendum erzwingen (Art. 11 Abs. 3 CF; sog. *référendum d'initiative partagée*); ein von parlamentarischer Unterstützung un-

§ 5 Rechtsetzung

Aus politikwissenschaftlicher Sicht ist darauf hinzuweisen, dass in Deutschland 33
und Frankreich – wie in den meisten Staaten Westeuropas auch[135] – ein wesentlicher
Teil der Gesetzesvorlagen von der Regierung stammt.[136] Grund hierfür dürfte vor
allem sein, dass die Regierung bei der Erarbeitung von Entwürfen auf die Expertise,
aber auch die schlichte Arbeitszeit ihres Beamtenapparats zurückgreifen kann.[137]
Bemerkenswert ist allerdings, dass das statistische Überwiegen von Regierungsvorlagen sowohl in der deutschen als auch in der französischen Literatur völlig
uneinheitlich bewertet wird. Während manche Autoren eine nur geringe inhaltlich
Einflussnahme des Parlaments erkennen und dieses daher als Ratifikationsorgan[138]
oder Registrierkammer[139] bezeichnen, betonen andere, dass die Regierung sich regelmäßig an den voraussichtlichen Mehrheiten ausrichtet[140] und nur ein Bruchteil
der Regierungsentwürfe das Parlament unverändert passiert.[141] Inwieweit das nach
dem ehemaligen SPD-Fraktionsvorsitzenden benannte „Strucksche Gesetz" Geltung beanspruchen kann, wonach kein Gesetz so aus dem Parlament kommt, wie es
von der Regierung eingebracht wurde, scheint hinsichtlich beider Rechtsordnungen
einer vertieften Analyse zu bedürfen.

Schließlich wird vor allem in Deutschland diskutiert, ob die Beschränkung des 34
Initiativrechts auch materiell zu verstehen ist, die Gesetzesvorlage also nicht nur
von einem Initiativberechtigten eingebracht, sondern von diesem auch tatsächlich

---

abhängiges Initiativrecht der Bürger existiert aber – entgegen der weitverbreiteten Bezeichnung als *référendum d'initiative populaire* – weiterhin nicht, → Rn. 66.

[135] *Ismayr*, Gesetzgebung in den Staaten der Europäischen Union im Vergleich, in: ders. (Hrsg.), Gesetzgebung in Westeuropa, 2008, S. 9 (20).

[136] Der in Frankreich zu beobachtende Rückgang erfolgreicher Gesetzesvorlagen aus dem Parlament mit dem Übergang von der IV. zur V. Republik stellt im europäischen Vergleich eher eine Normalisierung dar, *Kimmel*, Gesetzgebung im politischen System Frankreichs, in: Ismayr (Hrsg.), Gesetzgebung in Westeuropa, 2008, S. 229 (240 f.). Vgl. zudem die Relativierung der Statistik bei *Avril*, Qui fait la loi?, Pouvoirs 114 (2005), S. 89 (90).

[137] *H. Schneider*, Gesetzgebung, 3. Aufl. 2002, Rn. 93. Auch die Möglichkeiten der Opposition im Bundestag, auf den wissenschaftlichen Dienst, die Stäbe der Fraktion und den Sachverstand in etwaigen von Oppositionsparteien geführten Länderministerien zurückzugreifen, vermag diesen Vorsprung der Regierung nicht aufzuwiegen; etwas optimistischer aber wohl *Ossenbühl*, Verfahren der Gesetzgebung, in: Isensee/Kirchhof (Hrsg.), Handbuch des Staatsrechts V, 3. Aufl. 2007, § 102 Rn. 26.

[138] So *M. Schröder*, Die Beteiligung Betroffener an der Gesetzgebung, in: FS M. Schröder, 2012, S. 381 (388 f.).

[139] So *Chagnollaud* und *Quermonne*, zitiert nach *Kempf*, Das politische System Frankreichs, 4. Aufl. 2007, S. 115, 427. Sehr deutlich auch der ehemalige Präsident des Nationalversammlung *Séguin*: Das Parlament kontrolliert die gesetzgeberische Tätigkeit der Regierung, zitiert nach *Gicquel/Gicquel*, Droit constitutionnel et institutions politiques, 26. Aufl. 2012, Rn. 1445.

[140] *Ossenbühl*, Gesetz und Recht – Die Rechtsquellen im demokratischen Rechtsstaat, in: Isensee/Kirchhof (Hrsg.), Handbuch des Staatsrechts V, 3. Aufl. 2007, § 100 Rn. 82.

[141] So für den Bundestag *Thierse*, Wege zu besserer Gesetzgebung – sachverständige Beratung, Begründung, Folgeabschätzung und Wirkungskontrolle, NVwZ 2005, S. 153 (155). Zu Frankreich siehe die Zahlen bei *Avril*, Qui fait la loi?, Pouvoirs 114 (2005), S. 89 (97), die allerdings die Frage evozieren, ob es sich bei den (sehr zahlreichen) Änderungen im Laufe des Gesetzgebungsverfahren um substantielle Änderungen oder nur um Änderungen von Details handelt.

(selbst) erarbeitet worden sein muss. Problematisiert wird dies zum einen unter dem Schlagwort des „Gesetzgebungsoutsourcing", womit vor allem die Erarbeitung von Gesetzentwürfen durch Anwaltskanzleien gemeint ist.[142] Während *Krüper* hierfür aus dem Demokratie- und dem Rechtsstaatsprinzip Transparenz- und Begründungspflichten sowie Delegationsgrenzen ableitet,[143] kritisiert *Ossenbühl* bereits den Begriff, da die Gesetzgebung nicht outgesourct werde und vermag daher auch keine verfassungsrechtlichen Grenzen zu erkennen.[144] In vergleichbarer Weise umstritten ist die Bedeutung der materiellen Urheberschaft für die nur für Regierungsvorlagen vorgesehene Pflicht, die Vorlage zunächst dem Bundesrat zur Stellungnahme zuzuleiten (Art. 76 Abs. 2 S. 1 GG). Die hiermit verbundene Verzögerung des Gesetzgebungsverfahrens kann dadurch umgangen werden, dass die Regierungsfraktionen eine identische Gesetzesvorlage direkt in den Bundestag einbringen. Überwiegend wird dies als verfassungsrechtlich zulässig angesehen,[145] weshalb sich die Praxis einer parallelen Einbringung einer Regierungsvorlage und eines identischen Entwurfes derselben durch die Regierungsfraktionen eingebürgert hat.[146] Schließlich können auch Bedenken gegen die in beiden Ländern vermehrt zu beobachtende Schaffung von Ad-hoc-Kommissionen,[147] von denen sich die Regierung leichter durch das Parlament zu bringende Gesetzesvorschläge erwartet,[148] wohl nur politisch, nicht aber verfassungsrechtlich aufgefangen werden.[149] Ob dies ebenso für (vertragliche) Absprachen der Regierung mit privaten Akteuren über den Inhalt zu-

---

[142] Hierzu Kloepfer (Hrsg.), Gesetzgebungsoutsourcing: Gesetzgebung durch Rechtsanwälte?, 2011; *Reicherzer*, Authentische Gesetzgebung, 2006.

[143] *Krüper*, Lawfirm – legibus solutus?, JZ 2010, S. 655 (insb. 661 f.).

[144] *Ossenbühl*, Outsourcing von Gesetzentwürfen – ein Scheinproblem, in: FS M. Schröder, 2012, S. 359 (359 f., 363 ff.); kein verfassungsrechtliches Problem, sondern die (politische) Gefahr eines Vertrauensverlustes erkennt auch *Risse*, Verfassungsrechtliche und politische Grenzen des Gesetzgebungsoutsourcing, in: Kloepfer (Hrsg.), Gesetzgebungsoutsourcing: Gesetzgebung durch Rechtsanwälte?, 2011, S. 109 (113 ff., 121 f.).

[145] *Bryde*, Stationen, Entscheidungen und Beteiligte im Gesetzgebungsverfahren, in: H.-P. Schneider/Zeh (Hrsg.), Parlamentsrecht und Parlamentspraxis in der Bundesrepublik Deutschland, 1989, § 30 Rn. 28; *Degenhart*, Staatsorganisationsrecht, 29. Aufl. 2013, Rn. 219; a. A. *Masing*, in: v. Mangoldt et al. (Hrsg.), GG II, 6. Aufl. 2010, Art. 76 Rn. 97 ff.

[146] *Brandner*, Parlamentarische Gesetzgebung in Krisensituationen, NVwZ 2009, S. 211 (212); *Frenzel*, Das Gesetzgebungsverfahren, JuS 2010, S. 27, 119 u. 119 (120).

[147] Die Kommissionen werden regelmäßig nach ihren Vorsitzenden benannt (z. B. *Balladur, Attali, Jospin* sowie *von Weizsäcker, Süssmuth, Hartz*).

[148] *Ismayr*, Gesetzgebung im politischen System Deutschlands, in: ders. (Hrsg.), Gesetzgebung in Westeuropa, 2008, S. 383 (417), der zugleich den Versuch der politischen Führung erkennt, die eigene Position gegenüber der Ministerialbürokratie zu stärken.

[149] *Ruffert*, Entformalisierung und Entparlamentarisierung politischer Entscheidungen als Gefährdungen der Verfassung?, DVBl. 2002, S. 1145 ff.; ebenso *Morlok*, Informalisierung und Entparlamentarisierung politischer Entscheidungen als Gefährdungen der Verfassung?, VVDStRL 62 (2003), S. 37 (75), der allerdings Transparenz über die Ein- und Zusammensetzung von Sachverständigengremien fordert sowie *Herdegen*, a. a. O., S. 7 (13 f.), der diese als eine „fruchtbare Herausforderung an das Parlament" ansieht.

künftiger Gesetze (wie zum Beispiel der Atomkonsens) gilt, ist Gegenstand intensiver Debatten in der deutschen Verfassungsrechtswissenschaft.[150]

bb) Gesetzesfolgenabschätzung

In Hinblick auf das Ziel, die Qualität der Gesetzgebung zu verbessern, sind die Regierungen beider Länder nicht nur verpflichtet, ihren Gesetzentwurf zu begründen,[151] sondern sie haben zugleich auch eine Gesetzesfolgenabschätzung vorzunehmen.[152] Diese Pflicht ist in Deutschland seit 2000 in § 43 Abs. 1 Nr. 5 i. V. m. § 44 der Gemeinsamen Geschäftsordnung der Bundesministerien verankert, wird aber weitgehend als folgenlos angesehen, da die Gesetzesfolgenabschätzung in der Praxis vielfach nur formelhaft ausfalle und ihr Ertrag gering sei.[153] Folgerichtig spielen beispielsweise die in Niedersachsen durchgeführten Gesetzesfolgenabschätzungen, so *Blum* in seinem Gutachten für den Juristentag, in den Parlaments- und Ausschussberatungen nahezu keine Rolle.[154] Dies scheint in Frankreich mittlerweile anders zu sein, seitdem 2009 die Pflicht zur Erarbeitung einer *étude d'impact* in einem verfassungsausführenden Gesetz (*loi organique*) verankert worden ist.[155] War die erstmalige Einführung einer verpflichtenden Gesetzesfolgenabschätzung durch einen (internen) Erlass des Premierministers noch weitgehend unbeachtet geblieben, sind nunmehr die *études d'impact*, die zeitgleich mit den Gesetzentwürfen der Regierung auch im Internet veröffentlicht werden,[156] regelmäßiger Gegenstand der par-

35

---

[150] Siehe aus der umfangreichen Literatur nur *Becker*, Kooperative und konsensuale Strukturen in der Normsetzung, 2005, insb. S. 181 ff., 253 ff.; *Herdegen*, Informalisierung und Entparlamentarisierung politischer Entscheidungen als Gefährdungen der Verfassung?, VVDStRL 62 (2003), S. 7 (16 ff.); *Michael*, Rechtsetzende Gewalt im kooperierenden Verfassungsstaat, 2002, insb. S. 229 ff.; *Schoch*, Entformalisierung staatlichen Handelns, in: Isensee/Kirchhof (Hrsg.), Handbuch des Staatsrechts III, 3. Aufl. 2005, § 37 Rn. 149 f.

[151] Dies gilt in beiden Staaten zugleich auch für Gesetzesvorlagen aus dem Parlament, *Avril/Gicquel*, Droit parlementaire, 4. Aufl. 2010, Rn. 240 f.; *H. Schneider*, Gesetzgebung, 3. Aufl. 2002, Rn. 112 f.

[152] Für die Gesetzesinitiativen von Abgeordneten gilt dies nicht; eine auch Abgeordnete verpflichtende Regelung wäre wohl auch mit dem Grundgesetz nicht vereinbar, s. *Brandner*, Parlamentarische Gesetzgebung in Krisensituationen, NVwZ 2009, S. 211 (214).

[153] *Blum*, Wege zu besserer Gesetzgebung – sachverständige Beratung, Begründung, Folgeabschätzung und Wirkungskontrolle, 2004, S. 54 ff.; *Redeker*, Wege zur besseren Gesetzgebung, ZRP 2004, S. 160 (161 f.); *Schuppert*, Governance und Rechtsetzung, 2011, S. 84 ff., 96.

[154] *Blum*, Wege zu besserer Gesetzgebung – sachverständige Beratung, Begründung, Folgeabschätzung und Wirkungskontrolle, 2004, S. 54 f.

[155] Art. 8 des Loi organique Nr. 2009-403 vom 15.4.2009; zu den inhaltlichen Anforderungen s. nun jüngst C.C., 1.7.2014, 2014-12 FNR, Cons. 6. Gegen eine gesetzliche Verankerung in Deutschland spricht sich *Blum*, Wege zu besserer Gesetzgebung – sachverständige Beratung, Begründung, Folgeabschätzung und Wirkungskontrolle, 2004, S. 58, aus.

[156] Eine Liste aller bisher erstellten *études d'impact* findet sich unter http://legifrance.gouv.fr/Droit-francais/Etudes-d-impact (Stand: 10.02.2014).

lamentarischen Debatte.[157] Kritisch wird allerdings auch in Frankreich angemerkt, dass die *études d'impact* von den beteiligten Ministerien selbst zu erstellen sind und daher vielfach zum Ergebnis kommen, eine bestimmte (politisch gewünschte) Lösung dränge sich als alternativlos auf.[158] Hier wird eine weitere Schwäche deutlich, die darin liegt, dass die *études d'impact* regelmäßig erst erarbeitet werden, wenn die politischen Grundentscheidungen bereits getroffen sind.[159] Die weitergehende, zunächst im Gesetz verankerte Pflicht zur *frühzeitigen* Erstellung wurde vom Conseil constitutionnel aber aus Gründen der Gewaltenteilung für verfassungswidrig erklärt.[160]

cc) Beteiligung von Beratungsorganen, (sachverständigen) Dritten und Verbänden

36 Über die Gesetzesfolgenabschätzungen hinaus, die von den Ministerien selbst erstellt werden, findet auch weiterer (teilweise externer) Sachverstand von Beratungsorganen oder Dritten bereits im Initiativstadium Berücksichtigung. Für Frankreich ist hier in erster Linie der mit hohen (aber weitgehend unabhängigen) Beamten besetzte, bereits 1799 gegründete Conseil d'Etat (Staatsrat) zu nennen.[161] Diesem sind nach Art. 39 Abs. 2 CF alle Gesetzentwürfe der Regierung zur Stellungnahme vorzulegen.[162] Geprüft wird vom Conseil d'Etat vor allem die juristische Qualität des Gesetzentwurfs sowie dessen Vereinbarkeit mit dem Verfassungs- und Völkerrecht.[163] Seine Stellungnahmen sind zunächst nur für die Regierung bestimmt, die diese aber zur Veröffentlichung freigeben kann. Sie sind nicht bindend, werden aber überwiegend beachtet.[164] Verändert die Regierung nach erfolgter Stellungnahme ihren Gesetzentwurf in wesentlicher Weise, ohne diesen erneut dem Conseil d'Etat

---

[157] So die Einschätzung von *Chamussy*, Le travail parlementaire a-t-il changé?, Jus Politicum 6 (2011), S. 1 (2 ff.).

[158] *Denolle*, Les études d'impact: une révision manquée?, RFDC 87 (2011), S. 499 (503, 506, 508 ff.).

[159] *Denolle*, Les études d'impact: une révision manquée?, RFDC 87 (2011), S. 499 (504). J.-E. *Gicquel*, Les effets de la réforme constitutionnelle de 2008 sur le processus législatif, Jus Politicum 6 (2011), S. 1 (11) sieht daher in den *études d'impact* nur eine andere Form der Gesetzesbegründung durch die Regierung.

[160] C.C., 9.4.2009, 2009-579 DC, Cons. 13.

[161] Dem Conseil d'Etat kommt eine Doppelfunktion zu, da er nicht nur Beratungsorgan der Regierung, sondern zugleich auch das höchste Verwaltungsgericht Frankreich ist, vgl. hierzu und zum Folgenden m. w. N. *Marsch*, Frankreich, in: J.-P. Schneider (Hrsg.), Verwaltungsrecht in Europa II, 2009, S. 33 (48 f.); *Pause*, Der französische Conseil d'Etat als höchstes Verwaltungsgericht und oberste Verwaltungsbehörde, 2008. Aus französischer Sicht *Gaillet*, Le Conseil d'État français: histoire d'une exportation difficile en Europe, RFDA 2013, S. 793 ff.

[162] Darüber hinaus sind nach Art. 38 Abs. 2 CF auch *ordonnances* sowie nach spezialgesetzlichen Anordnungen auch eine Vielzahl von Dekreten vor ihrer Verabschiedung dem Conseil d'Etat zur Stellungnahme vorzulegen.

[163] *Pactet/Mélin-Soucramanien*, Droit constitutionnel, 30. Aufl. 2011, S. 469.

[164] *Kimmel*, Gesetzgebung im politischen System Frankreichs, in: Ismayr (Hrsg.), Gesetzgebung in Westeuropa, 2008, S. 229 (244).

vorzulegen, so handelt es sich nach der Rechtsprechung des Conseil constitutionnel um einen Verfassungsverstoß, der zwingend zur Verfassungswidrigkeit des Gesetzes führt.[165] Seit der Verfassungsreform von 2008 können auch aus dem Parlament stammende Gesetzesvorlagen vom jeweiligen Kammerpräsidenten dem Conseil d'Etat zur Prüfung übermittelt werden.[166]

Im Gegensatz zu dem mit Beamten besetzten Conseil d'Etat ist der Conseil économique, social et environnemental mit Repräsentanten von Verbänden und Interessengruppen sowie weiteren besonders qualifizierten Personen besetzt. Historisch geht er auf das Jahr 1924 zurück; verfassungsrechtlich verankert wurde er 1946 mit der IV. Republik.[167] Dem Europäischen Wirtschafts- und Sozialausschuss (Art. 300 ff. AEUV) vergleichbar nimmt der Conseil économique, social et environnemental auf Antrag der Regierung zu Gesetzentwürfen und den Entwürfen für *ordonnances* und Dekrete sowie zu den ihm vorgelegten Gesetzesvorlagen der Parlamentarier Stellung (Art. 69 CF).[168] Politisch bleiben seine Stellungnahmen allerdings regelmäßig folgenlos.[169] 37

Das Grundgesetz kennt keine vergleichbaren Beratungsorgane. Insbesondere der in der Weimarer Verfassung verankerte und dem Conseil économique, social et environnemental sehr ähnliche Reichswirtschaftsrat,[170] der sogar Gesetzgebungsverfahren in Gang setzen konnte,[171] ist in der Bundesrepublik ohne Nachfolgeorgan geblieben. Einfachgesetzlich wurde 2006 der Nationale Normenkontrollrat als Beratungsorgan geschaffen.[172] Er soll unnötige bürokratische Belastungen zu vermeiden helfen und prüft alle Gesetzentwürfe der Regierung daraufhin, welcher Zeitaufwand und welche Kosten den Bürgern, der Wirtschaft und der Verwaltung durch die Befolgung bundesrechtlicher Vorschriften entstehen.[173] Seit 2011 können auch Vorlagen des Bundesrates oder aus der Mitte des Bundestages auf Antrag des jeweiligen Initianten geprüft werden.[174] Dagegen bedürfte die Einrichtung eines Beratungsgremiums mit einem weitergehenden Prüfauftrag, der beispielsweise die 38

---

[165] C.C., 3.4.2003, 2003-468 DC, Cons. 5 ff.
[166] Art. 39 Abs. 5 CF. Der jeweilige Kammerpräsident trifft eine Ermessensentscheidung, ob er einen Gesetzentwurf dem Conseil d'Etat zur Stellungnahme vorlegt; tatsächlich ist dies bisher trotz einer Vielzahl von Anträgen nur selten geschehen, s. *Chamussy*, Le travail parlementaire a-t-il changé?, Jus Politicum 6 (2011), S. 1 (5). Die Einholung einer Stellungnahme unterbleibt, wenn der Abgeordnete oder die Gruppe von Abgeordneten, der/die den Gesetzentwurf eingebracht hat, einer Übermittlung widersprechen. Zum Ganzen s. auch *Gonod*, L'examen des propositions de loi par le Conseil d'État: procédure novatrice ou simple gadget?, RFDA 2009, S. 890 ff.
[167] *Gicquel/Gicquel*, Droit constitutionnel et institutions politiques, 26. Aufl. 2012, Rn. 1327.
[168] Hierzu *Hamon/Troper*, Droit constitutionnel, 33. Aufl. 2012, Rn. 654.
[169] *Kimmel*, Gesetzgebung im politischen System Frankreichs, in: Ismayr (Hrsg.), Gesetzgebung in Westeuropa, 2008, S. 229 (244).
[170] → *Gaillet* § 2 Rn. 11.
[171] *Bryde*, in: v. Münch/Kunig (Hrsg.), GG II, 6. Aufl. 2012, Art. 76 Rn. 3.
[172] Ausführlich hierzu und zum Folgenden *Kleemann/Gebert*, Die Einbindung des Nationalen Normenkontrollrates in das Gesetzgebungsverfahren des Bundes, ZG 2009, S. 151 ff.
[173] § 2 Abs. 1 Gesetz zur Einsetzung eines Nationalen Normenkontrollrates, BGBl. I 2006, S. 1866.
[174] § 4 Abs. 3 Gesetz zur Einsetzung eines Nationalen Normenkontrollrates i. d. F. vom 16.3.2011.

Erforderlichkeit von Gesetzen oder die Einhaltung allgemeiner Prinzipien guter Gesetzgebung umfasst, voraussichtlich einer verfassungsrechtlichen Grundlage.[175] Die in der ersten Hälfte des 19. Jahrhunderts auch in den deutschen Ländern nach französischem Vorbild gegründeten Staatsräte haben sich nicht durchgesetzt.[176]

39   Als externe Beratungsgremien wurden des Weiteren in beiden Staaten mit Experten besetzte Ethikräte etabliert, die vor allem im Bereich der medizinischen Forschung eine wichtige Rolle spielen. Während das bereits 1983 durch präsidiales Dekret geschaffene Comité consultatif national d'éthique pour les sciences de la vie et de la santé (CCNE), im Jahr 1993 auf eine gesetzliche Grundlage gestellt wurde,[177] erhielt der 2001 durch Kabinettsbeschluss ins Leben gerufene Nationale Ethikrat eine solche Grundlage und die Bezeichnung „Deutscher Ethikrat" erst 2007.[178] Seitdem werden seine Mitglieder nicht mehr allein vom Bundeskanzler, sondern vom Bundestagspräsidenten ernannt, wobei das Vorschlagsrecht für je die Hälfte der Mitglieder dem Bundestag und der Bundesregierung zukommt.[179] Beiden Räten kommt eine rein beratende Funktion zu, die sie sowohl auf Ersuchen von Parlament oder Regierung als auch auf eigene Initiative hin wahrnehmen.[180] Angesichts ihres politischen Einflusses auf die Gesetzgebung wird insbesondere in der deutschen Verfassungsrechtswissenschaft die Frage nach der demokratischen Legitimation von Ethikräten aufgeworfen.[181]

40   Schließlich entziehen sich die Beteiligung und Einflussnahme von Verbänden einer eingehenden wissenschaftlichen Analyse zwar weitgehend, da sie trotz (nichtobligatorischer) Lobby-Register in beiden Ländern weitgehend intransparent ablaufen.[182] Dennoch spricht vieles für die Feststellung von *Kimmel*, nach der Interessengruppen in Frankreich (sofern sie nicht altruistisch fremde oder Gemeinwohlinteressen verfolgen) einen schweren Stand haben, da sie in Rousseauscher

---

[175] *Kleemann/Gebert*, Die Einbindung des Nationalen Normenkontrollrates in das Gesetzgebungsverfahren des Bundes, ZG 2009, S. 151 (155).

[176] Hierzu *Gaillet*, Le Conseil d'État français: histoire d'une exportation difficile en Europe, RFDA 2013, S. 793 (795 ff.).

[177] Art. L. 1412-1 f. und R. 1412-1 ff. Code de la santé publique, s. hierzu und zum Folgenden *Dagron*, Die demokratische Legitimation des französischen nationalen Ethikrates, Die Verwaltung 44 (2011), S. 1 ff.; *Vöneky*, Recht, Moral und Ethik, 2010, S. 387 ff.

[178] ; Gesetz zur Einrichtung des Deutschen Ethikrats, BGBl. I S. 1385.

[179] *Vöneky*, Recht, Moral und Ethik, 2010, S. 300 f.

[180] § 2 Abs. 3 Gesetz zur Einrichtung des Deutschen Ethikrats; etwas weiter gezogen der Kreis der Ersuchensberechtigten nach Art. R. 1412-4 Code de la santé publique.

[181] *Vöneky*, Recht, Moral und Ethik, 2010, insb. S. 534 ff. In Frankreich wird diese Frage weniger diskutiert, was auch daran liegt, dass das Demokratieprinzip bisher nicht in gleicher Weise verfassungsrechtlich operabel gemacht wurde (→ *Vilain* § 3 Rn. 59), s. *Dagron*, Die demokratische Legitimation des französischen nationalen Ethikrates, Die Verwaltung 44 (2011), S. 1 (20 ff.), die selbst eine Prüfung unter Rückgriff auf die deutsche Dogmatik unternimmt.

[182] So *Ismayr*, Gesetzgebung im politischen System Deutschlands, in: ders. (Hrsg.), Gesetzgebung in Westeuropa, 2008, S. 383 (419). Vgl. hierzu auch ausführlich *Beyme*, Der Gesetzgeber, 1997, S. 148 ff., 207 ff.; *Horn*, Verbände, in: Isensee/Kirchhof (Hrsg.), Handbuch des Staatsrechts III, 3. Aufl. 2005, § 41; *Steinberg*, Parlament und organisierte Interessen, in: H.-P. Schneider/Zeh (Hrsg.), Parlamentsrecht und Parlamentspraxis in der Bundesrepublik Deutschland, 1989, § 7.

Tradition vielfach als Feinde der *volonté générale* angesehen werden.[183] Dagegen ist die Beteiligung von Verbänden in der Initiativphase des Gesetzgebungsverfahrens in Deutschland sogar in der Gemeinsamen Geschäftsordnung der Bundesministerien (§ 47 Abs. 3) vorgesehen. Wenn mit *Ossenbühl* zu konstatieren ist, dass die Balance zwischen der politischen Selbstbehauptung einer Regierung, die sich gegen den Einfluss von Verbänden zur Wehr setzt, und dem Bestreben nach einer friedenswahrenden (konsensualen) Regelung fragil ist,[184] so scheint sich die Waage in Deutschland und der Europäische Union (in deren Primärrecht ein sozialer Dialog verankert ist, Art. 154 f. AEUV) eher auf die Seite des Konsens zu neigen. Für Frankreich, das deutlich häufiger von ungleich heftigeren Protesten einzelner Bevölkerungsgruppen erschüttert wird, trifft dies eher nicht zu.

c) Vom Entwurf zum Beschluss in Nationalversammlung und Bundestag

Ist der Gesetzentwurf in den Bundestag oder die Nationalversammlung eingebracht, beginnt dessen parlamentarische Beratung.[185] Aus rechtsvergleichender Perspektive ist hier besonders die starke Stellung der französischen Regierung von Interesse, die auf den deutschen Betrachter befremdlich wirkt.   41

aa) Tagesordnung und Sitzungskalender als Machtinstrumente der französischen Regierung/Parlamentsautonomie in Deutschland

Dieses Befremden des deutschen Juristen beginnt bereits bei der Tagungsordnung und beim Sitzungskalender der Parlamentskammern, die zunächst als Machtinstrumente der französischen Regierung ausgestaltet waren und dieser bis heute eine herausgehobene Stellung im Gesetzgebungsverfahren sichern. In Deutschland werden einem dem Verfassungsrecht entnommenen Grundsatz der Parlamentsautonomie entsprechend die Sitzungswochen und die Tagesordnung im Ältestenrat zwischen den Fraktionen des Bundestages vereinbart und regelmäßig durch das Plenum bestätigt.[186] Nach Art. 39 Abs. 3 GG bestimmt der Bundestag Schluss und Wiederbeginn seiner Sitzungen, wobei der Bundestagspräsident zudem verpflichtet ist, auf Verlangen eines Drittels der Abgeordneten, des Bundespräsidenten oder des Bun-   42

---

[183] *Kimmel*, Gesetzgebung im politischen System Frankreichs, in: Ismayr (Hrsg.), Gesetzgebung in Westeuropa, 2008, S. 229 (236 ff.).
[184] *Ossenbühl*, Gesetz und Recht – Die Rechtsquellen im demokratischen Rechtsstaat, in: Isensee/Kirchhof (Hrsg.), Handbuch des Staatsrechts V, 3. Aufl. 2007, § 100 Rn. 83. Zu dieser „verfassungspolitischen Ambivalenz" s. a. *Kersten*, in: Maunz/Dürig (Begr.), GG, 69. Lfg. (Stand: 05/2013), Art. 76 Rn. 40.
[185] Schon hier sei jedoch darauf hingewiesen, dass dem Bundesrat bei Regierungsvorlagen ein Recht zur Stellungnahme zukommt und dass es der französischen Regierung frei steht, Gesetze zuerst beim Senat einzubringen; ausführlich zur Beteiligung von Bundesrat und Senat → Rn. 51 ff.
[186] §§ 6 Abs. 2, 20 Abs. 1 GOBT, hierzu *Zeh*, Parlamentarisches Verfahren, in: Isensee/Kirchhof (Hrsg.), Handbuch des Staatsrechts III, 3. Aufl. 2005, § 53 Rn. 29 f.

deskanzlers den Bundestag einzuberufen. In Frankreich sind die Sitzungsperioden und die Anzahl der Sitzungstage dagegen durch Art. 28 CF begrenzt, um der Regierung ausreichend Zeit für ein von parlamentarischen „Störungen" freies Regieren zu belassen.[187] Sondersitzungen können nach Art. 29 CF nur für konkrete Beratungsgegenstände vom Premierminister und von einer Mehrheit der Abgeordneten verlangt werden,[188] scheinen aber mittlerweile sehr regelmäßig vorzukommen. Vor allem aber die Tagesordnung wurde 1958 zur „Waffe"[189] in der Hand der Regierung. Mussten die Regierungen der III. und IV. Republik das Parlament nicht selten beknien, ihre Gesetzentwürfe auf die Tagesordnung zu nehmen, so änderte sich das Kräfteverhältnis mit der Verfassung der V. Republik radikal, da Art. 48 CF zunächst den Regierungsvorlagen absolute Priorität einräumte.[190] Die Regierung bestimmte letztlich die Tagesordnung in weitgehendem Maße und konnte so die Beratung von Gesetzentwürfen aus dem Parlament verzögern und sogar blockieren.[191] Eine derartige Beschneidung des Initiativrechts des Parlaments, das nach deutscher Lesart von „demokratischer Evidenz" ist,[192] stünde den Wertungen des Grundgesetzes diametral entgegen, da diesem als Korrelat des Initiativrechts die Pflicht des Gesetzgebungsorgans entnommen wird, den Gesetzentwurf zu beraten und über ihn zu beschließen.[193] Nach § 20 Abs. 4 GOBT müssen Vorlagen von Mitgliedern des Bundestages daher nach einer bestimmten Frist auf die Tagesordnung gesetzt werden, wenn diese es verlangen.[194] Doch auch in Frankreich wuchs das Unbehagen über die Regelung des Art. 48 CF stetig, weshalb dieser im Zuge der Verfassungsreformen von 1995 und 2008 zu Gunsten des Parlaments geändert wurde. Die Vorschrift

---

[187] Da die Regierung selbst aber hierdurch immer wieder in Zeitnot geriet, wurden die Sitzungsperiode 1995 verlängert und die Anzahl der zulässigen Sitzungen erhöht, *Kempf*, Das politische System Frankreichs, 4. Aufl. 2007, S. 124 f.

[188] Die Einberufung erfolgt nach Art. 30 CF durch präsidentielles Dekret. Staatspräsident *de Gaulle* hat die Unterzeichnung eines solchen Dekrets jedoch im März 1960 abgelehnt, obwohl die große Mehrheit der Verfassungsrechtler ihm keinen Ermessensspielraum und kein Prüfungsrecht zubilligte, und hat damit ein Verlangen der Abgeordnetenmehrheit auf Einberufung zu einer Sondersitzung zurückgewiesen, *Kempf*, Das politische System Frankreichs, 4. Aufl. 2007, S. 124.

[189] Die Metapher der „Waffe" der Regierung ist in Frankreich sehr gebräuchlich und wird für eine ganze Reihe verfassungsrechtlicher Regelungen verwandt, s. nur *Vintzel*, Les armes du gouvernement dans la procédure législative, 2011.

[190] *Kempf*, Das politische System Frankreichs, 4. Aufl. 2007, S. 127.

[191] *Favoreu et al.*, Droit constitutionnel, 16. Aufl. 2014, Rn. 1066. In der ersten Legislaturperiode der V. Republik kamen 90 % aller von den Parlamentariern eingebrachten Gesetzesvorlagen nicht auf die Tagesordnung, wurden also nicht vom Parlament beraten, s. *Kimmel*, Gesetzgebung im politischen System Frankreichs, in: Ismayr (Hrsg.), Gesetzgebung in Westeuropa, 2008, S. 229 (247 mit Fn. 27).

[192] *Krüper*, Lawfirm – legibus solutus?, JZ 2010, S. 655 (656).

[193] *Bryde*, in: v. Münch/Kunig (Hrsg.), GG II, 6. Aufl. 2012, Art. 76 Rn. 4; *Masing*, in: v. Mangoldt et al. (Hrsg.), GG II, 6. Aufl. 2010, Art. 76 Rn. 76 ff.; anders jetzt aber *B. J. Hartmann*, Verfassungsvorgaben für Gesetzesinitiativen im Bundestag, ZG 2008, S. 42 (46 ff.), der eine Beratungspflicht nur für die Vorlagen des Bundesrates annimmt, für die eine solche explizit in Art. 76 Abs. 3 S. 6 GG verankert ist.

[194] Rechtsvergleichend zum Ganzen *Vintzel*, Les armes du gouvernement dans la procédure législative, 2011, S. 187 ff.

ähnelt nunmehr einem Mosaik[195] und sieht unter anderem vor, dass grundsätzlich die Tagesordnungen zweier von vier Parlamentssitzungswochen im Wesentlichen von der Regierung bestimmt werden, wohingegen die Tagesordnung einer Parlamentssitzung pro Monat von den Oppositionsfraktionen bestimmt werden kann.[196]

bb) Beratung in Plenum und Ausschüssen: Obstruktion im rationalisierten Parlamentarismus

Die Beratung eines Gesetzentwurfes beginnt in Deutschland mit einer ersten Lesung durch das Plenum, die jedoch „zu einem Ritual verkümmert" ist,[197] bevor der Entwurf zur Beratung in einen der Bundestagsausschüsse überwiesen wird. Die französische Verfassung sieht sogar vor, dass die Gesetzentwürfe ohne Aussprache im Plenum direkt in einen Ausschuss überwiesen werden.[198] Die Beratung in den 22 Fachausschüssen des Bundestages, die hinsichtlich ihrer Zuständigkeit überwiegend eines der Bundesministerien spiegeln,[199] stellt eine zentrale Phase des Gesetzgebungsverfahrens dar, weil in den regelmäßig nicht-öffentlichen Ausschusssitzungen[200] die Experten der Fraktionen die entscheidenden Weichen stellen.[201] Ob dies für Frankreich in gleicher Weise gilt, ist zumindest für die Zeit bis 2008 zweifelhaft, da ein Ziel des *parlementarisme rationalisé* die Schwächung der ständigen Ausschüsse war: Diese ähnelten, was ihre jeweiligen Kompetenzen betraf, bis 1958 und wie noch heute in Deutschland jeweils einem Ministerium, was in der III. und IV. Republik zur Folge hatte, dass sich die Ausschussvorsitzenden vielfach als Minister im Wartestand begriffen, deren Ziel weniger die Kontrolle des jeweiligen Ministers als dessen Posten war.[202] Um dies zu verhindern, schwächte die Verfassung von 1958 die Parlamentsausschüsse, indem sie in ihrer ursprünglichen

43

---

[195] So *Pallez*, zitiert nach *Gicquel/Gicquel*, Droit constitutionnel et institutions politiques, 26. Aufl. 2012, Rn. 1413.

[196] Hierzu *J.-E. Gicquel*, Les effets de la réforme constitutionnelle de 2008 sur le processus législatif, Jus Politicum 6 (2011), S. 1 (3 f.).

[197] So *Jekewitz*, in: Denninger et al. (Hrsg.), AK-GG, 3. Aufl. 2001, Art. 77 Rn. 8.

[198] Die Durchführung einer ersten Lesung im Plenum vor Überweisung in den Ausschuss wird vom Conseil constitutionnel sogar als mit Art. 42 i. V. m. Art. 43 CF nicht vereinbar angesehen, C.C., 25.6.009, 2009-582 DC, Cons. 18; hierzu *Jozefowicz*, La réforme des règlements des assemblées parlementaires, RFDC 82 (2010), S. 329 (347 f.).

[199] *Ismayr*, Gesetzgebung im politischen System Deutschlands, in: ders. (Hrsg.), Gesetzgebung in Westeuropa, 2008, S. 383 (389).

[200] Die Bundestagsausschüsse tagen nicht-öffentlich, sofern sie nichts anderes beschließen (§ 69 Abs. 1 GOBT); dies wird angesichts der Bedeutung der Ausschussarbeit von manchen Autoren kritisiert, s. hierzu *Zeh*, Parlamentarisches Verfahren, in: Isensee/Kirchhof (Hrsg.), Handbuch des Staatsrechts III, 3. Aufl. 2005, § 53 Rn. 60.

[201] *Beyme*, Der Gesetzgeber, 1997, S. 188 ff.

[202] Hierzu *Gicquel/Gicquel*, Droit constitutionnel et institutions politiques, 26. Aufl. 2012, Rn. 1432; *Kempf*, Das politische System Frankreichs, 4. Aufl. 2007, S. 125; *Kimmel*, Gesetzgebung im politischen System Frankreichs, in: Ismayr (Hrsg.), Gesetzgebung in Westeuropa, 2008, S. 229 (249).

Fassung zum einen die Anzahl der ständigen Ausschüsse auf sechs begrenzte[203] und sie zum anderen ein Regel-Ausnahme-Verhältnis normierte, wonach Gesetzentwürfe grundsätzlich einem ad hoc und speziell für den konkreten Entwurf zu bildenden Ausschuss zu überweisen waren, wenn nicht die Überweisung an einen der ständigen Ausschüsse beschlossen wurde (Art. 43 CF a. F.). Vor allem aber und anders als in Deutschland[204] war bis 2008 Gegenstand der auf die Ausschussberatungen folgenden Debatte im Plenum nicht die vom Ausschuss beschlossene Fassung mit den von diesem vorgenommenen Änderungen, sondern der Gesetzentwurf in seiner ursprünglichen Fassung, wie er regelmäßig von der Regierung ins Parlament eingebracht worden war (Art. 42 CF a. F.). Die Tatsache, dass die Ausschüsse in Frankreich seit 1988 in der Regel öffentlich tagen,[205] ist daher nicht notwendigerweise ein Ausdruck von Transparenz im Gesetzgebungsverfahren, sondern kann zugleich als Beleg für die rechtsvergleichend geringe Bedeutung der Ausschussarbeit[206] angesehen werden.

44 Erst die französische Verfassungsreform im Jahr 2008 brachte eine Stärkung des Parlaments gegenüber der Regierung mit sich. So wurde die Zahl der ständigen Ausschüsse von sechs auf acht erhöht und zudem das Regel-Ausnahme-Verhältnis des Art. 43 CF der Verfassungspraxis angepasst. Waren bereits zuvor nur gut 1 % der Gesetzentwürfe einem ad-hoc-Ausschuss überwiesen und in allen anderen Fällen von der Nationalversammlung die Überweisung an einen der ständigen Ausschüsse beschlossen worden, stellt die Überweisung an einen der ständigen Ausschüsse nunmehr auch normativ den Regelfall dar.[207] Vor allem aber ist seit der Reform nicht mehr der ursprüngliche, regelmäßig von der Regierung stammende Gesetzentwurf, sondern der Gesetzentwurf in der vom Ausschuss beschlossenen Fassung Gegenstand der Plenumsberatung, wie dies auch im Bundestag der Fall ist.[208] *J.-E. Gicquel* sieht hierin eine kopernikanische Wende, da die Regierung nunmehr bereits im Ausschuss für ihren Entwurf werben und, wenn dieser ihr nicht folgt, im Plenum einen Änderungsantrag stellen muss, während sie bis 2008 die erste Lesung im Plenum abwarten konnte, da hier bis zur Reform auf der Grundlage „ihres" Gesetz-

---

[203] Auf diese Weise wurde zugleich die Spezialisierung der Ausschüsse und Abgeordneten weitgehend verhindert und damit das Entstehen eines parlamentarischen Gegengewichts zur Regierung gebremst, vgl. *Kimmel*, Gesetzgebung im politischen System Frankreichs, in: Ismayr (Hrsg.), Gesetzgebung in Westeuropa, 2008, S. 229 (250).

[204] Der Bundestag debattiert in zweiter Lesung über den Gesetzentwurf in der Fassung, wie er vom Ausschuss beschlossen worden ist, s. *Ossenbühl*, Verfahren der Gesetzgebung, in: Isensee/Kirchhof (Hrsg.), Handbuch des Staatsrechts V, 3. Aufl. 2007, § 102 Rn. 34.

[205] *Kempf*, Das politische System Frankreichs, 4. Aufl. 2007, S. 127.

[206] So die These von *Haguenau-Moizard*, Les systèmes politiques européens, 2009, S. 84 ff.

[207] *Gicquel/Gicquel*, Droit constitutionnel et institutions politiques, 26. Aufl. 2012, Rn. 1433, 1435.

[208] Art. 42 Abs. 1 CF. Als Ausnahme hiervon bestimmt Abs. 2, dass bei verfassungsändernden Gesetzen, dem Haushalt und den Gesetzen über die Finanzierung der Sozialversicherungen weiterhin der Gesetzentwurf der Regierung in seiner ursprünglichen Fassung Gegenstand der Plenumsberatung ist. Zur Kritik an der bis 2008 geltenden Rechtslage s. *Avril*, Qui fait la loi?, Pouvoirs 114 (2005), S. 89 (96).

entwurf debattiert wurde.[209] Dies ließ auch die im Vergleich zu Deutschland enorm hohe Anzahl von im Plenum zu debattierenden Änderungsanträgen[210] sinken, da unbedeutende inhaltliche oder gar redaktionelle Änderungen nicht mehr im Plenum beschlossen werden müssen.[211] Zugleich war die Einbringung von Änderungsanträgen in Frankreich immer auch ein Mittel der parlamentarischen Opposition, um die Verabschiedung eines Gesetzes zu verzögern. So kann die Einbringung von mehr als 137.000 Änderungsanträgen zu einem einzigen Gesetzesvorhaben nur als Obstruktion bezeichnet werden, die – wie in der französischen Literatur zu Recht konstatiert wird – nicht nur die Reputation der Oppositionsparteien, sondern die des gesamten Parlaments untergräbt.[212] Während die französischen Oppositionsfraktionen diese Strategie wohl auch deshalb als legitim empfanden, weil die Stellung des Parlaments durch die Verfassung von 1958 bewusst geschwächt worden war,[213] hat es im Bundestag bislang keine Versuche gegeben, die parlamentarische Arbeit in einer derart massiven Weise zu sabotieren.[214] Die Obstruktion der französischen Opposition mittels einer Flut von Änderungsanträgen kann schließlich vom Premierminister überwunden werden, indem dieser nach Art. 49 Abs. 3 CF die Verabschiedung des Gesetzesentwurfes mit der Vertrauensfrage verbindet (→ Rn. 56 f.),[215] was dann jedoch regelmäßig und bemerkenswerterweise von der Opposition als undemokratisch gebrandmarkt wird.

Die Obstruktion durch massenhafte Änderungsanträge war auch deshalb so wirkungsvoll, weil jeder Änderungsantrag debattiert wurde und die Redezeit in der Nationalversammlung zunächst nicht beschränkt war. Bis zur Verfassungsreform stand der französischen Opposition hiermit also ein Instrument zur Verfügung, das dem aus dem US-amerikanischen Verfassungsrecht bekannten *filibuster* ähnelt. Dagegen wird die Redezeit im Bundestag kontingentiert und den Fraktionen nach Maßgabe der jeweiligen Mitgliederzahl ein Anteil zugeteilt. Diese Redezeitbegrenzung ist vom Bundesverfassungsgericht in einer frühen Entscheidung als unerlässlich für die Handlungsfähigkeit des Parlaments angesehen worden, weshalb es die damit

45

---

[209] *J.-E. Gicquel*, Les effets de la réforme constitutionnelle de 2008 sur le processus législatif, Jus Politicum 6 (2011), S. 1 (4 ff.); in diese Richtung auch *Le Divellec*, Vers la fin du „parlementarisme négatif" à la française?, Jus Politicum 6 (2011), S. 1 (28).

[210] S. *Haguenau-Moizard*, Les systèmes politiques européens, 2009, S. 86 f., die pro Jahr von 600 (Deutschland) bzw. 20.000 im Plenum debattierten Änderungsanträgen ausgeht und dies darauf zurückführt, dass in Deutschland ein wesentlicher Teil der Detailarbeit bereits in den Ausschüssen erfolgt.

[211] *Chamussy*, Le travail parlementaire a-t-il changé?, Jus Politicum 6 (2011), S. 1 (12 f.). Zudem werden unnötige Wiederholungen von bereits geführten Debatten vermieden, s. *Jozefowicz*, La réforme des règlements des assemblées parlementaires, RFDC 82 (2010), S. 329 (341).

[212] *J.-E. Gicquel*, Les effets de la réforme constitutionnelle de 2008 sur le processus législatif, Jus Politicum 6 (2011), S. 1 (7 f.).

[213] *Haguenau-Moizard*, Les systèmes politiques européens, 2009, S. 86 f.

[214] Hierzu und allgemein zur Obstruktion als Mittel der parlamentarischen Opposition s. rechtsvergleichend *Vintzel*, Les armes du gouvernement dans la procédure législative, 2011, S. 588 ff.

[215] *J.-E. Gicquel*, Les effets de la réforme constitutionnelle de 2008 sur le processus législatif, Jus Politicum 6 (2011), S. 1 (8 mit Fn. 23).

verbundene Beschränkung der Abgeordnetenrechte aus Art. 38 Abs. 1 S. 2 GG als verfassungsgemäß gebilligt hat.[216] Auch in Frankreich war daher seit langem über die Einführung einer Redezeitbeschränkung gestritten worden,[217] bis es 2009 zur Einführung der sogenannten *temps legislatif programmé* kam.[218] Hervorzuheben ist hier vor allem, dass den Oppositionsfraktionen in Frankreich eine Redezeit von 60% zukommt,[219] was dem Mehrheitsparlamentarismus und der im Wesentlichen von der Opposition wahrgenommenen Kontrollfunktion des Parlaments wohl eher gerecht wird, als eine Redezeitzuteilung anhand der Fraktionsstärke. Die parlamentarische Marginalisierung der deutschen Opposition in Zeiten von Großen Koalitionen zeigt dies recht deutlich.[220]

cc) Einfluss der Regierung auf das Gesetzgebungsverfahren

46 Wie bereits mehrfach gezeigt, ist die Stärkung der Stellung der Regierung im Gesetzgebungsverfahren ein zentraler Bestandteil des französischen Konzepts eines *parlementarisme rationalisé*. Über die bereits beschriebenen Instrumente hinaus kann die französische Regierung auch während des Gesetzgebungsverfahrens Einfluss auf die Beratungen nehmen. Die Regierungsmitglieder haben nämlich nicht nur ein verfassungsrechtlich verankertes Recht, an den Ausschuss- und Plenumsberatungen der beiden Parlamentskammern aktiv teilzunehmen,[221] sondern sie sind nach Art. 44 CF auch berechtigt, sowohl in den Ausschüssen als auch im Plenum

---

[216] BVerfGE 10, 4 (13): „Die Möglichkeit solcher Begrenzung folgt aus dem Recht des Parlaments, den Schluß der Debatte zu beschließen. Ohne dieses Recht kann kein Parlament auf die Dauer arbeitsfähig bleiben, weil es sonst der Obstruktion jeder Minderheit und selbst einzelner Abgeordneter ausgeliefert wäre."

[217] *Jozefowicz*, La réforme des règlements des assemblées parlementaires, RFDC 82 (2010), S. 329 (354 ff.).

[218] Ausgangspunkt war die Änderung des Artikels 44 CF, auf dessen Grundlage die Loi organique 2009-403 vom 15.4.2009 erlassen wurde, deren Art. 17 ff. eine Redezeitbegrenzung ermöglichen. Die Ausgestaltung erfolgte durch eine Reform der Geschäftsordnung der Nationalversammlung (Art. 49).

[219] Zu den Details der Regelung s. *J.-E. Gicquel*, Les effets de la réforme constitutionnelle de 2008 sur le processus législatif, Jus Politicum 6 (2011), S. 1 (8 f.).

[220] Hierzu *Schuster*, Verfassungsrechtliche Anforderungen an die öffentliche Debatte in Zeiten einer Großen Koalition, DÖV 2014, S. 516 ff. Heftig diskutiert wurde 2012 des Weiteren das Rederecht von Abgeordneten, die sich in der Frage der Euro-Rettung nicht der Mehrheitsmeinung in der Fraktion angeschlossen hatten, s. hierzu und zum Ganzen *Heintz*, Das Rederecht der Abgeordneten im Deutschen Bundestag, ZJS 2013, S. 233 ff.

[221] Art. 31 CF regelt seinem Wortlaut nach zwar nur den Zugang zu den beiden Parlamentskammern; er gilt nach einer Entscheidung des Conseil constitutionnel jedoch auch für die Teilnahme an den Ausschussberatungen, C.C., 9.4.2009, 2009-579 DC, Cons. 36, s. hierzu *Chamussy*, La procédure parlementaire et le Conseil constitutionnel, Nouveaux Cahiers du Conseil constitutionnel 38 (2013), S. 37 (61 f.). Diese Erstreckung ist angesichts der Tatsache, dass im Plenum seit 2008 der Gesetzentwurf in der vom Ausschuss beschlossenen Fassung beraten wird, von erheblicher Bedeutung, s. *Jozefowicz*, La réforme des règlements des assemblées parlementaires, RFDC 82 (2010), S. 329 (346).

Änderungsanträge zu stellen.[222] Dagegen beschränkt sich der verfassungsrechtlich verankerte Einfluss der deutschen Bundesregierung auf das Gesetzgebungsverfahren im Wesentlichen auf das Initiativrecht. Zwar haben die Mitglieder der Bundesregierung sowie ihre Beauftragten ein Recht auf Zugang zu allen Plenums- und Ausschusssitzungen und müssen dort auch gehört werden (Art. 43 Abs. 2 GG); ein Recht, Änderungsanträge zu stellen, hat die Bundesregierung jedoch nicht. Hierin und in der spiegelbildlichen Autonomie des Bundestages sieht *Vintzel* in ihrer rechtsvergleichenden Arbeit zum britischen, deutschen, französischen und italienischen Verfassungsrecht ein Spezifikum des deutschen Gesetzgebungsverfahrens.[223] Will die Bundesregierung das Gesetzgebungsverfahren beeinflussen, so kann sie dies jedoch politisch und mittelbar, nämlich über die Abgeordneten der Koalitionsfraktionen.[224] Politikwissenschaftlich wird dieser Einfluss als sehr bedeutsam eingeschätzt.[225] Hinzu kommt, dass in Deutschland viele Minister und alle parlamentarischen Staatssekretäre zugleich Abgeordnete sind, sodass Bundesregierung und Bundestag personell miteinander verflochten sind, was in Frankreich durch die Inkompatibilitätsregelung des Art. 23 CF ausgeschlossen wird.[226] Schließlich kann sowohl die französische als auch die deutsche Regierung ihren Gesetzentwurf bis zur endgültigen Beschlussfassung zurückziehen.[227]

Des Weiteren können beide Regierungen nach Art. 113 GG bzw. Art. 40 CF **47** die Verabschiedung von Gesetzen verhindern, die eine Erhöhung der Ausgaben oder eine Minderung der Einnahmen zur Folge hätten.[228] Während die französische Regierung hiervon zu Beginn der V. Republik regelmäßig Gebrauch gemacht hat, sind die Regelungen heute in beiden Staaten nur noch von geringer praktischer Relevanz.[229] Dies gilt auch für die Regelung des Art. 41 CF, nach der die Regie-

---

[222] Das Recht der Regierung, Änderungsanträge zu stellen, folgt nach französischem Verständnis aus dem Initiativrecht, s. ausführlich zum Ganze *Grote*, Das Regierungssystem der V. französischen Republik, 1995, S. 127 ff.

[223] *Vintzel*, Les armes du gouvernement dans la procédure législative, 2011, S. 702.

[224] Hierzu *Vintzel*, Les armes du gouvernement dans la procédure législative, 2011, S. 425.

[225] *Beyme*, Der Gesetzgeber, 1997, S. 204: „Die Ministerien gehören zu den wichtigsten Interventen im Gesetzgebungsprozeß. Die Ministerialbürokratie tritt im Ausschußstadium mit ganzen Kaskaden von Formulierungshilfen auf."

[226] Dies hebt *Classen*, Parlamentarismus in der V. Republik Frankreichs, DÖV 2004, S. 269 (273) hervor.

[227] *Avril/Gicquel*, Droit parlementaire, 4. Aufl. 2010, Rn. 240; *Bryde*, in: v. Münch/Kunig (Hrsg.), GG II, 6. Aufl. 2012, Art. 76 Rn. 8; kritisch aber *Masing*, in: v. Mangoldt et al. (Hrsg.), GG II, 6. Aufl. 2010, Art. 76 Rn. 72 ff.

[228] Nach Art. 40 CF sind derartige Änderungsanträge prinzipiell unzulässig; der Conseil constitutionnel prüft dies jedoch solange nicht von Amts wegen, sondern nur aufgrund einer frühzeitigen Rüge der Regierung im Gesetzgebungsverfahren, wie die Parlamentskammern eine eigenständige Kontrolle vornehmen, hierzu ausführlich *Chamussy*, La procédure parlementaire et le Conseil constitutionnel, Nouveaux Cahiers du Conseil constitutionnel 38 (2013), S. 37 (40 ff.); *Grote*, Das Regierungssystem der V. französischen Republik, 1995, S. 115 ff. Rechtsvergleichend zum Ganzen *Vintzel*, Les armes du gouvernement dans la procédure législative, 2011, S. 120 ff.

[229] *Kimmel*, Gesetzgebung im politischen System Frankreichs, in: Ismayr (Hrsg.), Gesetzgebung in Westeuropa, 2008, S. 229 (246); *Heintzen*, in: v. Münch/Kunig (Hrsg.), GG II, 6. Aufl. 2012,

rung gegen Änderungsanträge einwenden kann, dass diese nicht in die Kompetenz des parlamentarischen Gesetzgebers fallen (→ Rn. 12) und sie gegebenenfalls den Conseil constitutionnel anrufen kann.[230] Da die politischen Mehrheiten anders als zu Zeiten der III. und IV. Republik mittlerweile relativ stabil sind, hat Art. 41 CF als Instrument zur Stärkung der Regierung stark an Bedeutung verloren.[231] Eine Aufwertung erfuhr die Vorschrift jedoch durch die Verfassungsreform von 2008, da nunmehr auch der jeweilige Präsident der befassten Parlamentskammer die fehlende Organkompetenz einwenden kann. Geschützt werden soll hierdurch nicht mehr die Kompetenz der Regierung, sondern es soll die normative Qualität der Parlamentsgesetze verbessert werden, indem man diese von Detailregelungen entlastet.[232]

dd) Abstimmung

48 Nach Abschluss der Beratung wird grundsätzlich in Deutschland wie in Frankreich vom Plenum über jede einzelne Bestimmung des Gesetzentwurfes abgestimmt, wenn nicht ausnahmsweise eine Abstimmung über Teile oder sogar den Entwurf als Ganzes erfolgt.[233] Während eine solche Abstimmung über den Entwurf als Ganzes in Deutschland vom Bundestag selbst beschlossen werden muss, ist das *vote bloqué* nach Art. 44 Abs. 3 CF als ein weiteres Machtinstrument der Regierung ausgestaltet.[234] Diese kann eine Abstimmung über Teile oder den Entwurf als Ganzes verlangen, bei der nur jene Änderungsanträge Berücksichtigung finden, die von der Regierung selbst stammen oder von dieser akzeptiert worden sind. Die Regierung kann die jeweilige Parlamentskammer also vor die Alternative stellen, den Gesetzentwurf in der von der Regierung gewünschten Form zu verabschieden oder abzulehnen. Der Rückgriff auf Art. 44 Abs. 3 CF dient daher eher der Disziplinierung der Mehrheitsfraktionen, weshalb gerade jene Regierungen, die sich auf heterogene Mehrheiten stützen, des Öfteren ein *vote bloqué* verlangt haben.[235]

Art. 113 Rn. 1; *E. Reimer*, in: Epping/Hillgruber (Hrsg.), GG, 2. Aufl. 2013, Art. 113 Rn. 7 ff.

[230] Siehe die Zahlen bei *Pactet/Mélin-Soucramanien*, Droit constitutionnel, 30. Aufl. 2011, S. 471 mit Fn. 4.

[231] *Kimmel*, Gesetzgebung im politischen System Frankreichs, in: Ismayr (Hrsg.), Gesetzgebung in Westeuropa, 2008, S. 229 (247).

[232] Hierzu *Quiriny*, La métamorphose de l'article 41 de la Constitution, RFDC 82 (2010), S. 313 (insb. 318 ff.). Zu weiteren materiellen Qualitätsanforderungen → Rn. 61.

[233] *Hamon/Troper*, Droit constitutionnel, 33. Aufl. 2012, Rn. 724; *Ossenbühl*, Verfahren der Gesetzgebung, in: Isensee/Kirchhof (Hrsg.), Handbuch des Staatsrechts V, 3. Aufl. 2007, § 102 Rn. 34.

[234] Ausführlich hierzu und zum Folgenden *Grote*, Das Regierungssystem der V. französischen Republik, 1995, S. 137 ff.

[235] *Kimmel*, Gesetzgebung im politischen System Frankreichs, in: Ismayr (Hrsg.), Gesetzgebung in Westeuropa, 2008, S. 229 (253 f.); *Pactet/Mélin-Soucramanien*, Droit constitutionnel, 30. Aufl. 2011, S. 473.

Nationalversammlung und Bundestag beschließen Gesetze grundsätzlich mit einfacher Mehrheit der abgegebenen Stimmen.[236] Beide sind zudem solange beschlussfähig, wie das Unterschreiten eines Anwesenheitsquorums nicht festgestellt und die Sitzung aufgehoben worden ist.[237] Eine Besonderheit des französischen Verfassungsrechts, die sich in nur wenigen anderen (zum Teil französisch beeinflussten) Staaten findet, ist schließlich die Möglichkeit, sein Stimmrecht an einen anderen Abgeordneten zu delegieren, wobei kein Abgeordneter für mehr als einen weiteren Abgeordneten das Stimmrecht ausüben darf (Art. 27 Abs. 3 CF).[238] In Deutschland ist eine solche Stimmrechtsdelegation dagegen unzulässig. Sind die Mehrheitsverhältnisse im Bundestag aber knapp, wird zwischen Koalition und Opposition regelmäßig eine sogenannte Pairing-Vereinbarung getroffen, nach der beispielsweise bei krankheitsbedingter Abwesenheit eines Koalitionsabgeordneten auch ein Abgeordneter der Opposition der Abstimmung fernbleibt, um so das ursprüngliche Mehrheitsverhältnis wiederherzustellen.[239]

49

ee) Grundsatz materieller Diskontinuität

Sowohl für den Bundestag als auch für die Nationalversammlung gilt der Grundsatz materieller Diskontinuität, wonach die Wahl und der Zusammentritt des neugewählten Parlaments eine strenge Zäsur zwischen der vorangegangenen und der beginnenden Wahlperiode darstellt.[240] Dies bedeutet, dass alle Gesetzesvorhaben, die vom Bundestag oder der Nationalversammlung bis zum Ende der Wahlperiode nicht beschlossen worden sind, als erledigt gelten,[241] mit der Folge, dass das neu gewählte Parlament das Gesetzesvorhaben nicht weiterverfolgen kann, sondern ein neuer Entwurf eingebracht werden muss. Da der Grundsatz der Diskontinuität jedoch nur für die Nationalversammlung und den Bundestag, nicht aber für Senat und Bundesrat gilt,[242] können letztere auch noch nach Ende einer Wahlperiode dem Ge-

50

---

[236] Art. 42 Abs. 2 S. 1 GG; Art. 68 Geschäftsordnung der Nationalversammlung.
[237] § 45 GOBT; Art. 61 Geschäftsordnung der Nationalversammlung.
[238] *Gicquel/Gicquel*, Droit constitutionnel et institutions politiques, 26. Aufl. 2012, Rn. 1415 mit Fn. 94; *Schuldei*, Die Pairing-Vereinbarung, 1997, S. 51.
[239] Hierzu ausführlich *Schuldei*, Die Pairing-Vereinbarung, 1997, der das Pairing nicht nur für verfassungsrechtlich zulässig (S. 140 ff.), sondern sogar in bestimmten Fällen für rechtlich geboten ansieht (S. 165 ff.).
[240] Zu Deutschland und zum Folgenden ausführlich *Ossenbühl*, Verfahren der Gesetzgebung, in: Isensee/Kirchhof (Hrsg.), Handbuch des Staatsrechts V, 3. Aufl. 2007, § 102 Rn. 41 ff.
[241] Für Frankreich s. *Avril/Gicquel*, Droit parlementaire, 4. Aufl. 2010, Rn. 240; für Deutschland s. § 125 S. 1 GOBT (der allerdings als eine bloß deklaratorische Kodifizierung von Verfassungsgewohnheitsrecht angesehen wird, s. *Kersten*, in: Maunz/Dürig (Begr.), GG, 69. Lfg. (Stand: 05/2013), Art. 76 Rn. 116; *Ossenbühl*, Verfahren der Gesetzgebung, in: Isensee/Kirchhof (Hrsg.), Handbuch des Staatsrechts V, 3. Aufl. 2007, § 102 Rn. 44.
[242] Dies lässt sich vor allem damit begründen, dass Senat und Bundesrat keine Wahlperioden kennen, sondern sich in ihrer Zusammensetzung immer nur teilweise verändern, vgl. → *Vilain/Wendel* § 4 Rn. 59 f.

setzentwurf zustimmen.²⁴³ Der Conseil constitutionnel hat daher sogar ein Gesetz als verfassungsmäßig zustande gekommen angesehen, welches vom Senat erst über zehn Jahre nach Verabschiedung durch die Nationalversammlung angenommen worden war.²⁴⁴ Ist jedoch nach einem Einspruch des Bundesrates noch ein erneuter Beschluss des (neuen) Bundestages oder dessen Mitwirken im Rahmen des Vermittlungsausschusses erforderlich, kann das Gesetz nicht mehr beschlossen werden.²⁴⁵

d) Die Beteiligung von Senat und Bundesrat an der Gesetzgebung

51 In Deutschland wie auch in Frankreich sind mit Assemblée nationale und Senat sowie mit Budestag und Bundesrat grundsätzlich zwei Kammern bzw. zwei Verfassungsorgane an der Gesetzgebung beteiligt. Die Bezeichnung des parlamentarischen Systems der V. Republik als inegalitärer Bikameralismus²⁴⁶ bringt dabei zum Ausdruck, dass der Senat anders als noch in der III. Republik keine der Nationalversammlung vergleichbaren Kompetenzen hat bzw. dass der Nationalversammlung im Gesetzgebungsverfahren das letzte (und entscheidende) Wort zukommt.²⁴⁷ Angesichts der nur mittelbaren demokratischen Legitimation des Bundesrates (Vertreter der Landesregierungen als Mitglieder) und seiner schwachen Position bei Einspruchsgesetzen überhaupt wird in Deutschland diskutiert, ob es sich beim Bundesrat überhaupt um eine 2. Kammer handelt.²⁴⁸ Rechtsvergleichend fällt in dieser Hinsicht auf, dass das Grundgesetz den Bundestag und den Bundesrat in je einem eigenen Abschnitt regelt, wohingegen der vierte Titel der französischen Verfassung dem „Parlament" gewidmet ist, dass nach Art. 24 Abs. 2 CF aus der Nationalversammlung und dem Senat besteht. Im Wesentlichen drehen sich die genannten Diskussionen jedoch um terminologische Fragen, die der Allgemeinen Staatslehre zuzuordnen sind, sodass aus ihnen keine normativen Schlüsse gezogen werden können.²⁴⁹

---

²⁴³ *Chamussy*, La procédure parlementaire et le Conseil constitutionnel, Nouveaux Cahiers du Conseil constitutionnel 38 (2013), S. 37 (52); *Ossenbühl*, Verfahren der Gesetzgebung, in: Isensee/Kirchhof (Hrsg.), Handbuch des Staatsrechts V, 3. Aufl. 2007, § 102 Rn. 41.

²⁴⁴ C.C., 29.11.2012, 2012-657 DC.

²⁴⁵ *Ossenbühl*, Verfahren der Gesetzgebung, in: Isensee/Kirchhof (Hrsg.), Handbuch des Staatsrechts V, 3. Aufl. 2007, § 102 Rn. 41. Dies dürfte auch in Frankreich für die *commission mixte paritaire* gelten, vgl. aber insoweit unklar *Chamussy*, La procédure parlementaire et le Conseil constitutionnel, Nouveaux Cahiers du Conseil constitutionnel 38 (2013), S. 37 (52).

²⁴⁶ Zum Begriff näher → *Vilain/Wendel* § 4 Rn. 7 ff.

²⁴⁷ Zur historischen Entwicklung → *Gaillet* § 2 Rn. 21 f., 29.

²⁴⁸ *Herzog*, Stellung des Bundesrates im demokratischen Bundesstaat, in: Isensee/Kirchhof (Hrsg.), Handbuch des Staatsrechts III, 3. Aufl. 2005, § 57 Rn. 30; *Kluth*, Gesetzgebung im Spannungsfeld von Parlamentarismus und Föderalismus, in: FS W.-R. Schenke, 2011, S. 213 (215).

²⁴⁹ So zur deutschen Diskussion *Herzog*, Stellung des Bundesrates im demokratischen Bundesstaat, in: Isensee/Kirchhof (Hrsg.), Handbuch des Staatsrechts III, 3. Aufl. 2005, § 57 Rn. 30; *Ossenbühl*, Verfahren der Gesetzgebung, in: Isensee/Kirchhof (Hrsg.), Handbuch des Staatsrechts V, 3. Aufl. 2007, § 102 Rn. 44.

Bundesrat und Senat sind in unterschiedlicher Weise bereits in der frühen Phase **52** des Gesetzgebungsverfahrens an der Rechtsetzung beteiligt. Jedem Senator, aber nur dem Bundesrat als Ganzem, kommt wie bereits gesehen das Initiativrecht zu (→ Rn. 32). Gesetzesvorlagen der Bundesregierung sind nach Art. 76 Abs. 2 GG zwingend zunächst dem Bundesrat zur (ersten) Stellungnahme zuzuleiten. In Frankreich steht es der Regierung dagegen nach Art. 39 Abs. 2 CF grundsätzlich frei, einen Gesetzentwurf bei der Nationalversammlung oder beim Senat einzubringen.[250]

Solange zwischen den Kammern ein Konsens über den Gesetzentwurf besteht, **53** kann das Gesetz von beiden Kammern beschlossen bzw. vom Bundesrat akzeptiert werden (Art. 45 Abs. 1 CF, Art. 78 GG). Mit einem Dissens zwischen den Parlamentskammern gehen die beiden Rechtsordnungen in sehr unterschiedlicher Weise um. Das Grundgesetz unterscheidet zwischen sogenannten Zustimmungsgesetzen, für die in einer Vorschrift der Verfassung explizit das Erfordernis einer Zustimmung durch den Bundesrat angeordnet ist (überwiegend weil Länderinteressen berührt sind) und dem Regelfall des Einspruchsgesetzes.[251] Während Zustimmungsgesetze nicht ohne die Zustimmung einer absoluten Mehrheit der Bundesratsmitglieder zustande kommen, muss der Bundesrat bei Einspruchsgesetzen mit der gleichen Mehrheit Einspruch erheben, will er das Zustandekommen des Gesetzes verhindern.[252] Anders als die fehlende Zustimmung kann der Einspruch des Bundesrates vom Bundestag jedoch mit der absoluten Mehrheit seiner Mitglieder, der sogenannten Kanzlermehrheit, überstimmt werden (Art. 77 Abs. 4 GG).[253] Während also bei Zustimmungsgesetzen Bundestag und Bundesrat nahezu gleichberechtigt an der Gesetzgebung beteiligt sind,[254] kommt dem Bundestag bei Einspruchsgesetzen eine deutlich stärkere Stellung zu.[255] Ein solches Ungleichgewicht, das aus einer Unterscheidung nach Gesetzestypen resultiert, kennt die französische Verfassung nicht. Ausgangspunkt ist hier, dass nach Art. 45 Abs. 1 CF die beiden Parlamentskammern nacheinander mit dem Ziel über den Gesetzentwurf beraten und beschließen, zu einer übereinstimmenden Fassung zu gelangen. Gelingt dies nicht, kommt es zur sogenannten *navette*, also zum Hin-und-Her-Pendeln des Gesetzentwurfs zwischen den beiden Parlamentskammern.[256] Dabei ist Beratungsgegenstand jeweils der Ge-

---

[250] Ausnahmen bilden nach Art. 39 Abs. 2 S. 2 und 3 CF die Gesetze über den Haushalt und die Sozialversicherungen, die bei der Nationalversammlung eingebracht werden müssen, sowie Gesetze, die im Wesentlichen die Organisation der lokalen Gebietskörperschaften betreffen, die beim Senat einzubringen sind.

[251] Hierzu und zum Folgenden *Morlok/Michael*, Staatsorganisationsrecht, 2013, Rn. 907 ff.

[252] Kritisch zum Erfordernis der absoluten Mehrheit, das sich aus Art. 52 Abs. 3 S. 1 GG ergibt, *Dörr*, in: Epping/Hillgruber (Hrsg.), GG, 2. Aufl. 2013, Art. 52 Rn. 12.1.

[253] Wurde der Einspruch mit einer Mehrheit von zwei Dritteln der Mitglieder des Bundesrates beschlossen, so kann er nur mit selbiger Mehrheit im Bundestag überstimmt werden (Art. 76 Abs. 4 S. 2 GG).

[254] *Ismayr*, Gesetzgebung im politischen System Deutschlands, in: ders. (Hrsg.), Gesetzgebung in Westeuropa, 2008, S. 383 (408).

[255] Ein wichtiges Ziel der Föderalismusreform im Jahr 2006 war es, den Anteil der Zustimmungsgesetze zu senken → *Vilain* § 3 Rn. 90.

[256] S. hierzu und zum Folgenden *Avril/Gicquel*, Droit parlementaire, 4. Aufl. 2010, Rn. 291 ff.

setzentwurf in der Fassung, wie er von der zuvor befassten Kammer beschlossen worden ist, wobei nur noch jene Artikel geändert werden können, die nicht schon von beiden Kammern gebilligt worden sind. Ein solches Hin-und-Her-Pendeln eines Gesetzentwurfes kann sich grundsätzlich endlos fortsetzen.[257]

54　Um auch in Fällen des Dissenses zwischen den Kammern zu einem Kompromiss zu kommen, sehen die Verfassungen die Einrichtung eines gemeinsamen Ausschusses vor, der in Deutschland als „Vermittlungsausschuss", in Frankreich als *commission mixte paritaire* (CMP) bezeichnet wird.[258] Mit einer gleichen Zahl von Vertretern beider Kammern besetzt[259] sollen Vermittlungsausschuss und CMP Kompromissvorschläge für streitige Punkte eines Gesetzentwurfes erarbeiten. Darüber hinaus kontrollieren sowohl das Bundesverfassungsgericht als auch der Conseil constitutionnel in diesem Zusammenhang relativ streng, dass der Vermittlungsvorschlag keine Vorschriften enthält, die nicht schon zuvor im Gesetzgebungsverfahren zumindest diskutiert worden sind (BVerfG)[260] bzw. die nicht in einem materiellen Zusammenhang zu den noch umstrittenen Teilen des Gesetzes stehen (Conseil constitutionnel).[261] Während der Vermittlungsausschuss jedoch als politischer Ausschuss mit ständigen Mitgliedern konzipiert ist, wird eine *commission mixte paritaire* ad hoc gebildet und daher häufig mit Mitgliedern der Fachausschüsse besetzt.[262] Rechtsvergleichend zeigt sich zudem erneut der ungleich stärkere Einfluss der französischen Regierung auf das Gesetzgebungsverfahren. Denn während der Vermittlungsausschuss bei Zustimmungsgesetzen von Bundestag, Bundesrat und Bundesregierung angerufen werden kann (Art. 77 Abs. 2 S. 1, 4 GG),[263] war es bis zur Verfassungsreform von 2008 allein die französische Regierung, die das Ping-Pong zwischen Nationalversammlung und Senat nach je zwei Lesungen in beiden

---

[257] *Avril/Gicquel*, Droit parlementaire, 4. Aufl. 2010, Rn. 294.

[258] Art. 45 Abs. 2–4 CF, Art. 77 Abs. 2 i. V. m. der „Gemeinsamen Geschäftsordnung des Bundestages und des Bundesrates für den Ausschuss nach Artikel 77 des Grundgesetzes (Vermittlungsausschuss)".

[259] Die parteipolitische Besetzung von Vermittlungsausschuss und CMP ist (insbesondere hinsichtlich der hohen Bedeutung des Vermittlungsvorschlags in Frankreich) heikel, s. hierzu nur *Avril/Gicquel*, Droit parlementaire, 4. Aufl. 2010, Rn. 296 sowie BVerfGE 112, 118 ff. mit Sondervoten von *Osterloh* und *Gerhardt* (148 ff.) sowie *Lübbe-Wolff* (153 ff.).

[260] BVerfGE 101, 297 (306 ff.); 120, 56 (73 ff.); hierzu *Frenzel*, Das Gesetzgebungsverfahren, JuS 2010, S. 27 u. 119 (122) und *Kluth*, Gesetzgebung im Spannungsfeld von Parlamentarismus und Föderalismus, in: FS W.-R. Schenke, 2011, S. 213 (218 f.);

[261] Diese als Trichter-Regel (*règle de l'entonnoir*) bezeichnete Rechtsprechung stützt der Conseil constitutionnel auf die Verfahrenseffizienz des Art. 45 CF und er wendet sie seit 2006 bereits ab der zweiten Lesung an; sie hat zu einer Vielzahl von Verfassungswidrigerklärungen durch den Conseil constitutionnel geführt, s. ausführlich *Chamussy*, La procédure parlementaire et le Conseil constitutionnel, Nouveaux Cahiers du Conseil constitutionnel 38 (2013), S. 37 (45 ff.).

[262] *Avril/Gicquel*, Droit parlementaire, 4. Aufl. 2010, Rn. 296; *Bryde*, in: v. Münch/Kunig (Hrsg.), GG II, 6. Aufl. 2012, Art. 77 Rn. 13.

[263] Bei Einspruchsgesetzen kann der Bundesrat einen Einspruch nur einlegen, wenn er zuvor den Vermittlungsausschuss angerufen hat, Art. 77 Abs. 3 i. V. m. Abs. 2 GG.

Kammern[264] beenden und eine *commission mixte paritaire* befassen konnte. Für Gesetzentwürfe der Regierung ist es bei dieser Regelung geblieben, nur bei Gesetzentwürfen der Abgeordneten und Senatoren können seit 2008 die Präsidenten der Nationalversammlung und des Senats gemeinsam die Befassung einer CMP beschließen. Fasst die CMP einen Beschluss, so ist es erneut allein die Regierung, die den von der CMP verabschiedeten Gesetzentwurf den beiden Parlamentskammern vorlegen kann und ohne deren Einverständnis keine Änderungsanträge mehr gestellt werden können (Art. 45 Abs. 3 CF). Schlägt dagegen der Vermittlungsausschuss eine Änderung des Gesetzesbeschlusses vor, so „hat der Bundestag erneut Beschluß zu fassen" (Art. 77 Abs. 2 S. 5 GG).

Die starke Stellung der französischen Regierung kommt schließlich zum Tragen, wenn sich Nationalversammlung und Senat auch nach einer Vermittlung nicht auf einen Gesetzestext einigen können. In Deutschland entscheidet in diesem Fall die Qualifizierung des Entwurfes als Zustimmungs- oder Einspruchsgesetz darüber, ob der Bundesrat den Gesetzentwurf scheitern lassen kann, indem er seine Zustimmung verweigert, oder ob ihm nur die Möglichkeit des Einspruchs zukommt, der vom Bundestag mit qualifizierter Mehrheit überwunden werden kann.[265] In Frankreich wird diese Weiche nicht unmittelbar vom Verfassungsrecht, sondern von der Regierung gestellt, in deren politischen Ermessen es steht, nach einer erneuten Beratung in beiden Kammern eine endgültige Beschlussfassung durch die Nationalversammlung zu verlangen (Art. 45 Abs. 4 CF). Nationalversammlung und Senat sind also nur solange gleichrangig an der Gesetzgebung beteiligt, wie die Regierung der Nationalversammlung nicht das letzte Wort erteilt. Daher vermag die in der deutschen Literatur vertretene Einschätzung, in Frankreich gebe es nur Einspruchsgesetze,[266] nicht vollständig zu überzeugen. Vielmehr sind im Ausgangspunkt alle Gesetze Zustimmungsgesetze, die aber zu Einspruchsgesetzen werden, sofern die Regierung dies beschließt. Da jedoch diese Befugnis der Regierung im Gesetzgebungsverfahren präsent ist, beschränkt sich der Einfluss der Senatoren auf politisch weniger umstrittene Gesetzesvorhaben und auf Änderungen in den Details, wohingegen ihr Einfluss bei politischen Grundsatzentscheidungen eher gering ist.[267] Dagegen übt der Bundesrat – insbesondere wenn die Bundestagsopposition in diesem eine Mehrheit hat[268] – einen wichtigen Einfluss zumindest auf den Inhalt bei

---

[264] Eine Anrufung nach bereits je einer Lesung ist nur möglich, wenn die Regierung eine Beratung im beschleunigten Verfahren wünscht und dem nicht die beiden Kammerpräsidenten gemeinsam widersprechen (Art. 45 Abs. 2 CF).

[265] Das Erfordernis der Zustimmung durch den Bundesrat wird vielfach in verfassungsrechtlich zulässiger Weise umgangen, indem ein Gesetzesvorhaben in einen zustimmungspflichtigen und einen zustimmungsfreien Teil aufgespalten wird, s. *Ossenbühl*, Verfahren der Gesetzgebung, in: Isensee/Kirchhof (Hrsg.), Handbuch des Staatsrechts V, 3. Aufl. 2007, § 102 Rn. 47.

[266] So z. B. *Kimmel*, Gesetzgebung im politischen System Frankreichs, in: Ismayr (Hrsg.), Gesetzgebung in Westeuropa, 2008, S. 229 (230).

[267] *Kempf*, Das politische System Frankreichs, 4. Aufl. 2007, S. 152.

[268] Dass die Vertreter im Bundesrat nicht allein Länder-, sondern auch parteipolitische Interessen vertreten, ist aus verfassungsrechtlicher Sicht nicht zu beanstanden, s. *Herzog*, Stellung des Bun-

Zustimmungsgesetzen aus.²⁶⁹ Abschließend sei zudem darauf hingewiesen, dass der Bundesrat auch am Erlass von Rechtsverordnungen und Verwaltungsvorschriften in einer Reihe von Fällen beteiligt ist.²⁷⁰

e) Gesetzgebung ohne parlamentarische Mehrheit: Ausnahme für den Krisenfall oder „Waffe" der Regierung

56 Dass die Stärkung der Regierung den Kern des *parlementarisme rationalisé* bildet, hat bereits die Darstellung der „Waffen der Regierung" im Gesetzgebungsverfahren verdeutlicht. Als stabilitätssicherndes Herzstück der französischen Verfassung²⁷¹ gilt jedoch Art. 49 Abs. 3 CF, der es der Regierung ermöglicht, das Inkrafttreten eines Gesetzes ohne explizite Zustimmung der Nationalversammlung zu erreichen.²⁷² Verbindet der Premierminister die Vertrauensfrage mit einer Gesetzesvorlage, so gilt diese – ohne weitere parlamentarische Beratung oder Abstimmung – als angenommen, wenn nicht innerhalb von 24 h ein Misstrauensantrag gegen die Regierung von einem Zehntel der Abgeordneten in die Nationalversammlung eingebracht und dieser (nach Ablauf einer Frist von mindestens 48 h) von einer absoluten Mehrheit der Mitglieder angenommen wird.²⁷³ Diese äußerst schneidige Regelung wird zwar nur selten (durchschnittlich einmal pro Jahr) angewandt.²⁷⁴ Sie hat aber beispielsweise die Minderheitsregierungen der Jahre 1988–1993 stabilisiert und es der Regierung zugleich ermöglicht, sich gegen das obstruktive Einbringen tausender Änderungsanträge durch die Opposition zur Wehr zu setzen. Zudem erlaubt sie es einer Regierung mit knapper Mehrheit, diese zu disziplinieren, da sie Gesetzentwürfe auch bei Gegenstimmen aus den Regierungsfraktionen durchzusetzen vermag.²⁷⁵ Diese „präventive Wirkung" unterscheidet den Art. 49 Abs. 3 CF denn auch grundlegend von dem in Art. 81 GG geregelten Gesetzgebungsnotstand. Während

---

desrates im demokratischen Bundesstaat, in: Isensee/Kirchhof (Hrsg.), Handbuch des Staatsrechts III, 3. Aufl. 2005, § 57 Rn. 17 ff.

²⁶⁹ Es wird in diesem Falle von einer „informellen Großen Koalition" gesprochen, *Ismayr*, Gesetzgebung im politischen System Deutschlands, in: ders. (Hrsg.), Gesetzgebung in Westeuropa, 2008, S. 383 (409) m. w. N.

²⁷⁰ Art. 80 Abs. 2, 84 Abs. 2, 85 Abs. 2 S. 1, 108 Abs. 7 GG.

²⁷¹ So *Jouanjan*, Grundlagen und Grundzüge staatlichen Verfassungsrechts, in: v. Bogdandy et al. (Hrsg.), Ius Publicum Europaeum I, 2007, § 2 Frankreich, Rn. 83.

²⁷² Die Regelung des Art. 49 Abs. 3 CF kann in jedem Stadium des Gesetzgebungsverfahrens, allerdings nur in der Nationalversammlung und nicht im Senat zur Anwendung kommen, *Gicquel/Gicquel*, Droit constitutionnel et institutions politiques, 26. Aufl. 2012, Rn. 1469; will sich die Regierung sowohl gegen die Nationalversammlung als auch gegen den Senat durchsetzen, bringt sie den Art. 49 Abs. CF erst zur Anwendung, nachdem sie die Nationalversammlung um eine endgültige Abstimmung (→ Rn. 55) gebeten hat.

²⁷³ Allgemein zum Misstrauensvotum → *Vilain/Wendel* § 4 Rn. 179 f.

²⁷⁴ Hierzu und zum Folgenden *Kimmel*, Gesetzgebung im politischen System Frankreichs, in: Ismayr (Hrsg.), Gesetzgebung in Westeuropa, 2008, S. 229 (254 f.).

²⁷⁵ *Gicquel/Gicquel*, Droit constitutionnel et institutions politiques, 26. Aufl. 2012, Rn. 1467.

die französische Regelung eine Regierungskrise verhindern soll, indem sie es der Regierung erlaubt, solange auch ohne eine sie im konkreten Fall stützende Mehrheit gesetzgeberisch tätig zu werden, wie sich in der Nationalversammlung keine absolute Mehrheit für ihren Sturz findet, kann dagegen Art. 81 GG erst zur Anwendung kommen, wenn die Regierungskrise bereits eingetreten ist. Nur wenn der Bundeskanzler auf seine Vertrauensfrage keine Mehrheit im Bundestag erhalten und der Bundespräsident den Bundestag dennoch nicht aufgelöst hat, kann letzterer auf Antrag der Bundesregierung und mit Zustimmung des Bundesrates den Gesetzgebungsnotstand erklären, wenn der Bundestag zuvor eine von der Bundesregierung als dringlich bezeichnete Vorlage abgelehnt hat. Um in einem solchen Falle eine völlige Lähmung der Gesetzgebungstätigkeit zu verhindern, kommt nach einer erneuten Ablehnung der Gesetzesvorlage durch den Bundestag das Gesetz auch ohne dessen Zustimmung zustande, sofern der Bundesrat diesem zustimmt. Anders als nach der Regelung des Art. 49 Abs. 3 CF benötigt die Bundesregierung also auch im Gesetzgebungsnotstand die Zustimmung der Länderkammer und sie ist zudem auf die Mitwirkung des Bundespräsidenten angewiesen.

Das voraussetzungsvolle und schwergängige Verfahren des Art. 81 GG ist bisher noch nicht zur Anwendung gekommen. Überlegungen, den Rückgriff auf Art. 81 GG in Krisensituationen zu vereinfachen, sind auf Widerstand gestoßen und haben sich nicht durchgesetzt.[276] In Frankreich ist dagegen regelmäßig von Art. 49 Abs. 3 CF Gebrauch gemacht worden, weshalb im Zuge der Verfassungsreform von 2008, die eine Stärkung des Parlaments zum Ziel hatte, auch der Art. 49 Abs. 3 CF geändert worden ist. Dieser kann nunmehr nur noch zur Verabschiedung des Haushalts, der Gesetze über die Finanzierung der Sozialversicherungen und je eines weiteren Gesetzes im parlamentarischen Jahr vom Premierminister zur Anwendung gebracht werden. Diese Beschränkung hat dazu geführt, dass von den Regierungen wieder vermehrt ein *vote bloqué* (→ Rn. 48) verlangt wird.[277] 57

f) Die Beteiligung des Staatsoberhaupts: Ausfertigung, Verkündungsanordnung – und präsidiales Veto?

Das Gesetzgebungsverfahren endet mit der Ausfertigung durch das jeweilige Staatsoberhaupt und dessen Anordnung, das Gesetz im Bundesgesetzblatt bzw. im *Journal Officiel* zu verkünden (Art. 10 Abs. 1 CF, Art. 82 Abs. 1 GG).[278] Zuvor sind – aus historisch wohl überkommenen Gründen[279] – die amtliche Textfassung 58

---

[276] Hierzu *Bryde*, in: v. Münch/Kunig (Hrsg.), GG II, 6. Aufl. 2012, Art. 81 Rn. 11.
[277] *Hamon/Troper*, Droit constitutionnel, 33. Aufl. 2012, Rn. 724.
[278] Sowohl in Deutschland als auch in Frankreich sind mittlerweile das Gesetzblatt sowie ein großer Teil der geltenden Gesetze und Verordnungen kostenfrei im Internet zugänglich, http://www.journal-officiel.gouv.fr/ und http://www1.bgbl.de/ sowie http://www.gesetze-im-internet.de/ und http://www.legifrance.gouv.fr/.
[279] So jedenfalls zu Deutschland *Ossenbühl*, Verfahren der Gesetzgebung, in: Isensee/Kirchhof (Hrsg.), Handbuch des Staatsrechts V, 3. Aufl. 2007, § 102 Rn. 65 ff.

bzw. das Ausfertigungsdekret durch den Bundeskanzler/Premierminister und die zuständigen Fachminister gegenzuzeichnen. Bundespräsident und Staatspräsident werden hier in ihrer Funktion als Staatsnotar tätig, indem sie vor allem prüfen, ob der Gesetzestext mit dem vom Parlament beschlossenen Text übereinstimmt und ob das Gesetzgebungsverfahren ordnungsgemäß verlaufen ist.[280]

59 Letzteres stellt unter dem Schlagwort „Prüfungsrecht des Bundespräsidenten" einen Klassiker unter den Streitfragen des bundesdeutschen Staatsorganisationsrechts dar. So ist es mittlerweile zwar ständige Staatspraxis, dass der Bundespräsident die Verfassungsmäßigkeit des auszufertigenden Gesetzes prüft und gegebenenfalls (wie bisher acht Mal geschehen[281]) seine Unterschrift verweigert; Umfang (formelle oder auch materielle Verfassungsmäßigkeit) und Intensität (Beschränkung auf evidente Verfassungsverstöße) dieser Kontrolle sind aber weiterhin sehr umstritten.[282] Verweigert der Bundespräsident die Ausfertigung, können Bundestag und Bundesrat theoretisch den Versuch unternehmen, ihn im Wege des bundesverfassungsgerichtlichen Organstreitverfahrens zur Unterschrift zu zwingen.[283] Politisch wäre ein solches Vorgehen des Parlaments angesichts der regelmäßig hohen Popularität des Bundespräsidenten und dessen Reputation als überparteilich äußerst riskant, weshalb die Bundespräsidenten tatsächlich bisher immer das letzte Wort behalten haben, wenn sie die Ausfertigung verweigerten. Dennoch scheint es angesichts des rein verfassungsrechtlichen Maßstabs der Prüfung überzeichnet, den Bundespräsidenten als Veto-Spieler im Sinne der Politikwissenschaften zu bezeichnen.[284] Dies dürfte auch für den französischen Staatspräsidenten gelten. Denn dieser verfügt zwar nach Art. 10 Abs. 2 CF über ein politisches Vetorecht, das jedoch nur aufschiebende Wirkung hat. Einer langen historischen Tradition entsprechend kann er innerhalb von fünfzehn Tagen eine erneute Beratung des Parlaments über ein Gesetz oder über einzelne Artikel verlangen, ohne hierbei an das Vorliegen bestimmter Voraussetzungen gebunden zu sein.[285] Beschließt das Parlament das Gesetz aber erneut, so ist der Staatspräsident verpflichtet, dieses auszufertigen.[286] Er kann somit das Inkrafttreten von Gesetzen selbst nicht endgültig verhindern, was ein maßgeblicher Grund dafür sein dürfte, dass seit 1958 erst drei Mal eine erneute Beratung durch einen Staatspräsidenten verlangt worden ist.[287] Hat er allerdings Zweifel an der Verfassungsmäßigkeit des Gesetzes, so kann er – anders als der

---

[280] *Gicquel/Gicquel*, Droit constitutionnel et institutions politiques, 26. Aufl. 2012, Rn. 1235; *Morlok/Michael*, Staatsorganisationsrecht, 2013, Rn. 866, 912.

[281] *Pieper*, in: Epping/Hillgruber (Hrsg.), GG, 2. Aufl. 2013, Art. 82 Rn. 18.

[282] Siehe hierzu einführend *Schoch*, Die Prüfungskompetenz des Bundespräsidenten im Gesetzgebungsverfahren, Jura 2007, S. 354 ff. m. w. N.

[283] *Morlok/Michael*, Staatsorganisationsrecht, 2013, Rn. 874.

[284] *Pieper*, in: Epping/Hillgruber (Hrsg.), GG, 2. Aufl. 2013, Art. 82 Rn. 16.

[285] Hierzu und zum Folgenden *Avril/Gicquel*, Droit parlementaire, 4. Aufl. 2010, Rn. 310 ff.

[286] *Pactet/Mélin-Soucramanien*, Droit constitutionnel, 30. Aufl. 2011, S. 480.

[287] In zwei Fällen ermöglichte die erneute Beratung eine Änderung des Gesetzes nach Maßgabe einer zuvor ergangenen Entscheidung des Conseil constitutionnel, s. *Avril/Gicquel*, Droit parlementaire, 4. Aufl. 2010, Rn. 312.

§ 5 Rechtsetzung

deutsche Bundespräsident – vor der Ausfertigung eine abstrakte Normenkontrolle durch den Conseil constitutionnel beantragen.[288] Rechtsvergleichend scheint diese Lösung einer vom Staatsoberhaupt beantragten Kontrolle durch das zu diesem Zweck geschaffene Verfassungsgericht vorzugswürdig gegenüber einer Kontrolle der Verfassungsmäßigkeit durch das Staatsoberhaupt selbst.

g) Verfassungsgerichtliche Kontrolle von Verfahrensverstößen

Verletzungen der Vorschriften über das Gesetzgebungsverfahren spielen in den verfassungsgerichtlichen Entscheidungen in Deutschland und Frankreich eine ganz unterschiedliche Rolle. Sieht man von der Frage der Gesetzgebungskompetenz ab, hat das Bundesverfassungsgericht bisher nur sehr selten ein Gesetz wegen seines fehlerhaften Zustandekommens für nichtig erklärt.[289] Da die in Karlsruhe überprüften Gesetze regelmäßig bereits in Kraft getreten sind, berücksichtigt das Bundesverfassungsgericht den Aspekt der Rechtssicherheit und erklärt Gesetze nur wegen evidenter Verfahrensfehler für nichtig.[290] Der Conseil constitutionnel nimmt dagegen hinsichtlich der Verfahrensvorschriften eine vergleichsweise strenge Kontrolle vor und erklärt regelmäßig Gesetze wegen prozeduraler Mängel für verfassungswidrig. Zwar führen Verstöße gegen die Geschäftsordnung allein (wie in Deutschland) nicht zur Verfassungswidrigkeit des Gesetzes,[291] die französische Verfassung regelt aber das Gesetzgebungsverfahren deutlich detaillierter als das Grundgesetz (→ Rn. 30), weshalb Verfahrensfehler in Frankreich häufiger verfassungsrechtliche Qualität haben. Zudem prüft der Conseil constitutionnel die Einhaltung der Verfahrensvorschriften im Wesentlichen im Rahmen der abstrakten Normenkontrolle.[292] Da diese aber vor der Gesetzesverkündung erfolgt, steht der Gesichtspunkt der Rechtssicherheit einer strengen Sanktionierung von Verfahrensfehlern nicht entgegen.

60

h) Allgemeine prozedurale und materielle „Qualitätsanforderungen"

Zudem wird in Frankreich wie in Deutschland zunehmend über allgemeine prozedurale und materielle Qualitätsstandards für Gesetze und deren Sicherung disku-

61

---

[288] → *Marsch* § 6 Rn. 36.
[289] Siehe die Nachweise bei *Meermagen/Schultzky*, Das Verfahren der Gesetzgebung vor dem Bundesverfassungsgericht, VerwArch 101 (2010), S. 539 (540); *Zeh*, Parlamentarisches Verfahren, in: Isensee/Kirchhof (Hrsg.), Handbuch des Staatsrechts III, 3. Aufl. 2005, § 53 Rn. 7 a. E.
[290] Ausführlich und kritisch zu dieser Rechtsprechung *Meermagen/Schultzky*, Das Verfahren der Gesetzgebung vor dem Bundesverfassungsgericht, VerwArch 101 (2010), S. 539 (554 ff.).
[291] C.C., 10./11.10.1984, 84-181 DC, Cons. 5 – Entreprises de presse; *Frenzel*, Das Gesetzgebungsverfahren, JuS 2010, S. 27, 119 (120) m. w. N.
[292] Das verfahrensfehlerhafte Zustandekommen eines Gesetzes kann dagegen nicht im Rahmen einer konkreten Normenkontrolle gerügt werden → *Marsch* § 6 Rn. 71.

tiert, die über die hergebrachten Standards der Rechtsklarheit und Bestimmtheit[293] hinausgehen. In der Bundesrepublik drehte sich der Streit zunächst darum, ob der Gesetzgeber nichts anderes schulde als das Gesetz (*Schlaich*) oder ob er nicht doch zu einer optimalen Methodik der Gesetzgebung verpflichtet sei (*Schwerdtfeger*),[294] während nunmehr – angefacht durch Entscheidungen des Bundesverfassungsgerichts – über etwaige Rationalitätsanforderungen an den Gesetzgeber und die innere Folgerichtigkeit von Gesetzen debattiert wird.[295] Teils verfassungsrechtlich, teils rechtspolitisch diskutiert und in manchen Regelungsbereichen oder Bundesländern bereits eingeführt, soll die materielle Qualität von Gesetzen auch prozedural durch Gesetzesfolgenabschätzung[296], Begründungs-[297] und Beobachtungspflichten[298] sowie die Befristung von Gesetzen[299] gesichert werden. Darüber hinaus wird als ein Evergreen in beiden Staaten die immer weiter anschwellende „Normenflut" und die damit einhergehende Komplexität des Rechts beklagt,[300] wobei zu Recht auch darauf hingewiesen wird, dass diese schon von *de Montaigne* kritisiert wurde[301] und der Verzicht auf Normierung regelmäßig mit einem (politisch zu beurteilenden)

---

[293] Während diese Gebote in Deutschland als Ausdruck des Rechtsstaatsgebots seit langem anerkannt sind (s. nur *Morlok/Michael*, Staatsorganisationsrecht, 2013, Rn. 341 ff.), hat der Conseil constitutionnel diese erst spät als verfassungsrechtliche Gebote anerkannt (C.C., 12.1.2002, 2001-455, Cons. 9 – Loi de modernisation sociale).

[294] Nachweise und eine Einführung in die Problematik bei *Wallerath*, Was schuldet der Gesetzgeber?, in: FS M. Schröder, 2012, S. 399 (399 f.).

[295] Zur Hartz IV-Entscheidung des Bundesverfassungsgerichts, in der dieses die Wahl eines transparenten und sachgerechten Verfahrens zur Ermittlung des zur Sicherung des Existenzminimums notwendigen Geldbetrages fordert s. *Rixen*, Rationalität des Rechts und "Irrationalität" demokratischer Rechtsetzung, JöR 61 (2013), S. 525 ff. Vgl. des Weiteren aus der umfangreichen Literatur nur *Bumke*, Die Pflicht zur konsistenten Gesetzgebung, Der Staat 49 (2010), S. 77 ff.; *Dann*, Verfassungsgerichtliche Kontrolle gesetzgeberischer Rationalität, Der Staat 49 (2010), S. 630 ff. sowie *Lienbacher* und *Grzeszick*, Rationalitätsanforderungen an die parlamentarische Rechtsetzung im demokratischen Rechtsstaat, VVDStRL 71 (2012), S. 7 ff. und 49 ff.

[296] → Rn. 35.

[297] *Kluth*, Gesetzgebung im Spannungsfeld von Parlamentarismus und Föderalismus, in: FS W.-R. Schenke, 2011, S. 213 (223 ff.); *Redeker/Karpenstein*, Über Nutzen und Notwendigkeit, Gesetze zu begründen, NJW 2001, S. 2825 ff.

[298] *Pabst*, Selbst und fremd auferlegte Beobachtungspflichten des Gesetzgebers, ZG 2012, S. 386 ff.

[299] Kritisch hierzu *Ossenbühl*, Gesetz und Verordnung im gegenwärtigen Staatsrecht, in: Schuppert (Hrsg.), Das Gesetz als zentrales Steuerungsinstrument des Rechtsstaates, 1998, S. 27 (34); *Zimmermann*, Reform der Staatstätigkeit durch generelle Befristung von Gesetzen, DÖV 2003, S. 940 ff.

[300] *Karpen*, 40 Jahre Gesetzgebungslehre in Deutschland und der Beitrag der ZRP, ZRP 2007, S. 234 (235); differenzierter *F. Reimer*, Das Parlamentsgesetz als Steuerungsmittel und Kontrollmaßstab, in: Hoffmann-Riem et al. (Hrsg.), Grundlagen des Verwaltungsrechts I, 2. Aufl. 2012, § 9 Rn. 99 ff. Viel beachtet auf französischer Seite die beiden *rapport publics* des Conseil d'Etat der Jahre 1991 (De la sécurité juridique) und 2006 (Sécurité juridique et complexité du droit).

[301] *Carcassonne*, Penser la loi, Pouvoirs 114 (2005), S. 39 (39).

Verzicht auf Steuerung verbunden ist.[302] Diese Diskussionen um die Quantität und die Qualität von Gesetzen haben den Conseil constitutionnel veranlasst, Gesetzesbestimmungen für verfassungswidrig zu erklären, die keinen normativen Gehalt (*portée normative*) besitzen,[303] also rein symbolischer Natur sind.[304] In funktional ähnlicher, allerdings grundrechtlich fundierter Weise hat das Bundesverfassungsgericht Normen des Steuerrechts für verfassungswidrig erklärt, die zwar einen normativen Gehalt aufwiesen, aus strukturellen, durch die Rechtsordnung selbst bedingten Gründen jedoch in der Mehrheit der Fälle nicht vollzogen werden konnten.[305]

2. *Besondere Gesetzgebungsverfahren*

Neben den allgemeinen Regeln über das Gesetzgebungsverfahren kennen beide Verfassungen Spezialregelungen für besondere Gesetzesarten. Deren Besonderheit besteht dabei entweder darin, dass nicht das Parlament, sondern das Volk selbst das Gesetz beschließt (a), oder es handelt sich dem Inhalt nach um ein Gesetz, das nur im Rahmen eines speziellen Gesetzgebungsverfahrens verabschiedet werden kann. Dies ist vor allem bei Verfassungsänderungen (b) und den verfassungsausführenden *lois organiques* (c) der Fall, aber auch bei Haushaltsgesetzen und den Gesetzen über die Finanzierung der Sozialversicherungen, deren Darstellung jedoch den vorliegenden Rahmen sprengen würde.[306]

62

a) Volksgesetzgebung

Neben dem parlamentarischen Gesetzgebungsverfahren, das in beiden Staaten Ausdruck einer Grundentscheidung für eine repräsentative Demokratie ist, kennen so-

63

---

[302] *Thierse*, Wege zu besserer Gesetzgebung – sachverständige Beratung, Begründung, Folgeabschätzung und Wirkungskontrolle, NVwZ 2005, S. 153 (154). Nach *Ismayr*, Gesetzgebung in den Staaten der Europäischen Union im Vergleich, in: ders. (Hrsg.), Gesetzgebung in Westeuropa, 2008, S. 9 (13 f.) handelt es sich bei der Verrechtlichung um einen allgemeinen Befund der westeuropäischen Staaten, der vor allem durch die Ausweitung der Staatstätigkeit und die Erfordernisse der Rechtsstaatlichkeit bedingt ist.
[303] Grundlegend C.C., 21.4.2005, 2005-512 DC, Cons. 7 ff. – L'avenir de l'école; hierzu *Hamon/Troper*, Droit constitutionnel, 33. Aufl. 2012, Rn. 705 und kritisch *Carcassonne*, Penser la loi, Pouvoirs 114 (2005), S. 39 (46), der einen „rein ästhetischen" Schaden ausmacht, auf den zu viel wissenschaftliche Anstrengung verwendet werde.
[304] Zu diesem Phänomen aus deutscher Perspektive *Newig*, Symbolische Umweltgesetzgebung, 2003.
[305] BVerfGE 84, 239 – Kapitalertragssteuer; 110, 94 – Spekulationssteuer; hierzu *Funke*, Gleichbehandlungsgrundsatz und Verwaltungsverfahren, AöR 132 (2007), S. 168 ff.
[306] Siehe hierzu insb. die Kommentierungen zu Art. 110 Abs. 3 GG sowie *Hamon/Troper*, Droit constitutionnel, 33. Aufl. 2012, Rn. 737 ff., 741.

wohl Deutschland als auch Frankreich direktdemokratische Elemente.[307] Gerade der Rechtsvergleich zeigt jedoch, dass die den Bürgern eingeräumte Möglichkeit, durch Referendum oder Volksentscheid anstelle des Parlaments ein Gesetz zu beschließen, deutlich ambivalenter ist, als es die politische Diskussion in Deutschland glauben lässt.[308]

64 Diese dreht sich seit langem und zuletzt in den Koalitionsverhandlungen 2013 darum, ob Volksbegehren und Volksentscheide auch auf Bundesebene eingeführt werden sollten. Hintergrund ist, dass das Grundgesetz „Abstimmungen" im Sinne von Art. 20 Abs. 3 S. 2 GG nur für den Fall einer Neugliederung des Bundesgebietes (Art. 29 GG) wie der gescheiterten Fusion der Länder Brandenburg und Berlin sowie der Ablösung des Grundgesetzes nach Art. 146 GG[309] vorsieht. Die Einführung von Plebisziten auf Bundesebene bedürfte daher einer Grundgesetzänderung.[310] Diese Ablehnung direktdemokratischer Elemente gründet auch auf einer nach dem Krieg vorherrschenden Interpretation in der Wissenschaft, nach der die Erfahrungen der Weimarer Republik mit Volksabstimmungen als sehr negativ zu beurteilen seien.[311] Nach *Leibholz* sollte als „rationalisierte Erscheinungsform der plebiszitären Demokratie" der Parteienstaat als „Surrogat der direkten Demokratie im modernen Flächenstaat" an deren Stelle treten.[312] Die Länderverfassungen enthalten dagegen heute alle direktdemokratischen Elemente und räumen den Bürgern sowohl das Recht ein, ein Gesetzesvorhaben zu initiieren, als auch das Recht, über den – selbst erarbeiteten – Gesetzentwurf abzustimmen.[313] Auch auf kommunaler Ebene stehen den Bürgern in allen Bundesländern die Möglichkeit der direktdemokratischen Beteiligung offen.[314] In der öffentlichen Wahrnehmung scheinen plebiszitäre Elemente vor allem als Korrektiv der repräsentativen Demokratie angesehen zu werden, die es den Bürgern erlaubt, sich gegen die jeweilige Regierung und die diese stützenden Parteien, manchmal auch gegen die „politische Klasse" als Ganzes durchzusetzen.[315]

65 In Frankreich hat dagegen das Referendum eine in das 19. Jahrhundert zurückreichende Tradition als Instrument des Herrschers zur Umgehung des Parlaments. Sowohl *Napoleon I.* als auch *Napoleon III.* festigten ihre Macht, indem sie ihre Stellung als Konsul auf Lebenszeit bzw. Kaiser und die ihre Macht konsolidieren-

---

[307] Ausführlich zu Deutschland die Referate von *Möstl* und *Schuler-Harms*, Elemente direkter Demokratie als Entwicklungsperspektive, VVDStRL 72 (2012), S. 355 ff. und 417 ff.

[308] Siehe hierzu und zum Folgenden auch → *Gaillet* § 2 Rn. 46 f.

[309] Hierzu → *Gaillet* § 9 Rn. 18 ff.

[310] *Schnapp*, in: v. Münch/Kunig (Hrsg.), GG I, 6. Aufl. 2012, Art. 20 Rn. 24; *Sommermann*, in: v. Mangoldt et al. (Hrsg.), GG II, 6. Aufl. 2010, Art. 20 Rn. 161 f.

[311] Heute fällt die Bewertung der Weimarer Erfahrungen deutlich differenzierter aus, zum Ganzen *Schwieger*, Volksgesetzgebung in Deutschland, 2005, S. 270 ff., 309 ff.

[312] Verhandlungen des 38. Deutschen Juristentages, 1951, Gutachten C, S. 9.

[313] Hierzu *B. J. Hartmann*, Volksgesetzgebung und Grundrechte, 2005, S. 31 ff.; *ders./Kamm*, Gesetzgebungsverfahren in Land, Bund und Union, Jura 2014, S. 283 (293 f.); *Kost*, Direkte Demokratie, 2. Aufl. 2013, S. 56 ff.

[314] Ausführlich hierzu *Kost*, Direkte Demokratie, 2. Aufl. 2013, S. 33 ff.

[315] Siehe beispielsweise *Kost*, Direkte Demokratie, 2. Aufl. 2013, S. 89 ff.

den Verfassungen durch das Volk bestätigen ließen.³¹⁶ In dieser bonapartistischen Weise wurde das Referendum auch von *Charles de Gaulle* als Mittel genutzt, um seine Position zu stärken, indem er sich – an den von ihm geringgeschätzten Parteien vorbei – direkt ans Volk wandte und dieses um Zustimmung zu seiner Politik bat.³¹⁷ Angesichts der Praxis *de Gaulles*, seine politische Zukunft als auf sieben Jahre gewählter und nicht abwählbarer Staatspräsident mit dem Ausgang der Referenden zu verbinden und 1969 dann auch in Folge eines gescheiterten Referendums zurückzutreten, wird in der französischen Literatur diskutiert, ob es sich beim Referendum in erster Linie um eine Abstimmung über eine Sachfrage oder um eine Vertrauensfrage des Präsidenten handelt.³¹⁸ Dieser bonapartistischen Tradition entspricht die verfassungsrechtliche Ausgestaltung in Art. 11 CF³¹⁹: Bis 2013 konnte allein der Staatspräsident auf Vorschlag der Regierung bestimmte Gesetzentwürfe dem Volk zur Abstimmung vorlegen.³²⁰ Ein Volksbegehren oder ein Referendum auf Initiative des Parlaments oder einzelner Fraktionen war nicht vorgesehen.³²¹ Zudem genießen vom Volk verabschiedete Gesetze zwar wie in Deutschland keinen höheren Rang in der Normenhierarchie, sie besitzen aber – anders als dies die Literatur zum deutschen Verfassungsrecht betont³²² – eine höhere Legitimation und werden daher vom Conseil constitutionnel nicht auf ihre Vereinbarkeit mit der Verfassung kontrolliert.³²³

Durch die Verfassungsreform von 2008 und die erst fünf Jahre später geglückte Verabschiedung eines *loi organique*³²⁴ wurde das bis dahin der Exekutive vorbehaltene Initiativrecht erweitert. Ab 2015 kann nunmehr ein Fünftel der Parlamentarier beschließen, einen Gesetzentwurf dem Volk zur Abstimmung vorzulegen; bevor es jedoch zum Referendum kommt, muss der Gesetzentwurf die Unterstützung eines Zehntels der eingeschriebenen Wähler erhalten.³²⁵ Anders als der vom Staatsprä- **66**

---

³¹⁶ *P. C. Hartmann*, Französische Verfassungsgeschichte der Neuzeit (1450–1980), 1985, S. 68 ff., 71 ff., 94 ff.

³¹⁷ *Hamon*, La loi référendaire, in: Troper/Chagnollaud (Hrsg.), Traité international de droit constitutionnel II, 2012, S. 573 (576 f.).

³¹⁸ *Hamon*, La loi référendaire, in: Troper/Chagnollaud (Hrsg.), Traité international de droit constitutionnel II, 2012, S. 573 (577).

³¹⁹ Zur Verfassungsänderung im Wege des Referendums → Rn. 67 ff.

³²⁰ S. auch die Bewertung von *Haguenau-Moizard*, Les systèmes politiques européens, 2009, S. 91.

³²¹ *Weber*, Europäische Verfassungsvergleichung, 2010, Kap. 7 Rn. 38 ff. unterscheidet daher rechtsvergleichend zwischen Referenden aufgrund von Volksinitiativen und fakultativen Referenden.

³²² S. nur *H. Schneider*, Gesetzgebung, 3. Aufl. 2002, Rn. 182.

³²³ → *Marsch* § 6 Rn. 35.

³²⁴ L. O. 2013-1114 v. 6.12.2013 portant application de l'article 11 de la Constitution.

³²⁵ Art. 11 Abs. 3 CF i. V. m. Art. 45-1 ff. der Ordonnance 58-1067 v. 7.11.1958 portant loi organique sur le Conseil constitutionnel. Anders als der zum Teil in den Medien verwendete Begriff des *référendum d'initiative populaire* suggeriert, handelt es sich nicht um ein Volksbegehren im engeren Sinne, da die Parlamentarier und die Wähler das Initiativrecht nur gemeinsam ausüben können, weshalb der ebenfalls geläufige Begriff des *référendum d'initiative partagée* zutreffender ist.

sidenten zum Referendum vorgelegte Gesetzentwurf, ist in diesem Fall der Gesetzentwurf jedoch zunächst zwingend dem Conseil constitutionnel zur Kontrolle vorzulegen, bevor die erforderlichen Unterschriften gesammelt werden dürfen.[326]

b) Verfassungsänderungen

67 Die Gewährleistung von Verlässlichkeit und Kontinuität ist ein wesentlicher Anspruch von Verfassungen, weshalb ihre erschwerte Abänderbarkeit als ein wichtiges Element des Verfassungsbegriffs angesehen wird.[327] Das Grundgesetz kann daher nach Art. 79 Abs. 2 GG nur mit einer Mehrheit von zwei Dritteln der Mitglieder des Bundestages und derselben Mehrheit im Bundesrat geändert werden, was zwischen 1951 und 2013 59 Mal geschehen ist. In Frankreich sind bis 2013 24 verfassungsändernde Gesetze verabschiedet worden.[328] Anders als in Deutschland können jedoch die beiden französischen Parlamentskammern die Verfassung nicht alleine ändern. Geht die Initiative zur Verfassungsänderung von einem Abgeordneten oder Senator oder einer Gruppe von Parlamentariern aus, so bedarf der Gesetzentwurf über die Verfassungsänderung nicht nur der Zustimmung der einfachen Mehrheit in beiden Kammern, sondern muss hiernach vom Volk im Wege des Referendums angenommen werden (Art. 89 Abs. 2 CF). Geht die Initiative zur Verfassungsänderung dagegen vom Staatspräsidenten auf Vorschlag des Premierministers aus, kann der Staatspräsident nach freiem Ermessen entscheiden, den von Nationalversammlung und Senat verabschiedeten Gesetzentwurf nicht dem Volk, sondern den beiden als Kongress versammelten Parlamentskammern zur gemeinsamen Abstimmung vorzulegen (Art. 89 Abs. 3 CF). Im Kongress ist dann eine Mehrheit von drei Fünfteln der abgegebenen Stimmen erforderlich. Dieser Weg wird regelmäßig dem Referendum vorgezogen, da – in vielen Fällen wohl zu Recht[329] – davon ausgegangen wird, dass sich die Bevölkerung nicht für die konkrete Verfassungsänderung interessiert.[330] Das gegenteilige Ziel, nämlich eine Umgehung des Parlaments, hatte dagegen Staatspräsident *de Gaulle* im Jahr 1962 im Sinn. Daher legte er die von ihm gewünschte und im Parlament umstrittene Verfassungsänderung (Einführung der Direktwahl des Staatspräsidenten durch das Volk[331]) ohne vorherige Abstimmung in Nationalversammlung oder Senat direkt dem Volk zur Abstimmung vor. Er stützte

---

[326] Art. 1 L. O. 2013-1114 v. 6.12.2013 i. V. m. Art. 45-2 Ordonnance 58-1067 v. 7.11.1958.

[327] *Masing*, Zwischen Kontinuität und Diskontinuität: Die Verfassungsänderung, in: Wahl (Hrsg.), Verfassungsänderung, Verfassungswandel, Verfassungsinterpretation, 2008, S. 131 (134); *Volkmann*, Grundzüge einer Verfassungslehre der Bundesrepublik Deutschland, 2013, S. 12, 62 ff.

[328] Siehe die Liste unter http://www.conseil-constitutionnel.fr/conseil-constitutionnel/francais/la-constitution/les-revisions-constitutionnelles/les-revisions-constitutionnelles.5075.html (Stand: 10.02.2014).

[329] So haben selbst am Referendum über die Verkürzung der Amtszeit des Staatspräsidenten im Jahr 2000 nur etwas mehr als 30% der Wahlberechtigten teilgenommen.

[330] *Kimmel*, Gesetzgebung im politischen System Frankreichs, in: Ismayr (Hrsg.), Gesetzgebung in Westeuropa, 2008, S. 229 (266).

[331] Näher → *Vilain/Wendel* § 4 Rn. 99 ff.

sich dabei auf Art. 11 CF, der ein solches Vorgehen für einfache Gesetze vorsieht, auf Verfassungsänderungen aber angesichts der Spezialregelung in Art. 89 CF wohl nicht anwendbar sein dürfte. Da sich der Conseil constitutionnel aber weigerte, ein vom Volk verabschiedetes (verfassungsänderndes) Gesetz zu überprüfen,[332] gehen manche Autoren heute davon aus, dass es Verfassungsgewohnheitsrecht entspreche, eine Verfassungsänderung im Wege des Art. 11 CF zu beschließen.[333] Auch wenn seit 1962 kein Staatspräsident mehr auf Art. 11 CF zurückgegriffen hat, um eine Verfassungsänderung zu bewirken, ist jedenfalls die faktische Feststellung zutreffend, dass das Parlament den Staatspräsidenten in Ermangelung eines Organstreitverfahrens nicht von einem solchen Vorgehen wird abhalten können.[334]

Neben den besonderen prozeduralen Anforderungen an eine Verfassungsänderung setzen die französische und die deutsche Verfassung einer Verfassungsänderung auch materielle Grenzen. So können nach Art. 89 Abs. 4 und 5 CF die territoriale Einheit Frankreichs sowie dessen republikanische Staatsform auch durch eine Verfassungsänderung nicht beeinträchtigt oder abgeschafft werden. Allerdings müssen sich diese Normen im politischen Prozess bewähren, da der Conseil constitutionnel es ablehnt, Verfassungsänderungen auf ihre Vereinbarkeit mit den genannten Vorschriften zu überprüfen. Dagegen ist die Ewigkeitsklausel des Art. 79 Abs. 3 GG, welche „die Gliederung des Bundes in Länder, die grundsätzliche Mitwirkung der Länder bei der Gesetzgebung und die in den Artikeln 1 und 20 niedergelegten Grundsätze" einer Verfassungsänderung entzieht, bereits vom Bundesverfassungsgericht als Prüfungsmaßstab herangezogen worden.[335] Sie wird vom Bundesverfassungsgericht zudem zur Bestimmung des unantastbaren Kerngehalts der Verfassungsidentität des Grundgesetzes herangezogen, der einer Übertragung von Kompetenzen auf die Europäische Union Grenzen setzt.[336]

68

c) Lois organiques (verfassungsausführende Gesetze)

Sowohl das Grundgesetz als auch die französische Verfassung regeln an vielen Stellen nur fundamentale Grundzüge und bestimmen daher in einer Reihe von Vorschriften, dass die weitere Ausgestaltung vom Gesetzgeber vorzunehmen ist.[337] Nur das französische Verfassungsrecht kennt hierfür jedoch die besondere Normkategorie und den Begriff der *lois organiques*, der dem Inhalt nach als „verfassungsaus-

69

---

[332] C.C., 6.11.1962, 62-20 DC; → *Marsch* § 6 Rn. 35.

[333] *Kimmel*, Gesetzgebung im politischen System Frankreichs, in: Ismayr (Hrsg.), Gesetzgebung in Westeuropa, 2008, S. 229 (266).

[334] Einzig in Betracht kommende Möglichkeit wäre ein Amtsenthebungsverfahren nach Art. 68 CF, das jedoch kaum Aussicht auf Erfolg haben dürfte.

[335] So in BVerfGE 94, 49 (102 ff.).

[336] → *Wendel* § 8 Rn. 88; → *Gaillet* § 9 Rn. 21 ff.

[337] Art. 38 GG stellt beispielsweise in seinen Absätzen 1 und 2 eine Reihe von Wahlrechtsgrundsätzen auf und bestimmt das Mindestalter für das aktive und passive Wahlrecht, während Abs. 3 die Regelung des Näheren einem Bundesgesetz vorbehält.

führende" oder „verfassungsergänzende Gesetze" zu übersetzen ist. Für diese *lois organiques* normiert Art. 46 CF einige spezielle Regelungen, ohne sie dabei jedoch nach materiellen Kriterien zu definieren. Vielmehr fallen nach Art. 46 Abs. 1 CF jene Gesetze in die Kategorie der *lois organiques*, die in einer Vorschrift der Verfassung als solche bezeichnet werden, wie beispielsweise das auf der Grundlage von Art. 6 Abs. 3 CF erlassene Gesetz über die Wahl des Staatspräsidenten.[338] Inhaltlich handelt es sich im Wesentlichen um Gesetze, die Organisation und Kompetenzen der Staatsorgane regeln. Normhierarchisch stehen sie unterhalb der Verfassung, aber oberhalb der einfachen Gesetze, weshalb sie vom Conseil constitutionnel als Bestandteil des *bloc de constitutionnalité* angesehen werden, der den Prüfungsmaßstab der verfassungsgerichtlichen Kontrolle einfacher Gesetze bildet.[339]

70 Was das Verfahren zum Erlass von *lois organiques* betrifft, verweist Art. 46 CF weitgehend auf die Vorschriften des allgemeinen Gesetzgebungsverfahrens. Bei Dissens zwischen den beiden Parlamentskammern kann die Nationalversammlung jedoch nur mit absoluter Mehrheit der Stimmen endgültig beschließen (Abs. 3 i. V. m. Art. 45 Abs. 4); *lois organiques*, die die Arbeit des Senats betreffen, können nur im Konsens durch beide Kammern angenommen werden (Abs. 4).[340] Schließlich sieht Abs. 5 eine obligatorische Kontrolle aller *lois organiques* durch den Conseil constitutionnel vor, bevor diese in Kraft treten können.

IV. Fazit

71 Die rechtsvergleichende Darstellung der Rechtsetzungskompetenzen und des Gesetzgebungsverfahrens haben deutlich werden lassen, dass die Verfassungsgeber in Frankreich und Deutschland teilweise gegenläufige Schlüsse aus der Vergangenheit gezogen haben. Das Grundgesetz stabilisiert die Regierung, indem es beispielsweise nur konstruktive Misstrauensvoten zulässt, und weist die Rechtsetzung als Aufgabe schwerpunktmäßig dem Parlament zu. Diese Aufgabenverteilung wurde durch das Bundesverfassungsgericht immer wieder akzentuiert und gestärkt (Wesentlichkeitslehre, Beteiligungsrechte des Bundestages in europäischen Angelegenheiten). Die französische Verfassung belässt es dagegen nicht bei einer Stabilisierung der Regierung, sondern stärkt deren Stellung im Gesetzgebungsverfahren, um ihre Handlungsfähigkeit sicherzustellen (Beherrschung der Tagesordnung, Gesetzgebung ohne parlamentarische Mehrheit etc.). Hierbei ist auch zu berücksichtigen,

---

[338] Eine Regelung durch eine *loi organique* sehen des Weiteren unter anderem Art. 25 Abs. 1 (Zusammensetzung, Wahlperiode und weitere Regelungen über die Organisation der Nationalversammlung und des Senats), Art. 63 (Organisation des Verfahrens vor dem Conseil constitutionnel), Art. 61-1 Abs. 2 (Verfahren der konkreten Normenkontrolle) und Art. 64 Abs. 3 (Statut der Richter) vor.

[339] *Favoreu et al.*, Droit constitutionnel, 16. Aufl. 2014, Rn. 172; zum Begriff des *bloc de constitutionnalité* → Marsch § 6 Rn. 37.

[340] Zu letzterem s. C.C., 13.2.2014, 2014-689 DC, Cons. 2 ff. – Loi organique interdisant le cumul de fonctions exécutives locales avec le mandat de député ou de sénateur.

dass in Deutschland der Bundestag das einzige direkt gewählte Staatsorgan auf Bundesebene ist, während in Frankreich auch der Staatspräsident eine solche unmittelbare Legitimation genießt.

Die starke Stellung der französischen Regierung im Rechtsetzungsprozess war aber auch eine Reaktion auf die politischen Verhältnisse der III. und IV. Republik, die durch eine zersplitterte Parteienlandschaft und unklare Mehrheitsverhältnisse geprägt waren. Dies änderte sich jedoch schon in den ersten Jahrzehnten der V. Republik, in denen sich (im Kern) stabile Parteien herausbildeten und klare Mehrheiten die Regel wurden. Da die Regierung seitdem regelmäßig von einer deutlichen Parlamentsmehrheit getragen und damit auch politisch gestärkt wurde, kam es zudem zu einer Marginalisierung der Opposition. Diese sah in der Folge auch obstruktives Verhalten als legitimes (weil einziges) Mittel der Gegenwehr an.[341] Erst die Verfassungsreform von 2008 hat das starre Korsett des *parlementarisme rationalisé* etwas gelockert und dem Parlament und vor allem der Opposition ein wenig mehr Luft zum Atmen gegeben. Ob die Parlamentarier sich nach Jahrzehnten der Marginalisierung ihrer neuen Freiheiten zu bedienen wissen werden, ob sie also politisch gewillt sind, die Grenzen des neuen verfassungsrechtlichen Rahmens auszuloten, muss die Zukunft zeigen.

72

In Deutschland hat die langjährige Stabilität des westdeutschen 3-Parteien-Parlaments mit dem Einzug der Grünen in den Bundestag und der Etablierung der Linkspartei ein Ende gefunden. Die erneute Regierungsbildung durch eine Große Koalition hat eine Diskussion darüber in Gang gesetzt, wie die Sicherung von Minderheitenrechten auch in Zeiten kleiner Oppositionsfraktionen gelingt. Während jedoch obstruktives Verhalten der Opposition im Bundestag eher unbekannt ist, könnte die mögliche Blockade von Gesetzesvorhaben im Bundesrat dazu führen, dass eine Föderalismusreform III auf die politische Tagesordnung gesetzt wird.[342]

73

V. Verfassungstexte in Auszügen

1. Verfassung der V. Republik (1958)

Article 3 La souveraineté nationale appartient au peuple qui l'exerce par ses représentants et par la voie du référendum. (...)

Article 10 Le Président de la République promulgue les lois dans les quinze jours qui suivent la transmission au Gouvernement de la loi définitivement adoptée.

---

[341] *Kimmel*, Gesetzgebung im politischen System Frankreichs, in: Ismayr (Hrsg.), Gesetzgebung in Westeuropa, 2008, S. 229 (250).
[342] Selbst die Große Koalition besitzt zu Beginn der Legislaturperiode (Stand April 2014) im Bundesrat keine eigene Mehrheit, da CDU und SPD in vielen Bundesländern zusammen mit den Grünen, der FDP oder der Linkspartei regieren.

Il peut, avant l'expiration de ce délai, demander au Parlement une nouvelle délibération de la loi ou de certains de ses articles. Cette nouvelle délibération ne peut être refusée.

Article 11 (i. d. F. der Verfassungsänderung aus dem Jahr 2008) Le Président de la République, sur proposition du Gouvernement pendant la durée des sessions ou sur proposition conjointe des deux Assemblées, publiées au Journal Officiel, peut soumettre au référendum tout projet de loi portant sur l'organisation des pouvoirs publics, sur des réformes relatives à la politique économique, sociale ou environnementale de la nation et aux services publics qui y concourent, ou tendant à autoriser la ratification d'un traité qui, sans être contraire à la Constitution, aurait des incidences sur le fonctionnement des institutions. (…)

Un référendum portant sur un objet mentionné au premier alinéa peut être organisé à l'initiative d'un cinquième des membres du Parlement, soutenue par un dixième des électeurs inscrits sur les listes électorales. Cette initiative prend la forme d'une proposition de loi et ne peut avoir pour objet l'abrogation d'une disposition législative promulguée depuis moins d'un an.

(…) Lorsque le référendum a conclu à l'adoption du projet ou de la proposition de loi, le Président de la République promulgue la loi dans les quinze jours qui suivent la proclamation des résultats de la consultation.

Article 13 Le Président de la République signe les ordonnances et les décrets délibérés en conseil des ministres.
(…)

Article 21 Le Premier ministre dirige l'action du Gouvernement. (…). Il assure l'exécution des lois. Sous réserve des dispositions de l'article 13, il exerce le pouvoir réglementaire (…).

Il peut déléguer certains de ses pouvoirs aux ministres.

Article 34 La loi fixe les règles concernant:

- les droits civiques et les garanties fondamentales accordées aux citoyens pour l'exercice des libertés publiques; la liberté, le pluralisme et l'indépendance des médias; les sujétions imposées par la défense nationale aux citoyens en leur personne et en leurs biens;
- la nationalité, l'état et la capacité des personnes, les régimes matrimoniaux, les successions et libéralités;
- la détermination des crimes et délits ainsi que les peines qui leur sont applicables; la procédure pénale; l'amnistie; la création de nouveaux ordres de juridiction et le statut des magistrats;
- l'assiette, le taux et les modalités de recouvrement des impositions de toutes natures; le régime d'émission de la monnaie.

La loi fixe également les règles concernant:

- le régime électoral des assemblées parlementaires, des assemblées locales et des instances représentatives des Français établis hors de France ainsi que les condi-

tions d'exercice des mandats électoraux et des fonctions électives des membres des assemblées délibérantes des collectivités territoriales;
- la création de catégories d'établissements publics;
- les garanties fondamentales accordées aux fonctionnaires civils et militaires de l'État;
- les nationalisations d'entreprises et les transferts de propriété d'entreprises du secteur public au secteur privé.

La loi détermine les principes fondamentaux:
- de l'organisation générale de la défense nationale;
- de la libre administration des collectivités territoriales, de leurs compétences et de leurs ressources;
- de l'enseignement;
- de la préservation de l'environnement;
- du régime de la propriété, des droits réels et des obligations civiles et commerciales;
- du droit du travail, du droit syndical et de la sécurité sociale.

(…)

Article 37 Les matières autres que celles qui sont du domaine de la loi ont un caractère réglementaire.

Les textes de forme législative intervenus en ces matières peuvent être modifiés par décrets pris après avis du Conseil d'État. Ceux de ces textes qui interviendraient après l'entrée en vigueur de la présente Constitution ne pourront être modifiés par décret que si le Conseil constitutionnel a déclaré qu'ils ont un caractère réglementaire en vertu de l'alinéa précédent.

Article 38 Le Gouvernement peut, pour l'exécution de son programme, demander au Parlement l'autorisation de prendre par ordonnances, pendant un délai limité, des mesures qui sont normalement du domaine de la loi.

Les ordonnances sont prises en conseil des ministres après avis du Conseil d'État. Elles entrent en vigueur dès leur publication mais deviennent caduques si le projet de loi de ratification n'est pas déposé devant le Parlement avant la date fixée par la loi d'habilitation. Elles ne peuvent être ratifiées que de manière expresse.

A l'expiration du délai mentionné au premier alinéa du présent article, les ordonnances ne peuvent plus être modifiées que par la loi dans les matières qui sont du domaine législatif.

Article 39 L'initiative des lois appartient concurremment au Premier ministre et aux membres du Parlement.

Les projets de loi sont délibérés en conseil des ministres après avis du Conseil d'État et déposés sur le bureau de l'une des deux assemblées. (…)

Article 40 Les propositions et amendements formulés par les membres du Parlement ne sont pas recevables lorsque leur adoption aurait pour conséquence soit une diminution des ressources publiques, soit la création ou l'aggravation d'une charge publique.

Article 45 Tout projet ou proposition de loi est examiné successivement dans les deux assemblées du Parlement en vue de l'adoption d'un texte identique. Sans préjudice de l'application des articles 40 et 41, tout amendement est recevable en première lecture dès lors qu'il présente un lien, même indirect, avec le texte déposé ou transmis.

Lorsque, par suite d'un désaccord entre les deux assemblées, un projet ou une proposition de loi n'a pu être adopté après deux lectures par chaque assemblée ou, si le Gouvernement a décidé d'engager la procédure accélérée sans que les Conférences des présidents s'y soient conjointement opposées, après une seule lecture par chacune d'entre elles, le Premier ministre ou, pour une proposition de loi, les présidents des deux assemblées agissant conjointement, ont la faculté de provoquer la réunion d'une commission mixte paritaire chargée de proposer un texte sur les dispositions restant en discussion.

Le texte élaboré par la commission mixte peut être soumis par le Gouvernement pour approbation aux deux assemblées. Aucun amendement n'est recevable sauf accord du Gouvernement.

Si la commission mixte ne parvient pas à l'adoption d'un texte commun ou si ce texte n'est pas adopté dans les conditions prévues à l'alinéa précédent, le Gouvernement peut, après une nouvelle lecture par l'Assemblée nationale et par le Sénat, demander à l'Assemblée nationale de statuer définitivement. En ce cas, l'Assemblée nationale peut reprendre soit le texte élaboré par la commission mixte, soit le dernier texte voté par elle, modifié le cas échéant par un ou plusieurs des amendements adoptés par le Sénat.

Article 49 (…)

(*Abs. 3*) Le Premier ministre peut, après délibération du conseil des ministres, engager la responsabilité du Gouvernement devant l'Assemblée nationale sur le vote d'un projet de loi de finances ou de financement de la sécurité sociale. Dans ce cas, ce projet est considéré comme adopté, sauf si une motion de censure, déposée dans les vingt-quatre heures qui suivent, est votée dans les conditions prévues à l'alinéa précédent. Le Premier ministre peut, en outre, recourir à cette procédure pour un autre projet ou une proposition de loi par session.

Article 89 L'initiative de la révision de la Constitution appartient concurremment au Président de la République sur proposition du Premier ministre et aux membres du Parlement.

Le projet ou la proposition de révision doit être examiné dans les conditions de délai fixées au troisième alinéa de l'article 42 et voté par les deux assemblées en termes identiques. La révision est définitive après avoir été approuvée par référendum.

Toutefois, le projet de révision n'est pas présenté au référendum lorsque le Président de la République décide de le soumettre au Parlement convoqué en Congrès; dans ce cas, le projet de révision n'est approuvé que s'il réunit la majorité des trois cinquièmes des suffrages exprimés. Le bureau du Congrès est celui de l'Assemblée nationale.

Aucune procédure de révision ne peut être engagée ou poursuivie lorsqu'il est porté atteinte à l'intégrité du territoire.

La forme républicaine du Gouvernement ne peut faire l'objet d'une révision.

2. Grundgesetz der Bundesrepublik Deutschland (1949)

Artikel 70 (1) Die Länder haben das Recht der Gesetzgebung, soweit dieses Grundgesetz nicht dem Bunde Gesetzgebungsbefugnisse verleiht.

(2) Die Abgrenzung der Zuständigkeit zwischen Bund und Ländern bemißt sich nach den Vorschriften dieses Grundgesetzes über die ausschließliche und die konkurrierende Gesetzgebung.

Artikel 76 (1) Gesetzesvorlagen werden beim Bundestage durch die Bundesregierung, aus der Mitte des Bundestages oder durch den Bundesrat eingebracht.
(...)

Artikel 77 (1) Die Bundesgesetze werden vom Bundestage beschlossen. Sie sind nach ihrer Annahme durch den Präsidenten des Bundestages unverzüglich dem Bundesrate zuzuleiten.

(2) Der Bundesrat kann binnen drei Wochen nach Eingang des Gesetzesbeschlusses verlangen, daß ein aus Mitgliedern des Bundestages und des Bundesrates für die gemeinsame Beratung von Vorlagen gebildeter Ausschuß einberufen wird. (...)

(2a) Soweit zu einem Gesetz die Zustimmung des Bundesrates erforderlich ist, hat der Bundesrat, wenn ein Verlangen nach Absatz 2 Satz 1 nicht gestellt oder das Vermittlungsverfahren ohne einen Vorschlag zur Änderung des Gesetzesbeschlusses beendet ist, in angemessener Frist über die Zustimmung Beschluß zu fassen.

(3) Soweit zu einem Gesetze die Zustimmung des Bundesrates nicht erforderlich ist, kann der Bundesrat, wenn das Verfahren nach Absatz 2 beendigt ist, gegen ein vom Bundestage beschlossenes Gesetz binnen zwei Wochen Einspruch einlegen. (...)

(4) Wird der Einspruch mit der Mehrheit der Stimmen des Bundesrates beschlossen, so kann er durch Beschluß der Mehrheit der Mitglieder des Bundestages zurückgewiesen werden. Hat der Bundesrat den Einspruch mit einer Mehrheit von mindestens zwei Dritteln seiner Stimmen beschlossen, so bedarf die Zurückweisung durch den Bundestag einer Mehrheit von zwei Dritteln, mindestens der Mehrheit der Mitglieder des Bundestages.

Artikel 78 Ein vom Bundestage beschlossenes Gesetz kommt zustande, wenn der Bundesrat zustimmt, den Antrag gemäß Artikel 77 Abs. 2 nicht stellt, innerhalb der Frist des Artikels 77 Abs. 3 keinen Einspruch einlegt oder ihn zurücknimmt oder wenn der Einspruch vom Bundestage überstimmt wird.

Artikel 79 (1) Das Grundgesetz kann nur durch ein Gesetz geändert werden, das den Wortlaut des Grundgesetzes ausdrücklich ändert oder ergänzt. (...)

(2) Ein solches Gesetz bedarf der Zustimmung von zwei Dritteln der Mitglieder des Bundestages und zwei Dritteln der Stimmen des Bundesrates.

(3) Eine Änderung dieses Grundgesetzes, durch welche die Gliederung des Bundes in Länder, die grundsätzliche Mitwirkung der Länder bei der Gesetzgebung oder die in den Artikeln 1 und 20 niedergelegten Grundsätze berührt werden, ist unzulässig.

Artikel 80 (1) Durch Gesetz können die Bundesregierung, ein Bundesminister oder die Landesregierungen ermächtigt werden, Rechtsverordnungen zu erlassen. Dabei müssen Inhalt, Zweck und Ausmaß der erteilten Ermächtigung im Gesetze bestimmt werden. Die Rechtsgrundlage ist in der Verordnung anzugeben. Ist durch Gesetz vorgesehen, daß eine Ermächtigung weiter übertragen werden kann, so bedarf es zur Übertragung der Ermächtigung einer Rechtsverordnung.
(…)

Artikel 82 (1) Die nach den Vorschriften dieses Grundgesetzes zustande gekommenen Gesetze werden vom Bundespräsidenten nach Gegenzeichnung ausgefertigt und im Bundesgesetzblatte verkündet. (…)

Ausgewählte Literatur

Avril, Pierre, Qui fait la loi?, Pouvoirs 114 (2005), S. 89–99.
ders./Gicquel, Jean, Droit parlementaire, 4. Aufl., Paris 2010 (Montchrestien).
v. Beyme, Klaus, Der Gesetzgeber – Der Bundestag als Entscheidungszentrum, Opladen 1997 (Westdeutscher Verlag).
v. Bogdandy, Armin, Gubernative Rechtsetzung – Eine Neubestimmung der Rechtsetzung und des Regierungssystems unter dem Grundgesetz in der Perspektive gemeineuropäischer Dogmatik, Tübingen 2000 (Mohr Siebeck).
Chamussy, Damien, Le travail parlementaire a-t-il changé?, Le point de vue d'un praticien, Jus Politicum 6 (2011) S. 1–17.
ders., La procédure parlementaire et le Conseil constitutionnel, NCCC 38 (2013), S. 37–68.
Classen, Claus Dieter, Die normative Demokratie, in: Grewe/Gusy (Hrsg.), Französisches Staatsdenken, Baden-Baden 2002 (Nomos), S. 146–157.
ders., Parlamentarismus in der V. Republik Frankreichs – Zur Bedeutung des Parlaments im Wandel von Recht und Rechtswirklichkeit (1958 bis 2003), DÖV 2004, S. 269–277.
Favoreu, Louis, Les règlements autonomes n'existent pas, RFDA 1987, S. 871–884.
Frenzel, Eike M., Das Gesetzgebungsverfahren, JuS 2010, S. 27–30 u. 119–124.
Gicquel, Jean-Eric, Les effets de la réforme constitutionnelle de 2008 sur le processus législatif, Jus Politicum 6 (2011), S. 1–14.
Grote, Rainer, Das Regierungssystem der V. französischen Republik – Verfassungstheorie und -praxis, Baden-Baden 1995 (Nomos), S. 93–170.
Hartmann, Bernd J./Kamm, Kristof M., Gesetzgebungsverfahren in Land, Bund und Union, Jura 2014, S. 283–294.
Hill, Hermann/Martini, Mario, Normsetzung und andere Formen exekutivischer Selbstprogrammierung, in: Hoffmann-Riem/Schmidt-Aßmann/Voßkuhle (Hrsg.), Grundlagen des Verwaltungsrechts II, 2. Aufl., München 2012 (C. H. Beck), S. 1025–1126.
Ismayr, Wolfgang, Gesetzgebung im politischen System Deutschlands, in: ders. (Hrsg.), Gesetzgebung in Westeuropa, Wiesbaden 2008 (Verlag für Sozialwissenschaften), S. 383–429.
Jozefowicz, Henri, La réforme des règlements des assemblées parlementaires – Entre impératifs constitutionnels, amélioration du débat et ouverture au pluralisme, RFDC 82 (2010), S. 329–372.
Kimmel, Adolf, Gesetzgebung im politischen System Frankreichs, in: Ismayr (Hrsg.), Gesetzgebung in Westeuropa, Wiesbaden 2008 (Verlag für Sozialwissenschaften), S. 229–270.
Kluth, Winfried/Krings, Günter (Hrsg.) Gesetzgebung – Rechtsetzung durch Parlamente und Verwaltung sowie ihre gerichtliche Kontrolle, Heidelberg 2014 (C. F. Müller).
Mathieu, Bertrand, La part de la loi, la part du règlement, Pouvoirs 114 (2005), S. 73–87.

Meermagen, Bettina/Schultzky, Hendrik, Das Verfahren der Gesetzgebung vor dem Bundesverfassungsgericht, VerwArch 101 (2010), S. 539–565.
Morlok, Martin/Schliesky, Utz/Wiefelspütz, Dieter (Hrsg.), Parlamentsrecht – Handbuch, Baden-Baden 2015 (Nomos).
Ossenbühl, Fritz, § 100 Gesetz und Recht, § 102 Verfahren der Gesetzgebung und § 103 Rechtsverordnung, in: Isensee/Kirchhof (Hrsg.), Handbuch des Staatsrechts V, 3. Aufl., Heidelberg 2007 (C. F. Müller), S. 135–182, 223–259 und 261–303.
Reimer, Franz, Das Parlamentsgesetz als Steuerungsmittel und Kontrollmaßstab, in: Hoffmann-Riem/Schmidt-Aßmann/Voßkuhle (Hrsg.), Grundlagen des Verwaltungsrechts I, 2. Aufl., München 2012 (C. H. Beck), S. 585–675.
Saurer, Johannes, Die Funktionen der Rechtsverordnung – Der gesetzgeberische Zuschnitt des Aufgaben- und Leistungsprofils exekutiver Rechtsetzung als Problem des Verfassungsrechts, ausgehend vom Referenzgebiet des Umweltrechts, Berlin 2005 (Duncker & Humblot).
Schlette, Volker, Die Konzeption des Gesetzes im französischen Verfassungsrecht, JöR 33 (1984), S. 279–313.
Schneider, Hans, Gesetzgebung, 3. Aufl., Heidelberg 2002 (C. F. Müller).
Schneider, Hans-Peter/Zeh, Wolfgang, Parlamentsrecht und Parlamentspraxis in der Bundesrepublik Deutschland, Berlin, New York 1989 (de Gruyter).
Schulze-Fielitz, Helmuth, Theorie und Praxis parlamentarischer Gesetzgebung, Berlin 1988 (Duncker & Humblot).
Schuppert, Gunnar Folke, Governance und Rechtsetzung – Grundfragen einer modernen Regelungswissenschaft, Baden-Baden 2011 (Nomos).
Seiler, Christian, Der einheitliche Parlamentsvorbehalt, Berlin 2000 (Duncker & Humblot).
Vintzel, Céline, Les armes du gouvernement dans la procédure législative. Étude comparée: Allemagne, France, Italie, Royaume-Uni, Paris 2011 (Dalloz).
Zeh, Wolfgang, § 53 Parlamentarisches Verfahren, in: Isensee/Kirchhof (Hrsg.), Handbuch des Staatsrechts III, 3. Aufl., Heidelberg 2005 (C. F. Müller), S. 807–851.

§ 6 Verfassungsgerichtsbarkeit

Nikolaus Marsch

Inhaltsverzeichnis

I. Einleitung: Über das unterschiedliche Renommee zweier Institutionen	276
II. Die historische Entwicklung der Verfassungsgerichtsbarkeit	278
1. Vorgängerinstitutionen	278
2. Conseil constitutionnel und Bundesverfassungsgericht	280
a) Eigenständige Verfassungsgerichtsbarkeit/Konzentrierte Normenkontrolle	280
b) Unterschiedliche Funktionen als Ausgangspunkt: „Der Gang nach Karlsruhe" und „Die neun Weisen"	280
c) Ringen um Anerkennung	281
aa) Das Bundesverfassungsgericht als Verfassungsorgan	282
bb) Der Conseil constitutionnel als Gericht	282
III. Richterauswahl und Organisation	284
1. Richterwahlverfahren/Richterernennung	284
2. Ernennungsvoraussetzungen/Richtersoziologie	286
3. Organisation der Gerichte	288
IV. Aufgaben und Verfahrensarten	290
1. Überblick	290
2. Abstrakte Normenkontrollen auf Antrag politischer Akteure	291
a) Abstrakte Normenkontrollen als objektive Beanstandungsverfahren	291
b) Prüfungsgegenstände/Zeitpunkt der Prüfung	293
c) Antragsberechtigung, Antragsgrund und Klarstellungsinteresse	295
d) Kontrollmaßstäbe	296
e) Kontrolldichte, Urteilsbegründungen und Sondervoten	298
f) Entscheidungsinhalt, Entscheidungswirkung und Rechtsfolgenmanagement	301
g) Einstweilige Anordnungen	302
h) Bilanz: Die abstrakte Normenkontrolle als Instrument der politischen Opposition	302
3. Grundrechtsschutz auf Antrag des Bürgers	304
a) Deutschland: Individualrechtsschutz durch Verfassungsbeschwerde	304
b) Frankreich: Menschenrechtsschutz durch Fachgerichte	306

N. Marsch (✉)
Institut für Medien- und Informationsrecht, Albert-Ludwigs-Universität Freiburg,
79085 Freiburg, Deutschland
E-Mail: nikolaus.marsch@jura.uni-freiburg.de

© Springer-Verlag Berlin Heidelberg 2015
N. Marsch, Y. Vilain, M. Wendel (Hrsg.), *Französisches und Deutsches Verfassungsrecht*, Springer-Lehrbuch, DOI 10.1007/978-3-642-45053-2_6

4. Konkrete Normenkontrollen: Objektive Verfassungskontrolle
   und Individualrechtsschutz 308
   a) Funktionen der konkreten Normenkontrolle 308
   b) Antragsberechtigung/Vorlageberechtigung 309
   c) Vorlagevoraussetzungen und Vorprüfungsverfahren 310
   d) Verhältnis von konkreter Normenkontrolle, Vorabentscheidungsverfahren gemäß
   Art. 267 AEUV und diffuser Menschenrechtskontrolle am Maßstab der EMRK 312
   e) Vorlagegegenstand/Prüfungsbefugnis 312
   f) Das Verfahren vor dem Verfassungsgericht 313
   g) Kontrollmaßstäbe 314
   h) Entscheidungsinhalt, Entscheidungswirkung, Rechtsfolgenmanagement 315
   i) Bilanz: Die QPC als indirekte Verfassungsbeschwerde/Das unterschiedliche
   Verhältnis der Verfassungsgerichte zu den Fachgerichten 316
   5. Organstreitverfahren zwischen Verfassungsorganen 317
V. Rechtsvergleichende Bilanz 319
VI. Verfassungstexte in Auszügen 320
   1. Verfassung der V. Republik (1958) 320
   2. Grundgesetz der Bundesrepublik Deutschland (1949) 320
Ausgewählte Literatur 321

I. Einleitung: Über das unterschiedliche Renommee zweier Institutionen

1 Das Bundesverfassungsgericht und der Conseil constitutionnel sind bedeutende Innovationen des Grundgesetzes und der französischen Verfassung von 1958. Wenngleich die Verfassungsgeber auf historische Vorbilder zurückgreifen konnten (→ Rn. 5 ff.), stellen die heutigen Verfassungsgerichte Deutschlands und Frankreichs neuartige Institutionen dar, die sich von ihren Vorgängern deutlich abheben. Während dies jedoch hinsichtlich des Bundesverfassungsgerichts bereits früh offenbar wurde, vollzog sich die Entwicklung des Conseil constitutionnel über einen Zeitraum von 50 Jahren. Dies dürfte eine zentrale Erklärung für die unterschiedliche Wahrnehmung der beiden Institutionen sein: So wurde für das Bundesverfassungsgericht in Karlsruhe ein Transparenz symbolisierendes Glasgebäude errichtet, in dem die in rote Roben gekleideten Richter die politischen Akteure in die Schranken des Rechts weisen. Nahezu jeder Deutsche kennt aus den Nachrichtensendungen die Bilder des zunächst die Richterbank betretenden Senates, dessen Vorsitzender sodann den erschienenen Ministern und Abgeordneten die Entscheidung verkündet. Das (nach französischem Vorbild entwickelte) Werk über „Deutsche Erinnerungsorte"[1] enthält denn auch einen mit „Karlsruhe" überschriebenen Beitrag, der einen ganzen Abschnitt über das „Recht" krönt und in dem der Staatsrechtslehrer *Roellecke* konstatiert: „Das Ansehen und das Selbstbewußtsein des Bundesverfassungsgerichts lassen sich aber tatsächlich nicht mit den Worten des positiven Rechts beschreiben. Das Gericht wirkt wie ein Symbol des deut-

---

[1] Zum vom französischen Historiker *Nora* begründeten Konzept der Erinnerungsorte s. die Beiträge von *Nora* und *François*, in: dies. (Hrsg.), Erinnerungsorte Frankreichs, 2005, S. 7 ff. und S. 15 ff.

schen demokratischen Rechtsstaates überhaupt. Politisch scheint es unantastbar."[2] Auch demoskopisch schlägt sich dies in Untersuchungen nieder, die belegen, dass die deutsche Bevölkerung der Institution Bundesverfassungsgericht ein weit überdurchschnittlich hohes Vertrauen entgegenbringt.[3]

Dem Conseil constitutionnel ist dagegen kein Eintrag in dem sieben Bände umfassenden Werk über die französischen Erinnerungsorte gewidmet, was nicht allein daran liegt, dass er sich nicht in einer „Residenz des Rechts" in der Provinz, sondern in Paris befindet.[4] Von einiger symbolischer Bedeutung ist bereits, dass der Conseil constitutionnel im Gegensatz zum Bundesverfassungsgericht nicht über ein eigenes Gebäude verfügt, sondern sich mit der Comédie Française einen Flügel des Palais Royal teilt, dessen Haupttrakt den Conseil d'Etat[5] beherbergt. Die in der Verfassung als „Mitglieder" des Verfassungsrates bezeichneten Richter tragen zudem keine Roben und bis 2010 gab es weder mündliche Verhandlungen noch Urteilsverkündungen, die im Fernsehen hätten übertragen werden können. Kaum vorstellbar erscheint es schließlich heute, dass ein deutscher Justizminister (wie im Jahr 2005 der französische Justizminister *Clément*) die Abgeordneten aufruft, ein „gewisses Risiko der Verfassungswidrigkeit" gemeinsam einzugehen und er zugleich der Opposition vorhält, sie müsse die politische Verantwortung für etwaige Folgen tragen, wenn sie das Verfassungsgericht anrufe.[6]

Ein wesentlicher Grund für diese (im vorliegenden Rahmen nur anekdotisch belegbare) unterschiedliche öffentliche Wahrnehmung der beiden Institution dürften die ihnen ursprünglich zugedachten Funktionen und die damit verbundene Frage nach der Legitimation von Verfassungsgerichtsgerichtsbarkeit sein. Über jene wurde in Frankreich lange gestritten, da nach der durch *Rousseau* geprägten französischen Konzeption des Parlamentsgesetzes sich in diesem die *volonté générale*, also der Ausdruck des Volkswillen manifestiert, der nicht durch demokratisch schwach legitimierte Richter in Frage gestellt werden darf.[7] Die ursprünglich dem Conseil constitutionnel zugedachte Funktion war es daher auch nicht, eine inhaltliche Kon-

---

[2] *Roellecke*, Karlsruhe, in: François/Schulze (Hrsg.), Deutsche Erinnerungsorte II, 2001, S. 549 (549). Dem steht nicht entgegen, dass auch das Bundesverfassungsgericht Krisen erlebt hat, hierzu *Schönberger*, Anmerkungen zu Karlsruhe, in: Jestaedt et al. (Hrsg.), Das entgrenzte Gericht, 2011, S. 9 (49 f.).

[3] *Patzelt*, Warum verachten die Deutschen ihr Parlament und lieben ihr Verfassungsgericht? Ergebnisse einer vergleichenden demoskopischen Studie, ZParl 2005, S. 517 ff.

[4] Es findet sich allein ein Beitrag über den Code civil im Abschnitt „Der Staat".

[5] Beim Conseil d'Etat (Staatsrat) handelt es sich um eine 1799 gegründete Institution mit hohem Prestige und Doppelfunktion: Er berät zum einen die Regierung und gibt Stellungnahmen zu Gesetzentwürfen ab, zum anderen fungiert er als oberstes Verwaltungsgericht, s. hierzu *Gaillet*, Le Conseil d'Etat français, RFDA 2013, S. 793 ff.; *Marsch*, Frankreich, in: J.-P. Schneider (Hrsg.), Verwaltungsrecht in Europa II, 2009, S. 33 (48 f., 148, 153 ff.).

[6] Zitiert nach *Tusseau*, La fin d'une exception française?, Pouvoirs 137 (2011), S. 5 (10, Fn. 23). Der damalige Präsident des Conseil constitutionnel *Mazeaud* sah sich daher genötigt, dem Justizminister öffentlich zu antworten, dass das Respektieren der Verfassung kein Risiko, sondern eine Pflicht sei, zitiert nach *Avril/Gicquel*, Le Conseil constitutionnel, 6. Aufl. 2011, S. 59 f.

[7] S. hierzu rechtsvergleichend *Schönberger*, Ein Kommentar zu Olivier Jouanjan, in: Masing/Jouanjan (Hrsg.), Verfassungsgerichtsbarkeit, 2011, S. 29 (29 f.).

trolle des Gesetzes am Maßstab von Verfassungsnormen vorzunehmen. Vielmehr sollte er als Teil des Konzepts eines *parlamentarisme rationalisé*[8] die Regierungskompetenz zum Erlass von Verordnungen vor Übergriffen des Parlaments schützen und so nur als eine Art „Linienrichter"[9] tätig werden (hierzu sogleich → Rn. 10).

4   In Deutschland endeten dagegen die noch in der Weimarer Republik geführten Debatten über das Verhältnis von Demokratie und Verfassungsgerichtsbarkeit nahezu vollständig mit dem Erlass des Grundgesetzes und der Errichtung eines mit weiten Kompetenzen ausgestatteten Bundesverfassungsgerichts.[10] Diesem kam direkt nach dem Ende der NS-Herrschaft zudem nicht nur die Diskreditierung der anderen Akteure und Institutionen zu Gute, sondern auch eine durch das Kaiserreich und das Scheitern der Weimarer Republik geprägte antipluralistische politische Kultur, in der Recht und Justiz in einem höheren Ansehen standen als Parteien und Parlamente.[11] Noch heute wird, so die Feststellung von *Jestaedt*, die „Korrektur" einer Bundesverfassungsgerichtsentscheidung durch den demokratisch legitimierten und hierzu verfassungsrechtlich berechtigten verfassungsändernden Gesetzgeber in der Öffentlichkeit als „illegitim" und „Unterlaufen der verfassungsgerichtlichen Autorität wahrgenommen und gebrandmarkt."[12] Dagegen kommt es in Frankreich nach Entscheidungen des Conseil constitutionnel nicht selten zu einer Verfassungsänderung, was dort (zu Recht) auch nicht als schockierend wahrgenommen wird.[13]

II. Die historische Entwicklung der Verfassungsgerichtsbarkeit

1. Vorgängerinstitutionen

5   Sowohl in der französischen als auch in der deutschen Verfassungsgeschichte lassen sich eine Reihe Institutionen ausmachen, die als Vorläufer einer Verfassungs-

---

[8] → *Gaillet* § 2 Rn. 19 ff. (insb. 30), 38 f. sowie → *Marsch* § 5 Rn. 12, 16 ff., 30, 42 ff., 56 f.
[9] So das Bild von *Avril/Gicquel*, Le Conseil constitutionnel, 6. Aufl. 2011, S. 141.
[10] *Schönberger*, Ein Kommentar zu Olivier Jouanjan, in: Masing/Jouanjan (Hrsg.), Verfassungsgerichtsbarkeit, 2011, S. 29 (29). Jüngst aber *Möllers*, Legalität, Legitimität und Legitimation des Bundesverfassungsgerichts, in: Jestaedt et al. (Hrsg.), Das entgrenzte Gericht, 2011, S. 281 ff.
[11] *Schönberger*, Anmerkungen zu Karlsruhe, in: Jestaedt et al. (Hrsg.), Das entgrenzte Gericht, 2011, S. 9 (41 ff.).
[12] *Jestaedt*, Phänomen Bundesverfassungsgericht, in: ders. et al. (Hrsg.), Das entgrenzte Gericht, 2011, S. 77 (91). Spürbar war dies in jüngerer Vergangenheit in der durch die bundesverfassungsgerichtlichen Entscheidungen zu Sperrklauseln bei den EU-Parlamentswahlen angestoßenen politischen Debatte, ob die Sperrklausel bei Bundestagswahlen im Grundgesetz verankert werden sollte; hiervon wurde Abstand genommen, da eine Grundgesetzänderung als „Affront" gegen das Bundesverfassungsgericht gewertet werden könnte, so *Bannas* in der FAZ, s. http://www.faz.net/aktuell/politik/inland/fuenfprozentklausel-bis-die-huerde-wackelt-12841985.html (letztmaliger Abruf 24.2.2015).
[13] Siehe mit Beispielen *V. Lange*, Grundrechtsbindung des Gesetzgebers, 2010, S. 174.

gerichtsbarkeit angesehen werden können.¹⁴ Während sich *Sieyès* 1795 mit seinem Vorschlag einer *Jury Constitutionnaire*, eines nach Art eines großen Geschworenengerichtes konzipierten, parlamentarisch organisierten Kontrollgremiums nicht durchsetzen konnte,¹⁵ sah die (allerdings nicht in Kraft getretene) Paulskirchenverfassung für das Reichsgericht weitreichende verfassungsgerichtliche Befugnisse wie unter anderem ein Verfassungsbeschwerdeverfahren vor.

Die Weimarer Reichsverfassung errichtete dann einen Staatsgerichtshof, der jedoch im Wesentlichen für föderative Streitigkeiten zwischen Reich und Ländern, nicht aber für Organstreite zwischen Reichsorganen, eine Kontrolle der Reichsgesetze oder eine Verfassungsbeschwerde zuständig war. Dagegen konnten die Fachgerichte im Wege der inzidenten Verfassungskontrolle zunächst Landesgesetze auf ihre Verfassungsmäßigkeit kontrollieren und unangewendet lassen; nach einer Grundsatzentscheidung des Reichsgerichts konnten später auch Reichsgesetze auf ihre Verfassungsmäßigkeit kontrolliert werden, wobei die Gerichte nur in seltenen Fällen ein Reichsgesetz für verfassungswidrig erachteten.¹⁶ In der deutschen Staatsrechtslehre wurde in dieser Zeit der mit den Namen von *Schmitt* und *Kelsen* verbundene Streit geführt, ob der Staatsgerichtshof zu einem Verfassungsgericht weiterzuentwickeln sei und so zum „Hüter der Verfassung" werden könne.¹⁷

In Frankreich scheiterte auch nach dem Ende des 2. Weltkriegs und der Überwindung des Vichy-Regimes die Errichtung eines mit starken Befugnissen ausgestatteten Verfassungsgerichts zunächst vor allem an den linken Parteien, die hierin eine unzulässige Beschränkung der Volkssouveränität sahen.¹⁸ Die Verfassung der 4. Republik kannte daher nur ein Comité constitutionnel, welches zwar grundsätzlich prüfen konnte, ob ein Gesetzesvorhaben eine vorherige Verfassungsänderung erforderte, wobei jedoch Grundrechte als Prüfungsmaßstab weitgehend ausgeklammert blieben. Zudem handelte es sich um ein stark politisch geprägtes¹⁹ und schwerfälliges Verfahren, weshalb das Comité constitutionnel in den zwölf Jahren des Bestehens der 4. Republik nur ein einziges Mal angerufen wurde.²⁰

---

¹⁴ Hierzu und zum Folgenden *Benda/E. Klein*, in: dies. (Hrsg.), Verfassungsprozessrecht, 3. Aufl. 2012, Rn. 3 ff.; *Goerlich*, Verfassungspolitik und Modernität in Frankreich dargestellt am Conseil constitutionnel, 1995, S. 22 ff.; *Rousseau*, Droit du contentieux constitutionnel, 9. Aufl. 2010, Rn. 2 ff.

¹⁵ Hierzu *Robbers*, Emmanuel Joseph Sieyès – Die Idee einer Verfassungsgerichtsbarkeit in der Französischen Revolution, in: FS Zeidler I, 1987, S. 247 ff.

¹⁶ S. *H. Dreier*, Die Zwischenkriegszeit, in: Merten/Papier (Hrsg.), Handbuch der Grundrechte I, 2004, § 4 Rn. 46 ff.

¹⁷ *Stolleis*, Geschichte des öffentlichen Rechts in Deutschland IV, 2012, S. 145 f.

¹⁸ *S. Bauer*, Verfassungsgerichtlicher Grundrechtsschutz in Frankreich, 1998, S. 43.

¹⁹ Die Abgeordneten der Nationalversammlung stellten mit sieben von dreizehn Mitgliedern die absolute Mehrheit in diesem, auch im Übrigen allein mit Politikern besetzten Gremium, weshalb es sich letztlich nicht um eine Prüfung durch ein externes Kontrollgremium, sondern eine Prüfung in eigener Sache handelte, hierzu grundsätzlich *Böckenförde*, Verfassungsgerichtsbarkeit, in: Staat, Nation, Europa, 1999, S. 157 (161).

²⁰ Zum Ganzen *S. Bauer*, Verfassungsgerichtlicher Grundrechtsschutz in Frankreich, 1998, S. 44 f.

2. Conseil constitutionnel und Bundesverfassungsgericht

a) Eigenständige Verfassungsgerichtsbarkeit/Konzentrierte Normenkontrolle

8   Mit dem Erlass des Grundgesetzes und der Verfassung der 5. Republik haben sich beide Staaten für das Modell einer eigenständigen Verfassungsgerichtsbarkeit entschieden, in der die Kontrolle von Parlamentsgesetzen grundsätzlich den Verfassungsgerichten vorbehalten ist. Man spricht daher auch von einem System der konzentrierten Normenkontrolle im Gegensatz zu einer diffusen Normenkontrolle, die wie in den USA von jedem Fachgericht vorgenommen werden darf.[21] Auch alle deutschen Bundesländer haben mittlerweile[22] – ihrer Qualität als Gliedstaaten eines Bundesstaates entsprechend – Landesverfassungsgerichte errichtet, was sie von den französischen Gebietskörperschaften – als Verwaltungseinheiten eines Zentralstaates[23] – unterscheidet.[24]

b) Unterschiedliche Funktionen als Ausgangspunkt: „Der Gang nach Karlsruhe" und „Die neun Weisen"

9   Allerdings lagen der Errichtung einer eigenständigen Verfassungsgerichtsbarkeit in Deutschland und Frankreich unterschiedliche Erwägungen darüber zu Grunde, welche Funktion die jeweilige Institution erfüllen soll. So konnte sich der Parlamentarische Rat schnell auf die Errichtung eines mit weitreichenden Kompetenzen ausgestatteten Bundesverfassungsgerichts einigen, da man nach den Erfahrungen der Weimarer Republik die prozessuale Durchsetzung der Grundrechte für wesentlich hielt; zudem hatte man den Glauben daran verloren, dass ein Staatspräsident oder das Parlament Hüter der Verfassung sein könnte.[25] Unterstrichen wurde diese Grundentscheidung zwei Jahre nach Inkrafttreten des Grundgesetzes durch die einfachgesetzliche Einführung der jedermann offenstehenden Verfassungsbeschwerde.

10 Der Conseil constitutionnel war dagegen ursprünglich, wie einleitend bereits angedeutet, als ein Wächter über die Kompetenzverteilung zwischen Regierung und Parlament konzipiert worden. Angesichts der Erfahrungen mit der 3. und 4. Republik, die in erster Linie an der Kompromissunfähigkeit der zersplitterten Parlamente

---

[21] Grundlegend *Cappelletti/Ritterspach*, Die gerichtliche Kontrolle der Verfassungsmäßigkeit der Gesetze in rechtsvergleichender Betrachtung, JöR 20 (1971), S. 65 (81 ff.). Des Weiteren *Pfersmann*, Concrete review as Indirect Constitutional Complaint in French Constitutional Law, EUConst 6 (2010), S. 223 (228 ff.).

[22] Schleswig-Holstein hat als letztes Bundesland erst 2008 ein eigenes Landesverfassungsgericht eingerichtet; bis dahin wurde diese Aufgabe vom Bundesverfassungsgericht wahrgenommen.

[23] Hierzu → *Vilain* § 3 Rn. 79 ff.

[24] Auf die Landesverfassungsgerichtsbarkeit in Deutschland kann im Folgenden nicht näher eingegangen werden; ausführlich (allerdings nur zu den ehemals westdeutschen Landesverfassungsgerichten) *Pestalozza*, Verfassungsprozessrecht, 3. Aufl. 1991, S. 372 ff.

[25] *Wieland*, in: Dreier (Hrsg.), GG III, 2. Aufl. 2008, Art. 93 Rn. 15.

gescheitert waren,²⁶ sollte die in Art. 37 CF verankerte Zuständigkeit der Regierung besonders geschützt werden, nach der alle nicht explizit dem Parlamentsgesetzgeber vorbehaltenen Bereiche durch Regierungsverordnung zu regeln sind.²⁷ Nach der berühmt gewordenen Formulierung von *Eisenmann* war der Conseil constitutionnel ursprünglich eine „auf das Parlament gerichtete Kanone".²⁸ Folgerichtig hat sich der Conseil constitutionnel 1962 geweigert, ein im Wege des Referendums verabschiedetes Gesetz zu kontrollieren, und dies unter anderem darauf gestützt, dass er „nach dem Geiste der Verfassung" nur ein „Streitschlichtendes Organ für das Handeln der Verfassungsorgane" (*organe régulateur de l'activité des pouvoirs publics*) sei.²⁹

Diese unterschiedlichen Funktionszuschreibungen spiegeln sich auch in zwei populären Metaphern wider: Der „Gang nach Karlsruhe"³⁰ steht als Sinnbild für die der Opposition und den Bürgern offenstehende Möglichkeit, ein Gesetz dem Bundesverfassungsgericht als politikferne, gerichtliche Instanz zur Prüfung vorzulegen. Der Conseil constitutionnel wird in Frankreich dagegen auch als „Die neun Weisen"³¹ bezeichnet, was eher dem Bild eines (politiknahen) Ältestenrates, als dem eines Gerichts entspricht.

11

c) Ringen um Anerkennung

Diese unterschiedlichen Ausgangspunkte haben dazu geführt, dass die beiden Institutionen ihre umfassende Anerkennung mit gegensätzlichen Zielsetzungen erstreiten mussten.³² Kristallisationspunkte dieses Ringens waren jedoch die im Folgenden dargestellte „Akte der Selbstautorisierung"³³, nämlich die vom Bundesverfassungsgericht selbst erzwungene Aufnahme des Gerichts in den Kreis der Verfassungsorgane (aa) sowie die vom Conseil constitutionnel erstmals 1971 durchgeführte Grundrechtskontrolle (bb).

12

---

²⁶ → *Gaillet* § 2 Rn. 24 ff., 31 f.
²⁷ → *Marsch* § 5 Rn. 12, 16 ff.
²⁸ Zitiert nach *Spitz*, La question de la procédure devant le Conseil constitutionnel, in: Rousseau (Hrsg.), Le Conseil constitutionnel en questions, 2004, S. 117 (118).
²⁹ C.C., 6.11.1962, 62-20 DC, Cons. 2 – Direktwahl des Präsidenten.
³⁰ Vgl. *Wesel*, Der Gang nach Karlsruhe, 2004.
³¹ Die Bezeichnung orientiert sich an der Zahl der ernannten Mitglieder und lässt die ehemaligen Staatspräsidenten als Mitglieder von Rechts wegen außer Acht.
³² Hierzu und zum Folgenden rechtsvergleichend *Jouanjan*, Die Stellung der Verfassungsgerichtsbarkeit im Gefüge der Verfassung, in: Masing/ders. (Hrsg.), Verfassungsgerichtsbarkeit, 2011, S. 3 (9 f.).
³³ Vergleichend hierzu *D. Herrmann*, Akte der Selbstautorisierung als Grundstock institutioneller Macht von Verfassungsgerichten, in: Vorländer (Hrsg.), Die Deutungsmacht der Verfassungsgerichtsbarkeit, 2006, S. 141 ff.

aa) Das Bundesverfassungsgericht als Verfassungsorgan

13 Während das Bundesverfassungsgericht vom Parlamentarischen Rat zweifelsfrei als ein Gericht konzipiert worden war, hat es seine heutige Stellung als Verfassungsorgan letztlich erst durch seine an die übrigen Verfassungsorgane gerichtete Status-Denkschrift im Jahr 1952 errungen.[34] Es verfügt seitdem über einen eigenen Einzelplan im Bundeshaushalt, ist selber Dienstherr der bei ihm Beschäftigten und seinem Präsidenten kommt der entsprechende protokollarische Rang zu.[35] Dies und die Besetzung des Gerichts mit erfahrenen Persönlichkeiten aus Politik, Verwaltung, Justiz und Wissenschaft[36] haben dazu beigetragen, dass das Bundesverfassungsgericht von Beginn an selbstbewusst agiert und daher sowohl politischem Druck standgehalten hat[37] als auch sich gegenüber den Fachgerichten und insbesondere dem Bundesgerichtshof hat behaupten können.[38]

bb) Der Conseil constitutionnel als Gericht

14 Was dagegen den Conseil constitutionnel betrifft, so stand dessen Eigenschaft als Verfassungsorgan nie in Frage. Denn anders als das Bundesverfassungsgericht muss er sich auch nicht damit begnügen, im Abschnitt über „Die Rechtsprechung" (Art. 92-104 GG) (mit)geregelt zu werden, sondern die französische Verfassung widmet ihm einen eigenen Abschnitt (Art. 56-63 CF), der dem Abschnitt über die ordentliche Gerichtsbarkeit vorausgeht. Umstritten war dagegen über lange Zeit, ob es sich beim Conseil constitutionnel um ein Gericht handelt oder ob dieser nicht vielmehr als eine politische Institution anzusehen ist.[39] Für letztere Ansicht sprach zunächst Einiges, wie die Bezeichnung der „Weisen" in der Verfassung als „Mitglieder" (nicht als Richter, s. Art. 56 Abs. 1 CF) und die Tatsache, dass den Entscheidungen nach Ansicht der an der Verfassungserarbeitung beteiligten Personen keine Rechtskraft zukommen sollte.[40] Vor allem ergibt sich aber aus den Berichten über die damaligen Beratungen recht eindeutig, dass der Conseil constitutionnel ge-

---

[34] Abgedruckt in JZ 1953, S. 157 ff. Ausführlich hierzu und zum Folgenden *Roellecke*, Aufgaben und Stellung des Bundesverfassungsgerichts im Verfassungsgefüge, in: Isensee/Kirchhof (Hrsg.), Handbuch des Staatsrechts III, 3. Aufl. 2005, § 67 Rn. 15 ff.

[35] *Stolleis*, Geschichte des öffentlichen Rechts in Deutschland IV, 2012, S. 157.

[36] Ausführlich zur „ersten" Besetzung des Gerichts *Stolleis*, a. a. O., S. 146 ff.

[37] So vor allem im Streit um die Europäische Verteidigungsgemeinschaft (1952), hierzu die spannende Darstellung bei *Wesel*, Der Gang nach Karlsruhe, 2004, S. 54 ff.

[38] *Lembcke*, Hüter der Verfassung, 2007, S. 198 ff.

[39] *Jouanjan*, Grundlagen und Grundzüge staatlichen Verfassungsrechts, in: v. Bogdandy et al. (Hrsg.), Ius Publicum Europaeum I, 2011, § 2 Frankreich, Rn. 69 ff., 73.

[40] Zu letzterem s. *Jouanjan*, a. a. O., Rn. 69.

§ 6 Verfassungsgerichtsbarkeit

rade nicht als Gericht konzipiert werden sollte[41] und die Errichtung einer veritablen Verfassungsgerichtsbarkeit sogar grundsätzlich abgelehnt wurde.[42]

Der Conseil constitutionnel hatte es daher in der Folge erheblich schwerer als das Bundesverfassungsgericht, sich von der Politik zu emanzipieren. Hinzu kam, dass die Verfassung von 1958 in nicht unerheblichem Maße auf die Vorstellungen des *General de Gaulle* zurückging, der selbst von 1959 bis 1969 Staatspräsident war. *Gaston Palewski*, zweiter Präsident des Conseil constitutionnel von 1965 bis 1974 und ein enger Vertrauter *de Gaulles* seit der gemeinsamen Zeit im Londoner Exil, legte denn auch in seinen Memoiren offen, dass es ihm „absurd" erschien, „dem Urheber der Verfassung zu erklären, in welcher Weise diese anzuwenden sei."[43] Doch gerade die Amtsführung *de Gaulles* sowie die Einführung der Direktwahl des Staatspräsidenten im Jahr 1962 ließen eine Emanzipation des Conseil constitutionnel immer dringlicher werden. Denn nachdem der Staatspräsident in der Verfassungswirklichkeit zum politischen Führer seines Lagers geworden war,[44] konnte er die in Art. 5 CF prominent angelegte Funktion als „Hüter der Verfassung" kaum mehr erfüllen.[45]

15

Zentrales Hindernis für die Entwicklung des Conseil constitutionnel zu einem starken Verfassungsgericht war jedoch, das weitgehende Fehlen eines materiellen Prüfungsmaßstabes. Seiner ursprünglichen Funktion entsprechend überprüfte er zunächst vor allem, ob die Kompetenz- und Verfahrensvorschriften der Verfassung eingehalten worden waren. Erst seit einer bahnbrechenden Entscheidung aus dem Jahr 1971,[46] die von seinem späteren Präsidenten *Badinter* als „zweite Geburt" des Conseil constitutionnel bezeichnet wurde,[47] kontrolliert dieser auch, ob das ihm vorgelegte Gesetz Grundrechte verletzt (→ Rn. 38). Mit diesem Urteil, das bezeichnenderweise erst nach dem Tode *de Gaulles* erging, hatte sich der Conseil constitutionnel offen gegen den Willen der Verfassungsväter gestellt[48] und „im Handstreich"[49] die Grundlage für eine Anerkennung als Verfassungs*gericht* gelegt. Die sich hierdurch verschärfende Frage nach der Legitimation einer verfassungsgerichtlichen Kontrolle von Parlamentsgesetzen beantwortet der Conseil constitutionnel, indem er seit 1986 in ständiger Rechtsprechung konstatiert, dass ein Gesetz nur soweit Ausdruck der *volonté générale* sei, wie es sich im Rahmen der Verfassung

16

---

[41] *Jouanjan*, Die Stellung der Verfassungsgerichtsbarkeit im Gefüge der Verfassung, in: Masing/ders. (Hrsg.), Verfassungsgerichtsbarkeit, 2011, S. 3 (10).

[42] *Avril/Gicquel*, Le Conseil constitutionnel, 6. Aufl. 2011, S. 11.

[43] Zitiert nach *Avril/Gicquel*, a. a. O., S. 40.

[44] → *Vilain/Wendel* § 4 Rn. 111 ff.

[45] Hierzu allgemein *Böckenförde*, Verfassungsgerichtsbarkeit, in: Staat, Nation, Europa, 1999, S. 157 (160): Der Monarch kann sinnvoll nur Hüter der Verfassung sein, solange er gegenüber den politischen Auseinandersetzungen eine neutrale Stellung einnimmt.

[46] C.C., 16.7.1971, 71-44 DC – Liberté d'association.

[47] Zitiert nach *Avril/Gicquel*, Le Conseil constitutionnel, 6. Aufl. 2011, S. 33.

[48] S. nur *Avril/Gicquel*, a. a. O., S. 20.

[49] So *Jouanjan*, Die Stellung der Verfassungsgerichtsbarkeit im Gefüge der Verfassung, in: Masing/ders. (Hrsg.), Verfassungsgerichtsbarkeit, 2011, S. 3 (5).

befinde.⁵⁰ Nachdem die Antragsbefugnis im Normenkontrollverfahren 1974 auf die politische Opposition erweitert (→ Rn. 36) und im Jahr 2010 ein konkretes Normenkontrollverfahren eingeführt wurde (→ Rn. 58), stellen heute nur noch wenige französische Verfassungsrechtler die Gerichtsqualität des Conseil constitutionnel in Frage.⁵¹

III. Richterauswahl und Organisation

17 Die bedeutendsten Unterschiede zwischen Bundesverfassungsgericht und Conseil constitutionnel bestehen heute im Verfahren der Richterauswahl (1.), der beruflichen Prägung der Richterschaft (2.) und der Organisation der beiden Gerichte (3.).

1. Richterwahlverfahren/Richterernennung

18 Die sechzehn Richter des Bundesverfassungsgerichts werden je zur Hälfte von dem mit zwölf Parlamentariern besetzen Richterwahlausschuss des Bundestages und vom Bundesrat mit Zweidrittelmehrheit gewählt.⁵² Seit Jahrzehnten besteht allerdings eine Absprache zwischen den beiden großen Parteien, CDU und SPD, wonach diesen für je vier Richterposten eines Senates das Vorschlagsrecht zukommt, sodass die beiden Senate (parteipolitisch) ausgewogen besetzt sind.⁵³ Zudem muss die vorgeschlagene Person auch die Akzeptanz der jeweils anderen Partei finden, weshalb von beiden Parteien in der Regel ihnen zwar nahestehende Personen benannt werden, die zugleich aber nicht zu weit außerhalb des politischen Mainstreams stehen. Schließlich lassen sich die Bundesverfassungsrichter nach ihrer Ernennung (soweit ersichtlich) nicht mehr von der Partei vereinnahmen, die sie zur Wahl vorgeschlagen hat, und entscheiden regelmäßig nicht entlang einer Parteilinie.⁵⁴ Abgesichert wird diese Unabhängigkeit zum einen durch eine relativ lange Amtszeit von ma-

---

⁵⁰ Erstmals C.C., 23.8.1985, 85-197 DC, Cons. 27 – Nouvelle Calédonie.

⁵¹ *Roussillon/Esplugas*, Le Conseil constitutionnel, 7. Aufl. 2011, S. 7 ff.

⁵² Art. 94 Abs. 1 S. 2 GG, §§ 5–7 BVerfGG.

⁵³ Die jeweils mit der FDP im Bund koalierende Partei hat dieser regelmäßig für eine Richterstelle das Vorschlagsrecht überlassen, die SPD überlässt es seit einiger Zeit den Grünen, für eine der „SPD-Richterstellen" das Vorschlagsrecht auszuüben; hierzu *Kischel*, Amt, Unbefangenheit und Wahl der Bundesverfassungsrichter, in: Isensee/Kirchhof (Hrsg.), Handbuch des Staatsrechts III, 3. Aufl. 2005, § 69 Rn. 21 ff.

⁵⁴ *Kischel*, Amt, Unbefangenheit und Wahl der Bundesverfassungsrichter, in: Isensee/Kirchhof (Hrsg.), Handbuch des Staatsrechts III, 3. Aufl. 2005, § 69 Rn. 23.

§ 6 Verfassungsgerichtsbarkeit

ximal zwölf Jahren[55] und den Ausschluss der Wiederwahl[56], zum anderen durch weitgehende Unvereinbarkeitsvorschriften.[57]

Der Conseil constitutionnel besteht aus neun „Mitgliedern" (so Art. 56 CF), deren Amtszeit neun Jahre beträgt, und von denen alle drei Jahre jeweils drei neu bestimmt werden. Anders als in Deutschland werden jedoch die Mitglieder des Conseil constitutionnel nicht von einer breiten parlamentarischen Mehrheit gewählt, sondern es werden jeweils drei Mitglieder vom Staatspräsidenten, vom Präsidenten der Nationalversammlung und vom Präsidenten des Senats ernannt (Art. 56 Abs. 1 S. 3 CF). Dieser Ausschluss der politischen Opposition von der Bestimmung der Verfassungsratsmitglieder hat dazu geführt, dass der Conseil constitutionnel zunächst lange Zeit durch eher dem konservativen Lager nahestehende Personen besetzt war, da die französische Linke erstmals 1981 eines der oben genannten Ämter besetzen konnte. Seitdem haben sich längere Perioden einer politischen Mehrheit immer auch in der Besetzung des Conseil constitutionnel niedergeschlagen. Hieran dürfte auch die Verfassungsreform von 2008 nichts geändert haben, die bei Ernennungen durch den Nationalversammlungs- oder Senatspräsidenten ein Anhörungs- und Vetorecht eines Ausschusses der jeweiligen Parlamentskammer und bei Ernennung durch den Staatspräsidenten durch beide dieser Ausschüsse eingeführt hat (Art. 56 Abs. 1 S. 4 u. 5 i. V. m. Art. 13 Abs. 5 CF). Da für ein Veto jedoch eine Mehrheit von drei Fünftel notwendig ist, dürfte der Einfluss der Abgeordneten und Senatoren weiterhin (wenn überhaupt) informeller Natur sein. Hierfür spricht, dass alle sechs Ernennungen in den Jahren 2007 und 2010 auf Wunsch des Staatspräsidenten erfolgt sind, da nicht nur die Abgeordneten, sondern auch die seiner Partei zugehörigen Parlamentspräsidenten seine Vorschläge akzeptierten.[58]

Diese nur homöopathische Mitwirkung der Abgeordneten und Senatoren verweist auf die ursprüngliche Funktion des Conseil constitutionnel als Wächter über die Zuständigkeitsverteilung zwischen Regierung und Parlament, entspricht aber nach Ansicht vieler französischer Autoren nicht mehr seiner heutigen richterlichen Funktion.[59] Dies gilt auch für die im Vergleich zu Deutschland weniger strenger Unvereinbarkeitsvorschriften.[60] Erschwerend kommt zudem noch hinzu, dass auch der Präsident des Conseil constitutionnel vom Staatspräsidenten ernannt wird und

---

[55] § 4 Abs. 1 BVerfGG; wird zuvor die Altersgrenze von 68 Jahren erreicht, endet die Amtszeit bereits vor Ablauf der zwölf Jahre, § 4 Abs. 3 BVerfGG.

[56] § 4 Abs. 2 BVerfGG.

[57] Nach Art. 94 Abs. 1 S. 3 GG können Bundesverfassungsrichter nicht Mitglied des Bundestages, des Bundesrates, der Bundesregierung oder von entsprechenden Landesorganen sein. § 3 Abs. 4 BVerfGG statuiert darüber hinaus die Unvereinbarkeit des Amtes mit jeder anderen beruflichen Tätigkeit mit Ausnahme des Hochschullehrerberufs.

[58] *Avril/Gicquel*, Le Conseil constitutionnel, 6. Aufl. 2011, S. 63 Fn. 1.

[59] Siehe statt vieler *Rousseau*, Le procès constitutionnel, Pouvoirs 137 (2011), S. 47 (55).

[60] Zwar dürfen auch die Mitglieder des Conseil constitutionnel weder ein Abgeordnetenmandat oder ein anderes Wahlamt ausüben, noch Mitglied der Regierung sein; anders als die deutschen Verfassungsrichter können sie jedoch weiterhin bestimmten beruflichen Tätigkeiten (wie z. B. dem Anwaltsberuf) nachgehen, da das Amt eines Verfassungsratsmitglieds ursprünglich nicht als in Vollzeit wahrzunehmend konzipiert wurde, s. zum Ganzen *Drago*, Contentieux constitution-

dieser – anders als sein deutscher Amtskollege – bei Stimmengleichheit das Recht zum Stichentscheid hat (Art. 56 Abs. 3 CF).[61] Eine besonders scharf kritisierte Eigentümlichkeit der französischen Verfassung stellen aber schließlich die sogenannten „Mitglieder von Rechts wegen" (*membre de droit*) dar: Neben den neun Mitgliedern, die für neun Jahre ernannt wurden, sind auch alle ehemaligen Staatspräsidenten von Rechts wegen und auf Lebenszeit Mitglied des Conseil constitutionnel (Art. 56 Abs. 2 CF). Während weder *de Gaulle* noch *Mitterrand* hiervon Gebrauch gemacht haben, nehmen bzw. nahmen *Giscard d'Estaing*, *Chirac* und *Sarkozy* nach eigenem Ermessen an Verfahren teil, sodass die Besetzung des Conseil constitutionnel von Verfahren zu Verfahren variiert.[62] Obwohl diese Regelung in Europa einzigartig ist[63] und weithin als nicht mehr zeitgemäß angesehen wird[64], kam es jedoch trotz eines dahingehenden Vorschlages des die Verfassungsreform von 2008 vorbereitenden Komitees nicht zu dessen Streichung.[65]

2. Ernennungsvoraussetzungen/Richtersoziologie

21 Das Bundesverfassungsgericht und der Conseil constitutionnel unterscheiden sich jedoch nicht allein durch das Verfahren zur Ernennung ihrer Mitglieder. Ein bedeutender Unterschied besteht auch in der geforderten Qualifikation der Richter. So können in Deutschland nur Personen, die das 40. Lebensjahr vollendet haben und in den Bundestag wählbar sind, zum Richter des Bundesverfassungsgericht gewählt werden, wenn sie darüber hinaus auch die Befähigung zum Richteramt besitzen, also in der Regel das 2. Juristische Staatsexamen absolviert haben.[66] Drei der acht Richter eines jeden Senats müssen zudem aus dem Kreis der Richter der obersten

---

nel français, 2011, Rn. 195 ff.; *Rousseau*, Droit du contentieux constitutionnel, 9. Aufl. 2010, Rn. 64 ff.

[61] Auch darüber hinaus kommt dem Präsidenten des Conseil constitutionnel eine starke Stellung zu, da er unter anderem den Generalsekretär auswählt und für jedes Verfahren einen Berichterstatter bestimmt, *Drago*, Contentieux constitutionnel français, 2011, Rn. 204.

[62] Bemerkenswert ist, dass *Giscard d'Estaing* grundsätzlich nicht an Verhandlungen über konkrete Normenkontrollen teilnimmt, da er das 2010 eingeführte Verfahren ablehnt, s. *Colliard*, Un nouveau Conseil constitutionnel?, Pouvoirs 137 (2011), S. 155 (157). *Chirac* nimmt seit Ende 2010 aus gesundheitlichen Gründen nicht mehr an Sitzungen teil; *Sarkozy* hat aus Verärgerung über eine Entscheidung des Verfassungsrates, welche die Erstattung der Kosten seiner Präsidentschaftswahlkampagne betraf, seinen „Rücktritt" aus dem Conseil constitutionnel erklärt (dieser dürfte jedoch rechtlich nicht bindend sein, da die Mitgliedschaft ehemaliger Präsidenten aus der Verfassung folgt).

[63] *Jouanjan*, Conseil constitutionnel und Bundesverfassungsgericht, in: Stolleis (Hrsg.), Herzkammern der Republik, 2011, S. 137 (142).

[64] *Colliard*, Un nouveau Conseil constitutionnel?, Pouvoirs 137 (2011), S. 155 (157).

[65] *Wachsmann*, Sur la composition du Conseil constitutionnel, Jus Politicum 5 (2010), S. 26.

[66] § 3 Abs. 1 und 2 BVerfGG.

Bundesgerichte ausgewählt werden.[67] Prägend für das Bundesverfassungsgericht und seine Rechtsprechung ist jedoch der hohe Anteil an Professoren, die auf Verfassungsrichterstellen berufen wurden sowie der dadurch bedingte wechselseitige Austausch zwischen Gericht und Wissenschaft.[68]

In Frankreich werden dagegen über das passive Wahlrecht hinaus keine Anforderungen an die Qualifikation der Mitglieder des Conseil constitutionnel gestellt.[69] Dies hat dazu geführt, dass mehrheitlich erfahrene Politiker und hohe Verwaltungsbeamte mit politischer Erfahrung ernannt wurden, mit *Schnapper* auch eine Professorin für Soziologie.[70] Dagegen war von 2007 bis 2013 kein Professor der Rechtswissenschaft mehr unter den Mitgliedern und auch zuvor waren diese immer eine kleine Minderheit.[71] Diese bis 2007 gängige Mischung aus Berufspolitikern, Verwaltungsbeamten, Richtern und Professoren wird bis heute als positiv wahrgenommen, da so die politischen Erfahrungen bei der Urteilsfindung berücksichtigt würden.[72] Von Beginn an heftig kritisiert werden dagegen zum einen die fehlende juristische Kompetenz der Mitglieder, zum anderen die Tatsache, dass die zur Ernennung Berufenen vielfach enge politische Weggefährten zu Mitgliedern des Conseil constitutionnel ernannt haben.[73] So arrangierte Staatspräsident *Chirac* 2007 die Ernennung des damaligen Präsidenten der Cour de Cassation *Canivet* und des Vizepräsidenten des Conseil d'Etat *Denoix de Saint Marc*, um so von der gleichzeitig erfolgten Ernennung seines engen Vertrauten *J.-L. Debré* an die Spitze des Conseil constitutionnel abzulenken.[74]

22

Aus deutscher Sicht erstaunt dieser Verzicht auf eine juristische Qualifikation als Voraussetzung auf den ersten Blick.[75] Zwei Dinge sollten dabei jedoch berücksichtigt werden: Zum einen setzte sich auch in Deutschland die SPD in der Debatte über

23

---

[67] Art. 94 Abs. 1 S. 1 GG; nach § 2 Abs. 3 BVerfGG „sollen" Bundesrichter gewählt werden, die mindestens drei Jahre an einem Bundesgericht tätig gewesen sind.

[68] Zur „Symbiose mit der Staatsrechtslehre" *Jestaedt*, Phänomen Bundesverfassungsgericht, in: ders. et al. (Hrsg.), Das entgrenzte Gericht, 2011, S. 77 (124 ff.); kritisch auf den Begriff des „Bundesverfassungsgerichtspositivismus" bringt dies *Schlink*, Die Entthronung der Staatsrechtswissenschaft durch die Verfassungsgerichtsbarkeit, Der Staat 28 (1989), S. 161 (164).

[69] *Drago*, Contentieux constitutionnel français, 2011, Rn. 191.

[70] *Schnapper* hat über ihre Zeit als Mitglied des Conseil constitutionnel die lesenswerte Schrift „Une sociologue au Conseil constitutionnel" (2010) verfasst.

[71] 2013 wurde mit *Nicole Belloubet* wieder eine Professorin des Öffentliches Rechts ernannt, die allerdings auch über langjährige Verwaltungserfahrung verfügt.

[72] Siehe z. B. das ehemalige Mitglied des Conseil constitutionnel *Colliard*, Un nouveau Conseil constitutionnel?, Pouvoirs 137 (2011), S. 155 (158); des Weiteren *Avril/Gicquel*, Le Conseil constitutionnel, 6. Aufl. 2011, S. 65 f.

[73] Siehe als Beispiel den viel zitierten Leserbrief von *Eisenmann* (Le Monde v. 5.3.1959), Autor der 1928 erschienenen grundlegenden Arbeit zum österreichischen Verfassungsgerichtshof und Professor in Paris.

[74] *Wachsmann*, Sur la composition du Conseil constitutionnel, Jus Politicum 5 (2010), S. 9.

[75] Dies gilt allerdings nur für das Bundesverfassungsgericht; eine ganze Reihe von Länderverfassungsgerichten bzw. Staatsgerichtshöfen sind zum Teil auch mit Richtern besetzt, die keine juristische Ausbildung durchlaufen haben, so z. B. der Staatsgerichtshof Baden-Württemberg sowie die Landesverfassungsgerichte Brandenburg und Sachsen-Anhalt.

das Bundesverfassungsgerichtsgesetz im ersten Bundestag dafür ein, von jenen Verfassungsrichtern, die nicht aus dem Kreis der obersten Bundesrichter stammen, keine juristische Ausbildung zu fordern.[76] Die Entwicklung des Bundesverfassungsgerichts wäre also möglicherweise anders verlaufen, wenn sich die SPD damals hätte durchsetzen können. Vor allem aber ist ein formales Kriterium, das an eine eventuell vor Jahrzehnten absolvierte juristische Ausbildung anknüpft und nicht an die tatsächliche berufliche Tätigkeit, von geringerer Bedeutung als die politische Tradition und die in der Öffentlichkeit vorherrschenden Vorstellungen, wie ein Verfassungsgericht besetzt sein sollte. So ist die Wahl ehemaliger oder aktiver Politiker, wie des saarländischen Ministerpräsidenten *Müller*, in das Verfassungsrichteramt in Deutschland eher die – zuletzt heftig diskutierte – Ausnahme geblieben. Dagegen wurden die Ernennung von *Barrot*, *Charasse* und *Haenel* im Jahr 2010 in der (Fach-)Öffentlichkeit als stark politisiert wahrgenommen, die Diskussion drehte sich jedoch eher um die konkreten Personen und die politische Bedeutung der Ernennungen als um deren Qualifikation und die Tatsache, dass es sich um drei Berufspolitiker handelte. Ein juristisches Studium hatten sie zudem alle absolviert. Die durch die Einführung der konkreten Normenkontrolle notwendig gewordene Professionalisierung des Conseil constitutionnel kann also nur durch eine Veränderung der politischen Kultur und nicht allein durch die Einführung eines formalen Kriteriums über die juristische Qualifikation erreicht werden.

3. Organisation der Gerichte

24 Schließlich haben sich die unterschiedlichen den beiden Institutionen ursprünglich zugedachten Funktionen auch in der Organisation des Conseil constitutionnel und des Bundesverfassungsgerichts niedergeschlagen. Die im internationalen Vergleich ungewöhnliche[77] Organisation des Bundesverfassungsgerichts, das aus zwei Senaten besteht, in welche die Richter direkt gewählt werden, spiegelte ursprünglich die Zuständigkeit für Grundrechtsverletzungen (1. Senat) und für staatsorganisationsrechtliche Streitigkeiten (2. Senat) wider.[78] Über Verfassungsbeschwerden, welche die große Mehrzahl der Verfahren darstellen, entscheiden in der Regel Kammern, die mit drei Richtern eines Senates besetzt sind.[79] Angesichts der hohen Verfahrenszahlen wird zudem jeder Bundesverfassungsrichter in seiner Arbeit durch vier wissenschaftliche Mitarbeiter unterstützt, die er nach eigenem Ermessen auswählt

---

[76] *Schönberger*, Anmerkungen zu Karlsruhe, in: Jestaedt et al. (Hrsg.), Das entgrenzte Gericht, 2011, S. 9 (17).

[77] *Weber*, Europäische Verfassungsvergleichung, 2010, Kap. 12 Rn. 43.

[78] *O. Klein*, in: Benda/E. Klein (Hrsg.), Verfassungsprozessrecht, 3. Aufl. 2012, Rn. 147 f. Als Plenum tritt das Bundesverfassungsgericht – außer in Geschäftsordnungsfragen und Verwaltungsangelegenheiten – nur zusammen, wenn ein Senat von der Rechtsprechung des anderen Senates abweichen möchte (§ 16 BVerfGG), was bisher erst fünf Mal geschehen ist, *O. Klein*, a. a. O., Rn. 164 ff.

[79] §§ 93b-93d BVerfGG.

und bei denen es sich in der Regel um junge Richter und Staatsanwälte handelt, die für einen durchschnittlichen Zeitraum von zwei bis drei Jahren an das Bundesverfassungsgericht abgeordnet werden.[80]

Der Conseil constitutionnel kennt dagegen keine Senate oder Kammern und entscheidet immer in seiner vollen Besetzung mit neun gewählten Mitgliedern und einer wechselnden Anzahl an Mitgliedern von Rechts wegen. Im Vergleich zum Bundesverfassungsgericht verfügt er nur über einen sehr kleinen – nach Einführung der konkreten Normenkontrolle etwas verstärkten – juristischen Mitarbeiterstab unter Leitung des Generalsekretärs.[81] Da die Mitglieder des Conseil constitutionnel nicht über ihnen persönlich zugewiesene wissenschaftliche Mitarbeiter verfügen, sondern nur die Unterstützung des Generalsekretärs und der juristischen Abteilung in Anspruch nehmen können, kommt dem – traditionell aus dem Conseil d'Etat stammenden – Generalsekretär eine nicht zu unterschätzende Stellung zu. So berät er den jeweiligen, vom Präsidenten des Conseil constitutionnel nach eigenem Ermessen bestimmten Berichterstatter[82] nicht nur bei der Vorbereitung und Durchführung von Anhörungen, sondern er nimmt – anders als die wissenschaftlichen Mitarbeiter am Bundesverfassungsgericht – auch an den Urteilsberatungen teil.[83] Er wird daher auch als zehntes ernanntes Mitglied des Conseil constitutionnel bezeichnet und kompensiert nach Ansicht mancher französischer Autoren die mangelnde juristische Kompetenz einiger Verfassungsratsmitglieder.[84] Aus seiner Feder stammen auch die auf der Homepage des Conseil constitutionnel veröffentlichten Urteilskommentierungen, die angesichts der privilegierten Stellung des Generalsekretärs bei der Beratung und Abfassung der Entscheidungen eine Art autorisierte Rechtsprechungserläuterung darstellen. Sein Einfluss auf die Rechtsprechung des Conseil constitutionnel dürfte daher den Einfluss der auch als „3. Senat" bezeichneten wissenschaftlichen Mitarbeiter des Bundesverfassungsgerichts deutlich übersteigen.[85]

---

[80] Hierzu *Gehle*, in: Umbach et al. (Hrsg.), BVerfGG, 2. Aufl. 2005, Vor §§ 93a ff. Rn. 19 ff.

[81] Vor Einführung der konkreten Normenkontrolle arbeiteten im „juristischen Dienst" drei wissenschaftliche Mitarbeiter und einige Praktikanten (in der Regel Doktoranden der Rechtswissenschaft), *Drago*, Contentieux constitutionnel français, 2011, Rn. 208.

[82] *Avril/Gicquel*, Le Conseil constitutionnel, 6. Aufl. 2011, S. 92 f.; *Drago*, Contentieux constitutionnel français, 2011, Rn. 384. In Deutschland wird dagegen der jeweilige Berichterstatter (und damit auch die für das Annahmeverfahren zuständige Kammer) abstrakt und a priori in dem auf der Homepage des Gerichts veröffentlichten Geschäftsverteilungsplan bestimmt, um so dem Recht auf den gesetzlichen Richter Genüge zu tun, s. *O. Klein*, in: Benda/E. Klein (Hrsg.), Verfassungsprozessrecht, 3. Aufl. 2012, Rn. 156.

[83] *Avril/Gicquel*, a. a. o., S. 88 ff.

[84] So z. B. *Roussillon/Esplugas*, Le Conseil constitutionnel, 7. Aufl. 2011, S. 25 ; vgl. auch *Jouanjan*, Conseil constitutionnel und Bundesverfassungsgericht, in: Stolleis (Hrsg.), Herzkammern der Republik, 2011, S. 137 (143 f.).

[85] Aber auch in Deutschland wird der Einfluss der wissenschaftlichen Mitarbeiter kritisiert, s. beispielsweise *Lamprecht*, Ist das BVerfG noch gesetzlicher Richter, NJW 2001, S. 419 ff.

IV. Aufgaben und Verfahrensarten

1. Überblick

26 Sowohl das Bundesverfassungsgericht als auch der Conseil constitutionnel sind nur im Rahmen jener Verfahrensarten zuständig, die ihnen von der jeweiligen Verfassung enumerativ zugewiesen sind; es existieren also keine verfassungsgerichtlichen Generalklauseln wie sie § 40 VwGO für die Verwaltungsgerichte enthält.[86] Im Zentrum der folgenden Darstellung werden vier Verfahrensarten stehen, die statistisch und politisch von herausgehobener Bedeutung sind: die abstrakte Normenkontrolle (2.), die Verfassungsbeschwerde (3.), die konkrete Normenkontrolle (4.) und schließlich das Organstreitverfahren (5.). Schon an dieser Stelle ist darauf hinzuweisen, dass das französische Verfassungsprozessrecht nur die abstrakte und die konkrete Normenkontrolle, nicht aber die Verfassungsbeschwerde und das Organstreitverfahren kennt. Deren Funktion wird teilweise jedoch von anderen (zum Teil auch verwaltungsgerichtlichen) Verfahrensarten übernommen, wie im Folgenden zu zeigen sein wird.

27 Über diese vier Verfahrensarten hinaus sehen die Verfassungen jedoch eine Vielzahl weiterer verfassungsgerichtlicher Verfahren vor, die im vorliegenden Rahmen nur erwähnt werden können. Statistisch von Bedeutung sind von diesen nur die in Art. 41 Abs. 2 GG und Art. 58 ff. CF vorgesehenen Wahlprüfungsverfahren[87] sowie die naturgemäß nur im Bundesstaat vorkommenden föderativen Streitigkeiten, wie die Bund-Länder-Streitverfahren nach Art. 93 Abs. 1 Nr. 3 und Nr. 4 1. Alt. GG sowie die Streitigkeiten zwischen einzelnen Bundesländern gemäß Art. 93 Abs. 1 Nr. 4 2. Alt. GG. Auch eine unmittelbare verfassungsprozessuale Entsprechung zur kommunalen Verfassungsbeschwerde (Art. 93 Abs. 1 Nr. 4b GG), durch die von Gemeinden eine auf gesetzgeberisches Handeln zurückgehende Verletzung der verfassungsrechtlich verankerten Selbstverwaltungsgarantie gerügt werden kann, existiert in Frankreich nicht; allerdings können die französischen Gebietskörperschaften eine Verletzung der durch Art. 72 CF gewährleisteten Selbstverwaltungsgarantie durch den Gesetzgeber im Wege der konkreten Normenkontrolle rügen,[88] die insoweit funktionales Äquivalent zur Kommunalverfassungsbeschwerde ist.[89]

---

[86] S. nur *Schlaich/Korioth*, Das Bundesverfassungsgericht, 9. Aufl. 2012, Rn. 77; C.C., 14.9.1961, 61-1 AUTR, Cons. 1 – Demande d'avis.

[87] In Deutschland rangieren die Wahlprüfungsbeschwerden (unter Außerachtlassung der einstweiligen Anordnungen) zahlenmäßig an dritter Stelle, s. http://www.bundesverfassungsgericht.de/DE/Verfahren/Jahresstatistiken/2013/gb2013/A-I-4.html (letztmaliger Abruf 24.2.2015). In Frankreich stehen sie sogar deutlich an der Spitze, s. *Avril/Gicquel*, Le Conseil constitutionnel, 6. Aufl. 2011, S. 82.

[88] C.C., 22.9.2010, 2010-29/37 QPC, Cons. 8 – Commune de Besançon; 18.10.2010, 2010-56 QPC, Cons. 6 – Département du Val-de-Marne (die in diesem Zusammenhang vielfach als grundlegend zitierte Entscheidung, 2.7.2010, 2010–12 QPC – Commune de Dunkerque, lässt diese Frage noch offen).

[89] Allgemein zu der funktionalen Äquivalenz von deutscher Verfassungsbeschwerde und der französischen konkreten Normenkontrolle → Rn. 73.

Aus dem Kreis der im Grundgesetz vorgesehenen Verfahren zum Schutz der Verfassung ist insbesondere das Parteiverbot (Art. 21 Abs. 2 GG) als Ausdruck der „streitbaren Demokratie"[90] erwähnenswert, da es in den 1950er Jahren zum Verbot der rechtsradikalen Sozialistischen Reichspartei (SRP) sowie der Kommunistischen Partei Deutschlands (KPD) geführt hat, wohingegen 2003 das Verfahren über ein Verbot der rechtsradikalen NPD aus prozessualen Gründen eingestellt werden musste.[91] Bedeutungslos geblieben sind dagegen bisher das Verfahren zur Feststellung einer Grundrechtsverwirkung (Art. 18 GG) sowie die Präsidenten- und Richteranklage (Art. 61 bzw. Art. 98 Abs. 2 GG). Im Gegensatz hierzu hat in Frankreich ein gegen den damaligen Staatspräsidenten *Chirac* geführtes Ermittlungsverfahren zwar nicht zur Anwendung, wohl aber zu einer Neuregelung des Amtsenthebungsverfahrens geführt: Zuständig hierfür ist jedoch anders als in Deutschland nicht der Conseil constitutionnel, sondern die als Haute Cour versammelten Parlamentskammern, welche die Amtsenthebung mit einer Mehrheit von zwei Dritteln der Mitglieder beschließen kann (Art. 67 f. CF). Parteiverbote erfolgen nach der allgemeinen Vorschrift über Vereinigungsverbote durch ein im Ministerrat gefasstes Dekret; dieses kann vor dem Conseil d'Etat angefochten werden.[92]

28

Anders als dem Bundesverfassungsgericht, dessen Stellung im Verteidigungsfall durch Art. 115g GG jedoch gesichert wird, kommt dem Conseil constitutionnel schließlich im Notstandsfall eine besondere Rolle zu: So ist er vor Inkraftsetzung des in Art. 16 CF geregelten Ausnahmezustandes durch den Staatspräsidenten anzuhören, der zudem alle auf dieser Grundlage angeordneten Maßnahmen zuvor dem Conseil constitutionnel zur Stellungnahme vorzulegen hat.[93] Seit der Verfassungsreform von 2008 kann der Conseil constitutionnel darüber hinaus nach Ablauf von 30 Tagen auf Antrag eines der beiden Parlamentskammerpräsidenten, 60 Abgeordneten der Nationalversammlung oder 60 Senatoren überprüfen, ob die Voraussetzungen des Art. 16 CF weiterhin vorliegen.

29

2. Abstrakte Normenkontrollen auf Antrag politischer Akteure

a) Abstrakte Normenkontrollen als objektive Beanstandungsverfahren

Als einzige der im Folgenden dargestellten Verfahrensart war die abstrakte Normenkontrolle sowohl in der Bundesrepublik Deutschland als auch in der 5. Repub-

30

---

[90] → *Gaillet* § 2 Rn. 36; → *Vilain* § 3 Rn. 69 ff.
[91] Ausführlich hierzu *Benda/E. Klein*, in: dies. (Hrsg.), Verfassungsprozessrecht, 3. Aufl. 2012, Rn. 1152 ff., 1170. Seit dem Ende des kalten Krieges sehen eine Reihe osteuropäischer Verfassungen Parteiverbotsverfahren vor, s. *Wieser*, Vergleichendes Verfassungsrecht, 2005, S. 145.
[92] Art. L. 212-1 Code de la sécurité intérieure, Art. R. 311-1 Nr. 1 Code de justice administrative; zur weitgehend unverändert übernommenen Vorgängerregelung s. *Mbongo*, Actualité et renouveau de la loi du 10 janvier 1936 sur les groupes de combat et les milices privées, RDP 1998, S. 715 ff.
[93] Bisher hat allein Staatspräsident *de Gaulle* während des Algerienkrieges von April bis September 1961 von Art. 16 CF Gebrauch gemacht.

lik von Beginn an verfassungsrechtlich vorgesehen. Dabei verweist die in der deutschen Literatur verwendete Bezeichnung als *abstrakte* Normenkontrolle darauf, dass dem verfassungsgerichtlichen Verfahren über die Verfassungsmäßigkeit einer Norm kein konkreter Zivil-, Straf- oder Verwaltungsrechtsstreit zugrunde liegt, sondern die Norm abstrakt am Maßstab der Verfassung gemessen wird, was wiederum auch auf das in Art. 61 CF geregelte Verfahren zutrifft. In der französischen Literatur wird dieses Verfahren allerdings in erster Linie dadurch charakterisiert, dass es sich um eine Kontrolle *a priori* handelt, da das Gesetz zwar nach seiner Verabschiedung durch das Parlament, aber *vor* seiner Ausfertigung und Verkündung vom Conseil constitutionnel überprüft wird; als eine Kontrolle *a posteriori* wird dagegen die 2008 eingeführte konkrete Normenkontrolle bezeichnet.[94] Rechtsvergleichend zeigt jedoch das deutsche Recht, dass die Begriffspaare „a priori/a posteriori" und „abstrakte/konkrete Normenkontrolle" nicht deckungsgleich sein müssen, da auch die abstrakte Normenkontrolle nach Art. 93 Abs. 1 Nr. 2 GG erst nach Verkündung des Gesetzes zulässig ist und somit eine Kontrolle a posteriori darstellt. Aus diesem Grund wird im Folgenden der – auf beide Verfahren zutreffende – Begriff der abstrakten Normenkontrolle verwendet.

31   Diese begriffliche Gleichsetzung rechtfertigt sich auch durch eine Reihe bedeutender Gemeinsamkeiten und Ähnlichkeiten: So sind in beiden Ländern nur politische Akteure, nicht aber Bürger oder Gerichte berechtigt, eine abstrakte Normenkontrolle durch das Verfassungsgericht zu beantragen. Dieses nimmt sodann eine objektive Rechtskontrolle vor, das heißt es beschränkt sich nicht darauf, die Verletzung bestimmter subjektiver Rechte zu prüfen, sondern misst die angegriffenen Gesetzesbestimmungen am Maßstab des gesamten Verfassungsrechts. Aus diesem Grund spricht das Bundesverfassungsgericht von einem objektiven Beanstandungsverfahren, das in erster Linie den Schutz der Verfassung, nicht den Schutz Einzelner zum Ziel hat[95], was wiederum seine Rolle als „Hüter der Verfassung" akzentuiert.[96] Hieraus folgern beide Gerichte, dass die Antragsteller nur den Anstoß für die verfassungsgerichtliche Kontrolle geben, weshalb die Rücknahme eines Normenkontrollantrags nicht (so der Conseil constitutionnel) bzw. nur dann zur Einstellung des Verfahrens führt, wenn kein öffentliches Interesse an einer Verfahrensfortführung besteht (so das Bundesverfassungsgericht).[97] In Frankreich war zudem das abstrakte Normenkontroll*verfahren* (anders als das Wahlprüfungsverfahren) zunächst kaum formalisiert und richtet sich bis heute nach ungeschriebenen, da richterrechtlich entwickelten Regeln, die weder eine mündliche Verhandlung noch die Möglichkeit einer Richterablehnung wegen Befangenheit vorsehen.[98]

---

[94] Vgl. nur *Avril/Gicquel*, Le Conseil constitutionnel, 6. Aufl. 2011, S. 83; *Rousseau*, Droit du contentieux constitutionnel, 9. Aufl. 2010, S. 93 und S. 241.
[95] BVerfGE 83, 37 (49); 101, 158 (213).
[96] *E. Klein*, in: Benda/ders. (Hrsg.), Verfassungsprozessrecht, 3. Aufl. 2012, Rn. 662.
[97] C.C., 30.12.1996, 96-386 DC, Cons. 4 – Amendement Malraux (Antragsrücknahme unzulässig); BVerfGE 1, 396 (414); 8, 183 (184); 25, 308 (309); 76, 99 (99 f.); 77, 345 (345); 79, 255 (255).
[98] *Jouanjan*, Grundlagen und Grundzüge staatlichen Verfassungsrechts, in: v. Bogdandy et al. (Hrsg.), Ius Publicum Europaeum I, 2007, § 2 Frankreich, Rn. 71.

b) Prüfungsgegenstände/Zeitpunkt der Prüfung

Wie bereits angedeutet, erfolgt die Normenkontrolle in Frankreich vor der Ausfertigung und Verkündung des vom Parlament bereits verabschiedeten Gesetzes durch den Staatspräsidenten. Die Ausgestaltung als eine präventive Normenkontrolle ist der einleitend beschriebenen Legitimationsdebatte geschuldet, in der von vielen Autoren lange Zeit bestritten wurde, dass der sich im Gesetz manifestierende Wille des Volkes von demokratisch nur indirekt legitimierten und selbst keiner Kontrolle unterliegenden Richtern überprüft werden darf. Die Parlamentssouveränität soll also dadurch geschützt werden, dass nicht ein bereits verkündetes Gesetz vom Conseil constitutionnel kontrolliert wird, sondern die Überprüfung in das Gesetzgebungsverfahren integriert wird, wenngleich der hierdurch entstehende Schutz des Gesetzgebers nur ein rein formaler ist.[99]

32

Die Integration der Verfassungskontrolle in das Gesetzgebungsverfahren führt dazu, dass Art. 61 Abs. 3 CF dem Conseil constitutionnel nur eine kurze Frist von einem Monat für die Prüfung des Gesetzes einräumt, die in dringlichen Fällen auf Antrag der Regierung sogar auf acht Tage verkürzt werden kann.[100] Prüfungsgegenstand der abstrakten Normenkontrolle sind in Frankreich vor allem Parlamentsgesetze (Art. 61 Abs. 2 CF) einschließlich der Gesetze zur Ratifikation völkerrechtlicher Verträge (Art. 54 CF).[101] Während diese jedoch nur auf Antrag vom Conseil constitutionnel überprüft werden, sind alle verfassungsausführenden Gesetze (*lois organiques*)[102] vor ihrer Verkündung sowie die Geschäftsordnungen der beiden Parlamentskammern vor ihrem Inkrafttreten obligatorisch vom Conseil constitutionnel zu kontrollieren (Art. 61 Abs. 1 CF). Kein Gegenstand einer Normenkontrolle können dagegen Regierungsverordnungen sein, was angesichts der im Vergleich zum Parlamentsgesetz geringeren demokratischen Legitimation erklärbar ist, vor allem aber nicht zu Rechtsschutzlücken führt, da auch Regierungsverordnungen wie alle Rechtsverordnungen direkt vor den Verwaltungsgerichten angegriffen werden können.[103]

33

In Deutschland können im Wege der abstrakten Normenkontrolle dagegen nicht nur Parlamentsgesetze, sondern das gesamte Bundes- und Landesrecht angegriffen werden, sofern die angegriffene Rechtsnorm bereits verkündet worden ist.[104] Dies betrifft – anders als bei der konkreten Normenkontrolle – auch vorkonstitutionel-

34

---

[99] So zu Recht *V. Lange*, Grundrechtsbindung des Gesetzgebers, 2010, S. 136.

[100] Die Frist wurde bisher in allen Fällen eingehalten (s. *Roussillon/Esplugas*, Le Conseil constitutionnel, 7. Aufl. 2011, S. 45.), auch weil dem Conseil constitutionnel in der Regel bereits während des laufenden Gesetzgebungsverfahrens signalisiert wird, dass dieser mit einem Normenkontrollantrag zu rechnen hat; die Fristverkürzung wird zudem nur äußerst selten beantragt, s. zu beidem *Avril/Gicquel*, Le Conseil constitutionnel, 6. Aufl. 2011, S. 96.

[101] Zu letzterem → *Wendel* § 8 Rn. 45.

[102] → *Marsch* § 5 Rn. 69 f.

[103] Hierzu *Marsch*, Frankreich, in: J.-P. Schneider (Hrsg.), Verwaltungsrecht in Europa II, 2009, S. 33 (160 ff.).

[104] *E. Klein*, in: Benda/ders. (Hrsg.), Verfassungsprozessrecht, 3. Aufl. 2012, Rn. 676 ff., 682 f.

les, also vor Inkrafttreten des Grundgesetzes erlassenes Recht[105]; eine Antragsfrist existiert nicht.[106] Dagegen lässt das Bundesverfassungsgericht eine präventive Normenkontrolle vor der Verkündung nur bei Gesetzen zu, durch die der Bundestag der Ratifikation eines völkerrechtlichen Vertrages zugestimmt hat.[107]

35   Ein weiterer wichtiger Unterschied zwischen den beiden Rechtsordnungen besteht darin, dass nur in Deutschland verfassungsändernde Gesetze Prüfungsgegenstand einer abstrakten Normenkontrolle sein können, wohingegen es der Conseil constitutionnel abgelehnt hat, verfassungsändernde Gesetze zu kontrollieren.[108] Während Verfassungsänderungen vom Bundesverfassungsgericht also an der Ewigkeitsgarantie des Art. 79 Abs. 3 GG gemessen werden können,[109] die unter anderem einen demokratischen, rechtsstaatlichen und grundrechtlichen Mindestbestand garantiert,[110] bleiben die in Frankreich der Verfassungsänderung entzogene republikanische Staatsform und die territoriale Einheit Frankreichs (Art. 89 Abs. 4 und 5 CF) prozessual ohne Schutz vor dem verfassungsändernden Gesetzgeber. Darüber hinaus stellen auch die im Wege des Referendums verabschiedeten Gesetze nach Ansicht des Conseil constitutionnel keinen tauglichen Prüfungsgegenstand dar.[111] Die Frage nach der Legitimation einer Verfassungskontrolle wird hier in besonderer Weise virulent und der Conseil constitutionnel lehnt eine Kontrolle denn auch mit der Begründung ab, ein Referendumsgesetz sei „unmittelbarer Ausdruck der nationalen Souveränität".[112] Auch durch die Verfassungsänderung im Jahr 2008 wurde dieses Problem nicht behoben, da der geänderte Art. 61 Abs. 1 CF nur eine Vorabkontrolle jener Gesetzentwürfe vorschreibt, die dem Volk auf Initiative eines Fünftels der Abgeordneten mit Unterstützung eines Zehntels der eingeschriebenen Wähler im Wege des Referendums vorgelegt werden sollen.[113] Gesetzentwürfe der Regierung, die vom Staatspräsidenten zur Abstimmung gestellt werden können, kontrolliert der Conseil constitutionnel dagegen auch weiterhin nicht auf ihre Verfassungsmäßigkeit. Einer nur eingeschränkten Prüfung durch den Conseil consti-

---

[105] BVerfGE 24, 174 (179 f.); 103, 111 (124).

[106] BVerfGE 119, 96, 116.

[107] *Löwer*, Zuständigkeiten und Verfahren des Bundesverfassungsgerichts, in: Isensee/Kirchhof (Hrsg.), Handbuch des Staatsrechts III, 3. Aufl. 2005, § 70 Rn. 65; von Bedeutung ist dies insbesondere im Rahmen der europäischen Integration → *Wendel* § 8 Rn. 32 ff.

[108] C.C., 26.3.2003, 2003-469 DC, Cons. 2 – Loi constitutionnelle relative à l'organisation décentralisée de la République.

[109] Als Beispiel s. die Entscheidung über die akustische Wohnraumüberwachung, BVerfGE 109, 279 (310 ff.); die Richterinnen *Jaeger* und *Hohmann-Dennhardt* vertreten in ihrem Sondervotum sogar die Ansicht, dass die Verfassungsänderung wegen Verstoßes gegen Art. 79 Abs. 3 GG verfassungswidrig sei, a. a. O., S. 382 ff.

[110] *Zippelius/Würtenberger*, Deutsches Staatsrecht, 32. Aufl. 2008, § 6 Rn. 19 ff.

[111] C.C., 23.9.1992, 92-313 DC, Cons. 2 – Maastricht III. Hierzu verfassungstheoretisch *Haltern*, Verfassungsgerichtsbarkeit, Demokratie und Mißtrauen, 1998, S. 368 ff.

[112] Zum Konzept der nationalen Souveränität → *Vilain* § 3 Rn. 58.

[113] *Favoreu et al.*, Droit constitutionnel, 14. Aufl. 2011, Rn. 420-1.

tutionnel zugänglich sind schließlich jene Gesetze, die der Umsetzung einer EU-Richtlinie dienen.[114]

c) Antragsberechtigung, Antragsgrund und Klarstellungsinteresse

Die Antragsberechtigung steht wie bereits angedeutet in beiden Ländern allein politischen Akteuren zu: In Frankreich waren dies ursprünglich der Staatspräsident, der Premierminister sowie die Präsidenten der beiden Parlamentskammern. Dies entsprach der Konzeption eines Conseil constitutionnel, dessen Funktion der Schutz der Regierung vor Kompetenzanmaßungen des Parlaments war, hatte aber zur Folge, dass die oppositionelle Linke aus Sozialisten und Kommunisten zunächst kein Normenkontrollverfahren einleiten konnte.[115] Erst seit einer Verfassungsänderung im Jahr 1974 können 60 Abgeordnete der Nationalversammlung oder 60 Senatoren, also nunmehr auch die politische Opposition, eine abstrakte Normenkontrolle beantragen.[116] In Deutschland war dies von Beginn an der Fall, da hier ursprünglich neben der Bundesregierung und den Landesregierungen auch ein Drittel der Mitglieder des Bundestages ein abstraktes Normenkontrollverfahren einleiten konnte. Dieses Quorum erwies sich jedoch zur Zeit der zweiten Großen Koalition (2005–2009) als sehr hoch, weshalb es 2008 auf ein Viertel herabgesetzt wurde. Schließlich ist der deutsche Bundespräsident anders als der französische Staatspräsident zwar nicht berechtigt, eine abstrakte Normenkontrolle zu beantragen. Angesichts des dem Bundespräsidenten zugestandenen Rechts, Gesetze vor der Verkündung auf ihre Verfassungsmäßigkeit zu prüfen,[117] ist dies jedoch unproblematisch.[118]

36

Als Antragsgrund und damit als Zulässigkeitsvoraussetzung der abstrakten Normenkontrolle ergibt sich zudem aus Art. 93 Abs. 1 Nr. 2 GG, dass Meinungsverschiedenheiten oder Zweifel über die Vereinbarkeit von Bundesrecht mit dem Grundgesetz oder Landesrecht mit dem Bundesrecht bestehen müssen.[119] Darüber hinaus verlangt das Bundesverfassungsgericht das Vorliegen eines objektiven Klarstellungsinteresses, das zwar in der Regel bereits durch den Antrag als indiziert gilt, nach neuerer Rechtsprechung wohl aber zumindest eine Darlegung der Meinungs-

37

---

[114] Ausführlich → *Wendel* § 8 Rn. 96 ff.

[115] Bis 1974 waren drei der vier Ämter in den Händen gaullistischer Politiker; einzige Ausnahme war bis 1968 der dem politischen Zentrum zuzuordnende Senatspräsident *Monnerville*, der 1962 den Conseil constitutionnel anrief, um die im Wege des Referendums verabschiedete Verfassungsreform zur Einführung der Direktwahl des Staatspräsidenten für (formell) verfassungswidrig erklären zu lassen.

[116] Die Nationalversammlung umfasst 577 Angeordnete, der Senat 348 Senatoren.

[117] → *Vilain/Wendel* § 4 Rn. 127; → *Marsch* § 5 Rn. 58 f.

[118] *E. Klein*, in: Benda/ders. (Hrsg.), Verfassungsprozessrecht, 3. Aufl. 2012, Rn. 672.

[119] Zur Frage, ob diese Zulässigkeitsvoraussetzung durch § 76 BVerfGG in verfassungswidriger Weise verschärft wird, da dieser davon spricht, dass ein Antragsteller Bundes- oder Landesrecht „für nichtig hält", s. *Graßhof*, in: Umbach et al. (Hrsg.), BVerfGG, 2. Aufl. 2005, § 76 Rn. 23.

verschiedenheiten oder Zweifel in der Antragsbegründung erforderlich macht.[120] Hiermit nicht vereinbar wäre die französische Praxis der *saisine blanche*, der Antragstellung ohne Begründung, wie sie bei der Beantragung der Kontrolle völkerrechtlicher Verträge mittlerweile üblich ist,[121] aber aus politischen Gründen auch bei einfachen Gesetzen – wie z. B. dem Verbot des Tragens einer Burka in der Öffentlichkeit – erfolgte, um eine spätere Befassung des Conseil constitutionnel im Rahmen einer konkreten Normenkontrolle zu verhindern.[122] Die hier zum Ausdruck kommende Reduzierung des Antrags auf eine reine Anstoßfunktion setzt sich beim Prüfungsumfang fort: Anders als das Bundesverfassungsgericht, das seine Prüfung nur dann auf vom Antragsteller nicht gerügte Bestimmungen desselben Gesetzes erweitert, wenn diese in einem Zusammenhang mit den angegriffenen Bestimmungen stehen,[123] hält sich der Conseil constitutionnel für befugt (aber nicht verpflichtet), alle (und damit auch die nicht als verfassungswidrig gerügten) Bestimmungen des angegriffenen Gesetzes zu kontrollieren.[124]

d) Kontrollmaßstäbe

38 Bedeutender noch als die Erweiterung des Kreises der Antragsberechtigten war in Frankreich, dass der Conseil constitutionnel 1971 erstmals ein angegriffenes Gesetz auf seine Vereinbarkeit mit Grundrechten kontrollierte. Während in Deutschland im Rahmen der abstrakten Normenkontrolle von Beginn an das angegriffene Bundesrecht am Maßstab des Grundgesetzes und damit auch an den im Grundgesetz verankerten Grundrechten gemessen wurde,[125] fehlte es dem Conseil constitutionnel für eine Grundrechtskontrolle zunächst an einem normativen Anknüpfungspunkt, da die französische Verfassung keinen Grundrechtskatalog enthält.[126] Seiner ihm ursprünglich zugedachten Funktion als Wächter über die Kompetenzverteilung zwischen Regierung und Parlament entsprechend kontrollierte er in den ersten Jahren daher allein die formelle Verfassungsmäßigkeit von Gesetzen. In der bahnbrechenden Entscheidung vom 16. Juli 1971 zur Vereinigungsfreiheit entschied der

---

[120] *E. Klein*, in: Benda/ders. (Hrsg.), Verfassungsprozessrecht, 3. Aufl. 2012, Rn. 694 unter Verweis auf BVerfGE 119, 96 (117).

[121] *Avril/Gicquel*, Le Conseil constitutionnel, 6. Aufl. 2011, S. 97 mit Fn. 31.

[122] *Roussillon/Esplugas*, Le Conseil constitutionnel, 7. Aufl. 2011, S. 28; ausführlich und kritisch am Beispiel des Burka-Verbotes *Gaillet*, La loi interdisant la dissimulation du visage dans l'espace public et les limites du contrôle pratiqué par le Conseil constitutionnel, Société, Droit et Religion, 2 (2011), S. 47 (49 ff.).

[123] *E. Klein*, in: Benda/ders. (Hrsg.), Verfassungsprozessrecht, 3. Aufl. 2012, Rn. 710 ff.

[124] *Drago*, Contentieux constitutionnel français, 2011, Rn. 414 ff.; *Roussillon/Esplugas*, Le Conseil constitutionnel, 7. Aufl. 2011, S. 34 f.

[125] Nach herrschender Meinung wird Bundesrecht jeden Ranges allein am Maßstab des Grundgesetzes gemessen (sodass Bundesrechtsverordnungen nicht auf ihre Vereinbarkeit mit Bundesgesetzen geprüft werden, str.), wohingegen Landesrecht am Maßstab des gesamten Bundesrechts kontrolliert wird, s. *Graßhof*, in: Umbach et al. (Hrsg.), BVerfGG, 2. Aufl. 2005, § 76 Rn. 36 m. w. N.

[126] → *Hochmann* § 7 Rn. 2, 4, 6 ff.

Conseil constitutionnel aber dann, dass die Präambel der Verfassung – entgegen der Ansicht der an ihrer Erarbeitung Beteiligten[127] – juristisch verbindlich sei.[128] Dies wiederum hat zur Folge, dass auch die in der Präambel in Bezug genommenen Texte, wie die Erklärung der Menschen- und Bürgerrechte von 1789, Teil des geltenden Verfassungsrechts und daher vom Conseil constitutionnel als Prüfungsmaßstab heranzuziehen sind. Gleiches gilt auch für die in Bezug genommene Präambel der Verfassung von 1946, die selbst eine Reihe wirtschaftlicher und sozialer Grundrechte enthält und zudem auf die in den Gesetzen der 3. Republik anerkannten Rechtsgrundsätze verweist.[129] Diese Texte bilden heute gemeinsam mit dem Verfassungstext selbst und der seit 2004 durch die Präambel in Bezug genommenen Umwelt-Charta den sogenannten *bloc de constitutionnalité*, der Prüfungsmaßstab im Verfahren der abstrakten Normenkontrolle ist.[130]

Die Kontrolle der Kompetenzverteilung zwischen Regierung und Parlament im Rahmen der abstrakten Normenkontrolle hat dagegen einen grundlegenden Wandel erfahren.[131] Denn der Conseil constitutionnel entschied 1982, dass ein Parlamentsgesetz nicht allein deswegen verfassungswidrig sei, weil es in den der Regierung nach Art. 37 Abs. 1 CF vorbehaltenen Bereich fällt.[132] Vielmehr stehe es im Ermessen der Regierung, ob sie nach Art. 41 Abs. 2 CF bereits in einem laufenden Gesetzgebungsverfahren den Verfassungsrat mit der Begründung anrufe, dass ein Gesetzentwurf in den Kompetenzbereich der Regierung eingreife; gleiches gelte für die Anrufung des Conseil constitutionnel nach Art. 37 Abs. 2 S. 2 CF, der es der Regierung erlaubt, ein Parlamentsgesetz durch eine Verordnung zu ändern, sofern die zu ändernde Bestimmung vom Verfassungsrat als in den Kompetenzbereich der Regierung fallend klassifiziert wurde. Die Kompetenz der Regierung nach Art. 37 Abs. 1 CF wird daher nicht im Wege der abstrakten Normenkontrolle, sondern über die Verfahren nach Art. 37 Abs. 2 S. 2 CF und nach Art. 41 Abs. 2 CF geschützt, die von der Regierung nach eigenem Ermessen eingeleitet werden können.[133] Dagegen prüft der Conseil constitutionnel im Rahmen der abstrakten Normenkontrolle, ob ein Gesetz dadurch gegen die in Art. 34 Abs. 1 CF normierte Zuständigkeit des Parlaments verstößt, dass dem Parlament vorbehaltene Bereiche ungeregelt bleiben und dem Verordnungsgeber überlassen werden.[134] Der ursprünglich zum Schutz der

---

[127] *Avril/Gicquel*, Le Conseil constitutionnel, 6. Aufl. 2011, S. 20.
[128] C.C., 16.7.1971, 71-44 DC – Liberté d'association; ausführlich zu dieser Entscheidung *S. Bauer*, Verfassungsgerichtlicher Grundrechtsschutz in Frankreich, 1998, S. 56 ff.
[129] Ausführlich zu diesen Rechtsquellen *S. Bauer*, a. a. O., S. 110 ff.; *Drago*, Contentieux constitutionnel français, 2011, Rn. 266 ff.
[130] Bestandteil des *bloc de constitutionnalité* sind des Weiteren die *lois organiques* → Marsch § 5 Rn. 69 f.
[131] Hierzu und zum Folgenden auch → *Marsch* § 5 Rn. 16 ff.
[132] C.C., 30.7.1982, 82-143 DC – Blocage des prix; *Franzke*, Normsetzung und Normenkontrolle in Frankreich, Jura 1998, S. 346 (348 ff.).
[133] Zu diesen Verfahren *Drago*, Contentieux constitutionnel français, 2011, Rn. 301 ff.
[134] Sogenannte negative Unzuständigkeit, s. *Priet*, L'incompétence négative du législateur, RFDC 66 (1994), S. 59 ff.

Regierungskompetenz geschaffene Conseil constitutionnel wahrt heute also verstärkt die Rechte des Parlaments.[135]

40 Eine föderale Variante einer Kompetenzkontrolle kennt seit 1994 auch das Grundgesetz: Nach Art. 93 Abs. 1 Nr. 2a GG kann über die auch im abstrakten Normenkontrollverfahren antragsberechtigten Landesregierungen und den Bundesrat hinaus auch die Volksvertretung eines Landes überprüfen lassen, ob im Bereich der konkurrierenden Gesetzgebung ein Bundesgesetz nach Art. 72 Abs. 2 GG erforderlich ist.[136] Kontrollmaßstab in diesem Verfahren ist also allein der Art. 72 Abs. 2 GG. Durch die Föderalismusreform 2006 ist darüber hinaus ein Kompetenzfreigabeverfahren eingeführt worden (Art. 93 Abs. 2 GG), durch das beim Bundesverfassungsgericht die Feststellung beantragt werden kann, dass die Erforderlichkeit nach Art. 72 Abs. 2 GG nachträglich entfallen ist oder ein vor der Änderung der Erforderlichkeitsklausel im Jahr 1994 verabschiedetes Gesetz, der heutigen Erforderlichkeitsklausel nicht mehr entspricht.[137]

e) Kontrolldichte, Urteilsbegründungen und Sondervoten

41 Die Frage nach der verfassungsgerichtlichen Kontrolldichte, also der Intensität mit der das jeweilige Verfassungsgericht das angegriffene Gesetz kontrolliert, ist sicherlich zentral für die wissenschaftliche Bewertung. Zugleich handelt es sich jedoch um ein äußerst komplexes Thema, das einer umfassenden Rechtsprechungsanalyse bedürfte, die den Rahmen eines einführenden Lehrbuches sprengen würde. Daher sollen im Folgenden nur grob die bedeutenden Unterschiede skizziert werden, die in dieser Hinsicht zwischen Conseil constitutionnel und Bundesverfassungsgericht bestehen. Als Ausgangspunkt sollen Zitate zweier Kritiker der beiden Institutionen dienen, da sie (bei aller Pointiertheit) illustrieren, wie immens die Unterschiede zwischen Conseil constitutionnel und Bundesverfassungsgericht noch heute sind. So kommt der französische Rechtswissenschaftler *Jouanjan* angesichts der Entscheidung des Conseil constitutionnel über das Verbot des Tragens der Burka in der Öffentlichkeit zu folgendem Fazit:

> Hohe Interpretationskunst, Nuanciertheit bei der notwendigen praktischen Konkordanz zwischen Freiheit und öffentlicher Ordnung, feine Differenzierungen und überzeugende Erklärungen lassen sich dabei kaum erkennen. Vielmehr fühlt man in diesen knappen Sätzen den Befehlston und den autoritären Stil der französischen Judikatur.[138]

---

[135] Rechtsvergleichend scheint es sich um einen in vielen Staaten zu beobachtenden Befund zu handeln, dass Verfassungsgerichte versuchen, die Normsetzung durch die Exekutive zu begrenzen, s. *Brünneck*, Verfassungsgerichtsbarkeit in den westlichen Demokratien, 1992, S. 57.

[136] Zu dieser Verfahrensart *Schlaich/Korioth*, Das Bundesverfassungsgericht, 9. Aufl. 2012, Rn. 132a ff. Zu den Gesetzgebungskompetenzen → *Vilain* § 3 Rn. 90 und → *Marsch* § 5 Rn. 8.

[137] Hierzu *Schlaich/Korioth*, a. a. O., Rn. 132f ff.

[138] *Jouanjan*, Conseil constitutionnel und Bundesverfassungsgericht, in: Stolleis (Hrsg.), Herzkammern der Republik, 2011, S. 137 (144).

§ 6 Verfassungsgerichtsbarkeit

Der deutsche Staatsrechtslehrer *Lepsius* kritisiert dagegen grundsätzlich: 42

> Das Bundesverfassungsgericht hat sich nicht als rechtsprechende Gewalt verstanden, sondern als eine neue Gewalt selbst erfunden: als „maßstabsetzende Gewalt". Die maßstabsetzende Gewalt geht über die rechtsprechende hinaus, weil die verfassungsrechtlichen und politischen Wirkungen der Karlsruher Entscheidungen die Bindungswirkungen ihrer Tenorierungen überschreiten.[139]

Und er bemerkt zur jüngeren Rechtsprechung des Bundesverfassungsgerichts, wonach der Gesetzgeber seine Zweck- und Mittelerwägungen mit empirisch belegbaren Daten rechtfertigen muss:

> Das Bundesverfassungsgericht behandelt hier den Gesetzgeber wie ein Verwaltungsgericht das Landratsamt bei Ermessensentscheidungen.[140]

Wenngleich diese Zitate sicherlich nicht auf ungeteilte Zustimmung in der jeweiligen Wissenschaftsgemeinde stoßen, verdeutlichen sie doch pars pro toto eine Grundtendenz: So macht der Conseil constitutionnel in ständiger Rechtsprechung deutlich, dass er dem Gesetzgeber einen weiten Einschätzungsspielraum zubilligt[141] und er daher eine gesetzgeberische Abwägung in der Regel nur daraufhin kontrolliert, ob sie als offensichtlich unverhältnismäßig anzusehen ist.[142] Dies und die kurze Entscheidungsfrist von nur einem Monat haben zur Folge, dass der Conseil constitutionnel zum einen nur selten empirische Erkenntnisse für die Urteilsfindung heranzieht[143] und seine Entscheidungen den deutschen Juristen durch ihre Kürze überraschen. Verfassungsrechtliche Bedenken gegen das Burka-Verbot, wie sie auch vom Conseil d'Etat in einem ausführlichen Gutachten geäußert worden waren,[144] wischte der Conseil constitutionnel denn auch mit einer nicht einmal drei Seiten langen Entscheidung vom Tisch, deren Begründung sich auf die Feststellung beschränkt, dass das Gesetz angesichts der vom Gesetzgeber verfolgten Ziele nicht offensichtlich unverhältnismäßig sei.[145] Stellt man dem die mitunter sehr intensive Kontrolle des Bundesverfassungsgerichts gegenüber,[146] die sich teilweise in über

43

---

[139] *Lepsius*, Die maßstabsetzende Gewalt, in: Jestaedt et al. (Hrsg.), Das entgrenzte Gericht, 2011, S. 159 (167 f.).

[140] *Lepsius*, a. a. O., S. 208; vgl. in dieselbe Richtung *Hillgruber*, Ohne rechtes Maß?, JZ 2011, S. 861 (862).

[141] C.C., 15.1.1975, 74-54 DC, Cons. 1 – IVG; 20.1.1981, 80-127 DC, Cons. 13 – Sécurité et Liberté.

[142] Vgl. hierzu allerdings mit anderer Bewertung *Rousseau*, Droit du contentieux constitutionnel, 9. Aufl. 2010, Rn. 144 ff.; *Roussillon/Esplugas*, Le Conseil constitutionnel, 7. Aufl. 2011, S. 106 f.

[143] *Jouanjan*, Conseil constitutionnel und Bundesverfassungsgericht, in: Stolleis (Hrsg.), Herzkammern der Republik, 2011, S. 137 (144).

[144] http://www.conseil-etat.fr/Decisions-Avis-Publications/Etudes-Publications/Rapports-Etudes/Etude-relative-aux-possibilites-juridiques-d-interdiction-du-port-du-voile-integral (letztmaliger Abruf 24.2.2015).

[145] C.C., 7.10.2010, 2010-613 DC (deutsche Übersetzung auf der Homepage des Conseil constitutionnel).

[146] Auch das Bundesverfassungsgericht betont zwar regelmäßig den Einschätzungsspielraum des Gesetzgebers, meint hiermit aber regelmäßig nur die Prognosen und Tatsachenfeststellungen, nicht wie der Conseil constitutionnel die Rechtsgüterabwägung im Rahmen der Verhältnismäßigkeit, hierzu *Heun*, Normenkontrolle, FS 50 Jahre BVerfG, 2001, S. 615 (630 ff.).

hundert Seiten langen Urteilen niederschlägt,[147] so kann mit *Jouanjan* der Schluss gezogen werden, dass sich hier „zwei grundverschiedene Rechtskulturen" widerspiegeln.[148] Während der Conseil constitutionnel noch immer Zurückhaltung übt, um sich nicht dem Vorwurf eines *gouvernement des juges*[149] auszusetzen, hat das Bundesverfassungsgericht seine Kontrolle immer weiter intensiviert und dem Gesetzgeber zugleich Vorgaben für zukünftige Gesetzgebung gemacht. Dies hat auch im Gericht selbst zu wiederkehrender Kritik geführt.[150]

44 Dass sich diese Kritik aus dem Kreis der Bundesverfassungsrichter artikulieren konnte, verweist auf einen weiteren Unterschied zwischen dem deutschen und dem französischen Verfassungsprozessrecht: Während die an einer Entscheidung beteiligten Bundesverfassungsrichter dieser seit 1970 ein Sondervotum beifügen können, das gemeinsam mit der Entscheidung selbst veröffentlicht wird,[151] steht den Mitgliedern des Conseil constitutionnel diese Möglichkeit nicht offen.[152] Auch wenn in jüngerer Vergangenheit sich wieder einige französische Autoren für die Zulassung von Sondervoten ausgesprochen haben, scheint dies immer noch von einer Mehrheit abgelehnt zu werden.[153] Allerdings überzeugen die vorgebrachten Argumente, wie der Verweis auf die französische Rechtstradition und der den verfassungsgerichtlichen Urteilen drohende Autoritätsverlust kaum, da auch in Deutschland das Sondervotum eine nur im verfassungsgerichtlichen Verfahren zulässige Ausnahme darstellt und sich zudem auch rechtsvergleichend der Befund belegen lässt, dass Sondervoten eher zu einer Stärkung der Legitimität führen.[154] Insbesondere könnte die Zulassung von Sondervoten in Frankreich dazu führen, dass die jeweilige Mehrheit ihre Entscheidung stärker als bisher begründet, da sie sich mit den Argumenten der überstimmten Richter auseinandersetzen muss. Bemerkenswert ist in diesem Zusammenhang jedoch die vor einigen Jahren erfolgte Verkürzung der die Beratungsprotokolle des Conseil constitutionnel betreffenden Geheimhaltungsfrist auf 25 Jahre, die eine Veröffentlichung ausgewählter Dokumente aus den Jahren 1958–1983 ermöglicht hat.[155] Das Bundesverfassungsgericht verweigerte dagegen lange Zeit beharrlich und unter Verweis auf seine Geschäftsordnung und das Be-

---

[147] Als Beispiele nur BVerfGE 123, 267 – Lissabon; 125, 260 – Vorratsdatenspeicherung.

[148] *Jouanjan*, Conseil constitutionnel und Bundesverfassungsgericht, in: Stolleis (Hrsg.), Herzkammern der Republik, 2011, S. 137 (145).

[149] Zur Bedeutung der Furcht vor einem *gouvernement des juges* für die Entwicklung der französischen Verfassungsgerichtsbarkeit sowie zu einer Veränderung des Richterbildes in Frankreich jüngst *Walter*, Verfassungsprozessuale Umbrüche, Ms. Teil 4 A. II. 2. b).

[150] Als Beispiele die Sondervoten von *Böckenförde*, BVerfGE 93, 121 (149) – Vermögenssteuer, und *Lübbe-Wolff*, NVwZ 2012, S. 1172 ff. – Auslandsdeutschenwahlrecht.

[151] Hierzu *Roellecke*, Sondervoten, in: FS 50 Jahre BVerfG, 2001, S. 363 ff.

[152] Art. 2 des Dekrets Nr. 59-1292 vom 13.11.1959 verbietet es den Mitgliedern des Conseil constitutionnel öffentlich zu einer Frage Stellung zu beziehen, die Gegenstand eines Verfahrens war oder werden könnte.

[153] *Roussillon/Esplugas*, Le Conseil constitutionnel, 7. Aufl. 2011, S. 52 m. w. N.

[154] Zu letzterem und zum Folgenden *Brünneck*, Verfassungsgerichtsbarkeit in den westlichen Demokratien, 1992, S. 49 f.

[155] Mathieu et al. (Hrsg.), Les grandes délibérations du Conseil Constitutionnel, 2009.

§ 6 Verfassungsgerichtsbarkeit

ratungsgeheimnis auch die Einsicht in Entscheidungsvorschläge und -entwürfe aus der Frühphase des Gerichts.[156] Der deutsche Gesetzgeber hat daher nunmehr den § 35b BVerfGG dahingehend geändert, dass auch diese Dokumente – allerdings erst nach sechzig Jahren – gemäß den archivrechtlichen Regelungen zugänglich sind.[157]

f) Entscheidungsinhalt, Entscheidungswirkung und Rechtsfolgenmanagement

Ist das angegriffene Gesetz mit dem Grundgesetz vereinbar, so wird dies vom Bundesverfassungsgericht festgestellt; verstößt es jedoch gegen jenes, so wird es grundsätzlich vom Gericht für nichtig erklärt (§ 78 BVerfGG). Diese Nichtigkeit wirkt ex tunc, sodass das Gesetz von Beginn an rechtlich unwirksam ist. Aus Gründen der Rechtssicherheit sieht § 79 Abs. 2 S. 1 BVerfG jedoch vor, dass nicht mehr anfechtbare Entscheidungen, die auf einem für nichtig erklärten Gesetz beruhen, von der Nichtigerklärung durch das Bundesverfassungsgericht unberührt bleiben.[158] Darüber hinaus hat das Bundesverfassungsgericht die (mittlerweile vom Gesetzgeber gebilligte) bloße Feststellung der Unvereinbarkeit entwickelt: Führt der Wegfall der verfassungswidrigen Norm zu einem Zustand, der die Verfassung in noch gravierenderem Maße verletzen würde als die verfassungswidrige Norm, so kann das Gericht die Unvereinbarkeit des Gesetzes mit dem Grundgesetz feststellen, zugleich aber (für einen bestimmten Zeitraum) dessen Fortgeltung anordnen.[159] Gleiches gilt, wenn der Gesetzgeber bei Gleichheitsverstößen mehrere Möglichkeiten hat, den verfassungswidrigen Zustand zu beseitigen. Kommt eine Fortgeltung des verfassungswidrigen Rechts nicht in Betracht, so trifft das Bundesverfassungsgericht eine Übergangsregelung.[160]

45

Eines solchen Rechtsfolgenmanagements bedarf es in Frankreich im Verfahren der abstrakten Normenkontrolle dagegen nicht, da hier die Norm vor ihrer Verkündung und damit auch vor ihrem Inkrafttreten kontrolliert wird und das vom Conseil constitutionnel für verfassungswidrig erkannte Gesetz daher niemals Rechtswirkungen entfaltet.[161] Ist das angegriffene Gesetz nur in Teilen verfassungswidrig, so kann der Präsident auf die Ausfertigung verzichten, das Parlament um eine neue Abstimmung (über ein modifiziertes Gesetz) bitten (Art. 10 Abs. 2 CF) oder das Gesetz ohne seine verfassungswidrigen Bestimmungen ausfertigen.[162] Der verfas-

46

---

[156] Kritisch hierzu *Henne*, Die historische Forschung und die Einsichtnahme in Voten beim Bundesverfassungsgericht, in: ders./Riedlinger (Hrsg.), Das Lüth-Urteil aus (rechts-)historischer Sicht, 2005, S. 19 ff.

[157] Hierzu ausführlich *Meinel/Kram*, Das Bundesverfassungsgericht als Gegenstand historischer Forschung, JZ 2014, S. 913 ff.

[158] Dies gilt nach § 79 Abs. 1 BVerfGG nicht für Strafurteile, gegen die bei Verfassungswidrigkeit der angewandten Strafnorm ein Antrag auf Wiederaufnahme zulässig ist.

[159] Hierzu und zum Folgenden *Hillgruber/Goos*, Verfassungsprozessrecht, 3. Aufl. 2011, Rn. 538 ff.

[160] So z. B. BVerfGE 125, 175 (177, 260).

[161] Zum Rechtsfolgenmanagement im Verfahren der konkreten Normenkontrolle (QPC) → Rn. 72.

[162] *Roussillon/Esplugas*, Le Conseil constitutionnel, 7. Aufl. 2011, S. 48 f.

sungskonformen Auslegung vergleichbar erklärt der Conseil constitutionnel darüber hinaus nicht selten Gesetze unter der Bedingung einer bestimmten Auslegung (*réserve d'interprétation*) für verfassungsgemäß.[163] Allerdings konnte er bis zur Einführung eines konkreten Normenkontrollverfahrens 2010 eine Missachtung dieser Auslegungsvorgaben durch Verwaltung oder Gerichte nicht sanktionieren, auch wenn diese gemäß Art. 62 Abs. 3 CF an die Entscheidungen des Conseil constitutionnel gebunden sind. Diese Bindung erfasst nach Ansicht des Conseil constitutionnel nicht nur die Entscheidungsformel selbst, sondern auch die tragenden Gründe der Entscheidung[164] und ist damit in ihrem Umfang mit der Bindungswirkung des § 31 BVerfGG vergleichbar.[165]

g) Einstweilige Anordnungen

47 Während das Bundesverfassungsgericht nach § 32 BVerfGG in dringenden Fällen eine einstweilige Anordnung erlassen kann, ist ein Eilverfahren in Frankreich nicht vorgesehen und auch nicht erforderlich, da das Gesetz vom Conseil constitutionnel vor seiner Verkündung überprüft wird und es im Falle der Verfassungswidrigkeit gar nicht erst in Kraft tritt.

h) Bilanz: Die abstrakte Normenkontrolle als Instrument der politischen Opposition

48 Die abstrakte Normenkontrolle hat sowohl in Frankreich als auch in Deutschland eine hohe Bedeutung, da sie es (in Frankreich erst seit 1974) der politischen Opposition ermöglicht, Gesetze der Parlamentsmehrheit auf ihre Verfassungskonformität und damit vor allem auf ihre Vereinbarkeit mit Grundrechten überprüfen zu lassen. Die eher geringen Verfahrenszahlen vor allem in Deutschland[166] dürfen nicht darüber hinwegtäuschen, dass gerade politisch besonders sensible und viel diskutierte Gesetze regelmäßig vor das jeweilige Verfassungsgericht gebracht werden.[167] An-

---

[163] Wie in Deutschland wird diese Praxis jedoch auch von französischen Autoren kritisiert s. *Roussillon/Esplugas*, a. a. O., S. 101 f.

[164] *Rousseau*, Droit du contentieux constitutionnel, 9. Aufl. 2010, Rn. 162.

[165] Während das Bundesverfassungsgericht die tragenden Gründe als von der Bindungswirkung umfasst ansieht, soll sich diese nach Stimmen aus der Literatur auf die Entscheidungsformel beschränken, vgl. hierzu *Heusch*, in: Umbach et al. (Hrsg.), BVerfGG, 2. Aufl. 2005, § 31 Rn. 58 m. w. N.

[166] Siehe hierzu vergleichend *Grewe*, Le contrôle de constitutionnalité de la loi en Allemagne, Pouvoirs 137 (2011), S. 143 (147). In Deutschland wurden von 2002 bis 2011 nur 27 abstrakte Normenkontrollverfahren durchgeführt, wobei zu beachten ist, dass zum Teil Gesetze auch von Politikern im Wege der Verfassungsbeschwerde angegriffen wurden; in Frankreich werden durchschnittlich 20 abstrakte Normenkontrollverfahren pro Jahr durchgeführt.

[167] S. zu Deutschland *E. Klein*, in: Benda/ders. (Hrsg.), Verfassungsprozessrecht, 3. Aufl. 2012, Rn. 720 mit Fn. 206 mit Verweis unter anderem auf die Entscheidungen über den Grundlagen-

gesichts der Tatsache, dass sich nunmehr seit Jahrzehnten in beiden Staaten die Regierung auf eine in der Regel loyale Parlamentsmehrheit stützen kann und eine wechselseitige Kontrolle von Exekutive und Legislative daher nur eingeschränkt erfolgt, nehmen die Verfassungsgerichte hier eine wichtige Kontrollfunktion wahr.[168] Allerdings stellte die abstrakte Normenkontrolle in Frankreich bis 2010 die einzige Möglichkeit dar, den Conseil constitutionnel zu befassen, weshalb von der politischen Opposition deutlich mehr Verfahren eingeleitet wurden als in Deutschland, wo politische Akteure das Bundesverfassungsgericht auch im Wege der Verfassungsbeschwerde oder des (in Frankreich nicht existierenden) Organstreitverfahrens anrufen können.[169]

Vorschläge deutscher Autoren, das Verfahren wegen seines fehlenden Bezuges zu einem konkreten Rechtsstreit und seiner hohen Politisierung abzuschaffen, haben daher ebenso wenig Gehör gefunden, wie die vorgeschlagene Annäherung an das französische Recht durch Ermöglichung einer präventiven Normenkontrolle vor Gesetzesverkündung.[170] Selbiges gilt für den Vorschlag des damaligen Staatspräsidenten *Giscard d'Estaing* dem Conseil constitutionnel ein Selbstbefassungsrecht einzuräumen, da ein solches zum einen als nicht erforderlich erachtet, vor allem aber als die Neutralität des Gerichts gefährdend beurteilt wurde.[171] Letzteres Argument wird auch in der deutschen Literatur immer wieder betont und gegen eine zu weitgehende Aufweichung der Gerichtsförmigkeit des Verfahrens, insbesondere gegen die Lockerung der Antragsbindung ins Feld geführt.[172]

49

Rechtsvergleichend soll für das französische System einer präventiven Normenkontrolle sprechen, dass diese schnell und einfach durchzuführen ist und vor allem ein hohes Maß an Rechtssicherheit gewährleistet.[173] Ein höheres Maß an Rechtssicherheit gewährleistet die präventive Normenkontrolle jedoch nur dann, wenn eine Gesetzeskontrolle nach Inkrafttreten des Gesetzes ausgeschlossen ist, wie dies in Frankreich ursprünglich der Fall war. Den Vorteilen einer höheren Rechtssicherheit stand also zunächst eine Verkürzung des individuellen Grundrechtsschutzes gegenüber. Seitdem jedoch auch in Frankreich Parlamentsgesetze am Maßstab der EMRK gemessen (hierzu sogleich) und 2010 eine konkrete Normenkontrolle eingeführt wurde, vermag dieses Argument nicht mehr zu überzeugen.

50

---

vertrag mit der DDR, die Regelungen über den Schwangerschaftsabbruch, das Recht auf Kriegsdienstverweigerung, den Länderfinanzausgleich und das Lebenspartnerschaftsgesetz.

[168] Vgl. *Avril/Gicquel*, Le Conseil constitutionnel, 6. Aufl. 2011, S. 8.

[169] Beispielsweise hatten die Mitglieder der Bundestagsfraktion von Bündnis 90/Die Grünen gegen die Vorratsdatenspeicherung gemeinsam Verfassungsbeschwerde eingelegt, BVerfGE 125, 260.

[170] Hierzu *E. Klein*, in: Benda/ders. (Hrsg.), Verfassungsprozessrecht, 3. Aufl. 2012, Rn. 720 ff.; *Wahl*, Die Reformfrage, in: FS 50 Jahre BVerfG, 2001, S. 461 (473 f.).

[171] *Avril/Gicquel*, Le Conseil constitutionnel, 6. Aufl. 2011, S. 42 ff.

[172] *Rinken*, Ist das Bundesverfassungsgericht „Herr seines Verfahrens"?, in: FS Stein, 2002, S. 411 (415 ff.).

[173] So das Fazit von *S. Bauer*, Verfassungsgerichtlicher Grundrechtsschutz in Frankreich, 1998, S. 251 ff.

3. Grundrechtsschutz auf Antrag des Bürgers

51 Während es sich bei der oben dargestellten abstrakten Normenkontrolle um ein objektives, also dem Schutz der Verfassung selbst dienendes Verfahren handelt, das nur von politischen Akteuren eingeleitet werden kann, kennt das deutsche Verfassungsrecht mit der Verfassungsbeschwerde auch ein Verfahren, durch das sich der einzelne Bürger vor dem Bundesverfassungsgericht gegen Grundrechtsverletzungen wehren kann (a). Da die Verfassungsbeschwerde dem Individualrechtsschutz dient, steht hier die subjektive Funktion im Vordergrund.[174] Das französische Recht kennt dagegen kein der Verfassungsbeschwerde vergleichbares Verfahren. Grundrechtsschutz im Einzelfall gewährten daher bis zur Einführung der konkreten Normenkontrolle allein die Fachgerichte (b).

a) Deutschland: Individualrechtsschutz durch Verfassungsbeschwerde

52 Nach Art. 93 Abs. 1 Nr. 4a GG kann jedermann mit der Behauptung Verfassungsbeschwerde erheben, er sei durch einen Akt der öffentlichen Gewalt in einem seiner Grundrechte verletzt.[175] Beschwerdegegenstand können damit sowohl Gesetze[176], als auch Verwaltungsmaßnahmen und Gerichtsurteile sein. Zulässig ist die Verfassungsbeschwerde aber nun dann, wenn der Beschwerdeführer substantiiert die Möglichkeit einer Grundrechtsverletzung darlegen kann und er durch den angegriffenen Akt selbst, gegenwärtig und unmittelbar betroffen ist. Die unmittelbare Betroffenheit fehlt, wenn der Beschwerdeführer nicht bereits durch das Gesetz selbst rechtlich betroffen ist, sondern dieses nur die Grundlage für möglicherweise später ergehende Vollzugsakte bietet, die dann den Beschwerdeführer in seinen Rechten verletzen könnten.[177] Dieses Kriterium soll neben einer Entlastung des Bundesverfassungsgerichts auch dazu führen, dass die Fälle von den Fachgerichten bereits rechtlich und tatsächlich aufgearbeitet worden sind, bevor sich das Bundesverfassungsgericht mit ihnen befasst.[178] Aus demselben Grund kann eine Verfassungsbeschwerde grundsätzlich erst nach Erschöpfung des Rechtsweges erhoben werden

---

[174] Hierzu und zu der dem Verfahren nach Ansicht des Bundesverfassungsgerichts ebenfalls zukommenden objektiven Funktion s. *Marsch*, Die objektive Funktion der Verfassungsbeschwerde in der Rechtsprechung des Bundesverfassungsgerichts, AöR 137 (2012), S. 592 ff.

[175] Ausführlich zur Verfassungsbeschwerde *Zuck*, Das Recht der Verfassungsbeschwerde, 3. Aufl. 2006.

[176] Auch Unionsrecht kann nach Ansicht des Bundesverfassungsgerichts grundsätzlich Beschwerdegegenstand der Verfassungsbeschwerde sein → Wendel § 8 Rn. 79 f.

[177] In einer Reihe von Fallkonstellationen verzichtet das Bundesverfassungsgericht auf das Erfordernis der unmittelbaren Betroffenheit, so z. B. wenn der Beschwerdeführer ansonsten Dispositionen treffen müsste, die nur schwer zu revidieren wären oder aber wenn er strafbewehrte Normen angreifen möchte und er sich ansonsten dem Risiko einer straf- oder ordnungswidrigkeitenrechtlichen Verurteilung aussetzen müsste, s. *O. Klein*, in: Benda/E. Klein (Hrsg.), Verfassungsprozessrecht, 3. Aufl. 2012, Rn. 563.

[178] *O. Klein*, a. a. O., Rn. 562.

§ 6 Verfassungsgerichtsbarkeit

(§ 90 Abs. 2 S. 1 BVerfGG).[179] Die Frist für die Einlegung einer Urteilsverfassungsbeschwerde beträgt einen Monat; richtet sich die Verfassungsbeschwerde gegen ein Gesetz, so beträgt sie ein Jahr (§ 93 BVerfGG).

Die 1951 zunächst einfachgesetzlich geschaffene und erst 1969 im Grundgesetz verankerte Verfassungsbeschwerde hat maßgeblich das Bild des Bundesverfassungsgerichts als Bürgergericht geprägt. Statistisch schlägt sich dies in jährlich über 6.000 Verfassungsbeschwerden nieder, womit diese rein zahlenmäßig das mit Abstand bedeutendste Verfahren ist;[180] die Erfolgsquote liegt in den letzten Jahren durchschnittlich bei 2%.[181] Um diesen Verfahrenszahlen Herr zu werden, sehen §§ 93a ff. für Verfassungsbeschwerden ein gesondertes Annahmeverfahren vor. In diesem entscheiden mit drei Richtern besetzte Kammern einstimmig über die Annahme oder Nichtannahme der Verfassungsbeschwerde (§ 93b BVerfGG). Zur Entscheidung anzunehmen sind nach § 93a Abs. 2 BVerfGG Verfassungsbeschwerden, denen entweder grundsätzliche Bedeutung zukommt oder deren Annahme durch Durchsetzung der Grundrechte des Beschwerdeführers angezeigt ist. Anders als der US-Supreme Court, der ein freies Annahmeverfahren nach richterlichem Ermessen kennt,[182] sind die Kammern bei ihrer Entscheidung also rechtlich gebunden und werden begründete Verfassungsbeschwerden in der Regel zur Entscheidung angenommen.[183]

53

Da auch das Annahmeverfahren die strukturelle Überlastung des Bundesverfassungsgerichts nicht beseitigen konnte, wird in der Literatur die Abschaffung der Verfassungsbeschwerde gegen Gerichtsentscheidungen erwogen.[184] Gerade die Urteilsverfassungsbeschwerde ist jedoch von hohem Symbolgehalt, da sie den Zugang zum Bundesverfassungsgericht für jedermann öffnet.[185] Sie stellt zudem im Vergleich zu den meisten anderen Rechtsordnungen, die wie das französische Recht keine Urteilsverfassungsbeschwerde kennen, das Spezifikum des deutschen Verfassungsprozessrechts dar[186] und hat die Durchsetzung der mit der *Lüth*-Entscheidung begründeten Wirkung der Grundrechte im Privatrecht[187] erst ermöglicht. Zugleich hat die Einführung der Urteilsverfassungsbeschwerde dazu geführt, dass das Bun-

54

---

[179] Ausnahmsweise kann das Bundesverfassungsverfassungsgericht nach § 90 Abs. 2 S. 2 BVerfGG über eine Verfassungsbeschwerde auch schon vor Erschöpfung des Rechtswegs entscheiden, wenn diese allgemeine Bedeutung hat oder dem Beschwerdeführer schwere Nachteile drohen, würde er auf den Rechtsweg verwiesen.

[180] 2013 befanden sich unter den 6.686 Neueingängen 6.477 Verfassungsbeschwerden, s. http://www.bundesverfassungsgericht.de/DE/Verfahren/Jahresstatistiken/2013/gb2013/A-I-4.html (letztmaliger Abruf 24.2.2015).

[181] Http://www.bundesverfassungsgericht.de/DE/Verfahren/Jahresstatistiken/2013/gb2013/A-IV-2.html (letztmaliger Abruf 24.2.2015).

[182] *Gehle*, in: Umbach et al. (Hrsg.), BVerfGG, 2. Aufl. 2005, Vor §§ 93a ff. Rn. 26 ff.

[183] *O. Klein*, in: Benda/E. Klein (Hrsg.), Verfassungsprozessrecht, 3. Aufl. 2012, Rn. 453.

[184] *Voßkuhle*, in: v. Mangoldt et al. (Hrsg.), GG III, 6. Aufl. 2010, Art. 93 Rn. 166.

[185] Zur Diskussion *Wahl*, Die Reformfrage, in: FS 50 Jahre BVerfG, 2001, S. 461 (474 f.).

[186] So *Jestaedt*, Phänomen Bundesverfassungsgericht, in: ders. et al. (Hrsg.), Das entgrenzte Gericht, 2011, S. 77 (113).

[187] → *Hochmann* § 7 Rn. 31 ff.

desverfassungsgericht den Fachgerichten übergeordnet ist, da es deren Entscheidungen aufheben kann.[188] Allerdings soll das Bundesverfassungsgericht nicht als Superrevisionsinstanz der Fachgerichte fungieren, weshalb es seine Kontrolle auf die Verletzung spezifischen Verfassungsrechts beschränkt, wobei der exakte Umfang dieser Kontrolle bis heute unklar und umstritten geblieben ist.[189] Vereinfachend lässt sich festhalten, dass das Bundesverfassungsgericht seine Kontrolle der Fachgerichte darauf beschränkt, zu prüfen ob sich die richterliche Entscheidungsfindung als willkürlich darstellt, der Richter die Grenzen richterlicher Rechtsfortbildung überschritten oder bei der Rechtsanwendung die Bedeutung der Grundrechte grundsätzlich verkannt hat.[190] Zugleich hat sich jedoch der Kontrollmaßstab bei Verfassungsbeschwerden durch die *Elfes*-Entscheidung des Bundesverfassungsgerichts[191] massiv erweitert, da der Adressat einer belastenden Maßnahme jeden Verfassungsverstoß und damit auch die Verletzung von verfassungsrechtlichen Kompetenz- und Verfahrensnormen rügen kann. Sofern der Beschwerdeführer also antragsbefugt ist, d. h. der angegriffene Akt ihn möglicherweise in seinen Grundrechten verletzt, prüft das Bundesverfassungsgericht dessen Vereinbarkeit mit dem gesamten Verfassungsrecht: Der Prüfungsmaßstab beschränkt sich nicht auf eine direkte Verletzung des Grundrechtes, sondern entspricht dem des Normenkontrollverfahrens.[192]

b) Frankreich: Menschenrechtsschutz durch Fachgerichte

55 Das französische Verfassungsrecht kennt bis heute kein der Verfassungsbeschwerde vergleichbares Verfahren. Hauptgrund hierfür war ursprünglich, dass es (wie bereits dargestellt) mit der französischen Konzeption des Gesetzes als Ausdruck der *volonté générale* nicht vereinbar schien, ein bereits verkündetes und in Kraft getretenes Gesetz der Kontrolle durch ein Verfassungsgericht zu unterwerfen. Parlamentsgesetze wurden daher bis 2010 von den Fachgerichten unabhängig von ihrer Verfassungsmäßigkeit angewendet, da diese auch bei einer Verfassungsverletzung durch das Gesetz weder befugt waren, das Gesetz unangewendet zu lassen noch eine Möglichkeit existierte, das Gesetz dem Conseil constitutionnel zur Prüfung vorzulegen. Wurde also der Conseil constitutionnel (unter Umständen aus politischen Gründen) nicht im Wege der abstrakten Normenkontrolle mit der Prüfung eines Gesetzes befasst, so konnten Verfassungsverletzungen später nicht mehr sanktioniert werden. Der Bürger hatte zunächst keinerlei Möglichkeit, sich gegen eine Verletzung seiner Grundrechte durch den Parlamentsgesetzgeber zu wehren.

---

[188] Zu diesem „Pyramidenmodell der Verfassungsgerichtsbarkeit" *Jestaedt*, a. a. O., S. 112 ff.
[189] Ausführlich *Schlaich/Korioth*, Das Bundesverfassungsgericht, 9. Aufl. 2012, Rn. 280 ff.
[190] Vgl. *Hillgruber/Goos*, Verfassungsprozessrecht, 3. Aufl. 2011, Rn. 181 ff.
[191] → *Hochmann* § 7 Rn. 49 ff.
[192] Kritisch hierzu *Lepsius*, Die maßstabsetzende Gewalt, in: Jestaedt et al. (Hrsg.), Das entgrenzte Gericht, 2011, S. 159 (182 ff.).

Diese durch das Fehlen einer Grundrechtskontrolle a posteriori gerissene Lücke 56
füllten dann ab Mitte der 1970er Jahre die EMRK und die Fachgerichte.[193] Ermöglicht wurde dies durch die Entscheidung des Conseil constitutionnel zum Schwangerschaftsabbruch aus dem Jahr 1975, in der dieser es ablehnte, Parlamentsgesetze am Maßstab des Völkerrechts und insbesondere der EMRK zu messen, da er nur für die Kontrolle der Verfassungsmäßigkeit zuständig sei.[194] Nur wenige Monate später entschied daher die Cour de Cassation für die ordentliche Gerichtsbarkeit, dass jeder Richter befugt sei, Parlamentsgesetze unangewendet zu lassen, die gegen Völker- oder Europarecht verstoßen.[195] Das Gericht berief sich dabei auf Art. 55 CF, der bestimmt, dass ordnungsgemäß ratifizierte völkerrechtliche Verträge im Rang über einfachen Parlamentsgesetzen stehen. Der Conseil d'Etat, das oberste französische Verwaltungsgericht, hatte dagegen größere Schwierigkeiten, sich vom Dogma der Unfehlbarkeit des Gesetzgebers zu verabschieden und schloss sich erst 1989 mit der berühmt gewordenen Entscheidung *Nicolo* der Cour de Cassation an.[196]

Folge dieser Rechtsprechung war, dass von den Fachgerichten nunmehr eine diffuse – also nicht beim Conseil constitutionnel konzentrierte (→ Rn. 8) – Menschenrechtskontrolle vorgenommen wurde, sie also die dem jeweiligen Rechtsstreit zugrundeliegenden Gesetze auf ihre Vereinbarkeit mit der EMRK überprüften und im Einzelfall unangewendet ließen.[197] Diese diffuse Kontrolle durch die Fachgerichte am Maßstab der EMRK übernahm somit in Frankreich die individualschützende Funktion, die in Deutschland der Verfassungsbeschwerde zukommt. Dies hatte jedoch auch Konsequenzen für das Verhältnis der Fachgerichte zum Conseil constitutionnel: Führte im Vergleich zu Deutschland bereits das Fehlen der Urteilsverfassungsbeschwerde zu einer größeren Autonomie der französischen Fachgerichte, da sie keiner verfassungsgerichtlichen Kontrolle unterworfen sind, so konnten sie durch die diffuse Menschenrechtskontrolle sogar in Konkurrenz zum Conseil constitutionnel treten.[198] Vor allem hatte der Conseil constitutionnel keine Möglichkeit, seine Interpretation der französischen Grundrechte gegenüber der Interpretation der menschenrechtlichen Verbürgungen in der EMRK durch die französischen Fachgerichte durchzusetzen.[199] 57

---

[193] Hierzu und zum Folgenden auch → *Wendel* § 8 Rn. 27 ff.
[194] C.C., 15.1.1975, 74-54 DC, Cons. 2 ff. – IVG.
[195] Cass., 24.5.1975, Société des cafés Jacques Vabre, AJDA 1975, S. 567.
[196] C.E., Ass., 20.10.1989, Nr. 108243 – Nicolo; Übers. der Schlussanträge in EuGRZ 1990, S. 99 ff.
[197] Für nichtig erklären konnten die Fachgerichte ein Parlamentsgesetz dagegen nicht.
[198] *Jouanjan*, Grundlagen und Grundzüge staatlichen Verfassungsrechts, in: v. Bogdandy et al. (Hrsg.), Ius Publicum Europaeum I, 2007, § 2 Frankreich, Rn. 89; *ders.*, Die Stellung der Verfassungsgerichtsbarkeit im Gefüge der Verfassung, in: Masing/ders. (Hrsg.), Verfassungsgerichtsbarkeit, 2011, S. 3 (24 f.); eingehend zum Aspekt einer Asymmetrie zwischen den Kontrollmöglichkeiten sowie zu deren maßgeblicher Bedeutung für die Einführung einer konkreten Normenkontrolle in Frankreich s. *Walter*, Verfassungsprozessuale Umbrüche, Ms. Teil 3 D. II. 3.
[199] Allerdings muss auch das Bundesverfassungsgericht zunehmend Konflikte mit Fachgerichte austragen, die sich nicht der verfassungsgerichtlichen Autorität unterordnen, s. hierzu mit Beispielen *Schlink*, Abschied von der Dogmatik, JZ 2007, S. 157 (157 f.).

4. Konkrete Normenkontrollen: Objektive Verfassungskontrolle und Individualrechtsschutz

58   Als konkrete Normenkontrollen werden nach deutscher Terminologie und in Abgrenzung zu der oben dargestellten abstrakten Normenkontrolle jene verfassungsgerichtlichen Verfahren bezeichnet, denen ein konkreter (Ausgangs-)Rechtsstreit zugrunde liegt. Von Direktklagemöglichkeiten wie der Verfassungsbeschwerde unterscheidet sich die konkrete Normenkontrolle daher dadurch, dass sie kein eigenes Hauptsacheverfahren, sondern nur ein Zwischenverfahren über die Verfassungsmäßigkeit einer Norm darstellt. Da der Ausgangspunkt somit ein fachgerichtlicher Rechtsstreit ist und die Frage der Verfassungsmäßigkeit dem Verfassungsgericht von einem Gericht vorgelegt wird, bezeichnet man das Verfahren auch als Richtervorlage. Bei den Verfassungsgerichten ist somit allein die Verwerfungskompetenz konzentriert, wohingegen die Prüfungskompetenz auch den Fachgerichten zukommt.[200]

59   Während in Deutschland das Verfahren der konkreten Normenkontrolle von Beginn an im Grundgesetz verankert war (Art. 100 Abs. 1 GG) und rein zahlenmäßig das nach der Verfassungsbeschwerde bedeutsamste Verfahren darstellt,[201] sah die französische Verfassung ein solches Verfahren zunächst nicht vor, da es mit der oben dargestellte Konzeption des Gesetzes als Ausdruck des Volkswillens nicht vereinbar erschien (→ Rn. 3). Erst durch die Verfassungsreform im Jahr 2008 wurde das als *question prioritaire de constitutionnalité* (QPC) bezeichnete konkrete Normenkontrollverfahren in Art. 61-1 CF verankert. Ziel dieser Reform war, den Grundrechtsschutz der Bürger zu verbessern, was zur Folge hat, dass zwischen den beiden Verfahrensarten grundlegende funktionale Unterschiede bestehen.

a) Funktionen der konkreten Normenkontrolle

60   Im deutschen Normenkontrollverfahren stehen objektive Verfahrensfunktionen eindeutig im Vordergrund. Zentrales Ziel des Verfahrens ist der Schutz der Autorität des parlamentarischen Gesetzgebers: Nicht jedes Gericht soll das Recht haben, ein verfassungswidriges Parlamentsgesetz unangewendet zu lassen, sondern nur das aufgrund seiner Stellung und seiner Besetzung mit besonderer Legitimation ausgestattete Bundesverfassungsgericht.[202] Da dessen Entscheidung zudem Bindungswirkung zukommt, die Frage der Verfassungsmäßigkeit also auch für alle weiteren fachgerichtlichen Verfahren beantwortet wird, stellt das konkrete Normenkontrollverfahren zudem Rechtssicherheit her.[203] Der Schutz individueller Rechte steht da-

---

[200] *Jouanjan*, Die Stellung der Verfassungsgerichtsbarkeit im Gefüge der Verfassung, in: Masing/ders. (Hrsg.), Verfassungsgerichtsbarkeit, 2011, S. 3 (16 ff.).
[201] Http://www.bundesverfassungsgericht.de/DE/Verfahren/Jahresstatistiken/2013/gb2013/A-I-4.html (letztmaliger Abruf 24.2.2015).
[202] BVerfGE 1, 184 (197 f.); 80, 54 (58); 86, 71 (77); 97, 117 (122).
[203] BVerfGE 54, 47 (51); 58, 300 (322).

gegen im Hintergrund, was sich insbesondere darin widerspiegelt, dass die Parteien des Ausgangsverfahrens im Normenkontrollverfahren nur eine untergeordnete Rolle spielen.

In Frankreich war indessen die Stärkung des Individualrechtsschutzes zentrales Motiv für die Einführung einer konkreten Normenkontrolle. Bereits im Jahr 1990 schlug der damalige Staatspräsident *Mitterrand* vor, dem Bürger einen direkten Zugang zum Conseil constitutionnel zu eröffnen, meinte damit aber nicht etwa die Einführung einer Verfassungsbeschwerde nach deutschem Vorbild, sondern vielmehr ein konkretes Normenkontrollverfahren.[204] Nachdem dieser wie auch ein weiterer Reformvorschlag zunächst scheiterten, kam 2008 eine politische Mehrheit für eine Verfassungsänderung zustande, die sich inhaltlich stark an die beiden gescheiterten Initiativen anlehnt.[205] Da sich mittlerweile jedoch die diffuse Menschenrechtskontrolle am Maßstab der EMRK als relativ wirksames Instrument des Individualrechtsschutzes etabliert hatte (→ Rn. 56 f.), sollte die Reform zugleich dem Bedeutungsverlust der Verfassung in der alltäglichen gerichtlichen Praxis entgegenwirken. 61

b) Antragsberechtigung/Vorlageberechtigung

Die unterschiedliche funktionale Ausrichtung der beiden Verfahren schlägt sich bereits in der Antwort auf die Frage nieder, wer zur Einleitung eines konkreten Normenkontrollverfahrens berechtigt ist. In Deutschland sind – dem objektiven Verfahrenscharakter entsprechend – nur die Fachgerichte berechtigt und verpflichtet, ein verfassungswidriges Gesetz dem Bundesverfassungsgericht vorzulegen; die Beteiligten des Ausgangsrechtsstreits können eine solche Vorlage nur anregen.[206] Die französischen Fachgerichte sind dagegen nicht befugt, dem Conseil constitutionnel eine *question prioritaire de constitutionnalité* von Amts wegen vorzulegen; vielmehr bedarf es für die Einleitung dieses Verfahrens immer eines Antrages eines Prozessbeteiligten des fachgerichtlichen Verfahrens.[207] Stellt keiner der Beteiligten einen solchen Antrag, so muss der französische Richter auch ein verfassungswidriges Gesetz anwenden, sofern es nicht zugleich gegen Völker- oder Unionsrecht verstößt.[208] 62

---

[204] *Benetti*, La question prioritaire de constitutionnalité: La genèse de la réforme, AJDA 2010, S. 74 (76).

[205] Ausführlich zur inhaltlichen Kontinuität der Reforminitiativen *Benetti*, a. a. O., S. 74 ff.; näher zu den Hintergründen des Scheiterns der früheren Reformvorschläge *Walter*, Verfassungsprozessuale Umbrüche, Ms. Teil 3 C.

[206] Hierzu *E. Klein*, in: Benda/ders. (Hrsg.), Verfassungsprozessrecht, 3. Aufl. 2012, Rn. 765 ff., 770 ff.

[207] So explizit Art. 23-1 Abs. 1 S. 3 Ordonnance Nr. 58-1067 vom 7.11.1958 i. d. F. vom 22.7.2010.

[208] Kritisch hierzu unter Verweis auf die Stellung der Verfassung in der Normenhierarchie *Philippe*, La question prioritaire de constitutionnalité, RFDC 82 (2010), S. 273 (277).

c) Vorlagevoraussetzungen und Vorprüfungsverfahren

63 Strukturell sehr ähnlich sind sich die Vorlagevoraussetzungen in den beiden Rechtsordnungen. Bei näherer Betrachtung werden jedoch deutliche Unterschiede offenbar. Generalisierend formuliert müssen sowohl die französischen als auch die deutschen Fachgerichte prüfen, ob ein Parlamentsgesetz erstens mit Verfassungsrecht vereinbar ist, ob zweitens die Verfassungsmäßigkeit dieses Gesetzes nicht bereits vom Verfassungsgericht festgestellt worden ist und ob das Gesetz drittens für den Ausgangsrechtsstreit von Bedeutung ist.

64 In Deutschland heißt dies konkret, dass jedes Gericht zur Vorlage des Rechtsstreits an das Bundesverfassungsgericht berechtigt und verpflichtet ist, wenn es von der Verfassungswidrigkeit der Norm überzeugt ist, dieses vom Bundesverfassungsgericht nicht bereits für verfassungsgemäß erachtet wurde oder sich seitdem neue für die Verfassungswidrigkeit streitende Gesichtspunkte ergeben haben und die Norm schließlich entscheidungserheblich ist; bloße Zweifel an der Verfassungsmäßigkeit berechtigen dagegen nicht zur Vorlage.[209] Diese ohnehin sehr restriktiven Vorlagevoraussetzungen werden vom Bundesverfassungsgericht auch streng gehandhabt, was seinen Grund in der verhältnismäßig hohen Zahl konkreter Normenkontrollanträge haben dürfte.[210]

65 In Frankreich sind die Vorlagevoraussetzungen dagegen weniger streng ausgestaltet, was daran liegen dürfte, dass der Gesetzgeber zwar eine Überlastung des Conseil constitutionnel fürchtete, er aber zugleich Akzeptanz für das neuartige Verfahren der QPC schaffen wollte. Um einer möglichen Überlastung vorzubeugen, sieht Art. 61-1 CF daher ein zweistufiges Vorprüfungsverfahren vor: Zunächst prüft das mit dem Rechtsstreit befasste Gericht auf Antrag einer der Parteien, ob die in Rede stehende Norm im Ausgangsrechtsstreit Anwendung findet, ihre Verfassungsmäßigkeit nicht bereits vom Conseil constitutionnel festgestellt wurde[211] und die aufgeworfene Verfassungsrechtsfrage nicht „bar jeden ernstlichen Charakters" ist.[212] Im Vergleich zum deutschen Recht genügt also die bloße Anwendbarkeit der Norm, ohne dass deren Anwendung zu einem anderen Ergebnis führen müsste;[213] zudem muss das befasste Gericht nicht von der Verfassungswidrigkeit überzeugt sein, sondern die behauptete Verfassungsverletzung darf nur nicht völlig aus der Luft gegriffen sein. Darüber hinaus sind die französischen Fachgerichte anders als in Deutschland nicht zur direkten Vorlage an den Conseil constitutionnel berechtigt, sondern müssen die Verfassungsrechtsfrage ihrem jeweiligen Höchstgericht, also

---

[209] E. Klein, in: Benda/ders. (Hrsg.), Verfassungsprozessrecht, 3. Aufl. 2012, Rn. 806 ff., 809, 824 ff.

[210] Plakativ die Zwischenüberschrift („Vorlagenflut" und bundesverfassungsgerichtliche „Gegenstrategie") bei Hillgruber/Goos, Verfassungsprozessrecht, 3. Aufl. 2011, Rn. 573.

[211] Haben sich die tatsächlichen oder rechtlichen Gegebenheiten seit einer früheren Entscheidung des Conseil constitutionnel geändert, so kann auch ein Gesetz vorgelegt werden, das in der früheren Entscheidung für verfassungskonform erklärt worden ist.

[212] Art. 23-2 Abs. 1 Ordonnance Nr. 58-1067 vom 7.11.1958 i. d. F. vom 22.7.2010.

[213] Pfersmann, Concrete review as Indirect Constitutional Complaint in French Constitutional Law, EUConst 6 (2010), S. 223 (239).

dem Conseil d'Etat (in Verwaltungsstreitsachen) oder der Cour de Cassation (in Zivil- oder Strafverfahren) zur Prüfung vorlegen. Diese prüfen dann erneut die Anwendbarkeit der Rechtsnorm im konkreten Verfahren und ob die Norm vom Conseil constitutionnel bereits für verfassungsgemäß befunden wurde; darüber hinaus prüfen sie aber auch (etwas strenger als die Ausgangsgerichte), ob die vorgelegte Frage „neu" ist oder einen „ernstlichen Charakter" aufweist.[214] Diese Prüfung hat innerhalb einer Frist von drei Monaten zu erfolgen; gleiches gilt für die Kontrolle durch den Conseil constitutionnel.[215]

Dieses Vorprüfungsverfahren durch die beiden Höchstgerichte stellt einen wichtigen Unterschied zwischen den beiden konkreten Normenkontrollverfahren dar. Denn das von französischen Autoren konstatierte „Risiko", die alten und traditionsreichen Höchstgerichte könnten eine eigene Verfassungsrechtsprechung entwickeln,[216] hat auch das Bundesverfassungsgericht frühzeitig erkannt. Es kam daher in den 1950er Jahren zu einer Kontroverse zwischen Bundesverfassungsgericht und den obersten Bundesgerichten über die Frage, ob Letztere den Vorlagen von Untergerichten eine eigene gutachterliche Stellungnahme beifügen durften.[217] 1956 stellte sich der Gesetzgeber in dieser Kontroverse auf die Seite des Bundesverfassungsgerichts und ersetzte die indirekte Vorlage über das jeweilige Höchstgericht durch ein direktes Vorlagerecht der Instanzgerichte an das Bundesverfassungsgericht (§ 80 Abs. 1 BVerfGG). Das französische Beispiel zeigt nun, dass diese Befürchtungen sich in einzelnen Fällen realisieren, so zum Beispiel im vieldiskutierten Fall des Gesetzes „Gayssot", das ein Verbot der Leugnung von Verbrechen gegen die Menschlichkeit statuiert, von der Cour de Cassation jedoch mit der Begründung nicht dem Conseil constitutionnel vorgelegt wurde, dass keine ernstlichen Zweifel an der Verfassungsmäßigkeit bestünden.[218] Rein statistisch scheint sich dagegen die Sorge, der durch die Höchstgerichte ausgeübte Filter werde sich als Deckel entpuppen,[219] nicht zu bestätigen.[220]

66

---

[214] Art. 23-4 Ordonnance Nr. 58-1067 vom 7.11.1958 i. d. F. vom 22.7.2010.
[215] Art. 23-5 Abs. 3, Art. 23-10 Ordonnance Nr. 58-1067 vom 7.11.1958 i. d. F. vom 22.7.2010.
[216] *Bon*, La question prioritaire de constitutionnalité après la loi organique du 10 décembre 2009, RFDA 2009, S. 1107 (1116).
[217] Hierzu *Dollinger*, in: Umbach et al. (Hrsg.), BVerfGG, 2. Aufl. 2005, § 80 Rn. 2.
[218] Cass., 7.5.2010, 09-80774 – Mme X. et autres.
[219] So berichtet von *Benetti*, Échec au renvoi, RDP 2012, S. 593 (593).
[220] Siehe die Statistiken des Conseil d'Etat, http://www.conseil-etat.fr/Actualites/Discours-Interventions/Bilan-de-la-QPC-dans-la-juridiction-administrative-apres-six-mois-d-application sowie der Cour de Cassation, http://www.courdecassation.fr/jurisprudence_2/questions_prioritaires_constitutionnalite_3396/questions_prioritaires_23423.html (letztmaliger Abruf jeweils 24.2.2015). Zu konstatieren ist allerdings in absoluten Zahlen ein deutlicher Rückgang der von der Cour de Cassation dem Conseil constitutionnel vorgelegten Verfahren.

d) Verhältnis von konkreter Normenkontrolle, Vorabentscheidungsverfahren gemäß Art. 267 AEUV und diffuser Menschenrechtskontrolle am Maßstab der EMRK

67 Hält ein deutsches Gericht ein Gesetz sowohl für verfassungs- als auch für unionsrechtswidrig, entscheidet es grundsätzlich nach eigenem Ermessen, ob es das Bundesverfassungsgericht im Wege der konkreten Normenkontrolle befasst oder gemäß Art. 267 AEUV ein Vorabentscheidungsersuchen an den EuGH richtet.[221] Handelt es sich jedoch um ein Gesetz, durch das eine EU-Richtlinie umgesetzt wird, muss das Gericht nach jüngerer Rechtsprechung des Bundesverfassungsgerichts zunächst dem EuGH vorlegen.[222] In Frankreich ist dagegen das Verhältnis der beiden Verfahrensarten genau umgekehrt. Während sich der durch die Verfassungsänderung eingefügte Art. 61-1 CF zur Rangfolge der beiden Vorlageverfahren nicht verhält, wurde dieses durch das verfassungsausführende Gesetz explizit geregelt: Hiernach haben die Fachgerichte, wenn eine Partei zugleich die Verfassungswidrigkeit und die Völker- oder Unionsrechtswidrigkeit einer Norm rügt, zunächst über die Vorlage an den Conseil constitutionnel zu entscheiden.[223] Ziel dieser Regelung war vor allem, die Bedeutung der durch die Verfassung garantierten Grundrechte in der gerichtlichen Praxis gegenüber den Menschenrechten der EMRK zu stärken. Es sollte verhindert werden, dass die Fachgerichte sich damit begnügen, menschenrechtswidrige Normen unangewendet zu lassen, anstatt ihre Verfassungsmäßigkeit zu prüfen und sie gegebenenfalls dem Conseil constitutionnel vorzulegen. Erst diese gesetzliche Ausgestaltung gab dem Verfahren seinen Charakter und Namen als *prioritäre* Frage der Verfassungsmäßigkeit.[224]

e) Vorlagegegenstand/Prüfungsbefugnis

68 Vorlagegenstand können in beiden Staaten nur Parlamentsgesetze sein, wobei es sich in Deutschland sowohl um Bundes- als auch um Landesgesetze handeln kann. Kein tauglicher Gegenstand einer konkreten Normenkontrolle können jedoch nach der Rechtsprechung des Bundesverfassungsgerichts vorkonstitutionelle, also vor Inkrafttreten des Grundgesetzes verkündete Gesetze sein.[225] Dieser im internationa-

---

[221] Hierzu *Marsch*, in: Schoch et al. (Hrsg.), VwGO, Anh. § 40 Art. 267 AEUV Rn. 12.

[222] BVerfG, EuZW 2012, S. 232; hierzu *Wendel*, Neue Akzente im europäischen Grundrechtsverbund, EuZW 2012, S. 213 ff.

[223] Art. 23-2 Abs. 3 und 23-5 Abs. 2 Ordonnance Nr. 58-1067 vom 7.11.1958 i. d. F. vom 22.7.2010.

[224] *Genevois*, Le contrôle a priori de constitutionnalité au service du contrôle a posteriori, RFDA 2010, S. 1 (5). Rechtsvergleichend interessant ist auch, dass nahezu zeitgleich in Belgien eine vergleichbare Vorrangregel im Gesetz verankert wurde, s. *Gundel*, Die „question prioritaire de constitutionnalité" vor dem EuGH, EuR 2012, S. 213 (218).

[225] Als nachkonstitutionell gelten auch solche Gesetze, die der Gesetzgeber nach Inkrafttreten des Grundgesetzes beispielsweise durch Neuverkündung in seinen Willen aufgenommen hat, hierzu und zum Ganzen *E. Klein*, in: Benda/ders. (Hrsg.), Verfassungsprozessrecht, 3. Aufl. 2012, Rn. 781 ff.

len Vergleich eher die Ausnahme darstellenden[226] Beschränkung liegt die Erwägung zugrunde, dass nur die Autorität des durch das Grundgesetz legitimierten Gesetzgebers durch ein Verwerfungsmonopol des Bundesverfassungsgerichts geschützt werden soll. Vorkonstitutionelle verfassungswidrige Gesetze können dagegen von jedem Fachgericht unangewendet gelassen werden. Gleiches galt für vorkonstitutionelle Gesetze auch in Frankreich und zwar auch schon vor der Einführung der QPC, da hier der Conseil d'Etat die Verfassung als lex posterior zu den vorkonstitutionellen Parlamentsgesetzen angesehen und diese bei Verfassungswidrigkeit unangewendet gelassen hatte.[227] Tauglicher Vorlagegegenstand der QPC sind nunmehr vor- und nachkonstitutionelle Gesetze.[228] Dies hat gegenüber der Rechtsprechung des Bundesverfassungsgerichts den Vorteil, dass auch vorkonstitutionelle Gesetze vom Conseil constitutionnel mit Wirkung erga omnes aufgehoben[229] werden können, wodurch Rechtssicherheit geschaffen wird.[230] Sekundäres Unionsrecht stellt in Deutschland zwar grundsätzlich einen tauglichen Vorlagegegenstand dar, wobei Vorlagen jedoch wegen des eingeschränkten Prüfungsmaßstabes regelmäßig unzulässig sind.[231]

f) Das Verfahren vor dem Verfassungsgericht

Beim konkreten Normenkontrollverfahren gemäß Art. 100 Abs. 1 GG handelt es sich um ein verselbständigtes und objektives Zwischenverfahren über die Verfassungsmäßigkeit einer Norm.[232] Hieraus folgt, dass die Parteien des Ausgangsrechtsstreits nach § 82 Abs. 3 BVerfGG zwar äußerungsberechtigt sind, nicht aber zu Verfahrensbeteiligten des Normenkontrollverfahrens werden, weshalb sie beispielsweise keinen Befangenheitsantrag gegen einen der beteiligten Verfassungsrichter stellen können.[233] Zugleich sind Ausgangsrechtsstreit und konkrete Normenkontrolle jedoch eng miteinander verknüpft, sodass bei einer Klagerücknahme oder einer Einstellung des Ausgangsverfahrens die Vorlage unzulässig wird.[234]

69

Der französische Gesetzgeber ist hingegen auch hier andere Wege gegangen: So hat die Einführung der QPC zunächst zu einer Formalisierung des verfassungsgerichtlichen Verfahrens geführt, da das QPC-Verfahren in einer Geschäftsordnung

70

---

[226] *Weber*, Europäische Verfassungsvergleichung, 2010, Kap. 12 Rn. 48.
[227] C.E., Ass., 16.12.2005 – Syndicat national des huissiers de justice, RFDA 2006, S. 48.
[228] *Bon*, La question prioritaire de constitutionnalité après la loi organique du 10 décembre 2009, RFDA 2009, S. 1107 (1110).
[229] Zur Entscheidungswirkung → Rn. 72.
[230] S. auch die Kritik bei *Schlaich/Korioth*, Das Bundesverfassungsgericht, 9. Aufl. 2012, Rn. 138.
[231] → *Wendel* § 8 Rn. 79 f.
[232] BVerfGE 2, 213 (217); 20, 350 (351); 42, 42 (49); 49, 217 (219); 72, 51 (62).
[233] Kritisch hierzu *E. Klein*, in: Benda/ders. (Hrsg.), Verfassungsprozessrecht, 3. Aufl. 2012, Rn. 862 ff.
[234] *E. Klein*, a. a. O., Rn. 829, 868.

des Conseil constitutionnel geregelt ist[235], wohingegen der Ablauf der abstrakten Normenkontrolle nur richterrechtlich determiniert war. Wichtigste Neuerung ist hier, dass über die QPC mündlich verhandelt und ein Video der Verhandlung in voller Länge auf der Homepage des Conseil constitutionnel veröffentlicht wird, während dies in abstrakten Normenkontrollverfahren nicht üblich und wegen der kurzen Entscheidungsfrist wohl auch nur schwer durchzuführen gewesen wäre.[236] Bemerkenswerterweise führt jedoch anders als in Deutschland die Einstellung des Hauptsacheverfahrens nicht zur Einstellung der QPC,[237] wodurch das primär dem Grundrechtsschutz dienende Verfahren eine objektive Facette erhält.[238]

g) Kontrollmaßstäbe

71 Besonders deutlich wird die grundrechtsschützende Funktion der QPC, wenn man sich den Kontrollmaßstab vor Augen führt: Nach Art. 61-1 CF kann ein Parlamentsgesetz nur dann dem Conseil constitutionnel vorgelegt werden, wenn dieses nach Ansicht des Antragstellers „die von der Verfassung garantierten Rechte und Freiheiten verletzt".[239] Hieraus folgt nach der Rechtsprechung des Conseil constitutionnel, dass die Verletzung von verfassungsrechtlichen Normen bezüglich des Gesetzgebungsverfahrens nicht gerügt werden können.[240] Die Verletzung von Kompetenznormen[241] kann nur dann gerügt werden, wenn das Gesetz selbst den Schutzbereich eines Grundrechtes berührt.[242] Dagegen nimmt das Bundesverfassungsgericht, der objektiven Verfahrensfunktion entsprechend, eine Kontrolle am Maßstab des Grundgesetzes vor, ohne dabei zwischen Verfahrensvorschriften und Grundrechten zu unterscheiden; Landesgesetze werden sogar am Maßstab des gesamten Bundes-

---

[235] Règlement intérieur du 4 février 2010 sur la procédure suivie devant le Conseil constitutionnel pour les questions prioritaires de constitutionnalité.

[236] *Roussillon/Esplugas*, Le Conseil constitutionnel, 7. Aufl. 2011, S. 39; *Verpeaux*, Le Conseil constitutionnel juge de la question prioritaire de constitutionnalité, AJDA 2010, S. 88 (90 f.); ausführlich zur neuen Öffentlichkeit des verfassungsgerichtlichen Verfahrens sowie dessen Einfluss auf den Status der französischen Verfassungsgerichtsbarkeit nunmehr *Walter*, Verfassungsprozessuale Umbrüche, Ms. Teil 4 B. III.

[237] Art. 23-9 Ordonnance Nr. 58-1067 vom 7.11.1958 i. d. F. vom 22.7.2010.

[238] *Genevois*, Le contrôle a priori de constitutionnalité au service du contrôle a posteriori, RFDA 2010, S. 1 (7).

[239] Hierzu und zum Folgenden *Bon*, La question prioritaire de constitutionnalité après la loi organique du 10 décembre 2009, RFDA 2009, S. 1107 (1112).

[240] C.C., 22.7.2010, 2010-4/17 QPC, Cons. 7 – Indemnité temporaire de retraite outre-mer. Dies hängt auch mit dem Fehlen eines der allgemeinen Handlungsfreiheit aus Art. 2 Abs. 1 GG vergleichbaren Auffanggrundrechtes zusammen → *Hochmann* § 7 Rn. 49 ff.

[241] In Betracht kommt hier die sogenannte negative Inkompetenz, die vorliegt, wenn der parlamentarische Gesetzgeber eine von ihm zu regelnde Materie dem Verordnungsgeber überlassen hat, → Rn. 39 und → *Marsch* § 5 Rn. 19.

[242] C.C., 6.10.2010, 2010-45 QPC, Cons. 3 – Noms de domaine Internet.

§ 6 Verfassungsgerichtsbarkeit

rechts gemessen.²⁴³ Schließlich gilt in beiden Staaten ein eingeschränkter Prüfungsmaßstab, wenn das vorgelegte Gesetz der Umsetzung einer EU-Richtlinie dient.²⁴⁴

h) Entscheidungsinhalt, Entscheidungswirkung, Rechtsfolgenmanagement

Während für Deutschland hinsichtlich von Entscheidungsinhalt, -wirkung und Rechtsfolgenmanagement weitgehend auf die Ausführungen bei der abstrakten Normenkontrolle verwiesen werden kann,²⁴⁵ hat die Einführung der QPC den Conseil constitutionnel vor neuartige Aufgaben gestellt. Bis dahin betraf seine Kontrolle nur Gesetze, die noch nicht verkündet waren, sodass sich die Wirkung seiner Entscheidung auf ein Verkündungsverbot beschränkte. Die QPC ermöglicht jetzt die Kontrolle von in Kraft getretenen Gesetzen, sodass sich nunmehr vergleichbare Probleme wie in Deutschland stellen. Allerdings hat der verfassungsändernde Gesetzgeber bei Einführung der QPC eine dem deutschen Recht diametral entgegengesetzte Grundsatzentscheidung getroffen. So sind nach Art. 62 Abs. 2 CF Normen, die in einem QPC-Verfahren für verfassungswidrig erklärt werden, „aufgehoben" und zwar entweder ab dem Zeitpunkt der Veröffentlichung des Urteils im Gesetzblatt oder ab einem späteren, im Urteil bestimmten Zeitpunkt. Im Gegensatz zum deutschen Grundsatz, nach dem verfassungswidrige Gesetze grundsätzlich ex tunc nichtig sind, hat sich Frankreich an dem von *Kelsen* geprägten, österreichischen Vorbild der bloßen Vernichtbarkeit orientiert.²⁴⁶ Auch verfassungswidrige Gesetze sind daher in Frankreich solange gültig, bis ein Urteil des Conseil constitutionnel zur Aufhebung führt. Damit aber die verfassungsgerichtliche Entscheidung für den Antragsteller nicht zu einem Pyrrhussieg wird, ermächtigt Art. 62 Abs. 2 CF den Conseil constitutionnel zu Regelungen darüber, „unter welchen Voraussetzungen und in welchen Grenzen die von der Norm bedingten Auswirkungen infrage gestellt werden können." Auf dieser Grundlage hat der Conseil constitutionnel in seiner ersten QPC-Entscheidung die Fortgeltung einer verfassungswidrigen Pensionsregelung bis zum Ende des Jahres bestimmt, den Gesetzgeber aber zugleich verpflichtet,

72

---

²⁴³ Darüber hinaus kann von den Landesverfassungsgerichten die Vereinbarkeit von Landesgesetzen mit dem Landesverfassungsrecht geprüft werden, zu den verschiedenen Konstellationen *Wernsmann*, Konkrete Normenkontrolle, in: Ehlers/Schoch (Hrsg.), Rechtsschutz im Öffentlichen Recht, 2009, § 16 Rn. 8 ff.

²⁴⁴ → *Wendel* § 8 Rn. 79 ff., 94 ff.

²⁴⁵ Seinem Charakter als Zwischenverfahren entsprechend bestimmt § 81 BVerfGG für das konkrete Normenkontrollverfahren, dass das Bundesverfassungsgericht allein über die Rechtsfrage entscheidet.

²⁴⁶ Ausführlich hierzu und zum Folgenden *Bon*, La question prioritaire de constitutionnalité après la loi organique du 10 décembre 2009, RFDA 2009, S. 1107 (1123 f.); *Schlaich/Korioth*, Das Bundesverfassungsgericht, 9. Aufl. 2012, Rn. 379 ff. Allgemein zu den unterschiedlichen Rechtstraditionen bezüglich der zeitlichen Wirkung von Normenkontrollentscheidungen *Ludewig*, Die zeitliche Beschränkung der Wirkung von Urteilen des EuGH im Vorabentscheidungsverfahren, 2012, S. 22 ff.; *Waldhoff*, Recent developments relating to the retroactive effect of decisions of the ECJ, CMLR 46 (2009), S. 173 (178 ff.).

die Anwendung der bis dahin zu erlassenden Neuregelung auf alle bereits anhängigen – und bis dahin auszusetzenden – Gerichtsverfahren zu erstrecken.[247]

i) Bilanz: Die QPC als indirekte Verfassungsbeschwerde/Das unterschiedliche Verhältnis der Verfassungsgerichte zu den Fachgerichten

73   *Grewe* sieht in ihrem rechtsvergleichenden Beitrag zur konkreten Normenkontrolle und zur QPC den entscheidenden Unterschied zwischen den beiden Rechtsordnungen darin, dass in Deutschland das Bundesverfassungsgericht und das Ausgangsgericht die bestimmenden Akteure sind, während in Frankreich die Parteien und die Höchstgerichte eine zentrale Rolle spielen.[248] Als Ausgangspunkt für eine Bilanz des Vorstehenden eignet sich diese Analyse in hervorragendem Maße, da sie auf zwei unterschiedliche Punkte verweist. So sind die Parteien des Ausgangsrechtsstreits in Frankreich wichtige Akteure, weil die QPC funktional der deutschen Verfassungsbeschwerde entspricht. Beide Verfahren dienen in erster Linie dem Grundrechtsschutz, weshalb die subjektive Verfahrensfunktion im Vordergrund steht, wohingegen die konkrete Normenkontrolle nach Art. 100 Abs. 1 GG ein objektives Verfahren darstellt. Überzeugend klassifiziert *Pfersmann* die QPC daher als eine „indirekte Verfassungsbeschwerde".[249] Angesichts des prozeduralen Vorrangs der QPC vor der diffusen Menschenrechtskontrolle am Maßstab der EMRK wird sie jene voraussichtlich in starkem Maße verdrängen. Dieser Übergang von einer diffusen Menschenrechtskontrolle zu einer konzentrierten Verfassungskontrolle hat angesichts der Wirkung von verfassungsgerichtlichen Urteilen erga omnes den Vorteil, dass die Rechtssicherheit erhöht wird, da die inkriminierte Norm nicht mehr nur (im Einzelfall) unangewendet bleibt, sondern aufgehoben wird. Die – im Vergleich zur abstrakten Normenkontrolle – hohen Verfahrenszahlen von durchschnittlich 80 Verfahren jährlich[250] und eine Quote von zunächst 30 % für verfassungswidrig erklärten Gesetzen[251] lassen den Schluss zu, dass das Verfahren von den Bürgern und Rechtsanwälten genutzt wird und der Conseil constitutionnel seine neue Rolle angenommen hat.

74   Die von *Grewe* herausgestellte Bedeutung der Höchstgerichte in Frankreich verweist auf das grundsätzlich andersartige Verhältnis der beiden Verfassungsgerichte zu den Fachgerichten. In Deutschland hat die Urteilsverfassungsbeschwerde zu einem Rangverhältnis zwischen Bundesverfassungsgericht und Fachgerichten

---

[247] C.C., 28.5.2010, 2010-1 QPC, Cons. 12 – Cristallisation des pensions.

[248] *Grewe*, Le contrôle de constitutionnalité de la loi en Allemagne, Pouvoirs 137 (2011), S. 143 (148).

[249] *Pfersmann*, Concrete review as Indirect Constitutional Complaint in French Constitutional Law, EUConst 6 (2010), S. 223 (228 ff.).

[250] Hier handelt es sich nur um die dem Conseil constitutionnel vorgelegten Verfahren, wohingegen ein Vielfaches von Vorlagefragen von den Höchstgerichten zurückgewiesen wurde; http://www.conseil-constitutionnel.fr/conseil-constitutionnel/francais/nouveaux-cahiers-du-conseil/cahier-n-41/bilan-statistique-au-30-juin-2013.138279.html (letztmaliger Abruf 24.2.2105).

[251] *Roussillon/Esplugas*, Le Conseil constitutionnel, 7. Aufl. 2011, S. 139.

geführt, da der Bürger in diesem Wege das Verfassungsgericht auch dann mit der Frage der Verfassungsmäßigkeit einer Norm befassen kann, wenn diese von den Fachgerichten als verfassungsgemäß beurteilt und daher keine konkrete Normenkontrolle eingeleitet wurde. Dagegen sind Conseil d'Etat und Cour de Cassation durch die Einführung der QPC zu Vor-Verfassungsgerichten geworden. Wenn *Grewe* daher das französische Vorprüfungsverfahren und das in Deutschland der Verfassungsbeschwerde vorgelagerte Annahmeverfahren als vergleichbar ansieht,[252] so ist dies funktional zutreffend, da beide Verfahren der Entlastung dienen sollen.[253] Ein wesentlicher Unterschied besteht jedoch darin, dass der Conseil constitutionnel die Rechtsprechung und damit auch die Vorlagepraxis von Conseil d'Etat und Cour de Cassation nicht kontrollieren kann, sodass anders als in Deutschland kein Rangverhältnis zwischen den Gerichten entsteht.[254] Dieser Befund wird auch durch Rechtsprechung des Conseil constitutionnel nur abgemildert, nach der dieser das Gesetz *in seiner ständigen Auslegung durch das jeweilige Höchstgericht* kontrolliert,[255] da der Bürger eine Vorlage nicht gegen den Willen des Höchstgerichts erzwingen kann.

5. Organstreitverfahren zwischen Verfassungsorganen

Bevor sich der Conseil constitutionnel zu einem Hüter der gesamten Verfassung und damit auch der Grundrechte aufschwang, galt er in Frankreich als ein „Regulierungsorgan" für die Verfassungsorgane (→ Rn. 10). Aus deutscher Sicht überrascht daher, dass das französische Verfassungsprozessrecht keine dem deutsche Organstreit entsprechende Verfahrensart kennt, in der Verfassungsorgane sich gegen Verletzungen ihrer Kompetenzen durch andere Verfassungsorgane wehren können.[256] Allein die Zuständigkeiten von Parlament und Regierung im Gesetzgebungsverfahren werden vom Conseil constitutionnel – allerdings auch nur eingeschränkt – im Wege der abstrakten Normenkontrolle und der in Art. 41 Abs. 2 CF und Art. 37 Abs. 2 S. 2 CF normierten Verfahrensarten kontrolliert.[257] Hinzukommt die obli-

75

---

[252] *Grewe*, Le contrôle de constitutionnalité de la loi en Allemagne, Pouvoirs 137 (2011), S. 143 (152).

[253] Auch für das konkrete Normenkontrollverfahren sieht § 81a BVerfGG daher vor, dass die Unzulässigkeit eines Antrages von einer Kammer festgestellt werden kann, sofern der Antrag nicht von einem obersten Bundesgericht oder einem Landesverfassungsgericht stammt.

[254] So grundsätzlich zum Unterschied von Urteilsverfassungsbeschwerde und konkreter Normenkontrolle *Jestaedt*, Phänomen Bundesverfassungsgericht, in: ders. et al. (Hrsg.), Das entgrenzte Gericht, 2011, S. 77 (112 ff.).

[255] C.C., 6.10.2010, 2010-39 QPC, Cons. 2 – Adoption au sein d'un couple non marié; 8.4.2011, 2011-120 QPC, Cons. 9 – Recours devant la Cour nationale du droit d'asile; anders aber noch die Cour de Cassation, 19.5.2010, 09-82582, M. Yvan Colonna.

[256] Ausführlich zu dieser Verfahrensart die am Ende des Kapitels genannten Lehrbücher zum Verfassungsprozessrecht.

[257] Zu diesen → Rn. 39.

gatorische Kontrolle der Geschäftsordnungen der beiden Parlamentskammern vor ihrem Inkrafttreten (Art. 61 Abs. 1 CF).[258]

76   Hier kommt zum Ausdruck, dass das Organstreitverfahren nicht nur „zum (ideellen) Kernbestand der Staatsgerichtsbarkeit in Deutschland" gehört, sondern seine „Anerkennung (…) in besonderer Weise in der deutschen Verfassungstradition (wurzelt)",[259] weshalb in Europa neben Deutschland soweit ersichtlich nur Italien eine solche Verfahrensart kennt.[260] Angesichts der hohen politischen Bedeutung, die Organstreitverfahren vielfach zukommt,[261] stellt das Fehlen eines solchen Verfahrens einen der bedeutsamsten Unterschiede zwischen dem deutschen und dem französischen Verfassungsprozessrecht dar. Während in Deutschland politisch heftig umstrittene Fragen wie die Parteienfinanzierung[262], die Auflösung des Bundestages durch den Bundespräsidenten nach einer auflösungsgerichteten Vertrauensfrage[263] oder die Zulässigkeit von Auslandseinsätzen der Bundeswehr[264] Gegenstand von verfassungsgerichtlichen Entscheidungen sind, können derlei Fragen in Frankreich nicht rechtlich verbindlich geklärt werden, sondern bleiben letztlich Gegenstand des politischen Meinungs- und Machtkampfes.[265] Der Befund, dass sich in Frankreich die Staatspraxis nicht selten gegen zum Teil eindeutige Regelungen der Verfassung durchgesetzt hat, wurzelt daher in den im Vergleich zum Bundesverfassungsgericht schwächer ausgestalteten Kompetenzen des Conseil constitutionnel.[266] Staatsorganisationsrechtlich ist daher vor allem der Staatspräsident weiterhin Hüter der Verfassung, zumal er in Konfliktfällen das Parlament auflösen und sich so über den Umweg einer Neuwahl oder aber direkt im Wege des Referendums an das Volk wenden kann, um dieses entscheiden zu lassen. In Deutschland hat dagegen das Organstreitverfahren zu einer Verrechtlichung des Staatsorganisationsrechts geführt.[267]

---

[258] Diese hat allerdings des Öfteren zu Kontroversen zwischen Parlament und Conseil constitutionnel geführt, *Kempf*, Das politische System Frankreichs, 4. Aufl. 2007, S. 123 f.; ausführlich hierzu *Theodossis*, Gerichtskontrolle der parlamentarischen Geschäftsordnungen in Griechenland, Frankreich und der Bundesrepublik Deutschland, 1996, S. 47 ff.

[259] So *Schlaich/Korioth*, Das Bundesverfassungsgericht, 9. Aufl. 2012, Rn. 80.

[260] So *Grote*, Rechtskreise im öffentlichen Recht, AöR 126 (2001), S. 10 (53).

[261] *Weber*, Europäische Verfassungsvergleichung, 2010, Kap. 12 Rn. 52.

[262] BVerfGE 24, 300; 85, 264.

[263] BVerfGE 62,1; 114, 121.

[264] BVerfGE 90, 286.

[265] Die in der französischen Literatur konstatierte „Verrechtlichung der Politik" durch die Verfassung der 5. Republik stellt sich somit insbesondere aus deutscher Perspektive nur als eine partielle dar, s. hierzu *Le Divellec*, Die Vereinnahmung des Rechtes durch die Politik, in: Deutsch-Französisches Institut (Hrsg.), Frankreich Jahrbuch 2001, 2002, S. 81 ff. (insb. S. 87 ff.).

[266] *Franzke*, Die Kompetenzen des französischen Staatspräsidenten, Der Staat 38 (1999), S. 86 (87).

[267] Nach Ansicht von *Lepsius*, Die maßstabsetzende Gewalt, in: Jestaedt et al. (Hrsg.), Das entgrenzte Gericht, 2011, S. 159 (219 ff.) gelingt dem Gericht allerdings die Maßstabsbildung im Staatsorganisationsrecht nicht im selben Maße, wie dies im Bereich der Grundrechte geschehen ist.

V. Rechtsvergleichende Bilanz

Versucht man eine rechtsvergleichende Bilanz der Unterschiede und Gemeinsamkeiten des Bundesverfassungsgerichts und des Conseil constitutionnel, so ist zunächst zwischen den Verfahrensarten und der personellen Besetzung und Organisation zu unterscheiden. Was die Verfahrensarten anbelangt, so haben die letzten 35 Jahre zu einer Annäherung der beiden Institutionen geführt: Die Verfahren der abstrakten Normenkontrollen sind trotz aller verbleibenden Unterschiede in ihrer Zielrichtung vergleichbar (IV. 2.) und der Grundrechtsschutz wird durch ein direktes Verfahren (IV. 3. a)) oder eine konkrete Normenkontrolle (IV. 4.) gewährleistet. Hervorstechender Unterschied bleibt die Existenz der Urteilsverfassungsbeschwerde, wobei hier nicht deren Fehlen in der französischen Rechtsordnung, sondern deren Existenz in Deutschland als (bisweilen kritisierte) Besonderheit anzusehen ist. Für das Staatsorganisationsrecht ist die Existenz (Deutschland) bzw. das Fehlen (Frankreich) eines Organstreitverfahrens von nicht zu unterschätzender Bedeutung. Hinsichtlich der Besetzung und der Organisation der Gerichte sind die Unterschiede zwischen den beiden Institutionen deutlich geworden (III.), die allerdings nicht allein auf den unterschiedlichen Ernennungsvoraussetzungen und -verfahren beruhen, sondern auch auf Unterschieden im Umgang der Politik mit den Verfassungsgerichten. Gerade rechtsvergleichend zeigt sich hier, was *Jestaedt* bezogen auf das Bundesverfassungsgericht konstatiert: „Nicht weniger als an der positivrechtlichen Hardware hängen das spezifische Wesen und Wirken des Gerichts an der im weitesten Sinne rechtskulturellen Software."[268] Und angesichts einer Interviewäußerung des frisch ernannten Mitgliedes des Conseil constitutionnel *Barrot*, wonach der Verfassungs*rat* nicht zu einem Verfassungs*gericht* werden dürfe, da ein solches nicht der französischen Tradition entspreche,[269] lässt sich eine von *Voßkuhle* auf den US-Supreme Court und den österreichischen Verfassungsgerichtshof bezogene Feststellung auf die beiden vorliegend untersuchten Institutionen übertragen: „Das unterschiedliche Selbstverständnis der Gerichte erscheint offensichtlich wesentlich prägender als die äußere Schale der Organisation."[270] Gerade dieses Selbstverständnis ist es, das das Bundesverfassungsgericht zu einem eher aktivistischen, den Conseil constitutionnel zu einem (bislang) vergleichsweise zurückhaltenden Verfassungsgericht hat werden lassen.

---

[268] *Jestaedt*, Phänomen Bundesverfassungsgericht, in: ders. et al. (Hrsg.), Das entgrenzte Gericht, 2011, S. 77 (151).
[269] Le Monde v. 25.2.2010. Eine Umbenennung in *Cour constitutionnelle* ist nunmehr allerdings Gegenstand des von Abgeordneten eingebrachten Gesetzentwurfs Nr. 1044 vom 17.5.2013 (Proposition de Loi constitutionnelle tendant à reformer le Conseil constitutionnel).
[270] *Voßkuhle*, in: v. Mangoldt et al. (Hrsg.), GG III, 6. Aufl. 2010, Art. 93 Rn. 16.

VI. Verfassungstexte in Auszügen

1. Verfassung der V. Republik (1958)

Article 56 Le Conseil constitutionnel comprend neuf membres, dont le mandat dure neuf ans et n'est pas renouvelable. Le Conseil constitutionnel se renouvelle par tiers tous les trois ans. Trois des membres sont nommés par le Président de la République, trois par le président de l'Assemblée nationale, trois par le président du Sénat. (…)

En sus des neuf membres prévus ci-dessus, font de droit partie à vie du Conseil constitutionnel les anciens Présidents de la République.

(…)

Article 61 Les lois organiques, avant leur promulgation, les propositions de loi mentionnées à l'article 11 avant qu'elles ne soient soumises au référendum, et les règlements des assemblées parlementaires, avant leur mise en application, doivent être soumis au Conseil constitutionnel qui se prononce sur leur conformité à la Constitution.

Aux mêmes fins, les lois peuvent être déférées au Conseil constitutionnel, avant leur promulgation, par le Président de la République, le Premier ministre, le président de l'Assemblée nationale, le président du Sénat ou soixante députés ou soixante sénateurs.

Dans les cas prévus aux deux alinéas précédents, le Conseil constitutionnel doit statuer dans le délai d'un mois. Toutefois, à la demande du Gouvernement, s'il y a urgence, ce délai est ramené à huit jours.

Dans ces mêmes cas, la saisine du Conseil constitutionnel suspend le délai de promulgation.

Article 61-1 Lorsque, à l'occasion d'une instance en cours devant une juridiction, il est soutenu qu'une disposition législative porte atteinte aux droits et libertés que la Constitution garantit, le Conseil constitutionnel peut être saisi de cette question sur renvoi du Conseil d'État ou de la Cour de cassation qui se prononce dans un délai déterminé.

(…)

2. Grundgesetz der Bundesrepublik Deutschland (1949)

Artikel 92 Die rechtsprechende Gewalt ist den Richtern anvertraut; sie wird durch das Bundesverfassungsgericht, durch die in diesem Grundgesetze vorgesehenen Bundesgerichte und durch die Gerichte der Länder ausgeübt.

Artikel 93 (1) Das Bundesverfassungsgericht entscheidet:

1. über die Auslegung dieses Grundgesetzes aus Anlaß von Streitigkeiten über den Umfang der Rechte und Pflichten eines obersten Bundesorgans oder anderer Beteiligter, die durch dieses Grundgesetz oder in der Geschäftsordnung eines obersten Bundesorgans mit eigenen Rechten ausgestattet sind;

2. bei Meinungsverschiedenheiten oder Zweifeln über die förmliche und sachliche Vereinbarkeit von Bundesrecht oder Landesrecht mit diesem Grundgesetze oder die Vereinbarkeit von Landesrecht mit sonstigem Bundesrechte auf Antrag der Bundesregierung, einer Landesregierung oder eines Viertels der Mitglieder des Bundestages;
(…)
4a. über Verfassungsbeschwerden, die von jedermann mit der Behauptung erhoben werden können, durch die öffentliche Gewalt in einem seiner Grundrechte oder in einem seiner in Artikel 20 Abs. 4, 33, 38, 101, 103 und 104 enthaltenen Rechte verletzt zu sein;
4b. über Verfassungsbeschwerden von Gemeinden und Gemeindeverbänden wegen Verletzung des Rechts auf Selbstverwaltung nach Artikel 28 durch ein Gesetz, bei Landesgesetzen jedoch nur, soweit nicht Beschwerde beim Landesverfassungsgericht erhoben werden kann;
(…)
5. in den übrigen in diesem Grundgesetze vorgesehenen Fällen.
(…)

Artikel 94 (1) Das Bundesverfassungsgericht besteht aus Bundesrichtern und anderen Mitgliedern. Die Mitglieder des Bundesverfassungsgerichtes werden je zur Hälfte vom Bundestage und vom Bundesrate gewählt. (…)
(…)

Artikel 100 (1) Hält ein Gericht ein Gesetz, auf dessen Gültigkeit es bei der Entscheidung ankommt, für verfassungswidrig, so ist das Verfahren auszusetzen und, wenn es sich um die Verletzung der Verfassung eines Landes handelt, die Entscheidung des für Verfassungsstreitigkeiten zuständigen Gerichtes des Landes, wenn es sich um die Verletzung dieses Grundgesetzes handelt, die Entscheidung des Bundesverfassungsgerichtes einzuholen. (…)
(…)

Ausgewählte Literatur

Avril, Pierre/Gicquel, Jean, Le Conseil constitutionnel, 6. Aufl., Paris 2011 (Montchrestien).
Bauer, Steffen, Verfassungsgerichtlicher Grundrechtsschutz in Frankreich, Baden-Baden 1998 (Nomos).
Benda, Ernst/Klein, Eckar, Verfassungsprozessrecht, 3. Aufl., Heidelberg 2012 (C. F. Müller).
Benetti, Julie, La question prioritaire de constitutionnalité – La genèse de la réforme: De 1990 à 2009, AJDA 2010, S. 74–79.
Böckenförde, Ernst-Wolfgang, Verfassungsgerichtsbarkeit, in: Staat, Nation, Europa – Studien zur Staatslehre, Verfassungstheorie und Rechtsphilosophie, Frankfurt a. M. 1999 (Suhrkamp), S. 157–182.
Bon, Pierre, La question prioritaire de constitutionnalité après la loi organique du 10 décembre 2009, RFDA 2009, S. 1107–1124.
v. Brünneck, Alexander, Verfassungsgerichtsbarkeit in den westlichen Demokratien, Baden-Baden 1992 (Nomos).
Drago, Guillaume, Contentieux constitutionnel français, 3. Aufl., Paris 2011 (puf).

Grewe, Constance, Le contrôle de constitutionnalité de la loi en Allemagne: quelques comparaisons avec le système français, Pouvoirs 137 (2011), S. 143–154.
Hillgruber, Christian/Goos, Christoph, Verfassungsprozessrecht, 3. Aufl., Heidelberg 2011 (C. F. Müller).
Jestaedt, Matthias/Lepsius, Oliver/Möllers, Christoph/Schönberger, Christoph, Das entgrenzte Gericht, Berlin 2011 (Suhrkamp).
Jouanjan, Olivier, Die Stellung der Verfassungsgerichtsbarkeit im Gefüge der Verfassung, in: Masing/ders. (Hrsg.), Verfassungsgerichtsbarkeit – Grundlagen, innerstaatliche Stellung, überstaatliche Einbindung, Tübingen 2011 (Mohr Siebeck), S. 3–28.
ders., Conseil constitutionnel und Bundesverfassungsgericht, in: Stolleis (Hrsg.), Herzkammern der Republik – Die Deutschen und das Bundesverfassungsgericht, München 2011 (C. H. Beck), S. 137–147.
Kischel, Uwe, § 69 Amt, Unbefangenheit und Wahl der Bundesverfassungsrichter, in: Isensee/Kirchhof (Hrsg.), Handbuch des Staatsrechts – Band III: Demokratie – Bundesorgane, 3. Aufl., Heidelberg 2005 (C. F. Müller), S. 1233–1283.
Lembcke, Oliver, Hüter der Verfassung – Eine institutionentheoretische Studie zur Autorität des Bundesverfassungsgerichts, Tübingen 2007 (Mohr Siebeck).
Löwer, Wolfgang, § 70 Zuständigkeiten und Verfahren des Bundesverfassungsgerichts, in: Isensee/Kirchhof (Hrsg.), Handbuch des Staatsrechts – Band III: Demokratie – Bundesorgane, 3. Aufl., Heidelberg 2005 (C. F. Müller), S. 1285–1526.
Mels, Philipp, Bundesverfassungsgericht und Conseil constitutionnel – Ein Vergleich der Verfassungsgerichtsbarkeit in Deutschland und Frankreich im Spannungsfeld zwischen der Euphorie für die Krönung des Rechtsstaates und der Furcht vor einem „gouvernement des juges", München 2003 (Vahlen).
Pfersmann, Otto, Concrete Review as Indirect Constitutional Complaint in French Constitutional Law: A Comparative Perspective, EUConst 6 (2010), S. 223–248.
Roellecke, Gerd, § 67 Aufgaben und Stellung des Bundesverfassungsgerichts im Verfassungsgefüge sowie § 68 Aufgabe und Stellung des Bundesverfassungsgerichts in der Gerichtsbarkeit, in: Isensee/Kirchhof (Hrsg.), Handbuch des Staatsrechts – Band III: Demokratie – Bundesorgane, 3. Aufl., Heidelberg 2005 (C. F. Müller), S. 1201–1219 und S. 1221–1232.
Rousseau, Dominique, Droit du contentieux constitutionnel, 9. Aufl., Paris 2010 (Montchrestien).
Schlaich, Klaus/Korioth, Stefan, Das Bundesverfassungsgericht – Stellung, Verfahren, Entscheidungen, 9. Aufl., München 2012 (C. H. Beck).
Starke, Jochen, Die verfassungsgerichtliche Normenkontrolle durch den Conseil constitutionnel – Zum Kompetenztitel des Art. 61 der französischen Verfassung, Frankfurt a. M. 2000 (Peter Lang).
Umbach, Dieter C./Clemens, Thomas/Dollinger, Franz-Wilhelm (Hrsg.), Bundesverfassungsgerichtsgesetz – Mitarbeiterkommentar, 2. Aufl., Heidelberg 2005 (C. F. Müller).
Walter, Maja, Verfassungsprozessuale Umbrüche – Eine rechtsvergleichende Untersuchung zur französischen Question prioritaire de constitutionnalité, Tübingen 2015 (Mohr Siebeck).

§ 7 Grundrechte

Thomas Hochmann

Inhaltsverzeichnis

I. Einleitung 324
  1. Deutsche Grundrechte und französische Menschenrechte 324
     a) Geschichtliche Entwicklung 324
     b) Herausbildung der Grundrechte in Frankreich 327
  2. Die Deutsche Grundrechtsdogmatik und ihr Fehlen in Frankreich 329
II. Gerichtlicher Prüfungsumfang 332
  1. Verfassungsmäßigkeit 332
     a) Verfassungskonforme Auslegung 333
     b) Kontrolle der Verfassungsmäßigkeit 334
  2. Vereinbarkeit mit der EMRK 335
III. Grundrechtsberechtigte und Grundrechtsadressaten 337
  1. Grundrechtsberechtigte 337
     a) In- und Ausländer 337
     b) Juristische Personen 339
  2. Adressaten: Die Frage der Drittwirkung 340
IV. Inhalt der Verpflichtung 342
  1. Unterlassen 342
  2. Schutz 343
  3. Ausgestaltung 344
V. Grundrechtstypologie 346
  1. Die Menschenwürde 346
  2. Freiheitsrechte 347
     a) Ein ausführlicherer Katalog in Deutschland (und die Folge für die allgemeine Handlungsfreiheit) 348
     b) Einzelne Freiheitsrechte 351
        aa) Meinungs(äußerungs)freiheit 351
        bb) „Normgeprägte Grundrechte": Eigentum und Ehe 352

T. Hochmann (✉)
Université de Reims Champagne-Ardenne 57, rue Pierre Taittinger, 51096 Reims Cedex
E-Mail: thomas.hochmann@univ-reims.fr

3. Leistungsrechte 354
   a) Ein ausführlicherer Katalog in Frankreich 354
   b) Justiziabilität 355
4. Politische Rechte 357
VI. Gewährleistungsumfang und Beschränkung von Grundrechten 358
1. Schutzbereich 359
2. Eingriff 360
3. Eingriffsrechtfertigung 361
   a) Beschränkungsmöglichkeiten 361
      aa) Einfacher und qualifizierter Gesetzesvorbehalt 361
      bb) Verfassungsimmanente Schranken 364
   b) Schranken-Schranken 365
      aa) Verhältnismäßigkeit 365
      bb) Wesensgehalt 367
VII. Verfassungstexte in Auszügen 368
1. Auszüge aus der Verfassung der V. Republik (1958) 368
2. Erklärung der Menschen- und Bürgerrechte 369
3. Präambel der Verfassung der IV. Republik (1946) 369
4. Auszüge aus dem Grundgesetz der Bundesrepublik Deutschland (1949) 370
Ausgewählte Literatur 371

I. Einleitung

1. *Deutsche Grundrechte und französische Menschenrechte*

a) Geschichtliche Entwicklung

1 Während das deutsche Grundgesetz mit einem Kapitel über „Die Grundrechte" beginnt, bekennt das französische Volk in der Präambel der Verfassung „feierlich seine Verbundenheit mit den Menschenrechten". Auch historisch liegt es nahe zu behaupten, dass „Grundrecht" ein eher deutscher, „Menschenrecht" indes ein eher französischer Begriff ist.[1] Gewiss, die Definitionen dieser Konzepte variieren. Gleichwohl werden Grundrechte regelmäßig als übergesetzlich verankerte subjektive Rechte klassifiziert.[2] Grundrechte können also von der Verfassung, aber auch von einer anderen übergesetzlichen Norm gewährleistet werden. Im Folgenden wird es primär um die verfassungsrechtlich verankerten Grundrechte gehen. Hingegen gehört der Begriff der Menschenrechte klassischerweise eher der Sphäre des Naturrechts als der des positiven Rechts an. Als Menschenrechte werden jene Rechte bezeichnet,

---
[1] Auch wenn das deutsche Volk sich in Art. 1 Abs. 2 GG zu den „unverletzlichen und unveräußerlichen Menschenrechten" bekennt.
[2] Vgl. etwa *Pieroth/Schlink/Kingreen/Poscher*, Grundrechte, 29. Aufl. 2013, Rn. 45; *Favoreu et al.*, Droit des libertés fondamentales, 6. Aufl. 2012, S. 1.

die dem Menschen inhärent sind. Sie werden als universelle Rechte betrachtet, die sich unabhängig von ihrer Einführung in einem juristischen System durchsetzen. Der Begriff *droits de l'homme* (Menschenrechte) wird zuweilen allerdings auch zur Bezeichnung völkerrechtlich verankerter Rechte verwendet.[3] Im Sinne dieses Kapitels handelt es sich dann aber um (übergesetzliche positiv verankerte) Grundrechte, nicht um (naturrechtliche) Menschenrechte.

Einige Autoren versichern uns, Frankreich werde in der ganzen Welt als das Land der Menschenrechte betrachtet.[4] Unbestritten ist jedenfalls, dass Frankreich sich selbst als das Land der Menschenrechte betrachtet. Die erste *déclaration* (Erklärung) individueller Kernrechte wurde allerdings nicht von Frankreich, sondern von den jungen unabhängigen Staaten Nordamerikas (als erstes von Virginia im Jahre 1776) verabschiedet. Die französische *Déclaration des droits de l'homme et du citoyen* (Erklärung der Menschen- und Bürgerrechte, abgekürzt DDHC) von 1789 hat aber die größte Ausstrahlungswirkung erlangt.[5] Zwar wurden im Verlauf der französischen Geschichte noch weitere Erklärungen verabschiedet. Keine hat jedoch ein solches Aufsehen erregt oder auch nur im Ansatz eine solche Bedeutung erlangt wie die Erklärung von 1789. Bis heute ist sie – semantisch wie konzeptionell – „*la*" *Déclaration* (*die* Erklärung). Deswegen machte es sich der französische Verfassungsgeber auch schnell zur Gewohnheit, am Anfang jeder neuen Verfassung auf die Erklärung von 1789 zu verweisen, ohne ihre Artikel in den Text der Verfassung zu überführen.[6] In der französischen Verfassung (CF) gibt es darum auch keinen geschriebenen Grundrechtskatalog.

2

In Deutschland entstanden erste Kataloge von Individualrechten zeitlich später als in Frankreich. In Ermangelung eines so emblematischen und einflussreichen Texts wie der französischen *Déclaration* wurden sie, so vorhanden, jedoch unmittelbar in das Verfassungsdokument selbst aufgenommen. Die Paulskirchenversammlung ist die erste konstituierende Versammlung in Deutschland, die einen Grundrechtskatalog annahm. Das sog. Gesetz über die „Grundrechte des deutschen Volkes" wurde am 21. Dezember 1848 verabschiedet[7] und sodann 1849 in

3

---

[3] Vgl. z. B. die Europäische *Menschenrechts*konvention, und auch *Wachsmann*, Les droits de l'homme, 5. Aufl. 2008, S. 2.

[4] S. etwa *Luchaire*, La protection constitutionnelle des droits et libertés, 1987, S. 1 („Frankreich ist das Land der Freiheit"); s. a., vorsichtiger, *Oberdorff*, Droits de l'homme et libertés fondamentales, 3. Aufl. 2011, S. 87 („Frankreich wird in der ganzen Welt als eines der Vaterländer der Menschenrechte betrachtet").

[5] *Rivero*, Les droits de l'homme, catégorie juridique?, in: Cortinaz-Pelaez (Hrsg.), Perspectivas del Derecho Público en la segunda mitad del siglo XX, Homenaje a Enrique Sayagues-Laso, Band 3, 1969, S. 21 (23); s. (so wie zuvor in Fn. 4) a. *Pieroth/Schlink/Kingreen/Poscher*, Grundrechte, 29. Aufl. 2013, Rn. 23 („der wichtigste Markstein der Geschichte der Grundrechte").

[6] Vgl. *Esmein*, Éléments de droit constitutionnel français et comparé, Neuausgabe der 6. Aufl. 2001 (1914), S. 558 f. Eine wichtige Ausnahme bildeten die Verfassungsgesetze von 1875, die weder Grundrechte noch einen Verweis auf die DDHC enthielten.

[7] Vorbehaltlich der in dem zugehörigen Einführungsgesetz normierten Einschränkungen.

die Frankfurter Reichsverfassung überführt (Abschnitt VI).[8] Das Jahr 1848 kann deshalb mit guten Gründen als das Geburtsjahr des Konzepts der Grundrechte in Deutschland bezeichnet werden.[9] Die Frankfurter Reichsverfassung trat allerdings nie in Kraft und das ihr vorausgehende Grundrechtsgesetz wurde im Jahr 1851 durch Bundesbeschluss aufgehoben.[10] Zwar fanden sich in der Folge Grundrechte in den Verfassungen der einzelnen Staaten. Eine reichsweite Verankerung verfassungsrechtlicher Grundrechte erfolgte aber nicht vor 1919. Allerdings begann sich mit der Paulskirchenverfassung die Idee Bahn zu brechen, dass die Freiheiten des Einzelnen dem staatlichen Recht und nicht dem Naturrecht angehören.[11] Hinsichtlich der Weimarer Reichsverfassung schwankte die Lehre noch zwischen dem übergesetzlichen oder dem bloßen deklaratorischen Charakter der Grundrechte. Mit dem Grundgesetz von 1949 bleibt freilich kein Zweifel mehr an Normativität und Vorrang der Grundrechte.[12]

4   Dagegen vertraute die französische Tradition den Schutz der Freiheiten dem Gesetz und nicht der Verfassung an. In diesem Sinn wurde in Frankreich lange von „libertés publiques" (öffentlichen Freiheiten) und nicht von „Grundrechten" gesprochen. Die offizielle deutsche Übersetzung der französischen Verfassung, die im Art. 34 CF „libertés publiques" in „Grundrechte" übersetzt, ist diesbezüglich ungenau und irreführend.[13] Sowohl die Gewährleistung als auch die Einschränkung der Freiheiten wurden dem Gesetzgeber überlassen. Dahinter verbirgt sich eine tief verankerte Grundanschauung, die *Weil* als ein „Dogma" beschrieb und „Mystik des Gesetzes" nannte, nämlich die weit verbreitete Idee, dass die Freiheiten gegen die Exekutivgewalt geschützt werden sollen, während der Gesetzgeber nichts Böses tun könne.[14] Das Gesetz wird als Ausdruck der „volonté générale", des „allgemeinen Willens" gesehen,[15] das die Rechte des Einzelnen nicht gefährden könne. Vielmehr schütze der Gesetzgeber die Freiheiten vor den anderen öffentlichen Gewalten. Das Problem einer solchen Konzeption liegt auf der Hand: Sie erteilt dem Gesetzgeber eine Vollmacht, die ihm die Definitionsmacht über die Freiheiten verleiht.

5   Während der III. Französischen Republik verteidigten renommierte Autoren allerdings die Ansicht, die gesetzgebende Gewalt könne durch die DDHC beschränkt werden. *Duguit* und *Hauriou* gelangten über verschiedene Wege zu dem Ergebnis, dass die Grundsätze der DDHC dem Staat vorausgingen und darum dem Gesetz-

---

[8] Die Grundrechte der Paulskirchenverfassung gingen mit den Paragraphen §§ 159, 160, 173 und 184–189 über den Katalog des Gesetzes von 1848 hinaus.

[9] *Jouanjan*, Une origine des „droits fondamentaux" en Allemagne: le moment 1848, RDP 2012, S. 766 (767).

[10] *Stern*, Das Staatsrecht der Bundesrepublik Deutschland, Band III/1, Allgemeine Lehren der Grundrechte, 1988, § 59, S. 113.

[11] *Stern*, a. a. O, S. 116. Vgl. auch *Gaillet*, L'individu contre l'État, 2011, S. 197 ff.

[12] S. *Grimm*, L'interprétation constitutionnelle, L'exemple du développement des droits fondamentaux par la Cour constitutionnelle fédérale, Jus Politicum 2011/6, S. 1 (5).

[13] Vgl. www.assemblee-nationale.fr.

[14] *Weil*, Les techniques de protection des libertés publiques en droit français, in: Université de Lausanne (Hrsg.), Mélanges Marcel Bridel, 1968, S. 609 (622 ff).

[15] Art. 6 DDHC.

geber Grenzen setzten.[16] Diese Auffassung wurde von anderen Autoren vehement bestritten. Insbesondere betonte *Carré de Malberg*, dass die Verfassungsgesetze von 1875[17] gar nicht auf die DDHC verwiesen. Deshalb beschrieb er die DDHC als Ausdruck bloßer politischer und moralischer Grundsätze, die keine juristischen Grenzen für staatliche Gewalt setze.[18] Die Verfassung von 1946 knüpfte aber wiederum an die Tradition der Bezugnahme auf die Erklärung von 1789 an. Zudem führt ihre Präambel mehrere Rechte des Einzelnen auf.[19] Die Präambel der heute geltenden Verfassung der V. Republik von 1958 erklärt sodann, dass „das französische Volk feierlich seine Verbundenheit mit den Menschenrechten erklärt (...), wie sie in der Erklärung von 1789 niedergelegt wurden, welche durch die Präambel der Verfassung von 1946 bestätigt und ergänzt wurde." Dieser Verweis, zusammen mit der Erschaffung eines Verfassungskontrollorgans, führte letztlich zum Durchbruch der Grundrechte als Verfassungsrecht in Frankreich.

b) Herausbildung der Grundrechte in Frankreich

In Ermangelung eines zur Sanktion verfassungswidriger Gesetze befugten Organs bleiben gesetzlich begründete Verstöße gegen die Verfassung rechtlich sanktionslos: Zwar kann die Verfassung dem Gesetzgeber Beschränkungen gewisser Freiheiten verbieten. Die Missachtung dieses Erfordernisses bleibt indes folgenlos. In so einem Zustand habe, so betonte *Esmein*, die verfassungsrechtliche Gewährleistung der Grundrechte keine weitergehende Wirkung als die einer moralischen Pflicht. Aus rechtlicher Sicht sei die Lage mit oder ohne eine solch sanktionslose Gewährleistung letztlich dieselbe.[20] Für *Eisenmann* war deshalb das Bestehen eines Sanktionsmechanismus eine Voraussetzung des rechtlichen Charakters einer Erklärung von Individualrechten.[21] Da die gerichtliche Durchsetzbarkeit in der französischen Lehre somit oft als eine notwendige Voraussetzung der „Rechtlichkeit" angesehen wird, wurde das Konzept der Grundrechte wegen der ursprünglich fehlenden rechtlichen Sanktionsmöglichkeit in Frankreich lange Zeit abgelehnt.[22]

6

---

[16] S. im Allg. *Champeil-Desplats*, „La théorie générale de l'État est aussi une théorie des libertés fondamentales", Jus Politicum, 8 (2012), S. 1 (8). S. a. *Duguit*, Traité de droit constitutionnel, Band 3, 3. Aufl. 1930, S. 603 f.; *Hauriou*, Précis de droit constitutionnel, 2. Aufl. 1929, S. 625 ff. Es muss darauf hingewiesen werden, dass diese Passage aus dem Précis von Hauriou ein Plagiat aus *Esmeins* Éléments enthält (vgl. *Hauriou*, a. a. O., S. 627 mit *Esmein*, a. a. O., S. 556 f.).

[17] → *Gaillet* § 2 Rn. 20 ff.

[18] *Carré de Malberg*, Contribution à la Théorie générale de l'État, Band 1, 1920, S. 236 ff; Band 2, 1922, S. 580 f.

[19] Vgl. unten, Rn. 63.

[20] *Esmein*, Éléments de droit constitutionnel français et comparé, S. 564. S. a. *Rivero*, Les droits de l'homme, catégorie juridique?, S. 37.

[21] *Eisenmann*, La justice constitutionnelle et la Haute Cour constitutionnelle d'Autriche, 1928, S. 97.

[22] Vgl. *Baumert*, La découverte du juge constitutionnel, 2009, S. 392–401.

7   Das ursprüngliche Fehlen einer gerichtlichen Gewährleistung der Rechte gegen den Gesetzgeber in Frankreich lässt sich anhand der „legizentristischen" Tradition erklären. Überdies teilten viele Protagonisten der Revolution „einen tiefen Glauben (…) an die Kraft der Wahrheit."[23] Ihnen erschien es als ausreichend, mit Hilfe der DDHC an bedeutende Grundsätze zu erinnern. Die Wahrheit dieser Grundsätze genüge, um ihre Achtung durch den Gesetzgeber sicherzustellen. In diesem Sinne vertraute die Verfassung von 1793 (Art. 123) ihren eigenen Schutz „der Obhut aller Tugenden" (*sous la garde de toutes les vertus*) an. Es sei die Aufgabe aller guten Bürger, die Verfassung zu schützen. Auch *Boutmy* betonte die Originalität der DDHC gegenüber den amerikanischen Deklarationen: „Alle Deklarationen der Vereinigten Staaten sind in der Weise verfasst, dass man sich vor Gericht auf sie berufen kann. (…) Für die Franzosen ist die Menschenrechtserklärung nur ein oratorisches Meisterstück, die Artikel stehen da entwaffnet, oder nur mit ihrer Majestät und der Herrschaft der Wahrheit über die Menschen bewaffnet."[24]

8   Eine wichtige Zäsur sollte die Errichtung des Verfassungsrats durch die Verfassung von 1958 mit sich bringen. Ab 1971 leitete dieses Organ aus der Präambel von 1958 seine Zuständigkeit ab, die Einhaltung der Erklärung von 1789 und der Präambel von 1946 durch den Gesetzgeber im Rahmen präventiver Normenkontrollen (also *ex ante*) zu kontrollieren.[25] So bekam der verfassungsrechtliche Schutz der „Freiheiten" in Frankreich eine gewisse Effektivität. Schließlich führte die Verfassungsreform des Jahres 2008 die *question prioritaire de constitutionnalité* (vorrangige Verfassungsrechtsfrage) ein. Sie ermöglicht unter Einhaltung strikter Voraussetzungen die Anrufung des Verfassungsrats, wenn in einem anhängigen Rechtsstreit in Rede steht, dass eine gesetzliche Bestimmung die von der Verfassung garantierten Rechte und Freiheiten verletzt. Seither kennt das französische Recht eine gerichtliche *ex-post*-Kontrolle von Gesetzen am Maßstab der Grundrechte.[26]

9   Dieser Wandel von juristischen Texten und Rechtsprechung wurde durch eine besondere Entwicklung in Lehre und Wissenschaft begleitet: Das Unterrichtsfach *Libertés publiques* (öffentliche Freiheiten), das 1954 geschaffen worden war, wurde schrittweise unter dem Einfluss von *Favoreu*[27] in *Droit des libertés fondamentales*

---

[23] *Esmein*, Éléments de droit constitutionnel français et comparé, S. 555. Vgl. den letzten Artikel der Verfassung von 1793: „Die Erklärung der Menschenrechte und die Verfassungsurkunde sind auf Tafeln in der Mitte der gesetzgebenden Körperschaft und an öffentlichen Plätzen einzugraben." Vgl. auch *Barthélemy*, Précis de droit public, 1937, S. 271: In der Revolution dachte man, die Menschenrechte setzen sich durch die Kraft der Selbstverständlichkeit („la force de l'évidence") durch.

[24] *Boutmy*, La Déclaration des droits de l'homme et du citoyen et M. Jellinek, Annales des sciences politiques 1902, S. 415 (423 f.), zitiert in einer leicht abweichenden deutschen Übersetzung in *Bryde*, Programmatik und Normativität der Grundrechte, in: Merten/Papier, Handbuch der Grundrechte, Band 1, 2004, Rn. 15.

[25] → *Marsch* § 6 Rn. 16.

[26] → *Marsch* § 6 Rn. 63 ff.

[27] Louis *Favoreu* (1936–2004) war Professor an der Universität Aix-en-Provence und ein sehr einflussreicher Verfassungsrechtler. Er hat eine wichtige Rolle in der Entwicklung der Diziplin „Verfassungsrecht" in der französischen Lehre gespielt. Vgl. *Jouanjan*, Conseil constitutionnel und Bundesverfassungsgericht, in: Stolleis (Hrsg.), Herzkammern der Republik, 2011, S. 137 (139).

(Recht der Grundfreiheiten) umbenannt. Lehrbücher sind dieser Entwicklung gefolgt: Ein paar Widerständler ausgenommen[28] firmieren sie nun alle unter dem Titel *Libertés fondamentales*, *Droits fondamentaux* oder *Droits et libertés fondamentaux*.[29] Die Lehre betont nunmehr die Existenz eines Systems der Grundrechte in Frankreich. Das französische Recht der Freiheiten wird damit als im Wesentlichen auf verfassungsrechtlicher Ebene geregelt verstanden. Die Einführung der *question prioritaire de constitutionnalité* (QPC) hat diese Haltung der Lehre verstärkt. Jedoch unterscheiden sich die französische Lehre der Grundrechte und ihr deutsches Pendant mitunter erheblich. Anders als in Deutschland existiert in Frankreich keine gleichermaßen raffinierte Grundrechtsdogmatik. Dies bringt den Rechtsvergleicher in Schwierigkeiten.

2. *Die Deutsche Grundrechtsdogmatik und ihr Fehlen in Frankreich*

Insgesamt ist die deutsche Rechtslehre ungleich stärker als die französische durch das Bemühen um eine Systematisierung der Rechtsmaterie gekennzeichnet.[30] Sie schafft und arbeitet mit einer „Dogmatik", einer „anwendungsorientierten Systematisierung des geltenden Rechts", die „Standardverfahren und Standardargumente für regelmäßig wiederkehrende Problemsituationen" liefert.[31]

Bezüglich der durch die Grundrechte aufgeworfenen juristischen Probleme bietet die deutsche Lehre also traditionell reichhaltige Anstöße. Doch auch französische Juristen haben zuweilen eine vergleichbare Rolle gespielt. Sie haben z. B. am Aufbau des französischen Verwaltungsrechts maßgeblich mitgearbeitet.[32] Die französische Grundrechtsdogmatik jedenfalls steckt noch in den Kinderschuhen. Beispielsweise wäre es in Frankreich unvorstellbar, dieses Fach im Wege der Lösung von Grundrechtsfällen zu unterrichten, wie es in Deutschland durchaus üblich ist.[33] Jenseits traditioneller Prägungen lässt sich dieser Unterschied insbesondere durch zwei Faktoren erklären. Sie beziehen sich zum einen auf die Verfassungstexte, zum anderem auf die Rechtsprechung.

10

11

---

[28] Vgl. im Besonderen *Wachsmann*, Libertés publiques, 6. Aufl. 2009.

[29] Zu dieser Entwicklung s. *Champeil-Desplats*, Des „libertés publiques" aux „droits fondamentaux": effets et enjeux d'un changement de dénomination, Jus Politicum 5 (2010), S. 1. *Libertés fondamentales* (Grundfreiheiten) und *Droits fondamentaux* (Grundrechte) werden in der französischen Lehre als Synonym verwendet.

[30] Vgl. → *Marsch/Wendel* § 1 Rn. 18.

[31] *Morlok*, Was heißt und zu welchem Ende studiert man Verfassungstheorie?, 1988, S. 40 und 43. Zur Kritik an der weit verbreiteten Auffassung, die Dogmatik stelle eine Rechtsquelle dar, *Jestaedt*, Das mag in der Theorie richtig sein... Vom Nutzen der Rechtstheorie für die Rechtspraxis, 2006, S. 62 ff. Aus soziologischer Sicht kann die Dogmatik die Rechtsetzungsorgane beeinflussen, sie schafft aber formell kein Recht.

[32] Vgl. *Rivero*, Apologie pour les faiseurs de système, D. 1951, S. 99; *Deguergue*, Jurisprudence et doctrine dans l'élaboration du droit de la responsabilité administrative, 1994.

[33] Vgl. *Pieroth/Schlink/Kingreen/Poscher*, Grundrechte, 29. Aufl. 2013, Rn. 9.

12   Die französischen Grundrechtstexte sind äußerst ungenau. Die Grundrechte werden im Text von 1958 kaum erwähnt[34] und die Präambel von 1946 zählt lediglich bestimmte Rechte und allgemeine Grundsätze auf. Die wesentliche Rolle spielt auch in textlicher Hinsicht nach wie vor die DDHC. Diese wurde jedoch – darauf deutet ihre Bezeichnung bereits hin – als eine bloße Erklärung verfasst. Sie war nicht als Grundlage eines verfassungsrechtlichen Schutzes konzipiert worden.[35] Ihre meisten Absätze, so formulierte es *Taine*, „sind nur abstrakte Dogmen, metaphysische Definitionen, mehr oder weniger literarische Axiome, (...) die für eine feierliche Rede, nicht für eine effektive Anwendung angemessen sind."[36] „Kein Gericht kann sie als Rechtsmittel verwenden oder sie zur Urteilsbegründung heranziehen", bemerkte *Boutmy*.[37] Die Einführung der DDHC in den *bloc de constitutionnalité*[38] bewirkte die „Positivierung" eines Textes, der gar nicht für eine solche Anwendung konzipiert worden war. Die Verfassungssätze, die die Grundrechte gewährleisten sollen, schränken infolgedessen nicht – oder kaum – den Spielraum des Gesetzgebers ein. Diese Begrenzung ist aber die wesentliche Funktion eines Grundrechts. Das Fehlen einer deutlichen Beschränkung des Gesetzgebers in der DDHC erklärt sich, wie gesehen, anhand der der DDHC zugrunde liegenden Philosophie, die sich ganz auf das Vertrauen in das Gesetz als Ausdruck der *volonté générale* stützt. Deshalb beschränkt sich die DDHC im Wesentlichen auf die Statuierung eines allgemeinen Gesetzesvorbehalts, also der Zuständigkeit des Gesetzgebers, die Grundrechte zu beschränken. Man kann sich diese durch das Gesetz vorgenommenen Grundrechtsbeschränkungen so ausgreifend vorstellen wie man möchte, bemerkte *Eisenmann*: Sie würden nie gegen die DDHC verstoßen.[39] Die meisten Bestimmungen des Grundrechtekatalogs des Grundgesetzes sind demgegenüber textlich präziser gefasst.[40]

13   Freilich ist zu berücksichtigen, dass die Gewährleistung von Grundrechten regelmäßig im Wege abstrakt formulierter Bestimmungen erfolgt. Eine Konkretisierung ist stets notwendig. Hierin liegt eine wesentliche Funktion der Grundrechtsdogmatik. In dieser Hinsicht können Lehre und Rechtsprechung zusammenarbeiten oder einander zumindest bereichern. Die Lehre, so wird oft behauptet, bereitet die Rechtsprechung vor und entwickelt sie weiter.[41] So hat sich die deutsche

---

[34] Vgl. Art. 1, 34, 66, 72, 73, 74 CF.

[35] *Rivero*, Les droits de l'homme, catégorie juridique?, 1969, S. 25.

[36] Zitiert in *Jellinek*, La Déclaration des droits de l'homme et du citoyen (Réponse de M. Jellinek à M. Boutmy), RDP 1902, S. 385 (395).

[37] *Boutmy*, La Déclaration des droits de l'homme et du citoyen et M. Jellinek, Annales des sciences politiques 1902, S. 415 (424), deutsche Übersetzung in *Bryde*, Programmatik und Normativität der Grundrechte, in: Merten/Papier, Handbuch der Grundrechte, Band 1, 2004, Rn. 15.

[38] → *Marsch* § 6 Rn. 38.

[39] *Eisenmann*, La justice constitutionnelle et la Haute Cour constitutionnelle d'Autriche, 1928, S. 99. So auch *Carré de Malberg*, Contribution à la théorie générale de l'État, Band II, S. 581 f. Vgl. hierzu die sarkastischen Bemerkungen von *Bentham*, Nonsense Upon Stilts, in: ders. (Schofield/Pease-Watkin/Blamires (Hrsg.)), Rights, Representation, and Reform: Nonsense Upon Stilts and Other Writings on the French Revolution, 2002, S. 361.

[40] Vgl. z. B. Art. 5 und 11 GG.

[41] *Pieroth/Schlink/Kingreen/Poscher*, Grundrechte, 29. Aufl. 2013, Rn. 4.

Grundrechtsdogmatik durch einen Dialog zwischen Professoren und Verfassungsrichtern – die in Deutschland nicht selten dieselben sind[42] – entwickelt. Oft genug begnügen sich zwar deutsche Autoren damit, die Rechtsprechung zu analysieren. Selbst aber die (durchaus zahlreichen) Autoren, welche auf diese Weise einem „Bundesverfassungsgerichtspositivismus" nachgehen,[43] arbeiten mit detaillierten und reichhaltig argumentierenden Entscheidungen: Karlsruher Rechtsprechung ist „überdurchschnittlich wissenschaftsorientiert,"[44] sie erinnert an ein Lehrbuch.[45]

Bemerkenswerterweise hat sich beinahe die Gesamtheit der französischen Autoren, die sich für die Grundrechte interessieren, just diese Art von Positivismus zu eigen gemacht. Grundrechtslehrbücher haben sich in Frankreich größtenteils der Aufgabe gewidmet, die Rechtsprechung des Verfassungsrats aufzulisten. Dieses Vorgehen ist aber oft weniger fruchtbar als in Deutschland. Aus Gründen, die mit seiner Geschichte,[46] seinem Verfahren[47] und vielleicht seiner Besetzung[48] zusammenhängen, sind die Entscheidungen des Conseil constitutionnel üblicherweise durch einen minimalistischen, zuweilen auch apodiktischen Argumentationsstil gekennzeichnet.[49] Die Rechtsprechung des Verfassungsrats lässt nur eine rudimentäre Grundrechtsdogmatik erkennen. Es wird sogar in Zweifel gezogen, dass der Verfassungsrat irgendeine allgemeine Auffassung von den Grundrechten hat, so sehr drängt sich der Eindruck auf, dass von Fall zu Fall, nicht aber auf Grundlage eines

14

---

[42] Vgl. *Jestaedt*, Phänomen Bundesverfassungsgericht. Was das Gericht zu dem macht, was es ist, in: Jestaedt et al., Das entgrenzte Gericht, 2011, S. 77 (129).

[43] Krit. *Schlink*, Die Entthronung der Staatsrechtswissenschaft durch die Verfassungsgerichtsbarkeit, Der Staat 28 (1989), S. 161 (insb. 169); *Jestaedt*, Phänomen Bundesverfassungsgericht, in: Jestaedt et al., Das entgrenzte Gericht, 2011, S. 77 (127).

[44] *Jestaedt*, a. a. O., S. 124.

[45] *Lepsius*, Die maßstabsetzende Gewalt, in: Jestaedt et al., Das entgrenzte Gericht, 2011, S. 159 (169).

[46] Anders als in Deutschland herrscht in Frankreich eine alte Tradition des Misstrauens gegenüber Richtern vor, die das Gegenstück des Legizentrismus ist und die Richter dazu treibt, diskret zu bleiben. Vgl. *Goutal*, Characteristics of Judicial Style in France, Britain and the U.S.A., American Journal of Comparative Law 1976, S. 43 (60); *Rivero*, Idéologies et techniques dans le droit des libertés publiques, in: Histoire des idées et idées sur l'histoire, Études offertes à Jean-Jacques Chevallier, 1977, S. 247 (249); *Grewe*, Le contrôle de constitutionnalité de la loi en Allemagne: quelques comparaisons avec le système français, Pouvoirs 2011/137, S. 143 (144 f.).

[47] Die vom *Conseil constitutionnel* durchgeführte abstrakte und objektive Normenkontrolle begünstigt eine präzise Herausarbeitung von Kontrollmaßstab und -methode gerade nicht. Vgl. *Denquin*, La jurisprudence du Conseil constitutionnel: grandeur ou décadence du droit constitutionnel?, Jus Politicum, 2012/7, S. 1 (7); a. M. *Favoreu*, La constitutionnalisation du droit, in: L'unité du droit, Mélanges en hommage à Roland Drago, 1996, S. 25 (29). Die zahlreichen konkreten und unerwarteten Probleme, die sich vor dem deutschen BVerfG stellen, zwingen es zu einer gewissen Systematisierung der Grundrechte. Vgl. *Grimm*, L'interprétation constitutionnelle, Jus Politicum 2011/6, S. 1 (7 ff.).

[48] Anders als in Deutschland ist juristische Kompetenz keine Voraussetzung, um dem Verfassungsrat anzugehören. → *Marsch* § 6 Rn. 21.

[49] Sehr krit. *Denquin*, La jurisprudence du Conseil constitutionnel, Jus Politicum 2012/7, S. 1 ff.; s. a. *Jouanjan*, Conseil constitutionnel und Bundesverfassungsgericht, in: Stolleis (Hrsg.), Herzkammern der Republik, 2011, S. 137 (144).

roten Fadens entschieden wird.⁵⁰ Das Verhältnis zwischen dem Verfassungsrat und der Lehre bringt deshalb nicht viel ein. Der Lakonismus des Verfassungsrats nährt die Verfassungsrechtslehre nur wenig und umgekehrt ist für den Conseil constitutionnel die Mehrheit der Lehre ohne Nutzen, weil sie seine knappe Rechtsprechung bislang nur wiederholt.⁵¹ Der Begründungsstil des Verfassungsrats kontrastiert deutlich mit der Ausführlichkeit und Länge der Entscheidungen des Bundesverfassungsgerichts – die ihrerseits auch kritisiert werden.⁵² Die Knappheit der Begründungen der Entscheidungen des Verfassungsrats erschweren deren Vergleich mit den Urteilen anderer Verfassungskontrollorgane im Allgemeinen⁵³ und des Bundesverfassungsgerichts im Besonderen.

15   Der Anspruch dieses Kapitels ist es gleichwohl, den Weg des Vergleiches in Bezug auf die juristische Gestaltung der Grundrechte in Deutschland und Frankreich zu gehen. Ein solches Unternehmen bedarf der Heranziehung abstrakter Instrumente, um die schriftlichen Bestimmungen und die wissenschaftliche und gerichtliche Dogmatik in beiden Ländern miteinander zu konfrontieren. Wegen der weiter fortgeschrittenen Entwicklung der Überlegungen zu diesem Thema in Deutschland werden diese Instrumente eher einen deutschen Einschlag aufweisen. Der Vergleich besteht freilich nicht in einer bloßen Wiederholung der klassischen deutschen Dogmatik: Rechtsvergleichung kann keine Dogmatik im eigentlichen Sinne sein. Insbesondere ist ihr eine unmittelbare Anwendungsorientierung fremd, da es kein „deutsch-französisches Rechtssystem" gibt. Rechtsvergleichung kann nur reflexionsorientiert sein: Sie geht insbesondere zusammen mit der Rechtstheorie.⁵⁴

II. Gerichtlicher Prüfungsumfang

1. Verfassungsmäßigkeit

16   Nach Art. 1 Abs. 3 GG binden die Grundrechte Gesetzgebung, vollziehende Gewalt und Rechtsprechung als unmittelbar geltendes Recht. Deshalb müssen auch alle Fachgerichte die Grundrechte berücksichtigen und schützen. Nach ständiger

---

⁵⁰ Vgl. *Champeil-Desplats*, Le Conseil constitutionnel a-t-il une conception des libertés publiques?, Jus Politicum, 7 (2012), S. 1 (20).

⁵¹ Vgl. *Denquin*, La jurisprudence du Conseil constitutionnel, Jus Politicum 2012/7, S. 1 (5) („Die Mehrheit der Lehre wartet darauf, dass der *Conseil* die Wahrheit an sie heranträgt, anstatt ihm die Wahrheit zu bringen.").

⁵² Vgl. i. B. *Lepsius*, Die maßstabsetzende Gewalt, in: Jestaedt et al., Das entgrenzte Gericht, 2011, S. 159 (172 ff.). Die Kritik in Frankreich und Deutschland vergleichend → *Marsch* § 6 Rn. 41 ff.

⁵³ Vgl. *Mastor*, L'effet performatif des opinions séparées sur la motivation des décisions constitutionnelles majoritaires, in: Hourquebie/Ponthoreau (Hrsg.), La motivation des décisions des cours suprêmes et cours constitutionnelles, 2012, S. 87 (115).

⁵⁴ *Pfersmann*, Le droit comparé comme interprétation et comme théorie du droit, RIDC 2001, S. 275. S. a. zum Unterschied zwischen Dogmatik als einer „Teilnehmer-Theorie" und Rechtstheorie als einer „Beobachter-Theorie" *Jestaedt*, Das mag in der Theorie richtig sein... Vom Nutzen der Rechtstheorie für die Rechtspraxis, 2006, S. 17 f.

Rechtsprechung des Bundesverfassungsgerichts gelten die Grundrechte überdies „als verfassungsrechtliche Grundentscheidung für alle Bereiche des Rechts."[55] In diesem Zusammenhang erwähnt die deutsche Lehre zuweilen die „Ausstrahlungswirkung" der Grundrechte.[56] In Frankreich ist diese Ausstrahlungswirkung als „Konstitutionalisierung der Rechtsbereiche" (*constitutionnalisation des branches du droit*) bekannt.[57] Mit diesem mehrdeutigen Begriff, der auch in Deutschland verwendet wird[58], will die französische Lehre darauf hinweisen, dass die Verfassung den Inhalt der verschiedenen Rechtsbereiche (Strafrecht, bürgerliches Recht, Verwaltungsrecht etc.) „beeinflusse."[59] Die Verfassung „bewässere" die Gesamtheit der Rechtsordnung, sie „strahle" aus.[60]

Mit all diesen Metaphern ist letztlich gemeint, dass alle rechtserzeugenden Organe und insbesondere die Fachgerichte den Vorrang der Verfassung im nationalen Recht nie aus den Augen verlieren dürfen. Zwei Ausgestaltungen dieser Pflicht sind in besonderem Maße gemeint.

17

a) Verfassungskonforme Auslegung

Die These der Ausstrahlungswirkung bringt die verfassungskonforme Auslegung mit sich. Danach müssen die zuständigen Organe – insbesondere die Fachgerichte – die Verfassung bei der Rechtsanwendung berücksichtigen. Mit dem Begriff der „verfassungskonformen Auslegung" ist nicht nur gemeint, dass die Fachgerichte gegenüber einer mehrdeutigen unterverfassungsrechtlichen Bestimmung so weit wie möglich den Sinn wählen sollen, den die Bestimmung im Einklang mit der Verfassung trägt. Der Begriff der „verfassungskonformen Auslegung" wird im weiteren Sinn benutzt, um eine verfassungsgeleitete Anwendung dieser Bestimmungen zu beschreiben.[61] So erklärt das Bundesverfassungsgericht, dass die Richter

18

---

[55] BVerfGE 7, 198 (205) – Lüth, seither st. Rspr.

[56] Vgl. BVerfGE 7, 198 (207) – Lüth.

[57] Vgl. *Meindl*, La notion de droit fondamental dans les jurisprudences et doctrines constitutionnelles françaises et allemandes, 2003, S. 274.

[58] *Jestaedt*, Eine Deutsche Perspektive, in: Jouanjan/Masing (Hrsg.), Verfassungsgerichtsbarkeit, 2011, S. 37 (zu den verschiedenen Bedeutungen des Wortes S. 38 ff.).

[59] Der Begriff der „Konstitutionalisierung des Rechts" wurde von *Favoreu* populär gemacht: *Favoreu*, La constitutionnalisation du droit, 1996, S. 25 ff. *Favoreu* (a. a. O., S. 27 f.) verortet aber die Herkunft dieser Idee in einem Aufsatz, der die deutschen Grundrechte dem französischen Publikum zum ersten Mal vorstellte: *Fromont*, Les droits fondamentaux dans l'ordre juridique de la République fédérale d'Allemagne, in: Recueil d'études en hommage à Charles Eisenmann, 1965, S. 49–64. Zur „Konstitutionalisierung des Rechts" s. a. *Mathieu/Verpeaux* (Hrsg.), La constitutionnalisation des branches du droit, 1998; *Rousseau*, Droit du contentieux constitutionnel, 10. Aufl. 2013, Rn. 548 ff.

[60] Hierzu grundlegend *Favoreu*, La constitutionnalisation du droit, 1996, S. 30.

[61] Vgl. *Jestaedt*, Eine Deutsche Perspektive, in: Jouanjan/Masing (Hrsg.), Verfassungsgerichtsbarkeit, 2012, S. 37 (43). S. a. *Voßkuhle*, Theorie und Praxis der verfassungskonforme Auslegung von Gesetzen durch Fachgerichte, AöR 125 (2000), S. 177 (180 f.).

die Gesetze anhand der Verfassung auslegen, aber auch konkretisieren sollen.[62] Die allgemeinen und unbestimmten Klauseln der Rechtssätze, wie „ordre public" oder „gute Sitten", seien „Einbruchstellen" für den Einfluss der Grundrechte in das einfache Recht.[63]

19   Die verfassungsorientierte Anwendung ermöglicht einen gewissen „Einfluss" der Grundrechte und der ihnen zugrunde liegenden Wertentscheidungen. Problematisch ist aber, dass diese Wertentscheidungen unvermeidbar miteinander in Konflikt geraten, dessen Lösung durch sog. „Abwägungen" zu widersprüchlichen Ergebnissen führen kann.[64] Die verfassungskonforme Auslegung im engeren Sinn soll ihrerseits die Konformität des einfachen Rechts mit der Verfassung absichern. In Frankreich ist diese „Konstitutionalisierung" als eine merkwürdige Entwicklung beschrieben worden, weil die Verfassung sehr lange als eine Sammlung rein politischer und moralischer Grundsätze betrachtet wurde.[65] Die verfassungskonforme Auslegung ist aber nicht immer möglich. Manchmal erlaubt der Wortlaut eines Gesetzes keine Auslegung, die mit der Verfassung in Einklang steht; ein solches Gesetz ist dann verfassungswidrig.

b) Kontrolle der Verfassungsmäßigkeit

20   Theoretisch erfordert eine umfassende Ausstrahlungswirkung der Grundrechte die Kontrolle der Grundrechtsmäßigkeit durch alle Gerichte. Aus Gründen der Rechtssicherheit ist aber eine gewisse Zentralisierung zu beobachten. Wenn eine einfache Rechtsbestimmung keine verfassungskonforme Auslegung erlaubt, sollte die Ausstrahlungswirkung dazu führen, dass die Gerichte sie unangewendet lassen. In Deutschland holt der Richter, der das anzuwendende Gesetz für verfassungswidrig hält, im Rahmen der konkreten Normenkontrolle die Entscheidung des Bundesverfassungsgerichts ein (Art. 100 Abs. 1 GG). Fehlt es an einer solchen Richtervorlage, kann der Betroffene ggf. Verfassungsbeschwerde vor dem Bundesverfassungsgericht einlegen (Art. 93 Abs. 1 Nr. 4a GG). In Frankreich kann ein Richter nur auf Antrag eines Prozessbeteiligten eine Verfassungsfrage bezüglich eines gesetzlichen Verstoßes gegen ein Grundrecht über die Obergerichte an den Verfassungsrat weiterleiten.[66] Diese im Jahr 2008 eingeführte *question prioritaire de constitutionnalité* (QPC) mildert das bis dato bestehende Hindernis der Ausstrahlungswirkung der

---

[62] BVerfGE 7, 198 (205 f.).

[63] *Dürig*, zitiert in BVerfGE 7, 198 (206). In dieselbe Richtung gehend auch *Rivero*, La protection des droits de l'homme dans les rapports entre personnes privées, in: René Cassin, Amicorum Discipulorumque Liber, Band 3, 1971, S. 311 (318). Vgl. auch *Beaud*, Les obligations imposées aux personnes privées par les droits fondamentaux, Jus Politicum 2013/10.Weitere Nachweise bei *Stern*, Das Staatsrecht der Bundesrepublik Deutschland, Band III/1, Allgemeine Lehren der Grundrechte, 1988, § 76, S. 1543.

[64] Vgl. *Jestaedt*, Eine Deutsche Perspektive, in: Jouanjan/Masing (Hrsg.), Verfassungsgerichtsbarkeit, 2011, S. 37 (58 f.).

[65] Vgl. *Favoreu*, La constitutionnalisation du droit, 1996, S. 25 (35).

[66] → *Marsch* § 6 Rn. 66.

Grundrechte im französischen Recht ab. Dieses Hindernis besteht klassischerweise darin, dass die Gerichte auf die Prüfung der Verfassungsmäßigkeit untergesetzlicher Rechtsakte beschränkt sind.⁶⁷ Nach ständiger Rechtsprechung lehnen es die Fachgerichte ab, die Verfassungsmäßigkeit eines Gesetzes oder eines auf einem Gesetz beruhendem Rechtsakts zu überprüfen.⁶⁸ Das Gesetz wirkt in diesem Fall wie ein Vorhang, der den Blick auf die Verfassung verstellt, weshalb man von einem „Vorhang-Gesetz" (*loi-écran*) spricht. Dieser Ansatz, der eher eine richterliche Rechtsschöpfung als ein verfassungsrechtliches Erfordernis darstellt, ist freilich selbst nicht unbegrenzt.⁶⁹ Er wird aber immer noch angewendet.⁷⁰ Auch die Einführung der QPC hat ihn nicht abgeschafft. Die Fachgerichte können zwar die Frage der Verfassungskonformität eines Gesetzes nunmehr an den Conseil constitutionnel weiterleiten, sie entscheiden aber nicht selbst über die Verfassungsmäßigkeit und werden insoweit nicht zum Verfassungsrichter.⁷¹ Trotzdem kann jetzt die Frage der Verfassungsmäßigkeit eines Gesetzes vor den Fachgerichten aufgeworfen werden, wenn die Verletzung eines französischen Grundrechts durch ein Gesetz in Rede steht. Das in der weitgehend fehlenden Justiziabilität der Grundrechte liegende Hindernis der Ausstrahlungswirkung der Grundrechte in Frankreich wurde insoweit verringert. Diese klassischerweise fehlende Justiziabilität hat aber dazu beigetragen, dass der Kontrolle der Einhaltung internationaler Rechtsgewährleistungen, namentlich der EMRK, in Frankreich eine kompensatorische Rolle zukommt.

2. *Vereinbarkeit mit der EMRK*

In Deutschland hat die EMRK innerstaatlich den Rang eines einfachen Bundesgesetzes, während ihr das französische Recht einen Rang zwischen Verfassung und Gesetz einräumt.⁷² Angesichts des erheblichen Unterschieds im Umfang der Verfassungsmäßigkeitskontrolle in beiden Ländern spielt die Kontrolle der Vereinbarkeit

21

---

⁶⁷ Vgl. *Mathieu/Verpeaux*, Contentieux constitutionnel des droits fondamentaux, 2002, S. 126.

⁶⁸ Vgl. C.E., 6.11.1936, D. 1938, III, 1 – Arrighi, mit Anm. *Eisenmann*; *Mathieu/Verpeaux*, Contentieux constitutionnel des droits fondamentaux, 2002, S. 138.

⁶⁹ Hier ist insbesondere die Technik des „durchsichtigen Vorhangs" zu nennen, nach der der Richter das Gesetz als eine reine Ermächtigungsnorm betrachtet, die ihrem Adressat die Zuständigkeit zum Erlass eines Akts erteilt, ohne den Inhalt dieses Akts einzugrenzen, s. *Mathieu/Verpeaux*, a. a. O., S. 140 f.; *Favoreu*, La constitutionnalisation du droit, 1996, S. 25 (33). Vgl. auch C.E., 12.07.2013 – Fédération nationale de la pêche en France, RFDA 2013, 1255, mit Anm. Roblot-Troizier (die Verfassungsmäßigkeit eines Verwaltungsakts darf geprüft werden, wenn der Akt über die zwingenden Vorgaben des Gesetzes hinausgeht).

⁷⁰ C.E., 16. 07. 2010, Nr. 319993 (außer einer QPC darf die Verfassungswidrigkeit eines Gesetzes nicht vor dem Fachgericht aufgeworfen werden).

⁷¹ Die weit verbreitete Bezeichnung der Fachgerichte als „negative Verfassungsrichter" ist übertrieben, da eine Verweigerung der Weiterleitung der Frage an den Verfassungsrat formell keine Entscheidung über die Verfassungsmäßigkeit des Gesetzes ist. Vgl. *Disant*, Droit de la question prioritaire de constitutionnalité, 2011, Rn. 156.

⁷² → *Wendel* § 8 Rn. 27 f.

mit der EMRK in Frankreich eine viel wichtigere Rolle als in Deutschland. Nach der Rechtsprechung des Bundesverfassungsgerichts entfaltet die EMRK trotz ihres einfachgesetzlichen Ranges eine Orientierungswirkung und ist bei Auslegung der deutschen Grundrechte, wenngleich nicht unbegrenzt, zu berücksichtigen.[73]

22 In Frankreich befördert die – jetzt durch die QPC abgefederte – begrenzte Reichweite einer Verfassungsmäßigkeitskontrolle die sog. *contrôle de conventionnalité* (Vertragsmäßigkeitskontrolle), d. h. die fachgerichtliche Kontrolle der Einhaltung der EMRK. Da es der Conseil constitutionnel ablehnt, die Vereinbarkeit französischer Gesetze mit der EMRK zu überprüfen,[74] haben sich die einfachen Gerichte dieser Aufgabe angenommen.[75] Die Grundrechte genießen deshalb einen doppelten Schutz. Als verfassungsrechtliche Grundrechte über die QPC, vor allem aber als EMRK-Rechte über die fachgerichtliche Kontrolle der EMRK-Konformität. Trotz einer Harmonisierungsbemühung kann dies angesichts der unterschiedlichen Rechtsquellen zu unterschiedlichen Lösungen führen. Ein Gesetz kann für „konventionsmäßig" und verfassungswidrig gehalten werden oder umgekehrt.[76] Die EMRK und der EGMR gewinnen deshalb an Bedeutung, weil die Richter – und, viel diskreter, der Conseil constitutionnel[77] – sich bemühen, die Rechtsprechung des EGMR zu befolgen. Auf diese Weise dringen ihre Prüfungsmaßstäbe ins französische Rechtssystem ein. Folglich tendiert die einer eigenen Grundrechtsdogmatik entbehrende französische Lehre dazu, sich die Merkmale der in Straßburg entwickelten Methode zur Prüfung der Eingriffe in den Grundrechten zu eigen zu machen.[78] In der Regel widmen französische Grundrechtslehrbücher der Rechtsprechung des EGMR lange Ausführungen. Kurz gefasst: Als „Nebenverfassung"[79] spielt die EMRK eine sehr wichtige Rolle in Frankreich.

---

[73] BVerfGE 128, 326 (369) – Sicherungsverwahrung. Grundlegend bereits *Sommermann*, Völkerrechtlich garantierte Menschenrechte als Maßstab der Verfassungskonkretisierung – Die Menschenrechtsfreundlichkeit des Grundgesetzes, AöR 114 (1989), S. 391 (406 f.). Näher zum Ganzen → *Wendel* § 8 Rn. 29.

[74] C.C., 15.1.1975, 74–54 DC, Cons. 7 – Interruption volontaire de grossesse; C.C.,12.5.2010, 2010-605 DC, Cons. 10–12 – Jeux d'argent et de hasard en ligne.

[75] Cass. Ch. Mixte, 24.5.1975, bull. Civ. n° 4 – Société des cafés Jacques Vabre; C.E., 20.10.1989, GAJA Nr. 95 – Nicolo; → *Marsch* § 6 Rn. 60.

[76] Vgl. *Mathieu*, Les décisions du Conseil constitutionnel et de la Cour européenne des droits de l'homme, NCCC 2011/3, S. 45–66. → *Wendel* § 8 Rn. 27.

[77] Vgl. *Jauréguiberry*, L'influence des droits fondamentaux européens sur le contrôle a posteriori, RFDA 2013, S. 10. Vgl. vor Kurzem C.C., 14.2.2014, 2013-366 QPC, Cons. 3 – Validation législative.

[78] Vgl. bzgl. der Meinungsfreiheit etwa *Burgelin*, La loi de 1881 et l'Europe, in: Chastagnol/de Percin (Hrsg.), La loi de 1881, loi du XXIᵉ siècle?, 2001, S. 9 (10 f.); *Leclerc*, Du sérieux de l'enquête et de la prudence de l'expression dans les sujets d'intérêt général, Légipresse 2011, S. 226.

[79] Vgl. *Tomuschat*, Der Verfassungsstaat im Geflecht der internationalen Beziehungen, VVdStRL 36 (1978), S. 7 (52).

III. Grundrechtsberechtigte und Grundrechtsadressaten

Die Grundrechte erkennen den Grundrechtsberechtigten die Rechtsmacht zu, von 23
den Grundrechtsverpflichteten (auch Grundrechtsadressaten), ein Unterlassen, u. U.
aber auch ein Tun zu verlangen.[80] Eine französische Grundrechtstheorie unterscheidet zudem zwischen *bénéficiaire* (Grundrechtsberechtigtem) und *titulaire* (Grundrechtsbefugtem).[81] Der *titulaire* besitzt die Fähigkeit, die Achtung des Grundrechts vor Gericht einzufordern. Dieser Unterschied spielt eine bedeutende Rolle im französischen System der verfassungsrechtlichen Grundrechte, in dem die einzelnen Grundrechtsberechtigten nur unter strikten Voraussetzungen den Verfassungsrat anrufen können. In Deutschland hingegen muss jedermann gemäß Art. 19 Abs. 4 GG der Rechtsweg im Fall der Verletzung seiner Grundrechte offen stehen, sofern er antrags- bzw. beschwerdebefugt ist.

1. *Grundrechtsberechtigte*

Offensichtlich sind natürliche Personen Grundrechtsberechtigte. Diese Beobach- 24
tung muss aber in zweierlei Hinsicht verfeinert werden. Erstens muss ein Unterschied zwischen Staatsangehörigen und Ausländern gemacht werden, zweitens können auch juristische Personen unter bestimmten Voraussetzungen Grundrechtsberechtigte sein.

a) In- und Ausländer

Ein Grundrecht ist in Frankreich und Deutschland allein für die Ausländer ver- 25
bürgt: Das Asylrecht. Gewährleistet ist es in Art. 16a GG und, in engerer Weise,
in Abs. 4 der Präambel von 1946. Eine andere Frage lautet, ob die Ausländer, die
sich in Deutschland oder Frankreich aufhalten, die gleichen Grundrechte wie deutsche oder französische Staatsangehörige genießen. Historisch betrachtet scheinen
französische Menschenrechte universal, deutsche Grundrechte zunächst national
ausgerichtet gewesen zu sein.[82] Diese Tendenz wird im heutigen Verfassungsrecht
durchaus noch bestätigt. Der Ausschluss von Ausländern von bestimmten Grundrechten ist in Deutschland weiter gefasst als in Frankreich.

Abgesehen von den politischen Rechten[83] genießen Ausländer in Frankreich 26
alle Grundrechte. Art. 11 DDHC scheint zwar die Meinungsfreiheit den „Bürgern"

---

[80] Vgl. *Pieroth/Schlink/Kingreen/Poscher*, Grundrechte, 29. Aufl. 2013, Rn. 118.
[81] Vgl. *Favoreu et al.*, Droit des libertés fondamentales, 6. Aufl. 2012, Rn. 113.
[82] So betraf das Reichsgesetz vom 27. Dezember 1848 die „Grundrechte des deutschen Volkes."
Vgl. hierzu *Jouanjan*, Une origine des „droits fondamentaux" en Allemagne: le moment 1848,
RDP 2012, S. 766 (767 f.); *Gaillet*, L'individu contre l'État, 2012, S. 191.
[83] S. unten, Rn. 69 ff.

vorzubehalten, Art. 10 DDHC fügt aber hinzu, dass „niemand" wegen der Äußerung seiner Meinungen benachteiligt werden soll. Der Verfassungsrat hat ausdrücklich betont, dass die Freizügigkeit, die Ehefreiheit und das Recht auf ein normales Familienleben „allen, die auf dem Territorium der Republik wohnen", gewährleistet werden.[84] Manche Rechte, wie das Recht auf soziale Absicherung, sind zwar Ausländern mit Aufenthaltsgenehmigung vorbehalten.[85] Eine Ungleichbehandlung von diesen wurde vom Verfassungsrat aber als gleichheitswidrig aufgehoben.[86] Diese Entscheidung deutet daraufhin, dass die verfassungsrechtlichen Grundrechte grundsätzlich allen Einwohnern Frankreichs mit legalem Aufenthaltsstatus zuerkannt werden.[87] Ihrerseits gewährleistet die deutsche Verfassung einige Grundrechte dezidiert nur als „Deutschen-Grundrechte".[88] Die Versammlungsfreiheit (Art. 8 GG), die Vereinigungsfreiheit (Art. 9 Abs. 1 GG),[89] die Freizügigkeit (Art. 11 GG), die Berufsfreiheit (Art. 12 Abs. 1 GG),[90] den gleichen Zugang zu öffentlichen Ämtern (Art. 33 Abs. 2 GG), das Wahlrecht (Art. 38 GG)[91] und denklogisch den Schutz vor Auslieferung und vor Entzug der deutschen Staatsangehörigkeit (Art. 16 GG).

27   Natürlich darf im Rahmen des Vergleichs nicht vergessen werden, dass das Grundgesetz ungleich mehr Grundrechte positiviert als die französische DDHC und dass die Grundrechtsrechtsprechung des Bundesverfassungsgerichts älter und entwickelter als die des Verfassungsrats ist. Gleichwohl werden manche „Deutschen-Grundrechte", wie z. B. die Versammlungsfreiheit, in Frankreich auch den Ausländern zugesprochen – zumindest, wenn sie ein Aufenthaltsrecht besitzen. Kein Unterschied besteht indes hinsichtlich der Freizügigkeit. Die vom Verfassungsrat betonte Gewährleistung dieses Rechts betrifft nur die Bürger und die Ausländer mit legalem Aufenthaltsstatus. Gleiches gilt für die Bewegungsfreiheit des Art. 2 Abs. 2 S. 2 GG. Art. 11 GG ist den Deutschen vorbehalten, weil er ein Recht auf Einreise und Einwanderung enthält.[92] Ein entsprechendes Recht für Ausländer existiert in Frankreich nicht.

28   Der Ausschluss der Ausländer vom Schutzbereich mancher Grundrechte in Deutschland muss in zweierlei Hinsicht relativiert werden. Erstens sind Ausländer gegenüber der Staatsgewalt nicht schutzlos gestellt: Für Verhalten, das in den Regelungsbereich eines „Deutschen-Grundrechts" fällt, kommen Ausländer in den

---

[84] C.C., 13.8.1993, 93-325 DC, Cons. 3 – Maîtrise de l'immigration. Vgl. auch C.C., 22.4.1997, 97-389 DC, Cons. 10 – Loi portant diverses mesures relatives à l'immigration; C.C., 9.6.2011, 2011-631 DC, Cons. 78 – Loi relative à l'immigration, à l'intégration et à la nationalité.

[85] C.C., 13.8.1993, 93–325 DC, Cons. 3 – Maîtrise de l'immigration.

[86] C.C., 22.1.1990, 89–269 DC, Cons. 35 – Loi portant diverses dispositions relatives à la sécurité sociale et à la santé.

[87] Ebd., Cons. 33. Vgl. in diesem Sinne *Favoreu et al.*, Droit des libertés fondamentales, 6. Aufl. 2012, Rn. 187.

[88] *Michael/Morlok*, Grundrechte, 4. Aufl. 2014, Rn. 444; *Pieroth/Schlink/Kingreen/Poscher*, Grundrechte, 29. Aufl. 2013, Rn. 122 ff.

[89] Art. 9 Abs. 3 scheint aber die Koalitionsfreiheit jedermann zu gewähren.

[90] Gemäß Art. 12 Abs. 2 GG werden aber auch Ausländer vor Zwangsarbeit geschützt.

[91] Vgl. unten, Rn. 69 ff.

[92] Vgl. *Pieroth/Schlink/Kingreen/Poscher*, Grundrechte, 29. Aufl. 2013, Rn. 862.

Genuss der allgemeinen Handlungsfreiheit – freilich mit mitunter abweichenden Schrankenregelungen.[93] Zweitens erfordert in bestimmten Fällen – z. B. im Bereich der Berufsfreiheit oder mancher politischer Rechte[94] – das Unionsrecht eine Gleichbehandlung von Deutschen und anderen Unionsbürgern. Zuweilen wird in der Lehre vertreten, dass das Wort „Deutsch" so „auszulegen" sei, dass es die Unionsbürger einschließe.[95] Die Zuweisung jeder beliebigen Bedeutung zu einem Wort kann aber nicht mehr als „Auslegung" angesehen werden, sei sie auch „unionsrechtskonform".[96] Das Wort „Deutsch" im Grundgesetz kann wohl kaum die Franzosen einschließen. Daneben wurde in der Lehre ein zweiter Ansatz entwickelt. Danach solle die allgemeine Handlungsfreiheit so angewendet werden, dass sie den EU-Ausländern den gleichen Schutz gewähre wie die „Deutschen-Grundrechte".[97] Dieser Ansatz überzeugt ebenfalls wenig, weil der Wortlaut von Art. 2 Abs. 1 GG viel breitere Einschränkungsmöglichkeiten als die speziellen Grundrechte vorsieht. Nur eine Herangehensweise verbleibt letztlich, um zu verhindern, dass die Achtung des Unionsrechts zu einem Verstoß gegen das Grundgesetz zwingt: Die Bestimmungen der „Deutschen-Grundrechte" müssten geändert werden. Die herrschende Lehre ist dagegen der Meinung, dass die Wahrung des europäischen Rechts eine Verfassungsauslegung erfordert, die vom Wortlaut nicht mehr gedeckt ist.

b) Juristische Personen

In der französischen Verfassung werden die Grundrechte juristischer Personen nicht erwähnt. Der Verfassungsrat hat aber entschieden, dass juristische Personen grundrechtsberechtigt sind.[98] Das Grundgesetz befasst sich seinerseits ausdrücklich mit der Grundrechtsberechtigung juristischer Personen. Gemäß Art. 19 Abs. 3 GG gelten Grundrechte auch „für inländische juristische Personen, soweit sie ihrem Wesen nach auf diese anwendbar sind." Entgegen dem Wortlaut dieser Vorschrift, der diese Gewährleistung auf „inländische" Personen beschränkt, hat das Bundesverfassungsgericht die Grundrechtsberechtigung auf europäische juristische Personen erweitert, um einen Verstoß gegen das Unionsrecht zu vermeiden.[99] Um die Grundrechtsberechtigung der juristischen Personen zu rechtfertigen, wird zuweilen – vom Bundesverfassungsgericht ebenso wie vom Conseil constitutionnel – die Theorie des „personalen Substrats" oder der „durchsichtigen juristischen Person" vorgebracht: Die Grundrechtsberechtigung dieser Personen diene nur den dahinter

29

---

[93] Vgl. *Michael/Morlok*, Grundrechte, 4. Aufl. 2014, Rn. 445; *Epping*, Grundrechte, 5. Aufl. 2012, Rn. 587; BVerfGE 35, 382 (399). Zur allgemeinen Handlungsfreiheit vgl. unten, Rn. 49 ff.
[94] Dazu unten, Rn. 69 ff.
[95] So z. B. *Michael/Morlok*, Grundrechte, 4. Aufl. 2014, Rn. 448.
[96] Vgl. *Epping*, Grundrechte, 5. Aufl. 2012, Rn. 588 f.
[97] Ebd.
[98] Vgl. *Favoreu et al.*, Droit des libertés fondamentales, 6. Aufl. 2012, Rn. 185.
[99] BVerfGE 129, 78 (94) – Le-Corbusier-Möbel.

stehenden natürlichen Personen.[100] Eine ähnliche Argumentation erkennt juristischen Personen die Grundrechtsberechtigung zu, wenn sie sich in einer „grundrechtstypischen Gefährdungslage" befinden, also wenn ihre Beziehung zur öffentlichen Gewalt mit der Lage einer natürlichen Person vergleichbar ist.[101]

30 Ein wichtiger Unterschied zwischen Deutschland und Frankreich betrifft juristische Personen des öffentlichen Rechts. In Frankreich sind sie, wie auch private Personen, Grundrechtsträger.[102] Dagegen verweigern das Bundesverfassungsgericht und die herrschende Lehre in Deutschland den öffentlichen juristischen Personen eine solche Grundrechtsberechtigung.[103] Dieser Ansatz wird damit gerechtfertigt, dass die Grundrechte in erster Linie Abwehrrechte gegen den Staat darstellen. Die öffentliche Hand könne nicht gleichzeitig grundrechtsverpflichtet und grundrechtsberechtigt sein.[104] Das Bundesverfassungsgericht hat deshalb eine spezielle Grundrechtsberechtigung nur öffentlichen Personen zuerkannt, die unabhängig genug vom Staat und ihrem Wesen nach mit der Ausübung eines Grundrechts eng verbunden sind, namentlich Kirchen, öffentlich-rechtliche Rundfunkanstalten und Universitäten.[105] Private juristische Personen, die von der öffentlichen Hand beherrscht werden, sind somit keine Grundrechtsberechtigten, sondern Grundrechtsadressaten.[106]

2. *Adressaten: Die Frage der Drittwirkung*

31 Adressaten der Grundrechte sind der Gesetzgeber, die vollziehende Gewalt und die Rechtsprechung. Eine in Deutschland seit langem verbreitete[107] und in Frankreich

---

[100] BVerfGE 21, 362 (369) – Sozialversicherungsträger; C.C., 16.1.1982, 81-132 DC, Cons. 29 – Nationalisations. Krit. *Favoreu et al.*, Droit des libertés fondamentales, 6. Aufl. 2012, Rn. 185 (Theorie der „durchsichtigen" juristischen Personen); *Epping*, Grundrechte, 5. Aufl. 2012, Rn. 458 („Theorie des personalen Substrats").

[101] *Epping*, Grundrechte, 5. Aufl. 2012, Rn. 162; *Pieroth/Schlink/Kingreen/Poscher*, Grundrechte, 29. Aufl. 2013, Rn. 168; BVerfGE 45, 63 (79) – Stadtwerke Hameln.

[102] *Favoreu et al.*, Droit des libertés fondamentales, 6. Aufl. 2012, Rn. 185. Vgl. z. B. zum öffentlichen Eigentum C.C., 26.6.2003, 2003-473 DC, Cons. 29 – Loi habilitant le Gouvernement à simplifier le droit. Für einen Überblick über die Diskussion in der Wissenschaft, vgl. *Le Bot*, La protection des libertés fondamentales par la procédure du référé-liberté, 2007, S. 169.

[103] Vgl. BVerfGE 61, 82 (101 ff.) – Sasbach. Eine Ausnahme betrifft die prozessualen Rechte. Um hier Waffengleichheit zu gewährleisten, genießen auch die öffentlichen juristischen Personen diese Rechte: Art. 101 Abs. 1 S. 2 GG und Art. 103 Abs. 1 GG „enthalten objektive Verfahrensgrundsätze, die für jedes gerichtliche Verfahren gelten" (BVerfGE 61, 82 (104) – Sasbach). Vgl. *Epping*, Grundrechte, 5. Aufl. 2012, Rn. 161.

[104] *Epping*, Grundrechte, 5. Aufl. 2012, Rn. 162; *Pieroth/Schlink/Kingreen/Poscher*, Grundrechte, 29. Aufl. 2013, Rn. 170.

[105] BVerfGE 61, 82 (102) – Sasbach; *Epping*, Grundrechte, 5. Aufl. 2012, Rn. 162 ff.

[106] BVerfGE 128, 226 (247) – Fraport. Vgl. *Masing*, Droits fondamentaux et privatisation, Une perspective allemande, Jus Politicum, 2013/9, S. 1 (9 ff.).

[107] Vgl. die Nachweise bei *Stern*, Das Staatsrecht der Bundesrepublik Deutschland, Band III/1, Allgemeine Lehren der Grundrechte, 1988, § 76, S. 1538 ff.

zuweilen übernommene[108] These behauptet demgegenüber, dass die Grundrechte aufgrund einer „Drittwirkung" (*effet horizontal*, Horizontalwirkung) auch den Einzelnen verpflichten. Diese Auffassung, die verschiedene Varianten kennt, scheint auf den ersten Blick selbstverständlich zu sein. In Frankreich betonte *Rivero*, dass der Einzelne gegen den Staat wegen der Machtstellung des Staates geschützt wird. Genießen aber nicht auch manche Einzelne eine Machtstellung gegenüber anderen? Sollen die Grundrechte nur vor Eingriffen des Staates, nicht aber vor den Handlungen einer privaten Übeltätervereinigung schützen?[109] In Deutschland wiederum bemerkte *Isensee*, dass die Grundrechte nur für die Scharfmacher und nicht für die Opfer von Nutzen wären, wenn sie nur den Staat verpflichteten. Der vom staatlichen Gericht verurteilte Täter könne die Grundrechte vorbringen, das Opfer genieße diese Möglichkeit aber nicht.[110]

Die vor allem in den frühen Jahren der Bundesrepublik vertretene These der **32** unmittelbaren Drittwirkung geht dahin, dass die Grundrechte auch die privaten Einzelnen verpflichten. Wegen ihrer „objektiven Funktion", wegen der durch sie konstituierten „Wertordnung", wegen ihrer „Ausstrahlungswirkung" schaffen sie Verpflichtungen für alle, öffentliche wie private Personen. Der trügerische Charakter dieser These wurde zeitgleich in Deutschland und in Frankreich offenbar.[111] Die These der unmittelbaren Drittwirkung ist heute in Deutschland dementsprechend weitgehend aufgegeben.[112]

Herrschend ist heute indes der Ansatz der mittelbaren Drittwirkung. Die „Dritt- **33** wirkung" kann nur eine mittelbare sein – eine, die von der Grundrechtsverpflichtung des Staats ausgeht.[113] Es ist Aufgabe des Staates, die Grenzen der Freiheit des Einzelnen so zu ziehen, dass die Freiheit des Einen nicht die Freiheit des Anderen beschränkt. Der Staat soll auch sicherstellen, insbesondere durch das Eingreifen der Gerichte, dass diese Grenzen beachtet werden.[114] Die Grundrechtsberechtigten werden also vor den Eingriffen durch andere Einzelne tatsächlich geschützt. Dies

---

[108] *Mathieu/Verpeaux*, Contentieux constitutionnel des droits fondamentaux, 2002, S. 122; *Favoreu et al.*, Droit des libertés fondamentales, 6. Aufl. 2012, Rn. 197.

[109] *Rivero*, La protection des droits de l'homme dans les rapports entre personnes privées, in: René Cassin, Amicorum Discipulorumque Liber, Band 3, 1971, S. 311. *Rivero* versucht den Erfolg der Drittwirkungsthese zu erklären, teilt diese These aber nicht. Vgl. unten, Rn. 32. Zu *Riveros* Auffassung der „Drittwirkung", vgl. *Beaud*, Les obligations imposées aux personnes privées par les droits fondamentaux, Jus Politicum 2013/10.

[110] *Isensee*, Das Grundrecht als Abwehrrecht und als staatliche Schutzpflicht, in: Isensee/Kirchhof (Hrsg.), Handbuch des Staatsrechts der Bundesrepublik Deutschland, Band 9: Allgemeine Grundrechtslehren, 3. Aufl. 2011, Rn. 177.

[111] *Rivero*, La protection des droits de l'homme dans les rapports entre personnes privées, in: René Cassin, Amicorum Discipulorumque Liber, Band 3, 1971, S. 311 (320); *Schwabe*, Die sogenannte Drittwirkung, 1971 (*non vidi*, vgl. auch *Schwabe*, Bundesverfassungsgericht und „Drittwirkung" der Grundrechte, AöR 100 (1975), S. 442 ff.). Die Kongruenz wird vom *Capitant* betont, *Capitant*, Les effets juridiques des droits fondamentaux en Allemagne, 2001, S. 257, Fn. 231.

[112] Vgl. *Epping*, Grundrechte, 5. Aufl. 2012, Rn. 347.

[113] Zur Schutzpflicht, s. unten, Rn. 35 ff.

[114] *Rivero*, La protection des droits de l'homme dans les rapports entre personnes privées, in: René Cassin, Amicorum Discipulorumque Liber, Band 3, 1971, S. 311 (316).

geschieht jedoch immer „durch" den Staat. Nur der Staat schützt oder versagt zu schützen. So soll der Staat beispielsweise seine Bevölkerung gegen eine Naturkatastrophe schützen.[115] Würde jemand daraus schließen, dass die Grundrechte unmittelbar Aiolos, Poseidon oder Mutter Natur verpflichten? Die sogenannte unmittelbare Drittwirkung ist darum – mit dem ganz überwiegenden Schrifttum und der Rechtsprechung – nichts anderes als eine Erscheinung, die aus den dem Staat durch die Grundrechte auferlegten Schutzpflichten resultiert.[116] Der „private" Eingriff in ein Grundrecht ist anders als durch eine staatliche Handlung nicht denkbar. Er wird zur juristischen Frage dahingehend, dass ein staatliches Organ angerufen wird.[117] Wenn der Staat die Grundechte nicht schützt, indem er ein Gesetz verkündet oder ein Urteil fällt, verletzt er die Grundrechte: Anders gesagt, er kommt seiner Schutzpflicht nicht nach. Die Schutzpflicht und die Drittwirkung sind deshalb zwei Seiten ein und derselben Medaille.[118]

IV. Inhalt der Verpflichtung

1. Unterlassen

34   Die Grundrechte beschränken bzw. umrahmen die Ausübung öffentlicher Gewalt. In diesem Sinn sind Grundrechte „Abwehrrechte des Bürgers gegen den Staat"[119]: Sie gewährleisten den Grundrechtsberechtigten eine „staatsfreie, das Imperium verneinende Sphäre."[120] Aber aus den Grundrechten resultiert auch mancherlei Gestaltungs- und Schutzpflicht für den Staat. Dieser normative Inhalt der Grundrechte wird in Deutschland regelmäßig mit dem Topos der „Grundrechtsfunktionen" umschrieben.[121]

---

[115] Vgl. *Epping*, Grundrechte, 5. Aufl. 2012, Rn. 123.

[116] Vgl. *Capitant*, Les effets juridiques des droits fondamentaux en Allemagne, 2001, S. 245; und z. B. BVerfGE 56, 54 (73) („die Pflicht der staatlichen Organe, sich schützend und fördernd vor die in Art. 2 Abs. 2 GG genannten Rechtsgüter zu stellen und sie insbesondere vor rechtswidrigen Eingriffen von Seiten anderer zu bewahren").

[117] *Rivero*, La protection des droits de l'homme dans les rapports entre personnes privées, in: René Cassin, Amicorum Discipulorumque Liber, Band 3, 1971, S. 311 (320). Vgl. *Capitant*, Les effets juridiques des droits fondamentaux en Allemagne, 2001, S. 255.

[118] Vgl. *Meindl*, La notion de droit fondamental dans les jurisprudences et doctrines constitutionnelles françaises et allemandes, 2003, S. 382, der eine „Verschiebung" der Drittwirkung hin zur Schutzpflicht beobachtet. Vgl. auch *Gusy*, Grundrechtsbindungen Privater, Jus Politicum 2013/10 und *Pieroth/Schlink/Kingreen/Poscher*, Grundrechte, 29. Aufl. 2013, Rn. 188.

[119] Vgl. BVerfGE 7, 198 (204) – Lüth.

[120] *Jellinek*, System der subjektiven öffentlichen Rechte, 1892, S. 82.

[121] Vgl. z. B. *Voßkuhle/Kaiser*, Grundwissen – Öffentliches Recht: Funktionen der Grundrechte, JuS 2011, S. 411.

2. Schutz

Die Schutzpflicht tritt insbesondere in einem „Rechtsdreieck" in Erscheinung, welches aus dem Rechtsberechtigten, dem Rechtsbedrohenden und dem Staat gebildet wird.[122] Der Staat hat das Grundrecht zu schützen, was unter Umständen eine Handlungspflicht auslöst. Einen paradigmatischen Fall bildet die Entführung *Hanns Martin Schleyers*. Hier stellte das Bundesverfassungsgericht fest, dass der Staat verpflichtet ist, „jedes menschliche Leben zu schützen."[123] Hinsichtlich der Wahl der Mittel überließ das Bundesverfassungsgericht der Bundesregierung aber eine weite Einschätzungsprärogative, in deren Rahmen die Bundesregierung letztlich entschied, nicht auf die Forderung der Entführer einzugehen. Nur in bestimmten Fällen – z. B. bzgl. eines Schwangerschaftsabbruchs – erachtet es das Bundesverfassungsgericht für notwendig, den Schutz im Wege der Strafbewehrung sicherzustellen.[124] Eine Schutzpflicht ist im Grundgesetz für manche Grundrechte im Übrigen explizit vorgesehen.[125]

35

In der deutschen Literatur lassen sich viele Ansätze für die allgemeine Begründung solcher Pflichten finden.[126] Insbesondere ist im Grundgesetz die Schutzpflicht der Menschenwürde explizit genannt (Art. 1 Abs. 1 S. 2 GG). In Lehre und Rechtsprechung wird insoweit vertreten, dass viele Grundrechte einen „Menschenwürdekern" besäßen.[127] Daraus ergebe sich nicht nur eine Beschränkung des Verfassungsgesetzgebers über Art. 79 Abs. 3 GG,[128] sondern auch eine Schutzpflicht des Staates nach Art. 1 Abs. 1 S. 2 GG. Eine weitere – sehr umstrittene – Begründungslinie setzt bei einer postulierten Staatsaufgabe für Sicherheit an.[129] Dieser Gedankengang wäre auch in Frankreich vertretbar, da Art. 2 DDHC als Staatsziel die Erhaltung des „Rechts auf Sicherheit" erwähnt. Ferner wird die Grundrechtsbindung des Art. 1 Abs. 3 GG von manchen Autoren nicht nur als das Verbot gewisser staatlicher Eingriffe, sondern als eine staatliche Schutzpflicht gegen jegliche Form von Eingriffen in Grundrechte verstanden.[130] In Deutschland wird die Grundlage für die Schutzpflicht ganz überwiegend auf die „objektivrechtliche Wertentscheidung der Verfassung" zurückgeführt.[131]

36

---

[122] *Isensee*, Das Grundrecht auf Sicherheit, 1983, S. 34.

[123] BVerfGE 45, 160 (164) – Schleyer.

[124] BVerfGE 39, 1 (47) – Schwangerschaftsabbruch I. Zur Schutzpflicht vgl. insb. BVerfGE 49, 89 (142) – Kalkar; BVerfGE 77, 170 (214) – Lagerung chemischer Waffen. Vgl. hierzu *Epping*, Grundrechte, 5. Aufl. 2012, Rn. 122 ff.

[125] Vgl. Art. 6 Abs. 1 und 4 GG.

[126] Vgl. ausführlich *Stern*, Das Staatsrecht der Bundesrepublik Deutschland, Band III/1, Allgemeine Lehren der Grundrechte, 1988, § 69, S. 937 ff.

[127] Vgl. z. B. BVerfGE 80, 367 (374) – Tagebuch; BVerfGE 109, 279 (311) – Großer Lauschangriff.

[128] Vgl. z. B. BVerfGE 109, 279 (311) – Großer Lauschangriff, und *Epping*, Grundrechte, 5. Aufl. 2012, Rn. 123.

[129] *Isensee*, Das Grundrecht auf Sicherheit, 1983. Vgl. *Capitant*, Les effets juridiques des droits fondamentaux en Allemagne, 2001, S. 241.

[130] *Stern*, Das Staatsrecht der Bundesrepublik Deutschland, Band III/1, Allgemeine Lehren der Grundrechte, 1988, § 69, S. 948 f.

[131] Vgl. z. B. BVerfGE 77, 170 (214) – Lagerung chemischer Waffen; *Epping*, Grundrechte, 5. Aufl. 2012, Rn. 123.

37   Demgegenüber ist es überzeugender, die Schutzpflicht auf die klassische Abwehrfunktion der Grundrechte zu stützen. Der Eingriff in ein Grundrecht wird ungeachtet seines Verursachers dem Staat zugerechnet, wenn dieser nichts oder nicht genug unternommen hat, um ihn zu verhindern.[132] Die Schutzpflicht bedeutet dann allein, dass im Fehlen des staatlichen Schutzes ein Eingriff gesehen wird.

38   Die Schutzpflicht ist in französischen Texten zum Verfassungsrecht nur schwer zu erkennen und taucht in der Rechtsprechung des Conseil constitutionnel nicht auf. Der Grund dafür liegt auf der Hand. Eine Schutzpflicht ist eine Pflicht, etwas zu tun. Deshalb liegt ein Verstoß gegen diese Pflicht in aller Regel in einem Unterlassen. Nun erlaubt das Verfahren vor dem Verfassungsrat aber gerade nicht, ein Unterlassen des Staats anzugreifen. Es besteht allenfalls die Möglichkeit, unter bestimmten Umständen ein Gesetz, also ein „Tun", anzugreifen. Der Conseil constitutionnel kann nur prüfen, ob die Schutzpflicht hinreichend erfüllt worden ist, wenn der Gesetzgeber bereits etwas, aber eben möglicherweise nicht genug, getan hat, um die Grundrechte zu schützen. Dieser Ansatz wird in der französischen Literatur die „negative Unzuständigkeit"[133] genannt. Wenn der Gesetzgeber „den Umfang seiner Zuständigkeit"[134] verkennt, verstößt er gegen die Verfassung.[135] Ein dergestalt scheinbar rein formeller Verstoß kann auch ein Grundrecht gefährden, weil das Grundrecht gegen Eingriffe der Verwaltung nicht geschützt wird. Auch hat die französische Lehre schrittweise damit begonnen, das durch den EGMR entwickelte Konzept der *obligations positives* (positive Verpflichtungen)[136] im französischen Verfassungsrecht anzuwenden.[137] Diese Fragen treten jedoch eher im Rahmen der Ausgestaltungspflicht auf.

3. *Ausgestaltung*

39   Der „Schutz" der Grundrechte kann auch bedeuten, die juristischen Bedingungen zu schaffen, die für die Ausübung dieser Rechte notwendig sind. Diese Ausgestaltungspflicht, die mit der Schutzpflicht verwandt ist, ist im französischen Verfassungsrecht sehr deutlich erkennbar. Was *Jellinek* für das französische Verwaltungsrecht schrieb, gilt auch für die DDHC. Sie organisiert „nicht [sosehr] individualisierte Rechte der

---

[132] Vgl. *Schwabe* und *Murswieck*, zitiert (und kritisiert) von *Stern*, Das Staatsrecht der Bundesrepublik Deutschland, Band III/1, Allgemeine Lehren der Grundrechte, 1988, § 69, S. 947.

[133] Diese Theorie betrifft nicht nur die Grundrechte, sondern jede unzureichend umfassende gesetzliche Regelung. Vgl. *Rousseau*, Droit du contentieux constitutionnel, 10. Aufl. 2013, Rn. 135 und 262.

[134] Vgl. z. B. C.C., 22.3.2012, 2012-652 DC, Cons. 14 – Loi relative à la protection de l'identité.

[135] Vgl. unten, Rn. 79.

[136] Vgl. *Sudre*, Les „obligations positives" dans la jurisprudence de la Cour européenne des droits de l'homme, Revue trimestrielle des droits de l'homme 1995, S. 363.

[137] Das Konzept wurde aber schon 1926 von *Duguit* verwendet. Vgl. *Champeil-Desplats*, Des „libertés publiques" aux „droits fondamentaux": effets et enjeux d'un changement de dénomination, Jus Politicum 5 (2010), S. 1 (8, dort Fn. 22).

einzelnen gegenüber dem Staate, als vielmehr Kompetenzen der Behörden."[138] Die DDHC erwähnt hauptsächlich Kompetenzen: Der Gesetzgeber ist dafür zuständig, den in der DDHC vorgesehenen Rechten Gestalt zu geben.

Dieser Gestaltungsauftrag ist an manchen Stellen des französischen *bloc de constitutionnalité* explizit genannt[139] und ist generell ausgedrückt in Art. 34 CF, der den Gesetzgeber sowohl mit der Beschränkung als auch mit der Gestaltung der Grundrechte betraut. Der französische Legizentrismus führt zwar zu einer schwachen Begrenzung der gesetzgeberischen Kompetenz zur Grundrechtseinschränkung, er gewährt ihm aber eine breite Ausgestaltungspflicht.[140] Der Conseil constitutionnel prüft die Achtung dieser Pflicht durch die Sanktion der negativen Unzuständigkeit.[141] In Frankreich wie auch in Deutschland verfügt der Gesetzgeber bei der Erfüllung dieser Aufgabe über einen weiten Einschätzungsspielraum.[142]

40

In Deutschland wird die Ausgestaltungspflicht nicht so explizit wie in Frankreich im Verfassungstext genannt. Sie ist aber nicht gänzlich unbekannt. In Erscheinung tritt sie zunächst hinsichtlich der sogenannten „Einrichtungsgarantien",[143] wie der Ehe (Art. 6 GG), der Familie (Art. 6 GG), der Universität (Art. 5 Abs. 3 GG), den Vereinigungen (Art. 9 GG) oder auch dem Eigentum (Art. 14 GG). Diese Institute können nicht ohne eine juristische Grundlage bzw. Organisation funktionieren. Sie existieren nicht außerhalb des Rechts: In diesem Sinn sind sie „normgeprägte" Begriffe.[144] Eine staatliche Intervention ist für ihre Existenz erforderlich. Dasselbe gilt für das Asylrecht (Art. 16a GG), auch wenn es üblicherweise nicht unter die institutionellen Garantien gefasst wird. Das Grundgesetz sieht auch Grundrechte vor, deren Ausübung ohne jegliche staatliche Handlung möglich erscheint, für die aber das Bundesverfassungsgericht davon ausgeht, dass ihr dauerhaftes Bestehen eine staatliche Ausgestaltung erfordert.[145] Das ist etwa der Fall bei der Pressefreiheit: Art. 5 Abs. 2 GG erlaubt und beschränkt die gesetzliche Einschränkung dieses Grundrechts. Anders als Art. 34 CF trägt das Grundgesetz dem Gesetzgeber damit nicht auf, „die Freiheit, die Pluralität und die Unabhängigkeit der Medien" zu regeln. Das Bundesverfassungsgericht hat insoweit entschieden, dass der Staat Maßnahmen treffen soll, um diese Freiheit zu gewährleisten, insbesondere, um die Bildung von Monopolen zu vermeiden.[146]

41

---

[138] *Jellinek*, System der subjektiven öffentlichen Rechte, 2. Aufl. 1905, 2. Neudruck 1979, S. 3.

[139] Vgl. Präambel von 1946, Abs. 3 und Abs. 13.

[140] Vgl. *Meindl*, La notion de droit fondamental dans les jurisprudences et doctrines constitutionnelles françaises et allemandes, 2003, S. 262.

[141] C.C.,18.6.2010, 2010-5 QPC – SNC Kimberly Clark.

[142] Vgl. u. a. *Capitant*, Les effets juridiques des droits fondamentaux en Allemagne, 2001, S. 226 ff.; *Michael/Morlok*, Grundrechte, 4. Aufl. 2014, Rn. 44.

[143] Vgl. *Pieroth/Schlink/Kingreen/Poscher*, Grundrechte, 29. Aufl. 2013, Rn. 88 ff.; *Epping*, Grundrechte, 5. Aufl. 2012, Rn. 429 ff. Vgl. auch *Capitant*, Les effets juridiques des droits fondamentaux en Allemagne, 2001, S. 212.

[144] Vgl. *Epping*, Grundrechte, 5. Aufl. 2012, Rn. 435.

[145] Vgl. *Capitant*, Les effets juridiques des droits fondamentaux en Allemagne, 2001, S. 219 ff.

[146] BVerfGE 20, 162 (175 f.). S. a. bzgl. des Rundfunks BVerfGE 12, 205; 57, 295.

V. Grundrechtstypologie

42 Um die Grundrechte systematisch zu ordnen, wurde in Frankreich wie in Deutschland die von *Jellinek*[147] beeinflusste Typologie übernommen. Es wird also zwischen Freiheitsrechten, Leistungsrechten und politischen Rechten unterschieden. *Jellineks* Interesse war natürlich nicht spezifisch auf die Grundrechte – also übergesetzlich gewährleistete Freiheiten – gerichtet. Sein maßgebliches Buch beschäftigt sich ausgiebig mit dem Verwaltungsrecht. *Jellineks* Betrachtungen wurden aber auf das System der Grundrechte übertragen. Wie in jeder Typologie wirken die jellinekschen Kategorien manchmal ein wenig gekünstelt. Das Bewusstsein dafür muss man sich bewahren. So ist der Unterschied zwischen Freiheitsrechten und Leistungsrechten durchaus unscharf: Es ist oft möglich, ein und dasselbe Recht jeweils so zu formulieren, dass es der einen oder der anderen Kategorie angehört. Die Zuweisung zur Kategorie der Freiheitsrechte oder der Leistungsrechte wird oft vom Typ der staatlichen Handlung abhängen. Fehlt es an einer staatlichen Handlung, wird der Antragsteller regelmäßig ein Leistungsrecht vorbringen. Liegt dagegen ein staatlicher Eingriff vor, wird der abwehrrechtliche Aspekt in den Vordergrund rücken und das Recht dementsprechend wahrgenommen werden. Der Vorteil der Unterscheidung zwischen Freiheitsrechten und Leistungsrechten liegt also mehr darin, zwei Hauptauffassungen der Verhältnisse zwischen dem Staat und dem Einzelnen zu veranschaulichen: „Ein Ausschlussverhältnis, Synonym der Freiheit des Einzelnen und ihrer Sicherung gegenüber dem Staat, oder ein Einbeziehungsverhältnis, Synonym des Sozialstaats bzw. der staatlichen Konkretisierung der persönlichen Freiheit."[148]

43 Bevor diese verschiedenen Grundrechtskategorien im Einzelnen beschrieben werden, ist jedoch die Sonderstellung der Menschenwürde zu erläutern.

1. Die Menschenwürde

44 Textlich taucht die Menschenwürde in Deutschland und Frankreich nach dem zweiten Weltkrieg auf. Art. 1 Abs. 1 GG erklärt sie für unantastbar und macht ihre Achtung und ihren Schutz zur Pflicht aller staatlichen Gewalt. Sie kann somit als „der oberste Wert" der Verfassung beschrieben werden.[149]

45 In Frankreich findet sich der Begriff der Menschenwürde zu Beginn der Präambel von 1946. Der Verfassungsrat entschied, dass „der Schutz der Würde des Menschen gegen jede Art der Unterjochung oder der Herabwürdigung ein Grundsatz von

---

[147] *Jellinek*, System der subjektiven öffentlichen Rechte, 2. Aufl. 1905, 2. Neudruck 1979, S. 85 ff. In der französischen Lehre vgl. vor allem die Darlegung von *Jouanjan*, La théorie allemande des droits fondamentaux, AJDA 1998, Sonderheft, S. 44 (45 f.); und z. B. *Favoreu et al.*, Droit des libertés fondamentales, 6. Aufl. 2012, Rn 206.

[148] *Meindl*, La notion de droit fondamental dans les jurisprudences et doctrines constitutionnelles françaises et allemandes, 2003, S. 212.

[149] BVerfGE 5, 85 (204) – KPD-Verbot.

Verfassungsrang ist."[150] In jüngerer Zeit hat der Verfassungsrat betont, dass dieser Schutz der Menschenwürde zu den „unveräußerlichen und unverletzlichen Rechten" gehört, die in der Präambel von 1946 ihren Niederschlag gefunden haben.[151]

Im rechtlichen System – oder zumindest im rechtlichen Diskurs – spielt die Menschenwürde in Deutschland aber eine viel wichtigere Rolle als in Frankreich. In Deutschland wird die Menschenwürde als das Fundament aller Grundrechte verstanden,[152] stellt aber zugleich selbst ein justiziables Grundrecht dar. In der französischen Lehre wird die Menschenwürde als ein „Matrizengrundsatz"[153] bezeichnet, der andere Rechte erzeugt. In der Praxis wird der Begriff der Menschenwürde in Frankreich weniger häufig als in Deutschland verwendet. Das Bundesverfassungsgericht erwähnt den Schutz der Menschenwürde im Zusammenhang mit dem Schutz gegen „Brandmarkung, Verfolgung, Ächtung und ähnliche Handlungen".[154] Der Topos der Menschenwürde ist aber beispielsweise auch von zentraler Bedeutung für den Schutz der postmortalen Persönlichkeit[155], die Gewährleistung bestimmter Haftbedingungen[156] und möglicherweise auch den Schutz des menschlichen Körpers vor bestimmten biotechnologischen und genetischen Forschungen.[157]

46

In Frankreich wird die Menschenwürde hauptsächlich bezüglich dieser letzten „bioethischen" Konstellation – deren Relevanz für die Menschenwürde in Deutschland umstritten ist[158] – herangezogen. Der Verfassungsrat hat die Menschenwürde das erste Mal in seiner *Bioéthique* Entscheidung erwähnt;[159] andere Anwendungsfälle bleiben selten.[160]

47

2. Freiheitsrechte

Die Freiheitsrechte gehören zum sog. *status negativus*, diesem staatsfreien Bereich, dieser Sphäre der individuellen Freiheit, in die der Staat nicht eingreifen darf. Sie sind in ihrer Funktion die „klassischsten" Grundrechte. Eine vollständige Inventur

48

---

[150] C.C., 27.7.1994, 94-343/344 DC, Cons. 2 – Bioéthique (offizielle Übersetzung).
[151] C.C., 30.07.2010, 2010-14/22 QPC, Cons. 19 – Garde à vue.
[152] Vgl. z. B. BVerfGE 93, 266 (293) – „Soldaten sind Mörder"; BVerfGE 107, 275 (284) – Schockwerbung II.
[153] *Mathieu*, Pour une reconnaissance des „principes matriciels" en matière de protection constitutionnelle des droits de l'homme, D. 1995, S. 211.
[154] BVerfGE 115, 118 (153) – Luftsicherheitsgesetz.
[155] BVerfGE 30, 173 (194) – Mephisto.
[156] Vgl. die Rspr. bei *Pieroth/Schlink/Kingreen/Poscher*, Grundrechte, 29. Aufl. 2013, Rn. 378a.
[157] Für einen Überblick über die Anwendungsfälle des Schutzes der Menschenwürde vgl. *Epping*, Grundrechte, 5. Aufl. 2012, Rn. 610 ff.; *Michael/Morlok*, Grundrechte, 4. Aufl. 2014, Rn. 150 ff.
[158] Vgl. z. B. *Michael/Morlok*, Grundrechte, 4. Aufl. 2014, Rn. 155.
[159] C.C., 27.7.1994, 94-434/344 DC, Cons. 2 – Bioéthique.
[160] Vgl. *Favoreu et al.*, Droit des libertés fondamentales, 6. Aufl. 2012, Rn. 212. Vgl. exemplarisch zu Haftbedingungen C.C., 19.11.2009, 2009-593 DC, Cons. 3 – Loi pénitentiaire sowie zum Gewahrsam C.C., 30.07.2010, 2010-14/22 QPC, Cons. 20 – Garde à vue.

der Freiheitsrechte in Deutschland und Frankreich bedarf es an dieser Stelle freilich nicht. Vielmehr sollen für die Zwecke des hier unternommenen Rechtsvergleichs die charakteristischen Merkmale abstrakt vorgestellt und sodann durch einige ausgewählte Beispiele illustriert werden.

a) Ein ausführlicherer Katalog in Deutschland (und die Folge für die allgemeine Handlungsfreiheit)

49 Aus historischen Gründen[161] fällt der Katalog der Freiheitsrechte im deutschen Verfassungstext viel detaillierter aus als im französischen. Dies bringt es mit sich, dass die allgemeine Handlungsfreiheit in beiden Systemen von unterschiedlicher Bedeutung ist. Dieses Grundrecht, das in Art. 2 Abs. 1 GG und Art. 2 und 4 DDHC verankert ist, bezieht sich auf menschliches Verhalten, das nicht in den Schutzbereich eines anderen spezifischen Grundrechts fällt. In diesem Sinn wird die allgemeine Handlungsfreiheit in Deutschland oft als ein „Auffanggrundrecht" beschrieben. Infolgedessen gibt es keinen „grundrechtsfreien" Raum.[162] Dieses lückenlose Netz grundrechtlicher Absicherung auf Ebene des Schutzbereichs wird von manchen Autoren kritisiert.[163] Ihrer Meinung nach ist die allgemeine Handlungsfreiheit nur ein partielles Auffanggrundrecht. Die Formulierung mancher Grundrechte zeige, dass bestimmte Verhaltensweisen ausdrücklich vom Schutz des Grundgesetzes ausgenommen seien. So seien etwa unfriedliche und bewaffnete Versammlungen (vgl. Art. 8 GG) oder Zwangsheiraten (vgl. Art. 6 GG) nicht vom verfassungsrechtlichen Schutz umfasst. Die Verfassung „wolle" dieses Verhalten nicht schützen, deshalb solle es auch nicht von Art. 2 Abs. 1 GG gedeckt sein. Die allgemeine Handlungsfreiheit solle nur Verhaltensweisen schützen, die dem Regelungsbereich eines speziellen Grundrechts nicht angehörten oder die zumindest nicht vom Schutzbereich eines speziellen Grundrechts explizit ausgeschlossen seien.[164]

50 Ohne diese Debatte abschließend bewerten zu wollen, sei angemerkt, dass die allgemeine Handlungsfreiheit in Deutschland als Auffanggrundrecht in der Praxis vor allem sehr besondere Verhaltensweisen schützt.[165] Die klassischen Beispiele

---

[161] Vgl. oben, Rn. 12.

[162] Vgl. BVerfGE 6, 32 (36) – Elfes; *Stern*, Idee und Elemente eines Systems der Grundrechte, in: Isensee/Kirchhof (Hrsg.), Handbuch des Staatsrechts der Bundesrepublik Deutschland, Band 9, 3. Aufl. 2011, Rn. 147; *Kube*, Die Elfes-Konstruktion, JuS 2003, S. 111–118; *Murswieck*, Art. 2, in: Sachs (Hrsg.), Grundgesetz Kommentar, 5. Aufl. 2009, Rn. 10; *Pieroth/Schlink/Kingreen/Poscher*, Grundrechte, 29. Aufl. 2013, Rn. 387. Der Ausdruck „Auffanggrundrecht" ist insbesondere auf *Dürig* zurückzuführen, vgl. *Schmitt Glaeser*, Schutz der Privatsphäre, in: Isensee/Kirchhof (Hrsg.), Handbuch des Staatsrechts, Band VI: Freiheitsrechte, 1. Aufl. 1989, Rn. 8.

[163] *Merten*, Grundrechtlicher Schutzbereich, in: Merten/Papier, Handbuch der Grundrechte, Band 3, 2009, Rn. 3; *Hoffmann-Riem*, Grundrechtsanwendung unter Rationalitätsanspruch, Der Staat 43 (2004), S. 203 (214).

[164] Zu Regelungsbereich und Schutzbereich vgl. unten, Rn. 75.

[165] Darüber hinaus kommt ihr auf Zulässigkeitsebene eine besondere Bedeutung im Verwaltungsprozess zu.

§ 7 Grundrechte

zur allgemeinen Handlungsfreiheit betreffen in Deutschland das Taubenfüttern,[166] den Cannabiskonsum[167] und das Reiten im Walde.[168] In Frankreich, wo spezifische Grundrechte viel vereinzelter vorhanden sind, wird die allgemeine Handlungsfreiheit dagegen auf ein breites Spektrum von Verhaltensweisen angewendet. So hat sich der Verfassungsrat auf Art. 2 und/oder Art. 4 DDHC berufen, um die Beschränkungen mehrerer in der Verfassung ungenannter Freiheiten zu prüfen: der unternehmerischen Freiheit (*liberté d'entreprendre*),[169] der Ehefreiheit,[170] der Freizügigkeit (*liberté d'aller et venir*),[171] der Unverletzlichkeit der Wohnung,[172] des Briefgeheimnisses,[173] des Schutzes des Privatlebens,[174] und der Vertragsfreiheit.[175] Dies gibt Anlass zu drei Bemerkungen.

Erstens ist darauf hinzuweisen, dass der Verfassungsrat die allgemeine Handlungsfreiheit am Anfang nicht auf Art. 2 und 4 DDHC, sondern auf Art. 66 CF gründete.[176] Diese Rechtsprechung war indes kritikwürdig, weil die „persönliche Freiheit" des Art. 66 CF eher als das Äquivalent zur Freiheit aus Art. 104 GG zu verstehen ist: Es handelt sich um einen Schutz gegen willkürliche Festnahmen, nicht um die allgemeine Handlungsfreiheit. Zu Recht hat der Verfassungsrat seit Beginn der 1990er Jahre diesen Ansatz aufgegeben.[177] Für diese Rechtsprechungsänderung

51

---

[166] BVerfGE 54, 143 (144) – Taubenfütterungsverbot.
[167] BVerfGE 90, 145 (171) – Cannabis.
[168] BVerfGE 80, 137 (154 f.) – Reiten im Walde.
[169] Vgl. C.C., 16.1.1982, 81-132 DC, Cons. 16 – Nationalisation; C.C., 10.6.1998, 98-401 DC, Cons. 3 – Réduction du temps de travail; C.C., 16.1.2001, 2000-439 DC, Cons. 13 – Archéologie préventive; C.C., 14.5.2012, 2012-242 QPC, Cons. 6 – Association Temps de Vie. Dieses Recht ist in Deutschland im Art. 12 GG ausdrücklich vorgesehen.
[170] C.C., 20.11.2003, 2003-484 DC, Cons. 94 – Maîtrise de l'immigration; C.C., 28.1.2011, 2010-92 QPC, Cons. 6 – Mme Corrine C. Die Ehe wird in Art. 6 Abs. 1 GG geschützt.
[171] Vgl. z. B. vor Kurzem C.C., 5.10.2012, 2012-279 QPC, Cons. 15 – Jean-Claude P. Die Freizügigkeit wird von Art. 11 Abs. 1 und Art. 2 Abs. 2 S. 2 GG gewährleistet.
[172] C.C., 2.3.2004, 2004-492 DC, Cons. 4 – Perben II. Die Unverletzlichkeit der Wohnung ist in Art. 13 GG vorgesehen.
[173] C.C., 2.3.2004, 2004-492 DC, Cons. 4 – Perben II n° 2004-492 DC. Das Briefgeheimnis ist in Art. 10 GG geschützt.
[174] C.C., 23.7.1999, 99-416 DC, Cons. 45 – Couverture maladie universelle; C.C., 9.11.1999, 99-419 DC, Cons. 73 – PACS; C.C., 21.12.1999, 99-422 DC, Cons. 52 – Financement de la sécurité sociale pour 2000; C.C., 22.3.2012, 2012-652 DC, Cons. 8 – Loi relative à la protection de l'identité. In Deutschland fällt das Privatleben außerhalb der spezifischen Bestimmungen der Art. 10 und 13 GG unter das allgemeine Persönlichkeitsrecht nach Art. 2 Abs. 1 i. V. m. Art. 1 Abs. 1 GG.
[175] C.C., 19.12.2000, 2000-437 DC, Cons. 37 – Loi de financement de la sécurité sociale pour 2001. In Deutschland fällt die Vertragsfreiheit unter die allgemeine Handlungsfreiheit, sofern sie nicht von einem spezifischen Grundrecht – wie etwa der Berufsfreiheit oder der Eigentumsgarantie erfasst wird, vgl. *Epping*, Grundrechte, 5. Aufl. 2012, Rn. 566 ff.
[176] Vgl. *Favoreu et al.*, Droit des libertés fondamentales, 6. Aufl. 2012, Rn. 218-1, S. 189.
[177] Vgl. *Favoreu et al.*, a. a. O., Rn. 218-1, S. 193 f. Vgl. auch, vor Kurzem und sehr explizit, C.C., 28.1.2011, 2010-92 QPC, Cons. 6 – Mme Corinne C.: „In Erwägung dessen, dass, erstens, Artikel 66 der Verfassung das Verbot willkürlicher Inhaftierung festschreibt und unter den vom Gesetz festgelegten Bedingungen der Justiz die Aufgabe überträgt, die Freiheit der Person zu schützen;

sprechen nicht nur formelle Gründe. Vielmehr ist mit Blick auf die Schutzweite zu berücksichtigen, dass Art. 66 CF den Schutz der „persönlichen Freiheit" dem ordentlichen Richter (*juge judiciaire*) vorbehält. Mit der Verortung der allgemeinen Handlungsfreiheit in Art. 2 und 4 DDHC wird demgegenüber eine normative Grundlage gewählt, die auch vor dem Verwaltungsrichter justiziabel ist.

52 Zweitens muss man betonen, dass der Begriff der „allgemeinen Handlungsfreiheit", der vorliegend auch für das französische Rechtssystem angewendet wird, in Frankreich nicht so verwendet, zumindest aber nicht so verstanden wird wie in Deutschland. Die französische Lehre erkennt in Art. 2 und 4 DDHC keine allgemeine Freiheit, die vielfältige Handlungen abdecken würde. Vielmehr wird die Rechtsprechung des Verfassungsrats als eine „Konstitutionalisierung" neuer Freiheiten verstanden.[178] Die Urteilsbegründungen des Conseil constitutionnel legen einen solchen Schluss zuweilen nahe, da der Verfassungsrat beispielsweise erklärte, dass die Freizügigkeit, die Ehefreiheit und das Recht auf normales Familienleben „den von der Verfassung verbürgten Grundrechten und -freiheiten" angehörten.[179] Ein Unterschied zur Rechtslage in Deutschland besteht somit darin, dass das Bundesverfassungsgericht bislang jedenfalls nicht die Auffassung vertreten hat, das Reiten im Walde sei ein Grundrecht an sich. Auch wurde in der deutschen Lehre nicht vorgebracht, das Reiten im Walde sei „konstitutionalisiert" worden. Die allgemeine Handlungsfreiheit kann insoweit schwerlich als Grundlage für die „Entdeckung" neuer Grundrechte konzipiert werden. Die einzelnen Verhaltensformen sind vielmehr Teil der allgemeinen Handlungsfreiheit, die selbst bereits Verfassungsrang genießt. So erklärt das Bundesverfassungsgericht, dass die Vertragsfreiheit „durch das Grundrecht der allgemeinen Handlungsfreiheit gemäß Art. 2 Abs. 1 GG gewährleistet" wird.[180] In der jüngeren Rechtsprechung des Verfassungsrates wird dementsprechend deutlicher ausgeführt, dass bestimmte „Freiheiten" (beispielsweise die Ehefreiheit oder die Freizügigkeit) „Bestandteile" der allgemeinen Freiheit sind.[181]

53 Die dritte Bemerkung knüpft an die vorausgehende an. Es lässt sich nämlich die Frage stellen, ob die allgemeine Handlungsfreiheit in Frankreich wirklich ein funktionelles Äquivalent zur allgemeinen Handlungsfreiheit in Deutschland darstellt. Angesichts der Praxis von Lehre und Verfassungsrat, die Anwendung von Art. 2

---

dass die Freiheit, eine Ehe zu schließen, Bestandteil der persönlichen Freiheit ist, welche von den Artikeln 2 und 4 der Erklärung der Menschen- und Bürgerrechte von 1789 geschützt ist; dass die gerügten Bestimmungen die Freiheit der Person nicht verletzen; dass daher die auf einen Verstoß gegen Artikel 66 der Verfassung gestützte Rüge verfehlt ist" (offizielle Übersetzung des Verfassungsrates).

[178] *Favoreu et al.*, Droit des libertés fondamentales, 6. Aufl. 2012, Rn. 218-1, S. 192.

[179] C.C., 13.8.1993, 93–325 DC, Cons. 3 – Maîtrise de l'immigration.

[180] BVerfGE 116, 202 (221) – Tariftreueerklärung. Eine Ausnahme bildet das allgemeine Persönlichkeitsrecht, dessen Konkretisierungen oft als eigenständige Grundrechte dargestellt werden, vgl. z. B. *Epping*, Grundrechte, 5. Aufl. 2012, Rn. 638 (Recht auf informationelle Selbstbestimmung) und Rn. 641 (Grundrecht auf die Integrität und Vertraulichkeit informationstechnischer Systeme). In Rn. 641 spricht *Epping* von einem „neuen" Grundrecht (Anführungszeichen im Original).

[181] Vgl. C.C., 28.1.2011, 2010-92 QPC, Cons. 6 – Mme Corinne C.; C.C., 5.10.2012, 2012-279 QPC, Cons. 15 – Jean-Claude P.

§ 7 Grundrechte

und 4 DDHC als die Anerkennung neuer Grundrechte zu beschreiben, scheint es unwahrscheinlich, dass diese Bestimmungen für Fälle des Taubenfütterns oder des Reitens im Walde herangezogen würden. Der Grund hierfür ist nicht, dass *Grimms* berühmtes Sondervotum zur „Reiten im Walde"-Entscheidung[182] in Frankreich eine Mehrheit fände. Der Grund liegt vielmehr in der geringeren verfassungsrechtlichen Prägung des französischen Rechtsystems. Diese Probleme werden durch die Verwaltungsgerichte entschieden, die sich aber gleichermaßen für unzuständig erklären, die Verfassungsmäßigkeit von Verwaltungsakten zu prüfen, soweit diese auf einer gesetzlichen Grundlage beruhen.[183] Anders gewendet: In Frankreich werden viele Verhaltensweisen ohne Rücksicht auf etwaige verfassungsrechtliche Grundrechte beurteilt und geschützt, obwohl sie nicht *per se* in einem grundrechtsfreien Raum zu verorten wären. In diesem Rahmen verliert die allgemeine Handlungsfreiheit an Bedeutung.[184] Es bleibt freilich abzuwarten, ob die Einführung der QPC diese Lage verändern wird.

b) Einzelne Freiheitsrechte

Im Folgenden werden einige Grundrechte herausgegriffen, um die bisherigen Erläuterungen zu veranschaulichen und für die Zwecke des Rechtsvergleiches fruchtbar zu machen.   54

aa) Meinungs(äußerungs)freiheit

Die Freiheit, seine Meinung zu äußern, ist in der deutschen und der französischen   55
Verfassungsordnung explizit vorgesehen (Art. 5 GG; Art. 10 und Art. 11 DDHC.) In beiden Fällen wird das Recht seinem Bestand nach ausdrücklich gewährleistet, in beiden Fällen sind Einschränkungsmöglichkeiten für den Gesetzgeber vorgesehen. Wie für die überwiegende Mehrheit der Grundrechte wird dieser Beschränkungsauftrag im Grundgesetz präziser gefasst als in der französischen Verfassung. Die DDHC begnügt sich damit, die Einschränkungskompetenz des Gesetzgebers herauszustellen.

Im Grundgesetz wird darüber hinausgehend der Inhalt dieser Schranken be-   56
stimmt. Sie sollen dem Schutz der persönlichen Ehre oder der Jugend dienen oder

---

[182] BVerfGE 80, 137 (Sondervotum Grimm: 165). Nach Grimms Meinung schützt die allgemeine Handlungsfreiheit nur Verhaltensweisen, die eine ausreichende „Relevanz für die Persönlichkeitsentfaltung besitzen."
[183] Vgl. oben, Rn. 20.
[184] Es soll indes nicht der Eindruck entstehen, dass die deutsche allgemeine Handlungsfreiheit einen substanziell nennenswerten zusätzlichen Schutz gewähre: Ihre Beschränkungen können eigentlich sehr einfach gerechtfertigt werden (vgl. unten, Rn. 83). Der wirkliche „Gewinner" des Elfes-Urteils ist eigentlich das Bundesverfassungsgericht, das dank dieser Entscheidung fast jeden Staatsakt als einen Grundrechtseingriff kontrollieren darf. Vgl. *Lepsius*, Die maßstabsetzende Gewalt, in: Jestaedt et al., Das entgrenzte Gericht, 2012, S. 159 (185).

„allgemeine Gesetze" sein. Unter diesem umstrittenen Begriff sind nach dem BVerfG Gesetze zu verstehen, die „dem Schutze eines schlechthin, ohne Rücksicht auf eine bestimmte Meinung, zu schützenden Rechtsguts dienen",[185] die sich also weder gegen eine bestimmte Meinung als solche richten, noch Sonderrecht gegen den Prozess der freien Meinungsbildung darstellen.[186] Das Bundesverfassungsgericht hat auch ein Meinungsneutralitätserfordernis hinzugefügt, von der es die Gutheißung des Nationalsozialismus ausgeschlossen hat.[187] Die französische Verfassung stellt indes kein Hindernis für Gesetze auf, welche die Äußerung einer bestimmten Meinung ohne Rücksicht auf ihre schädliche Wirkung verbieten.[188]

bb) „Normgeprägte Grundrechte": Eigentum und Ehe

57 „Normgeprägte Grundrechte" schützen Einrichtungen, „die nicht von Natur aus existieren, sondern von der Rechtsordnung erst begründet werden."[189] Die Ehefreiheit und der Schutz des Eigentums bilden zwei Beispiele solcher Grundrechte.

58 Das Recht auf Eigentum wird in Art. 2 und 17 DDHC und 14 GG festgelegt. Das Bundesverfassungsgericht und der Verfassungsrat haben in dieser Hinsicht zuweilen voneinander abweichende Entscheidungen getroffen.[190] Art. 17 DDHC und Art. 14 Abs. 3 GG regeln beide die Enteignung, während Abs. 9 der Präambel von 1946 und Art. 15 GG beide die Verstaatlichung bestimmter Güter in den Blick nehmen. Diese Maßnahme ist sogar eine Pflicht hinsichtlich mancher Güter in Frankreich, wohingegen sie in Deutschland nur eine Möglichkeit darstellt, die in der Praxis kaum zum Zuge kommt. Dieser Unterschied zwischen obligatorischer und bloß erlaubter Verstaatlichung impliziert, dass Art. 15 GG kein Hindernis für die Privatisierung aufwirft, während eine solche Maßnahme in Frankreich erfordert, dass das betroffene Gut nicht in den Anwendungsbereich des Abs. 9 der Präambel von 1946 fällt.

59 Art. 14 Abs. 1 S. 2 GG stellt ein Problem für die Lehre dar. Wenn das Eigentum inhaltlich durch Gesetz geregelt wird, welche Grenzen kann dann die verfassungsrechtliche Norm dem Gesetzgeber auferlegen?[191] Nach Ansicht der herrschenden Lehre ist „Eigentum" im Sinn der Verfassung zunächst alles, was der Gesetzgeber als solches bezeichnet.[192] Art. 14 Abs. 1 S. 2 GG sieht insoweit vor, dass der

---

[185] BVerfGE 7, 198 (209 f) – Lüth.
[186] BVerfGE 124, 300 (321 f.) – Wunsiedel.
[187] BVerfGE 124, 300 (327 f.) – Wunsiedel.
[188] Vgl. *Hochmann*, Le négationnisme face aux limites de la liberté d'expression, 2013, S. 209 ff.
[189] *Epping*, Grundrechte, 5. Aufl. 2012, Rn. 435.
[190] Vgl. *Fromont*, Le droit de propriété et la Constitution en France et en Allemagne, in: Mélanges Péquignot, Band 1, 1984, S. 267.
[191] *Pieroth/Schlink/Kingreen/Poscher*, Grundrechte, 29. Aufl. 2013, Rn. 972; *Epping*, Grundrechte, 5. Aufl. 2012, Rn. 435.
[192] *Pieroth/Schlink/Kingreen/Poscher*, Grundrechte, 29. Aufl. 2013, Rn. 977; *Epping*, Grundrechte, 5. Aufl. 2012, Rn. 440; *Fromont*, Le droit de propriété et la Constitution en France et en Allemagne, in: Mélanges Péquignot, Band 1, 1984, S. 267 (272).

Gesetzgeber „Inhalt und Schranken" des Eigentums gewährleistet. Die Macht des einfachen Gesetzgebers, das Eigentum zu definieren, findet aber ihre Grenze in der Gewährleistung des „Instituts" Eigentum.[193] Der Gesetzgeber darf nicht irgendetwas, zum Beispiel das Verhältnis zwischen einem Vater und seinem Sohn, als „Eigentum" beschreiben. Er darf nicht „an die Stelle des Privateigentums etwas setzen […], was den Namen „Eigentum" nicht mehr verdient."[194]

Eine ähnliche Antwort wurde in Deutschland von Lehre und Rechtsprechung bezüglich der Ehefreiheit gegeben.[195] In Frankreich findet diese Freiheit, zusammen mit dem Recht auf ein normales Familienleben, ihre Grundlage in der allgemeinen Freiheit gem. Art. 2 und 4 DDHC.[196] Art. 6 GG seinerseits stellt Ehe und Familie unter den Schutz der staatlichen Ordnung. „Ehe" ist natürlich ein normgeprägter Begriff, der vom Gesetzgeber definiert wird. Der Gesetzgeber darf jedoch nicht irgendetwas, wie zum Beispiel das Verhältnis zwischen einem Arbeitgeber und seinem Angestellten, „Ehe" nennen. Das Bundesverfassungsgericht hat insoweit erklärt, dass der Gesetzgeber die „Strukturprinzipien" dieses Instituts achten müsse, die aus der „außerrechtlichen Lebensordnung" stammten.[197] So hat das Gericht den „Kern" der Ehe beschrieben, der ungeachtet des gesellschaftlichen Wandels derselbe bleibe, und den der Gesetzgeber beachten und schützen solle. In diesem Sinn sei die Ehe „die Vereinigung eines Mannes mit einer Frau zu einer auf Dauer angelegten Lebensgemeinschaft, begründet auf freiem Entschluss unter Mitwirkung des Staates."[198] Lange Zeit hindurch schien das Bundesverfassungsgericht der gleichgeschlechtlichen Ehe mit wenig Wohlwollen begegnen und nicht weiter als bis zur Anerkennung der Lebenspartnerschaft gehen zu wollen.[199] Neueste Entscheidungen hinsichtlich Adoption[200] und Gleichstellung zwischen Ehe und Lebenspartnerschaft[201] deuten aber auf einen ganz anderen Kurs in Karlsruhe hin. In Frankreich hat der Verfassungsrat entschieden, dass die Verfassung, welche die Ehe nicht ausdrücklich erwähnt, die gleichgeschlechtliche Ehe weder verbiete noch einfordere. Es handelt sich nach Auffassung des Verfassungsrates somit um eine Entscheidung, die beim Gesetzgeber und somit letztlich bei der Politik verbleibt.[202] Als das Parlament im Jahr 2013 das Gesetz zur Ermöglichung der Ehe zwischen Personen

60

---

[193] *Pieroth/Schlink/Kingreen/Poscher*, Grundrechte, 29. Aufl. 2013, Rn. 1031; *Epping*, Grundrechte, 5. Aufl. 2012, Rn. 441.
[194] BVerfGE 24, 367 (389).
[195] *Pieroth/Schlink/Kingreen/Poscher*, Grundrechte, 29. Aufl. 2013, Rn. 689; BVerfGE 105, 313 (345) – Lebenspartnerschaftsgesetz.
[196] Vgl. oben, Rn. 49.
[197] BVerfGE 10, 59 (66).
[198] BVerfGE 105, 313 (345).
[199] BVerfGE 105, 315 (346).
[200] BVerfG, 19.2.2013, 1 BvR 3247/09.
[201] BVerfGE 124, 199; BVerfGE 126, 400; BVerfG, 19.6.2012, 2 BvR 1397/09; BVerfG, 18.7.2012, 1 BvL 16/11; BVerfG, 7.5.2013, 2 BvR 909/06.
[202] C.C., 28.1.2011, 2010-92 QPC – Mme Corinne C.

gleichen Geschlechts verabschiedete, erklärte der Verfassungsrat dieses Gesetz für verfassungskonform. Insbesondere hat er die Idee zurückgewiesen, dass die Ehe „natürlicherweise" die Verbindung zwischen einem Mann und einer Frau sei.[203]

3. Leistungsrechte

61 Die Leistungsrechte gehören zum sog. *status positivus*. Sie berechtigen ihre Träger, Leistungen vom Staat einzufordern. Nach *Jellinek* handelt es sich dabei im Wesentlichen um das Recht des Einzelnen, das juristische System zur Befriedigung seiner Interessen zu nutzen.[204] *Jellinek* erwähnte in diesem Zusammenhang auch den Anspruch auf bestimmte Verwaltungsakte, wie etwa die Ausstellung gewisser Dokumente.[205] In dieser Hinsicht wird in der französischen Literatur oft über *droits créances* (Forderungsrechte)[206] gesprochen. Auch findet der Ausdruck *droits à* (Rechte auf etwas) Verwendung, während die Freiheitsrechte demgegenüber *droits de* (Rechte, etwas zu tun) genannt werden.

a) Ein ausführlicherer Katalog in Frankreich

62 Das Recht auf rechtliches Gehör und das daraus folgende Recht, vom Staat zu fordern, dass er die Grundbedingungen für effektive Rechtsbehelfe schafft, ist in Deutschland in Art. 19 Abs. 4 und Art. 103 Abs. 1 GG gewährleistet. In Frankreich erklärte der Verfassungsentwurf vom April 1946, dass „das Gesetz jedermann das Recht zusichert, vor Gericht zu seinem Recht zu kommen." Diese Bestimmung wurde aber weder in die endgültige Präambel von 1946 noch in die Verfassung von 1958 übernommen.[207] Der Verfassungsrat hat dieses Recht aus Art. 16 DDHC abgeleitet.[208]

63 Zahlreiche Leistungsrechte beziehen sich auf den sozialen Bereich. In diesem Punkt sind die französischen Verfassungstexte wesentlich reichhaltiger als das Grundgesetz. Die sozialen Rechte erscheinen im Wesentlichen in der Präambel von 1946 und betreffen die Arbeit, die Gesundheit, die Ruhe, die Freizeit, die Rente, das Schulwesen, die notwendigen Bedingungen zur Entfaltung etc.[209] Demgegenüber

---

[203] C.C., 17.5.2013, 2013-669 DC, Cons. 21 – Loi ouvrant le mariage aux couples de personnes de même sexe.

[204] *Jellinek*, System der subjektiven öffentlichen Rechte, 2. Aufl. 1905, 2. Neudruck 1979, S. 87.

[205] *Jellinek*, a. a. O., S. 128 f.

[206] Diese Bezeichnung ist wohl rückzuführen auf *Rivero*, Les droits de l'homme, catégorie juridique?, in: Cortinaz-Pelaez (Hrsg.), Perspectivas del Derecho Público en la segunda mitad del siglo XX, Homenaje a Enrique Sayagues-Laso, Band 3, 1969, S. 21 (31).

[207] *Favoreu et al.*, Droit des libertés fondamentales, 6. Aufl. 2012, S. 346.

[208] C.C., 23.7.1999, 99-416 DC, Cons. 38 – Couverture maladie universelle; C.C., 19.12.2000, 2000-437 DC, Cons. 44 – Financement de la sécurité sociale pour 2001.

[209] Abs. 5, 10, 11 und 13 der Präambel von 1946.

sind soziale Rechte im Grundgesetz nur in Art. 6 Abs. 4 GG[210] und Art. 5 GG[211] zu finden. Solche Rechte entsprachen nicht der Auffassung, die der Verfassungsgeber von den Grundrechten hatte.[212] Das Grundgesetz sollte normative Grundrechte enthalten. Programmsätze, wie sie in Frankreich seit der DDHC tradiert waren, sollten ausgeschlossen bleiben.[213]

Freilich ist das Konzept der sozialen Rechte auch im Geltungsbereich des Grundgesetzes keine Unbekannte geblieben. Ähnlich wie die allgemeine Handlungsfreiheit für die Freiheitsrechte in Frankreich, kommt für die sozialen Rechte in Deutschland einer allgemeinen Verfassungsbestimmung eine Bedeutung zu, die umgekehrt proportional zur Ausdifferenzierung des Verfassungstexts ist. In Frankreich hat das Sozialstaatsprinzip (Art. 1 CF) in der Praxis nie eine sehr wichtige Funktion erfüllt, da die Präambel von 1946 schon zahlreiche ausdrückliche Bestimmungen enthält.[214] Umgekehrt führt das Schweigen des Grundgesetzes zu einer umfangreichen Rechtsprechung zum Sozialstaatsprinzip (Art. 20 GG).[215] Das Bundesverfassungsgericht schließt zwar aus, dass soziale Leistungsrechte allein aus dieser Bestimmung folgen.[216] Es hat aber entschieden, dass solche Leistungsrechte aus der Verbindung eines Grundrechts mit Art. 20 GG resultieren können.[217]

64

b) Justiziabilität

Sind soziale Rechte einklagbare Grundrechte oder bloße Ziele, die an den Gesetzgeber gerichtet sind? In Frankreich wie in Deutschland herrscht grundsätzlich die zweite Lesart vor: „Leistungsrechte" erfüllen primär eine programmatische Funktion.[218] Der Verfassungsrat hat mehrere Bestimmungen der Präambel von 1946 als „Ziele" behandelt.[219] Ebenso hat das Bundesverfassungsgericht klargestellt, dass

65

---

[210] BVerfGE 32, 272 (277); BVerfGE 60, 68 (74).

[211] BVerfGE 8, 210 (216); BVerfGE 25, 167 (173).

[212] *Meindl*, La notion de droit fondamental dans les jurisprudences et doctrines constitutionnelles françaises et allemandes, 2003, S. 110 f. Vgl. zu den „Grundgedanken" des Herrenchiemsee-Entwurfs auch *Stern*, Das Staatsrecht der Bundesrepublik Deutschland, Band III/1, Allgemeine Lehren der Grundrechte, 1988, § 60, S. 146. Vgl. auch BVerfGE 1, 97 (104).

[213] Vgl. *Bryde*, Programmatik und Normativität der Grundrechte, in: Merten/Papier, Handbuch der Grundrechte, Band 1, 2004, Rn. 5 f.

[214] *Meindl*, La notion de droit fondamental dans les jurisprudences et doctrines constitutionnelles françaises et allemandes, 2003, S. 179.

[215] Zum Sozialstaatsprinzip → *Vilain* § 3 Rn. 155 ff.

[216] BVerfGE 39, 302 (315).

[217] In diese Richtung s. bereits BVerfGE 1, 97 (105).

[218] Vgl. aus der französischen Literatur z. B. *Esmein*, Éléments de droit constitutionnel français et comparé, Neuausgabe der 6. Aufl. 2001 (1914), S. 538; *Rivero*, Les droits de l'homme, catégorie juridique?, in: Cortinaz-Pelaez (Hrsg.), Perspectivas del Derecho Público en la segunda mitad del siglo XX, Homenaje a Enrique Sayagues-Laso, Band 3, 1969, S. 21 (32); *Mathieu/Verpeaux*, Contentieux constitutionnel des droits fondamentaux, 2002, S. 435.

[219] C.C., 10.6.1998, 98-401 DC, Cons. 26 – Réduction du temps de travail (Arbeit); C.C. 12.1.2000, 99-423 DC, Cons. 27 – Réduction négociée du temps de travail (Arbeit, Ruhe, und Freizeit); C.C.

der Staat über die freie Wahl der Mittel zur Verfolgung des Sozialstaatsziels verfüge.[220] Die Leistungsrechte seien also keine subjektiven Rechte im klassischen Sinn. Sogar in dieser Gestaltung entbehren sie aber nicht rechtlicher Wirkungen. So können sie insbesondere die Einschränkung einer Freiheit rechtfertigen. Beispielsweise bildet die Einführung einer Gebühr über leer stehende Wohnungen einen Eingriff in das Recht auf Eigentum, der mit dem verfassungsrechtlichen Ziel gerechtfertigt werden kann, jedem Menschen eine anständige Wohnung zu gewährleisten.[221]

66 Sind soziale Rechte hingegen justiziabel, so kann der Grundrechtsberechtigte vor Gericht eine Verpflichtung des Staats zur Erbringung der Leistung erwirken, falls der Staat nicht in der Lage oder willens sein sollte, die betroffene Leistung zu befriedigen. In mehreren Fällen sind Leistungsrechte in diesem Sinne für justiziabel befunden worden. So kann der Gesetzgeber wählen, das ihm verfassungsrechtlich vorgegebene Ziel so zu verfolgen, dass er es dem Einzelnen ermöglicht, eine Verurteilung des Staats zu erreichen. Nachdem der Verfassungsrat das Recht auf eine anständige Wohnung als *objectif de valeur constitutionnelle*[222] bezeichnet hatte, hat der französische Gesetzgeber ein einklagbares Recht auf eine Wohnung geschaffen.[223] In diesem Fall ist aber die Justiziabilität auf eine Entscheidung des Gesetzgebers zurückzuführen und nicht Ausdruck einer übergesetzlich gewährleisteten „Normativität."

67 Verfassungsrechtliche Leistungsrechte sind unter mehreren Gesichtspunkten aber selbst „normativ". Erstens soll die öffentliche Hand, sobald sie eine soziale Leistung eingerichtet hat, gleichen Zugang für jedermann sichern.[224] Das Verfassungsrecht sichert also den Zugang über das Recht auf Gleichheit ab. In diesem Zusammenhang wird manchmal von derivativen Leistungsrechten oder von Teilhaberechten gesprochen.[225] Zweitens bilden Leistungsrechte justiziable öffentliche Rechte mit beschränktem Inhalt: Ein Arbeitsloser kann zwar nicht gegenüber dem Staat einen Arbeitsplatz auf Grundlage des Rechts auf Arbeit gerichtlich einklagen.

22.1.1990, 89-269 DC, Cons. 26 – Loi portant diverses dispositions relatives à la sécurité sociale et à la santé (Gesundheit); C.C., 18.12.1997, 97-393 DC, Cons. 31 ff. (Zusicherung der zur individuellen und familiären Entfaltung notwendigen Bedingungen).

[220] BVerfGE 22, 180 (204). Vgl. auch BVerfGE 5, 85 (198); BVerfGE 6, 32 (41); BVerfGE 59, 231 (263); BVerfGE 70, 278 (288).

[221] Vgl. C.C., 29.7.1998, 98-403 DC, Cons. 4 – Lutte contre les exclusions; und *Genevois*, La jurisprudence du Conseil constitutionnel, 1988, Rn. 439 ff.; *Meindl*, La notion de droit fondamental dans les jurisprudences et doctrines constitutionnelles françaises et allemandes, 2003, S. 172.

[222] C.C., 19.1.1995, 94-359 DC, Cons. 7 – Diversité de l'habitat. Vgl. auch C.C., 29.7.1998, 98-403 DC, Cons. 4 – Lutte contre les exclusions. Zum Begriff des *objectif de valeur constitutionnelle* vgl. *De Montalivet*, Les objectifs de valeur constitutionnelle, CCC 2006, abrufbar auf www.conseil-constitutionnel.fr.

[223] Gesetz 2007-290 vom 5.3.2007 instituant le droit au logement opposable et portant diverses mesures en faveur de la cohésion sociale.

[224] *Stern*, Das Staatsrecht der Bundesrepublik Deutschland, Band III/1, Allgemeine Lehren der Grundrechte, 1988, § 67, S. 749; *Meindl*, La notion de droit fondamental dans les jurisprudences et doctrines constitutionnelles françaises et allemandes, 2003, S. 193; *Wachsmann*, Libertés publiques, 6. Aufl. 2009, S. 343 f.; C.C., 22.1.1990, 89-269 DC, Cons. 35; BVerfGE 33, 303 (331 f.) – Numerus Clausus; BVerfGE 40, 121 (133 f.).

[225] Vgl. z. B. *Epping*, Grundrechte, 5. Aufl. 2012, Rn. 774.

Dieses Leistungsrecht verbietet jedoch dem Staat ein – freilich sehr unwahrscheinliches – Gesetz zu erlassen, dass die Arbeit völlig untersagen würde. Gleichermaßen verbietet das Recht auf sozialen Schutz ein Gesetz, dass die Altersbeihilfe abschaffen würde.[226]

Diese Idee eines nur ab einer bestimmten Schwelle einklagbaren Leistungsrechts verleiht der Menschenwürde eine wichtige Rolle für die Justiziabilität der sozialen Rechte. Es liegt nicht fern, dass die Menschenwürde bei Fehlen einer anständigen Wohnung, eines Zugangs zu Bildung, kurzum eines wirtschaftlichen und kulturellen Existenzminimums, angetastet wird. Der Schutz der Menschenwürde schließt also „*a minima* Lebensbedingungen" ein.[227] Er macht die sozialen Rechte zu normativen Leistungsrechten, zu einklagbaren Ansprüchen. Diese Bemerkung gilt besonders für Deutschland, aber auch für Frankreich. Dem Bundesverfassungsgericht zufolge verlangt die Verbindung zwischen dem Schutz der Menschenwürde und dem Sozialstaatsprinzip die Gewährleistung eines Minimums an sozialen Leistungen.[228] Das Gericht hat sich dieser Auffassung ab den 1970er Jahren angeschlossen, nachdem es dergleichen zunächst abgelehnt hatte.[229] Vor Kurzem hat es ausdrücklich erklärt, dass sich aus Art. 1 GG in Verbindung mit dem Sozialstaatsprinzip gem. Art. 20 GG „ein Grundrecht auf Gewährleistung eines menschenwürdigen Existenzminimum" ergibt.[230]

68

4. Politische Rechte

Die politischen Rechte sind Ausdruck des sog. *status activus*. Danach erkennt der Staat dem Einzelnen das Recht bzw. die Fähigkeit zu, am staatlichen Gemeinwesen teilzuhaben, insbesondere politisch zu partizipieren.[231] Es handelt sich im Wesentlichen um die Wahlberechtigung (aktives Wahlrecht) und um die Wählbarkeit (passives Wahlrecht.) Beide Verfassungen stellen den Grundsatz des gleichen Wahlrechts auf.[232] Die Wahl muss in Deutschland zudem unmittelbar sein[233], während dies in

69

---

[226] Vgl. C.C., 14.8.2003, 2003-483 DC, Cons. 7. Vgl. auch *Meindl*, La notion de droit fondamental dans les jurisprudences et doctrines constitutionnelles françaises et allemandes, 2003, S. 184.

[227] *Mathieu/Verpeaux*, Contentieux constitutionnel des droits fondamentaux, 2002, S. 522. Vgl. nochmal zum Recht auf anständiger Wohnung: C.C., 19.1.1995, 94-359 DC, Cons. 7 – Diversité de l'habitat. Vgl. auch C.C., 29.7.1998, 98-403 DC, Cons. 4 – Lutte contre les exclusions.

[228] *Meindl*, La notion de droit fondamental dans les jurisprudences et doctrines constitutionnelles françaises et allemandes, 2003, S. 191.

[229] BVerfGE 1, 97 (104).

[230] BVerfGE 125, 175 (222) – Hartz IV. Vgl. *Fercot*, Les contours du droit à un minimum vital conforme à la dignité humaine, RDSS 2010, S. 653; *Seiler*, Das Grundrecht auf ein menschenwürdiges Existenzminimum, JZ 2010, S. 500.

[231] *Jellinek*, System der subjektiven öffentlichen Rechte, 2. Aufl. 1905, 2. Neudruck 1979, S. 87.

[232] Art. 136 GG sieht aber eine Beschränkungsmöglichkeit der Wählbarkeit für Beamte. Zum Wahlrecht allgemein → *Vilain/Wendel* § 4 Rn. 15 ff.

[233] Vgl. BVerfGE 7, 63 (68) – Listenwahl.

Frankreich keine verfassungsrechtliche Verpflichtung ist. Schließlich wird das Geheimnis der Wahl in beiden Verfassungen erwähnt. Dies soll die Freiheit der Wahl gewährleisten, die explizit allerdings nur im Grundgesetz vorgesehen ist.[234]

70   In Deutschland wie in Frankreich ist das (aktive) Wahlrecht allgemein (Art. 3 CF, Art. 38 GG). Jedoch ist der Kreis der Wahlberechtigten beschränkter, als das demokratische Ideal es vermuten lassen könnte. Der Kreis der den Gesetzen Unterworfenen und der Kreis der an der Verabschiedung dieser Gesetze Teilnehmenden sind nämlich nicht deckungsgleich.[235] Außer den Einschränkungen, die sich auf ein Mindestalter beziehen (18 Jahre in beiden Ländern), betrifft die wichtigste Einschränkung Ausländer. Ihnen steht das Recht zur Wahl der Assemblée Nationale bzw. des Bundestages nicht zu. Das Grundgesetz postuliert zwar nicht explizit, dass das Wahlrecht nur den deutschen Staatsangehörigen zustünde. Allerdings geht aus Art. 20 Abs. 2 GG hervor, dass dem Grundgesetz das Prinzip der Volkssouveränität zugrunde liegt. Danach geht „alle Staatsgewalt (…) vom Volke aus." Nach Auffassung des Bundesverfassungsgerichts besteht dieses Volk aber nur aus den deutschen Staatsangehörigen.[236] Das Gericht hat unter Bezugnahme auf Art. 20 Abs. 2 GG dementsprechend auch Ländermaßnahmen, die eine Verbreiterung des Wahlrechts vorsahen, abgelehnt.[237]

71   In Deutschland wie in Frankreich erforderte überdies der Vertrag von Maastricht eine Verfassungsänderung, um das aktive und passive Wahlrecht von Unionsbürgern bei kommunalen Wahlen zu ermöglichen (Art. 88-3 CF, Art. 28 Abs. 1 S. 3 GG). In Frankreich stellte der Conseil constitutionnel die Notwendigkeit einer Verfassungsänderung fest, weil auf Kommunalebene gewählte Vertreter an der Wahl der Senatoren[238] und deshalb an der Ausübung der nationalen Souveränität teilnehmen, die nach der Verfassung den nationalen Bürgern vorbehalten ist.[239]

VI. Gewährleistungsumfang und Beschränkung von Grundrechten

72   Die sehr unterschiedliche Entwicklung der Grundrechtsdogmatik in Deutschland und Frankreich erscheint im Hinblick auf die Rechtfertigung von Grundrechtsbeschränkungen am offensichtlichsten. Das französische System ist durch einen nur

---

[234] *Pieroth/Schlink/Kingreen/Poscher*, Grundrechte, 29. Aufl. 2013, Rn. 1140.
[235] Vgl. *Kelsen*, Wesen und Wert der Demokratie, 1920, S. 31 ff.
[236] BVerfGE 83, 37 (50 f.) – Ausländerwahlrecht I; BVerfGE 83, 60 (71 ff.) – Ausländerwahlrecht II; BVerfGE 123, 267 (341 f., 405 f.) – Lissabon: „Das Wahlrecht … zu den jeweiligen Vertretungskörperschaften oberhalb der Kommunalebene ist weiterhin den eigenen Staatsangehörigen vorbehalten."
[237] BVerfGE 83, 37 (50 f.) – Ausländerwahlrecht I; BVerfGE 83, 60 (71 ff.) – Ausländerwahlrecht II. Vgl. *Beaud*, Le droit de vote des étrangers, RFDA 1992, S. 409.
[238] → *Vilain/Wendel* § 4 Rn. 60 ff.
[239] C.C., 9.4.1992, 92-308 DC, Cons. 26 – Traité de Maastricht.

§ 7 Grundrechte

allgemein gefassten Gesetzesvorbehalt und vergleichsweise lakonische Begründungen des Verfassungsrats gekennzeichnet, mit der die Literatur sich weitgehend begnügt. Deutsche Rechtsprechung und Lehre haben im Gegenteil eine überaus differenzierte Systematisierung der Einschränkungsmöglichkeiten der Grundrechte erarbeitet. Eine Untersuchung zeigt aber, dass sich die Hauptelemente dieser Dogmatik im französischen System wiederfinden lassen, auch wenn sie impliziter und weniger detailliert in Erscheinung treten.

Trotz mancher Variation herrscht in Deutschland eine Grundmethode für die Prüfung der Grundrechtsmäßigkeit vor. Zuerst wird untersucht, ob die umstrittene Maßnahme in den Schutzbereich des Grundrechts fällt. Sodann wird geprüft, ob ein Eingriff in diesen Schutzbereich vorliegt. Schließlich wird geprüft, ob dieser Eingriff gerechtfertigt ist. Schutzbereich, Eingriff und Rechtfertigung bilden darum die drei „Hauptmomente" der folgenden Betrachtung. 73

1. Schutzbereich

Vor der Untersuchung, ob die Einschränkung eines Verhaltens gegen ein Grundrecht verstößt, muss festgestellt werden, ob dieses Verhalten die tatbestandlichen Voraussetzungen des Grundrechts erfüllt. Dieser Schritt der Prüfung wird in der französischen Lehre und Rechtsprechung nicht ausdrücklich genannt, jedoch implizit vorausgesetzt. 74

In der deutschen Literatur wird gelegentlich eine Unterscheidung zwischen dem Schutzbereich und dem „Regelungsbereich" (oder „Lebensbereich") eines Grundrechtsgetroffen. Unter Regelungsbereich wird der Bereich der betroffenen menschlichen Tätigkeit verstanden, während der Schutzbereich rechtlich denjenigen Teil des Regelungsbereichs umgrenzt, der vom Grundrecht gedeckt wird.[240] Beide Bereiche können sich völlig überdecken. Es besteht aber auch die Möglichkeit, dass die Verfassung einen geringeren Schutzbereich festlegt. Eine solche Situation illustriert klassischerweise Art. 8 GG. Sein Regelungsbereich schließt alle Versammlungen ein, während der Schutzbereich nur die friedlichen und unbewaffneten Versammlungen umfasst. 75

In der deutschen Literatur sorgt überdies eine Kontroverse zwischen den Anhängern der klassischen Methode und den Befürworten eines neuen Ansatzes für Aufruhr. So schlagen manche Autoren vor, den Schutzbereich durch einen engeren „Gewährleistungsgehalt" zu ersetzen, der unter Bezugnahme auf die Geschichte und den „Zweck" des Grundrechts begrenzt werden solle.[241] Beispielsweise schütze die Versammlungsfreiheit nicht irgendwelche friedlichen menschlichen 76

---

[240] *Pieroth/Schlink/Kingreen/Poscher*, Grundrechte, 29. Aufl. 2013, Rn. 214.
[241] Vgl. *Böckenförde*, Schutzbereich, Eingriff, verfassungsimmanente Schranken – Zur Kritik an der gegenwärtigen Grundrechtsdogmatik, Der Staat 42 (2003), S. 165 (174 f.). Zu dieser Kontroverse s. auch *Kahl*, Vom weiten Schutzbereich zum engen Gewährleistungsgehalt, Der Staat 43 (2004), S. 167–202; *Hoffmann-Riem*, Grundrechtsanwendung unter Rationalitätsanspruch, Der Staat 43 (2004), S. 203–223.

Ansammlungen, sondern nur Versammlungen, die einen Anspruch darauf haben, eine Meinung mitzuteilen.²⁴² Diese Methode würde es erlauben, bereits bestimmte Verhaltensformen, deren Einschränkung nach herkömmlicher Auffassung zumindest rechtfertigungsbedürftig wäre, schon auf der ersten Stufe der Prüfung vom Grundrechtsschutz auszuschließen. Die Debatte wurde durch bestimmte Entscheidungen des Bundesverfassungsgerichts ausgelöst, die eine solche Vorgehensweise an den Tag gelegt haben.²⁴³ Ob dies wirklich einen neuen Ansatz darstellt, ist fraglich. Festzuhalten bleibt jedenfalls, dass diese Debatte schon durch *Grimms* abweichende Meinung in der „Reiten im Walde"-Entscheidung illustriert wird. *Grimm* zufolge decket die allgemeine Handlungsfreiheit nur bestimmte Verhaltensweisen, die zur Entfaltung der Persönlichkeit wesentlich sind.²⁴⁴ Die Subjektivität einer solchen Vorgehensweise wird von manchen Autoren kritisiert. Es sei nicht die Rolle der Richter zu entscheiden, welches Verhalten zur Entfaltung eines Einzelnen wesentlich ist.²⁴⁵ Manche Autoren sehen also im „Gewährleistungsgehalt" eine kritikwürdige freie Hand für die Richter,²⁴⁶ während andere versichern, dass diese „neue Dogmatik" durch Vermeidung einer Abwägung den Entscheidungsspielraum der Richter gerade einschränke.²⁴⁷ Sicher ist aber, dass die Verringerung des Schutzbereichs mit der Frage, ob das Grundrecht – teleologisch betrachtet – gegen bestimmte staatliche Maßnahmen schützen soll, die Unterscheidung zwischen Schutzbereich, Eingriff und Eingriffsrechtfertigung verwischt.²⁴⁸ Dann liegt die Schlussfolgerung tatsächlich nicht mehr fern, dass „mit der Feststellung der Beeinträchtigung des Schutzbereichs (…) auch die Rechtswidrigkeit fest(steht)."²⁴⁹

2. *Eingriff*

77 Im Allgemeinen wirft die Identifizierung eines Eingriffs keine Schwierigkeiten auf. Ein Eingriff ist stets dann gegeben, „wenn dem Einzelnen ein grundrechtlich geschütztes Verhalten verboten wird",²⁵⁰ wenn der Eingriff also gezielt und final erfolgt. Problematisch kann es aber dann werden, wenn ein staatliches Handeln mittelbar

---

²⁴² Vgl. in dieselbe Richtung bezüglich der „öffentlichen Versammlungen" im Sinn des französischen Gesetzes vom 30.6.1881 über die Versammlungsfreiheit: Die Bemerkungen des Regierungskommissars Michel über C.E., 19.5.1933, D. 1933.3, S. 354 – Benjamin.

²⁴³ BVerfGE 105, 252 (272 f.) – Glykol; BVerfG, 12.7.2001, 1 BvQ 28/01, Rn. 16 – Love Parade.

²⁴⁴ BVerfGE 80, 137 (164 ff.).

²⁴⁵ *Kahl*, Vom weiten Schutzbereich zum engen Gewährleistungsgehalt, Der Staat 43 (2004), S. 167 (185). Vgl. auch *Kube*, Die Elfes-Konstruktion, JuS 2003, S. 111 (112).

²⁴⁶ *Zuck*, Die Reduktion des Schutzgehalts der Grundrechte durch den Ersten Senat, JZ 2008, S. 287 (291).

²⁴⁷ Vgl. Die Nachweise bei *Kahl*, Vom weiten Schutzbereich zum engen Gewährleistungsgehalt, Der Staat 43 (2004), S. 167 (180 f.).

²⁴⁸ Vgl. *Epping*, Grundrechte, 5. Aufl. 2012, Rn. 393 (dort Fn. 32).

²⁴⁹ BVerfGE 105, 252 (273) – Glykol (hier spricht das Bundesverfassungsgericht nicht im Allgemein, sondern für sehr spezifische Fälle.)

²⁵⁰ *Pieroth/Schlink/Kingreen/Poscher*, Grundrechte, 29. Aufl. 2013, Rn. 258.

und vielleicht unbeabsichtigt ein grundrechtsgeschütztes Verhalten beeinträchtigt.[251] Der Bericht einer parlamentarischen Kommission oder die Antwort eines Ministers, der eine Gruppierung als eine „destruktive Sekte" beschreibt, kann der erwähnten Gruppe schaden.[252] Die staatliche Veröffentlichung einer Liste über Weine, in denen eine wenig anziehende Chemikalie gefunden worden war, entfaltet ggf. ungünstige Wirkungen für die benannten Weinerzeuger oder -abfüller.[253] Staatliche Warnungen bilden das Paradigma eines Staatsakts, der nicht unmittelbar auf eine Grundrechtsbeschränkung abzielt, der sie aber als Kollateralschaden auslösen kann.

Der Schutz der Grundrechtsberechtigten vor solchen Fällen hat zur Entwicklung eines erweiterten Eingriffsbegriffs geführt. Ein Staatsakt ist danach anhand der Grundrechte zu messen, auch wenn er den Schutzbereich lediglich durch eine „mittelbar faktische Wirkung" beeinträchtigt.[254] Es kommt also letztlich nur auf die Verkürzung des Schutzbereiches, nicht auf die Qualität der Maßnahme an. In Frankreich wird diese Frage selten auf Verfassungsebene thematisiert.[255] Sie stellt sich aber im Verwaltungsprozessrecht unter dem Gesichtspunkt des Klageinteresses (*intérêt à agir*).[256] Rechtsprechung und Lehre betonen, dass der Antragsteller eine direkte und hinreichend unmittelbare Verletzung seiner Interessen nachweisen soll, damit seine Beschwerde zulässig wird. Diese Voraussetzungen werden aber großzügig gehandhabt. Danach darf die Verletzung nicht zu ungewiss und mittelbar sein.[257] Der erweiterte Eingriffsbegriff sollte somit kein Problem im französischen Recht darstellen.

78

3. Eingriffsrechtfertigung

a) Beschränkungsmöglichkeiten

aa) Einfacher und qualifizierter Gesetzesvorbehalt

In Deutschland wie in Frankreich liegt die Hauptmethode zur Rechtfertigung der Grundrechtsbeschränkungen im Vorbehalt des Gesetzes: Die Beschränkung der Grundrechte ist zunächst dem Gesetzgeber vorbehalten. Hier fließen negativer und

79

---

[251] Vgl. *Epping*, Grundrechte, 5. Aufl. 2012, Rn 392 ff.; *Pieroth/Schlink/Kingreen/Poscher*, Grundrechte, 29. Aufl. 2013, Rn. 252 ff.
[252] Vgl. BVerfGE 105, 279 – Osho.
[253] Vgl. die Tatsachen in BVerfGE 105, 252 – Glykol.
[254] Vgl. BVerfGE 105, 279 (299 ff.) – Osho.
[255] S. aber den Bericht des Conseil d'État über das Verbot des Ganzkörperschleiers, Étude relative aux possibilités juridiques d'interdiction du voile intégral, 2010, S. 22 f. Der Conseil d'État identifiziert einige „mittelbare Eingriffe" in verfassungsrechtlich gewährleistete Rechte. Das Gesetz wurde aber verabschiedet und vom Verfassungsrat in lakonischer Weise bestätigt. C.C., 7.10.2010, 2010-613 DC – Loi interdisant la dissimulation du visage dans l'espace public.
[256] Vgl. *Marsch*, Subjektivierung der gerichtlichen Verwaltungskontrolle in Frankreich, 2011, S. 51 ff.
[257] *Chapus*, Droit du contentieux administratif, 13. Aufl. 2008, Rn. 577.

aktiver Status zusammen: „Der Staat kann die Freiheit und das Eigentum der Bürger nur durch ein Gesetz reglementieren, an dessen Herstellung ihre Vertreter teilnehmen."[258] Der Vorbehalt des Gesetzes heißt indes nicht, dass nur der Gesetzgeber zuständig wäre. Vielmehr muss jeder Eingriff auf ein Gesetz rückführbar sein.[259] Grundrechtseingreifende Gesetzeskonkretisierungen und -anwendungen, etwa durch einen Verwaltungsakt, sind natürlich nicht von vornherein ausgeschlossen. Die klassische Formulierung des Gesetzesvorbehaltes lautet somit, dass das betreffende Recht nur „durch oder auf Grund" eines Gesetzes eingeschränkt werden darf.[260] Bestimmte Grundentscheidungen aber müssen stets durch Parlamentsgesetz erfolgen (Parlamentsvorbehalt). Das bedeutet konkret, dass der Gesetzgeber der Verwaltung keine zu weite oder zu unbestimmte Ermächtigung erteilen darf, in die Grundrechte einzugreifen. Diejenigen Sachfragen und Entscheidungen, die für die Grundrechtsausübung als „wesentlich" zu erachten sind, müssen vielmehr durch ein formelles Gesetz geregelt werden.[261] In Deutschland wird diese „Wesentlichkeitstheorie" vom Bundesverfassungsgericht auf die demokratische Legitimation des Parlaments gestützt.[262] Auch in Frankreich ist es dem Gesetzgeber verwehrt, die „grundlegenden Garantien zur Ausübung [der] Grundrechte" (Art. 34 CF) zu delegieren.[263]

80 Die Verfassung kann sich damit begnügen, einen allgemein gehaltenen Gesetzesvorbehalt vorzusehen (einfacher Gesetzesvorbehalt) oder zusätzlich bestimmte inhaltliche Anforderungen an das Gesetz zu stellen (qualifizierter Gesetzesvorbehalt). Die einfachen Gesetzesvorbehalte bestimmen allein, dass die Einschränkung eines Grundrechts „durch oder auf Grund" eines Gesetzes zu erfolgen hat. Der Gesetzgeber verfügt demnach über einen breiten Entscheidungsspielraum. Insbesondere wird die Einschränkungsmöglichkeit nicht durch die Vorgabe begrenzt, dass die Einschränkung nur einem ganz bestimmten Zweck dienen darf. Der Gesetzgeber ist *prima facie* nicht auf bestimmte Regelungszwecke festgelegt.[264] Qualifizierte Gesetzesvorbehalte schränken die Handlungsfreiheit des Gesetzgebers demgegenüber ein. Eine Grundrechtseinschränkung ist dann von vornherein nur unter Beachtung zusätzlicher Voraussetzungen möglich. Der qualifizierte Gesetzesvorbehalt gibt insoweit konkrete Ziele, Zwecke, Situationen oder Mittel vor, deren Beachtung zur zwingenden Voraussetzung einer Einschränkung wird (was freilich nicht heißt, dass die übrigen Voraussetzungen der Rechtfertigungsprüfung erfüllt sind).[265] Ein derart

---

[258] *Jouanjan*, La théorie allemande des droits fondamentaux, AJDA 1998, Sonderheft, S. 44 (47).

[259] *Epping*, Grundrechte, 5. Aufl. 2012, Rn. 404; *Michael/Morlok*, Grundrechte, 4. Aufl. 2014, Rn. 575 f.

[260] Vgl. z. B. Art. 8 Abs. 2, Art. 11 Abs. 2, Art. 12 Abs. 1 GG; *Epping*, Grundrechte, 5. Aufl. 2012, Rn. 43; *Pieroth/Schlink/Kingreen/Poscher*, Grundrechte, 29. Aufl. 2013, Rn. 264.

[261] Vgl. *Rousseau*, Droit du contentieux constitutionnel, 10. Aufl. 2013, Rn. 135 u. 262; *Michael/Morlok*, Grundrechte, 4. Aufl. 2014, Rn. 578; *Epping*, Grundrechte, 5. Aufl. 2012, Rn. 405. Aus der Rechtsprechung vgl. BVerfGE 88, 103 (116).

[262] Vgl. z. B. BVerfGE 108, 282 (310 f.) – Kopftuch.

[263] C.C., 26.7.1984, 84-173 DC, Cons. 4; C.C., 15.1.1992, 91-304 DC, Cons. 8.

[264] BVerfGE 13, 97 (107).

[265] Vgl. *Pieroth/Schlink/Kingreen/Poscher*, Grundrechte, 29. Aufl. 2013, Rn. 266.

§ 7 Grundrechte

qualifizierter Gesetzesvorbehalt findet sich beispielsweise in Art. 11 Abs. 2 GG, wonach die Freizügigkeit nur für verschiedene Fälle eingeschränkt werden darf, u. a. um strafbaren Handlungen vorzubeugen. Qualifizierte Gesetzvorbehalte sind im deutschen Verfassungsrecht häufiger anzutreffen als im französischen.

Einfache Gesetzesvorbehalte, die im Grundgesetz freilich auch regelmäßig vorkommen,[266] sind die Regel im französischen System der Grundrechte.[267] Gleichwohl muss der Gesetzgeber einige Erfordernisse beachten. Erstens verlangen die französische Verfassung und das Grundgesetz (Art. 19 Abs. 1GG) die Allgemeinheit des Gesetzes: „Es soll für alle gleich sein, mag es beschützen, mag es bestrafen" (Art. 6 DDHC).[268] Dazu darf der Gesetzgeber, wie *Eisenmann* es in Bezug auf die DDHC hervorhob, das Grundrecht zwar beschränken, aber nicht abschaffen. Im Fall eines einfachen Gesetzesvorbehalts genieße „die Freiheit keinen speziellen Schutz, lediglich mit der Ausnahme, dass ein Gesetz sie nicht völlig negieren darf." Darin liege aber nur eine belanglose Einschränkung des Handlungsspielraums des Gesetzgebers.[269]

81

Qualifizierte Gesetzesvorbehalte geben weitere Bedingungen für die gesetzliche Grundrechtsbeschränkung vor. Sie legen fest, dass der Gesetzgeber ein Grundrecht nur einschränken darf, wenn die Ausübung dieses Grundrechts schädliche Konsequenzen – z. B. Eingriffe in bestimmter Rechte oder Rechtsgüter – verursachen könnte. Im Grundgesetz sind solche Bestimmungen häufig.[270] In Frankreich errichtet Art. 4 DDHC einen sehr breit gefassten, aber trotzdem qualifizierten Gesetzesvorbehalt. Die Freiheit darf nur begrenzt werden, um die Rechte Anderer zu schützen. In diesem Sinne stellt auch Art. 5 DDHC einen qualifizierten Gesetzesvorbehalt auf, der für die Einschränkung aller Grundrechte gilt: Durch Gesetz dürfen nur Handlungen verboten werden, „die der Gesellschaft schädlich sind."

82

Es wird also offensichtlich, dass ein qualifizierter Gesetzesvorbehalt mehr oder weniger qualifiziert bzw. mehr oder weniger begrenzend wirken kann. Im Allgemeinen kann man Folgendes festhalten: Je breiter der Schutzbereich eines Grundrechts ist, desto weitgehender sind seine Einschränkungsmöglichkeiten.[271] So kennt die allgemeine Handlungsfreiheit weite Begrenzungsmöglichkeiten. Sie wird von einem sehr schwach qualifizierten oder sogar einfachen Gesetzesvorbehalt begleitet.[272] Wenn ein Grundrecht einen einfachen oder schwach qualifizierten

83

---

[266] Vgl. Art. 2 Abs. 2 S. 3, Art. 8 Abs. 2, Art. 10 Abs. 2 S. 1, Art. 12 Abs. 1 S. 2 GG.

[267] Vgl. z. B. Art. 11 DDHC, Abs. 7 Präambel von 1946.

[268] Offizielle Übersetzung, www.conseil-constitutionnel.fr.

[269] *Eisenmann*, La justice constitutionnelle et la Haute Cour constitutionnelle d'Autriche, 1928, S. 99.

[270] Vgl. z. B. Art. 5 Abs. 2, Art. 10 Abs. 2 S. 2, Art. 11 Abs. 2, Art. 13 Abs. 7 GG.

[271] Vgl. in diesem Sinne *Pieroth/Schlink/Kingreen/Poscher*, Grundrechte, 29. Aufl. 2013, Rn. 408 (die „Ausweitung der Schranke ist eine Folge der Ausweitung des Schutzbereichs"); *Murswiek*, Art. 2 GG, in: Sachs (Hrsg.), Grundgesetz Kommentar, 5. Aufl. 2009, Rn 89; *Epping*, Grundrechte, 5. Aufl. 2012, Rn. 576.

[272] Vgl. Art. 4 DDHC (Rechte anderer); Art. 2 Abs. 1 GG (verfassungsmäßige Ordnung, Rechte anderer, Sittengesetz). Die „verfassungsmäßige Ordnung" im Art. 2 GG wird als die Gesamtheit der Normen verstanden, die mit der Verfassung im Einklang stehen. Vgl. BVerfGE 6, 32 (38 f.)

Gesetzesvorbehalt enthält, verfügt der Gesetzgeber über einen breiten Handlungsspielraum zur Grundrechtsbeschränkung. Dies ist allerdings auch dann der Fall, wenn ein Grundrecht überhaupt keine Einschränkungsmöglichkeit vorsieht.

bb) Verfassungsimmanente Schranken

84 Im Gegensatz zur französischen Verfassung legt das Grundgesetz keinen allgemeinen Gesetzesvorbehalt fest, der auf die Beschränkung aller Grundrechte anwendbar wäre. Die Einschränkungsmöglichkeiten sind spezifisch für alle Grundrechte vorgesehen. Nun fehlt eine solche Bestimmung für manche Grundrechte (sog. „vorbehaltlose Grundrechte"). Das ist zum Beispiel der Fall bei der Kunst- und Wissenschaftsfreiheit (Art. 5 Abs. 3 GG). Das Bundesverfassungsgericht hat jedoch entschieden, dass die vorbehaltlosen Grundrechte dennoch beschränkt werden können, wenn ihre Ausübung in Konflikt mit anderen Grundrechten oder verfassungsrechtlich geschützten Interessen treten.[273] Diese Einschränkungsbefugnisse werden in Deutschland als „verfassungsimmanente Schranken" bezeichnet.[274]

85 Infolgedessen genießen „vorbehaltlos" gewährleistete Grundrechte (z. B. Kunst und Wissenschaft) nicht unbedingt einen intensiveren Schutz als andere Grundrechte (z. B. Meinungsfreiheit). Der Unterschied bezieht sich vor allem auf die Methodik der Rechtfertigungsprüfung. Die Beschränkung einer wissenschaftlichen Betätigung kann nur dann gerechtfertigt sein, wenn sie dem Schutz eines kollidierenden Rechtsguts von Verfassungsrang dient. Demgegenüber muss eine Beschränkung der Meinungsfreiheit der Schrankentrias von Art. 5 Abs. 2 GG (allgemeine Gesetze, Schutz der persönlichen Ehre und der Jugend) genügen. Da sich das Bundesverfassungsgericht aber großzügig bei der Identifizierung von Rechtgütern von Verfassungsrang gezeigt hat, lässt sich fragen, ob Art. 5 Abs. 3 GG wirklich einen intensiveren Schutz als Art. 5 Abs. 1 und 2 GG bietet.[275]

86 Auch in Frankreich darf ein Grundrecht eingeschränkt werden, wenn seine Ausübung ein anderes Grundrecht berührt. Dies scheint ausdrücklich in Art. 4 DDHC niedergelegt zu sein. Der Verfassungsrat nimmt aber auch an, dass ein Grundrecht beschränkt werden kann, wenn die Grundrechtsbetätigung einen „Grundsatz von Verfassungsrang" zu verletzen droht: Der Gesetzgeber darf dann das Grundrecht „mit anderen Regeln oder Grundsätzen von Verfassungsrang abwägen."[276] In ähnlicher Weise erklärt der Verfassungsrat oft, dass der Gesetzgeber die Grundrechte

---

– Elfes. Diese Schrankenmöglichkeit kann deshalb mit der absolut h. M. als ein einfacher Gesetzesvorbehalt beschrieben werden: *Pieroth/Schlink*, Grundrechte, Rn. 383; *Murswieck*, Art. 2 GG, in: Sachs (Hrsg.), Grundgesetz Kommentar, 5. Aufl. 2009, Rn 90; *Epping*, Grundrechte, 5. Aufl. 2012, Rn. 575.

[273] BVerfGE 30, 173 (193) – Mephisto. Vgl. auch schon im Jahre 1954 BVerwGE 1, 303 – Sünderin.

[274] Vgl. z. B. *Dreier*, Vorbemerkungen vor Art. 1 GG, in: Dreier (Hrsg.), GG I, 2. Aufl. 2004, Rn. 139 ff.

[275] Vgl. *Pieroth/Schlink/Kingreen/Poscher*, Grundrechte, 29. Aufl. 2013, Rn. 345.

[276] C.C., 11.10.1984, 84-181 DC, Cons. 37 – Entreprises de presse; st. Rspr.

§ 7 Grundrechte

mit den „Zielen von Verfassungsrang" vereinbaren soll.[277] Ein Autor beschreibt diese *objectifs de valeur constitutionnelle* (Ziele von Verfassungsrang) als „dem Gesetzgeber von der Verfassung zugeordnete Ziele, die die objektiven Effektivitätsbedingungen der Grundrechte sind. Sie dienen weniger der Einschränkung als dem Schutz der Grundrechte."[278] Die Beschränkung eines Grundrechts durch ein „Ziel von Verfassungsrang" nähert sich also dem Fall einer Grundrechtskollision an.

b) Schranken-Schranken

Wenn der Gesetzgeber ein Grundrecht beschränken will, genügt es nicht, im Rahmen einer Einschränkungserlaubnis zu handeln. Die Verfassung kann Schranken-Schranken einrichten, also zusätzliche Voraussetzungen, die vom Gesetzgeber beachtet werden sollen.

87

aa) Verhältnismäßigkeit

Eine wesentliche Rolle in der Rechtfertigungsprüfung spielt der Grundsatz der Verhältnismäßigkeit. Es reicht also nicht, dass das Grundrecht durch ein (ggf. qualifiziertes) Gesetz eingeschränkt worden ist. Vielmehr ist der grundrechtliche Vorbehalt des Gesetzes zum grundrechtlichen Vorbehalt des verhältnismäßigen Gesetzes geworden.[279]

88

Die Rechtsprechung und Lehre in Deutschland zerlegen das Erfordernis der Verhältnismäßigkeit in mehrere Bestandteile.[280] Erstens muss der Eingriff ein legitimes Ziel verfolgen.[281] Diese Frage kann, wie gesehen, bereits im Rahmen der Schrankenqualifikation relevant werden.[282] Um verhältnismäßig zu sein, muss der Eingriff zweitens zur Erreichung seines „Zwecks" geeignet sein (Geeignetheit). Das ist der Fall, wenn der Einsatz des Mittels die Erreichung des legitimen Zwecks fördert.

89

---

[277] Diese ständige Rechtsprechung beginnt mit C.C. 27.7.1982, 82-141 DC, Cons. 5 – Loi sur la communication audiovisuelle: „Es ist die Aufgabe des Gesetzgebers, die Ausübung der im Art. 11 DDHC vorgesehenen Kommunikationsfreiheit mit den Zielen von Verfassungsrang – der Schutz der öffentlichen Ordnung, die Achtung der Freiheit anderer, und die Erhaltung der Pluralität der soziokulturellen Medien – zu vereinbaren." Anzumerken ist, dass die Beschränkung der Kommunikationsfreiheit zum Schutz der öffentlichen Ordnung oder zum Schutz der Freiheit anderer jeweils einen Gesetzesvorbehalt darstellt, der durch die DDHC vorgesehen wird.

[278] *De Montalivet*, Les objectifs de valeur constitutionnelle, CCC 2006, abrufbar auf www.conseil-constitutionnel.fr.

[279] *Pieroth/Schlink/Kingreen/Poscher*, Grundrechte, 29. Aufl. 2013, Rn. 280.

[280] Vgl. *Pieroth/Schlink/Kingreen/Poscher*, Grundrechte, 29. Aufl. 2013, Rn. 289. Für eine ausführliche Prüfung der Verhältnismäßigkeit vgl. aus der Rechtsprechung exemplarisch BVerfGE 90, 145 (172 f.) – Cannabis.

[281] Vgl. z. B. *Pieroth/Schlink/Kingreen/Poscher*, Grundrechte, 29. Aufl. 2013, Rn. 289; *Epping*, Grundrechte, 5. Aufl. 2012, Rn. 50.

[282] Vgl. oben, Rn. 80.

Drittens muss der Eingriff erforderlich sein (Erforderlichkeit). Das heißt, dass derselbe „Zweck" nicht durch Einsatz eines milderen, aber gleichermaßen geeigneten Mittels erreicht werden kann. „Unter mehreren Mitteln mit gleicher Erfolgseignung muss dasjenige gewählt werden, das die geringste Eingriffsintensität aufweist."[283] Statt eine Versammlung wegen eines Ausschreitungsrisikos gänzlich zu verbieten, kann der Staat dem Veranstalter etwa Auflagen erteilen, wenn dies verspricht, Gewalt hinreichend effektiv zu vermeiden.[284] Viertens muss der Eingriff „verhältnismäßig im engeren Sinne" sein (Angemessenheit). Je schwerwiegender der Eingriff ist, umso wichtiger muss das Ziel sein, um einen Eingriff zu rechtfertigen.[285] Dieses vierte Element verlangt also im Kern eine Abwägung verschiedener Rechtsgüter. Das Bundesverfassungsgericht und ein ganz überwiegender Teil der Lehre meinen, dass es in die Zuständigkeit des Richters falle, die Abwägung zwischen den Rechtsgütern im Rahmen der Verhältnismäßigkeitsprüfung vorzunehmen.[286] Dies ist freilich nicht unumstritten, erlaubt es doch dem Verfassungsrichter, durch das Instrument der Abwägung über grundlegende Fragen der Allgemeinheit mitzuentscheiden und damit seinen Einflussbereich auszuweiten. Insoweit wird vor dem Hintergrund der Gewaltenteilung nicht zu Unrecht kritisiert, dass die „Abwägung" ein subjektiv gefärbter Vorgang sei, der dem Bereich des genuin Politischen angehöre und in die Zuständigkeit des Gesetzgebers falle.[287]

90   Die Rezeption der Verhältnismäßigkeitsprüfung durch den Verfassungsrat könnte insoweit zur Entwicklung dieses Organs beitragen. So erklärt nunmehr der Conseil constitutionnel, dass „die Eingriffe in (die Meinungsfreiheit) in Bezug auf das verfolgte Ziel notwendig, geeignet und verhältnismäßig sein müssen."[288] Diese Voraussetzungen werden in der Rechtsprechung zur Meinungsfreiheit dann aber nicht konsequent angewendet. Die drei Bedingungen werden überdies auch in Fällen von Freiheitsentzug genannt, in deren Rahmen ihre Prüfung etwas weiter entwickelter ist.[289] Im Allgemeinen handelt es sich aber bis dato bei der „Prüfung" der Verhältnismäßigkeit durch den Verfassungsrat eher um die Nennung einiger Schlagwörter als um eine richtige Methode zur Kontrolle der Verfassungsmäßigkeit.

---

[283] *Epping*, Grundrechte, 5. Aufl. 2012, Rn. 55.
[284] Vgl. z. B. BVerfGE 69, 315 (353) – Brokdorf.
[285] *Epping*, Grundrechte, 5. Aufl. 2012, Rn. 57.
[286] Vgl. z. B. BVerfGE 7, 198 (210) – Lüth; *Epping*, Grundrechte, 5. Aufl. 2012, Rn. 57.
[287] *Pieroth/Schlink/Kingreen/Poscher*, Grundrechte, 29. Aufl. 2013, Rn. 303; *Schlink* in Badura/ Dreier (Hrsg.), Festschrift 50 Jahre Bundesverfassungsgericht, Band 2, S. 445 (460 ff.).
[288] C.C., 10.6.2009, n° 2009-580 DC, Cons. 15 (offizielle Übersetzung). Vgl. auch C.C., 28.5.2010, 2010-3 QPC, Cons. 6; C.C., 20.5.2011, 2011-131 QPC, Cons. 3; C.C., 28.2.2012, 2012-647 DC, Cons. 5.
[289] C.C., 21.2.2008, 2008-562 DC, Cons. 13 ff. – Rétention de sûreté (Sicherheitsverwahrung); C.C., 26.11.2010, 2010-71 QPC, Cons. 16 ff. – Hospitalisation sans consentement (Unterbringung in einem Krankenhaus ohne Einwilligung); C.C., 8.6.2012, 2012-253 QPC, Cons. 4 ff. – Ivresse publique (Trunkenheit in der Öffentlichkeit).

bb) Wesensgehalt

Art. 19 Abs. 2 GG erklärt ausdrücklich, dass der Wesensgehalt eines Grundrechts 91
nicht angetastet werden darf. Über den Sinn dieses Begriffs des „Wesensgehalts"
herrscht freilich keine Einigkeit. Der grundlegende Gedanke ist, dass immer ein
Kern des Grundrechts erhalten bleiben soll. Deswegen existiert ein Minimum,
welches der Gesetzgeber nicht berühren darf. Art. 19 Abs. 2 GG verbietet also die
gröbsten Verstöße gegen die Grundrechte. Man darf vermuten, dass die praktische
Bedeutung vom Art. 19 Abs. 2 GG gering bleiben wird.[290]

In Frankreich hat *Vedel* aus dem einfachen Gesetzesvorbehalt einen ähnlichen 92
Schutz des Wesensgehalts der Grundrechte abgeleitet. Ein Gesetz, das ein Grundrecht abschaffen würde, erklärte er in Anknüpfung an *Eisenmann*, verstieße gegen
den Gesetzesvorbehalt. Aber so würde auch ein übertriebener gesetzlicher Eingriff in ein Grundrecht gegen den Gesetzesvorbehalt verstoßen. Deshalb solle der
Richter dazu gebracht werden, eine Mindestschwelle zu setzen, unterhalb derer der
Gesetzgeber nicht eingreifen dürfe.[291] Der Unterschied zwischen dem Wesensgehalt und der Existenz des Grundrechts wäre demnach gering: Ein Eingriff in den
Wesensgehalt käme einem Abschaffungsversuch des Grundrechts gleich. In diesem
Sinne erklärt der Verfassungsrat, dass die Einschränkungen eines Grundrechts weder seine gesetzliche Gewährleistung entziehen[292] noch seine „Trag- bzw. Reichweite verzerren"[293] dürfen.[294]

In der französischen Lehre hat sich zuweilen eine Verwechslung zwischen dem 93
Schutz des Wesensgehalts und einem anderen, vom Verfassungsrat anlässlich seltener Gelegenheiten erwähnten, Erfordernis entwickelt. Diese andere Anforderung
ist als *effet cliquet* (auf Deutsch etwas sperrig „Ratschen-" oder „Sperrklinkeneffekt") bekannt, ein Begriff, der *Favoreu* zugeschrieben wird. So hat der Verfassungsrat vereinzelt erklärt, dass der Gesetzgeber bezüglich mancher Grundrechte
nur handeln darf, um sie entweder mit kollidierenden Grundrechten zu vereinbaren
oder, um ihre Ausübung „effektiver" zu machen.[295] Anders gesagt, der Gesetzgeber
dürfe in Ermangelung einer Kollision mit einem anderen Grundrecht die rechtliche

---

[290] *Sachs*, Art. 19, in: Sachs (Hrsg.), Grundgesetz Kommentar, 5. Aufl. 2009, Rn. 46.

[291] *Vedel*, Avant-propos, in: Eisenmann, La justice constitutionnelle et la Haute Cour constitutionnelle d'Autriche, Neuaufl. 1986, S. XIII.

[292] Vgl. z. B. C.C., 29.7.1986, 86-210 DC, Cons. 2; C.C., 18.12.1998, 98-404 DC, Cons. 5; C.C., 29.12.2005, 2005-530 DC, Cons. 45. Vgl. *Mathieu/Verpeaux*, Contentieux constitutionnel des droits fondamentaux, 2002, S. 498.

[293] Vgl. z. B. zur unternehmerischen Freiheit: C.C., 4.7.1989, 89-254 DC, Cons. 5; C.C., 10.6.1998, 98-401 DC, Cons. 26; C.C., 13.1.2000, 99-423 DC, Cons. 27. Der Verfassungsrat hat diese Rechtsprechung aufgegeben, die jeden Eingriff zu erlauben schien, solange der Wesensgehalt unangetastet blieb. Nunmehr verlangt er, dass der Eingriff nicht unverhältnismäßig sein darf. Vgl. C.C., 27.7.2000, 2000-433 DC, Cons. 40; C.C., 7.12.2000, 2000-436 DC, Cons. 20; C.C., 16.1.2001, 2000-439 DC, Cons. 13.

[294] Eine Parallele zwischen dieser zweiten Formel und dem Schutz des Wesensgehalts ziehen *Favoreu et al.*, Droit des libertés fondamentales, 6. Aufl. 2012, Rn. 203 f.

[295] C.C., 11.10.1984, 84-181 DC, Cons. 37 – Entreprises de presse; C.C., 29.7.1994, 94-345 DC, Cons. 5 – Loi relative à l'emploi de la langue française.

Gestaltung des in Rede stehenden Grundrechts nur ändern, um diesem Grundrecht mehr Schutz zu verschaffen. Diese sehr problematische Rechtsprechung[296] wurde aufgegeben bzw. hat sich nie durchsetzen können.[297] Einen Sperrklinkeneffekt gibt es nicht; es existiert nur, wie später und zutreffender von *Favoreu* betont, ein Artischockeneffekt. Danach darf der Gesetzgeber Blatt für Blatt den gesetzlichen Schutz eines Grundrechts verringern, nicht aber sein Herz antasten.[298]

94 Vielleicht lohnt es sich, am Ende dieses Kapitels nochmals zu betonen, dass vorliegend keinesfalls zum Ausdruck kommen soll, dass die Grundrechte in Frankreich weniger geschützt und beachtet würden als in Deutschland. Erstens ist die effektive Wahrung der Freiheiten in einem Land keinesfalls allein abhängig von der juristischen Organisation ihres Schutzes; zweitens wird der Schutz der Freiheiten in Frankreich auch durch andere Rechtsmittel gesichert.[299] Unbestreitbar ist aber, dass die französischen Juristen, die jetzt überwiegend und vielleicht durch das deutsche Beispiel beeinflusst, über verfassungsrechtliche Grundrechte reden, noch weit entfernt vom dogmatischen Entwicklungsstadium des deutschen Modells sind. In Anbetracht des Rechtsprechungspositivismus der französischen Verfassungsrechtslehre ist anzunehmen, dass die Entwicklung einer veritablen französischen Grundrechtsdogmatik ohne Anstoß seitens des Verfassungsrats nur schwerlich beginnen kann. Dies aber wiederum bleibt ohne einen Wandel in der Besetzung und dem Selbstverständnis des Conseil constitutionnel sehr unwahrscheinlich.[300] Vielleicht ist dann die Rechtsvergleichung der einzig verbleibende Weg.

VII. Verfassungstexte in Auszügen

1. *Auszüge aus der Verfassung der V. Republik (1958)*

Préambule Le peuple français proclame solennellement son attachement aux Droits de l'homme et aux principes de la souveraineté nationale tels qu'ils ont été définis par la Déclaration de 1789, confirmée et complétée par le préambule de

---

[296] Vgl. *Mazeaud*, La place des considérations extra-juridiques dans l'exercice du contrôle de constitutionnalité, 2005, abrufbar unter www.conseil-constitutionnel.fr.

[297] Vgl. schon C.C., 29.7.1986, 86-210 DC, Cons. 17. Vgl. auch *Schoettl*, La nouvelle législation relative à l'interruption volontaire de grossesse, LPA 10.7.2001, S. 25; *Meindl*, La notion de droit fondamental dans les jurisprudences et doctrines constitutionnelles françaises et allemandes, 2003, S. 81; *Chagnollaud*, Les nouvelles enquêtes de Sherlock Holmes et le mystère de l'effet-cliquet, LPA 23.2.2004, S. 3.

[298] *Favoreu*, in: Conseil constitutionnel, La Déclaration des droits de l'homme et du citoyen et la jurisprudence, 1989, S. 138. Hier beschrieb *Favoreu* das Eigentumsrecht als ein „Artischockenrecht."

[299] Ausführlich zu diesen zwei Aspekten, *Weil*, Les techniques de protection des libertés publiques en droit français, in: Université de Lausanne (Hrsg.), Mélanges Marcel Bridel, 1968, S. 609 ff.

[300] → *Marsch* § 6 Rn. 22 f.

la Constitution de 1946, ainsi qu'aux droits et devoirs définis dans la Charte de l'environnement de 2004. (…)

Article 34 La loi fixe les règles concernant les droits civiques et les garanties fondamentales accordées aux citoyens pour l'exercice des libertés publiques; la liberté, le pluralisme et l'indépendance des médias (…)

2. Erklärung der Menschen- und Bürgerrechte

Article 2 Le but de toute association politique est la conservation des droits naturels et imprescriptibles de l'homme. Ces droits sont la liberté, la propriété, la sûreté et la résistance à l'oppression.

Article 4 La liberté consiste à pouvoir faire tout ce qui ne nuit pas à autrui: ainsi l'exercice des droits naturels de chaque homme n'a de bornes que celles qui assurent aux autres Membres de la Société, la jouissance de ces mêmes droits. Ces bornes ne peuvent être déterminées que par la Loi.

Article 5 La Loi n'a le droit de défendre que les actions nuisibles à la Société. Tout ce qui n'est pas défendu par la Loi ne peut être empêché, et nul ne peut être contraint à faire ce qu'elle n'ordonne pas.

Article 10 Nul ne doit être inquiété pour ses opinions, même religieuses, pourvu que leur manifestation ne trouble pas l'ordre public établi par la Loi.

Article 11 La libre communication des pensées et des opinions est un des droits les plus précieux de l'Homme: tout Citoyen peut donc parler, écrire, imprimer librement, sauf à répondre de l'abus de cette liberté, dans les cas déterminés par la Loi.

3. Präambel der Verfassung der IV. Republik (1946)

Alinéa 1 Au lendemain de la victoire remportée par les peuples libres sur les régimes qui ont tenté d'asservir et de dégrader la personne humaine, le peuple français proclame à nouveau que tout être humain, sans distinction de race, de religion ni de croyance, possède des droits inaliénables et sacrés. Il réaffirme solennellement les droits et libertés de l'homme et du citoyen consacrés par la Déclaration des droits de 1789 et les principes fondamentaux reconnus par les lois de la République.

Alinéa 10 La Nation assure à l'individu et à la famille les conditions nécessaires à leur développement.

Alinéa 11 Elle garantit à tous, notamment à l'enfant, à la mère et aux vieux travailleurs, la protection de la santé, la sécurité matérielle, le repos et les loisirs. Tout être humain qui, en raison de son âge, de son état physique ou mental, de la situation économique, se trouve dans l'incapacité de travailler a le droit d'obtenir de la collectivité des moyens convenables d'existence.

4. *Auszüge aus dem Grundgesetz der Bundesrepublik Deutschland (1949)*

Artikel 1 (1) Die Würde des Menschen ist unantastbar. Sie zu achten und zu schützen ist Verpflichtung aller staatlichen Gewalt. (...)
 (3) Die nachfolgenden Grundrechte binden Gesetzgebung, vollziehende Gewalt und Rechtsprechung als unmittelbar geltendes Recht.

Artikel 2 (1) Jeder hat das Recht auf die freie Entfaltung seiner Persönlichkeit, soweit er nicht die Rechte anderer verletzt und nicht gegen die verfassungsmäßige Ordnung oder das Sittengesetz verstößt.
 (2) Jeder hat das Recht auf Leben und körperliche Unversehrtheit. Die Freiheit der Person ist unverletzlich. In diese Rechte darf nur auf Grund eines Gesetzes eingegriffen werden.

Artikel 5 (1) Jeder hat das Recht, seine Meinung in Wort, Schrift und Bild frei zu äußern und zu verbreiten und sich aus allgemein zugänglichen Quellen ungehindert zu unterrichten. Die Pressefreiheit und die Freiheit der Berichterstattung durch Rundfunk und Film werden gewährleistet. Eine Zensur findet nicht statt.
 (2) Diese Rechte finden ihre Schranken in den Vorschriften der allgemeinen Gesetze, den gesetzlichen Bestimmungen zum Schutze der Jugend und in dem Recht der persönlichen Ehre.
 (3) Kunst und Wissenschaft, Forschung und Lehre sind frei. Die Freiheit der Lehre entbindet nicht von der Treue zur Verfassung.

Artikel 19 (1) Soweit nach diesem Grundgesetz ein Grundrecht durch Gesetz oder auf Grund eines Gesetzes eingeschränkt werden kann, muß das Gesetz allgemein und nicht nur für den Einzelfall gelten. Außerdem muß das Gesetz das Grundrecht unter Angabe des Artikels nennen.
 (2) In keinem Falle darf ein Grundrecht in seinem Wesensgehalt angetastet werden.
 (3) Die Grundrechte gelten auch für inländische juristische Personen, soweit sie ihrem Wesen nach auf diese anwendbar sind.

(4) Wird jemand durch die öffentliche Gewalt in seinen Rechten verletzt, so steht ihm der Rechtsweg offen. Soweit eine andere Zuständigkeit nicht begründet ist, ist der ordentliche Rechtsweg gegeben. Artikel 10 Abs. 2 Satz 2 bleibt unberührt.

Ausgewählte Literatur

Böckenförde, Ernst-Wolfgang, Schutzbereich, Eingriff, verfassungsimmanente Schranken, Zur Kritik gegenwärtiger Grundrechtsdogmatik, Der Staat 42 (2003), S. 165–192.
Capitant, David, Les effets juridiques des droits fondamentaux en Allemagne, Paris 2001 (LGDJ).
Champeil-Desplats, Véronique, Des „libertés publiques" aux „droits fondamentaux": effets et enjeux d'un changement de dénomination, Jus Politicum 5 (Dezember 2010), S. 1–16.
Champeil-Desplats, Véronique, „La théorie générale de l'État est aussi une théorie des libertés fondamentales", Jus Politicum 8 (September 2012), S. 1–25.
Champeil-Desplats, Véronique, Le Conseil constitutionnel a-t-il une conception des libertés publiques?, Jus Politicum, 7 (März 2012), S. 1–22.
Classen, Claus D., § 187 Französischer Einfluß auf die Grundrechtsentwicklung in Deutschland, in: Isensee/Kirchhof, Handbuch des Staatsrechts IX, 3. Aufl., Heidelberg 2011 (C.F. Müller), S. 153–181.
Denquin, Jean-Marie, La jurisprudence du Conseil constitutionnel: grandeur ou décadence du droit constitutionnel?, Jus Politicum 7 (März 2012), S. 1–14.
Epping, Volker, Grundrechte, 6. Aufl., Berlin 2014 (Springer).
Favoreu, Louis, La constitutionnalisation du droit, in: L'unité du droit, Mélanges en hommage à Roland Drago, 1996, S. 25–42.
Favoreu, Louis et al., Droit des libertés fondamentales, 6. Aufl., Paris 2012 (Dalloz).
Fromont, Michel, Les droits fondamentaux dans l'ordre juridique de la République fédérale d'Allemagne, in: Recueil d'études en hommage à Charles Eisenmann, Paris 1965 (Cujas), S. 49–64.
Isensee, Josef, Das Grundrecht als Abwehrrecht und als staatliche Schutzpflicht, in: Isensee/Kirchhof (Hrsg.), Handbuch des Staatsrechts der Bundesrepublik Deutschland, Band 9: Allgemeine Grundrechtslehren, 3. Aufl., Heidelberg 2011 (C.F. Müller), S. 413–568.
Jellinek, Georg, System der subjektiven öffentlichen Rechte, 2. Aufl. 1905, 2. Neudruck, Tübingen 1979 (Mohr Siebeck).
Jestaedt, Matthias, Phänomen Bundesverfassungsgericht. Was das Gericht zu dem macht, was es ist, in: Jestaedt et al., Das entgrenzte Gericht, Berlin 2011 (Suhrkamp), S. 77–157.
Jouanjan, Olivier, La théorie allemande des droits fondamentaux, AJDA 1998, Sonderheft, S. 44–51.
Jouanjan, Olivier, Conseil constitutionnel und Bundesverfassungsgericht, in: Stolleis (Hrsg.), Herzkammern der Republik, München 2011 (C.H. Beck), S. 137–147.
Jouanjan, Olivier, Une origine des „droits fondamentaux" en Allemagne: le moment 1848, RDP 2012, S. 766–784.
Kube, Hanno, Die Elfes-Konstruktion, JuS 2003, S. 111–118.
Mathieu, Bertrand/Verpeaux, Michel, Contentieux constitutionnel des droits fondamentaux, Paris 2002 (LGDJ).
Meindl, Thomas, La notion de droit fondamental dans les jurisprudences et doctrines constitutionnelles françaises et allemandes, Paris 2003 (LGDJ).
Michael, Lothar/Morlok, Martin, Grundrechte, 4. Aufl., Baden-Baden 2014 (Nomos).
Oberdorff, Henri, Droits de l'homme et libertés fondamentales, 3. Aufl., Baden-Baden 2011 (Nomos).
Pfersmann, Otto, Le droit comparé comme interprétation et comme théorie du droit, RIDC 2001, S. 275–288.
Pieroth, Bodo/Schlink, Bernhard/Kingreen, Thorsten/Poscher, Ralf, Grundrechte Staatsrecht II, 30. Aufl., Heidelberg 2014 (C.F. Müller).

Rivero, Jean, Les droits de l'homme, catégorie juridique?, in: Cortinaz-Pelaez (Hrsg.), Perspectivas del Derecho Público en la segunda mitad del siglo XX, Homenaje a Enrique Sayagues-Laso, Band 3, Madrid 1969, S. 21–40.

ders., Idéologies et techniques dans le droit des libertés publiques, in: Histoire des idées et idées sur l'histoire, Études offertes à Jean-Jacques Chevallier, Paris 1977 (Cujas), S. 247–258.

Rousseau, Dominique, Droit du contentieux constitutionnel, 10. Aufl., Paris 2013 (LGDJ).

Sachs, Michael (Hrsg.), Grundgesetz Kommentar, 5. Aufl., München 2009 (C.H. Beck).

Schlink, Bernhard, Die Entthronung der Staatsrechtswissenschaft durch die Verfassungsgerichtsbarkeit, Der Staat, Berlin 1989 (Duncker & Humblot), S. 161–172.

Stern, Klaus, Das Staatsrecht der Bundesrepublik Deutschland, Band III/1, Allgemeine Lehren der Grundrechte, München 1988 (C.H. Beck).

Stern, Klaus, Idee und Elemente eines Systems der Grundrechte, in: Isensee/Kirchhof (Hrsg.), Handbuch des Staatsrechts der Bundesrepublik Deutschland, Band 9: Allgemeine Grundrechtslehren, 3. Aufl., Heidelberg 2011 (C.F. Müller), S. 57–120.

Wachsmann, Patrick, Libertés publiques, 6. Aufl., Paris 2009 (Dalloz).

Weil, Prosper, Les techniques de protection des libertés publiques en droit français, in: Université de Lausanne (Hrsg.), Mélanges Marcel Bridel, 1968, S. 609–629.

§ 8 Verfassungsrecht – Völkerrecht – Europarecht

Mattias Wendel

Inhaltsverzeichnis

I. Einleitung	374
II. Verfassungsrecht und Völkerrecht	376
1. Theoretische und terminologische Vorüberlegung	377
a) Monismus, Dualismus, Pluralismus	377
b) Unmittelbare Geltung und unmittelbare Anwendbarkeit	379
2. Staatliches Verfassungsrecht und Völkerrecht im Allgemeinen	380
a) Innerstaatliche Stellung und Rang des Völkerrechts	380
b) Horizontale und vertikale Kompetenzverteilung der auswärtigen Gewalt	381
3. Staatliches Verfassungsrecht und EMRK im Speziellen	383
III. Verfassungsrecht und Europarecht	385
1. Deutsch-französische Entwicklungslinien	386
a) Gründungsjahre	386
b) Vertrag von Maastricht	387
c) Vertrag von Lissabon	388
d) Finanzkrise und sog. „Eurorettung"	389
2. Grundmodell der Integrationsklausel	391
a) Etappenweise révision-adjonction	391
b) Dynamische Integrationsermächtigung	394
c) Integrationsverfahren	396
3. Verfassungsrechtliche Grenzen und Strukturanforderungen	398
a) Verfassungsrechtliche Integrationsgrenzen	398
aa) Änderungsfeste und nicht änderungsfeste Grenzen	398
bb) Substanzieller Gehalt	400
b) Verfassungsrechtliche Strukturvorgaben für die EU	402
4. Parlamentarische und föderative Beteiligungsrechte	403

M. Wendel (✉)
Walter-Hallstein-Institut für Europäisches Verfassungsrecht, Humboldt-Universität zu Berlin,
Unter den Linden 11, 10099 Berlin, Deutschland
E-Mail: mattias.wendel@hu-berlin.de

© Springer-Verlag Berlin Heidelberg 2015
N. Marsch, Y. Vilain, M. Wendel (Hrsg.), *Französisches und Deutsches Verfassungsrecht*, Springer-Lehrbuch, DOI 10.1007/978-3-642-45053-2_8

    5. Verfassungsrecht und unionsrechtlicher Vorrang: Regelungsmodelle 405
       a) Die bedingte Anerkennung des Vorrangs durch das BVerfG 406
          aa) Grundrechte: Solange-Vorbehalt 406
          bb) Kompetenzmäßigkeit: Ultra-Vires-Vorbehalt 408
          cc) Verfassungsrechtliche Kerngehalte: Identitätskontrolle 409
       b) Die bedingte Anerkennung des Vorranges durch französische Gerichte 411
          aa) Verfassungsrat: Identitätsvorbehalt 412
          bb) Staatsrat: Äquivalenzvorbehalt 415
       c) Gerichtlicher Dialog 418
IV. Fazit und Ausblick 420
V. Verfassungstexte in Auszügen 421
    1. Verfassung der V. Republik (1958) 421
    2. Präambel der IV. Republik (1946) 423
    3. Grundgesetz der Bundesrepublik Deutschland (1949) 423
Ausgewählte Literatur 425

I. Einleitung

1   Viele Wege führen in die offene Staatlichkeit. Kaum ein Vergleich vermag dies so eindrucksvoll zu illustrieren wie der des französischen und deutschen Verfassungsrechts. Beide Verfassungsordnungen waren von Beginn an auf eine Offenheit für die Welt und Europa angelegt und haben diese verfassungsrechtliche Grundentscheidung[1] sogar im wechselseitigen Blick aufeinander vollzogen. Obgleich in dem großen Ziel der europäischen Einigung und internationalen Eingliederung vereint, greifen beide Verfassungsordnungen auf durchaus unterschiedliche Techniken zu seiner Verwirklichung zurück.

2   Die im Folgenden zu erörternde Frage nach dem Verhältnis des staatlichen Verfassungsrechts zum überstaatlichen Recht ist vielschichtig. Sie rückt eine ebenso praxisrelevante wie rechtstheoretisch umstrittene Materie in den Fokus. Insbesondere dort, wo überstaatliches Recht den Anspruch erhebt, dem Bürger mit unmittelbarer Wirkung Rechte und Pflichten zuzuerkennen und so den „Souveränitätspanzer" des Staates zu durchbrechen,[2] sieht sich der klassische Verfassungsstaat herausgefordert: Wie ist die Ausübung einer solchen Hoheitsgewalt aus Perspektive des Verfassungsrechts zu rekonstruieren? Wie kann die Ausübung einer öffentlichen Gewalt jenseits des Staates aus der Sicht nationalen Verfassungsrechts legitimiert werden? Wie ist ein hinreichender Grundrechtsschutz im entstehenden Mehrebe-

---

[1] Wegweisend zum Konzept offener Staatlichkeit *Vogel*, Die Verfassungsentscheidung des Grundgesetzes für eine internationale Zusammenarbeit, Recht und Staat in Geschichte und Gegenwart, Heft 292/293 (1964), S. 1 (42). In der Folge vgl. insbesondere *Tomuschat*, Die staatsrechtliche Entscheidung für die internationale Offenheit, in: Isensee/Kirchhof (Hrsg.), Handbuch des Staatsrechts Bd. VII, 1993, § 172; *Sommermann*, Offene Staatlichkeit, in: v. Bogdandy et al. (Hrsg.), Ius Publicum Europaeum II, 2008, § 14 Deutschland, Rn. 1 ff.

[2] Vgl. *Bleckmann*, Zur Funktion des Art. 24 Abs. 1 Grundgesetz, ZaöRV 35 (1975), S. 79 (81 f.). Maßstäbe setzend dazu nach wie vor *Tomuschat*, in: BK, Art. 24, Zweitb. 1981, Rn. 8 u. 10.

nensystem³ zu gewährleisten? Welches Recht setzt sich im Konfliktfall durch? Inwiefern muss und darf die nationale Verfassungsidentität gegenüber überstaatlichem Recht abgeschirmt werden? Was bedeutet der Begriff der Souveränität in der interdependenten Welt des 21. Jahrhunderts? – Fragen, auf die es naturgemäß unterschiedliche Antworten gibt, sowohl diesseits als auch jenseits des Rheins.

Das kontroverse Ringen um das Verhältnis der staatlichen Verfassung zum überstaatlichen Recht reicht weit zurück. Bereits in der Anfangsphase der europäischen Integration entbrannte in Frankreich hierüber ein heftiger Streit zwischen zwei großen Europäern.⁴ Während *Charles de Gaulle* die nationale Souveränität als undurchdringliches Bollwerk gegenüber Einflüssen von außen in Stellung brachte, etwa mit Blick auf Mehrheitsentscheidungen,⁵ trat *Jean Monnet* für die Lesart einer weitreichenden Offenheit der Verfassung der V. Republik ein.⁶ Auch wenn sich die schroffen Gegensätze, die auf unterschiedliche Souveränitätsverständnisse zurückgehen, in der französischen Verfassungspraxis zunehmend abgeschliffen haben,⁷ markieren sie doch die zwei äußeren Enden eines Spannungsfeldes, das bis heute stets aufs Neue zu vermessen ist. In Deutschland ist der Streit um die Reichweite der offenen Staatlichkeit über einen langen Zeitraum hinweg bezeichnenderweise weniger in der Politik als vielmehr vor dem Bundesverfassungsgericht ausgetragen worden.

3

Das Zusammenspiel von nationalem und überstaatlichem Recht umfasst freilich mehr als die Bestimmung der konkreten Rechtswirkungen von Völker- und Europarecht im innerstaatlichen Rechtsraum. Der moderne Verfassungsstaat ist in vielfältiger Weise nicht nur rechtsnormativ, sondern auch personell und institutionell mit überstaatlichen Einheiten und Rechtsetzungszentren verflochten. Internationalen Organisationen und Regelwerken wie den Vereinten Nationen, der Welthandelsgesellschaft, dem Internationalen Strafgerichtshof oder der Europäischen Menschenrechtskonvention (EMRK) kommt hier eine besondere Bedeutung zu. Als Teil des europäischen Verfassungsverbundes⁸ ist das nationale Verfassungsrecht der EU-Mitgliedstaaten aber in besonders tiefgreifender Weise mit dem Recht der Europäischen Union verzahnt.

4

---

³ Zum Begriff des Mehrebenensystems näher *Mayer*, Kompetenzüberschreitung und Letztentscheidung, 2000, S. 35 ff.

⁴ Zur Problematik *Gaïa*, Rapport français, in: F.I.D.E. (Hrsg.), 17. F.I.D.E.-Kongress, Le droit constitutionnel national et l'intégration européenne, 1996, S. 231 (247 ff.).

⁵ Pressekonferenz vom 9.9.1965 im Zuge der Krise des leeren Stuhls, dazu *de Berranger*, Constitutions nationales et construction communautaire, 1995, S. 39.

⁶ Diese sei durch die ausdrückliche Einbeziehung der 1946er Präambel und ihres Abs. 15 bestätigt worden, vgl. *Monnet*, Le Monde v. 11.9.1958.

⁷ Vgl. *Flauss*, Rapport français, in: Schwarze (Hrsg.), Die Entstehung einer europäischen Verfassungsordnung, 2000, S. 25 (78 f.) m. w. N.

⁸ *Pernice*, Bestandssicherungen der Verfassungen, in Bieber/Widmer (Hrsg.), L'espace constitutionnel européen, 1995, 225 (233 ff.); *ders.*, Europäisches und nationales Verfassungsrecht, VVDStRL 60 (2001), S. 148 ff.; *ders.*, Theorie und Praxis des Europäischen Verfassungsverbundes, in Calliess (Hrsg.), Verfassungswandel im europäischen Staaten- und Verfassungsverbund, 2007, S. 61 ff. m. w. N. zur Rezeption und Kritik des Konzepts.

5   Über einen langen Zeitraum hinweg gründete sich die verfassungsrechtliche *Permeabilität* – d. h. die Eigenschaft einer Rechtsordnung, Rechtssätze durchgreifen oder Normgehalte einfließen zu lassen, die einer von ihr getrennten Rechtsquelle entstammen[9] – in Frankreich und Deutschland auf einen vergleichsweise überschaubaren und in allgemeiner Weise auf das Völkerrecht bezogenen Normenkreis.[10] Diese Bestimmungen gehören bis heute zum geltenden Verfassungsrecht beider Länder und bilden nach wie vor die zentrale Grundlage für die institutionelle Eingliederung des Verfassungsstaates in die internationale Staatengemeinschaft und die verfassungsrechtliche Verortung des Völkerrechts (dazu II.).

6   Mit der zunehmenden Ausformung der Eigenheiten des Unionsrechts als einer autonomen Rechtsordnung (bzw. einer verstärkten Wahrnehmung dieses Umstandes durch die Mitgliedstaaten) löste sich die verfassungsrechtliche Behandlung des Unionsrechts aber zunehmend von der des klassischen Völkerrechts ab. Dies geschah zunächst im Wege der Verfassungsrechtsprechung und führte schließlich im Jahr 1992 sowohl in Frankreich als auch in Deutschland zur Einführung von Verfassungsbestimmungen, die speziell auf den Prozess der europäischen Integration zugeschnitten sind. Dieses seither in beiden Ländern jeweils mehrfach nachjustierte und inhaltlich erweiterte „staatliche Unionsverfassungsrecht"[11] trägt, wenn auch instrumentell unterschiedlich, der *spécificité*, der Besonderheit, des Unionsrechts Rechnung (dazu III.).

7   In der Gesamtschau wird die rechtsvergleichende Analyse des Verhältnisses von Verfassungsrecht und überstaatlichem Recht in Frankreich und Deutschland zu dem durchaus erstaunlichen Befund führen, dass die Verfassungsordnung eines Bundesstaates trotz der in ihr gespeicherten föderalen Erfahrungswerte keinesfalls integrationsoffener bzw. verbundfähiger ausfallen muss als die Verfassung eines (dezentralisierten) Einheitsstaates (dazu IV.).

II. Verfassungsrecht und Völkerrecht

8   Erste rechtstechnische Unterschiede zwischen deutschem und französischem Verfassungsrecht zeichnen sich bereits bei den klassischen Vorschriften über die innerstaatliche Verortung des Völkerrechts ab.

---

[9] *Wendel*, Permeabilität im europäischen Verfassungsrecht, 2011, S. 5 ff.

[10] In Deutschland Art. 24, 25, 32 und 59 GG sowie die Präambel („... von dem Willen beseelt, als gleichberechtigtes Glied in einem vereinten Europa dem Frieden der Welt zu dienen, ..."); in Frankreich Art. 52–55 der französischen Verfassung sowie die im Rahmen der Verfassungsordnung der V. Republik fortgeltenden 14. und 15. Präambelerwägungen der Verfassung der IV. Republik von 1946.

[11] Zum Begriff *Grabenwarter*, Staatliches Unionsverfassungsrecht, in: v. Bogdandy/Bast (Hrsg.), Europäisches Verfassungsrecht, 2. Aufl. 2009, S. 121 ff.

1. Theoretische und terminologische Vorüberlegung

Die Analyse dieser Bestimmungen setzt zunächst einige Vorabklärungen in theoretischer und terminologischer Hinsicht voraus. Die Bestimmung des Verhältnisses von nationalem und überstaatlichem Recht hängt in letzter Konsequenz von der jeweils zugrunde gelegten rechtstheoretischen Grundannahme bzw. Hypothese ab. Hier dringt man zur Frage nach der Geltungsbegründung des Rechts vor und erreicht damit zugleich die Grenzen des rechtlich Normierbaren und erkenntnistheoretisch Zugänglichen.[12]

a) Monismus, Dualismus, Pluralismus

Für die Bestimmung des Verhältnisses von Verfassungs- und Völkerrecht haben sich in der klassischen Staats- und Völkerrechtslehre mit dem Monismus und dem Dualismus zwei Theorien herausgebildet, die wiederum in zahlreichen Abstufungen und Unterformen weiterentwickelt wurden.[13]

Der *Monismus* der Wiener Schule um *Hans Kelsen* geht aus erkenntnistheoretischen Gründen vereinfacht gesagt davon aus, dass Völkerrecht und nationales Recht kategorial nur als Bestandteil ein und derselben Rechtsordnung denkbar seien – einer Rechtsordnung, die ihrerseits auf der Annahme einer (selbst außerrechtlichen und transzendental-logischen) Grundnorm beruhe und hierarchisch im Sinne eines Stufenbaus strukturiert sei. Der klassische Monismus erschöpft sich in der – theoretisch als gleichwertig angesehen – Alternative zwischen dem Monismus mit Primat des Völkerrechts und dem Monismus mit Primat des Staatsrechts: Entweder leite sich das nationale Recht aus dem (dann vorrangigen) Völkerrecht als einer gedachten Gesamtrechtsordnung ab, oder aber das Völkerrecht leite sich umgekehrt aus dem (dann vorrangigen) nationalen Recht ab.[14]

Demgegenüber geht der *Dualismus* in seiner Grundform davon aus, dass Verfassungs- und Völkerrecht zwei voneinander getrennte Rechtskreise bilden, die keine Überschneidungen, sondern allenfalls eine Berührung aufweisen.[15] Gemäßigt dualistische Ansätze relativieren diese Annahme, indem sie die Getrenntheit der Rechtsordnungen zwar grundsätzlich voraussetzen, gleichwohl aber die Möglichkeit normativer Verschränkungen und Überlappungen im Sinne eines *dualisme,*

---

[12] Dieser Problemkreis kann hier nicht vertieft werden. Weiterführend und die normativ möglicherweise unauflösbare Grenzperspektive zugleich in ein Plädoyer für eine rechtspluralistische Grundannahme überführend *Peters*, Elemente einer Theorie der Verfassung Europas, 2001, S. 265 ff.
[13] Zum Ganzen *Schweitzer*, Staatsrecht III, 10. Aufl. 2010, Rn. 26 ff.
[14] *Kelsen*, Reine Rechtslehre, 2. Aufl. 1960 (Nachdr. 1967), S. 332 f. Die Annahme der logischen Gleichwertigkeit unterscheidet *Kelsen* von Ansätzen, die sich bereits in *konzeptioneller* Hinsicht für einen Monismus mit Primat des Völkerrechts entscheiden, wie etwa *Krabbe*, Die moderne Staats-Idee, 2. Aufl. 1919, S. 265 ff. und *Scelle*, Précis de droits des gens I, 1932, S. 2 ff.
[15] Klassisch *Triepel*, Völkerrecht und Landesrecht, 1899 – Nachdr. 1958, S. 111: „Sie sind zwei Kreise, die sich höchstens berühren, niemals schneiden."

mais interpénétration,[16] also eines Dualismus mit gegenseitiger Durchdringung, einräumen.[17] Allen Varianten des Dualismus ist aber gemeinsam, dass sie grundsätzlich eine ordnungsinterne „Umkodierung" von Recht verlangen, das einer anderen Rechtsordnung entstammt. Das bedeutet: Soll ein Rechtsakt des Völkerrechts Wirkungen im Geltungsbereich der staatlichen Verfassungsordnung entfalten, so muss er nach dualistischer Auffassung entweder im Wege der Transformation in nationales Recht umgegossen, also im wahrsten Sinn des Wortes *übersetzt* werden (sog. *Transformationslehre*); oder aber seine innerstaatliche Anwendung als Völkerrecht bedarf des rechtlichen Fundamentes eines innerstaatlichen Rechtsanwendungsbefehls (sog. *Vollzugslehre*).[18]

13 Während das französische System klassischerweise dem Monismus zugeordnet wird,[19] überwiegt für die deutsche Verfassungsordnung eine dualistische Deutung.[20] Grundlegende Unterschiede in der Rechtsfolge ergeben sich daraus – dies ist eine durchaus bemerkenswerte Erkenntnis – allerdings nicht. Darum verwundert es auch nicht, dass der Erklärungswert der Monismus-Dualismus-Dichotomie in vielen Verfassungsordnungen, auch jenseits Frankreichs und Deutschlands, zunehmend hinterfragt wird.[21]

14 Ein Erklärungsansatz, der demgegenüber zunehmend an Boden gewinnt, ist der *Rechts-* bzw. *Verfassungspluralismus*. Dieser Ansatz beruht auf der Hypothese, dass gleich mehrere voneinander formell trennbare Rechtsordnungen koexistieren, die jeweils für sich beanspruchen, auf einem autonomen Geltungsgrund zu beruhen.[22] Der Rechtspluralismus erkennt diese verschiedenen (und sich mitunter direkt widersprechenden) Autonomiepostulate an und ordnet die Rechtsordnungen einander in einem *nicht-hierarchischen* Verhältnis zu. Sowohl überstaatliches als auch nationales Recht werden so in ihrer jeweiligen normativ-systemischen Eigenlogik anerkannt, ohne dass die eine Rechtsordnung durch eine künstliche Über- bzw. Unterordnung gegenüber der jeweils anderen rekonstruiert werden müsste. Anders als der Dualismus verlangt der Pluralismus auch nicht, dass das einer anderen Rechtsordnung entstammende Recht (z. B. Europarecht) in der Ausgangsrechtsordnung (z. B. der französischen oder deutschen Verfassung) umkodiert, also in Recht der Ausgangsrechtsordnung umgewandelt werden muss. Die Annahme eines nicht-hie-

---

[16] So *Cavaré*, Le droit international public positif, 3. Aufl., Bd. I, 1967, S. 155.

[17] Zuvor bereits *Anzilotti*, Lehrbuch des Völkerrechts, Übers. 1929, S. 37 f. sowie *Walz*, Völkerrecht und staatliches Recht, 1933, S. 260 ff.

[18] Eingehend zum Ganzen *Rudolf*, Völkerrecht und deutsches Recht, 1967, S. 150 ff., der auch im innerstaatlichen Rechtsanwendungsbefehl ausdrücklich die *Schaffung* innerstaatlichen Rechts sieht (S. 166). Dagegen im Sinne der (indes durchaus monistisch konnotierten) Vollzugslehre *Partsch*, Die Anwendung des Völkerrechts im innerstaatlichen Recht, 1964.

[19] Im Einzelnen freilich differenziert, vgl. *Dupuis/Kerbrat*, Droit international public, 11. Aufl. 2012, Rn. 430; *Combacau/Sur*, Droit international public, 10. Aufl. 2012, S. 182 ff.

[20] BVerfGE 111, 307 (318) – Görgülü I.

[21] Im Einzelnen *Wendel*, Permeabilität im europäischen Verfassungsrecht, 2011, S. 25 ff. Für das Verhältnis von Völkerrecht und nationalem Recht von einer „Wiederkehr des Theorienstreits" spricht hingegen *Schorkopf*, Grundgesetz und Überstaatlichkeit, 2007, S. 237 ff.

[22] Zum Rechtspluralismus allgemein *Griffiths*, What is Legal Pluralism?, JLP 24 (1986), S. 1 ff.

rarchischen Verhältnisses der Rechtsordnungen fängt zudem, anders als der Dualismus, treffend die insbesondere dem europäischen Rechtsraum eigene Schwebelage ein: Hier findet man die besondere Situation vor, dass ein höchstes Letztentscheidungsorgan gerade fehlt, was zu ebenenübergreifenden Rechtsanwendungskonflikten führen kann.[23] Eine logische Konsequenz des Rechtspluralismus ist dementsprechend die Anerkennung von Normenkollisionen zwischen zwei oder mehreren Rechtsnormen, die jeweils unterschiedlichen Rechtsordnungen zugehören. Bei einer solchen Normenkollision handelt es sich indes nicht um einen auf die Gültigkeit der Norm bezogenen Geltungskonflikt, sondern einen auf die konkrete Anwendbarkeit der Norm bezogenen *Rechtsanwendungskonflikt* im kollisionsrechtlichen Sinne. Ein Geltungskonflikt – hier stünde nicht die Anwendbarkeit, sondern die Geltung der Norm in Rede – wäre allenfalls auf Basis desselben Geltungsgrundes möglich.[24] Zulauf erfährt die These des Rechtspluralismus freilich nicht nur für das Verhältnis von nationalem und europäischem Verfassungsrecht,[25] sondern gerade auch für das Verhältnis unterschiedlicher Rechtsregime im internationalen Raum.[26]

b) Unmittelbare Geltung und unmittelbare Anwendbarkeit

Für die Beschreibung des Verhältnisses von Verfassungsrecht und überstaatlichem Recht ist die Differenzierung zwischen den Konzepten der unmittelbaren Geltung und der unmittelbaren Anwendbarkeit notwendig. Auch wenn die gerichtliche Praxis insoweit nicht selten terminologische Stringenz vermissen lässt,[27] ist es doch wichtig, jedenfalls in konzeptioneller Hinsicht auf diese Trennung zu achten.

15

---

[23] Vgl. *Mayer*, Wer soll Hüter der europäischen Verfassung sein?, AöR 129 (2004), S. 411 ff. Speziell zum Verhältnis der Gerichte *ders.*, Verfassungsgerichtsbarkeit, in: Bogdandy/Bast (Hrsg.), Europäisches Verfassungsrecht, 2. Aufl. 2009, S. 559 ff.

[24] Ebenso *Peters*, Elemente einer Theorie der Verfassung Europas, 2001, S. 273. Im Kontext der Vorrangproblematik wird hierauf zurückzukommen sein.

[25] Speziell im EU-Kontext s. *Walker*, The Idea of Constitutional Pluralism, MLR 65 (2002), S. 317 (336 ff.); *MacCormick*, Beyond the Sovereign State, MLR 56 (1993), S. 1 ff.; *Barber*, Legal Pluralism and the European Union, ELJ 12 (2006), S. 306 ff.; *Poiares Maduro*, Der Kontrapunkt im Dienste eines europäischen Verfassungspluralismus, EuR 2007, S. 3 (12 ff.); *Kumm*, The Jurisprudence of Constitutional Conflict: Constitutional Supremacy in Europe before and after the Constitutional Treaty, ELJ 11 (2005), S. 262 (281 ff.).

[26] Koskenniemi/Leino, Fragmentation of International Law? Postmodern Anxieties, LJIL 15 (2002), S. 553 ff. sowie *Koskenniemi*, From Apology to Utopia (Neuaufl. 2005), S. 390 ff. u. 609 f.; *Fischer-Lescano/Teubner*, Regimekollisionen. Zur Fragmentierung des Weltrechts (2006), S. 48 ff. u. 57 ff.; *Viellechner*, Responsiver Rechtspluralismus, Der Staat 51 (2013), S. 559 ff.

[27] Vgl. etwa BVerfGE 123, 267 (402) – Lissabon. In Fortführung seiner bisherigen Rechtsprechung führt das BVerfG „Grund und Grenze für die *Geltung*" des Unionsrechts in Deutschland auf den im Zustimmungsgesetz enthaltenen „Rechts*anwendungs*befehl" zurück. Geht man begrifflich streng davon aus, dass die Anwendbarkeit einer Norm ihre Geltung logisch voraussetzt, so unterliegt das BVerfG insoweit einem Kategoriefehler. Diese kategoriale Unschärfe – sie ließe sich dann auflösen, wenn man lediglich die innerstaatliche *Vollziehung* bzw. *Anwendung* des Unionsrechts auf den Rechtsanwendungsbefehl zurückführte – ist in rechtsvergleichender Hinsicht jedoch nichts Ungewöhnliches.

16 Der Begriff *Geltung* bezeichnet in allgemeiner Weise die spezifische Seinsweise einer Norm im Sinne der Normexistenz[28] bzw. der Normverbindlichkeit. Der Begriff *Anwendbarkeit* meint demgegenüber die vom jeweiligen Norminhalt abhängende Aktualisierbarkeit der betreffenden Rechtsnorm im konkreten Einzelfall.

17 *Unmittelbar gilt* eine Norm dann, wenn sie aus sich heraus eine zu beachtende Quelle von Rechten und Pflichten darstellt, unabhängig davon, wie diese im Einzelnen ausgestaltet sind und an wen sie sich richten. Unmittelbare Geltung korreliert mit anderen Worten mit der Annahme eines (behauptet) autonomen Geltungsgrundes der betreffenden Rechtsordnung, was insbesondere für das Unionsrecht relevant wird.[29]

18 Demgegenüber bezieht sich der Begriff der *unmittelbaren Anwendbarkeit* bzw. *unmittelbaren Wirkung* – auf Französisch *effet direct* – auf die normstrukturelle Frage, ob die betreffende Vorschrift hinreichend präzise und unbedingt ist, um ohne Vermittlung durch weitere rechtliche Konkretisierungsakte auf das betreffende Rechtssubjekt dergestalt durchgreifen zu können, dass dieses durch sie verpflichtet oder berechtigt wird und sich im letzteren Fall vor dem rechtsanwendenden innerstaatlichen Organ auf sie berufen kann. So kann sich nach der Rechtsprechung des EuGH ein französischer Staatsbürger in Deutschland unmittelbar auf die Bestimmungen des allgemeinen Freizügigkeitsrechts nach Art. 21 AEUV berufen, wenn nötig auch vor einem deutschen Gericht.

2. Staatliches Verfassungsrecht und Völkerrecht im Allgemeinen

19 Da die vorgestellten Theorien nicht immer Unterschiede in der konkreten Rechtsfolge nach sich ziehen, kommt es stets auf eine genaue Betrachtung des einschlägigen positiven Rechts an.

a) Innerstaatliche Stellung und Rang des Völkerrechts

20 Die Frage der innerstaatlichen Wirkung des Völkerrechts wird von zahlreichen Verfassungen der EU-Mitgliedstaaten in den Blick genommen.[30] Welche Stellung aber nimmt das Völkerrecht in der französischen und deutschen Verfassungsordnung ein? Die französische Verfassung trifft hierzu eine klare Aussage. Nach Art. 55 CF haben völkerrechtliche Verträge oder Abkommen nach ordnungsgemäßer Ratifizierung oder Zustimmung unter dem Vorbehalt der Gegenseitigkeit einen höheren Rang als Gesetze. Die französische Verfassung weist völkerrechtlichen Verträgen also einen Zwischenrang unterhalb der Verfassung und oberhalb der Gesetze zu.

---

[28] Vgl. etwa *Kelsen*, Reine Rechtslehre, 2. Aufl. 1960 (Nachdr. 1967), S. 9 f.
[29] Besonders deutlich EuGH, 9.3.1978, Rs. 106/77, Rn. 17 ff. – Simmenthal II.
[30] Vgl. Vergleichender Überblick bei *Classen*, Nationales Verfassungsrecht in der Europäischen Union, 2013, § 12, Rn. 693 ff.

Dieses Spezifikum hat zusammen mit der über einen langen Zeitraum hinweg eher rudimentär ausgeprägten Verfassungsgerichtsbarkeit zu einer besonderen Rolle des Völkerrechts als Prüfungsmaßstab für die französischen Fachgerichte geführt. Denn Gerichte wie die *Cour de cassation* oder der *Conseil d'Etat* haben sich zunehmend der – vom Verfassungsrat ausdrücklich nicht übernommenen – Aufgabe angenommen, französische Gesetze im Rahmen einer sog. *contrôle de conventionnalité* („Vertragsmäßigkeitskontrolle") auf ihre Vereinbarkeit mit völkerrechtlichen Verträge hin zu überprüfen. Völkerrechtliche Verträge im Allgemeinen, vor allem aber die Europäische Menschenrechtskonvention (EMRK) im Speziellen, sind so vor den französischen Fachgerichten zu einer Art Nebenverfassung herangereift.[31]

Demgegenüber sieht das deutsche Grundgesetz einen Zwischenrang unterhalb der Verfassung und oberhalb der einfachen Gesetze allein für die „allgemeinen Regeln des Völkerrechts" vor (Art. 25 S. 2 GG), wozu zum einen das Völkergewohnheitsrecht und zum anderen die allgemeinen Rechtsgrundsätze zählen.[32] Ist in einem anhängigen Gerichtsverfahren streitig, ob eine Regel des Völkerrechts über Art. 25 S. 2 GG Bestandteil des Bundesrechts ist und ob sie unmittelbar anwendbar ist, so muss das mit dem Rechtsstreit befasste deutsche Gericht gemäß Art. 100 Abs. 2 GG eine Entscheidung des BVerfG im sog. *Normenverifikationsverfahren* einholen.[33] Für alle übrigen völkerrechtlichen Normen, also den Normalfall der zahlreichen von der Bundesrepublik abgeschlossenen und ratifizierten völkerrechtlichen Verträge, gilt indes, dass sie den Rang des Rechtsaktes teilen, der sie in die deutsche Rechtsordnung inkorporiert – regelmäßig also den Rang eines einfachen Bundesgesetzes (Art. 59 Abs. 2 S. 1 GG → Rn. 24). Jenseits von Art. 25 S. 2 GG kann das Völkerrecht nach dem Grundgesetz also grundsätzlich keinen Prüfungsmaßstab für einfaches Gesetzesrecht sein, weil es in der innerstaatlichen Normenhierarchie nicht über Letzterem steht. Allerdings wird das Völkerrecht über den verfassungsrechtlich abgeleiteten Grundsatz der *Völkerrechtsfreundlichkeit* des GG in vielfältiger Hinsicht als Wertungshintergrund bzw. als Auslegungsmaßstab relevant. Besonders illustriert wird dies durch die herausgehobene Bedeutung der EMRK innerhalb der deutschen Rechtsordnung, auf die sogleich zurückzukommen ist (→ Rn. 27 ff.). 21

b) Horizontale und vertikale Kompetenzverteilung der auswärtigen Gewalt

Die im deutschen Grundgesetz zentralen Bestimmungen der auswärtigen Gewalt bzw. des „Außenverfassungsrechts"[34] finden sich in Art. 24, 32 und 59 GG. Durch 22

---

[31] Vgl. dazu auch → *Marsch* § 6 Rn. 56 f. und → *Hochmann* § 7 Rn. 22.

[32] Völkergewohnheitsrecht setzt neben einer allgemeinen Übung (*consuetudo*) eine darauf bezogene Rechtsüberzeugung (*opinio iuris*) voraus, während allgemeine Rechtsgrundsätze die von den staatlichen Rechtsordnungen übereinstimmend anerkannten Grundsätze sind. Vgl. im Einzelnen *Schweitzer*, Staatsrecht III, 10. Aufl. 2010, § 3 Rn. 236 ff. und 258 ff.

[33] In Frankreich konnte der Verwaltungsrichter bis zum Urteil des C.E. 29.6.1990, Ass. 78519 – Gisti insoweit das Außenministerium anrufen.

[34] Vgl. *Röben*, Außenverfassungsrecht, 2007.

die föderale Struktur der Bundesrepublik Deutschland wird eine Kompetenzabgrenzung in diesem Bereich nicht nur in horizontaler Hinsicht, also zwischen den einzelnen Staats*organen*, notwendig (sog. Organkompetenz), sondern auch in vertikaler Perspektive, d. h. insbesondere zwischen den Herrschafts*verbänden* Bund und Ländern (sog. Verbandskompetenz).

23   Mit Blick auf die *Verbandskompetenz* weist Art. 32 Abs. 1 GG die Pflege der auswärtigen Beziehungen dem Bund zu. Auslegungsschwierigkeiten bereitet hier vor allem Art. 32 Abs. 3 GG, wonach die Länder, soweit sie für die Gesetzgebung zuständig sind, mit Zustimmung der Bundesregierung mit auswärtigen Staaten Verträge abschließen können. Bund und Länder sind sich bis heute nicht einig darüber, ob Art. 32 Abs. 3 GG lediglich ein ergänzendes Vertragsabschlussrecht der Länder normiert, welches zu dem des Bundes hinzutritt (sog. zentralistische Ansicht),[35] oder aber ob die Vorschrift den Ländern ein exklusives Abschlussrecht verleiht (sog. föderalistische Ansicht). In der Praxis wurde der bislang noch nicht verfassungsgerichtlich entschiedene Streit durch das *Lindauer Abkommen* zwischen Bund und Ländern *de facto* gelöst. Danach halten beide Seiten zwar formell an ihren unterschiedlichen Rechtsauffassungen fest, erachten aber den Abschluss bestimmter Verträge des Bundes im Anwendungsbereich des Art. 32 Abs. 3 GG für möglich und setzen hierfür teilweise ein Einverständnis der Länder voraus. Als potenzielle Umgehung einer insoweit möglicherweise notwendigen Verfassungsänderung ist diese Verständigungspraxis freilich nicht unproblematisch.[36]

24   Mit Blick auf die *Organkompetenz* bestimmt Art. 59 Abs. 1 GG, dass der Bundespräsident den Bund völkerrechtlich vertritt und im Namen des Bundes Verträge mit auswärtigen Staaten schließt.[37] Gleichwohl kommt dem Bundespräsidenten letztlich nicht mehr als eine Repräsentationsrolle zu, da seine Handlungen stets der Gegenzeichnung durch den Bundeskanzler oder den zuständigen Bundesminister bedürfen. Überdies übernehmen in aller Regel Regierungsvertreter die Aushandlung der Verträge auf Grundlage einer stillschweigenden Delegation. Praktisch relevanter ist demgegenüber die Abgrenzung der Organkompetenz zwischen Regierung und Parlament. Nach Art. 59 Abs. 2 S. 1 GG bedarf die Ratifikation eines völkerrechtlichen Vertrages nämlich der Zustimmung des Parlamentes,[38] wenn der Vertrag die politischen Beziehungen des Bundes regelt oder sich auf Gegenstände der Bundesgesetzgebung bezieht. Dies betrifft eine Vielzahl völkerrechtlicher Verträge. Umgekehrt ist allein bei sog. Verwaltungsabkommen eine parlamentarische Zustimmung nicht erforderlich.[39] In der Gesamtperspektive nimmt das Parlament für den Bereich der auswärtigen Gewalt nach dem Grundgesetz eine zunehmend tragende Rolle ein. Besonders deutlich zeigt sich diese Abweichung von der in anderen Staa-

---

[35] Vermittelnd wird auf Basis der zentralistischen Ansicht zuweilen auch vertreten, dass die Länder jedenfalls für den internen Vollzug zuständig bleiben sollen, wenn der Bund sein (postuliertes) Vertragsabschlussrecht im Bereich des Art. 32 Abs. 3 GG ausübt.

[36] Zum Ganzen *Sauer*, Staatsrecht III, 2. Aufl. 2013, § 4, Rn. 10 ff.

[37] Vgl. auch → *Vilain/Wendel* § 4 Rn. 119 ff.

[38] Bundestag und – je nach Sachmaterie – ggf. auch Bundesrat.

[39] Zur Abgrenzung s. im Einzelnen *Schweitzer*, Staatsrecht IIII, 10. Aufl. 2010, Rn. 162 ff.

ten vorherrschenden Dominanz der Exekutive in den auswärtigen Beziehungen[40] im wehrverfassungsrechtlichen Parlamentsvorbehalt, d. h. der verfassungsrechtlich gebotenen und im sog. Parlamentsbeteiligungsgesetz (ParlBG) näher ausgestalteten – in der Regel vorherigen – Zustimmung des Bundestages zu Bundeswehreinsätzen (Bundeswehr als sog. *Parlamentsheer*).[41]

In diesem Punkt zeichnet sich zugleich ein Unterschied zur Rechtslage in Frankreich ab. Zwar bedürfen gemäß Art. 53 CF auch hier eine ganze Reihe von Verträgen der parlamentarischen Zustimmung, namentlich Friedensverträge, Handelsverträge, Verträge oder Abkommen über die internationale Organisation sowie Verträge, die Verpflichtungen für die Staatsfinanzen nach sich ziehen, Bestimmungen gesetzlicher Art ändern, den Personenstand betreffen oder die Abtretung, den Tausch oder Erwerb von Staatsgebieten beinhalten.[42] Demgegenüber kommt der Assemblée Nationale bislang keine vergleichbare Bedeutung in der Außen- und Sicherheitspolitik zu. Dieser Bereich stellt in Frankreich vielmehr eine klassische Domäne der Exekutive bzw. Gubernative dar. Trifft die Regierung die Entscheidung, die Streitkräfte im Ausland einzusetzen, so muss sie nach Art. 35 Abs. 2 CF das Parlament lediglich spätestens drei Tage nach Beginn des Einsatzes darüber informieren. Allerdings muss die Regierung nach dem 2008 neu eingeführten Art. 35 Abs. 3 CF die Verlängerung dem Parlament dann zur Genehmigung vorlegen, wenn die Dauer des Einsatzes vier Monate überschreitet. Hierin liegt eine durchaus bemerkenswerte Stärkung des Parlaments, die beispielsweise bei der Intervention in Libyen und Mali relevant wurde. Auch bedarf nach Art. 35 Abs. 1 CF die Kriegserklärung der Zustimmung des Parlaments. 25

Nach Art. 52 der französischen Verfassung verhandelt und ratifiziert der Staatspräsident die Verträge. Ganz anders als dem deutschen Bundespräsidenten kommt dem französischen Staatspräsidenten hier aber eine sowohl in verfassungsrechtlicher wie auch in praktischer Hinsicht herausgehobene Stellung im Völkerrechtsverkehr zu. 26

3. Staatliches Verfassungsrecht und EMRK im Speziellen

Eine besondere Stellung sowohl in der französischen als auch in der deutschen Verfassungsordnung nimmt die EMRK ein. In Frankreich erst zu Beginn der 1970er Jahre ratifiziert, hat die Konvention, die in Frankreich wegen Art. 55 CF im Zwischenrang oberhalb der einfachen Gesetze und unterhalb der Verfassung steht, über die fachgerichtliche *contrôle de conventionnalité* zunehmend an Bedeutung als 27

---

[40] Dazu in vergleichender Perspektive *Classen*, Nationales Verfassungsrecht in der Europäischen Union, 2013, § 12, Rn. 674 ff.

[41] Näher *Sauer*, Das Verfassungsrecht der kollektiven Sicherheit, in: Rensen/Brink (Hrsg.), Linien der Rechtsprechung des Bundesverfassungsgerichts, 2009, S. 585 ff.

[42] Vgl. C.E., 18.12.1998, Ass. 181249 – SARL du parc d'activités de Blotzheim sowie → *Vilain* § 3 Rn. 87.

Komplementärverfassung gewonnen.⁴³ Die Rechtsprechung der Fachgerichte, namentlich die des *Conseil d'Etat* und der *Cour de Cassation*, stieß so in die Lücke eines verfassungsrechtlich nicht positivierten Grundrechtekatalogs, einer zunächst nur rudimentär vorhandenen Verfassungsgerichtsbarkeit und der Grundsatzentscheidung des Verfassungsrats zum Schwangerschaftsabbruch aus dem Jahr 1975, in der sich dieser für nicht zuständig erklärt hatte, Gesetze am Maßstab des Völkerrechts zu prüfen.⁴⁴ Grund- und Menschenrechtsgerichte sind in Frankreich darum auch immer die Fachgerichte.

28   In Deutschland steht die EMRK als völkerrechtlicher Vertrag formell nur im Rang eines Bundesgesetzes, da sie den Rang des sie in die deutsche Rechtsordnung inkorporierenden Rechtsaktes teilt – eines einfachen Gesetzes nach Art. 59 Abs. 2 S. 1 GG. Gleichwohl erkennt das BVerfG in nunmehr gefestigter Rechtsprechung der EMRK eine interpretative Leitfunktion zu, die sich sogar auf die Grundrechte des GG erstrecken soll. In der Görgülü-I-Entscheidung stellte das BVerfG noch die souveränitätsbedingten Grenzen der deutschen Bindung an die EMRK (in ihrer Auslegung durch den Europäischen Gerichtshof für Menschenrechte) in den Vordergrund.⁴⁵ In der heute maßgeblichen Leitentscheidung zur nachträglichen Sicherungsverwahrung aus dem Jahr 2011 schlug das BVerfG sodann aber einen konventionsfreundlicheren Weg ein und legte die rechtlichen Grundlagen, die Methode und die verfassungsrechtlichen Grenzen der innerstaatlichen Wirkung der EMRK erstmals eingehend dar.⁴⁶

29   Wie aber ist es möglich, dass die innerstaatlich im Rang eines einfachen Gesetzes stehende EMRK sogar die Auslegung des GG mitprägen kann? Nach dem BVerfG folgt die Pflicht, die EMRK bei der Auslegung deutschen Verfassungsrechts zu berücksichtigen, aus dem Grundsatz der *Völkerrechtsfreundlichkeit* des GG. Dieser erhalte in Bezug auf die international geschützten Menschenrechte seine spezifische Prägung durch Art. 1 Abs. 2 GG, wonach sich das Deutsche Volk zu unverletzlichen und unveräußerlichen Menschenrechten als Grundlage jeder menschlichen Gemeinschaft, des Friedens und der Gerechtigkeit in der Welt bekennt.⁴⁷ Das scheinbare Paradoxon, dass die innerstaatlich lediglich im Rang eines einfachen Bundesgesetzes stehende EMRK zur Auslegung der ihr normenhierarchisch übergeordneten Grundrechte des GG herangezogen wird, löst sich also dahingehend auf, dass die normative Anordnung zur Konformauslegung im GG selbst verortet wird.

---

⁴³ Für einen historischen Abriss vgl. *Haguenau-Moizard*, Offene Staatlichkeit, in: v. Bogdandy et al. (Hrsg.), Ius Publicum Europaeum, Band II, 2008, § 15 Frankreich, Rn. 37 ff.

⁴⁴ C.C., 15.1.1975, 74-54 DC, Cons. 7 – Schwangerschaftsabbruch (IVG). Diese Linie wurde auch ausdrücklich für den prozessualen Rahmen der QPC bestätigt, vgl. C.C., 12.5.2010, 2010-605 DC Cons. 16 – Geld- und Glücksspiele im Internet (selbst allerdings kein Fall einer QPC). Vgl. zum Ganzen auch → *Marsch* § 6 Rn. 56 f. und → *Hochmann* § 7 Rn. 22.

⁴⁵ BVerfGE 111, 307 (318, 323) – Görgülü I.

⁴⁶ BVerfGE 128, 326 (366 ff.) – nachträgliche Sicherungsverwahrung II. Instruktiv die Anmerkung von *Volkmann*, JZ 2011, S. 835 ff.

⁴⁷ Wegweisend zuvor *Sommermann*, Völkerrechtlich garantierte Menschenrechte als Maßstab der Verfassungskonkretisierung, AöR 114 (1989), S. 391 ff.

Kurzum: In Deutschland ist die EMRK bei der Auslegung der deutschen Grundrechte zu berücksichtigen. Zwar kann eine Verletzung des betreffenden EMRK-Rechts nicht unmittelbar vor dem BVerfG gerügt werden, wohl aber indirekt über die Rüge der Verletzung eines korrespondierenden Grundrechts des GG.

Eine „schematische Parallelisierung" der innerstaatlichen Grundrechte mit der EMRK lehnt das BVerfG freilich ab. Für Karlsruhe kommt es vielmehr auf die funktionelle Durchsetzung der (Mindest-)Gewährleistungen der EMRK sowie der Entscheidungsergebnisse des Europäischen Gerichtshofs für Menschenrechte (EGMR) im Rahmen der bestehenden Dogmatik an, etwa im Rahmen der Verhältnismäßigkeitsprüfung. Die so anerkannte *„faktische Orientierungs- und Leitfunktion"* der EMRK dürfe deshalb auch nicht zu einer Einschränkung des Grundrechtsschutzes nach dem Grundgesetz führen, was vor allem in sog. mehrpoligen Grundrechtsverhältnissen relevant werden kann, „in denen das ‚Mehr' an Freiheit für den einen Grundrechtsträger zugleich ein ‚Weniger' für einen anderen bedeutet".[48] Zum anderen enden die Möglichkeiten einer konventionsfreundlichen Auslegung nach dem BVerfG dort, wo diese „nach den anerkannten Methoden der Gesetzesauslegung und Verfassungsinterpretation nicht mehr vertretbar erscheint."[49]

III. Verfassungsrecht und Europarecht

Kaum ein Prozess hat das staatliche Verfassungsrecht in den vergangenen Jahren so stark verändert wie die Europäisierung. Zuweilen wird für die deutsche Rechtsordnung sogar von einer zweiten Phase des öffentlichen Rechts gesprochen.[50] Die Verfassungsordnungen Deutschlands und Frankreichs spiegeln diese Evolution in aller Deutlichkeit wider. Dabei wirkt die Europäisierung letztlich auf das gesamte Verfassungsrecht, einschließlich seiner tragenden Fundamente. Besonders sichtbar aber wird die verfassungsrechtliche Einbindung in den europäischen Integrationsprozess in den spezifisch auf die Europäische Union zugeschnittenen Verfassungsbestimmungen. Die Normen des französischen und deutschen Europaverfassungsrechts stellen Verfahrensanforderungen für die innerstaatliche Teilnahme an Vertragsentwicklungen auf, normieren substanzielle Strukturvorgaben und Grenzen und regeln Informations- und Beteiligungsrechte nationaler Parlamente sowie, speziell in Deutschland, auch der Bundesländer. Darüber hinaus greifen sie unionsrechtlich begründete Rechtspositionen, wie z. B. das aktive und passive Wahlrecht für Unionsbürger, auf und betten diese in den Rechts- und Vollzugsrahmen der innerstaatlichen Verfassungsordnung ein.

---

[48] BVerfGE 128, 326 (371) – Nachträgliche Sicherungsverwahrung II.
[49] Ebd.
[50] *Wahl*, Die zweite Phase des öffentlichen Rechts in Deutschland, Der Staat 38 (1999), S. 495 ff.

1. Deutsch-französische Entwicklungslinien

33 Wer die Wirkungsweise staatlichen Unionsverfassungsrechts verstehen will, kommt an einem rechtsvergleichenden Zugriff heute nicht mehr vorbei. Seit Beginn des europäischen Integrationsprozesses stehen die verfassungsrechtlichen Integrationsklauseln in einem gemeineuropäischen, d. h. über die Grenzen der jeweiligen Verfassungsordnung hinausweisenden Entwicklungskontext.[51] Die Entstehungsgeschichte des deutschen und des französischen Unionsverfassungsrechts zeigt diese wechselseitige Verbundenheit und Kontextualität in einer Eindrücklichkeit, die ihresgleichen sucht. Zwar wurden diesseits und jenseits des Rheins in rechtstechnischer Hinsicht recht unterschiedliche Modelle für die verfassungsrechtliche Einbettung und Mitgestaltung des Integrationsprozesses entwickelt. Gleichwohl hat sich die Herausbildung des deutschen und französischen Europaverfassungsrechts stets in einem offenen Prozess des wechselseitigen Lernens voneinander vollzogen.

a) Gründungsjahre

34 In den Gründungsmitgliedstaaten der Europäischen Wirtschaftsgemeinschaft waren die verfassungsrechtlichen Grundlagen der Teilnahme am Integrationsprozess über einen langen Zeitraum hinweg vergleichsweise abstrakt und allgemein auf die internationale oder zwischenstaatliche Zusammenarbeit und Friedenssicherung bezogen.[52] Als erste Nachkriegsverfassung Europas überhaupt enthielt die Verfassung der IV. Französischen Republik von 1946 im 15. Absatz ihrer Präambel eine Ermächtigung zur Einschränkung der Souveränität.[53] Auch das Bonner Grundgesetz von 1949 verfügte mit Art. 24 Abs. 1 GG von Anfang an über eine Ermächtigungsgrundlage, die während des Entstehungsprozesses des Grundgesetzes sogar ausdrücklich als „sehr schöne Antwort" auf Abs. 15 der Präambel der französischen Verfassung von 1946 bezeichnet wurde.[54] Anders als sein französisches Pendant ist Art. 24 Abs. 1 GG indes nicht am Leitbild der Einschränkung von Souveränität, sondern vielmehr der Übertragung von Hoheitsrechten ausgerichtet.[55]

---

[51] Vgl. zu den Rezeptionszusammenhängen des mitgliedstaatlichen Unionsverfassungsrechts für alle EU-Mitgliedstaaten *Wendel*, Permeabilität im europäischen Verfassungsrecht, 2011, S. 104 ff.
[52] Für die zeitliche Periode vor Maastricht s. die vergleichende Analyse von *Lorenz*, Die Übertragung von Hoheitsrechten auf die Europäischen Gemeinschaften, 1990.
[53] Kurz darauf rezipiert in Art. 11 der italienischen Verfassung von 1947.
[54] *Eberhard* in der 6. Sitzung des Hauptausschusses des Parlamentarischen Rates v. 19.11.1948, in: Parlamentarischer Rat, Verhandlungen des Hauptausschusses 1948/49, S. 70. Näher zur Entstehung *Sommermann*, Offene Staatlichkeit, in: v. Bogdandy et al. (Hrsg.), Ius Publicum Europaeum II, 2008, § 14 Deutschland, Rn. 5 ff.
[55] Zu diesem Unterschied s. näher unter → Rn. 43 ff.

b) Vertrag von Maastricht

Betrachtet man die Entwicklung der verfassungsrechtlichen Grundlagen der offenen Staatlichkeit, so markiert der Prozess der Ratifikation des Vertrages von Maastricht im Jahr 1992 in Deutschland und Frankreich gleichermaßen eine Zäsur. In beiden Ländern wurden zu diesem Anlass spezifische Europaklauseln in die Verfassungen eingeführt. Dabei hielt der verfassungsändernde Gesetzgeber in Deutschland mit Art. 23 n. F. GG bewusst am konzeptionellen Leitbild der „Übertragung" von Hoheitsrechten fest. Der speziell auf die Mitgliedschaft in der EU ausgerichtete Art. 23 Abs. 1 GG verdrängt seither als *lex specialis*[56] den allgemeineren Art. 24 Abs. 1 GG in Bezug auf Deutschlands Mitgliedschaft in der EU. Auch in Frankreich fügte der Verfassungsgeber anlässlich des Vertrages von Maastricht mit Art. 88-1 a. F. CF eine speziell auf die EU bezogene Europaklausel in die Verfassung ein. Wie zu zeigen sein wird, unterscheidet sich diese Norm jedoch in einigen Punkten signifikant von ihrem deutschen Pendant. Gemeinsam ist beiden Verfassungen aber, dass sie – anders als die Verfassungen anderer Mitgliedstaaten wie etwa Spaniens oder Polens – eine spezifisch auf die EU bezogene Integrationsklausel bereithalten.

35

Die sich mit dem Vertrag von Maastricht zunehmend abzeichnende Konstitutionalisierung der europäischen Integrationsentwicklung kam in beiden Ländern besonders deutlich in der Rechtsprechung zum Ausdruck, die den Ratifikationsprozess begleitete. Sie gab die Notwendigkeit einer Verfassungsänderung in Frankreich sogar unmittelbar vor.[57] Ebenso wie das Maastricht-Urteil des BVerfG vom 12. Oktober 1993 für Deutschland[58] sind die drei Maastricht-Entscheidungen des Verfassungsrats für Frankreich bis heute als wegweisende Leitentscheidungen der Integrationsrechtsprechung einzuordnen.[59]

36

---

[56] Einhellige Meinung, vgl. nur *Pernice*, in: Dreier (Hrsg.), GG II, 2. Aufl. 2006, Art. 23, Rn. 121; *Classen*, in: v. Mangoldt et al. (Hrsg.), GG, Bd. II, 6. Aufl. 2010, Art. 23, Rn. 1; *König*, Die Übertragung von Hoheitsrechten im Rahmen des europäischen Integrationsprozesses 2000, S. 655; *Streinz*, in: Sachs (Hrsg.), GG, 4. Aufl. 2007, Art. 23, Rn. 9.

[57] Die Einfügung des Titels XV der französischen Verfassung war eine unmittelbare Reaktion des französischen Verfassungsgebers auf die erste Maastricht-Entscheidung des Verfassungsrats v. 9.4.1992 – Nr. 92–308 – Maastricht I, Rec. S. 55, der darin eine Verfassungsänderung für erforderlich gehalten hatte.

[58] BVerfGE 89, 155 – Maastricht. Hierzu eingehend und in verfassungsvergleichender Perspektive *Mayer*, Kompetenzüberschreitung und Letztentscheidung, 2000, S. 98 ff. Für Reaktionen im unmittelbaren Nachklang der Entscheidung s. aus der umfangreichen Literatur *Tomuschat*, Die Europäische Union unter der Aufsicht des Bundesverfassungsgerichts, EuGRZ 1993, S. 489 (494 ff.); *Pernice*, Maastricht, Staat und Demokratie, Die Verwaltung 26 (1993), S. 449 ff.; *Frowein*, Das Maastricht-Urteil und die Grenzen der Verfassungsgerichtsbarkeit, ZaöRV 54 (1994), S. 1 ff.

[59] C.C., 9.4.1992, 92-308 DC – Maastricht I; 2.9.1992, 92-312 DC – Maastricht II; sowie 23.9.1992, 92-313 DC – Maastricht III. Deutsche Übersetzungen der drei Urteile in EuGRZ 1993, S. 187 ff.

c) Vertrag von Lissabon

37   Den dritten Evolutionsschub erhielt das französische und deutsche Europaverfassungsrecht sodann durch den Vertrag von Lissabon. Freilich waren die verfassungsrechtlichen Implikationen in Frankreich bereits durch die gerichtliche Auseinandersetzung um den Verfassungsvertrag vorweggenommen worden, der im Jahr 2005 am negativen Ausgang zweier Referenden in Frankreich und den Niederlanden gescheitert war. Dass die verfassungsrechtlichen Auswirkungen beider Verträge überwiegend kongruent sind, spiegelt die Rechtsprechung des französischen Verfassungsrates unmittelbar wider. Als einziges Gericht in Europa entschied der Verfassungsrat über die Vereinbarkeit beider Verträge in der Sache. Seine Entscheidung zum Vertrag von Lissabon[60] wiederholte in nahezu allen substanziellen Punkten die vorausgehende Entscheidung zum Verfassungsvertrag,[61] in welcher der Verfassungsrat aus gleich mehreren Gründen die Notwendigkeit einer Verfassungsänderung festgestellt hatte. Dementsprechend deckt sich die der Lissabon-Entscheidung folgende Verfassungsrevision von 2008 bis auf wenige Details mit den bereits 2005 im Zuge der Verfassungsvertrags-Entscheidung auf den Weg gebrachten Änderungen, die infolge des Scheiterns des Verfassungsvertrages größtenteils nicht in Kraft getreten waren.[62] Eine wichtige Neuerung stellt insbesondere die verfassungsrechtliche Verankerung der Subsidiaritätsrüge und -klage nach Art. 88-6 CF dar.

38   Ähnlich wie in Frankreich ging es bei der Änderung des deutschen GG vor allem darum, die durch den Vertrag von Lissabon gestärkten Rechte des nationalen Parlaments verfassungsrechtlich umzusetzen. Dies geschah insbesondere durch ein neues Klagerecht von Bundestag und Bundesrat im Rahmen der Subsidiaritätskontrolle.[63] Ähnlich der Rechtslage in Frankreich wurde die Subsidiaritätsklage in Art. 23 Abs. 1a GG n. F. als parlamentarisches Minderheitenrecht ausgestaltet.[64] Prägend für das deutsche Europaverfassungsrecht war aber vor allem das in der Literatur ganz überwiegend kritisch aufgenommene Lissabon-Urteil des BVerfG, auf das noch mehrfach zurückzukommen sein wird.[65]

---

[60] C.C., 20.12.2007, 2007-560 DC – Lissabon.

[61] C.C., 19.11.2004, 2004-505 DC – Verfassungsvertrag.

[62] Verfassungsgesetz Nr. 2008103 v. 4.2.2008. Weitere zentrale Neuerungen der französischen Europaartikel erfolgten in unmittelbarem zeitlichem Zusammenhang durch die im Juli 2008 auf den Weg gebrachte Grundsatzreform zur Modernisierung der Institutionen, Verfassungsgesetz Nr. 2008-724 v. 23.7.2008.

[63] Gesetz zur Änderung des Grundgesetzes v. 8.10.2008, BGBl. 2008 I, Nr. 45, S. 1926. Anders als in Frankreich war diese Verfassungsänderung jedoch nicht durch eine Gerichtsentscheidung vorgegeben und wurde im Nachhinein auch nicht durch das Lissabon-Urteil des BVerfG beanstandet.

[64] Kritisch *Uerpmann-Wittzack/Edenharter*, Subsidiaritätsklage als parlamentarisches Minderheitsrecht?, EuR 2009, S. 313 (315 ff.).

[65] BVerfGE 123, 267 – Lissabon.

d) Finanzkrise und sog. „Eurorettung"

Eine Herausforderung besonderer Art ist die nach wie vor anhaltende Finanz- und Wirtschaftskrise. Aus verfassungsrechtlicher Perspektive im Zentrum stehen hierbei vor allem die Rechtmäßigkeit der rechtlichen Grundlagen europäischer „Rettungspolitik". Die von den Staats- und Regierungschefs praktizierte Verlagerung politischer Grundentscheidungen in die Hinterzimmer der Intergouvernementalität hat sich dabei nicht nur als ineffizient erwiesen. Vor allem droht durch sie ein Unterlaufen parlamentarischer Entscheidungsstrukturen.

39

Die Sicherung demokratischer Verantwortlichkeit steht dementsprechend im Mittelpunkt der krisenbezogenen Entscheidungen des BVerfG. Erste Urteile behandelten neben der Verfassungsmäßigkeit erster provisorischer Rettungsmaßnahmen[66] die auf die Rettungspolitik bezogenen (innerstaatlichen) parlamentarischen Entscheidungsstrukturen[67] bzw. die Informationsrechte des Parlaments.[68] Besonders intensiv setzte sich das BVerfG mit der Verfassungsmäßigkeit des Europäischen Stabilitätsmechanismus (ESM) auseinander. Dabei handelt es sich um einen von den Euro-Mitgliedstaaten auf Grundlage eines völkerrechtlichen Vertrages errichteten dauerhaften Krisenbewältigungsmechanismus, in dessen Rahmen Mitgliedstaaten unter bestimmten, eng gefassten Voraussetzungen Finanzhilfen erhalten können, namentlich wenn sie sich makroökonomischen Reformprogrammen unterwerfen. Das BVerfG erklärte die innerstaatliche Zustimmung zur Ratifikation des ESM-Vertrages sowie zur begleitenden Änderung des AEUV vergleichsweise früh für verfassungskonform und machte damit den Weg für das Inkrafttreten dieser Instrumente frei.[69] Die beiden vom BVerfG aufgestellten Bedingungen für eine deutsche Ratifikation wurden auf völkerrechtlicher Ebene in unmittelbarem Nachklang des Urteils durch eine gemeinsame Auslegungserklärung sichergestellt.[70] Der ESM-Vertrag verdeutlicht zugleich eine weitere Besonderheit der Rettungspolitik: Ihre zentralen Instrumente sind nicht auf unionsrechtlicher, sondern auf völkerrechtlicher Ebene angesiedelt, wobei sie das Unionsrecht freilich funktional ergänzen. Grund für diese ungewöhnliche Herangehensweise ist in erster Linie der fehlende politische Konsens unter den EU-Mitgliedstaaten über eine entsprechende (Einstimmigkeit voraussetzende) Reform des Primärrechts.[71] Unter den bestehenden Verträgen können bestimmte Regelungen indes aus kompetenzrechtlichen Erwägungen heraus nicht

40

---

[66] BVerfGE 129, 124 – Finanzhilfen Griechenland und EFSF.
[67] BVerfGE 130, 318 – Neunergremium.
[68] BVerfGE 131, 152 – Unterrichtungspflichten (ESM & Euro-Plus-Pakt).
[69] BVerfGE 132, 195 – ESM und Fiskalvertrag (Eilentscheidung), später bestätigt durch BVerfG, 18.3.2014, 2 BvR 1390/12 u. a. – ESM und Fiskalvertrag (Hauptsacheentscheidung).
[70] Declaration on the European Stability Mechanism vom 27.9.2012, BGBl II S. 1086, abrufbar unter: http://www.consilium.europa.eu/uedocs/cms_data/docs/pressdata/en/ecofin/132615.pdf. Hinzu kommt eine gleichlautende einseitige Erklärung der Bundesrepublik, BGBl II S. 1087.
[71] Namentlich der europapolitische Kurs des Vereinigten Königreichs wirkt sich hier hemmend aus.

auf Unionsebene getroffen werden. Folge ist ein Ausweichen in das klassische Völkerrecht und den damit verbundenen Intergouvernementalismus.

41   Die völkerrechtliche Verankerung der „Rettungspolitik" wird auch durch den sog. „Fiskalvertrag"[72] illustriert. Dieser völkerrechtliche Vertrag zielt im Kern auf eine Begrenzung der nationalen Schuldenpolitik ab und verpflichtet die Vertragsstaaten (alle EU-Mitgliedstaaten mit Ausnahme des Vereinigten Königreichs und Tschechiens) zur Einführung einer Schuldenbremse auf verfassungsrechtlicher bzw. verfassungsäquivalenter Ebene. Über das Instrument des Fiskalvertrags wird damit letztlich die maßgeblich im deutschen Verfassungsrecht entwickelte Idee einer Schuldenbremse in die Rechtsordnungen anderer EU-Mitgliedstaaten exportiert. In Frankreich stellte sich insoweit die Frage, ob der Ratifikation des Fiskalvertrages eine Verfassungsänderung vorausgehen müsse. Der *Conseil constitutionnel* entschied, dass dies nicht der Fall sei, da die Umsetzung nicht zwingend auf Ebene des Verfassungsrechts selbst erfolgen müsse.[73] Die Schuldenbremse wurde in Frankreich dann auch lediglich qua Organgesetz eingeführt. Auch das BVerfG identifizierte mit Blick auf den Fiskalvertrag keine verfassungsrechtlichen Hindernisse,[74] wobei es in seiner Entscheidung in bemerkenswerter Weise mehrfach auf den französischen Verfassungsrat verwies und so die Parallelen zwischen beiden Gerichten unterstrich.[75]

42   Der letztlich entscheidende Beitrag zur „Rettung" des Euro aber kam möglicherweise weder aus Paris, Berlin oder Karlsruhe, sondern aus Frankfurt. Im Zuge der Krise hat die Europäische Zentralbank (EZB) ein ums andere Mal auf unkonventionelle Maßnahmen zurückgegriffen. Die möglicherweise bekannteste und kontroverseste ist das Programm über sog. „Outright Monetary Transactions", kurz OMT. Das Programm fußt auf einem allein per Pressemitteilung bekanntgegebenen, bislang aber nicht umgesetzten Beschluss des Rates der Europäischen Zentralbank.[76] Durch ihn wurden allgemeine Rahmenbedingungen für einen in der Höhe potenziell unbegrenzten Aufkauf von Staatsanleihen ausgewählter Mitgliedstaaten auf dem Sekundärmarkt festgelegt, namentlich die Bedingung, dass diese Mitgliedstaaten zugleich an einem vereinbarten Reformprogramm (insbesondere im Zuge des ESM) teilnehmen müssen.[77] Die Mehrheit des Zweiten Senats des BVerfG vertrat die Auffassung, dass das Programm nicht von den der EZB vertraglich zuerkannten Kompetenzen gedeckt sei, also einen sog. Ultra-vires-Akt darstelle, und legte dem EuGH erstmals in seiner Geschichte mehrere Fragen im Wege des Vorabentschei-

---

[72] Vertrag über Stabilität, Koordinierung und Steuerung in der Wirtschafts- und Währungsunion.

[73] C.C., 9.8.2012, 2012-653 DC – Fiskalvertrag.

[74] BVerfGE 132, 195 – ESM und Fiskalvertrag (Eilentscheidung), später bestätigt durch BVerfG, 18.3.2014, 2 BvR 1390/12 u. a. – ESM und Fiskalvertrag (Hauptsacheentscheidung).

[75] Näher zur Bedeutung dieser Form rechtsvergleichender Argumentation *Wendel*, Richterliche Rechtsvergleichung als Dialogform, Der Staat 52 (2013), S. 339 (344 ff.)

[76] Abrufbar unter http://www.ecb.europa.eu/press/pr/date/2012/html/pr120906_1.en.html.

[77] Der Bekanntgabe des OMT-Programms vorausgegangen war die Mitteilung von EZB-Präsident Draghi, im Rahmen des Mandates der EZB alles was auch immer Erforderliche tun, um den Euro zu retten (Rede von EZB-Präsident *Draghi* anlässlich der „Global Investment Conference in London" v. 26.7.2012).

dungsverfahrens vor.[78] Der Vorlagebeschluss wirft indes verfassungsrechtlich wie europarechtlich zahlreiche kritische Fragen auf.[79]

2. Grundmodell der Integrationsklausel

Die zentrale Norm des französischen Unionsverfassungsrechts ist Art. 88-1 CF. In Deutschland findet sich die EU-spezifische Integrationsklausel in Art. 23 Abs. 1 GG. Strukturell handelt es sich bei beiden Normen um Erlaubnissätze. Sie erteilen die Rechtsmacht, an der Errichtung der supranationalen Grundordnung mitzuwirken (*Konstituierungsfunktion*) sowie die potenziell alleinige Hoheitsgewalt der Staatsorgane innerhalb des Staatsgebietes zurückzunehmen (*Selbstbegrenzungs-* oder *Autolimitationsfunktion*). 43

Integrationsermächtigungen finden sich im Verfassungsrecht der EU-Mitgliedstaaten in unterschiedlichen Modellgruppen.[80] Wie die Mehrzahl der mitgliedstaatlichen Verfassungsordnungen hält das Grundgesetz mit Art. 23 Abs. 1 GG eine Integrationsklausel bereit, die in sachbereichlicher Hinsicht dynamisch, d. h. für den künftigen Integrationsfortgang entwicklungsoffen ausgestaltet ist (*dynamische Integrationsermächtigung*). Demgegenüber beruht das französische Europaverfassungsrecht auf dem Prinzip spezieller, jeweils etappenweise qua Verfassungsänderung eingefügter Einzelermächtigungen, die sachlich begrenzt sind und regelmäßig nicht für weitere Integrationsschritte herangezogen werden können (*statische Integrationsermächtigung*). 44

a) Etappenweise révision-adjonction

Auf Gestaltform und Entwicklung des französischen Europaverfassungsrechts hat in besonderem Maße die Rechtsprechung des französischen Verfassungsrates gewirkt.[81] Bis vor Einführung der *question prioritaire de constitutionnalité* (QPC)[82] in seiner Zuständigkeit auf präventive Vertrags- bzw. Gesetzesentwurfskontrollen beschränkt, hatte der Verfassungsrat entweder vor einer anstehenden Ratifizierung über die Vereinbarkeit europäischer Vertragsvorhaben mit der französischen Verfassung (Art. 54 CF) oder aber im Wege präventiver Normenkontrollen über die Verfassungsmäßigkeit innerstaatlicher Ratifikationsgesetze vor deren Verkündung (Art. 61 Abs. 2 CF) zu befinden. 45

---

[78] BVerfG, Beschl. v. 14.1.2014 – 2 BvR 2728/13 u. a. – OMT-Vorlage. Das Verfahren ist beim EuGH als Rs. C-62/14 – Gauweiler u. a. anhängig.

[79] Eingehende Analyse bei *Wendel*, Kompetenzrechtliche Grenzgänge: Karlsruhes Ultra-vires-Vorlage an den EuGH, ZaöRV 74 (2014), S. 615 ff.

[80] Im Einzelnen *Wendel*, Permeabilität im europäischen Verfassungsrecht, 2011, S. 145 ff.

[81] Auf die Rechtsprechung des *Conseil d'Etat* wird im Kontext der Vorrangproblematik zurückzukommen sein.

[82] Näher hierzu → *Marsch* § 6 Rn. 59 ff.

46   Die Entwicklung seiner integrationsbezogenen Rechtsprechung ist keineswegs frei von inneren Zäsuren.[83] Nachdem der Verfassungsrat in seiner früheren Rechtsprechung noch zwischen verfassungsmäßigen Einschränkungen und verfassungswidrigen Übertragungen von Souveränität unterschieden hatte, folgerte er in seiner ersten Entscheidung zum Vertrag von Maastricht[84] aus einer Zusammenschau mehrerer verfassungsrechtlicher Bestimmungen,[85] dass die Wahrung der nationalen Souveränität auch Kompetenzübertragungen nicht generell verbiete. Indes sei eine Verfassungsänderung erforderlich, soweit die betreffenden völkerrechtlichen Verpflichtungen entweder eine der Verfassung (ausdrücklich) widersprechende Bestimmung enthielten oder aber die *conditions essentielles de l'exercice de la souveraineté nationale* (Grundvoraussetzungen für die Ausübung der nationalen Souveränität) beeinträchtigten.[86] Mit dem Urteil zum Verfassungsvertrag kam eine dritte Alternative, bei deren Vorliegen die Verfassung geändert werden muss, hinzu: die Beeinträchtigung der verfassungsrechtlich verbürgten Rechte und Freiheiten, also insbesondere der Grundrechte.[87]

47   Das entscheidende Kriterium für die Frage, ob die französische Verfassung für die Ratifikation bestimmter Integrationsvorhabens vorab geändert werden muss, ist in der Rechtsprechungspraxis aber die zweite Alternative, d. h. die Beeinträchtigung der Grundvoraussetzungen für die Ausübung der nationalen Souveränität.[88] Diese *conditions essentielles* lassen sich keiner einzelnen Verfassungsbestimmung unmittelbar zuordnen.[89] Vielmehr handelt es sich um eine aus mehreren Grundsätzen abgeleitete verfassungsimmanente Schranke, die aber stets – und dies ist ein wichtiger Unterschied zum Ansatz des deutschen BVerfG – durch Verfassungsänderung überwindbar ist.

48   Die Konsequenz dieses Ansatzes ist ein bis in die jüngste Vergangenheit hinein zu beobachtendes Wechselspiel zwischen Verfassungsrat und Verfassungsgeber. Sobald der Verfassungsrat im Rahmen einer präventiven Vertrags- bzw. Normenkontrolle eine Unvereinbarkeit zwischen der französischen Verfassung und einem zur Ratifikation anstehenden Reformvertrag festgestellt hatte, fügte der

---

[83] Eingehend *de Berranger*, Constitutions nationales et construction communautaire, 1995, S. 136 ff. u. 253 ff.; *Gundel*, Die Einordnung des Gemeinschaftsrechts in die französische Rechtsordnung, 1997, S. 111 ff.; *Hecker*, Europäische Integration als Verfassungsproblem in Frankreich, 1998, S. 165 ff.

[84] C.C., 9.4.1992, 92-308 DC – Maastricht I.

[85] Neben Art. 3 Abs. 1 CF sowie Art. 3 der Erklärung von 1789 führt der Verfassungsrat Abs. 14 und 15 der Präambel von 1946 sowie Art. 53 CF an.

[86] „Conditions essentielles d'exercice de la souveraineté nationale", 14. Erwägungsgrund.

[87] Wie hier *Haguenau-Moizard*, Offene Staatlichkeit, in: v. Bogdandy et al. (Hrsg.), Ius Publicum Europaeum, Band II, 2008, § 15 Frankreich, Rn. 31. Zum Teil wird die Achtung der Grundrechte auch dem ersten Punkt zugerechnet, vgl. etwa *Scheffler*, Das französische Verfassungsverständnis angesichts der Anforderungen des EG/EU-Rechts, ZaöRV 67 (2007), S. 43 (69 u. 73 f.).

[88] Genau genommen wurde es bereits im Jahr 1970 in der Entscheidung über die Ausstattung der Gemeinschaft mit Eigenmitteln eingeführt, C.C., 19.6.1970, 70-39 DC, Cons. 9 – Eigenmittel.

[89] So *Gundel*, Die Einordnung des Gemeinschaftsrechts in die französische Rechtsordnung, 1997, S. 113.

französische Verfassungsgeber einzelne, spezifisch auf den jeweiligen Reformvertrag zugeschnittene Ermächtigungen in die Verfassung ein. Dementsprechend las sich das französische Europaverfassungsrecht über längere Zeit wie eine sukzessive Ansammlung von Ermächtigungen, die punktuell zu denjenigen Kompetenzübertragungen autorisierten, die der Verfassungsrat zuvor als für unvereinbar mit der Verfassung erklärt hatte. So lautete Art. 88-2 CF in seiner Fassung bis zum 30.11.2009: „Unter dem Vorbehalt der Gegenseitigkeit und gemäß den Modalitäten des [Vertrages von Maastricht] stimmt Frankreich der Übertragung von Befugnissen zu, die zur Schaffung der europäischen Wirtschafts- und Währungsunion notwendig sind. Unter demselben Vorbehalt und gemäß den Modalitäten, die im [Vertrag von Amsterdam] vorgesehen sind, kann der Übertragung von Befugnissen, die zur Festlegung der Regelungen für den freien Personenverkehr und für die damit verbundenen Bereiche notwendig sind, zugestimmt werden (...)."[90] Diesen in der Literatur nicht unkritisch aufgenommenen Ansatz einer *révision-adjonction*[91] – d. h. einer Verfassungsänderung im Wege punktueller Ergänzung – bestätigte der Verfassungsrat ausdrücklich in seiner zweiten Maastricht-Entscheidung.[92] Die etappenweise Einfügung statischer Integrationsermächtigungen erstaunt in rechtsvergleichender Perspektive.[93] Denn vor der Folie anderer Verfassungsordnungen scheint Art. 88-1 CF, der von einer gemeinsamen Ausübung von Befugnissen mit den anderen Mitgliedstaaten im Rahmen der EU spricht, auf den ersten Blick durchaus das Potenzial einer dynamischen Integrationsermächtigung mit Entwicklungsoffenheit aufzuweisen. Die jüngere Rechtsprechung räumt dieser Norm auch eine zentrale Stellung im französischen Europaverfassungsrecht ein. So entnimmt der Verfassungsrat der Vorschrift bereits seit 2004 ausdrücklich eine *verfassungsrechtliche* Verpflichtung zur Umsetzung von Richtlinien (→ Rn. 96 ff.). Gleichwohl wird Art. 88-1 CF seitens der Rechtsprechung bis heute gerade nicht die Funktion einer dynamischen Integrationsermächtigung für künftige Integrationsschritte beigemessen.[94] Dem entspricht, dass die Norm in ihrer aktuellen Fassung auf den Integrationsstand des Vertrages von Lissabon fixiert bleibt. Vergleichbare Reformschritte wie die der Verträge von Maastricht, Amsterdam oder Lissabon werden daher in

---

[90] Im Zuge der Neufassung des französischen Europaverfassungsrechts wurde der Großteil von Art. 88-2 a. F. CF aufgehoben. In der aktuellen Fassung ist nur noch der Bezug zum Europäischen Haftbefehl vorhanden.

[91] Vgl. *Flauss,* Rapport français, in: Schwarze (Hrsg.), Die Entstehung einer europäischen Verfassungsordnung, 2000, S. 25 (80); *Magnon,* La sanction de la primauté de la Constitution sur le droit communautaire par le Conseil d'Etat, RFDA 2007, S. 578 (588).

[92] C.C., 2.9.1992, 92-312 DC – Maastricht II.

[93] Einzig das irische Europaverfassungsrecht weist insoweit strukturelle Parallelen auf, vgl. *Wendel,* Permeabilität im europäischen Verfassungsrecht, 2011, S. 273 ff.

[94] Vgl. *Capitant,* Landesbericht Frankreich, in: Kluth (Hrsg.), Europäische Integration und nationales Verfassungsrecht, 2007, S. 141 (157) sowie *Gaïa,* Rapport français, in: F.I.D.E. (Hrsg.), 17. F.I.D.E.-Kongress, Le droit constitutionnel national et l'intégration européenne, 1996, S. 231 (258).

Frankreich voraussichtlich auch künftig eine Verfassungsänderung durch Hinzufügung punktueller Einzelermächtigungen erforderlich machen.[95]

49   Zusammengefasst fungiert das Kriterium der Grundvoraussetzungen für die Ausübung der nationalen Souveränität in Frankreich letztlich als Weichenstellung dafür, ob eine (einfache) parlamentarische Zustimmung zur Ratifikation nach Art. 53 CF ausreicht, oder ob vorab die Verfassung geändert werden muss. Dem französischen Verfassungsrat wird dementsprechend die Rolle eines Weichenstellers (*aiguilleur*) nachgesagt, der lediglich anzeigt, wann der Weg einer Verfassungsänderung beschritten werden muss und wann nicht. In der Verfassungspraxis musste dabei für zahlreiche der jüngeren Integrationsvorhaben die Verfassung geändert werden.[96] Anders war dies lediglich hinsichtlich des Fiskalvertrages.[97]

b) Dynamische Integrationsermächtigung

50   Demgegenüber baut das deutsche Europaverfassungsrecht auf dem Konzept einer dynamischen Integrationsermächtigung auf, also einer Integrationsklausel, die sachbereichlich für den künftigen Integrationsfortgang entwicklungsoffen ausgestaltet ist und bestimmte materielle Verfassungsänderungen ohne die Notwendigkeit formeller Verfassungsänderungen erlaubt. Konzeptionell setzt die deutsche Europaklausel beim Begriff der „Übertragung" von Hoheitsrechten an. Bedeutung und Konstruktion dieses erstmals in Art. 24 Abs. 1 GG angelegten und heute auch in Art. 23 Abs. 1 S. 2 GG enthaltenen Übertragungsmechanismus waren in Deutschland recht früh Gegenstand eingehender verfassungsdogmatischer Erörterungen und Auseinandersetzungen, namentlich anlässlich der erbittert geführten Debatte um die Wiederbewaffnung (sog. „Kampf um den Wehrbeitrag").[98] Bemerkenswerterweise zeichnet diese frühe Debatte bereits alle später vertretenen Deutungsvarianten des Übertragungsmechanismus vor.

51   Dass die Übertragung nicht mit einer „endgültigen Abtretung" von Hoheitsrechten im Sinne eines dinglichen Transfers bzw. einer Zession gleichgesetzt werden kann,[99] ist heute allgemeinhin anerkannt.[100] Die auf supranationaler Ebene geschaf-

---

[95] Nicht indes, wie gesehen, der Fiskalvertrag.

[96] Vgl. zum Verfassungsrat als „aiguilleur" *Favoreu*, La politique saisie par le droit, 1988, S. 30 sowie speziell im EU-Kontext *Ziller*, Sovereignty in France: Getting Rid of the Mal de Bodin, in: Walker (Hrsg.), Sovereignty in Transition, 2003, S. 261 (270 f.).

[97] Vgl. bereits Rn. 41.

[98] S. die Dokumentation des Instituts für Staatslehre und Politik Mainz (Hrsg.), Der Kampf um den Wehrbeitrag, Bd. I, Die Feststellungsklage, 1952 sowie Bd. II, Das Gutachtenverfahren, 1953.

[99] So aber *K. H. Klein*, Die Übertragung von Hoheitsrechten, 1952, S. 27 f. Demnach hätten die Hoheitsrechte analog einer hypothekarisch belasteten Forderung nur mit den ihnen verfassungsrechtlich anhaftenden Beschränkungen übertragen werden können und dürfen.

[100] Erstmals *E. Kaufmann*, Rechtsgutachten zum Vertrag über die Gründung der Europäischen Verteidigungsgemeinschaft und zum Deutschlandvertrage, in: Institut für Staatslehre und Politik Mainz (Hrsg.), Der Kampf um den Wehrbeitrag, Bd. II, 1953, S. 42 (55). Aus der heutigen Literatur anders einzig *Flint*, Die Übertragung von Hoheitsrechten, 1998, S. 112 ff., 135.

fene Hoheitsgewalt ist mehr als ein bloßer Flickenteppich aus einzelnen Stücken abgetretener – zumal dann kumulativ beschränkter – nationaler Hoheitsrechte. Bestimmte Kompetenzen sind mit Blick auf ihren Regelungsgegenstand überhaupt nur auf supranationaler Ebene möglich, da sie über den potenziellen Regelungsrahmen des einzelnen Staates bereits denklogisch hinausgreifen.[101] Andere Kompetenzen wiederum werden im innerstaatlichen Herrschaftsbereich aufgehoben, ohne dass ein entsprechendes Äquivalent auf supranationaler Ebene entstünde (sog. *compétences abolies*).[102] Die zutreffende Deutung des Übertragungsmechanismus entspricht demnach der eines *conferre*, d. h. einer Zuerkennung im Sinne einer Begründung originärer[103] Herrschaftsgewalt.

Neben der im Übertragungsmechanismus angelegten Konstituierungshandlung (Zuerkennung supranationaler Kompetenzen) ist die *autolimitative Dimension* der zweite zentrale Regelungsgehalt. Hier geht es um den Kern der verfassungsrechtlichen Permeabilität, nämlich die Rücknahme des potenziell ausschließlichen Durchsetzungsanspruches der Verfassung mit der Zweckrichtung, Rechtssätze durchgreifen oder Normgehalte einfließen zu lassen, die einer von ihr getrennten Rechtsquelle entstammen.[104] Auch hier wurde die leitende Idee im Rahmen des deutschen Wehrstreits Anfang der 1950er Jahre erstmals entfaltet.[105] Nachdem *Klaus Vogel* sodann im Jahr 1964 in einer der wohl brillantesten und bahnbrechendsten Abhandlungen zur Thematik das Konzept der „offenen Staatlichkeit" entfaltet hatte,[106] griff das Bundesverfassungsgericht diesen Kerngedanken in seiner Solange-I-Entscheidung (1974) auf. Danach ermächtige die Integrationsklausel „nicht eigentlich zur Übertragung von Hoheitsrechten, sondern *öffnet* die nationale Rechtsordnung (…) derart, daß der *ausschließliche Herrschaftsanspruch* der Bundesrepublik Deutschland im Geltungsbereich des Grundgesetzes *zurückgenommen* und der unmittelbaren Geltung und Anwendbarkeit eines Rechts aus anderer Quelle innerhalb des staatlichen Herrschaftsbereichs *Raum gelassen* wird."[107]

52

---

[101] Vgl. *Masclet*, Diskussionsbeitrag in: Maus/Passalecq (Hrsg.), Le traité d'Amsterdam face aux constitutions nationales, 1998, S. 46 (48 f.).

[102] Hierzu *V. Constantinesco*, Compétences et pouvoirs dans les Communautés européennes, 1974, S. 231 ff. u. 248.

[103] Vgl. *Badura*, Bewahrung und Veränderung demokratischer und rechtsstaatlicher Verfassungsstruktur in den internationalen Gemeinschaften, VVDStRL 23 (1966), S. 34 (57).

[104] Zum Begriff *Wendel*, Permeabilität im europäischen Verfassungsrecht, 2011, S. 5 ff.

[105] *Scheuner*, Beitritt der Bundesrepublik zur Europäischen Verteidigungsgemeinschaft und Grundgesetz, in: Institut für Staatslehre und Politik Mainz (Hrsg.), Der Kampf um den Wehrbeitrag, Bd. II, 1953, S. 94 (139, Hervorh. hinzugefügt). Zum Einfluss dieser Interpretation auf die spätere Auslegung von Art. 24 Abs. 1 GG vgl. *Flint*, Die Übertragung von Hoheitsrechten, 1998, S. 22 ff.

[106] *Vogel*, Die Verfassungsentscheidung des Grundgesetzes für eine internationale Zusammenarbeit, Recht und Staat in Geschichte und Gegenwart, Heft 292/293 (1964), S. 1 (6 ff.).

[107] BVerfGE 37, 271 (279 f.) – Solange I (Hervorh. hinzugefügt).

c) Integrationsverfahren

53 Von zentraler Bedeutung für die Anwendung der Integrationsklauseln ist die Frage der Verfahrensmodi. In Frankreich reicht auf Basis von Art. 53 CF grundsätzlich ein einfaches Parlamentsgesetz für die Zustimmung zur Ratifikation einer Vertragsrevision aus. Wird allerdings die Notwendigkeit einer Verfassungsänderung durch den *Conseil constitutionnel* festgestellt, bedarf es für die Verfassungsänderung der Einhaltung der qualifizierten Verfahrensvoraussetzungen nach Art. 89 CF.[108]

54 In bestimmten Fällen kann aber auch ein Referendum in Betracht kommen. Nach Art. 88-5 Abs. 1 CF wird nämlich jeder Gesetzesentwurf, der zur Ratifizierung eines Vertrages über den EU-Beitritt eines anderen Staates ermächtigt, zum Volksentscheid gebracht.[109] Allerdings verleiht Art. 88-5 Abs. 2 CF dem Parlament das Recht, das verfassungsändernde Verfahren gemäß Art. 89 Abs. 3 CF zur Anwendung zu bringen. Damit liegt das letzte Wort über das Abhalten eines integrationsbezogenen Volksentscheids in den Händen des Parlaments. Eine weitere Möglichkeit, ein Referendum im Kontext der europäischen Integration abzuhalten, besteht über Art. 11 CF.[110] Auf dieser Grundlage wurde zum Beispiel das Referendum über den Verfassungsvertrag vom damaligen Staatspräsidenten *Jacques Chirac* per Dekret festgesetzt.[111]

55 In Deutschland erfolgt die Übertragung von Hoheitsrechten im Kontext der EU gemäß Art. 23 Abs. 1 S. 2 GG „durch Gesetz". Anders als Art. 24 Abs. 1 GG, für dessen Anwendung stets eine einfache Mehrheit genügt, fordert Art. 23 Abs. 1 S. 3 i. V. m. Art. 79 Abs. 2 GG eine 2/3-Mehrheit der Mitglieder von Bundestag und Bundesrat. Voraussetzung dafür ist aber, dass das Grundgesetz durch die Vertragsänderung oder vergleichbare Regelungen[112] „seinem Inhalt nach geändert oder ergänzt wird oder solche Änderungen oder Ergänzungen ermöglicht werden." Das Grundgesetz erkennt damit ausdrücklich an, dass die Übertragung von Hoheitsrechten einer materiellen Verfassungsänderung gleichkommen kann, ohne dass hierzu der Text der Verfassung geändert werden müsste. Heftig umstritten ist allerdings, in welchen Fällen die 2/3-Mehrheit tatsächlich zur Anwendung gelangt. Am meisten zu überzeugen vermag hier die auch von der Bundesregierung vertretene Rechtsauffassung, wonach die Anwendung von Art. 23 Abs. 1 S. 3 GG eine Einzelfallbetrachtung am Maßstab der Verfassungsintensität der konkreten Integrationshandlung voraussetzt. Danach ist eine qualifizierte Mehrheit nur für Übertragungen ab einer bestimmten Intensitätsschwelle erforderlich, also nicht für alle Übertragungen.[113]

---

[108] Näher zum verfassungsändernden Verfahren → *Marsch* § 5 Rn. 67 f.
[109] Lediglich Beitritte infolge einer Regierungskonferenz, deren Einberufung vom Europäischen Rat vor dem 1. Juli 2004 beschlossen wurde, sind dem Anwendungsbereich der Vorschrift entzogen, vgl. Art. 47 des Verfassungsgesetzes Nr. 2008-724 v. 23.7.2008.
[110] Vgl. auch → *Marsch* § 6 Rn. 67.
[111] Vgl. Art. 1 des Dekrets Nr. 2005-218 v. 9.3.2005.
[112] Etwa die Anwendung von Evolutivklauseln (sog. „*Passerelles*").
[113] So vor allem *Scholz*, in: Maunz/Dürig, GG, Art. 23, 1996, Rn. 83 ff. (auch mit Nachweisen zur Gegenauffassung); *Schwarze*, Deutscher Landesbericht, in: ders. (Hrsg.), Die Entstehung einer

Im Zuge der Euro-Rettungsmaßnahmen hat sich überdies die Frage gestellt, ob eine 2/3-Mehrheit umgekehrt auch dann geboten sein kann, wenn es um die Ratifikation eines internationalen Vertrages geht, der das Unionsrecht funktionell ergänzt, der allerdings keine Übertragung von Kompetenzen erforderlich macht.[114] Die wiederholt zu Tage tretenden Unterschiede in den Rechtsauffassungen von Bundesregierung und Bundesrat um die Auslegung von Art. 23 Abs. 1 S. 2 u. 3 GG[115] haben sich bislang aber nicht ausgewirkt, da eine 2/3-Mehrheit aufgrund des politischen Konsenses der großen Parteien stets erreicht, ja regelmäßig sogar deutlich übertroffen wurde.

Ein spezielles Referendum für Integrationsfragen sieht das Grundgesetz, anders als die französische Verfassung, nicht vor. Allerdings weist das BVerfG in seinem Lissabon-Urteil auf die Möglichkeit einer Ablösung des Grundgesetzes nach Art. 146 GG hin. Diese würde, wenngleich textlich nicht zwingend, durch ein Referendum erfolgen, dem ggf. ein Verfassungskonvent vorgeschaltet würde. Nach Art. 146 GG, der im Zusammenhang mit der deutschen Wiedervereinigung zu sehen ist, verliert das GG seine Gültigkeit, wenn eine Verfassung in Kraft tritt, die vom deutschen Volk in freier Entscheidung beschlossen worden ist. Nach Lesart des BVerfG stellt die Norm eine Spiegelung der verfassungsgebenden Gewalt des Volkes dar – eine Art deklaratorischer Bestätigung eines „vorverfassungsrechtlichen" Rechts, sich eine Verfassung zu geben.[116] Dem BVerfG zufolge könnten über den Weg des Art. 146 GG letztlich sogar Integrationsvorhaben ermöglicht werden, die wegen eines Verstoßes gegen die sog. „Ewigkeitsklausel" (Art. 79 Abs. 3 GG) im Rahmen der grundgesetzlichen Ordnung nicht rechtens wären. Nach dem BVerfG wäre das etwa bei der Gründung eines europäischen Bundesstaates der Fall.[117] In der Literatur ist dieser Ansatz, der letztlich mit Maßstäben jenseits geltenden Verfassungsrechts operiert, zu Recht scharf kritisiert worden.[118] Der Grund für das BVerfG, diesen eher ungewöhnlich anmutenden Weg zu eröffnen, liegt freilich darin, dass das Gericht aus Art. 79 Abs. 3 GG zahlreiche praktisch bedeutsame Grenzen für Deutschlands künftige Beteiligung an der europäischen Integration unter dem Grundgesetz hergeleitet hat.

56

---

europäischen Verfassungsordnung, 2000, S. 109 (136); *Pernice*, in: Dreier (Hrsg.), GG II, 2. Aufl. 2006, Art. 23, Rn. 90, der nur dann die 2/3-Mehrheit für einschlägig befindet, wenn vom GG „ausdrücklich zugewiesene Kompetenzen verlagert (…), Rechte und Regelungen inhaltlich modifiziert (…) oder Grundsätze der Verfassung berührt werden".

[114] Instruktiv *Sauer/Lorz*, Verfassungsändernde Mehrheiten für die Stabilisierung des Euro?, EuR 2012, S. 682 (685 ff.).

[115] Näher *Wendel*, Permeabilität im europäischen Verfassungsrecht, 2011, S. 244 ff.

[116] BVerfGE 123, 267 (Rn. 179) – Lissabon.

[117] BVerfGE 123, 267 (Rn. 179, 228, 263) – Lissabon.

[118] Vgl. insbesondere *Jestaedt*, Warum in die Ferne schweifen, wenn der Maßstab liegt so nah?, Der Staat 48 (2009), S. 496 (511 ff.); *Halberstam/Möllers*, The German Constitutional Court says „Ja zu Deutschland!", German Law Journal 10 (2009), S. 1241 (1255 f.). Zurückhaltender *Nettesheim*, Wo „endet" das Grundgesetz? Verfassungsgebung als grenzüberschreitender Prozess, Der Staat 50 (2012), S. 313 (340 ff., 349 ff.).

3. Verfassungsrechtliche Grenzen und Strukturanforderungen

57 Die Frage verfassungsrechtlicher Grenzziehungen und Strukturanforderungen ist für die Reichweite der offenen Staatlichkeit von entscheidender Bedeutung.

a) Verfassungsrechtliche Integrationsgrenzen

58 Als verfassungsrechtliche Integrationsgrenzen werden im Folgenden Regeln oder Prinzipien des nationalen Verfassungsrechts bezeichnet, die zum einen der Fortentwicklung des Unionsrechts oder zum anderen seiner innerstaatlichen Anwendbarkeit von Verfassung wegen entgegengehalten werden können. Es geht, anders gesagt, um die „Defensive" der staatlichen Verfassung gegenüber dem Recht der europäischen Union.[119]

aa) Änderungsfeste und nicht änderungsfeste Grenzen

59 Die Rechtsprechung des *Conseil constitutionnel* hat mit den *conditions essentielles de l'exercice de la souveraineté nationale*, wie gesehen, eine Integrationsgrenze aus dem Verfassungsgefüge herausgearbeitet, die durch Verfassungsänderung überwunden werden kann. Es handelt sich um ein Konzept, das lediglich die Schwelle markiert, ab der eine Verfassungsrevision für die Ratifikation eines Integrationsvorhabens bedeutsam ist.

60 Stellt eine Verfassung aber – wie das Grundgesetz mit Art. 79 Abs. 3 – bestimmte Kerngehalte unter den Schutz eines verfassungsrechtlichen Revisionsverbots, so findet die Integrationsgewalt hierin eine im Rahmen der geltenden Verfassungsordnung unüberwindliche Grenze. Der betreffende Mitgliedstaat darf dann von Verfassung wegen nicht am Prozess der europäischen Integration mitwirken, soweit diese Kerngehalte durch die EU-Mitgliedschaft berührt würden. Nachdem das BVerfG änderungsfeste Grenzen in seiner früheren Rechtsprechung allenfalls abstrakt gegen die europäische Integration ins Feld geführt hatte, präsentierte das Gericht in seinem Lissabon-Urteil eine erstaunlich detaillierte Liste sensibler Kompetenzbereiche, innerhalb derer eine Übertragung von Hoheitsrechten ein gesteigertes Risiko berge, die durch Art. 79 Abs. 3 GG geschützte *Verfassungsidentität* des Grundgesetzes zu verletzen. Die europäische Integration dürfe, so das BVerfG, „nicht so verwirklicht werden, dass in den Mitgliedstaaten kein ausreichender Raum zur politischen Gestaltung der wirtschaftlichen, kulturellen und sozialen Lebensverhältnisse mehr" verbleibe.[120] Zu diesen Bereichen zählt das Gericht die „Staatsbürgerschaft, das zivile und militärische Gewaltmonopol, Einnahmen und Ausgaben einschließlich der Kreditaufnahme sowie die für die Grundrechtsverwirklichung maßgeblichen

---

[119] Vergleichender Überblick bei *Classen*, Nationales Verfassungsrecht in der Europäischen Union, 2013, § 12, Rn. 762 ff.
[120] BVerfGE 123, 267 (357 f.), Rn. 249 – Lissabon.

Eingriffstatbestände, vor allem bei intensiven Grundrechtseingriffen wie dem Freiheitsentzug in der Strafrechtspflege oder bei Unterbringungsmaßnahmen" sowie „auch kulturelle Fragen wie die Verfügung über die Sprache, die Gestaltung der Familien- und Bildungsverhältnisse, die Ordnung der Meinungs-, Presse- und Versammlungsfreiheit oder der Umgang mit dem religiösen oder weltanschaulichen Bekenntnis."[121] In der Folge buchstabiert das Gericht diese Bereiche näher aus. Für seine – zumal apodiktisch begründete – Auslegung der Ewigkeitsklausel ist das Gericht völlig zu Recht scharf kritisiert worden.[122] Primärer Zweck der Ewigkeitsklausel des Art. 79 Abs. 3 GG ist und bleibt es, einen Rückfall in die Diktatur zu verhindern.[123] Zugleich ist die Justiziabilität einer solchen Klausel, die der verfassungsändernden Gewalt materielle Bindungen auferlegt, mit äußerster Vorsicht zu handhaben.

In anderen europäischen Verfassungsordnungen werden änderungsfeste Verfassungsgehalte und die sie absichernden Normen seitens der Judikative mit äußerster Zurückhaltung behandelt.[124] Ein klassisches Beispiel für den restriktiven Umgang mit einer (potenziellen) Ewigkeitsklausel im Kontext der EU ist die Rechtsprechung des französischen Verfassungsrates zu Art. 89 Abs. 5 CF.[125] Bereits in der Literatur ist höchst umstritten, ob diese Norm, welche in Frankreich klassischerweise die Monarchie als Staatsform verhindern soll,[126] überhaupt als Maßstab einer *supraconstitutionnalité* (Überverfassungsmäßigkeit) verstanden werden kann.[127] Neben der Literatur hat auch der *Conseil constitutionnel* größte Vorsicht im Umgang mit dieser Norm walten lassen[128] und aus Art. 89 Abs. 5 CF bis heute keine verfassungsgerichtlich operativen Grenzen für die EU-Mitgliedschaft Frankreichs abgeleitet. Es bleibt damit in Frankreich bei der Integrationsgrenze der Grundvoraussetzungen für die Ausübung der nationalen Souveränität, die lediglich die Schwelle für die Notwendigkeit einer Verfassungsänderung markiert.[129]

61

---

[121] Ebd.

[122] Prägnant *Schönberger*, Die Europäische Union zwischen „Demokratiedefizit" und Bundesstaatsverbot, Der Staat 48 (2009), S. 535 (553 ff.); *Thym*, Europäische Integration im Schatten souveräner Staatlichkeit, Der Staat 48 (2009), S. 559 (562 ff.).

[123] S. dazu das Sondervotum von *Lübbe-Wolff* zu BVerfGE 113, 273 (336), Rn. 178 – Europäischer Haftbefehl.

[124] Rechtsvergleichende Analyse bei *Wendel*, Lisbon Before the Courts: Comparative Perspectives, EuConst 2011, S. 96 (126 ff.).

[125] Rechtsvergleichend *Wittekindt*, Materiell-rechtliche Schranken von Verfassungsänderungen im deutschen und französischen Verfassungsrecht, 1999.

[126] So bereits Art. 8 Abs. 2 der Verfassung der Französischen III. Republik seit der Verfassungsänderung 1884.

[127] Zur Problematik eingehend *Ziller*, Sovereignty in France: Getting Rid of the Mal de Bodin, in: N. Walker (Hrsg.), Sovereignty in Transition, 2003, S. 261 (271 ff.) m. w. N.

[128] C.C., 26.3.2003, 2003-469 DC, Cons. 2 – Dezentralisierung.

[129] C.C., 9.4.1992, 92-308 DC – Maastricht I; 31.12.1997, 97-394 DC – Amsterdam; 19.11.2004, 2004-505 DC – Verfassungsvertrag sowie 20.12.2007, 2007-560 DC – Lissabon.

bb) Substanzieller Gehalt

62 Was den substanziellen Gehalt der Integrationsgrenzen anbelangt, so bilden die Grundsätze der Demokratie, der Staatlichkeit und der Souveränität einen ersten Schwerpunkt.[130] Während die Gegenüberstellung von *souveraineté populaire* (Volkssouveränität) und *souveraineté nationale* (nationaler Souveränität) in besonderem Maße das Verfassungsrecht in Frankreich geprägt hat, taucht der Souveränitätsbegriff im deutschen Grundgesetz demgegenüber nicht auf.[131] Lange Zeit spielte er auch in der Rechtsprechung keine Rolle. Dies änderte sich spätestens mit dem Lissabon-Urteil des BVerfG, in dem der Topos der „souveränen Staatlichkeit" einen zentralen Platz einnimmt.[132] Das BVerfG entwickelt sein Souveränitätsverständnis im Kontext der Fragestellung, ob das Lissabonner Vertragswerk gegen die Kerngehalte des grundgesetzlichen Demokratieprinzips verstößt. Die legitimatorische Eigenkraft des Europäischen Parlaments versucht das BVerfG dabei mit Blick auf dessen degressiv proportionale Sitzverteilung und die dadurch bewirkte Abweichung vom Grundsatz der Wahlgleichheit zu dekonstruieren.[133] „Gemessen an staatlichen Demokratieanforderungen" leide die europäische Hoheitsgewalt an einem Demokratiedefizit, das unionsrechtsintern auch nicht durch Formen partizipatorischer, assoziativer oder direkter Demokratie gerechtfertigt werden könne.[134] Dass das BVerfG das deutsche Zustimmungsgesetz zum Vertrag von Lissabon gleichwohl für verfassungskonform erklärte, beruht nach der Argumentation des Gerichts nicht etwa auf der Einsicht, dass die Ausgestaltung des Demokratieprinzips auf europäischer Ebene strukturelle Besonderheiten aufweisen dürfe – etwa aufgrund der spezifischen Gewichtung föderaler Elemente, wie dies Art. 23 Abs. 1 S. 1 GG nahelegt.[135] Der Grund für die Verfassungskonformität liegt für das BVerfG vielmehr in dem attestierten Fortbestand der „souveränen Staatlichkeit" Deutschlands, die nach dem BVerfG zur existenziellen Grundbedingung demokratischer Legitimation aufwächst. Souveräne Staatlichkeit erhält so die Funktion eines essenziellen Demokratieschutzes.[136] Die paradox anmutende Argumentation des BVerfG läuft letztlich darauf hinaus, dass die Union „die europawärtigen Demokratieanforderungen des Grundgesetzes [gerade deshalb erfüllt], weil sie den staatlichen Demokratiestandard verfehlt."[137] Hieran wird exemplarisch deutlich, dass es kaum möglich

---

[130] Rechtsvergleichender Überblick bei *Huber*, Offene Staatlichkeit, in: v. Bogdandy et al. (Hrsg.), Ius Publicum Europaeum II, 2008, § 26 Vergleich, Rn. 85 ff.

[131] Für eine vergleichende Analyse s. *Fromont*, Souveränität und Europa: Ein Vergleich der deutschen und französischen Verfassungsrechtsprechung, DÖV 2011, S. 457 ff.

[132] Vgl. nur BVerfGE 123, 267 (348, 357 ff., 364, 372 ff., 381 ff., 400 f.), Rn. 228 f., 247 ff., 263, 280 ff., 299 ff., 340 – Lissabon.

[133] BVerfGE 123, 267 (371), Rn. 279 ff. – Lissabon.

[134] BVerfGE 123, 267 (377), Rn. 289 – Lissabon.

[135] Dazu *Pernice*, in Dreier (Hrsg.), GG II, 2. Aufl. 2006, Art. 23, Rn. 52 ff.

[136] Vgl. *Grimm*, *Souveränität* – Herkunft und Zukunft eines Schlüsselbegriffs, 2009, S. 110.

[137] Treffend *Schönberger*, Die Europäische Union zwischen „Demokratiedefizit" und Bundesstaatsverbot, Der Staat 48 (2009), S. 535 (551).

§ 8 Verfassungsrecht – Völkerrecht – Europarecht

ist, eine isolierte Verwendung des Demokratieprinzips als Argumentform defensiver Grenzziehung gegenüber den Integrationsermächtigungen auszumachen. Vielmehr erscheint der gerichtliche Rekurs auf Demokratie und Souveränität – sowie u. U. auf Staatlichkeit – regelmäßig in Gestalt einer funktionellen Einheit. Freilich ist die Wahrung der Staatlichkeit als normative Grenze der europäischen Integration hochgradig problematisch.[138] Die Rechtsprechung des BVerfG illustriert dies abermals in eindrücklicher Weise: Da nach dem BVerfG die Wahrung (souveräner) Staatlichkeit letztlich die *conditio sine qua non* einer demokratisch legitimierten Herrschaftsordnung schlechthin ist, stellt das Gericht – einem bipolaren Entweder-Oder-Szenario gleich – den Fortbestand des souveränen „volldemokratisch organisierten"[139] Nationalstaats im Staatenverbund der Alternative der Neukonstituierung eines europäischen Bundesstaates gegenüber. Eine zwischengelagerte, vom Staat gelöste und auf eine Herrschaftsausübung im Mehrebenensystem zugeschnittene Konzeption, welche die demokratische Legitimation von Hoheitsgewalt auf der Prämisse einer nicht-hierarchischen Zuordnung der Ebenen oder gar auf der Annahme einer in ihrem Ursprung geteilten bzw. „aufgestuften" konstituierenden Autorität entfaltete,[140] findet dagegen keinen Platz in der etatistisch-demokratischen Ideenwelt des BVerfG.

Ein weiterer zentraler Bereich, der mit den vorgenannten Prinzipien in enger Wechselbeziehung steht, ist die Achtung rechtsstaatlicher Grundsätze und insbesondere der Grundrechte. In diesem Kontext hat sich in der Praxis als entscheidend herauskristallisiert, inwieweit sich nationale Verfassungs- und Höchstgerichte für kompetent erklären, Unionsrecht oder nationale Umsetzungsakte am Maßstab innerstaatlicher Grundrechte zu messen. Hierauf ist im Kontext der Vorrangproblematik zurückzukommen. **63**

Daneben lassen sich Grenzen identifizieren, die der jeweiligen Eigenart der betreffenden Verfassungsordnung geschuldet sind. Solche Grenzen können unter Umständen auch dem Schutz der „Verfassungsidentität" zugeordnet werden. Beispiele sind die föderale Struktur des betreffenden Mitgliedstaates in Deutschland[141] oder der Grundsatz der Laizität in Frankreich.[142] **64**

---

[138] Eingehend *Möllers*, Staat als Argument, 2000, S. 376 ff. m. w. N.

[139] BVerfGE 123, 267 (381), Rn. 298 – Lissabon.

[140] So *Habermas*, Prinzipienkonkurrenz (Fn. 41), S. 180: „... schlage ich das Gedankenexperiment vor, sich eine entwickelte Europäische Union so vorzustellen, als sei deren Verfassung von einem doppelten Souverän ins Leben gerufen worden. Die konstituierende Gewalt soll sich derart aus der Gesamtheit der europäischen Bürger einerseits, der Summe der Bürger der beteiligten Nationalstaaten andererseits zusammensetzen, dass schon während des verfassungsgebenden Prozesses die eine Seite der anderen mit dem Ziel des Ausgleichs der entsprechenden Interessenlagen ins Wort fallen kann." Vgl. zuvor bereits *ders.*, Zur Verfassung Europas, 2011, S. 62.

[141] Art. 23 Abs. 1 S. 3 i. V. m. Art. 79 Abs. 3 GG.

[142] So speziell für die Rechtslage in Frankreich etwa der Commissaire du gouvernement *Guyomar* in seinen Schlussanträgen vor dem französischen Staatsrat in der Rechtssache Arcelor, abgedruckt in RTDE 2007, S. 378 (385). Das Prinzip der Laizität ist neben anderen verfassungsrechtlichen Grundprinzipien prominent in Art. 1 Abs. 1 CF verankert.

65 Für das deutsche GG kann eine Begrenzung der Integrationsgewalt im Übrigen bereits aus Art. 23 Abs. 1 S. 2 GG abgeleitet werden, der nicht die Rechtsmacht zur Übertragung der (potenziell umfassenden) Hoheits*gewalt*, sondern lediglich zur Übertragung von (einzelnen) Hoheits*rechten* erteilt. Aus Perspektive der nationalen Verfassungsordnung hat die Wahrung der staatsverfassungsrechtlichen Regelungstotalität zur Konsequenz, dass der supranationalen Ebene nicht die Kompetenz-Kompetenz zuerkannt werden darf. Um eine Umgehung dieses Verbots zu verhindern dürfen die deutschen Staatsorgane nach der Vorgabe des BVerfG der Union keine „Blankettermächtigung zur Ausübung öffentlicher Gewalt, zumal mit unmittelbarer Bindungswirkung in der innerstaatlichen Rechtsordnung"[143] erteilen.

b) Verfassungsrechtliche Strukturvorgaben für die EU

66 Von der defensiven Dimension zu unterscheiden sind verfassungsrechtliche Vorgaben für die Struktur der Europäischen Union. Hier geht die nationale Verfassung gewissermaßen in die Offensive über. So stellt Art. 23 Abs. 1 S. 1 GG bestimmte Anforderungen an die strukturelle Ausgestaltung der Europäischen Union (*Struktursicherungs*- bzw. *Strukturgestaltungsklausel*). Rechtlich gebunden werden hierdurch freilich nur die deutschen Staatsorgane in ihrer Mitwirkung an der Errichtung und Fortentwicklung der Union.

67 Art. 23 Abs. 1 S. 1 GG statuiert das Staatsziel eines vereinten Europas und verpflichtet die Bundesrepublik, zu seiner Verwirklichung bei der Entwicklung der EU mitzuwirken. Darüber hinausgehend nimmt die Norm aber die deutschen Staatsorgane in die Pflicht, bei Gründung und Fortentwicklung der supranationalen Grundordnung sicherzustellen, dass die EU demokratischen, rechtsstaatlichen, sozialen und föderativen Grundsätzen sowie dem Grundsatz der Subsidiarität verpflichtet ist.[144] Art. 23 Abs. 1 S. 1 GG ist damit eine „qualifizierte", weil mit bestimmten substanziellen Vorgaben verbundene, Staatszielbestimmung.[145] Eine funktionell vergleichbare Norm findet sich im französischen Europaverfassungsrecht nicht.

68 Mit Blick auf Wirkung und Funktion der Strukturvorgaben muss freilich genau differenziert werden. Zum einen ist eine solche Klausel *Urteilsmaßstab*, an dem die (Mitwirkungs-)Handlungen der Staatsorgane bei der Konstituierung supranationaler Hoheitsgewalt zu messen sind. Relevant werden kann dieser Kontrollmaßstab etwa für ein Verfassungsgericht im Zuge einer (präventiven) Kontrolle des Zustimmungsgesetzes oder der Vertragsrevision. Zugleich aber ist die Vorschrift Verhaltensnorm bzw. *Handlungsmaßstab*, der die nationalen Staatsorgane insbesondere

---

[143] BVerfGE 123, 267 (351), Rn. 236 – Lissabon.
[144] Vgl. im Einzelnen *Pernice*, in: H. Dreier (Hrsg.), GG II, 2. Aufl. 2006, Art. 23, Rn. 48 ff., der daneben zugleich auf die Appell- und Orientierungsfunktion hinweist.
[145] *Sommermann*, Staatsziele und Staatszielbestimmungen, 1997, S. 381 f. sowie *ders.*, in: Offene Staatlichkeit, in: v. Bogdandy et al. (Hrsg.), Ius Publicum Europaeum II, 2008, § 14 Deutschland, Rn. 34.

bei ihrer fortlaufenden Mitwirkung auf EU-Ebene – etwa als Teil des (Europäischen) Rates – bindet und anleitet.[146]

4. Parlamentarische und föderative Beteiligungsrechte

Die Eingliederung des modernen Verfassungsstaates in ein Mehrebenensystem gestufter Aufgabenwahrnehmung bewirkt grundlegende Verschiebungen seiner institutionellen Architektur. Im Europaverfassungsrecht der Mitgliedstaaten spiegelt sich dieses Phänomen in der kompensatorischen Schaffung von Informations- und Beteiligungsrechten wieder, die bestimmten staatlichen Hoheitsträgern in europäischen Angelegenheiten eingeräumt werden. Allen voran hat die Rolle der nationalen Parlamente im Zuge des steten Ausbaus der Mehrebenenverfassung Fragen grundsätzlicher Natur aufgeworfen.[147] Regelmäßig und über die Grenzen der einzelnen Verfassungsordnungen hinaus wurde in den vergangenen Jahren ein „Einflussknick"[148], zumindest aber ein „Funktionswandel"[149] der nationalen Parlamente konstatiert.

69

Die Mitwirkung nationaler Parlamente entfaltet sich in zwei Richtungen. Zum einen geht es um die parlamentarische Fundierung der Übertragung von Hoheitsrechten, namentlich der parlamentarischen Zustimmung zu Vertragsrevisionen; zum anderen um eine kontinuierliche Begleitung der auf der Grundlage der geschlossenen Verträge erfolgenden Ausübung von Hoheitsgewalt durch die EU, insbesondere im Bereich der Rechtsetzung.

70

Die erste Wirkrichtung in Gestalt der *parlamentarischen Verantwortung der europäischen Vertragsentwicklung* manifestiert sich in den erörterten Zustimmungserfordernissen zur Ratifikation einer Vertragsrevision. Das BVerfG hat hier den Bundestag durch das Konzept der sog. parlamentarischen *Integrationsverantwortung* in besonderem Maße in die Pflicht genommen. Danach müssen bestimmte Integrationsschritte durch die Einbindung des Bundestages – ggf. auch des Bundesrates – demokratisch legitimiert werden. Auch jenseits des Wortlauts von Art. 23 Abs. 1 S. 2 und 3 GG verlangt das BVerfG eine parlamentarische Zustimmung für bestimmte Modi des Integrationsfortgangs, z. B. die Anwendung sog. Brückenklauseln.[150] Diese Fälle sind im sog. Integrationsverantwortungsgesetz (IntVG) auch gesetzlich geregelt. Eng an das Konzept der Integrationsverantwortung angelehnt ist das Konzept der Budgetverantwortung, welches die haushalts-

71

---

[146] Zur Unterscheidung vgl. *Pernice*, in: Dreier (Hrsg.), GG II, 2. Aufl. 2006, Art. 23, Rn. 50.
[147] Eingehend *Dann*, Parlamente im Exekutivföderalismus, 2004; *Weber-Panariello*, Nationale Parlamente in der Europäischen Union, 1995; *Maurer/Wessels* (Hrsg.), National Parliaments on their Ways to Europe: Losers or Latecomers?, 2001; *Tans/Zoethout/Peters* (Hrsg.), National Parliaments and European Democracy. A Bottom-Up Approach to European Constitutionalism, 2007.
[148] So *Huber*, Offene Staatlichkeit, in: v. Bogdandy et al. (Hrsg.), Ius Publicum Europaeum II, 2008, § 26 Vergleich, Rn. 48, ebenfalls auf rechtsvergleichender Basis.
[149] *Pernice*, in: Dreier (Hrsg.), GG II, 2. Aufl. 2006, Art. 23, Rn. 93.
[150] Dies kann hier nicht vertieft werden, näher *Wendel*, Permeabilität im europäischen Verfassungsrecht, 2011, S. 221 ff., 361 ff.

politische Gesamtverantwortung des Bundestages absichern soll und im Kontext des Eurorettungsschirms und des Europäischen Stabilitätsmechanismus zum Tragen kam.[151]

72 Die zweite Dimension parlamentarischer Fundierung des europäischen Integrationsprozesses kommt in Art. 23 Abs. 2 und 3 GG zum Ausdruck. Die Normen gewähren Informations- und Beteiligungsrechte in Bezug auf die *Begleitung der EU-Gesetzgebung*. Diese Vorgaben sind auf einfachgesetzlicher Ebene näher konkretisiert. Infolge der bundesverfassungsgerichtlichen Vorgaben gilt in bestimmten Fällen sogar ein Parlamentsvorbehalt: Gibt der Bundestag eine Stellungnahme nach Art. 23 Abs. 3 S. 1 GG ab, legt die deutsche Bundesregierung gemäß § 9 Abs. 4 EUZBBG n. F. im Rat einen „Parlamentsvorbehalt ein, wenn der Beschluss des Bundestages in einem seiner wesentlichen Belange nicht durchsetzbar ist".[152]

73 Parlamentarische Beteiligungs- und Informationsrechte finden sich auch im französischen Europaverfassungsrecht, Art. 88-4 CF. Auf die Entscheidung des französischen Verfassungsrates hin wurde 2008 eine umfassende Verfassungsreform im Hinblick auf die parlamentarische Mitwirkung in EU-Angelegenheiten eingeleitet.[153]

74 Mit der durch das Verfassungsgesetz vom 23. Juli 2008 angestoßenen institutionellen Reform kam zudem die verfassungsrechtliche Verankerung eines jeweils eigenen EU-Ausschusses in Nationalversammlung und Senat hinzu. Wie der Bundestag verfügt nunmehr auch das französische Parlament über einen gesonderten EU-Ausschuss, dessen Existenz verfassungsrechtlich vorgegeben ist. Auch wurde die Subsidiaritätskontrolle in einen eigenen Artikel aufgenommen (Art. 88-6 CF), der im Grundgesetz seine Entsprechung findet (Art. 23 Abs. 1a GG). Überdies trifft das französische Unionsverfassungsrecht Aussagen zur Ausübung der parlamentarischen Vetorechte (Art. 88-7 CF).

75 In föderal strukturierten Staaten tritt zur Frage der Einbindung nationaler Parlamente zudem die Frage nach der vertikalen Gewaltenteilung hinzu und damit letztlich nach der Rolle föderaler bzw. dezentraler Einheiten im Mehrebenensystem.[154] Darum enthalten Art. 23 Abs. 4-7 GG Bestimmungen zur Mitwirkung der Länder an der europäischen Integration über den Bundesrat, konkretisiert durch einfaches Gesetz (EUZBLG). So normiert Art. 23 Abs. 5 GG eine gestufte Berücksichtigungspflicht der Bundesregierung in Bezug auf Stellungnahmen des Bundesrates. Art. 23 Abs. 6 GG regelt zudem die Übertragung der Vertretungsrechte auf einen vom Bundesrat benannten Ländervertreter, soweit ausschließliche Gesetzgebungsbefugnisse der Länder auf den Gebieten der schulischen Bildung, der Kultur oder

---

[151] Näher *Wendel*, Judicial Restraint and the Return to Openness, German Law Journal 14 (2013), S. 21 (32 ff.).

[152] Vgl. das Gesetz zur Änderung des Gesetzes über die Zusammenarbeit von Bundesregierung und Deutschem Bundestag in Angelegenheiten der Europäischen Union v. 22.9.2009 (EUZBBG), BGBl. I, S. 3026, 3028.

[153] Verfassungsgesetz v. 4.2.2008, Nr. 2008-103. In der Folge C.C., 20.12.2007, 2007-560 DC – Lissabon.

[154] Vgl. insbesondere *Pahl*, Regionen mit Gesetzgebungskompetenzen in der Europäischen Union – Eine rechtsvergleichende Analyse ihrer Mitwirkung an der EU-Rechtsetzung, 2004.

§ 8 Verfassungsrecht – Völkerrecht – Europarecht

des Rundfunks betroffen sind.[155] Ein funktionelles Äquivalent besteht im französischen Unionsverfassungsrecht insoweit nicht.

5. Verfassungsrecht und unionsrechtlicher Vorrang: Regelungsmodelle

Das wohl spannendste und zugleich vielbeachtetste Rechtsproblem des Zusammenspiels von nationalem und europäischem Recht ist die Frage der innerstaatlichen Akzeptanz des unionsrechtlichen Vorranganspruches. Bekanntlich vertritt der EuGH seit dem Jahr 1964 die Auffassung, dass dem Unionsrecht im Falle einer Normenkollision ein umfassender Anwendungsvorrang vor nationalem Recht zukommt – Verfassungsrecht eingeschlossen.[156] Weniger die Konzeption des EuGH als solche,[157] sondern vielmehr ihre Anerkennung im Verfassungsrecht der Mitgliedstaaten sind ein Themenfeld von anhaltender Aktualität, das bis zum heutigen Tag durch eine zumindest partielle Ergebnis- und Entwicklungsoffenheit gekennzeichnet ist. Dieser eigenartige Schwebezustand lässt sich nicht nur als normtheoretisches Problem beschreiben. Er stellt sich in Bezug auf die handelnden Akteure insbesondere als ebenenübergreifender Konflikt der Judikative dar, weshalb der gerichtlichen Perspektive im Folgenden eine besonders herausgehobene Bedeutung zukommt.

76

Auch wenn der Anwendungsvorrang des Unionsrechts im praktischen Rechtsalltag gesichert ist, so ist das Vorrangpostulat des EuGH doch weder in Frankreich noch in Deutschland umfänglich anerkannt worden. Während das BVerfG Grenzziehungen auf dem dogmatischen Fundament eines innerstaatlichen Rechtsanwendungsbefehls vornimmt und durch gerichtliche Letztentscheidungsrechte operationalisiert, haben die französischen Gerichte unterschiedliche Strategien zur bedingten Anerkennung des Vorranges entwickelt. Ein integraler Vergleich ist hier

77

---

[155] Die Wahrnehmung der Rechte erfolgt dabei jedoch unter Beteiligung und in Abstimmung mit der Bundesregierung und unter Wahrung der gesamtstaatlichen Verantwortung des Bundes. Kritisch zur Neuregelung *Pernice*, in Dreier (Hrsg.) GG II, Supplementum 2007 zur 2. Aufl. v. 2006, Art. 23, Rn. 118a ff. Vgl. zudem *Hoffmann*, in: Holtschneider/Schön (Hrsg.), Die Reform des Bundesstaates, 2007, S. 225 ff; *Classen*, in: Starck (Hrsg.), Föderalismusreform, 2007, S. 103 ff.

[156] EuGH, 15.7.1964, Rs. 6/64 – Costa/ENEL. In der Folge grundlegend zudem EuGH, 17.12.1970, Rs. 11/70, Rn. 3 f. – Internationale Handelsgesellschaft; 9.3.1978, Rs. 106/77, Rn. 17 ff. – Simmenthal II; 19.6.1990, Rs. C-213/89, Rn. 18 ff. – Factortame I; 22.10.1998, verb. Rs. C-10/97 bis 22/97, Rn. 21 – IN.CO.GE'90.

[157] Sofern an der konzeptionellen Beschränkung der EuGH-Rechtsprechung auf einen Anwendungsvorrang (im Gegensatz zu einem Geltungsvorrang) aufgrund des Simmenthal-II-Urteils Zweifel bestanden haben mögen, wurden diese jedenfalls spätestens mit EuGH, 22.10.1998, verb. Rs. C-10/97 bis 22/97, Rn. 21 – IN.CO.GE'90 beseitigt. Demnach könne „aus dem Urteil Simmenthal *nicht hergeleitet werden*, dass die Unvereinbarkeit einer später ergangenen Vorschrift des innerstaatlichen Rechts mit dem Gemeinschaftsrecht dazu führt, dass diese Vorschrift *inexistent* ist. In dieser Situation ist das nationale Gericht vielmehr verpflichtet, diese Vorschrift *unangewendet* zu lassen (…)" (Hervorh. hinzugefügt).

eine besondere Herausforderung, weil in beiden Ländern gänzlich unterschiedliche prozessuale Rahmenbedingungen vorherrschen.

a) Die bedingte Anerkennung des Vorrangs durch das BVerfG

78 Nach dem BVerfG ist der „*Grund und die Grenze* für die *Geltung* des Rechts der Europäischen Union in der Bundesrepublik Deutschland [...] *der im Zustimmungsgesetz enthaltene Rechtsanwendungsbefehl*, der nur im Rahmen der geltenden Verfassungsordnung erteilt werden kann."[158] Damit steht die Konstruktion des BVerfG bereits im Ausgangspunkt dem Ansatz des EuGH entgegen, welcher von einer autonomen Geltung des Unionsrechts und seiner unmittelbaren und vorrangigen Anwendbarkeit ausgeht.

aa) Grundrechte: Solange-Vorbehalt

79 Die Solange-Rechtsprechung des BVerfG ist sicherlich das berühmteste Beispiel für den (potenziellen) Konflikt zwischen einem nationalen Verfassungsgericht und dem EuGH.[159] Nach anfänglich aktiver Beanspruchung einer Prüfungskompetenz im Solange-I-Beschluss[160] und einer Periode graduellen Übergangs[161] nahm das BVerfG seine Prüfungszuständigkeit im Solange-II-Beschluss in Anerkennung eines hinreichenden Grundrechtsschutzes auf supranationaler Ebene durch den EuGH grundsätzlich zurück,[162] wobei die tragenden Voraussetzungen dieses *judicial self restraint* nach gewissen Unsicherheiten hinsichtlich seines Fortbestehens in Folge des Maastricht-Urteils[163] schließlich ihre Bestätigung und bis heute gültige Gestalt im Bananenmarktbeschluss aus dem Jahr 2000 gefunden haben.[164]

---

[158] BVerfGE 123, 267 (402), Rn. 343 – Lissabon (Hervorh. hinzugefügt) unter Verweis auf BVerfGE 73, 339 (374 ff.) – Solange II.

[159] Sie ist umfänglich analysiert worden, vgl. nur. *Streinz*, Bundesverfassungsgerichtlicher Grundrechtsschutz und Europäisches Gemeinschaftsrecht, 1989, S. 143 ff.; *Mayer*, Kompetenzüberschreitung und Letztentscheidung, 2000, S. 89 ff.; *Pernice*, Das Verhältnis europäischer zu nationalen Gerichten im europäischen Verfassungsverbund, 2006, S. 27 ff.; *Kokott*, Report on Germany, in: Slaughter/Stone Sweet/Weiler (Hrsg.), The European Court and National Courts, 1998, S. 77 (86 ff.); *Claes*, The National Courts' Mandate in the European Constitution, 2006, S. 598 ff. sowie *Sauer*, Jurisdiktionskonflikte in Mehrebenensystemen, 2008, S. 286 ff.

[160] BVerfGE 37, 271 (285) – Solange I.

[161] BVerfGE 52, 187 (202 f.) – Vielleicht-Beschluss; BVerfGE 58, 1 (27) – Eurocontrol I; BVerfGE 59, 63 (85 ff.) – Eurocontrol II und BVerfG, NJW 1983, S. 1258 f. – Mittlerweile-Beschluss.

[162] BVerfGE 73, 339 (387) – Solange II.

[163] BVerfGE 89, 155 – Maastricht.

[164] BVerfGE 102, 147 (164) – Bananenmarktordnung. Zu den Zweifeln, die das Maastricht-Urteil in Bezug auf die Fortgeltung von Solange-II bei den Fachgerichten aufgeworfen hat, vgl. ebd., S. 154 f. in Bezug auf das nach Art. 100 Abs. 1 GG vorlegende VG Frankfurt a. M.

Danach sind „Verfassungsbeschwerden und Vorlagen von Gerichten *von vornherein unzulässig*, wenn ihre Begründung nicht darlegt, dass die europäische Rechtsentwicklung einschließlich der Rechtsprechung des Europäischen Gerichtshofs nach Ergehen der Solange II-Entscheidung (…) unter den erforderlichen Grundrechtsstandard abgesunken sei. Deshalb muss die Begründung der Vorlage eines nationalen Gerichts oder einer Verfassungsbeschwerde, die eine Verletzung in Grundrechten des Grundgesetzes durch sekundäres Gemeinschaftsrecht geltend macht, im Einzelnen darlegen, *dass der jeweils als unabdingbar gebotene Grundrechtsschutz generell nicht gewährleistet* ist. Dies erfordert eine Gegenüberstellung des Grundrechtsschutzes auf nationaler und auf Gemeinschaftsebene in der Art und Weise, wie das Bundesverfassungsgericht sie in [Solange II] geleistet hat."[165]

80

Eine Reaktivierung des grundrechtlichen Prüfungsvorbehaltes auf Grundlage dieser Kriterien scheint derzeit mit Blick auf die seit Lissabon rechtsverbindliche Grundrechtecharta sowie die Grundrechtsprechung des EuGH ausgeschlossen. Dementsprechend dehnte das BVerfG seine Rechtsprechung in konsequenter Weise auch auf solche innerstaatlichen Umsetzungsakte aus, die zwingende Vorgaben einer Richtlinie umsetzen.[166] Die Beschränkung der Ausübung mitgliedstaatlicher Rechtsprechungsgewalt führt das BVerfG ausdrücklich auf den Integrationsauftrag des GG sowie das primärrechtliche Leitbild einer unionsweiten Rechtsgemeinschaft (*Walter Hallstein*)[167] zurück, unterstreicht aber gleichermaßen, dass es sich hinsichtlich des Grundrechtsschutzes nur um eine grundsätzliche, d. h. nicht unbedingte Rücknahme handle.[168]

81

Das Solange-Modell ist nicht zuletzt deshalb so erfolgreich, weil es auf zwei Funktionssträngen aufbaut, die ineinandergreifen. Der erste Funktionsstrang setzt auf der innerstaatlichen Ebene an und verhilft dem unionsrechtlichen Vorranganspruch grundsätzlich zum Durchbruch: Das Solange-Modell besteht insoweit in einem grundsätzlichen Verzicht auf die aktive Ausübung der nationalen Grundrechtsprüfung bei gleichzeitiger und nur in qualifizierter Weise widerlegbarer Vertrauensvermutung in Bezug auf einen hinreichenden Grundrechtsschutz auf supranationaler Ebene. Der zweite Funktionsstrang bezieht sich auf die supranationale Ebene: Dass die Vertrauensvermutung widerlegt werden kann, sichert nicht nur ein Mindestniveau an Grundrechtsschutz auf innerstaatlicher Ebene ab, sondern ist zugleich als Anreiz (bzw. Drohkulisse) gegenüber der supranationalen Rechtsebene zu verstehen, ein entsprechendes Schutzniveau auch dauerhaft aufrechtzuerhalten.

82

---

[165] Ebd., S. 164 (Hervorh. hinzugefügt).
[166] BVerfGE 118, 79 (95 f.) – Treibhausgas I.
[167] *Hallstein*, Der unvollendete Bundesstaat, 1969, S. 154 f.; ders., Die Europäische Gemeinschaft, 1973, S. 31 ff.
[168] BVerfGE 123, 267 (399), Rn. 337 – Lissabon.

bb) Kompetenzmäßigkeit: Ultra-Vires-Vorbehalt

83 Neben dem Schutz der innerstaatlichen Grundrechte hat sich als zweite Schutzdimension gerichtlicher Prüfungsvorbehalte die Kompetenzmäßigkeit unionsrechtlichen Handelns herauskristallisiert. Dieser Vorbehalt zielt spezifisch auf die gerichtliche Letztentscheidung über das Vorliegen etwaiger Kompetenzüberschreitungen – sog. Akte *ultra vires* – seitens der Unionsorgane ab.[169]

84 Erste vorsichtige Andeutungen finden sich in der Rechtsprechung bereits im Jahr 1971,[170] gefolgt von deutlicher werdenden Signalen in den Jahren 1981[171] und 1987.[172] Offen postuliert wurde ein Prüfungsvorbehalt in Bezug auf „ausbrechende Rechtsakte" erstmals im Maastricht-Urteil von 1993,[173] dessen Kernaussagen eine publizistische Vorwegnahme durch den berichterstattenden Richter *Paul Kirchhof* erfahren hatten.[174]

85 Näher konkretisiert wurde der Prüfungsvorbehalt sodann im Lissabon-Urteil von 2009, nunmehr unter dem Topos der Ultra-Vires-Kontrolle.[175] Im Lissabon-Urteil stellte das BVerfG mehrere Aspekte klar: erstens, dass die Ultra-Vires-Kontrolle wegen des Grundsatzes der Europarechtsfreundlichkeit des GG im Sinne einer Evidenzkontrolle auf Fälle „ersichtlicher Grenzüberschreitungen" beschränkt sei; zweitens, dass sie nur in Ermangelung von Rechtsschutz auf Unionsebene greife; drittens, dass ihre Ausübung zum Schutz der Funktionsfähigkeit der Unionsrechtsordnung ausschließlich dem BVerfG selbst vorbehalten sei;[176] viertens, dass auch die Einhaltung des Subsidiaritätsprinzips in die Prüfungskompetenz des BVerfG falle.[177]

86 Deutliche Grenzen hat das BVerfG der Ultra-vires-Kontrolle im Honeywell-Beschluss gezogen. Ihre Ausübung dürfe nur „europarechtsfreundlich" erfolgen.[178] In prozessualer Hinsicht folgt daraus, dass dem EuGH vorab stets „Gelegenheit zur Vertragsauslegung sowie zur Entscheidung über die Gültigkeit und die Auslegung

---

[169] Grundlegend und in vergleichender Perspektive (für die EU-15) *Mayer*, Kompetenzüberschreitung und Letztentscheidung, 2000.

[170] BVerfGE 31, 145 (174) – Lütticke („im Rahmen seiner Kompetenz ... ergangene").

[171] BVerfGE 58, 1 (30 f.) – Eurocontrol I.

[172] BVerfGE 75, 223 (235, 242) – Kloppenburg mit dem Hinweis, dass es „verfassungsrechtlich erheblich" sei, ob eine zwischenstaatliche Einrichtung sich „in den Grenzen der ihr übertragenen Hoheitsrechte" halte oder aus ihnen ausbreche (ebd., S. 242). Allerdings ließ sich das BVerfG noch nicht auf eine genauere Grenzziehung ein.

[173] BVerfGE 89, 155 (187 f.) – Maastricht.

[174] *Kirchhof*, Deutsches Verfassungsrecht und Europäisches Gemeinschaftsrecht, in: ders./C.-D. Ehlermann (Hrsg.), Europarecht Beiheft 1/1991, S. 11 (18).

[175] BVerfGE 123, 267 (353 f.), Rn. 240 f. – Lissabon. Wie bereits zuvor im Maastricht-Urteil (dort S. 188) wird insoweit auch auf den Eurocontrol-I-Beschluss rekurriert.

[176] BVerfGE 123, 267 (353 f.), Rn. 240 f. – Lissabon zugleich für die Identitätskontrolle.

[177] Ebd.

[178] BVerfGE 126, 286 (303 ff.), Rn. 58 ff. – Honeywell.

der fraglichen Rechtsakte" gegeben werden muss.[179] In materiell-rechtlicher Hinsicht folgt aus der Europarechtsfreundlichkeit das Erfordernis eines „hinreichend qualifizierten" Verstoßes. Es gilt insoweit ein *Doppeltest*. Ein hinreichend qualifizierter Verstoß muss *erstens offensichtlich* sein und *zweitens* „im Kompetenzgefüge zwischen Mitgliedstaaten und Union im Hinblick auf das Prinzip der begrenzten Einzelermächtigung und die rechtsstaatliche Gesetzesbindung *erheblich ins Gewicht*" fallen, mit anderen Worten also eine kompetenzielle Verschiebung gravierenden Ausmaßes im Sinne einer systemischen Anomalie verursachen.[180] Dem EuGH wird in diesem Rahmen nicht nur die Orientierung an einem spezifisch unionsrechtlichen Methodenspektrum,[181] sondern zugleich ein Anspruch auf „Fehlertoleranz" zugebilligt.[182]

Dass das BVerfG an der Engführung der Ultra-vires-Kontrolle festhält, muss nach seiner Vorlage an den EuGH in Sachen OMT indes bezweifelt werden. Denn in seinem Vorlagebeschluss hat das BVerfG die Ultra-vires-Kontrolle nicht nur in prozessualer Hinsicht erweitert, sondern insbesondere das Kriterium der Offensichtlichkeit de facto fallengelassen.[183]

87

cc) Verfassungsrechtliche Kerngehalte: Identitätskontrolle

Schließlich kann eine dritte Schutzdimension identifiziert werden. Sie ist speziell auf die Wahrung der nationalen Verfassungsidentität gerichtet und wird rechtstechnisch durch einen *Identitätsvorbehalt* gewährleistet.

88

Dem BVerfG geht es dabei um den Schutz der integrationsfesten *Verfassungsidentität* der Mitgliedstaaten.[184] Dieser Prüfungsvorbehalt wird im Wesentlichen aus der gleichen Axiomatik heraus entwickelt wie die Ultra-vires-Kontrolle. Kernpunkt ist die Annahme der „staatsverfassungsrechtlichen Grundlegung der Unionsgewalt", d. h. der derivativen Ableitung supranationaler Hoheitsgewalt aus souveräner Staatsgewalt.[185] Während die Ultra-vires-Kontrolle primär von der Befürchtung einer kompetenziellen Verselbstständigung der Unionsgewalt motiviert ist, soll die Identitätskontrolle die grundgesetzliche Ordnung vor Einbrüchen in den innersten Verfassungskern sichern, wobei das BVerfG den Begriff der Verfassungsidentität mit dem materiellen Gehalt der Ewigkeitsklausel des Art. 79 Abs. 3 GG gleich-

89

---

[179] BVerfGE 126, 286 (304), Rn. 60 – Honeywell: „Solange der Gerichtshof keine Gelegenheit hatte, über die aufgeworfenen unionsrechtlichen Fragen zu entscheiden, darf das Bundesverfassungsgericht für Deutschland keine Unanwendbarkeit des Unionsrechts feststellen."
[180] BVerfGE 126, 286 (304), Rn. 61 – Honeywell.
[181] Dies bezieht sich insbesondere, wenngleich nicht grenzenlos, auf die Frage richterlicher Rechtsfortbildung, vgl. ebd., Rn. 62-66.
[182] Ebd., Rn. 66.
[183] BVerfG, 14.1.2014, 2 BvR 2728/13 u. a. – OMT-Vorlage. Näher dazu *Wendel*, Kompetenzrechtliche Grenzgänge: Karlsruhes Ultra-vires-Vorlage an den EuGH, ZaöRV 74 (2014), S. 615 ff.
[184] Ebd., Rn. 239 (Hervorh. hinzugefügt).
[185] BVerfGE 123, 267 (348 ff.), Rn. 219 ff., insbesondere Rn. 231 ff. – Lissabon.

setzt.[186] Sowohl die Ultra-vires- als auch die Identitätskontrolle können im Extremfall dazu führen, dass „Unionsrecht in Deutschland für unanwendbar erklärt" wird.[187] Die beiden Letztentscheidungsrechte sind also einander ergänzende Mechanismen nationaler Selbst- bzw. Souveränitätsbehauptung.

90   Im Rahmen der Identitätskontrolle trifft das BVerfG allerdings ausschließlich eine Aussage über die Vereinbarkeit von Unionsrecht mit der deutschen Verfassungsidentität. Dabei wird der betreffende Rechtsakt des Unionsrechts nicht hinsichtlich seiner Geltung *an sich*, sondern allein in Bezug auf seine Anwendung in Deutschland hinterfragt. Demgegenüber stellt das BVerfG im Rahmen der Ultra-vires-Kontrolle, welche die Prüfung der unionsrechtlichen Kompetenzgrenzen erfordert, den betreffenden Unionsrechtsakt *der Sache nach zugleich in seiner unionsweiten Geltung* in Frage. Denn obwohl das Gericht auch hier formal nur über die Unanwendbarkeit des Unionsrechtsaktes in Deutschland entscheidet, beinhaltet die Feststellung der Kompetenzwidrigkeit dieses Aktes doch substanziell zugleich eine Aussage über seine (unionsrechtliche) Geltung an sich. Anders als beim Vorwurf der Kompetenzwidrigkeit ergeben sich aus dem Vorwurf der Unvereinbarkeit von Unionsrecht mit der deutschen Verfassungsidentität keine unmittelbaren Einwände für die Geltung und Anwendbarkeit von Unionsrecht in anderen Mitgliedstaaten. Diesen Unterschied gegenüber der Ultra-vires-Kontrolle teilt der Identitätsvorbehalt somit mit den Grundrechtsvorbehalten der Solange-Rechtsprechung.[188]

91   Ähnlich wie in Bezug auf den Ultra-vires-Vorbehalt geht das BVerfG aber auch für die Konstruktion der Identitätskontrolle von einer besonderen Erzeugungskette von innerstaatlichem Verfassungsrecht und Unionsrecht aus. So wie das Prinzip der begrenzten Einzelermächtigung letztlich als Widerspiegelung souveräner Staatlichkeit konzipiert wird, so wird auch die in Art. 4 Abs. 2 S. 1 EUV festgeschriebene Achtung der nationalen Verfassungsidentität[189] als besonderer Ausdruck der mitgliedstaatlichen Herrschaft über die Verträge konstruiert.

92   Das BVerfG unterwirft die Identitätskontrolle ähnlichen Einschränkungen wie dem Ultra-vires-Vorbehalt. Eine Kontrolle darf demnach nur allein durch das BVerfG und zudem als Ausnahmefall nur „unter besonderen und engen Voraussetzungen" erfolgen.[190] Die verfassungsgerichtliche Kontrollbefugnis bildet nach der Konzeption des Lissabon-Urteils lediglich eine „Reservekompetenz",[191] ihre Ausübung soll dem „Grundsatz der Europarechtsfreundlichkeit" folgen.[192]

---

[186] BVerfGE 123, 267 (344), Rn. 218 f. – Lissabon.

[187] BVerfGE 123, 267 (354 f.), Rn. 241 – Lissabon.

[188] Vgl. *Mayer*, Kompetenzüberschreitung und Letztentscheidung, 2000, S. 108, der die Grundrechtsvorbehalte darum als Ultra-vires-Akte „im weiteren Sinne" klassifiziert.

[189] Dazu eingehend *v. Bogdandy/Schill*, Die Achtung der nationalen Identität unter dem reformierten Unionsvertrag ZaöRV 70 (2010), S. 702 (725 ff.).

[190] BVerfGE 123, 267 (400 f.), Rn. 340 – Lissabon. Im Gegensatz zur Ultra-vires-Kontrolle wird jedoch für die „Identitätskontrolle" gerade nicht gefordert, dass Rechtsschutz auf Unionsebene zuvor nicht zu erlangen war.

[191] BVerfGE 123, 267 (401), Rn. 341 – Lissabon.

[192] BVerfGE 123, 267 (353 f.), Rn. 240 – Lissabon.

§ 8 Verfassungsrecht – Völkerrecht – Europarecht   411

Indes bleibt fraglich, wie sich die Identitätskontrolle zur bisherigen Rücknahme   93
der Prüfungskompetenz im Bereich der Grundrechte verhalten wird. Zwar hält das
BVerfG im Lissabon-Urteil am Modus der Solange-II-Rechtsprechung in Gestalt
des Bananenmarktbeschlusses fest.[193] Auch sind die von Art. 79 Abs. 3 GG umfassten grundrechtlichen Kerngehalte enger gefasst als der Prüfungsmaßstab im Rahmen einer vollumfänglichen Grundrechtskontrolle. Durch Art. 79 Abs. 3 GG sind
die Grundrechte nur über die „in den Artikeln 1 und 20 niedergelegten Grundsätze",
d. h. nur in ihrem Wesenskern bzw. in ihrem spezifischen Menschenwürdegehalt
geschützt.[194] Eine genaue Abgrenzung im Einzelfall ist allerdings schwierig. Denn
jedenfalls ist der „Grundrechtsteil" des GG in den Solange-Beschlüssen ausdrücklich als essentieller Bestandteil der „Identität der geltenden Verfassungsordnung"
verhandelt worden.[195]

b) Die bedingte Anerkennung des Vorranges durch französische Gerichte

Auch in der Rechtsprechung der französischen Gerichte wird der Vorrang des   94
Unionsrechts nur bedingt anerkannt. Die *lex-posterior*-Regel stellt heute allerdings
keine Herausforderung mehr dar. Dies gilt namentlich für die Rechtsprechung des
Conseil d'Etat (Staatsrat), die über einen vergleichsweise langen Zeitraum hinweg
von hinhaltendem Widerstand gegen den Vorranganspruch des Europarechts in Bezug auf zeitlich nachfolgende innerstaatliche Gesetze und untergesetzliche Rechtsakte geprägt war. Während sich die ordentliche Gerichtsbarkeit in Frankreich mit
der *Cour de cassation* (Kassationsgerichtshof) an der Spitze weniger schwer mit der
Anerkennung des europarechtlichen Vorrangs vor zeitlich nachfolgenden Gesetzen
tat,[196] schwenkte der Staatsrat erst mit der Grundsatzentscheidung *Nicolo* im Jahr
1989 auf diese Linie ein.[197] Ebenso kann das Konfliktfeld der Anerkennung der unmittelbaren Wirkung von Richtlinien mittlerweile als gelöst betrachtet werden.[198]

Gleichwohl ist der gerichtliche Umgang mit dem unionsrechtlichen Vorrangpos-   95
tulat in Frankreich differenziert, wie die heute maßgebliche Rechtsprechung des

---

[193] BVerfGE 123, 267 (399), Rn. 337 – Lissabon.

[194] BVerfGE 30, 1 (24 f.) – Abhörurteil; *Dreier*, in: ders. (Hrsg.), GG II, 2. Aufl. 2006, Art. 79 GG,
Rn. 26; *Herdegen*, in: Maunz/Dürig, GG, Art. 79, 52. EGL 2008, Rn. 108 ff. m. w. N.

[195] Vgl. in diesem Sinne ausdrücklich BVerfGE 37, 271 (279 f.) – Solange I sowie BVerfGE 73,
339 (375 f.) – Solange II.

[196] Der französische Kassationsgerichtshof (*Cour de cassation*) als höchstes ordentliches Gericht
hatte bereits im Jahr 1975 den Vorrang des Europarechts auch vor zeitlich nachfolgenden Gesetzen
anerkannt, C.Cass., 24.5.1975, 73-13556 – Jacques Vabre.

[197] C.E., 20.10.1989, 108243 – Nicolo. Zuvor hatte der Staatsrat den Vorrang des Europarechts
vor zeitlich nachfolgenden Gesetzen für mehr als zwanzig Jahre abgelehnt, C.E., 1.3.1968, 62814
– Syndicat général des fabricants de semoules de France. In der Folge der Nicolo-Entscheidung
erkannte der Staatsrat sodann sukzessive den Vorrang von unionsrechtlichen Verordnungen und
von Richtlinien gegenüber dem nachfolgenden innerstaatlichen Gesetz an, vgl. C.E., 24.9.1990,
58657 – Boisdet sowie 28.2.1992, 56776 u. 56777 – S.A. Rothmans International France u. a.

[198] C.E., 30.10.2009, 298348 – Mme P.

Verfassungsrates sowie die an sie anknüpfende Judikatur des Staatsrats zeigen. Die Ansätze beider Gerichte nehmen ihren Ausgangspunkt in einer Einkleidung unionsrechtlicher Verpflichtungen in das Gewand französischen Verfassungsrechts.[199] Diese in Frankreich gewählte Konstruktion offenbart in besonderem Maße die Abhängigkeit des unionsrechtlichen Vorranganspruchs vom innerstaatlichen Verfassungsrecht. Für eine klassischerweise monistisch geprägte Rechtsordnung wie die französische ist ein solcher Ansatz durchaus ungewöhnlich. Er erschließt sich nur vor dem Hintergrund der verfassungsrechtlichen Ausgestaltung der Prüfungszuständigkeit französischer Gerichte.[200]

aa) Verfassungsrat: Identitätsvorbehalt

96 Im Jahr 2004 beschritt der *Conseil constitutionnel* europaverfassungsrechtliches Neuland. In einem Grundsatzurteil verortete er die Verpflichtung zur Umsetzung von Richtlinien nicht nur im Unionsrecht, sondern zugleich im französischen Verfassungsrecht.[201] Dieser Ansatz hat in seiner Wirkrichtung durchaus ambivalente Konsequenzen für die Durchsetzung des unionsrechtlichen Vorranganspruchs in der französischen Verfassungsordnung.[202]

97 Die Pointe liegt zunächst in der vorrangsichernden Wirkung. Da die unionsrechtliche Umsetzungsverpflichtung nunmehr zugleich als eine sich aus der französischen Verfassung ergebende Verpflichtung konzipiert wird, kann der Verfassungsrat ihre Einhaltung überprüfen und damit den Vorranganspruch des Unionsrechts im Rahmen seiner prozessualen Mittel sichern. Die normative Grundlage hierfür sieht der Verfassungsrat in Art. 88-1 CF, also der Bestimmung über Frankreichs Beteiligung an der EU. Dass der Verfassungsrat speziell auf eine Verfassungsbestimmung mit ausdrücklichem EU-Bezug zurückgreift, kann als Anerkennung des spezifischen Charakters des Unionsrechts gegenüber dem allgemeinen Völkerrecht verstanden werden.[203] Diese Lesart wird auch durch nachfolgende Entscheidun-

---

[199] Vgl. *Mayer*, Europarecht als französisches Verfassungsrecht, EuR 2004, S. 925 ff. sowie *Chaltiel*, Les rapports de système entre le droit constitutionnel et le droit européen, RMC 2007, S. 361 (361 f.), die von einer „inscription constitutionnelle" bzw. einem „droit constitutionnalisé" spricht.

[200] Eingehend → *Marsch* § 6 Rn. 26 ff.

[201] C.C., 10.6.2004, 2004-496 DC, Cons. 7 – Elektronischer Geschäftsverkehr, EuR 2004, S. 921 ff. in deutscher Übersetzung). Dazu *Mayer*, Europarecht als französisches Verfassungsrecht, EuR 2004, S. 925 (926 ff.); *Roux*, Le Conseil constitutionnel et l'ordre juridique communautaire: coopération et contrôle, RDP 2004, S. 912 ff.; *Charpy*, The Status of (Secondary) Law in the French Internal Order: the Recent Case-Law of the *Conseil Constitutionnel* and the *Conseil d'Etat*, EuConst 3 (2007), S. 436 ff.; *Walter*, Der französische Verfassungsrat und das Recht der Europäischen Union, EuGRZ 2005, S. 77 (79 ff.); *Classen*, Übersetzung und Anmerkung, JZ 2004, S. 969 ff.

[202] Vgl. *Mayer*, Europarecht als französisches Verfassungsrecht, EuR 2004, S. 925 (929 f.); *Chaltiel*, Les rapports de système entre le droit constitutionnel et le droit européen, RMC 2007, S. 361 (363).

[203] *Chaltiel*, Les rapports de système entre le droit constitutionnel et le droit européen, RMC 2007, S. 361 (363).

gen bestätigt.²⁰⁴ Das Unionsrecht wird durch seine Verankerung im französischen Europaverfassungsrecht somit „aus dem Bereich der sonstigen völkervertragsrechtlichen Verpflichtungen herausgelöst",²⁰⁵ denen nach Art. 55 CF zwar übergesetzlicher, aber eben nur unterverfassungsrechtlicher Rang zukommt. Man kann diesen Vorgang darum auch als eine (innerstaatliche) Konstitutionalisierung des Unionsrechts in Frankreich begreifen.²⁰⁶

Die Verankerung bzw. „Löslichkeit"²⁰⁷ der unionsrechtlichen Umsetzungsverpflichtung im nationalen Verfassungsrecht ermöglicht aber umgekehrt ihre Einschränkung bzw. Relativierung durch widerstreitende Normen bzw. Prinzipien verfassungsrechtlichen Ranges.²⁰⁸ Allgemein gesprochen: Die Erhebung des Unionsrechts in den Stand des Verfassungsrechts hat zugleich eine vorrangbegrenzende Funktion. Dem korrespondiert der Vorbehalt, den der französische Verfassungsrat in Bezug auf das Bestehen einer „ausdrücklich gegenteiligen", also einer der Umsetzungsverpflichtung widersprechenden Bestimmung der Verfassung formulierte.²⁰⁹ **98**

In seiner Entscheidung vom 27. Juli 2006 justierte der Verfassungsrat diese Grenzziehung nochmals neu und formte sie zu einem Identitätsvorbehalt aus.²¹⁰ Die von ihm überwachte Einhaltung der Umsetzungsverpflichtung unterliegt danach zwei Beschränkungen: **99**

Die erste Beschränkung ist materiell-rechtlicher Art. Nach der neuen Formulierung des Verfassungsrats darf die Umsetzung einer Richtlinie „nicht gegen eine Bestimmung oder einen Grundsatz, in welchen die *verfassungsrechtliche Identität* Frankreichs zum Ausdruck kommt, verstoßen (...), es sei denn, der Verfassungsgesetzgeber hätte dem zugestimmt".²¹¹ Es darf als wahrscheinlich gelten, dass dieser Identitätsvorbehalt in ausdrücklicher Anlehnung an die Identitätsklausel auf unionsrechtlicher Ebene (heute Art. 4 Abs. 2 S. 1 EUV) formuliert wurde.²¹² **100**

---

²⁰⁴ C.C., 19.11.2004, 2004-505 DC, Cons. 11 – Verfassungsvertrag sowie 20.12.2007, 2007-560 DC, Cons. 7 – Lissabon.

²⁰⁵ *Mayer*, Europarecht als französisches Verfassungsrecht, EuR 2004, S. 925 (929).

²⁰⁶ So *Scheffler*, Das französische Verfassungsverständnis angesichts der Anforderungen des EG/EU-Rechts, ZaöRV 67 (2007), S. 43 (61).

²⁰⁷ Vgl. *Camby*, Le droit communautaire est-il soluble dans la Constitution?, RDP 2004, S. 878 ff.

²⁰⁸ *Richards*, The Supremacy of Community Law before the French Constitutional Court, ELR 31 (2006), S. 499 (505 f.) hebt insoweit hervor, die Verfassung bleibe jedenfalls in der Theorie die höchste Rechtsquelle in der französischen Rechtsordnung.

²⁰⁹ Wo genau diese Grenze verläuft, ist freilich abstrakt nur schwer zu bestimmen. Vgl. *Roux*, Le Conseil constitutionnel et l'ordre juridique communautaire: coopération et contrôle, RDP 2004, S. 912 (926 ff.) sowie *Walter*, Der französische Verfassungsrat und das Recht der Europäischen Union, EuGRZ 2005, S. 77 (80) m. w. N.

²¹⁰ C.C., 27.7.2006, 2006-540 DC – Informationsgesellschaft. Dazu *Chaltiel*, Nouvelle précision sur les rapports entre le droit constitutionnel et le droit communautaire, RFDC 78 (2006), S. 837 ff. Vgl. in der Folge C.C., 12.5.2010, 2010-605 DC, Cons. 18 – Geld- und Glücksspiele im Internet sowie C.C., 9.6.2011, 2011-631 DC, Cons. 45 – Einwanderungsgesetz.

²¹¹ C.C., 27.7.2006, 2006-540 DC, Cons. 19 – Informationsgesellschaft.

²¹² Vgl. *Mayer/Lenski/Wendel*, Der Vorrang des Europarechts in Frankreich, EuR 2008, S. 63 (71); *Levade*, Le Palais-Royal aux prises avec la constitutionnalité des actes de transposition des directives communautaires, RFDA 2007, 564 (569), die insoweit von einem „jeux de miroir" spricht. Ebenso *Charpy*, The Status of (Secondary) Law in the French Internal Order: the Recent Case-Law of the *Conseil Constitutionnel* and the *Conseil d'Etat*, EuConst 3 (2007), S. 436 (445).

Dafür spricht insbesondere, dass der Verfassungsrat bereits in seiner Entscheidung zum Verfassungsvertrag vom 19. November 2004 eine kombinierte Auslegung von unionsrechtlichem Vorrangprinzip (Art. I-6 VVE) und Identitätsklausel (im Verfassungsvertrag Art. I-5 VVE) vorgenommen hatte.[213] Im Unterschied zum Identitätsvorbehalt des BVerfG handelt es sich allerdings – dies macht der Hinweis des Verfassungsrates auf eine mögliche Änderung der Verfassung deutlich – gerade nicht um einen Schutz änderungsfester Kerngehalte.[214] Aus diesem Grund erscheint das Konzept des Verfassungsrates weniger invasiv als die „Identitätskontrolle" des BVerfG.[215]

101 Die zweite Grenze, die der französische Verfassungsrat identifiziert, ist seinen verfahrensrechtlichen Rahmenbedingungen geschuldet. Weil der Verfassungsrat im Rahmen der präventiven Normenkontrolle über die Verfassungsmäßigkeit eines Gesetzesentwurfes im Regelfall binnen eines Monates entscheiden muss (Art. 61 Abs. 3 CF), hält er sich für außerstande, dem EuGH in diesem Rahmen eine Frage zur Vorabentscheidung vorzulegen. Daraus folgert der Verfassungsrat zugleich, dass er nur offensichtliche Verstöße der zu prüfenden Norm gegen die aus Art. 88-1 CF folgende Umsetzungspflicht feststellen könne.[216] Allerdings stehe im Gegenzug „in jedem Fall den nationalen Fachgerichten" der Weg zum EuGH offen.[217] Während der Verfassungsrat also selbst nur in Fällen offenkundiger Umsetzungsfehler die Rolle des europäischen Richters einnimmt und in den Grenzen der französischen Verfassungsidentität zur Durchsetzung der Umsetzungspflicht beiträgt,[218] belässt er für die übrigen Fälle Raum für eine Überprüfung durch die Fachgerichte – ggf. gekoppelt mit einer Vorlage an den EuGH. Hervorzuheben ist zudem, dass dem Verfassungsrat zufolge die Einhaltung des verfassungsrechtlichen Gebots der Umsetzung von Richtlinien nicht zu den „von der Verfassung gewährleisteten Rechten und Freiheiten" i.S.d. Art. 61-1 CF gehört und daher auch nicht im

---

[213] C.C., 19.11.2004, 2004-505 DC, Cons. 13 – Verfassungsvertrag: Es ergebe sich „aus der Gesamtheit der Bestimmungen dieses Vertrages (…) und besonders aus der *Zusammenstellung seiner Artikel I-5 und I-6*, dass er weder die Eigenschaft der Europäischen Union, noch die Tragweite des Vorrangprinzips des EU-Rechts, so wie sie sich aus *Artikel 88-1 der Verfassung*, wie es der Verfassungsrat in seinen oben genannten Entscheidungen entschieden hat, ergibt, verändert" (Hervorh. hinzugefügt).

[214] Eingehender rechtsvergleichender Abgleich bei *Reestman*, The Franco-German Constitutional Divide, EuConst 5 (2009), S. 374 ff. und *Walter*, Integrationsgrenze Verfassungsidentität, ZaöRV 72 (2012), S. 177 (179 ff.).

[215] Denn die Identitätskontrolle des BVerfG bezieht sich, wie gesehen, auf die änderungsfesten Kerngehalte des Art. 79 Abs. 3 GG.

[216] C.C., 27.7.2006, 2006-540 DC, Cons. 20 – Informationsgesellschaft: „manifestement incompatible".

[217] Ebd.

[218] Bereits kurz darauf erklärte der CC. 30.11.2006, 2006-543 DC – Energiesektor einen Gesetzesentwurf wegen offenkundiger Unvereinbarkeit mit einer Richtlinie für verfassungswidrig.

§ 8 Verfassungsrecht – Völkerrecht – Europarecht   415

Rahmen einer question prioritaire de constitutionnalité (QPC) eingefordert werden kann.²¹⁹

Jenseits der Frage der Verfassungsidentität entschloss sich der Verfassungsrat aber im Jahr 2013 im Rahmen einer QPC (Entscheidungsfrist von drei Monaten), den EuGH selbst im Wege des Vorabentscheidungsverfahrens anzurufen.²²⁰   **102**

bb) Staatsrat: Äquivalenzvorbehalt

Es war nur eine Frage der Zeit, bis sich die Fachgerichte, insbesondere der Staatsrat, zur Neuausrichtung der Europarechtsprechung des Verfassungsrates würden positionieren müssen. In seiner Leitentscheidung *Arcelor* übernahm der Staatsrat den Ansatz, die Umsetzungsverpflichtung verfassungsrechtlich in Art. 88-1 CF zu verankern, entwickelte aber hinsichtlich der Prüfungsmodalitäten und Vorranggrenzen einen Ansatz eigener Art.²²¹ Danach muss die Prüfung der Verfassungsmäßigkeit (und insbesondere der Grundrechtskonformität) von nationalen Rechtsakten, die im Rang unterhalb der Gesetze stehen und Verordnungscharakter haben, in einer zweistufigen Weise erfolgen:²²²   **103**

---

²¹⁹ Grundlegend CC., 12.5.2010, 2010-605 DC, Cons. 19 – Geld- und Glücksspiele im Internet. Im Rahmen einer QPC aus dem Jahr 2010 führte der Verfassungsrat sodann aus „dass, sofern nicht ein Verstoß gegen eine Bestimmung oder einen Grundsatz vorliegt, in welchen die verfassungsrechtliche Identität Frankreichs zum Ausdruck kommt, der Verfassungsrat nicht zuständig ist, um die Vereinbarkeit von gesetzlichen Bestimmungen, welche sich darauf beschränken, die notwendigen Folgen aus den unbedingten und eindeutigen Bestimmungen einer Richtlinie der Europäischen Union zu ziehen, mit den von der Verfassung verbürgten Rechten und Freiheiten zu prüfen", vgl. C.C., 17.12.2010, 2010-79 QPC, Cons. 3 – Kamel D. Im konkreten Fall hatte dies die Unzuständigkeit zur Folge.
²²⁰ C.C., 4.4.2013, 2013-314P QPC – Jeremy F. Dazu sogleich.
²²¹ C.E., 8.2.2007, 287110 Ass. – Arcelor, EuR 2008, S. 57 ff. (in deutscher Übersetzung). Dazu *Mayer/Lenski/Wendel*, Der Vorrang des Europarechts in Frankreich, EuR 2008, S. 63 ff.; *Cassia*, Entscheidungsanmerkung, RTDE 2007, S. 406 ff.; *Chaltiel*, Le Conseil d'Etat reconnaît la spécificité constitutionnelle du droit communautaire, RMC 2007, S. 335 ff.; *dies.*, Les rapports de système entre le droit constitutionnel et le droit européen, RMC 2007, S. 361 (367 ff.); *Magnon*, La sanction de la primauté de la Constitution sur le droit communautaire par le Conseil d'Etat, RFDA 2007, S. 578; *Levade*, Le Palais-Royal aux prises avec la constitutionnalité des actes de transposition des directives communautaires, RFDA 2007, S. 564 (577); *Charpy*, The Status of (Secondary) Law in the French Internal Order: the Recent Case-Law of the *Conseil Constitutionnel* and the *Conseil d'Etat*, EuConst 3 (2007), S. 436 (453 ff.). Vgl. dementsprechend die Aufnahme der Entscheidung in *Long* et al., Les grands arrêts de la jurisprudence administrative, 17. Aufl. 2009.
²²² Cons. 11, EuR 2008, S. 60 f. Dieses Prüfungsprogramm ist jedoch in seinem Anwendungsbereich begrenzt. Es kommt nur dann zum Tragen, wenn es sich um die Umsetzung von Bestimmungen handelt, die „präzise und unbedingt" sind, und „wenn nicht die Kontrolle kompetenzrechtlicher oder verfahrensrechtlicher Regeln betroffen ist" (ebd.). Im Kern geht es um Fallkonstellationen, in denen eine Verletzung von materiell-rechtlichen Verfassungsprinzipien, insbesondere den nationalen Grundrechten gerügt wird. Dies entspricht auch der Konstellation im Ausgangsverfahren. Hier ging es um die Vereinbarkeit der innerstaatlichen Umsetzung mit dem grundrechtlichen Schutz des Eigentums und der unternehmerischen Freiheit sowie dem Gleichheitssatz.

104 In einem ersten Schritt hat der Staatsrat eine *Äquivalenzprüfung* durchzuführen, d. h. er muss prüfen, „ob es eine Regel oder einen allgemeinen Rechtsgrundsatz des [Unions-]Rechts gibt, welcher im Hinblick auf seine Natur und Tragweite, so wie er nach dem gegenwärtigen Stand der Rechtsprechung der Gemeinschaftsgerichtsbarkeit ausgelegt wird, durch seine Anwendung die effektive Beachtung der Verfassungsbestimmung bzw. des verfassungsrechtlichen Prinzips garantiert, auf das sich berufen wurde."[223]

105 Der Ausgang dieser Äquivalenzprüfung bestimmt sodann den zweiten Schritt. Wird die Existenz eines äquivalenten Grundsatzes auf Ebene des Unionsrechts, wie im Regelfall, bejaht, muss der Staatsrat den innerstaatlichen Rechtsakt auf seine Vereinbarkeit mit dem entsprechenden Grundsatz des Unionsrechts hin überprüfen. Bestehen keine „ernsthaften Zweifel" in Bezug auf die Unionsrechtskonformität, hat der Staatsrat den Antrag auf Nichtigerklärung abzuweisen. Liegt ein solches Ergebnis hingegen nicht offen auf der Hand, muss – dies statuiert der Staatsrat ausdrücklich – eine Vorlage an den EuGH erfolgen.[224] Falls der Staatsrat im Rahmen der Äquivalenzprüfung hingegen zu dem Ergebnis gelangt, dass das Unionsrecht kein funktionelles Äquivalent zum gerügten Grundsatz des französischen Verfassungsrechts kennt, so sei es Sache des Staatsrates, „die Verfassungsmäßigkeit der streitigen Bestimmungen mit Verordnungscharakter zu prüfen."[225] Mit anderen Worten, der Staatsrat behält sich im Falle des Fehlens eines äquivalenten Grundsatzes auf Ebene des Unionsrechts vor, den innerstaatlichen Umsetzungsakt am Maßstab französischen Verfassungsrechts zu prüfen. Damit zieht der Staatsrat dem Vorrang des Unionsrechts in Frankreich Grenzen.

106 In materiell-rechtlicher Hinsicht übernimmt der Staatsrat gerade nicht die vom Verfassungsrat angewandte Grenze der französischen Verfassungsidentität. Vielmehr rekurriert der Staatsrat auf das Vorliegen eines äquivalenten Schutzstandards auf Ebene des Unionsrechts im konkreten Einzelfall.[226] Geht man allerdings davon aus, dass es sich bei Verfassungsgrundsätzen, zu denen ein funktionelles Äquivalent auf gemeinschaftsrechtlicher Ebene fehlt, in der Regel um spezifisch französische

---

[223] Cons. 11, EuR 2008, S. 60 f., Hervorh. hinzugefügt.

[224] Ebd.

[225] Ebd.

[226] Damit entspricht die Lösung des Staatsrats im Ergebnis dem Vorschlag des *Commissaire du gouvernement* (seit 1.2.2009 umbenannt in „*Rapporteur Public*") *Guyomar*, RTDE 2007, S. 378 (396). Dieser hatte in den Schlussanträgen zum Fall Arcelor betont, dass ein einzelfallbasierter Prüfungsmaßstab besser auf den Kompetenzen des Staatsrats abgestimmt sei. Die unterschiedliche Prüfdichte von Verfassungsrat (Prüfung begrenzt auf das Vorliegen offenkundiger Umsetzungsfehler) und Staatsrat stützt eine solche Unterscheidung, vgl. auch *Levade*, Le Palais-Royal aux prises avec la constitutionnalité des actes de transposition des directives communautaires, RFDA 2007, S. 564 (570 f.).

Verfassungstraditionen handeln muss,²²⁷ so nähern sich beide Ansätze zumindest unter diesem Blickwinkel an.²²⁸

Neben dem Abgleich zum Ansatz des Verfassungsrates stellt sich abschließend **107** die Frage nach Gemeinsamkeiten und Unterschieden des Arcelor-Modells zu den Ansätzen anderer europäischer Verfassungs- und Höchstgerichte. Die Literatur zieht zuweilen Parallelen zur Solange-Rechtsprechung des BVerfG, da beiden Modellen die Anerkennung der grundrechtsschützenden Dimension des Unionsrechts zugrunde liege.²²⁹ Diese Einschätzung übersieht allerdings, dass das BVerfG mit dem Solange-II-Vorbehalt in Gestalt des Bananenmarktbeschlusses gerade nicht auf eine einzelfallbasierte Prüfung des Schutzstandards setzt, sondern vielmehr einen allgemeinen und weitgehend hypothetischen Grundrechtsvorbehalt formuliert hat.²³⁰ Die Unterschiede der Modelle Solange-II und Arcelor lassen sich unmittelbar anhand der deutschen Parallelverfahren zum Emissionszertifikathandel nachvollziehen. Sowohl das BVerwG als auch in der Folge das BVerfG sahen sich durch die Solange-II-Rechtsprechung daran gehindert, die Umsetzung der zwingenden Richtlinienvorgaben am Maßstab der deutschen Grundrechte zu prüfen.²³¹ Es sei weder vorgetragen worden noch ersichtlich, dass der Grundrechtsschutz auf Ebene des Unionsrechts seit Ergehen der Solange-II-Entscheidung unter den in dieser Entscheidung als ausreichend angesehenen Standard gefallen sei.²³² Demgegenüber nahm der französische Staatsrat in Arcelor gerade einen einzelfallbezogenen Äquivalenztest vor.²³³ Anders als der französische Staatsrat hatte das BVerwG keine Zweifel an der Auslegung des Unionsrechts und entschied den Fall dementspre-

---

²²⁷ *Guyomar*, RTDE 2007, S. 378 (385), nennt unter Hinweis auf Art. 1 und 3 der französischen Verfassung das Prinzip der Laizität (vgl. Art. 1 Abs. 1 CF) und die Definition des Wahlvolkes (corps électoral politique).

²²⁸ Ähnlich *Cassia*, Entscheidungsanmerkung, RTDE 2007, S. 406 (412). A.A. hingegen *Magnon*, La sanction de la primauté de la Constitution sur le droit communautaire par le Conseil d'Etat, RFDA 2007, S. 578 (588 f.).

²²⁹ So etwa *Chaltiel*, Les rapports de système entre le droit constitutionnel et le droit européen, RMC 2007, S. 361 (369).

²³⁰ *Magnon*, La sanction de la primauté de la Constitution sur le droit communautaire par le Conseil d'Etat, RFDA 2007, S. 578 (582) grenzt die Arcelor-Entscheidung insoweit anhand des Kriteriums der Subsidiarität von der Solange-Rechtsprechung ab. Während es sich bei Solange um eine Subsidiaritätsjudikatur handele, der der Gedanke der Abschreckung zu Grunde liege („subsidiarité épouvantail"), sei die Lösung des Conseil d'Etat im Fall Arcelor vielmehr als eine „sanktionierte Subsidiarität" („subsidiarité sanctionnée") im Sinne einer effektiven und leicht aktivierbaren Kontrolle ausgestaltet.

²³¹ BVerwGE 124, 47 ff., Rn. 31 f. – Treibhausgas sowie in der Folge BVerfGE 118, 79 (95 ff.), Rn. 66 ff. – Treibhausgas I (unter Hinweis auf den französischen Arcelor-Fall) und BVerfG, NVwZ 2007, S. 942 (942 f.) – Treibhausgas II. Für einen eingehenden Abgleich zur französischen Rechtslage s. *Mayer/Lenski/Wendel*, Der Vorrang des Europarechts in Frankreich, EuR 2008, S. 63 (82 ff.).

²³² So insbesondere BVerwGE 124, 47 ff., Rn. 31 – Treibhausgas.

²³³ C.E., 8.2.2007, 287110 Ass., Cons. 13 u. 18 – Arcelor, EuR 2008, S. 61.

chend durch.²³⁴ Die Nichtvorlage des BVerwG hielt zudem der im Anschluss erfolgenden Willkürprüfung durch das BVerfG mit Blick auf Art. 101 Abs. 1 S. 2 GG stand.²³⁵ Damit erfolgte in Deutschland, anders als in Frankreich, letztlich keine Vorlage an den EuGH.

108 Dass der französische Staatsrat den EuGH anrief, deutet zunächst darauf hin, dass sein Ansatz besser auf den gerichtlichen Dialog abgestimmt ist. Allerdings findet eine Vorlage durch den Staatsrat erst auf der zweiten Stufe seines Prüfprogramms statt.²³⁶ Auf der ersten Stufe entscheidet er hingegen selbst darüber, ob ein äquivalenter Schutzstandard auf Ebene des Unionsrechts vorliegt oder nicht. Dass der Staatsrat funktional in die Rolle eines europäischen Richters schlüpft, d. h. den französischen Umsetzungsakt am Maßstab von Unionsrecht prüft, und bei Auslegungsfragen dem EuGH eine Frage im Vorabentscheidungsverfahren vorlegt, erfolgt also nur dann, wenn der Staatsrat die Existenz eines funktional äquivalenten Grundsatzes auf Ebene des Unionsrechts bejaht. Wenn er den Schutzstandard auf Ebene des Unionsrechts indes als zu gering oder gar inexistent erachtet, geht er automatisch zu einer Prüfung des innerstaatlichen Umsetzungsaktes am Maßstab französischen Verfassungsrechts über. Gerade in einer solchen Konstellation besteht aber ein gesteigertes Interesse an einer Weiterentwicklung des Schutzstandards auf Ebene des Unionsrechts.

c) Gerichtlicher Dialog

109 Die Rechtsprechung zur Vorrangfrage verdeutlicht, dass der Umgang mit der besonderen Schwebelage zwischen nationalen Verfassungsgerichten und dem EuGH ein gesteigertes Maß an Umsicht und Dialogbereitschaft voraussetzt.

110 Während Verfassungsrichter und EuGH-Richter einen nicht unbeachtlichen informellen Austausch pflegen, blieb das formelle Instrument des gerichtlichen Dialogs, das Vorabentscheidungsverfahren nach Art. 267 AEUV, seitens der Verfassungsgerichte lange Zeit ungenutzt. Darum ist es nachdrücklich zu begrüßen, dass der *Conseil constitutionnel* im Jahr 2013 erstmals den EuGH im Wege des Vorabentscheidungsverfahrens befasst hat,²³⁷ hier im Rahmen einer *question prioritaire de constitutionnalité*, die dem Verfassungsrat eine Entscheidungsfrist von drei Monaten beläßt. Dabei gab der EuGH dem Ersuchen des Verfassungsrates statt, die Entscheidung im Wege des beschleunigten Verfahrens herbeizuführen.²³⁸

---

²³⁴ Das BVerwG konnte keinen Verstoß gegen die unionsrechtlichen Grundrechte feststellen, BVerwGE 124, 47 ff., Rn. 32 ff. – Treibhausgas.
²³⁵ BVerfG, NVwZ 2007, S. 942 (944 f.) – Treibhausgas II.
²³⁶ Einmal abgesehen davon, dass der Staatsrat, sofern er eine Prüfung des Umsetzungsakts am Maßstab des Unionsrechts auf der zweiten Stufe vornimmt, freilich ebenso wie das BVerwG zu der Auffassung gelangen könnte, dass vernünftige Zweifel in Bezug auf die Auslegung des Unionsrechts nicht bestehen. Eine Vorlage entfiele dann.
²³⁷ C.C., 4.4.2013, 2013-314P QPC – Jeremy F.
²³⁸ EuGH, 30.5.2013, Rs. C-168/13 PPU – Jeremy F., Rn. 28 ff., allerdings allein wegen des Umstandes, dass der Rechtsmittelführer des Ausgangsverfahrens in Haft saß.

Der Dialog zwischen Paris und Luxemburg ist mit der Vorlage in eine neue Phase eingetreten.[239]

Das BVerfG hatte zwar bereits früher seine grundsätzliche Bereitschaft zur Vorlage an den EuGH bekundet,[240] ließ aber mehrere Gelegenheiten zu ihrer praktischen Umsetzung ungenutzt.[241] Den Weg nach Luxemburg beschritt Karlsruhe sodann erstmals Anfang 2014 mit seiner Vorlage in Sachen OMT.[242] So begrüßenswert eine Vorlage durch das BVerfG im Allgemeinen ist, so fragwürdig erscheint die OMT-Vorlage doch im Speziellen. Dies resultiert zuvörderst aus dem Umstand, dass die Vorlage in den verfassungsrechtlichen Kontext einer Ultra-vires-Kontrolle gebettet war. So wichtig die durch die Vorlage ermöglichte Sachentscheidung des EuGH zur Wahrung des ihm vertraglich zuerkannten Auslegungsmonopols ist, so sehr wird letzteres gerade durch eine Ultra-vires-Kontrolle konterkariert.

Worin aber könnten die Potenziale von Vorlagen nationaler Verfassungsgerichte liegen?[243] Zentrale Bedeutung kann die Impulswirkung verfassungsgerichtlicher Vorlagen sicherlich im Bereich des Grundrechtsschutzes erlangen. Die in Vorschriften wie Art. 52 Abs. 4 GRCh bereits heute angelegte materielle Kohärenz von nationaler und unionaler Grundrechtsebene durch Konformauslegung erhielte somit auch ein prozessuales bzw. „formelles Band".[244] Selbstredend wird der EuGH nicht immer in der Lage sein, den verfassungsgerichtlichen Impulsen oder Sensibilisierungsversuchen zu entsprechen.[245] Dass von nationalen Verfassungs- und Höchstgerichten aber auch ein grundlegender Anstoß für die Weiterentwicklung der europäischen Grundrechtsprechung ausgehen kann, illustriert das im Jahr 2014 ergangene Urteil des EuGH zur Vorratsdatenspeicherung, das einen Meilenstein im europäischen Grundrechtsschutz darstellt.[246] Das BVerfG hätte diese Entwicklung bereits im Jahr 2010 mit einer Vorlage herbeiführen können.[247]

Jenseits der eigenen Vorlagemöglichkeit, können nationale Verfassungsgerichte aber auch innerstaatliche Fachgerichte mit den Mitteln des Verfassungsrechts zur Vorlage zwingen. So sanktioniert etwa das BVerfG die Nichtvorlage letztinstanzlicher Fachgerichte in Deutschland über den Hebel des Art. 101 Abs. 1 S. 2 GG. Danach kann es eine Verletzung des grundgesetzlich verbürgten Rechts auf den gesetzlichen Richter darstellen, wenn ein letztinstanzliches Gericht eine gebotene

---

[239] Zum Ganzen *Dyevre*, If You Can't Beat Them, Join Them, EuConst 2014, S. 154 ff.
[240] Namentlich BVerfGE 125, 260 (308), Rn. 185 f. – Vorratsdatenspeicherung.
[241] Insbesondere BVerfGE 113, 273 – Europäischer Haftbefehl; BVerfGE 125, 260 (308), Rn. 185 f. – Vorratsdatenspeicherung; BVerfG, 24.4.2013, 1 BvR 1215/07, Rn. 88-91 – Antiterrordatei.
[242] BVerfG, 14.1.2014, 2 BvR 2728/13 u. a. – OMT-Vorlage.
[243] S. aber nunmehr *Komárek*, National constitutional courts and the European Constitutional Democracy, I-CON 2014, *i. E.*
[244] *Pernice*, Grundrechtsgehalte im Europäischen Gemeinschaftsrecht, 1979, S. 239 f.
[245] Das zeigt nicht zuletzt der zweifelsohne kritikwürdige Umgang des EuGH mit den Argumenten des spanischen Verfassungsgerichts in EuGH, 26.2.2013, Rs. C-399/11, Rn. 55 ff. – Melloni.
[246] EuGH, 8.4.2014, verb. Rs. C-293/12 u. C-594/12 – Digital Rights u. a. (Vorratsdatenspeicherung II). Das Urteil geht neben der Vorlage des österreichischen Verfassungsgerichtshofs (C-594/12) auf eine Vorlage des irischen High Court (C-293/12) zurück.
[247] BVerfGE 125, 260 (308), Rn. 185 f. – Vorratsdatenspeicherung.

Vorlage an den EuGH unterlässt. Der EuGH ist nach dem BVerfG also gesetzlicher Richter i. S. d. Grundgesetzes. Der über Art. 101 Abs. 1 S. 2 GG bestehende Schutzmechanismus der unionsrechtlichen Vorlageverpflichtung ist allerdings nur rudimentär ausgeprägt, da sich das *BVerfG* insoweit auf eine Willkürkontrolle beschränkt.[248] Diese Begrenzung der gerichtlichen Kontrolldichte ist beiden Senaten des BVerfG im Ausgangspunkt gemeinsam, auch wenn der Erste Senat seit einer Kammerentscheidung vom 25.2.2010 für die Frage der Verletzung nicht in erster Linie auf die Vertretbarkeit der fachgerichtlichen Auslegung des einschlägigen materiellen Unionsrechts, sondern auf die Vorlagepflicht nach Art. 267 Abs. 3 AEUV Bezug nimmt und damit mit dem Unionsrecht materiell verzahnt.[249]

114 Jenseits der Sanktionierung der Vorlagepflicht letztinstanzlicher Gerichte verpflichtet das BVerfG aber unter bestimmten Voraussetzungen auch Instanzgerichte zur Vorlage an den EuGH. Wollen diese im Wege einer konkreten Normenkontrolle (Richtervorlage) nach Art. 100 Abs. 1 GG die Verfassungsmäßigkeit einer innerstaatlichen Norm überprüfen lassen, durch die Unionsrecht umgesetzt wird, müssen sie nach dem BVerfG vorab klären bzw. im Dialog mit dem EuGH klären lassen, ob die Norm in Ausfüllung eines dem deutschen Normgeber zustehenden Umsetzungsspielraums erging.[250] Dieser Sanktionsmechanismus unterscheidet sich allerdings in dreierlei Hinsicht von dem Weg über Art. 101 Abs. 1 S. 2 GG. Erstens besteht die Vorlagepflicht auch für Instanzgerichte; zweitens ist diese Vorlagepflicht verfassungsprozessual an die Einleitung einer konkreten Normenkontrolle geknüpft; und drittens beschränkt sich das *BVerfG* nicht auf eine bloße Willkürkontrolle.

IV. Fazit und Ausblick

115 Welche Schlussfolgerungen kann man aus den zahlreichen Bewältigungsstrategien in Bezug auf die verfassungsrechtliche Einbettung überstaatlichen Rechts diesseits und jenseits des Rheins ziehen?

116 Zunächst ist der Erkenntnisgewinn festzuhalten, dass der Regelungskomplex der offenen Staatlichkeit und der verfassungsrechtlichen Permeabilität – hierfür stehen die Regelungen in Frankreich und Deutschland als unterschiedliche Modelle geradezu paradigmatisch – eine zunehmende Ausdifferenzierung erfahren hat. Neben die allgemeinen Regelungen zum Völkerrecht sind spezifische und höchst detail-

---

[248] Grundlegend BVerfGE 73, 339 (366 ff.) – Solange II.

[249] BVerfG, NJW 2010, 1268 (1269). Seither ständ. Rechtsprechung des Ersten Senats, der insoweit der verbreiteten Kritik (*Fastenrath*, NJW 2009, S. 272 (274 ff.)) entgegenkommt. Während der Zweite Senat sich in der Honeywell-Entscheidung hiervon deutlich distanziert (BVerfGE 126, 286, 316), unterstreicht der Erste Senat demgegenüber, dass der Zweite Senat im Ergebnis seiner Linie folge (BVerfGE 128, 157, Rn. 105). Zur Problematik näher *Schröder*, Die Vorlagepflicht zum EuGH aus europarechtlicher und nationaler Perspektive, EuR 2011, S. 808 (815 ff.) sowie die Kontroverse zwischen *Fastenrath* und *Michael*, JZ 2012, 870 ff., JZ 2013, S. 299 ff. und S. 203 ff.

[250] BVerfG, NJW 2012, S. 45 – Investitionszulagengesetz. Dazu *Wendel*, Neue Akzente im europäischen Grundrechtsverbund, EuZW 2012, S. 213 ff.

reiche Regelungen des Unionsverfassungsrechts getreten. Darüber hinaus hat sich eine rege Verfassungsrechtsprechung entwickelt, welche die *spécificité* des Europarechts auch aus Sicht des staatlichen Verfassungsrechts zunehmend anerkannt hat. Französisches und deutsches Verfassungsrecht haben trotz der Verwendung unterschiedlicher Instrumente beide ein zwischen Völker- und Unionsrecht differenzierendes Regelungssystem entwickelt, welches die rechtsnormative Dimension offener Staatlichkeit ebenso adressiert wie die institutionelle.

Erstaunlich ist freilich der Befund, dass der Grad an Integrationsoffenheit, den die Verfassung eines im Grundsatz zentralistisch organisierten Staates (Frankreich) bereithält, keinesfalls hinter dem einer bundesstaatlichen Verfassung (Deutschland) zurückbleiben muss, obwohl letztere gerade aufgrund der in ihr gespeicherten und verarbeiteten föderalen Erfahrungswerte eher für eine Eingliederung in ein föderatives Mehrebenensystem geeignet sein sollte. Der Vergleich des französischen und deutschen Verfassungsrechts zeigt, dass der Schluss vom Grad föderaler Binnenorganisation auf den Grad föderaler Eingliederungsfähigkeit im europäischen Mehrebenensystem nicht trägt. Gerade mit Blick auf die Integrationsgrenzen erweist sich die französische Verfassungsordnung in der Gesamtperspektive sogar als deutlich integrationsoffener als das Grundgesetz, dessen Verfassungsidentität nach der Interpretation des BVerfG die Teilnahme an einem europäischen Bundesstaat nicht erlaubt – jedenfalls nicht im Rahmen der geltenden Verfassungsordnung. **117**

Schließlich vermag die Untersuchung, so die Hoffnung ihres Autors, zu verdeutlichen, dass das hinreichende Verständnis der übergreifenden Problemlagen des Zusammenspiels von Verfassungsrecht und überstaatlichem Recht nur durch einen rechtsvergleichenden Ansatz überhaupt gelingen kann. Aus dieser Erkenntnis erwächst zugleich eine Aufgabe, der sich die europäische Verfassungslehre anzunehmen hat. **118**

V. Verfassungstexte in Auszügen

1. Verfassung der V. Republik (1958)

Article 52 Le Président de la République négocie et ratifie les traités.
 Il est informé de toute négociation tendant à la conclusion d'un accord international non soumis à ratification.

Article 53 Les traités de paix, les traités de commerce, les traités ou accords relatifs à l'organisation internationale, ceux qui engagent les finances de l'État, ceux qui modifient des dispositions de nature législative, ceux qui sont relatifs à l'état des personnes, ceux qui comportent cession, échange ou adjonction de territoire, ne peuvent être ratifiés ou approuvés qu'en vertu d'une loi.
 Ils ne prennent effet qu'après avoir été ratifiés ou approuvés.
 Nulle cession, nul échange, nulle adjonction de territoire n'est valable sans le consentement des populations intéressées.

Article 54 Si le Conseil constitutionnel, saisi par le Président de la République, par le Premier ministre, par le président de l'une ou l'autre assemblée ou par soixante députés ou soixante sénateurs, a déclaré qu'un engagement international comporte une clause contraire à la Constitution, l'autorisation de ratifier ou d'approuver l'engagement international en cause ne peut intervenir qu'après la révision de la Constitution.

Article 55 Les traités ou accords régulièrement ratifiés ou approuvés ont, dès leur publication, une autorité supérieure à celle des lois, sous réserve, pour chaque accord ou traité, de son application par l'autre partie.

Article 88-1 La République participe à l'Union européenne constituée d'États qui ont choisi librement d'exercer en commun certaines de leurs compétences en vertu du traité sur l'Union européenne et du traité sur le fonctionnement de l'Union européenne, tels qu'ils résultent du traité signé à Lisbonne le 13 décembre 2007.

Article 88-4 Le Gouvernement soumet à l'Assemblée nationale et au Sénat, dès leur transmission au Conseil de l'Union européenne, les projets d'actes législatifs européens et les autres projets ou propositions d'actes de l'Union européenne.

Selon des modalités fixées par le règlement de chaque assemblée, des résolutions européennes peuvent être adoptées, le cas échéant en dehors des sessions, sur les projets ou propositions mentionnés au premier alinéa, ainsi que sur tout document émanant d'une institution de l'Union européenne.

Au sein de chaque assemblée parlementaire est instituée une commission chargée des affaires européennes.

Article 88-5 Tout projet de loi autorisant la ratification d'un traité relatif à l'adhésion d'un État à l'Union européenne est soumis au référendum par le Président de la République.

Toutefois, par le vote d'une motion adoptée en termes identiques par chaque assemblée à la majorité des trois cinquièmes, le Parlement peut autoriser l'adoption du projet de loi selon la procédure prévue au troisième alinéa de l'article 89.

Article 88-6 L'Assemblée nationale ou le Sénat peuvent émettre un avis motivé sur la conformité d'un projet d'acte législatif européen au principe de subsidiarité. L'avis est adressé par le président de l'assemblée concernée aux présidents du Parlement européen, du Conseil et de la Commission européenne. Le Gouvernement en est informé.

Chaque assemblée peut former un recours devant la Cour de justice de l'Union européenne contre un acte législatif européen pour violation du principe de subsidiarité. Ce recours est transmis à la Cour de justice de l'Union européenne par le Gouvernement.

À cette fin, des résolutions peuvent être adoptées, le cas échéant en dehors des sessions, selon des modalités d'initiative et de discussion fixées par le règlement de chaque assemblée. À la demande de soixante députés ou de soixante sénateurs, le recours est de droit.

Article 89 (...)
La forme républicaine du Gouvernement ne peut faire l'objet d'une révision.

2. Präambel der IV. Republik (1946)

(...)
La République française, fidèle à ses traditions, se conforme aux règles du droit public international. Elle n'entreprendra aucune guerre dans des vues de conquête et n'emploiera jamais ses forces contre la liberté d'aucun peuple.

Sous réserve de réciprocité, la France consent aux limitations de souveraineté nécessaires à l'organisation et à la défense de la paix.
(...)

3. Grundgesetz der Bundesrepublik Deutschland (1949)

Präambel (...) von dem Willen beseelt, als gleichberechtigtes Glied in einem vereinten Europa dem Frieden der Welt zu dienen, (...)

Artikel 23 (1) Zur Verwirklichung eines vereinten Europas wirkt die Bundesrepublik Deutschland bei der Entwicklung der Europäischen Union mit, die demokratischen, rechtsstaatlichen, sozialen und föderativen Grundsätzen und dem Grundsatz der Subsidiarität verpflichtet ist und einen diesem Grundgesetz im wesentlichen vergleichbaren Grundrechtsschutz gewährleistet. Der Bund kann hierzu durch Gesetz mit Zustimmung des Bundesrates Hoheitsrechte übertragen. Für die Begründung der Europäischen Union sowie für Änderungen ihrer vertraglichen Grundlagen und vergleichbare Regelungen, durch die dieses Grundgesetz seinem Inhalt nach geändert oder ergänzt wird oder solche Änderungen oder Ergänzungen ermöglicht werden, gilt Artikel 79 Abs. 2 und 3.

(1a) Der Bundestag und der Bundesrat haben das Recht, wegen Verstoßes eines Gesetzgebungsakts der Europäischen Union gegen das Subsidiaritätsprinzip vor dem Gerichtshof der Europäischen Union Klage zu erheben. Der Bundestag ist hierzu auf Antrag eines Viertels seiner Mitglieder verpflichtet. Durch Gesetz, das der Zustimmung des Bundesrates bedarf, können für die Wahrnehmung der Rechte, die dem Bundestag und dem Bundesrat in den vertraglichen Grundlagen der Europäischen Union eingeräumt sind, Ausnahmen von Artikel 42 Abs. 2 Satz 1 und Artikel 52 Abs. 3 Satz 1 zugelassen werden.

(2) In Angelegenheiten der Europäischen Union wirken der Bundestag und durch den Bundesrat die Länder mit. Die Bundesregierung hat den Bundestag und den Bundesrat umfassend und zum frühestmöglichen Zeitpunkt zu unterrichten.

(3) Die Bundesregierung gibt dem Bundestag Gelegenheit zur Stellungnahme vor ihrer Mitwirkung an Rechtsetzungsakten der Europäischen Union. Die Bundesregierung berücksichtigt die Stellungnahme des Bundestages bei den Verhandlungen. Das Nähere regelt ein Gesetz.

(4) Der Bundesrat ist an der Willensbildung des Bundes zu beteiligen, soweit er an einer entsprechenden innerstaatlichen Maßnahme mitzuwirken hätte oder soweit die Länder innerstaatlich zuständig wären.

(5) Soweit in einem Bereich ausschließlicher Zuständigkeiten des Bundes Interessen der Länder berührt sind oder soweit im übrigen der Bund das Recht zur Gesetzgebung hat, berücksichtigt die Bundesregierung die Stellungnahme des Bundesrates. Wenn im Schwerpunkt Gesetzgebungsbefugnisse der Länder, die Einrichtung ihrer Behörden oder ihre Verwaltungsverfahren betroffen sind, ist bei der Willensbildung des Bundes insoweit die Auffassung des Bundesrates maßgeblich zu berücksichtigen; dabei ist die gesamtstaatliche Verantwortung des Bundes zu wahren. In Angelegenheiten, die zu Ausgabenerhöhungen oder Einnahmeminderungen für den Bund führen können, ist die Zustimmung der Bundesregierung erforderlich.

(6) Wenn im Schwerpunkt ausschließliche Gesetzgebungsbefugnisse der Länder auf den Gebieten der schulischen Bildung, der Kultur oder des Rundfunks betroffen sind, wird die Wahrnehmung der Rechte, die der Bundesrepublik Deutschland als Mitgliedstaat der Europäischen Union zustehen, vom Bund auf einen vom Bundesrat benannten Vertreter der Länder übertragen. Die Wahrnehmung der Rechte erfolgt unter Beteiligung und in Abstimmung mit der Bundesregierung; dabei ist die gesamtstaatliche Verantwortung des Bundes zu wahren.

(7) Das Nähere zu den Absätzen 4 bis 6 regelt ein Gesetz, das der Zustimmung des Bundesrates bedarf.

Artikel 24 (1) Der Bund kann durch Gesetz Hoheitsrechte auf zwischenstaatliche Einrichtungen übertragen.
...

Artikel 25 Die allgemeinen Regeln des Völkerrechtes sind Bestandteil des Bundesrechtes. Sie gehen den Gesetzen vor und erzeugen Rechte und Pflichten unmittelbar für die Bewohner des Bundesgebietes.

Artikel 59 (1) Der Bundespräsident vertritt den Bund völkerrechtlich. Er schließt im Namen des Bundes die Verträge mit auswärtigen Staaten. Er beglaubigt und empfängt die Gesandten.

(2) Verträge, welche die politischen Beziehungen des Bundes regeln oder sich auf Gegenstände der Bundesgesetzgebung beziehen, bedürfen der Zustimmung oder der Mitwirkung der jeweils für die Bundesgesetzgebung zuständigen Körperschaften in der Form eines Bundesgesetzes. Für Verwaltungsabkommen gelten die Vorschriften über die Bundesverwaltung entsprechend.

Artikel 79 (...) (3) Eine Änderung dieses Grundgesetzes, durch welche die Gliederung des Bundes in Länder, die grundsätzliche Mitwirkung der Länder bei der Gesetzgebung oder die in den Artikeln 1 und 20 niedergelegten Grundsätze berührt werden, ist unzulässig.

Ausgewählte Literatur

Berranger, Thibaut de, Constitutions nationales et construction communautaire – Essai d'approche comparative sur certains aspects constitutionnels nationaux de l'intégration européenne, Paris 1995 (L.G.D.J).
Bogdandy, Armin von/Schill, Stephan, Die Achtung der nationalen Identität unter dem reformierten Unionsvertrag ZaöRV 70 (2010), S. 702 ff.
Cassia, Paul, Le droit communautaire dans et sous la Constitution française, RTDE 2007, S. 406.
Chaltiel, Florence, Constitution française, constitution européenne, vers l'osmose des ordres juridiques ? A propos de la révision constitutionnelle du 28 février 2005, RMC 488 (2005), S. 280 ff.
dies., Nouvelle précision sur les rapports entre le droit constitutionnel et le droit communautaire, RFDC 78 (2006), S. 837 ff.
Claes, Monica, The National Courts' Mandate in the European Constitution, Oxford 2006 (Hart).
Classen, Claus D., Anmerkung zur Entscheidung des Conseil constitutionnel vom 10.6.2004 zum Verhältnis von Europäischem Gemeinschaftsrecht und französischem Verfassungsrecht, JZ 2004, S. 969 ff.
ders., Nationales Verfassungsrecht in der Europäischen Union, Baden-Baden 2013, § 12.
Favoreu, Louis, Révision de la Constitution et justice constitutionnelle – France, AIJC 10 (1994), S. 105 ff.
Flauss, Jean-François, Rapport français, in: J. Schwarze (Hrsg.), Die Entstehung einer europäischen Verfassungsordnung – das Ineinandergreifen von nationalem und europäischem Verfassungsrecht, Baden-Baden 2000 (Nomos), S. 25 ff.
Fromont, Michel, Souveränität und Europa: Ein Vergleich der deutschen und französischen Verfassungsrechtsprechung, DÖV 2011, S. 457–464.
Gaïa, Patrick, Rapport français, in: F.I.D.E. (Hrsg.), 17. F.I.D.E.-Kongress, Berlin 9.-12. Oktober 1996, Le droit constitutionnel national et l'intégration européenne – Nationales Verfassungsrecht mit Blick auf die europäische Integration, Baden-Baden 1996 (Nomos), S. 231 ff.
Grabenwarter, Christoph, Staatliches Unionsverfassungsrecht, in A. v. Bogdandy/J. Bast (Hrsg.), Europäisches Verfassungsrecht, 2. Aufl., Berlin 2009 (Springer), S. 121 ff.
Grewe, Constance, La révision constitutionnelle en vue de la ratification du traité de Maastricht, RFDC 64 (1992), S. 413 ff.
dies., Constitutions nationales et droit de l'Union européenne, Rép. Communautaire Dalloz, Janvier 2009, S. 1.
Gundel, Jörg, Die Einordnung des Gemeinschaftsrechts in die französische Rechtsordnung, Berlin 1997 (Duncker & Humblot).
Haguenau-Moizard, Catherine, Offene Staatlichkeit, in: A. v. Bogdandy/P. Cruz Villalón/P. M. Huber (Hrsg.), Handbuch Ius Publicum Europaeum, Band II, Heidelberg 2008 (C. F. Müller), § 15 Frankreich.
Hecker, Jan, Europäische Integration als Verfassungsproblem in Frankreich – Verfassungsrechtliche Infiltrationshindernisse und Übertragungsschranken in der Europajudikatur französischer Gerichte, Berlin 1998 (Duncker & Humblot).
Huber, Peter M., Offene Staatlichkeit, in: A. v. Bogdandy/P. Cruz Villalón/P. M. Huber (Hrsg.), Handbuch Ius Publicum Europaeum, Band II, Heidelberg 2008 (C. F. Müller), § 26 Vergleich.
Jestaedt, Matthias, Warum in die Ferne schweifen, wenn der Maßstab liegt so nah? Verfassungshandwerkliche Anfragen an das Lissabon-Urteil des BVerfG, Der Staat 48 (2009), S. 496 ff.
König, Doris, Die Übertragung von Hoheitsrechten im Rahmen des europäischen Integrationsprozesses – Anwendungsbereich und Schranken des Art. 23 des Grundgesetzes, Berlin 2000 (Duncker & Humblot).

Luchaire, François, Le Conseil constitutionnel et la souveraineté nationale, RDP 1991, S. 1499 ff.
Magnon, Xavier, La sanction de la primauté de la Constitution sur le droit communautaire par le Conseil d'Etat, RFDA 2007, S. 578 ff.
Mayer, Franz, Kompetenzüberschreitung und Letztentscheidung, München 2000 (C. H. Beck).
ders., Europarecht als französisches Verfassungsrecht – zugl. Anmerkung zu den Entscheidungen des Verfassungsrates vom 10. Juni und vom 19. November 2004, EuR 2004, S. 925 ff.
ders., Verfassungsgerichtsbarkeit, in: A. v. Bogdandy/J. Bast (Hrsg.), Europäisches Verfassungsrecht, 2. Aufl., Berlin 2009 (Springer), S. 559 ff.
ders., Rashomon in Karlsruhe, NJW 2010, S. 714 ff.
Mayer, Franz/Lenski, Edgar/Wendel, Mattias, Der Vorrang des Europarechts in Frankreich. Zugleich Anmerkung zur Entscheidung des französischen Conseil d'Etat vom 8. Februar 2007 (Arcelor u. a.), EuR 2008, S. 63 ff.
Nettesheim, Martin, EU-Recht und nationales Verfassungsrecht, in: J. Schwarze/P.-C. Müller Graf (Hrsg.), XX. FIDE-Kongress vom 30. Oktober bis 2. November 2002 in London. Die Deutschen Landesberichte, EuR Beiheft 1/2004, S. 7 ff.
Pernice, Ingolf, Europäisches und nationales Verfassungsrecht, VVDStRL 60 (2001), S. 148 ff.
ders., Das Verhältnis europäischer zu nationalen Gerichten im europäischen Verfassungsverbund, Berlin 2006 (De Gruyter).
ders., Art. 23 sowie 24 GG in: H. Dreier (Hrsg.), Grundgesetz. Kommentar, Bd. II, 2. Aufl., Tübingen 2006, incl. Supplementum 2007 (Mohr Siebeck).
ders., Theorie und Praxis des Europäischen Verfassungsverbundes, in: C. Calliess (Hrsg.), Verfassungswandel im europäischen Staaten- und Verfassungsverbund, Tübingen 2007 (Mohr Siebeck), S. 61 ff.
Pfeiffer, Thomas, Zur Verfassungsmäßigkeit des Gemeinschaftsrechts in der aktuellen Rechtsprechung des französischen Conseil constitutionnel, ZaöRV 67 (2007), S. 469 ff.
Reestman, Jan Herman, The Franco-German Constitutional Divide, EuConst 5 (2009), S. 374 ff.
Roux, Jérôme, Le Conseil constitutionnel et l'ordre juridique communautaire: coopération et contrôle, RDP 2004, S. 912 ff.
Sauer, Heiko, Jurisdiktionskonflikte in Mehrebenensystemen. Die Entwicklung eines Modells zur Lösung von Konflikten zwischen Gerichten unterschiedlicher Ebenen in vernetzten Rechtsordnungen, Berlin u. a. 2008 (Springer).
Scheffler, Jan, Das französische Verfassungsverständnis angesichts der Anforderungen des EG/EU-Rechts, ZaöRV 67 (2007), S. 43 ff.
Schönberger, Christoph, Die europäische Union zwischen ‚Demokratiedefizit' und Bundesstaat. Anmerkungen zum Lissabon-Urteil des Bundesverfassungsgerichts, Der Staat 48 (2009), S. 535 ff.
Schorkopf, Frank, Grundgesetz und Überstaatlichkeit. Konflikt und Harmonie in den auswärtigen Beziehungen Deutschlands, Tübingen 2007 (Mohr Siebeck).
Schwarze, Jürgen, Die Entstehung einer europäischen Verfassungsordnung, in: ders. (Hrsg.), Die Entstehung einer europäischen Verfassungsordnung – das Ineinandergreifen von nationalem und europäischem Verfassungsrecht, Baden-Baden 2000 (Nomos), S. 463 ff.
Slaughter, Anne-Marie/Stone Sweet, Alec/Weiler, Joseph H. H. (Hrsg.), The European Court and National Courts – Doctrine and Jurisprudence, Oxford 1998 (Hart).
Sommermann, Karl-Peter, Offene Staatlichkeit, in: A. v. Bogdandy/ P. Cruz Villalón/ P. M. Huber (Hrsg.), Handbuch Ius Publicum Europaeum, Band II, Heidelberg 2008 (C. F. Müller), § 14 Deutschland.
ders., Völkerrechtlich garantierte Menschenrechte als Maßstab der Verfassungskonkretisierung – Die Menschenrechtsfreundlichkeit des Grundgesetzes, AöR 114 (1989), S. 391 ff.
Thym, Daniel, Europäische Integration im Schatten souveräner Staatlichkeit. Anmerkungen zum Lissabon-Urteil des Bundesverfassungsgerichts, Der Staat 48 (2009), S. 559 ff.
Tomuschat, Christian, Die Europäische Union unter der Aufsicht des Bundesverfassungsgerichts, EuGRZ 1993, S. 489 ff.
ders., Art. 24 GG, in: Bonner Kommentar zum Grundgesetz (C. F. Müller), Loseblatt (Zweitbearbeitung 1981).

Uhrig, Stephanie, Die Schranken des Grundgesetzes für die europäische Integration – Grenzen der Übertragung von Hoheitsrechten nach dem Grundgesetz am Beispiel des Vertrages von Maastricht, Berlin 2000 (Duncker & Humblot).
Vogel, Klaus, Die Verfassungsentscheidung des Grundgesetzes für eine internationale Zusammenarbeit, Recht und Staat in Geschichte und Gegenwart, Heft 292/293 1964, S. 1 ff.
Voßkuhle, Andreas, Der europäische Verfassungsgerichtsverbund, NVwZ 2010, S. 1 ff.
Walter, Christian, Die drei Entscheidungen des französischen Verfassungsrats zum Vertrag von Maastricht über die Europäische Union, EuGRZ 1993, S. 183 ff.
ders., Der französische Verfassungsrat und das Recht der Europäischen Union, EuGRZ 2005, S. 77 ff.
Walter, Maja, Integrationsgrenze Verfassungsidentität – Konzept und Kontrolle aus europäischer, deutscher und französischer Perspektive, ZaöRV 72 (2012), 177.
Wendel, Mattias, Permeabilität im europäischen Verfassungsrecht, Tübingen 2011 (Mohr Siebeck).
ders., Lisbon Before the Courts. Comparative Perspectives, EuConst 7 (2011), S. 96 ff.
ders., La jurisprudence du Conseil constitutionnel français et du Tribunal constitutionnel fédéral allemand sur l'évolution des Traités européens. Un conte d'aiguilleurs et de gardiens du pont, in: Lagrange/Sorel/Hamann (Hrsg.), Si proche, si loin: La pratique du droit international en France et en Allemagne, Paris 2012, S. 87 ff.
ders., Richterliche Rechtsvergleichung als Dialogform, Der Staat 52 (2013), S. 339 ff.
ders., Kompetenzrechtliche Grenzgänge: Karlsruhes Ultra-vires-Vorlage an den EuGH, ZaöRV 74 (2014), S. 615 ff.
Witte, Bruno de, Constitutional Aspects of European Union Membership in the Original Six Member States: Model Solutions for the Applicant Countries?, in: A.E. Kellermann/J.W. de Zwaan/J. Czuczai (Hrsg.), EU-Enlargement – The Constitutional Impact at EU and National Level, Den Haag 2001 (Asser), S. 65 ff.
Ziller, Jacques, Sovereignty in France: Getting Rid of the Mal de Bodin, in: N. Walker (Hrsg.), Sovereignty in Transition, Oxford 2003 (Hart), S. 261 ff.

§ 9 Perspektiven

Aurore Gaillet

Inhaltsverzeichnis

I. Einleitung	429
II. Verfassungsrechtliche und politische Stabilität	431
1. Ausgangspunkt	431
2. Politische und juristische Flexibilität der beiden Regime	431
a) Die Verfestigung der Staaten im Rahmen der Europäischen Union	432
b) Die Verankerung der Verfassungen	433
c) Die Stabilisierung der institutionellen Gleichgewichte	436
III. „Vingt fois sur le métier, remettez votre ouvrage"	438
1. Die VI. Republik – Das Phantom des französischen Verfassungsrechts	438
2. Die Frage nach „dem Ende des Grundgesetzes"	442
IV. Von der Vertrauenskrise zur Definition eines *„vivre ensemble":* Die Verfassungserneuerung als fortwährende Verpflichtung	448

I. Einleitung

1 „Die politischen Institutionen der freiheitlichen Nationen des Okzidents weisen eine Familienähnlichkeit auf und tragen doch individuelle Züge." *Esmein* folgend lässt sich über die „Nationen des Okzidents" mit Ovid sagen: *„facies non omnibus una, non diversa tamen"* – nicht gleich ist bei allen das Antlitz, ohne verschieden zu sein.[1] Dies gilt dann aber umso mehr noch für die „westlichen Nationen" Europas. „In Vielfalt geeint"[2] teilen diese ausgehend vom Dreiklang Demokratie

---

[1] *Esmein*, Eléments de droit constitutionnel français et comparé, 2. Aufl. 1899, S. 22.
[2] So die Devise der Europäischen Union.

A. Gaillet (✉)
Centre de droit comparé/Institut de Recherche en Droit Européen, International et Comparé (IRDEIC), Université Toulouse 1 Capitole,
2 rue du Doyen-Gabriel-Marty, 31042 Toulouse Cedex 9, Frankreich
E-Mail: aurore.gaillet@ut-capitole.fr

© Springer-Verlag Berlin Heidelberg 2015
N. Marsch, Y. Vilain, M. Wendel (Hrsg.), *Französisches und Deutsches Verfassungsrecht,* Springer-Lehrbuch, DOI 10.1007/978-3-642-45053-2_9

– Rechtsstaat – Freiheit[3] ein „europäisches Verfassungserbe"[4]. Dieses Fundament „gemeinsamer Verfassungstraditionen"[5] wurde durch das europäische Recht sowohl der Europäischen Union als auch des Europarats weiter verstärkt. Und am französischen und deutschen Verfassungsrecht lässt sich diese gemeinsame Basis, auf der heute alle europäischen Staaten ruhen, auf besonders schöne Weise sehen: Noch in der Zeit der deutschen konstitutionellen Monarchie konnte der große Verfassungsrechtler der III. Republik, *Esmein,* in seiner Schrift „Droit constitutionnel français et étrangers" Deutschland beiseiteschieben, weil „die Freiheit nicht das oberste Ziel seiner Verfassung"[6] war. Doch diese Zeit ist mittlerweile vorbei. Deutsches und französisches Verfassungsrecht sind „geeint", doch das heißt nicht, dass sie sich nicht voneinander unterscheiden. Sie sind jeweils in ihren politischen wie juristischen Traditionen und Kulturen verankert, die ihnen eigen sind. Eine vergleichende Studie von Grundgesetz und Französischer Verfassung versucht, die Überlegungen des Verfassungsrechtsvergleichs immer weiter voran zu treiben.

2   Als vorläufige Schlussfolgerung eines kollektiv entstandenen deutsch-französischen Werks können abschließend einige Ansätze einer Analyse aufgezeigt werden. Der erste bezieht sich auf die Stabilität der beiden Regime.[7] Es ist die politische und verfassungsrechtliche Stabilität, die dazu geführt hat, dass die beiden Verfassungen ohne größere Schwierigkeiten ihr erstes halbes Jahrhundert überdauert haben (II). Darüber hinaus erstaunt es doch sehr, dass der Ruf nach einer VI. Französischen Republik nicht verhallt, während die Geschichte des Grundgesetzes im Großen und Ganzen als eine „Erfolgsgeschichte"[8] erlebt wird. Die Frage nach „dem Ende des Grundgesetzes" hat die wissenschaftliche Diskussion zwar nie ganz verlassen; sie wird jedoch fast durchgehend in Bezug auf seine „Identität" im europäischen Kontext gestellt (III). In diesem Punkt, der die Notwendigkeit und die Tragweite einer Überschreitung der jeweiligen Verfassungsordnung betrifft, sind sich das deutsche und das französische Verfassungsrecht uneinig. Sie treffen sich aber wieder in der Suche danach, wie eine „bessere Demokratie" als Rahmen für eine erneuerte soziale Bindung mit den Bürgern aussehen könnte. Eine Frage, die allen freiheitlich verfassten Demokratien innewohnt, so sehr berührt sie ihren innersten Kern (IV).

---

[3] Siehe die Präambel der EMRK, die „ein gemeinsames Erbe an geistigen Gütern, politischen Überlieferungen, Achtung der Freiheit und Vorherrschaft des Gesetzes" hervorhebt.

[4] *Commission européenne pour la démocratie par le droit*, Le patrimoine constitutionnel européen, 1997; *Rousseau*, La notion de patrimoine constitutionnel européen, in: Droit et politique à la croisée des cultures, Mélanges en l'honneur de Philippe Ardant, 1999, S. 27 ff.; *Ponthoreau*, Droit(s) constitutionnel(s) comparé(s), 2010.

[5] Vgl. Art. 6 Abs. 3 EUV.

[6] *Esmein*, Eléments de droit constitutionnel français et étrangers, 2. Aufl. 1914, S. XX–XI.

[7] In dieser Hinsicht gehören Deutschland und Frankreich ohne Zweifel zur Gruppe jener Demokratien, die sich durch ihre Stabilität auszeichnen, s. hierzu die Klassifikation des niederländischen Politikwissenschaftlers *Lijphart*, Patterns of Democracy: Government Forms & Performance in Thirty-six Countries, 1999.

[8] *Oppermann*, Deutschland in guter Verfassung? 60 Jahre Grundgesetz, JZ 2009, S. 481 (491): „Bedeuten diese nicht wegzudiskutierenden Warnzeichen eine Abkehr der Deutschen von ihrer Verfassung, die ihnen bislang über sechs Jahrzehnte politische Stabilität und wirtschaftlichen Wohlstand gebracht hat? Die Auguren geben sich glücklicherweise hoffnungsvoll."

II. Verfassungsrechtliche und politische Stabilität

1. Ausgangspunkt

Die Verfassung der V. Republik hat nunmehr ihren 55. Frühling erlebt. Damit steht sie in Sachen Langlebigkeit nach der III. Republik (1875–1940) an zweiter Stelle und weit vor den vier Verfassungen der I. Republik (1793, 1795, 1799, 1802), den zwei Verfassungen der II. Republik (1848, 1852) und der Verfassung der IV. Republik (1946–1958) – die Verfassungen der nicht-republikanischen Regime (Monarchien und Kaiserreiche) und die politischen Systeme, die sich keine Verfassung gegeben haben, nicht mit eingerechnet. Dies war allerdings am Lebensabend der so verpönten IV. Republik nicht vorherzusehen. *Georges Burdeau* formulierte 1956 seine Skepsis in Bezug auf den „Begriff der Verfassung"[9], womit er eine Überzeugung kundtat, die in der französischen Wissenschaft weit verbreitet war. Darüber hinaus sagten im Jahr 1958 zahlreiche Kommentatoren der neuen Verfassung eine kurze Zukunft voraus. Viel zu sehr schien der Text auf *General de Gaulle* zugeschnitten zu sein und einen Bruch mit der parlamentarischen Tradition Frankreichs darzustellen.

Es gab aber genauso wenige, die von Beginn an auf die Langlebigkeit des Grundgesetzes gesetzt hätten. Dieses war zunächst nicht mehr als ein Provisorium für nur einen der zwei Teile Deutschlands, erarbeitet nach Vorgaben der Alliierten für einen nach fatalen politischen und verfassungsrechtlichen Erfahrungen traumatisierten Staat. Von der konstitutionellen Monarchie des 19. Jahrhunderts über den verhassten Parlamentarismus in Weimar bis zum Totalitarismus des 3. Reichs[10] lag dem deutschen Konstitutionalismus bis dahin kaum ein erprobtes Modell vor, dem Erfolg beschieden war. Es ist umso bemerkenswerter, dass das Grundgesetz seinen 65. Geburtstag friedlich feiern konnte und dass es nunmehr regelmäßig als Vorbild dient, ja gar als „Exportgut"[11] gefeiert wird.

3

4

2. Politische und juristische Flexibilität der beiden Regime

Beide Verfassungstexte waren also in der Lage, die ihnen begegnenden Herausforderungen, wie etwa schwierige politische Hintergründe, die Algerienkrise, Kohabitationen oder Regierungswechsel in Frankreich oder die Öffnung des Brandenburger Tors und die große Koalition in Deutschland, um nur einige Beispiele zu nennen, zu überwinden. Auf die Gefahr hin, anfängliche Gleichgewichte ins Schwanken zu

5

---

[9] *Burdeau*, Une survivance: la notion de constitution, in: L'évolution du droit public, Etudes en l'honneur d'Achille Mestre, 1956, S. 53 ff.

[10] Zur konstitutionellen Monarchie *Hummel*, Le constitutionnalisme allemand (1815–1918). Le modèle allemand de la monarchie limitée, 2002; zur Weimarer Republik *Gusy*, Die Weimarer Verfassung, 1997; zur NS-Zeit *Stolleis*, Recht im Unrecht, 1994; *Jouanjan*, Prendre le discours juridique nazi au sérieux, Revue interdisciplinaire d'études juridiques 2013, S. 1 ff.

[11] *Häberle*, Grundgesetz als Exportgut im Wettbewerb der Rechtsordnungen, in: Hillgruber/Waldhoff (Hrsg.), 60 Jahre Bonner Grundgesetz: eine geglückte Verfassung?, 2010, S. 173 ff.

bringen, mussten an ihnen zahlreiche und tiefgreifende juristische Veränderungen vorgenommen werden. Diese formellen Verfassungsänderungen – 24 im Fall der französischen Verfassung von 1958 und 59 im Fall des Grundgesetzes von 1949 (eine Zahl, die durch das nicht sehr strenge Verfahren nach Art. 79 Abs. 1 GG bedingt ist) – haben es den beiden Staaten ermöglicht, sich neuen politischen und juristischen Kontexten anzupassen.[12] Dass die beiden Verfassungen Flexibilität bewiesen haben, liegt nicht zuletzt an der politischen Praxis, mit der sie gehandhabt wurden. Die Verfassungsentwicklung lässt sich allerdings nur schwer begreifen, wenn man die „Verfassung" allein auf das geschriebene Recht reduziert[13], da die Politik nie in Gänze „vom Recht bestimmt wird."[14] Ob den formellen Änderungen geschuldet oder ob es auch ohne diese gelungen wäre – jedenfalls verstanden die beiden Texte sich dauerhaft zu verwurzeln. Einige Aspekte dieser Stabilität sollen hier besondere Beachtung finden.

a) Die Verfestigung der Staaten im Rahmen der Europäischen Union

6   Der erste betrifft die Stabilisierung Deutschlands und Frankreichs sowohl in juristischer als auch in politischer Hinsicht und dies nach innen wie nach außen. Was die deutsche Seite anbelangt darf nicht vergessen werden, wie spät die Staatsgründung im 19. Jahrhundert stattfand. Ihr folgte zwar direkt die Errichtung des Nationalstaats, dieser war aber für seinen Teil nach dem Zweiten Weltkrieg desavouiert. Vor diesem Hintergrund wurde das Grundgesetz unter internationaler Aufsicht angenommen und dies auch nur für einen Teil des deutschen Volkes. Darin stellt es ein oft zitiertes Beispiel der „Internationalisierung" von Verfassungen dar und bricht mit den klassischen Theorien der Volkssouveränität als verfassunggebende Gewalt. Die Verabschiedung der französischen Verfassung verlief dagegen ganz anders. Ihr Urheber war, ungeachtet jüngerer Relativierungen durch den Conseil constitutionnel[15], das französische Volk, das seine Verfassung im Wege des Referendums am 28. September 1958 angenommen hat.[16] Das Grundgesetz orientierte sich dagegen schon seit 1949 mehr an der Öffnung und Integration auf europäischer wie auf deutscher Ebene, die dem deutschen Staat seine Rückkehr in die Völkergemeinschaft ermöglichen sollte. Besonders deutlich zeigt dies die ursprüngliche Fassung seiner

---

[12] → *Gaillet* § 2 Rn. 62 f.

[13] In diesem Sinne *Jellinek*, Verfassungsänderung und Verfassungswandlung, 1906; *Capitant*, La coutume constitutionnelle, 1929 (erneut abgedrückt in RDP 1979, S. 962 ff.); *ders.*, Le droit constitutionnel non écrit, in: Mélanges Gény Bd. III, 1934 (erneut abgedrückt in: Ecrits d'Entre-Deux guerres, 2004, S. 298 ff.); *Avril*, Les conventions de la Constitution, 1997; *Beaud*, Les mutations de la Ve République, Pouvoirs 2001, S. 19 ff.

[14] *Favoreu*, La politique saisie par le droit, 1988.

[15] C.C., 21.2.2013, 2012-297 QPC, Cons. 6 – Association pour la promotion et l'expansion de la laïcité, in der sich der Conseil constitutionnel auf die „travaux préparatoires du projet de la Constitution" stützt.

[16] Siehe die Vorstellung von *Avril*, Le piano mécanique, in: Itinéraires. Études en l'honneur de L. Hamon, 1982, S. 13 ff.

Präambel.[17] In ganz und gar symbolischer Weise für diese „offene Staatlichkeit"[18] wurde zwei Jahre nach der Wiedervereinigung der alte „Beitrittsartikel", der als juristische Grundlage für die Erweiterung der ersten „Bonner Republik" um die fünf neuen Bundesländer der ehemaligen DDR diente[19], durch die „Europaklausel" des Art. 23 GG ersetzt, die auf den Vertrag von Maastricht[20] zurückgeht. In Frankreich kennt man dagegen die Situation des Nationalstaats, der von Beginn an geschunden und entehrt war und dessen Wiederaufbau notwendigerweise mit Europa verbunden sein musste, nicht. Im Gegenteil: 1958 war Frankreich vornehmlich an einer Wiederherstellung eines starken Nationalstaats interessiert. Das Land wurde zudem durch die scharfe „ideologisch-politische Diskussion" um die Europäische Verteidigungsgemeinschaft geprägt, welche die gesamte politische Schicht der IV. Republik destabilisiert hatte.[21] Auch wenn Charles de Gaulle von Beginn seines Amtes an „die Entscheidung betont hat, den Gemeinsamen Markt von 1957 umzusetzen"[22], war eine echte „Europäisierung" der Verfassung von 1958 nur zu erreichen, indem man die französischen Vorbehalte gegenüber einer artifiziellen – wie de Gaulle es ausdrückte „auf Esperanto oder Volapük" vorangetriebenen – vertieften politischen Integration[23] überwand.

b) Die Verankerung der Verfassungen

Ein anderer Faktor der konstitutionellen Stabilität liegt nicht in der Verfestigung der Staaten, sondern in der Verankerung der Verfassungen selbst und der Werte,

---

[17] „Im Bewußtsein seiner Verantwortung vor Gott und den Menschen, von dem Willen beseelt, seine nationale und staatliche Einheit zu wahren und als gleichberechtigtes Glied in einem vereinten Europa dem Frieden der Welt zu dienen, hat das Deutsche Volk in den Ländern Baden, Bayern, Bremen, Hamburg, Hessen, Niedersachsen, Nordrhein-Westfalen, Rheinland-Pfalz, Schleswig-Holstein, Württemberg-Baden und Württemberg-Hohenzollern, um dem staatlichen Leben für eine Übergangszeit eine neue Ordnung zu geben, kraft seiner verfassungsgebenden Gewalt dieses Grundgesetz der Bundesrepublik Deutschland beschlossen. Es hat auch für jene Deutschen gehandelt, denen mitzuwirken versagt war. Das gesamte Deutsche Volk bleibt aufgefordert, in freier Selbstbestimmung die Einheit und Freiheit Deutschlands zu vollenden."
[18] *Tourard*, L'internationalisation des constitutions nationales, 2000; *Vogel*, Die Verfassungsentscheidung des Grundgesetzes für eine internationale Zusammenarbeit, 1964; *Sommermann*, Offene Staatlichkeit, in: v. Bogdandy et al. (Hrsg.), Ius Publicum Europaeum II, 2008, § 14 Deutschland, 14.
[19] Art. 23 alte Fassung GG: „Dieses Grundgesetz gilt zunächst im Gebiete der Länder Baden, Bayern, Bremen, Groß-Berlin, Hamburg, Hessen, Niedersachsen, Nordrhein-Westfalen, Rheinland-Pfalz, Schleswig-Holstein, Württemberg-Baden und Württemberg-Hohenzollern. In anderen Teilen Deutschlands ist es nach deren Beitritt in Kraft zu setzen"; → *Gaillet* § 2 Rn. 62.
[20] BGBl. I 1992, S. 2086.
[21] Nach *Aron*, Esquisse historique d'une grande querelle idéologique, in: Aron/Lerner (Hrsg.), La querelle de la CED. Essais d'analyse sociologique, 1956, S. 9 („Entre janvier 1953 et août 1954, se déchaîna la plus grande querelle idéologico-politique que la France ait connue probablement depuis l'Affaire Dreyfus").
[22] *Jouve*, Le Général de Gaulle et la construction de l'Europe (1940–1966), 1967, S. 195 ff.
[23] *De Gaulle*, Pressekonferenz vom 15. Mai 1962.

von denen sie getragen werden und die auf die lange Verfassungsgeschichte Frankreichs und Deutschlands zurückgehen.[24] In Frankreich eröffnen diese „Werte" die Verfassung. Sie heben die Bindung des „französischen Volks" an die „Menschenrechte und die Prinzipien der nationalen Souveränität"[25] und an das Erbe der „unteilbaren, laizistischen, demokratischen und sozialen Republik" (Art. 1 CF) hervor. Der französische Verfassungspakt ist damit ausdrücklich auf Dauer angelegt und zwar derart, dass das *Comité de réflexion sur le préambule de la Constitution*, das sich im Jahr 2008 zusammenfand, den in der Präambel zum Ausdruck kommenden „Kompromiss" nicht in Frage stellen wollte[26] – ganz im Gegensatz zum schon klassischen französischen „Reformismus", auf den an späterer Stelle zurückzukommen sein wird. Schon hier ist aber zu konstatieren, dass dieser Kompromiss in einem deutlich stärkeren Maße aus einer Kultur der „Republik" als aus einer Kultur der „Verfassung und Grundrechte" resultiert, was auf die „historische Trennung der sozialen und der politischen Verfassung" verweist, die sich seit 1789 abgezeichnet und ausgeprägt hat.[27] Zweifelsohne sind die Idee, dass das Gesetz „Unrecht darstellen" kann sowie daraus folgend die Idee einer Verfassungsgerichtsbarkeit, die über eine einfache Verfassungskontrolle von Gesetzen hinausgeht, entgegen einer oft vorschnell aufgestellten Behauptung, ein konstantes Merkmal der französischen Verfassungsrechtswissenschaft.[28] Trotzdem emanzipierte sich der Conseil constitutionnel als eine der bedeutenden Innovationen der V. Republik nur sehr langsam. Seine Kompetenzen blieben lange Zeit hinter denen seiner europäischen Nachbarn zurück. Er konnte nicht von den französischen Bürgern angerufen werden und befand sich fernab eines jeden Dialogs mit den Fachgerichten. Diese waren es im Übrigen, die zunächst eine Relativierung der „Souveränität" des französischen Gesetzes ermöglichten[29], indem sie sich eine „Konventionalitätskontrolle" anmaßten, das heißt eine diffuse Gesetzeskontrolle am Maßstab der EMRK durchführten, die dem deutschen Recht grundsätzlich fremd ist.[30] Zudem erlaubte die Einführung der *question prioritaire de constitutionnalité* (qpc) durch die Verfassungsänderung vom 23. Juli 2008 eine Ausweitung der ursprünglich restriktiven Konzeption der franzö-

---

[24] → *Vilain* § 3 Rn. 118 ff.

[25] So die Präambel der französischen Verfassung: „Le peuple français proclame solennellement son attachement aux Droits de l'homme et aux principes de la souveraineté nationale tels qu'ils ont été définis par la Déclaration de 1789, confirmée et complétée par le préambule de la Constitution de 1946, ainsi qu'aux droits et devoirs définis dans la Charte de l'environnement de 2004."

[26] Redécouvrir le Préambule de la Constitution, 2008 – Rapport du *Comité de réflexion sur le Préambule de la Constitution* (Dieses Komitee unter der Leitung von *Simone Veil* war beauftragt zu untersuchen, ob und in welchem Umfang die durch die Verfassung anerkannten Grundrechte durch neuartige Rechte zu ergänzen sind, so das Dekret vom 9.4.2008, 2008-328, J.O. vom 10.4.2008, S. 6033).

[27] *Hauriou*, Précis de droit constitutionnel, 2. Aufl. 1929, S. 626 ff., der als Ausgangspunkt für seine Definition der „sozialen Verfassung" die Individualrechte heranzieht; s. hierzu auch → *Hochmann* § 7 Rn. 1 ff.

[28] *Favoreu et al.*, Droit constitutionnel, 16. Aufl. 2014, Rn. 364 ff.

[29] Klassisch dualistisch argumentiert das BVerfG in seiner Görgülü-Entscheidung BVerfGE 111, 307 (318); → *Wendel* § 8 Rn. 28.

[30] Als eine diffuse Gesetzeskontrolle, allerdings nicht am Maßstab von Grund- oder Menschenrechten, ist jedoch die Prüfung der Unionsrechtskonformität deutscher Gesetze durch die Fachgerichte anzusehen.

sischen Verfassungsgerichtsbarkeit. Dieser neue Mechanismus ähnelt der konkreten Normenkontrolle in Deutschland (Art. 100 GG), er hat jedoch seither die Kritik auf die Zusammensetzung des Conseil constitutionnel gelenkt, in dem die ehemaligen Staatspräsidenten noch immer von Rechts wegen und auf Lebenszeit einen Sitz (Art. 56 CF) neben den „ernannten Mitgliedern" haben, deren Ernennung wiederum keinerlei juristische Kompetenzen zur Voraussetzung hat.[31] Gründe genug, dem Conseil constitutionnel derzeit die hinreichende historische und demokratische Legitimation abzusprechen, ein französischer Erinnerungsort zu sein.[32]

Im Gegensatz dazu hat die Idee der „Republik" in Deutschland einen unbedeutenderen Platz, obwohl das „Recht" wie auch das „Bundesverfassungsgericht" zu den deutschen Erinnerungsorten zählen.[33] Die deutsche föderale „Republik" entwickelt ihre Bedeutung nur, wenn sie mit dem „Rechtsstaat" (Art. 28 GG) und dem „Sozialstaat" (Art. 20 und 28 GG) zusammen auftritt. Wenn das Grundgesetz in aller Deutlichkeit als „objektive Werteordnung" dargestellt wird, ist dies zunächst auf die „Grundrechte" zurückzuführen, die so kraftvoll die deutsche Verfassung eröffnen. Wie der Rechtsstaat und die Verfassungsgerichtsbarkeit, finden auch die Grundrechte ihre Wurzeln in der deutschen Geschichte, für die die Paulskirchenverfassung vom 28. März 1849 einen wichtigen Wegweiser darstellt.[34] Auch das Jahr 1949 war als „katharische Abkehr vom nationalsozialistischen Regime"[35] eine nicht weniger einschneidende Etappe. Art. 1 Abs. 1 GG trägt davon eine unauslöschliche Spur, indem er die „Unantastbarkeit" der Menschenwürde verbürgt. Ausgehend von diesen Elementen der deutschen Identität entwickelte sich ein regelrechter „Verfassungspatriotismus". Ohne Zweifel ist dieser Begriff, der 1979 in die deutsche Debatte eingeführt wurde, um ein verkrüppeltes nationales Gefühl[36] zu kompensieren und der von Habermas im Kontext einer „postnationalen"[37] Welt übernommen wurde, ambivalent. Er erlaubt aber, die engen Verbindungen zwischen der Konstruktion einer politischen Identität in Deutschland und der Bekräftigung seiner Verfassungsidentität hervorzuheben. In diesem Sinne spielt das Bundesverfassungsgericht eine determinierende Rolle: Ausgestattet mit der Legitimität und den juristischen Instrumenten, die es ihm erlauben, eine „living constitution" zu entwickeln,

8

---

[31] → *Marsch* § 6 Rn. 19 ff.; *Wachsmann*, Sur la composition du Conseil constitutionnel, Jus Politicum 5, 2010.

[32] Zum vom französischen Historiker *Nora* begründeten Konzept der Erinnerungsorte s. die Beiträge von *Nora* und *François*, in: dies. (Hrsg.), Erinnerungsorte Frankreichs, 2005, S. 7 ff. und S. 15 ff.

[33] *Schulze*, Deutsche Erinnerungsorte, 2001 (Dem „Recht" ist ein Abschnitt gewidmet, in dem als ein Erinnerungsort „Karlsruhe" seinen Platz hat); zum Vergleich der Gerichte in dieser Hinsicht → *Marsch* § 6 Rn. 1 f.

[34] *Gaillet*, L'individu contre l'État. L'évolution des recours de droit public dans l'Allemagne du xixe siècle, 2012; *François*, La cour constitutionnelle fédérale et la culture juridique allemande, Le Débat 2012, S. 81 ff.

[35] *Dreier*, in: ders. (Hrsg.), GG I, 3. Aufl. 2013, Präambel, Rn. 36; *Huber*, in: Sachs (Hrsg.), Grundgesetz, 5. Aufl. 2009, Präambel Rn. 41 ff.

[36] *Sternberger*, Verfassungspatriotismus, 1990, zitiert von *Kielmansegg*, 60 Jahre Grundgesetz. Anmerkungen eines Politikwissenschaftlers, JöR 59 (2011), S. 169 (183); näher hierzu → *Vilain* § 3 Rn. 34 ff.

[37] Siehe z. B. *Habermas*, Die postnationale Konstellation, 1998.

ist es dazu in der Lage, sowohl die Urteile der obersten Gerichte als auch politische Fragen im Recht zu beantworten. Dabei steht das politische und juristische System Deutschlands vielleicht dem amerikanischen System näher als dem französischen, was zumindest in Bezug auf die Verfassungsgerichtsbarkeit und die vielfach betonte Gegensätzlichkeit eines „amerikanischen" und eines „europäischen" Modells relativiert.[38] Ob republikanische Tradition oder Verfassungspatriotismus, beide Elemente tragen jedenfalls zu einer gewissen Stabilität der französischen und deutschen Verfassungsordnungen bei.[39]

c) Die Stabilisierung der institutionellen Gleichgewichte

9 Schließlich ist die Stabilisierung des institutionellen Gleichgewichts hervorzuheben. In dieser Hinsicht stellt die V. Republik unzweifelhaft einen Bruch in der französischen Verfassungsgeschichte dar. Ihr „wesentliches Merkmal" liegt nämlich „in der Wiedereingliederung des Staates in den Rang der aktivierenden Kräfte des politischen Lebens"[40], das heißt in der Wiederherstellung einer stabilen staatlichen Autorität, an der es den vorangegangenen Regimen mangelte. Die Änderung der Verfassung war jedoch nicht der wichtigste Faktor für diese Entwicklung. Dies zeigt sich darin, dass der Übergang von der III. zur IV. Republik ohne Auswirkung auf die uferlose parlamentarische Machtfülle blieb.[41] Wie schon Montesquieu unterstrich, „muss man, wenn man die Sitten und Gebräuche ändern will, nicht die Gesetze ändern (...) sondern es ist besser, sie durch andere Sitten und andere Gebräuche zu ersetzen."[42] Die V. Republik hat beides geändert: „die Gesetze" und die „institutionelle Kultur". Die politischen Institutionen Frankreichs orientierten sich nunmehr an einer „erneuerten" Exekutive und seit 1962 an der Präsidentschaftswahl.[43] „Parlamentarisches System unter präsidentieller Einflussnahme" oder „parlamentarisches Regime unter präsidentieller Führung"[44] – die V. Republik ist, von den Schwierigkeiten ihr Regime zu qualifizieren abgesehen, von einer unumstößlichen politischen Stabilität getragen.

10 Doch auch in Deutschland lösten sich von *Adenauer* bis *Merkel* nur acht Kanzler ab. Das Grundgesetz bildet den Sockel eines stabilen politischen Systems, indem es den politischen Parteien die Rolle „der politischen Willensbildung des Volkes" (Art. 21 GG) zuschreibt und zugleich die Parteienzersplitterung begrenzt und Ex-

---

[38] Zu letzterem → *Marsch* § 6 Rn. 8.

[39] Zum Vergleich zwischen republikanischer Tradition und Verfassungspatriotismus → *Vilain* § 3 Rn. 32 ff.

[40] *Burdeau*, La conception du pouvoir selon la Constitution de 1958, Revue de sciences politiques 1959, S. 87 (88).

[41] → *Gaillet* § 2 Rn. 20 ff., 28 ff.

[42] *Montesquieu*, De l'Esprit des Lois, 1748, Livre XIX, Chap. XIV.

[43] → *Vilain/Wendel* § 4 Rn. 111 ff.; *Pflimlin*, Mémoires d'un Européen de la IVe à la Ve République, 1991, S. 225 („L'élection présidentielle est devenue l'enjeu exclusif de la compétition entre les partis et les hommes. Pour les partis, la préoccupation essentielle est de trouver en leur sein un „Présidentiable").

[44] *Le Divellec*, Le Prince inapprivoisé. De l'indétermination structurelle de la Présidence de la Ve République, Droits 44 (2007), S. 101 ff.; *Carcassonne*, Interview, Le Monde v. 22.07.2008.

tremismen neutralisiert. Der Begriff der „Kanzlerdemokratie"[45] darf hier nicht zu Fehlvorstellungen führen. Die Ausweitung präsidentieller Befugnisse in der Weimarer Republik sowie die nationalsozialistische Negierung der Gewaltentrennung haben jeder erneuten Konzentration der Gewalten in der Hand der Exekutive nach dem Krieg einen Riegel vorgeschoben. Wenn die neue Verfassungsarchitektur weitgehend dazu beigetragen hat, dass der republikanische Konsens einer Nation in der Identitätskrise neu geschaffen wurde, so ist es interessant, dass es, wie in Frankreich auch hier nicht so sehr das Resultat der Mechanismen des rationalisierten Parlamentarismus war.[46] Das Verfahren des „konstruktiven" Misstrauensvotums wurde in Deutschland nur zweimal durchgeführt, und war wie in Frankreich (1962) nur einmal erfolgreich (1982). Bedeutender war für Deutschland, dass die Instrumente der „wehrhaften" Demokratie, die darauf gerichtet sind, die Demokratie gegen ihre Feinde zu schützen[47], fast nie zur Anwendung kamen. Der erneute Antrag eines Verbots der NPD durch das Bundesverfassungsgericht gemäß Art. 21 Abs. 2 GG (nach der prozessual bedingten Verfahrenseinstellung im Jahr 2001) wirft vor allem Fragen hinsichtlich der Erforderlichkeit solcher Mechanismen in einem pluralistischen demokratischen Rahmen auf.[48] Das Geheimnis der Langlebigkeit des Grundgesetzes lässt sich vielmehr auf die Stabilisierung des Systems der politischen Parteien zurückführen, die von einem reformierten Verhältniswahlrecht getragen wurde. Zudem entstand die Kultur eines größeren Konsenses, in der die Ablehnung einer absoluten Mehrheit für eine einzige Partei und die Effektivität des Systems miteinander verbunden wurden. Auch die dritte „Große Koalition", die aus den Wahlen im September 2013 hervorging und durch den Koalitionsvertrag vom Dezember formalisiert wurde, steht für diese Entwicklung. Sie zeugt von einem Bewusstsein für die gemeinsame Lenkung nationaler Angelegenheiten, die im Rahmen des „normalen Funktionierens" der V. Republik (also außerhalb von veritablen Staatskrisen) undenkbar wäre und die für die deutsche Kultur immerhin so kennzeichnend ist, dass die Abkürzung „GroKo" (Große Koalition) von der Gesellschaft für deutsche Sprache zum „Wort des Jahres" 2013 gekürt wurde.[49]

Zwischen Kontinuität und Diskontinuität illustrieren sowohl die V. Republik als auch das Grundgesetz im Hinblick auf ihre jeweilige Verfassungsgeschichte konstitutionelle Erfahrungen, die mit guten Gründen als gelungen zu bewerten sind. Sich bei der Bewertung allein auf die Stabilität der Regime und den sie jeweils tragenden (relativen) Konsens zu stützen, würde jedoch zu kurz greifen. Die Thematik der Verfassungsänderung und mehr noch des *pouvoir constituant*, die immer wieder aufs Neue erörtert werden, zeigen dies deutlich.

11

---

[45] *Niclauß*, Kanzlerdemokratie. Regierungsführung von Konrad Adenauer bis Gerhard Schröder, 2004.
[46] → *Gaillet* § 2 Rn. 39.
[47] → *Gaillet* § 2 Rn. 36; → *Vilain* § 3 Rn. 69.
[48] S. hierzu u. a. *Morlok*, Fragen des Rechts und der politischen Klugheit. Zur aktuellen NPD-Parteiverbotsdebatte, ZRP 2013, S. 69 ff. und *Kilic*, Neues Parteiverbotsverfahren gegen die NPD?, ZRP 2013, S. 156 f.
[49] http://www.gfds.de/aktionen/wort-des-jahres/ (letztmaliger Abruf: 21.7.2014).

III. „Vingt fois sur le métier, remettez votre ouvrage"[50]

12 Die zahlreichen konstitutionellen Entwicklungen verdeutlichen, dass die V. Republik nicht mehr die von 1958 ist, wie auch das Grundgesetz nicht mehr jenes von 1949. So stellt sich die Frage des Erhalts eines Einvernehmens, das sich um die „Kernverfassung" der französischen und deutschen „Verfassungsfragen" rankt.[51] Hier stößt die Rechtsvergleichung jedoch an gewisse Grenzen: Die großen Fragen, die einen eventuellen Rückgriff auf die verfassunggebende Gewalt aufwerfen, unterscheiden sich in der Tat stark voneinander. Die französischen Überlegungen scheinen von der Frage nach einer Neudefinierung des Verfassungspakts getragen zu werden, während sich die Problematik in Deutschland mehr an den Möglichkeiten ihres Erhalts orientiert.

1. Die VI. Republik – Das Phantom des französischen Verfassungsrechts

13 „Es gibt kein aktuelleres Thema als die Frage nach der Staatsreform. Ob man eine Zeitung aufschlägt, ein Magazin oder eine politische Schrift: Man kann sicher gehen, darin einen Artikel, eine Studie oder einige Kapitel über die Reform des Staates zu finden."[52] Das 1958 begründete System war nicht allein ein Bruch mit dem Vorangegangenen. Es war auch das Ergebnis unzähliger Überlegungen die Reform des Staates betreffend. Seit Beginn der III. Republik, als die republikanische Staatsform zum ersten Mal tiefer in den französischen Institutionen verankert wurde,[53] nährten die ministerielle Instabilität und die „Krise des Parlamentarismus" nämlich die Überlegungen, wie die „Krise des modernen Staates"[54] zu überwinden sei. In einer Linie mit namhaften Autoren wie *Tardieu*[55], *Barthélemy* oder gar *Jaurès*[56] und angesichts sich ähnelnder Phänomene stellt sich das wiederauflebende Bedürf-

---

[50] *Boileau-Despréaux*, L'Art poétique – Die Dichtkunst, Stuttgart 1967 (übersetzt und herausgeben von Ute und Heinz Ludwig Arnold), S. 16 f. (Chant Premier – Erster Gesang): „Hâtez-vous lentement, et sans perdre courage, Vingt fois sur le métier remettez votre ouvrage, Polissez-le sans cesse, et le repolissez, Ajoutez quelquefois, et souvent effacez." (Eile mit Weile! Sitzt über eurem Werk zwanzigmal aufs neue, ohne den Mut zu verlieren; feilt es unentwegt aus, überarbeitet es; fügt bisweilen etwas hinzu, besser noch: streicht etwas aus!).

[51] Siehe die Unterscheidung zwischen „Constitution" und „Verfassungsgesetz" von *Schmitt*, Verfassungslehre, 1928 (Nachdr., 10. Aufl. 2010), S. 76 ff.

[52] *Barthélemy*, La crise de la démocratie contemporaine, 1931.

[53] → *Vilain* § 3 Rn. 14.

[54] *Bénoist*, La crise de l'État moderne, 1895.

[55] *Tardieu*, La réforme de l'État, 1934; *Tardieu*, L'Heure de la decision, 1934.

[56] Anlässlich der Gedenkfeier zum 100. Jahrestag seiner Ermordung wurden einige der Schriften von *Jaurès* wiederentdeckt, s. z. B. seine 1887–1896 in La Dépêche veröffentlichten Artikel, die auch Überlegungen zur Änderung der Verfassungsgesetze von 1875 enthalten (so beispielsweise *Jaurès*, La revision, 21.10.1888). Zu diesem Thema s. *De Bujadoux*, Jaurès, aux origines du modèle français de parlementarisme rationalisé, Jus Politicum 11 (2013).

§ 9 Perspektiven

nis nach einer grundlegenden Verfassungsänderung unter der IV. Republik ein, die insbesondere eine Stärkung der Exekutive zum Ziel haben soll. Diese als gelöst betrachtete Frage verschwindet dann mit dem Inkrafttreten der Verfassung von 1958. Die Idee einer neuen Republik bleibt jedoch in den wissenschaftlichen Analysen und den politischen Programmen präsent. Nach einer „VI. Republik" wird seit 1961 gerufen, jedoch weniger, um einen Regimewechsel zu erreichen, als vielmehr, um einen kritischen Blick auf die „Präsidentialisierung" des französischen Regimes zu werfen, deren Wurzeln in der Amtsführung *de Gaulles* liegen.[57] Das Fundament dieser gaullistischen Praxis wurde jedoch durch die Einführung der Direktwahl des Staatspräsidenten im Jahr 1962 und dem sich entwickelnden Mehrheitsparlamentarismus weiter gestärkt.[58]

Im Folgenden entwickelten sich diese Überlegungen in einer spezifisch französischen Weise parallel in zwei Richtungen. Die erste strebte keine Ab*lösung* sondern eine Ab*änderung* der Verfassung an. Ganz im Sinne der französischen Verwaltungskultur bedeutet dies, dass Verfassungsänderungen in (vielfach mit externen Experten und vormals hochrangigen Politikern) besetzen Kommissionen diskutiert werden. So wie es 1993 einen Bericht *Vedel*[59] („Comité consultatif pour la révision de la Constitution"), 2002 einen Bericht *Avril*[60] („Commission de réflexion sur le statut pénal du Président de la République") und 2007 einen Bericht *Balladur*[61] („Comité de réflexion et de proposition sur la modernisation et le rééquilibrage des institutions") gab, ist der heutige Bericht nach dem ehemaligen Premierminister *Jospin* benannt, der der „Commission de rénovation et de déontologie de la vie publique" vorsaß.[62] Es bleibt abzuwarten, inwieweit sich der aktuelle Staatspräsident – vorausgesetzt ihm gelingt es, das französische Volk oder die erforderlichen drei Fünftel im Kongress für sich zu gewinnen – dieser Vorschläge bedienen will und kann, um die Verfassung von 1958 ein weiteres Mal zu ändern.[63]

14

---

[57] *Duverger*, La Sixième République et le régime présidentiel, 1961; *ders.*, La monarchie républicaine – ou comment les démocraties se donnent des rois, 1974. Siehe auch seine in Le Monde veröffentlichten Artikel, von denen er selbst schrieb: „De 1958 à 1962, la bataille pour la réforme des institutions a été mon second objectif, le premier étant de lutter contre les risques de dictature militaire. [...] Dans ce combat, je disposais d'une arme essentielle: Le Monde." (*Duverger*, De l'autre côté des choses, 1977, S. 205 f.).

[58] → *Vilain/Wendel* § 4 Rn. 99 ff.

[59] *Georges Vedel* (1910–2002) war Verfassungsrechtler und vorletzter Dekan der Faculté de droit et des sciences économiques de Paris (1962–1967) sowie Mitglied des Conseil constitutionnel (1980–1988).

[60] *Pierre Avril* (geb. 1930) ist emeritierter Verfassungsrechtler der Universität Paris II Panthéon-Assas.

[61] *Edouard Balladur* war gaullistischer Premierminister von 1993–1995 (2. Kohabitation während der Präsidentschaft des sozialistischen Staatspräsidenten *Mitterrand*).

[62] Zu diesem aus verfassungsrechtlicher Sicht s. *Baranger/Beaud*, Un regard de constitutionnalistes sur le rapport *Jospin*, RFDA 2013, S. 389 ff.

[63] Vier Verfassungsänderungen wurden am 13.3.2013 im Ministerrat beraten (sie betreffen die Verankerung einer Inkompatibilität zwischen Regierungsämtern und anderen Exekutivfunktionen, den „sozialen Dialog", den Conseil supérieur de la magistrature sowie die juristische Verantwortlichkeit des Staatspräsidenten und der Regierungsmitglieder). Zur Stunde haben die Gesetzentwürfe nicht in ein Gesetzgebungsverfahren gemündet, da sie derzeit keine Chance haben, die nach Art. 89 CF erforderliche 3/5-Mehrheit im Kongress zu erhalten.

15 Die zweite Strömung ist radikaler und zielt unermüdlich darauf ab, die Frage nach der VI. Republik wieder auf die Tagesordnung zu setzen. Sie fordert also einen echten Wechsel der Verfassung, das heißt die Ablösung der derzeit geltenden und deren Ersetzung durch eine neue Verfassung. Seitdem der Autor des Werks „Le Coup d'Etat permanent" an die Macht kam, hat ein Großteil der französischen Linken ihren Frieden mit den Institutionen der V. Republik gemacht.[64] Aber dennoch haben einige unter ihnen die Idee der VI. Republik nicht aufgegeben. Bezeichnend ist die Gründung einer „Vereinbarung über die Sechste Republik" nach der bitteren Niederlage der Sozialisten im ersten Wahlgang der Präsidentschaftswahlen im Jahr 2002.[65] Die Idee steht seither im Mittelpunkt der Programme verschiedener Parteien, die von einigen französischen Wissenschaftlern Rückenwind bekommen.[66]

16 Wie lässt sich diese Hartnäckigkeit der französischen Debatten über einen „Verfassungsneustart" erklären, der in Deutschland kaum seinesgleichen findet? Über die Frage nach einer Erneuerung der repräsentativen Demokratie angesichts des wachsenden Misstrauens der Bürger – eine Frage, die sich übrigens allen europäischen Demokratien stellt und auf die später noch zurückzukommen ist – wird die Idee der VI. Republik von der Kritik am „Präsidentialismus" der V. Republik getragen. Seit ihren Ursprüngen wird die Verfassung von 1958 immer wieder als der „am schlechtesten verfasste Text der Verfassungsgeschichte"[67] bezeichnet. Und es stimmt, dass sie ein zwiespältiger Text bleibt.[68] Sie ermöglicht – von *de Gaulle* bis *Sarkozy* – einen sich in der jeweiligen Praxis zwar unterscheidenden, aber doch reinen Präsidentialismus, und lässt zugleich im Fall der Kohabitation eine parlamentsfreundlichere Lesart zu. Diese letzte Besonderheit wird wohl in Folge der Verfassungsänderung von 2000 (Verkürzung der präsidialen Amtszeit auf fünf Jahre, sog. quinquennat) und der „Umkehrung des Wahlkalenders" (in deren Folge die Wahlen zur Nationalversammlung nunmehr zwei Monate nach den Präsidentschaftswahlen stattfinden)[69] immer weiter verschwinden, sodass der typisch französische „Hy-

---

[64] „Der permanente Staatsstreich" lautete der Titel eines 1964 erschienenen Buches des damaligen Oppositionspolitikers und späteren Staatspräsidenten (1981–1995) *François Mitterrand*, in dem dieser die autokratische Amtsführung *de Gaulles* kritisierte. Später gab er aber zu: „Les institutions n'étaient pas faites à mon intention. Mais elles sont bien faites pour moi" (Die Institutionen wurden nicht nach meinen Vorstellungen geschaffen, aber sie sind wie für mich gemacht), Interview in Le Monde v. 2.7.1981.

[65] La VIe République, RDP 1 und 2, Sonderheft 2002.

[66] Die Forderung nach einer VI. Republik war Teil des Wahlprogramms des Präsidentschaftskandidaten der Linksfront (*Mélenchon*) im Jahr 2012. Siehe auch die „Convention pour la VIe République", die auf den Wissenschaftler und sozialistischen Politiker *François Alliès* zurückgeht (http://www.c6r.org, letztmaliger Abruf: 21.7.2014) oder die Beiträge von *Bastien François*, einem Wissenschaftler und Politiker der Partei Europe Ecologie Les Verts (z. B: *François*, Changer de régime avec une VIe République, Le Monde v. 4.5.2013). Ganz allgemein geht der Streit über die VI. Republik quer durch die Parteien, s. überblicksartig http://www.ina.fr/contenus-editoriaux/articles-editoriaux/ils-veulent-une-6eme-republique/ (letztmaliger Abruf: 21.7.2014).

[67] *Capitant*, in: Hamon (Hrsg.), De Gaulle dans la République, 1958, S. XIV (Préface).

[68] *Georgitsi*, La spécificité de la Ve République et les classifications: une opposition fausse, RFDC 82 (2010), S. 543 ff.

[69] → *Vilain/Wendel* § 4 Rn. 112 f.

perpräsidentialismus" zur Regel wird, der sich manchmal in der Landschaft der europäischen „primo-ministeriellen" Systeme als Anomalie verunglimpfen lassen muss. Die Vorschläge zur Verfassungsänderung – oder zum Systemwechsel – versuchen der Reihe nach den französischen Präsidenten verschwinden zu lassen oder im Gegenteil die Konturen seiner Aufgaben und Befugnisse besser zu denen des Premierministers abzugrenzen. Ist diese Doppelherrschaft der französischen Exekutive aber nicht eigentlich der Schlüssel der schwierigen Einordnung des französischen Systems? Akzeptierte man in diesem Sinne, dass es nicht wie in Art. 20 CF bestimmt die Regierung, sondern der Staatspräsident ist, der regiert, so wäre es auch dringend an der Zeit, endlich seine Verantwortlichkeit zu präzisieren. Diese, schon seit langem diskutierte Frage, stellt spätestens seit der Verfassungsreform von 2007 eine offene Baustelle dar, obwohl das in Art. 68 Abs. 5 CF vorgesehene *loi organique* endlich am 24. November 2014 verabschiedet wurde - also mehr als sieben Jahre nach der Verfassungsänderung selbst. In diesem Zusammenhang fragen sich zudem manche, wie und ob sich die Institutionen der V. Republik, die stetig nach Autorität verlangen, und die von *Hollande* angekündigte „normale Präsidentschaft" überhaupt vereinbaren lassen.[70]

Solche Gedanken über die „Modernisierung" und die „Ausbalancierung" der Institutionen[71] sind weit vom politischen und wissenschaftlichen Diskurs in Deutschland entfernt. Hier spricht man zwar von einer „Kanzlerdemokratie" und die prominente Stellung der Kanzlerin *Merkel* wurde nicht selten als Zeichen der Personalisierung von Macht bezeichnet. Dennoch kann auch sie nicht am Bundestag vorbei regieren, der als einziges Staatsorgan auf Bundesebene direkt demokratisch legitimiert ist und dessen Befugnisse mit dem Bundesverfassungsgericht einen mächtigen Schutzpatron besitzen.[72] Die Bedeutung der parlamentarischen Ausschüsse, das Erfordernis einer vorherigen Zustimmung zu jedem bewaffneten Einsatz der Bundeswehr im Ausland oder auch die Bekräftigung einer „Integrationsverantwortung" in europäischen Fragen sind hierfür nur Beispiele.[73] Was den Bundespräsidenten betrifft, so wurde dieser als Antwort auf die tragischen Erfahrungen von Weimar zum klassischen parlamentarischen Staatschef herabgestuft. Die Präsidentschaft *Joachim Gaucks*, der 2012 im ersten Wahlgang gewählt wurde und den alle großen Parteien unterstützten, zeigt den konsensualen Charakter dieser Funktion, die symbolisch, aber nicht weniger bedeutend und nicht völlig frei von gewissen Gestal-

17

---

[70] *Gauchet/Kahn*, Du sarkozysme au hollandisme, Le Débat 176 (2013), S. 4 ff.
[71] So die Begriffe, die für die Bezeichnung des „Comité Balladur" gewählt wurden (Comité de réflexion et de proposition sur la modernisation et le rééquilibrage des institutions), dessen Vorschläge die Verfassungsänderungen vom 23.7.2008 beeinflusst haben.
[72] *Le Divellec*, Le gouvernement parlementaire en Allemagne, 2004.
[73] Siehe z. B. die Entscheidung BVerfGE 90, 286 ff. – AWACS/Somalia, die zur Verabschiedung des Gesetzes über die parlamentarische Beteiligung bei der Entscheidung über den Einsatz bewaffneter Streitkräfte im Ausland (Parlamentsbeteiligungsgesetz, ParlBG, BGBl. 2005 I S. 775) führte. Mit seiner Entscheidung zum Lissaboner Vertrag vom 30.6.2009 (BVerfGE 123, 267) hat der Bundesverfassungsgericht den deutschen Gesetzgeber aufgefordert, die Beteiligungsrechte von Bundestag und Bundesrat zu stärken → *Wendel* § 8 Rn. 24 f., 71.

tungsspielräumen ist.⁷⁴ Anders als in Frankreich steht die Frage nach der richtigen „Balance der Gewalten" somit in Deutschland nicht im Zentrum der Debatte, die jedoch auch hier über die Frage einer grundsätzlichen Verfassungsänderung bzw. einer Ablösung des Grundgesetzes geführt wird. Die Diskussion über ein mögliches „Ende" des Grundgesetzes von 1949 hat andere Gründe.

2. Die Frage nach „dem Ende des Grundgesetzes"

18   Über die Harmonie hinaus, von der das Grundgesetz umgeben wird, wäre es falsch, in ihm nur ein Modell von Stabilität und nationalem Zusammenhalt zu sehen. Vergessen wir vor allem nicht die fortdauernden Kontroversen über die Rolle Deutschlands auf internationaler Ebene, welche die Aufmerksamkeit der Verfassungsrechtler geradezu auf sich ziehen muss, so sehr wie sich die deutsche Nation in der Abkehr vom Krieg neu definiert hat.⁷⁵ Zugleich muss man sich die anhaltenden Schwierigkeiten des deutschen Föderalismus vor Augen halten, sei er nun „kooperativer" oder „kompetitiver" Natur.⁷⁶ Der Wille, das territoriale „mille-feuille" zu erneuern, ist natürlich eine Spezialität des „Cuisinier françois", des französischen Kochs.⁷⁷ Möge er dafür nun als Verzierung einen einfachen Zuckerguss von 36.667 Gemeinden nehmen oder etwas von der Konfitüre der Metropolen hinzufügen. Aber die zahlreichen Reformen der Kompetenzverteilung zwischen Bund und Ländern, wie die der „Finanzverfassung", erinnern uns auch an die Komplexität dieser Frage in Deutschland: Sie ist juristisch komplex angesichts der historisch bedingten

---

⁷⁴ Siehe hier die vielfältigen Stellungnahmen des Bundespräsidenten, welche die politische Debatte befördern (so beispielsweise seine Rede zum Flüchtlingsschutz vom 30.6.2014, http://www.bundespraesident.de/DE/Bundespraesident-Joachim-Gauck/Reden-und-Interviews/reden-und-interviews-node.html, letztmaliger Abruf: 21.7.2014).

⁷⁵ *Depenheuer*, Zu den verfassungsrechtlichen Grenzen von Auslandseinsätzen der Bundeswehr, FAZ v. 26.2.2009, S. 8. Siehe in diesem Zusammenhang schon den Streit über die Wehrverfassung: *Borgert/Stürm/Wiggershaus*, Dienstgruppen und westdeutscher Verteidigungsbeitrag. Vorüberlegungen zur Bewaffnung der Bundesrepublik Deutschland (Militärgeschichte seit 1945. Bd. 6), 1982.

⁷⁶ → *Vilain* § 3 Rn. 89; *Grewe*, Le fédéralisme coopératif en République fédérale d'Allemagne, 1981.

⁷⁷ Beim *mille-feuille* handelt es sich um ein süßes Gebäck, das aus drei Lagen Blätterteig und zwei Lagen Crème besteht und das seinen mit „1000 Blätter" zu übersetzenden Namen der ursprünglichen Herstellungsweise des Blätterteigs durch mehrfaches Falten von hauchdünnem Teig verdankt. Als sein Urheber wird *François Pierre de La Varenne* genannt, der die Herstellung in seinem Kochbuch „Le Cuisinier françois" (1651) beschreibt, s. http://fr.wikipedia.org/wiki/Millefeuille (letztmaliger Abruf: 8.7.2014). Als *mille-feuille administratif* wird heute die aus vielen Ebenen und Strukturen bestehende französische Verwaltungsorganisation beschrieben und kritisiert; für einen Überblick zur französischen Verwaltungsorganisation s. *Marsch*, Frankreich, in: J.-P. Schneider (Hrsg.), Verwaltungsrecht in Europa II, 2009, S. 33 (75 ff.). Die von Staatspräsident *Hollande* angestoßene Territorialreform, die zum Ziel hat, die Anzahl der Regionen von derzeit 22 auf 14 zu reduzieren, nimmt diese Kritik auf. Kritisiert wird hieran jedoch, dass Gegenstand der Reform vor allem die Strukturen sind, ohne dass man sich zuvor über eine Reform der Kompetenzverteilung klar geworden ist.

Kompetenzverflechtungen und politisch komplex angesichts des eine deutsche Besonderheit darstellenden Bundesrats. Nicht zuletzt ist die Frage auch wirtschaftlich komplex und bedeutsam aufgrund des Finanzausgleichs zwischen den Ländern, der noch immer von der Teilung Deutschlands Zeugnis gibt.[78] Von gleicher Brisanz ist seit neuestem die notwendige Reform des deutschen Wahlsystems. Dieses wurde in Teilen vom Bundesverfassungsgericht in seinen Entscheidungen vom 3. Juli 2008 und vom 25. Juli 2012 wegen der Verletzung des Grundsatzes der Gleichheit der Wahl für verfassungswidrig erklärt.[79]

Diese ungelösten Fragen und Probleme sind zwar mannigfaltig und auch geeignet, das Lob, mit dem das deutsche System überschüttet wird, wieder zu relativieren. Allerdings handelt es sich um Diskussionen, die in den Grenzen des Grundgesetzes geführt werden und dieses nicht grundsätzlich in Frage stellen. Dagegen fand die Idee einer neuen Verfassung zunächst im Rahmen des Wiedervereinigungsprozesses Anklang.[80] Tatsächlich wurde aber dem Königsweg eines geeinten souveränen Volkes, welches selbst die verfassunggebende Gewalt ausübt, indem es sich eine neue Verfassung gibt, der einfache „Beitritt" der DDR zum Grundgesetz von 1949 vorgezogen. Die Debatte über die Legitimität dieses Vorgangs kam jedoch schnell zu einem Ende angesichts der im damaligen nationalen wie europäischen Kontext drängenderen Fragen. Jeder Versuch, die Verfassung neu zu schreiben, wurde als „Unvernunft" abgetan. Sie käme der Öffnung der Büchse der Pandora gleich, der Meinungsverschiedenheiten entweichen könnten, ohne im Gegenzug die Grundsteine für einen neuen Konsens legen zu können, der dem des Grundgesetzes gleich käme.

19

Doch werden derzeit aus ganz anderen Gründen Überlegungen über eine eventuelle Reanimierung der verfassunggebenden Gewalt unternommen. Sie wabern im größeren Rahmen möglicher Reaktionen auf den Prozess der europäischen Integration, die folglich weniger als notwendige „Zukunftsoption" von 1949 als vielmehr als ein „Krisenphänomen" aufgefasst wird.[81] Es ist sicher richtig, dass der Wissenschaft im beginnenden 20. Jahrhundert daran gelegen war, die Konturen des

20

---

[78] *Kielmansegg*, 60 Jahre Grundgesetz. Anmerkungen eines Politikwissenschaftlers, JöR 59 (2011), S. 169 (175 ff.).

[79] *Fourmont*, Le problème de la loi électorale en Allemagne. Réflexions sur la décision de la Cour constitutionnelle fédérale du 25 juillet 2012, Jus Politicum 9 (2013); Steinbeis, Ist am Sonntag die Fünfprozenthürde verfassungswidrig geworden?, http://www.verfassungsblog.de/ist-am-sonntag-fuenfprozenthuerde-verfassungswidrig-geworden/#.U7gBpRpR5H2o (letztmaliger Abruf: 21.7.2014); → *Vilain/Wendel* § 4 Rn. 20.

[80] *Guggenberger/Stein* (Hrsg.), Die Verfassungsdiskussion im Jahr der deutschen Einheit, 1991; *Isensee*, Braucht Deutschland eine neue Verfassung?, 1992, S. 32 ff.; *Ossenbühl*, Probleme der Verfassungsreform in der Bundesrepublik Deutschland, DVBl. 1992, S. 468 (469); *Heckel*, Die Legitimation des Grundgesetzes durch das deutsche Volk, in: Isensee/Kirchhof (Hrsg.), Handbuch des Staatsrechts VIII, 1. Aufl. 1995, § 197 Rn. 86 ff. In französischer Sprache *Zimmer*, La réunification allemande: contribution à la théorie du pouvoir constituant, 1994.

[81] *Kotzur*, Deutschland und die internationalen Beziehungen. „Offene Staatlichkeit" nach 60 Jahren Grundgesetz, JöR 59 (2011), S. 389 (389).

"modernen Staates"[82] zu skizzieren, aber die staatliche und juristische Modernität muss nunmehr in einem Mehrebenensystem gedacht werden.[83] Für die europäischen Staaten heißt das natürlich, das europäische Recht zu berücksichtigen, sei es nun die EMRK, auch in Gestalt der Rechtsprechung des EGMR, oder das Unionsrecht, das als „eine eigene Rechtsordnung geschaffen (…) (und) in die Rechtsordnungen der Mitgliedstaaten aufgenommen worden (…) ist"[84] und dadurch das klassische Verfassungsrecht auf verschiedene Weise herausfordert. Die Thematik ist keine spezifisch deutsche. Doch in Deutschland wird sie aufgrund der Rolle, die das Bundesverfassungsgericht einnimmt, besonders vertieft, da dieses sich zu einem europaweit beachteten Akteur in der Debatte aufgeschwungen hat und insoweit in Europa seinesgleichen sucht. Das Lissabon-Urteil vom 30. Juni 2009 reiht sich in eine Rechtsprechung ein, die aus der Diskussion der Beziehungen zwischen nationalen und europäischen Verfassungsordnungen nicht wegzudenken ist[85], geht aber selbst darin noch einen Schritt weiter. Wenige Urteile haben ein solches Echo weit über die juristische Literatur und sogar weit über die deutschen Grenzen hinaus ausgelöst.[86]

21   Hier ist nicht der Ort, um auf die Details dieses Urteils einzugehen. Es soll nur daran erinnert werden, dass das Bundesverfassungsgericht, indem es ein besonderes Gewicht auf das Demokratieprinzip aus Art. 38 GG und die Ewigkeitsklausel des Art. 79 Abs. 3 GG legt, der „Öffnung" Deutschlands in Richtung Europa Grenzen gesetzt hat. Die EU wird weiterhin als „Staatenverbund" bezeichnet, der an einem Demokratiedefizit leidet und in dem die Staaten die „Herren der Verträge" bleiben.[87] Dem folgt das Prinzip der begrenzten Einzelermächtigung (ultra-vires-Kontrolle), die durchgehende „Integrationsverantwortung", in Form der Kontrollfunktion der nationalen Parlamente, und der absolute Respekt der „Verfassungsidentität".[88]

22   Diese Rechtsprechung führt zu unentwirrbaren Schwierigkeiten. So ist zunächst die Bedeutung einer solchen „Verfassungsidentität" zu klären. Sie ist ein Scharnierkonzept zwischen der nationalen und der europäischen Rechtsordnung, dessen sich viele europäische Verfassungsrichter bedient haben, um die nationa-

---

[82] *Jellinek*, L'État moderne et son droit, 2002 (so der französische Titel der berühmten „Allgemeine(n) Staatslehre" *Jellineks* von 1900).

[83] *Peters*, Rechtsordnungen und Konstitutionalisierung: Zur Neubestimmung der Verhältnisse, ZöR (65) 2010, S. 3 ff.

[84] EuGH, 15.7.1964, C-6/64 – Costa/ENEL, Slg. 1964, S. 1251 (1269).

[85] BVerfGE 37, 271 – Solange I; 73, 339 – Solange II; 89,155 – Maastricht; zum Ganzen → *Wendel* § 8 Rn. 35 ff., 78 ff.

[86] Aus der äußerst reichhaltigen Literatur s. u. a. die Beiträge in Der Staat 48 (2009): *Grimm*, Das Grundgesetz als Riegel vor einer Verstaatlichung der Europäischen Union, S. 475 ff.; *Jestaedt*, Warum in die Ferne schweifen, wenn der Maßstab liegt so nah?, S. 497 ff.; *Schönberger*, Die europäische Union zwischen „Demokratiedefizit" und Bundesstaatsverbot, S. 535 ff.; *Wahl*, Die Schwebelage im Verhältnis von Europäischer Union und Mitgliedstaaten, S. 588 ff.

[87] So schon im sogenannten Kloppenburg-Beschluss, BVerfGE 75, 223 (242).

[88] BVerfGE 123, 267 (319) („die in dem letzten Wort der deutschen Verfassung liegende Souveränität").

len Besonderheiten innerhalb der EU hervorzuheben.[89] Das Bundesverfassungsgericht macht hieraus ein überwiegend defensives Instrument und geht damit über die Folgerungen hinaus, die derzeit vom französischen Conseil constitutionnel aus ihr abgeleitet werden[90], und die vor allem verhindern sollen, dass die „souveräne Verfassungsstaatlichkeit" angetastet wird.[91] Dieser Begriff ist völlig neu im Munde des Bundesverfassungsgericht und Beleg dafür, falls man einen solchen überhaupt noch brauchte, dass dieses doch nicht nur der „bouche de la loi (fondamentale)"[92] ist, da das Grundgesetz im Gegensatz zur französischen Verfassung gerade keine explizite Referenz auf die „souveräne Staatlichkeit" enthält. Wie dem auch sei, die Einhaltung der Grenzen der europäischen Integration erfordert somit, zusätzlich zum vergleichbaren Grundrechtsschutzniveau, den Respekt der Staatsqualität der Mitgliedstaaten. Die Debatte scheitert letztendlich an einer präzisen Beschreibung der Umrisse dieser staatlichen Souveränität.[93]

Was würde aber passieren, wenn das Bundesverfassungsgericht eine Überschreitung der Grenzen der Verfassungsidentität des Grundgesetzes feststellen würde? Wird hier die Debatte über „das Ende des Grundgesetzes"[94] wieder aktuell? Das Gericht betont in der Tat, dass „wenn [...] die Schwelle zum Bundesstaat und zum nationalen Souveränitätsverzicht überschritten wäre, was in Deutschland eine freie Entscheidung des Volkes jenseits der gegenwärtigen Geltungskraft des Grundgesetzes voraussetzt, [...] demokratische Anforderungen auf einem Niveau eingehalten werden [müssten], das den Anforderungen an die demokratische Legitimation eines staatlich organisierten Herrschaftsverbandes vollständig entspräche. Dieses Legitimationsniveau könnte dann nicht mehr von nationalen Verfassungsordnungen vorgeschrieben sein".[95]

---

[89] *Constantinesco*, La confrontation entre identité constitutionnelle européenne et identités constitutionnelles nationales – Convergence ou contradiction? Contre-point ou hiérarchie?, in: Mélanges Manin, 2010, S. 79 ff.; *Millet*, L'Union européenne et l'identité constitutionnelle des États membres, 2013. Seit dem Lissaboner-Vertrag betont selbst der EU-Vertrag in Art. 4 Abs. 2, dass die EU „die Gleichheit der Mitgliedstaaten vor den Verträgen und ihre jeweilige nationale Identität, die in ihren grundlegenden politischen und verfassungsmäßigen Strukturen (...) zum Ausdruck kommt (achtet)".

[90] C.C., 30.11.2006, 2006-543 DC, Cons. 6 – Secteur de l'énergie: „Considérant [...] que la transposition d'une directive ne saurait aller à l'encontre d'une règle ou d'un principe inhérent à l'identité constitutionnelle de la France, sauf à ce que le constituant y ait consenti"; → *Wendel* § 8 Rn. 96 ff.

[91] BVerfGE 126, 267 (219, 226).

[92] „Mund des (Grund-)Gesetzes"; als (bloße) „bouche de la loi" bezeichnete *Montesquieu* den Richter, s. De l'Esprit des Lois, 1748, Livre XI Chap. VI, S. 327.

[93] Die Debatte ist schon alt, wird aber beständig fortgesetzt, s. u. a. *Schönberger*, Der „Staat" der Allgemeinen Staatslehre: Anmerkungen zu einer eigenwilligen deutschen Disziplin im Vergleich mit Frankreich, in: Beaud/Heyen (Hrsg.), Eine deutsch-französische Rechtswissenschaft?, 1999, S. 113 ff.; *Haack*, L'État – qu'est-ce que c'est? Die Wissenschaft vom öffentlichen Recht und ihre Methoden nach sechzig Jahren mit dem Grundgesetz, Der Staat 49 (2010), S. 107 ff.

[94] *Nettesheim*, Wo „endet" das Grundgesetz? Verfassungsgebung als grenzüberschreitender Prozess, Der Staat 51 (2012), S. 313 ff.

[95] BVerfGE 123, 267 (344).

24 Die Bedeutung dieser Problematik muss betont werden. Aus französischer Sicht scheinen sie wie der Widerhall einer bedeutenden Debatte, welche die französische Literatur bewegt hat. Für Aufruhr sorgten hier nicht so sehr die jüngsten Verträge, sondern vor allem die Ratifikation des Vertrags von Maastricht, der am 7. Februar 1992 unterzeichnet wurde, und der eine Diskussion auslöste, die wie eine Fortsetzung der schon zu Zeiten der IV. Republik geführten Debatte über die Europäische Verteidigungsgemeinschaft wirkte.[96] Ein heikler Punkt des wissenschaftlichen Streits lag damals schon in der Frage, ob die Befugnis, den Vertrag zu ratifizieren, einer einfachen Verfassungsänderung entspringen konnte oder ob im Gegenteil allein die verfassunggebende Gewalt diese Beeinträchtigung der souveränen Staatsqualität durch die bedeutenden Kompetenzverschiebungen ermöglichen kann.[97] So wie es die Anhänger dieser letztgenannten Meinung[98] betonten, ging es überhaupt nicht darum, ein Glaubensbekenntnis der „Souveränisten" zu formulieren. Vielmehr wollten sie auf die Unterschiede zwischen verfassungsändernden und der verfassunggebenden Gewalt hinweisen, wobei letztere nicht von den verfassten Gewalten „an sich gerissen werden" dürfe, da sie nicht über die Legitimation verfügten, die Verfassungsidentität zu beeinträchtigen.[99] Dies führt uns zu der vom Bundesverfassungsgericht im Lissabon-Urteil aufgeworfenen Frage zurück: Fordert eine Beeinträchtigung des Verfassungskerns oder der souveränen Staatlichkeit nicht ein verfassunggebendes Referendum, einen feierlichen Akt des souveränen Volkes, das auf diese Art vom Wechsel der Verfassung Kenntnis nehmen könnte? Trotz allem scheint diese Debatte in Frankreich eingeschlafen zu sein. Das liegt ohne Frage

---

[96] *Capitant/Burdeau/Eisenmann,* Le Monde, 30.7.1954 – Meinungsbeitrag der Rechtswissenschaftler zum Vertrag über die Gründung einer Europäischen Verteidigungsgemeinschaft.

[97] Die Rechtsprechung des Conseil constitutionnel unterschied zunächst zwischen einfachen „Beschränkungen" (limitations) von Kompetenzen oder Souveränität auf der einen Seite, die durch den noch heute Geltung beanspruchenden Art. 15 der Präambel der Verfassung von 1946 ermöglicht wurden, und den Kompetenz-„Übertragungen" (transferts) auf der anderen Seite, welche „die Grundvoraussetzungen für die Ausübung der nationalen Souveränität" berühren und die daher einer Verfassungsänderung bedürfen (C.C., 30.11.1976, 76-71 DC, Cons. 2 – Décision du Conseil des communautés européennes relative à l'élection de l'Assemblée des Communautés au suffrage universel direct; C.C., 22.5.1985, 85-188 DC, Cons. 3 – Protocole n° 6 additionnel à la CEDH concernant l'abolition de la peine de mort). Seit der Maastricht-Entscheidung (C.C., 9.4.1992, 92-308 DC), ist der Eingriff in die Grundvoraussetzungen für die Ausübung der nationalen Souveränität das Hauptkriterium, wohingegen die unklare Unterscheidung zwischen Kompetenzbeschränkungen und -übertragungen aufgegeben wurde.

[98] *Beaud,* La souveraineté de l'État, le pouvoir constituant et le Traité de Maastricht, RFDA 1993, S. 1045 ff.; *Murswiek,* Maastricht und der Pouvoir constituant, Der Staat 32 (1993), S. 161 ff.; *Huber,* Maastricht – Ein Staatsstreich?, 1993, S. 14 ff.

[99] Auch diese Debatte ist schon alt: Die klassische Unterscheidung zwischen *pouvoir constituant* et *pouvoir de révision constitutionnelle* findet man schon in den Schriften von *Sieyès* oder später bei *Laboulaye,* Du pouvoir constituant, Revue des deux mondes, 1871. Siehe auch: *Schmitt,* Verfassungslehre, 1928 (Nachdr., 10. Aufl. 2010), S. 76 ff.; *Jouanjan,* La forme républicaine de Gouvernement, norme supraconstitutionnelle?, in: La République en droit français, 1996, S. 267 ff.; *Le Pillouer,* De la révision à l'abrogation de la constitution: les termes du débat, Jus politicum 3 (2009).

auch daran, dass die Autorisierung zur Ratifikation internationaler Verbindlichkeiten nach der Rechtsprechung des Conseil constitutionnel bloß „eine (einfache) Verfassungsänderung voraussetzt"[100], sobald diese „wesentliche Bedingungen der Ausübung der nationalen Staatlichkeit" beeinträchtigen, und der Conseil zugleich daran festgehalten hat, keine Kontrolle von verfassungsändernden Gesetzen vornehmen zu dürfen.[101]

Im Gegensatz hierzu sieht Art. 146 GG ausdrücklich eine solche Möglichkeit vor, jedenfalls in der Interpretation durch das Karlsruher Gericht, was natürlich die Wissenschaft bewegt hat. Diese hat nicht gezögert, die Legitimation des Bundesverfassungsgerichts in Frage zu stellen, sich zum „autoritären" Wachhund des Grundgesetzes aufzuschwingen und dabei sogar so weit zu gehen, die Ablösung der gegenwärtigen Verfassungsordnung von einem Karlsruher Placet abhängig zu machen.[102] Die Fragen drehen sich aber zu Recht auch um die Konturen der neuen Verfassungsordnung, die das Grundgesetz ersetzen könnte. Ohne Zweifel stellen die Verträge der Europäischen Union eine „(materielle) Verfassungsurkunde" dar.[103] Doch müssen diejenigen, die eine „Entstaatlichung" der Mitgliedstaaten propagieren, daran erinnert werden, dass dies nicht automatisch zu einer „Staatenwerdung" der Europäischen Union führen würde, die sich auf einen wahrhaftig europäischen Demos gründet.[104] Ziel einer solchen Debatte ist dabei weniger, den Charakter der Europäischen Union[105] zu bestimmen, sondern es geht vielmehr darum, sich Gedanken über die letztendlichen Konsequenzen der Rechtsprechung des Karlsruher Gerichts zu machen: Wenn die verfassunggebende Gewalt entscheidet, die gegenwärtige Verfassungsordnung zu überschreiten, bliebe die Aufgabe, eine neue „Verfassungsbotschaft" zu schreiben, die nicht notwendigerweise in analogen Grenzen zu jenen des Art. 79 Abs. 3 GG liegen muss. Was für eine Botschaft wäre das? Welche Legitimität setzte sie voraus? Für welche Bürger würde sie gelten? Die Debatte scheint uferlos. Aber auch wenn sie noch lange nicht zu Antworten geführt

---

[100] C.C., 9.4.1992, 92-308 DC, Cons. 14 – Traité sur l'Union européenne.

[101] Der Conseil constitutionnel hat sich vorsichtig verhalten und entschieden, die von ihm 1992 zunächst einen Spalt geöffnete Tür (C.C., 2.9.1992, 92-312 DC, Erwägungsgrund 19 – Maastricht II) im Jahr 2003 wieder zu schließen, indem er sich für unzuständig erklärt hat (C.C., 26.3.2003, 2003-469 DC, Cons. 2 – Révision constitutionnelle relative à l'organisation décentralisée de la République).

[102] Den Ausdruck „Übergangsgericht" benutzt *Thym*, Europäische Integration im Schatten souveräner Staatlichkeit. Anmerkungen zum Lissabon-Urteil des Bundesverfassungsgerichts. Der Staat 48 (2009), S. 559 (565); s. des Weiteren *Jestaedt*, Warum in die Ferne schweifen, wenn der Maßstab liegt so nah? Verfassungshandwerkliche Anfragen an das Lissabon-Urteil des BVerfG, Der Staat 48 (2009), S. 497 ff.

[103] EuGH, 23.04.1986, 294/83, Slg. 1986, S. 1357 (1365) – Les Verts.

[104] *Jouanjan*, Ce que „donner une constitution à l'Europe" veut dire, Cités 1/2003, S. 21 ff.

[105] *Leben*, À propos de la nature juridique des Communautés européennes, Droits. Revue française de théorie juridique 1991, S. 69 ff.; s. a. *Beaud*, Théorie de la Fédération, 2007.

hat, hat sie immerhin den Vorteil, die Frage nach dem „*vivre ensemble*"[106] oder nach dem europäischen wie nationalen „Wir-Gefühl"[107] aufzuwerfen. Diese Frage scheint, über die Unterschiede hinaus, die wie festgestellt die aktuellen Debatten über ein Hintersichlassen der französischen und der deutschen Verfassungsordnung kennzeichnen, beide Staaten in gleicher Weise zu bewegen.

IV. Von der Vertrauenskrise zur Definition eines „*vivre ensemble*": Die Verfassungserneuerung als fortwährende Verpflichtung

26 Wozu brauchen wir eine VI. Französische Republik oder eine neue Verfassung, die vom deutschen Volk auf Grundlage des Art. 146 GG angenommen wird? Wie könnte ihre Einbindung in einen europäischen Rahmen aussehen? Die Finanzkrise, die Europa derzeit in Atem hält, multipliziert die Schwierigkeiten für die juristischen und politischen nationalen Systeme.[108] Ob es nun darum geht, die gegenwärtigen Verfassungen zu erhalten oder sie hinter sich zu lassen – das französische wie das deutsche Verfassungsrecht sind ohne Unterlass gezwungen, auf die sogenannte Krise der repräsentativen Demokratie zu reagieren. Hierzu zeichnen sich mehrere komplementäre Lösungswege ab.

27 Zum einen wird auf beiden Seiten des Rheins eine qualitative Verbesserung der repräsentativen Institutionen gefordert, die transparenter, repräsentativer, im Grunde genommen verantwortlicher ausgestaltet sein sollen. Besonders die Transparenz wird in Frankreich wie in Deutschland als neue Ethik des staatlichen Handelns gehandelt und ist folglich Gegenstand von gesetzgeberischen Reformen in beiden Ländern.[109] Hinzu kommt in Frankreich die Frage der Mandatshäufung (*cumul des*

---

[106] *Izraelewicz*, Le Monde v. 4.5.2012 (editorial): „Pour celui qui l'emportera dimanche, le défi est finalement simple et gigantesque à la fois. (…) Le nouveau président de la République, quel qu'il soit, devra reconstruire cette nation disloquée, lui redonner confiance et espoir dans le rôle qu'elle peut tenir dans ce monde nouveau qui émerge. Il devra, pour cela, travailler à recréer les conditions d'un *vivre ensemble*." (Hervorhebung durch d. Verf.)

[107] *Kotzur*, Deutschland und die internationalen Beziehungen. „Offene Staatlichkeit" nach 60 Jahren Grundgesetz, JöR 59 (2011), S. 389 (390).

[108] *Calliess* und *Schorkopf*, Finanzkrisen als Herausforderung der internationalen, europäischen und nationalen Rechtsetzung, VVDStRL 71 (2012), S. 113 ff. und 183 ff.

[109] Das Thema der Transparenz ist unzweifelhaft en vogue und begleitet in zunehmendem Maße die Herausforderungen einer erneuerten Demokratie, sei es zum einen durch Initiativen des Gesetzgebers (Loi und loi organique, 11.10.2013, 2013-906 und 2013-907, relatives à la transparence de la vie publique; Bundes-Informationsfreiheitsgesetz v. 5.9.2005 und zahlreiche Landes-Informationsfreiheitsgesetze sowie nunmehr auch weitergehend das Hamburgische Transparenzgesetz vom 6.10.2012), denen in Frankreich bedeutende Kommissionsberichte vorausgingen (Bericht der vom Vizepräsidenten des Conseil d'Etat präsidierten Commission de réflexion pour la prévention des conflits d'intérêts dans la vie publique vom 26.1.2011; Bericht „Pour un renouveau démocratique" der Commission de rénovation et de déontologie de la vie publique vom 9.9.2012) sei es zum anderen durch wissenschaftliche Arbeiten (Droin/Forey (Hrsg.), La transparence en politique,

mandats), die dem deutschen Recht gänzlich fremd ist.[110] In Frankreich dagegen mussten zunächst, besonders auf den Rängen des Senats, tiefsitzende Vorbehalte überwunden werden, bis am 22.1.2014 die Gesetze über das Verbot der Mandatshäufung verabschiedet werden konnten, die 2017 und 2019 in Kraft treten werden.[111] Es bleibt abzuwarten, wie diese neue politische Landschaft aussehen kann und was die umfassende Erneuerung des politischen Personals mit sich bringen wird. Außerdem bleibt zu beobachten, ob diese Reformen Antworten auf die Krise der repräsentativen Demokratie geben können.

Zu diesem Zweck sollen die Reformen auch die Mehrheitsdemokratie bereichern, da die Zeit der Wahlaristokratie, die schon von Rousseau abgelehnt worden war, mittlerweile definitiv vorbei ist. Hierzu müssen mehrere komplementäre Lösungen gefunden werden, da heute außer Frage steht, dass die moderne Legitimation auf der Fähigkeit beruht, sich informieren und die Kritik und Vorschläge der Opposition aufnehmen zu können.[112] Einige Lösungsansätze bleiben innerhalb des Gleichgewichts der verfassten Gewalten. Besonders in Frankreich ist die Frage der „Neugewichtung" der Institutionen bislang ungelöst.[113] Ausgehend von den neuen Kompetenzen, die dem Parlament seit der Verfassungsänderung von 2008 zukommen, geht es nun darum zu beobachten, in welchem Umfang die Parlamentarier sowohl der Mehrheitsfraktionen als auch der Opposition[114], gewillt sind, ihre Kontroll- und Evaluationsfunktion auszuüben. Da es den „negativen" Parlamentarier „à la française"[115] nicht mehr gibt, handelt es sich nunmehr um eine Herausforderung für die politische Kultur des Landes. Über diesen spezifisch französischen Lösungsansatz hinaus stellte sich bereits *Hamon* die Frage, „ob das Parlament unter den technischen und soziologischen Bedingungen unserer Zeit (…) der zentrale Ausdruck der öffentlichen Meinung sein kann".[116] Angesichts der Forderungen, die „deliberative"

28

2014). Die Idee der Transparenz findet sich auch in Verfassungen der jüngeren Zeit wie beispielsweise in Art. 11 der tunesischen Verfassung vom 26.1.2014 („Celui qui occupe la présidence de la République, la présidence du gouvernement, un portefeuille ministériel, tout membre de l'assemblée des élus du peuple, des instances constitutionnelles indépendantes, et toute personne qui occupe une haute fonction, doit déclarer ses biens, conformément à la loi.").

[110] → *Vilain/Wendel* § 4 Rn. 40.

[111] Die langjährigen Diskussionen endeten mit der Verabschiedung zweier Lois organiques (2014-125 und 2014-126), die eine gleichzeitige Ausübung von Exekutivfunktionen in den Gebietskörperschaften (insbesondere des Amts als Bürgermeisters) mit einem Abgeordnetenmandat und der Mitgliedschaft im Senat (ab 2017) sowie der Mitgliedschaft im EU-Parlament (ab 2019) verbieten.

[112] Siehe insbesondere die verschiedenen Werke von *Rosanvallon* und *Böckenförde* über die Demokratie, wie z. B. *Böckenförde*, Le droit, l'État et la constitution démocratique, 2000 (Zusammenstellung von Beiträgen durch *Jouanjan*).

[113] *Avril*, Renforcer le Parlement: qu'est-ce à dire? Pouvoirs 146 (2013/3), S. 9 ff.

[114] *Vidal-Naquet*, Le renouveau de l'opposition, Pouvoirs 146 (2013/3), S. 133 ff.

[115] *Le Divellec*, Vers la fin du „parlementarisme negative" à la française? Une problématique introductive à l'étude de la réforme constitutionnelle de 2008–2009, Jus Politicum 6 (2011).

[116] *Hamon*, Quand les assemblées ont des juges. Quelques réflexions sur l'équilibre constitutionnel de 1959, Dalloz, 1959, S. 253 ff. (259).

und „partizipatorische" Demokratie zu stärken[117], scheint die Antwort auf jeden Fall negativ auszufallen. Jedoch unterliegt auch das neue französische Referendum auf Initiative einer parlamentarischen Minderheit engen Voraussetzungen[118] und trotz der im Rahmen der Koalitionsverhandlungen zwischen CDU/CSU und SPD 2013 geführten Diskussionen über die Einführung plebiszitärer Elemente ist es nicht gelungen, den strikt repräsentativen Charakter der deutschen Demokratie zu reformieren.[119] Vom deutschen Wutbürger bis zum Gegner des französischen Flughafenprojekts *Grand Ouest* artikulieren die Bürger infolgedessen ihre Interessen zunehmend außerhalb des institutionellen Rahmens.[120] Derartige Protestaktionen vermögen es sicherlich nicht, ein Projekt „positiv" zu definieren oder gar die Institutionen und das deutsche und französische Verfassungsrecht zu reformieren. Aber sie führen doch dazu, das Bedürfnis nach einer Definition des *„vivre ensemble"* aufrecht zu erhalten, es zu konsolidieren, indem man es neu erfindet, insbesondere indem man neue Akteure integriert, unter ihnen vor allem jene, die durch zunehmende soziale und wirtschaftliche Ungleichheiten unter Druck geraten sind.

29   Woher kommen und wohin gehen wir? Am Ende dieses deutsch-französischen Lehrbuchs steht zunächst die Hoffnung, dass es dem Leser einen Einblick ermöglicht hat, auf welch schöne Weise die Rechtsvergleichung des französischen und deutschen Verfassungsrechts eine Reise durch Raum und Zeit ermöglicht. Diese vermag – so die Überzeugung der Autoren – immer wieder neue Überlegungen über zwei so unterschiedliche Systeme auszulösen, die sich dabei doch auch so ähnlich sind. Angesichts ihrer ideellen Grundlagen, die ihrer jeweiligen Geschichte entspringen und durch die eigene politische und juristische Kultur fortgetragen werden, sind sie verschieden. Und ähnlich sind sie, weil sie das gleiche „europäische Verfassungserbe" in sich tragen, *aber auch, weil sie mit* denselben Zweifeln konfrontiert werden, ob nämlich die repräsentative Demokratie in der Lage ist, „das schlechteste aller Systeme, mit Ausnahme aller anderen, die bereits ausprobiert wurden"[121], zu bleiben. Ähnlich sind sich die beiden Verfassungsrechtsordnungen auch, weil sich die Akteure in beiden Staaten darum bemühen, durch die Anpassung des Verfassungsrechts, sei es das geschriebene oder das ungeschriebene, das Band zwischen Regierenden und Regierten kontinuierlich zu erneuern. Damit kommen wir zu der oben aufgeworfenen Frage Hamons zurück und sehen, dass in beiden Staaten in ganz ähnlicher Weise die Fragilität eines auf instabilem Grund fußen-

---

[117] *Habermas*, Droit et démocratie. Entre faits et normes, 1997; *Manin*, Volonté générale ou délibération? Esquisse d'une théorie de la délibération politique, Le Débat 1985, S. 72 ff. Siehe auch die Beiträge in Jus politicum 10 (2013) zum Thema „La volonté générale".

[118] Art. 11 Abs. 3–6 CF; → *Marsch* § 5 Rn. 65 f.

[119] *Isensee*, Demokratie ohne Volksabstimmung: Das Grundgesetz, in: Hillgruber/Waldhoff (Hrsg.), 60 Jahre Bonner Grundgesetz: eine geglückte Verfassung?, 2010, S. 117 ff.

[120] Nach den Demonstrationen gegen das in Bau befindliche Verkehrs- und Städtebauprojekt „Stuttgart 21" wurde der Neologismus „Wutbürger" 2010 zum „Wort des Jahres" gewählt und dann in den Duden aufgenommen, der ihn als „Zeitungsjargon" für einen „aus Enttäuschung über bestimmte politische Entscheidungen sehr heftig öffentlich protestierende(n) und demonstrierende(n) Bürger" definiert.

[121] So der britische Premierminister *Winston Churchill* in einer Rede vor dem Unterhaus.

§ 9 Perspektiven

den demokratischen Gemeinwesens Antwort und Herausforderung zugleich ist. Denn während rechts des Rheins Böckenförde konstatiert, dass „der freiheitliche, säkularisierte Staat (...) von Voraussetzungen (lebt), die er selbst nicht garantieren kann"[122], erinnert Gauchet links des Rheins daran, dass es keine Garantie dafür geben kann, dass die demokratische Gesellschaft jene Persönlichkeiten hervorbringt, die das demokratische politische System benötigt.[123]

---

[122] Die Entstehung des Staates als Vorgang der Säkularisation, in: Staat, Gesellschaft, Freiheit. 1976, S. 42 (60).
[123] *Gauchet*, La Démocratie contre elle-même, 2002, S. XX (Vorwort): „Rien ne garantit, après tout, que la société démocratique doive automatiquement fabriquer les personnalités dont la politique démocratique aurait besoin."

Personen- und Sachregister

A

Ablösung (der Verfassung), **8** 56, **9** 15f., 18ff.
Abgeordnete
   Immunität, **4** 39
   Indemnität, **4** 39
   Inkompatibilität, **4** 40
   Mandatshäufung, **4** 40
   Rechtsstellung, **4** 35ff.
   Wahl (s. Wahl)
Allgemeine Handlungsfreiheit, **7** 49ff., 76
Anwendungsvorrang (s. Vorrang)
Arcelor-Entscheidung (Conseil d'Etat), **8** 103ff.
Assemblée nationale, **4** 10ff.
   Abgeordnete (s. Abgeordnete)
   Auflösung, **4** 192
   Ausschüsse, **4** 50f., **5** 43f.
   Geschäftsordnung, **4** 42, **5** 30
   Plenum, **4** 47
   Politische Gruppen, **4** 48f.
   Tagesordnung, **4** 44, **5** 42
   Untersuchungsausschuss, **4** 30f., 49, 51, 181, 183
   Wahlrecht, **4** 23ff.
Ausländer (als Grundrechtsberechtigte), **7** 25ff.
Ausgleichsmandat (s. Wahl)
Auslegung
   Auslegungsmonopol (EuGH), **8** 111
   Konformauslegung, **8** 29ff., 112
   verfassungskonforme, **7** 18f.
Ausschüsse, parlamentarische, **4** 50ff.
   ad hoc Ausschüsse, **4** 51
   commission mixte paritaire, **4** 51, **5** 54
   Europaausschuss, **4** 52
   Petitionsausschuss, **4** 52
   Sonderausschüsse, **4** 51
   Ständige Ausschüsse, **4** 51

Untersuchungsausschuss, **4** 30f., 49, 51f., 181, 183
Ausstrahlungswirkung, **7** 16ff.
Auswärtige Gewalt, **8** 22ff.
   Organkompetenz, **8** 24f.
   Verbandskompetenz, **8** 23
Autonomie
   des Unionsrechts, **8** 6
   der Kommunalebene, **3** 61, 85, 111 (s. auch Kommunale Selbstverwaltung)
   Parlamentarische, **4** 42ff.

B

Begrenzte Einzelermächtigung Prinzip der (s. Kompetenzen)
Bestimmtheitsgrundsatz, **3** 148
Bikameralismus, **4** 7ff.
Bloc de constitutionnalité, **3** 2, **6** 38, **7** 12
Bodin, Jean, **4** 78
Boutmy, Émile, **1** 1
Brückenklauseln (AEUV), **8** 71
Budgetverantwortung, parlamentarische, **8** 71
Bundeskanzler (s. auch Regierung)
   Amtszeit, **4** 152
   Kanzlerdemokratie, **4** 174
   Richtlinienkompetenz, **4** 164
   Verhältnis zum Bundespräsidenten, **4** 148, 157, 172, 196
   Wahl, **4** 148
Bundespräsident (DE)
   Amtszeit, **4** 114
   Befugnisse, **3** 15f., **4** 115ff.
   Bundesversammlung, **4** 96f.
   Funktion, **4** 80ff.
   Präsidentenanklage, **4** 190
   Prüfungsrecht im Gesetzgebungsverfahren, **4** 127, **5** 59
   Rücktritt, **4** 191

Verhältnis zum Parlament, **4** 188ff.
Verhältnis zur Regierung, **4** 195ff.
Wahl, **4** 95ff.
Bundesrat
   Arbeitsweise, **4** 72ff.
   Ausschüsse, **4** 74
   Einheitliche Stimmabgabe, **4** 73
   Europakammer, **4** 66
   Funktionen, **4** 63ff.
   Gesetzgebungsverfahren, **3** 85 102ff., **4** 63, **5** 51ff.
   Wahl und Zusammensetzung, **4** 58f.
Bundesstaat,
   Bundesstaatsprinzip, **2** 54f., **3** 21, **5** 6, 8, **8** 64
   Bundesstaat und Einheitsstaat, **3** 79ff., 105 (s. *auch* Einheitsstaat)
   Europäischer B., **8** 56
Bundestag, **4** 10ff.
   Abgeordnete (*s.* Abgeordnete)
   Auflösung, **4** 193f.
   Ausschüsse, **4** 50f., **5** 43
   Fraktionen, **4** 48f.
   Geschäftsordnung, **4** 42, **5** 30
   Parlamentarisches Kontrollgremium, **4** 52
   Plenum, **4** 47
   Tagesordnung, **4** 44, **5** 42
   Untersuchungsausschuss, **4** 30f., 49, 51 f., 181, 183
   Vertrauensfrage, **4** 177f., 194
   Wahlrecht, **4** 17ff.
Bundesverfassungsgericht
   als Verfassungsorgan, **6** 13
   Einstweilige Anordnung, **6** 47
   Entscheidungsinhalt/-wirkung, **6** 45
   Funktionen, **6** 9, 11
   Historische Entwicklung, **2** 57f., **6** 5f.
   Kontrolldichte, **6** 41ff.
   Legitimation, **6** 4
   Normenkontrolle (*s.* Normenkontrolle, abstrakte bzw. konkrete)
   Organisation, **6** 24
   Organstreitverfahren (*s.* Organstreitverfahren)
   Parteiverbotsverfahren, **3** 75, **6** 28
   Richter, **6** 18, 21, 23
   Selbstbefassungsrecht, **6** 49
   Sondervoten, **6** 44
   Urteilsbegründung, **6** 43, **7** 13
   Verfahrensarten, **6** 26ff.
   Verfassungsbeschwerde (*s.* Verfassungsbeschwerde)
   Verhältnis zu den Fachgerichten, **6** 54, 73f.
Bundesverfassungsgerichtspositivismus, **7** 13f.

C
Carré de Malberg, Raymond, **2** 3, **3** 125
Chambre des députés (III. Republik), **2** 21ff.
Checks and balances, **4** 175ff.
Chirac, Jacques, **6** 20, 22, 28, **8** 54
Cohabitation (*s.* Kohabitation)
Commission mixte paritaire, **4** 51, **5** 54
Congrès (s. Kongress)
Conseil constitutionnel
   als Gericht, **6** 14f.
   Beratungsprotokolle, **6** 44
   Einstweilige Anordnung, **6** 47
   Entscheidungsinhalt/-wirkung, **6** 46, 72
   Europarechtsprechung, **8** 35ff., 45ff., 96ff.
   Funktion, **6** 10f.
   Grundrechte als Prüfungsmaßstab, **2** 59, **6** 16, 38
   Historische Entwicklung, **2** 59, **6** 7f., **9** 7
   Kontrolldichte, **6** 41, 43
   Legitimation, **6** 3
   Mitglieder, **6** 16, 20, 22f.
   Normenkontrolle (*s.* Normenkontrolle, abstrakte bzw. konkrete)
   Organisation, **6** 25
   Parlamentarische Geschäftsordnungen als Kontrollgegenstand, **5** 30
   Plenum, **4** 47
   Procédure de déclassement (Art. 37 II 2 CF), **5** 19, 28
   Präsident, **6** 20
   Question prioritaire de constitutionnalité (*s.* Question prioritaire de constitutionnalité)
   Selbstbefassungsrecht, **6** 49
   Urteilsbegründung, **6** 43, **7** 14
   Verfahrensarten, **6** 26ff.
   Verhältnis zu den Fachgerichten, **6** 73f.
Conseil d'Etat
   als Beratungsorgan, **5** 36
   Europarechtsprechung, **8** 94f., 103 ff.
Conseil économique, social et environnemental, **5** 37
Contrôle de conventionnalité, **6** 56f., 67, **8** 20, 27

D
Debré, Michel, **2** 39, **5** 28
Demokratie(prinzip), **2** 43ff., **3** 19, 23, 54ff. 121f. 161f.
   als Integrationsgrenze, **8** 62
   direkte (*s.* Volksgesetzgebung)
   parlamentarische, **3** 60ff., **4** 11ff., 141ff.
   streitbare, **2** 36, **3** 69ff., **6** 26, **9** 10
   Verantwortlichkeit, **8** 40
   Volkssouveränität (*s.* Souveränität)

Personen- und Sachregister

Wahlrecht bzw. Wahlsystem (s. Wahl)
Dezentralisierung, **3** 31, 84ff., **5** 7
Dialog, gerichtlicher, **8** 109ff.
Domaine de la loi (s. Gesetzgebung)
Drittwirkung, **7** 31ff.
Dualismus, **8** 12f.

E
Effet cliquet, **7** 93
Effet direct, **8** 18
Ehefreiheit, **7** 60
Eigentum, **7** 58f.
Eingriff (s. Grundrechte)
Einheitsstaat, **2** 54f., **3** 79ff., 92ff., **5** 6f.
Einrichtungsgarantie, **7** 41
EMRK
    Berücksichtigungspflicht (nach dem GG), **8** 28ff.
    Innerstaatliche Wirkung, **8** 27ff.
    im fachgerichtlichen Verfahren, **6** 56f., 67, **7** 21f., **8** 27
Erklärung der Menschen- und Bürgerrechte (DDHC, 1789), **6** 38, **7** 2, 5, 12
Enquête-Ausschuss (s. Untersuchungsausschuss)
Entzug des gesetzlichen Richters, **8** 113
Esmein, Adhémar, **3** 128, **9** 1
Etat de droit (s. Rechtsstaatlichkeit)
Ethikrat, **5** 39
Europaklauseln (s. Integrationsklauseln)
Europawahlen (s. Wahl)
Europäische Menschenrechtskonvention (s. EMRK)
Europäische Union (EU), **2** 63, **3** 58f., **4** 34, 51f., 63, 66, **5** 40, 68, **7** 28, **8** 32ff., **9** 6ff.
Europäischer Stabilitätsmechanismus (ESM), **8** 40ff.
Ewigkeitsklausel, **2** 36, **3** 25, **5** 18, 68, **6** 35, **8** 56, 59f., 89

F
Favoreu, Louis, **4** 29, **5** 20, **7** 93
Finanzkrise, europäische, **8** 39ff.
Fiskalvertrag, **8** 41
Föderalismus (s. Bundesstaatsprinzip)
Fraktionen, **4** 48f.
Französische Revolution, **3** 10, 85, 121ff.
Freiheitsrechte, **7** 42, 48ff.

G
Gauck, Joachim, **4** 104, **9** 17
de Gaulle, Charles, **2** 27, 31, 38f., 47, 63, **3** 16ff., 73, **4** 71, 89ff., 99ff., 107ff., 153, **6** 15, 20, **8** 3, **9** 3

Gebietskörperschaften (collectivités territoriales), **3** 82ff., 92ff., 106ff., **4** 60, 67ff.
Gesetz, **5** 9ff.
Gesetzesvorbehalt, **3** 138, **7** 79ff.
Gesetzgebung
    Abstimmung, **5** 47f.
    Änderungsanträge, **5** 44, 46
    Ausfertigung, **5** 58f.
    Ausschussberatung, **5** 43
    Beteiligung von Bundesrat und Senat, **3** 88f., 102ff., **5** 51ff.
    Diskontinuität, **5** 50
    Domaine de la loi (Art. 34 CF), **3** 112, 132ff., 147, **4** 12, 186, **5** 12, 19
    Gesetzesfolgenabschätzung, **5** 35
    Gesetzgebungsnotstand, **5** 56f.
    Haushaltswirksame Gesetze, **5** 47
    Initiativrecht, **5** 32ff.
    parlamentarische, **5** 11f., 29ff.
    Obstruktion, **5** 44f.
    ohne parlamentarische Mehrheit (Art. 49 III CF/Art. 81 GG), **5** 56f.
    Redezeit **5** 45
    Verbandskompetenz, **3** 89, 92ff., **5** 7f.
    Verfahren, **5** 29ff.
    Vermittlungsverfahren, **5** 54
    Vetorecht des Staatspräsidenten, **4** 126, **5** 59
    Wesentlichkeitsvorbehalt (s. Wesentlichkeitslehre)
    Zustimmung zu völkerrechtlichen Verträgen, **8** 24f., 40, 49
Gewaltenteilung, **3** 142ff.
Giscard d'Estaing, Valéry, **6** 20, 49
Grévy, Jules, **2** 24
Grundrechte
    Ausgestaltungspflicht, **7** 39ff.
    Begriff, **7** 1
    Eingriff, **7** 77f.
    Eingriffsrechtfertigung, **7** 79ff.
    EU-Ebene, **8** 81f., 112
    Gewährleistungsgehalt, **7** 76
    Grundrechtsadressaten, **7** 31ff.
    Grundrechtsberechtigter, **7** 24ff.
    Grundrechtsdogmatik, **7** 10ff.
    Grundrechtsvorbehalt, **8** 63, 79ff.
    Historische Entwicklung, **2** 56ff., **7** 2f.
    Regelungsbereich, **7** 75
    Schranken, **7** 79ff.
    Schranken-Schranken, **7** 87ff.
    Schutzbereich, **7** 74ff.
    Schutzpflichten, **7** 35ff.
    Typologie, **7** 42ff.
    Verfassungsgerichtliche Durchsetzung, **6** 16, 38, 51ff., 59, 61, 71, **7** 6ff.

Verhältnismäßigkeit, 3 153ff., 7 88ff.
Verwirkung, 3 75
vorbehaltlose, 7 84f.
Wesensgehalt, 7 91ff.

H

Habermas, Jürgen, 3 34
Hallstein, Walter, 8 81
Hesse, Konrad, 4 58
Hitler, Adolf, 2 16, 26
Hobbes, Thomas, 4 78f.
Hollande, François, 9 16
Honeywell-Entscheidung (BVerfG), 8 86

I

Identität (s. Verfassungsidentität)
Identitätskontrolle (s. Verfassungsidentität)
Immunität, 4 39, 188ff.
Indemnität, 4 39
Inkompatibilität, 4 40
Integrationsermächtigung
    (s. Integrationsklauseln)
Integrationsgrenzen, 8 58ff.
Integrationsklauseln
    Entwicklung, 2 62f., 8 33ff., 9 6
    Dynamische Integrationsermächtigung, 8 44, 50ff.
    Révision d'adjonction, 8 45ff.
    Statische Integrationsermächtigung, 8 44ff.
    Typen, 8 43ff.
    Übertragungsmodell, 8 50ff.
    Verfahren, 8 53ff.
Integrationsverantwortung, parlamentarische, 8 70ff.

J

Jellinek, Georg, 7 42
Judicial self restraint, 3 170, 8 79
Juristische Personen (als Grundrechtsberechtigte), 7 29f.

K

Kelsen, Hans, 1 19, 3 54, 4 80, 82, 6 6, 72, 8 11
Kirchhof, Paul, 8 84
Kohabitation, 4 111, 121, 128, 144, 149, 158, 167, 173, 176
Kommunale Selbstverwaltung, 3 106ff.
    interkommunale Zusammenarbeit, 3 109
    Kommunalverfassungsbeschwerde, 3 115
Kompetenzen
    Compétences abolies, 8 51
    Hoheitsrechte (s. Übertragung von Hoheitsrechten)

Kompetenzabgrenzung, 8 22ff.
Kompetenz-Kompetenz, 8 65
Kompetenzüberschreitung (s. Ultra-vires-Kontrolle)
Organkompetenz, 3 79, 5 9ff., 8 24f
Regelungstotalität, 8 65
Prinzip der begrenzten Einzelermächtigung, 8 86, 91
Verbandskompetenz, 3 89, 92ff., 5 6ff., 8 23
Kongress (Congrès), 2 29, 5 67, 4 7, 54, 124
Konstitutionalisierung, 7 16ff., 8 36, 97

L

Laizität, 3 28, 41ff., 8 64
Legizentrismus, 3 146ff., 5 10, 7 4, 7
Legitimation, 3 56ff.
Leistungsrechte, 3 139, 159, 161ff., 7 42, 61ff.
Letztentscheidungsrecht (s. Prüfungsvorbehalt)
Libertés publiques, 2 59, 7 4, 9
Lindauer Abkommen, 8 23
Lissabon
    Entscheidung des Conseil constitutionnel, 8 37
    Urteil des BVerfG, 8 38, 59, 85, 92f., 9 20ff.
    Vertrag von Lissabon, 8 37f.
Loi(s) organique(s), 5 69f., 8 41

M

Maastricht
    Entscheidungen des Conseil constitutionnel, 8 36, 46ff.
    Urteil des BVerfG, 8 36, 84
    Vertrag von Maastricht, 8 35f.
Machiavelli, Niccolò, 3 10
MacMahon, Patrice de, 2 24
Mehrebenensystem, 8 2, 69, 75, 117
Mehrheitswahl (s. Wahl)
Mehrheitsprinzip, 4 53f.
Meinungsäußerungsfreiheit, 7 55f.
Menschenrechte, 7 1
Menschenwürde, 3 32ff., 7 36, 44ff., 8 93
Merkel, Angela, 4 148, 9 17
Methodik, 1 15ff.
Minderheitenrechte, parlamentarische, 4 54, 181
Ministerrat (FR)
    Befugnisse, 4 171f.
    Politische Willensbildung, 4 173
    Verordnungserlass, 5 17
    Zusammensetzung, 4 171f.
Misstrauensvotum, 2 17, 24, 30, 4 179ff.

Destruktives Misstrauensvotum **4** 179
Konstruktives Misstrauensvotum **4** 179
Mirkine-Guetzevitch, Boris **2** 30
Mitterrand, François **4** 128, **6** 20, 61
Monarchie **2** 19ff., 24, 44f., 55, **3** 12ff., 119ff.,
  4 78 ff., 89, 107, 118, 125, 131, **9** 1, 3f.,
Monismus **1** 19, **8** 11, 13, 95
Monnet, Jean **8** 3

N
Nachtwächterstaat **3** 156
Napoléon Bonaparte, Charles Louis **2** 23
Nationalversammlung (*s.* Assemblée nationale)
Negative Unzuständigkeit **7** 38
Normenkollision **8** 76
Normenkontrolle, abstrakte **6** 30ff.
  Antragsberechtigung **6** 36
  Antragsgrund **6** 37
  Entscheidungsinhalt/-wirkung **6** 45f.
  Funktionen **6** 30 f.
  Kontrollmaßstab **5** 19, **6** 38ff.
  Kompetenzkontrolle
    (Art. 93 I Nr. 2a GG) **6** 40
  Prüfungsgegenstand **6** 33ff.
  Verhältnis zu Art. 267 AEUV **8** 101
  Zeitpunkt (a priori/a posteriori) **6** 32f.
Normenkontrolle, diffuse/konzentrierte **6** 8
Normenkontrolle, konkrete (*s.*
  alternativ Question prioritaire de
  constitutionnalité),
  Allgemein **2** 63, **6** 58ff.
  Antrags-/Vorlageberechtigung **6** 62
  Entscheidungsinhalt/-wirkung **6** 72
  Funktionen **6** 60f., 73
  Kontrollmaßstab **6** 71
  Verfahren **6** 69f.
  Verhältnis zu Art. 267 AEUV **6** 67, **8** 114
  Vorlagegegenstand **6** 68
  Vorlagevoraussetzungen **6** 63f.
  Vorprüfungsverfahren **6** 65f.
Normenkontrollrat (Deutschland) **5** 38
Normenverifikationsverfahren **8** 21
Notstand
  Ausnahmezustand (Art. 16 CF) **4** 134, **6** 29
  Gesetzgebungsnotstand **4** 133
  Verteidigungsfall **4** 133
NS-Herrschaft **2** 7, 16, 26, 33, **4** 93

O
Offene Staatlichkeit **8** 1ff., 52, **9** 6
Öffentliche Freiheiten (s. *libertés publiques*)

Öffnung (des innerstaatlichen
  Verfassungsraumes) **8** 52
OMT-Vorlage (BVerfG) **8** 42, 87, 111
Ordonnance **2** 25, **5** 22ff., 27f.
Organgesetz (*s.* loi organique)
Organstreitverfahren **6** 75f.

P
Palewski, Gaston **6** 15
Parlament **4** 5ff.
  Abgeordnete (*s.* Abgeordnete)
  Arbeitsweise **4** 41ff.
  Assemblée Nationale (*s.* Assemblée Nationale)
  Ausschüsse **4** 50ff.
  Beteiligungs- und Informationsrechte in
    EU-Fragen **8** 40, 69ff.
  Bikameralismus **2** 22, **4** 7ff., **5** 51ff.
  Binnenorganisation **4** 46ff.
  Bundestag (*s.* Bundestag)
  EU-Ausschuss **4** 66, **8** 74
  Europafunktion **4** 34
  Evaluierungsfunktion **4** 31
  Fraktionen **4** 48f.
  Funktionen **4** 29ff.
  Geschäftsordnung **4** 42
  Gesetzgebung (*s.* Gesetzgebung)
  Gesetzgebungsfunktion **4** 29
  Kontrollfunktion **4** 30, 176ff., **9** 28
  Kreationsfunktion **4** 32
  Legitimationsfunktion **4** 33
  Mehrheitsprinzip **4** 53f.
  Minderheitenrechte **4** 54
  Öffentlichkeitsfunktion **4** 33
  Parlamentsheer **8** 24
  Parlamentsvorbehalt **3** 138, **4** 12f., **8** 73
  Plenum **4** 47
  Politische Gruppen **4** 48f.
  Repräsentationsfunktion **4** 33
  Sitzungsperiode **4** 43
  Tagesordnung **4** 44
  Verhältnis zur Regierung **4** 176ff.
  Verhältnis zum Staatsoberhaupt **4** 188ff.
  Vertrauensfrage **2** 30, **4** 177
  Wahl **4** 15ff.
Parlamentarier (*s.* Abgeordnete)
Parlamentsvorbehalt (*s.* Parlament)
Parlamentarisches Regierungssystem (*s.*
  Regierungssystem)
Parlementarisme rationalisé **2**, 30f., 39, **4**, 12f.,
  29f., 42, 44, 51, 177, 186f., **5** 12, 28,
  30, 43, **6** 3, **9** 10

Parteien, **2** 51ff., **3** 65ff., **4** 28, 103f., 108ff.
Paulskirchenversammlung **7** 3
Permeabilität, **8** 5
Pétain, Philippe, **2** 26
Plenum (Parlament), **4** 47
Politische Gruppen, **4** 48f.
Politische Rechte, **7** 69ff.
Politisches System, **2** 14 16ff., 24ff., 35, 38ff., 61, **4** 141ff., **9** 9ff.
   Demokratie (*s.* Demokratie)
   Monarchie (*s.* Monarchie)
   Parlamentarisches Regierungssystem (*s.* Regierungssystem)
   Republik (*s.* Republik)
   Semipräsidentielles System (*s.* Regierungssystem)
Präsidentialismus, **4** 89ff., 143, **9** 16
Präsident (*s.* Bundes- bzw. Staatspräsident)
Premierminister (*s.* auch Regierung)
   Amtszeit, **4** 153
   Befugnisse, **4** 155, 163ff., 173
   Ernennung, **4** 150
   Kohabitation (*s.* Kohabitation)
   Leitungsprinzip, **4** 163, 165f
   Rücktritt, **4** 167
   Verhältnis zum Staatspräsidenten, **4** 111, 115, 147,153, 158, 167, 197f.
Prüfungsvorbehalte
   Äquivalenzvorbehalt (Conseil d'Etat), **8** 103ff.
   Grundrechtsvorbehalt (BVerfG), **8** 79ff.
   Identitätskontrolle (BVerfG), **8** 88ff.
   Identitätsvorbehalt (Conseil constitutionnel), **8** 99ff.
   Solange-Vorbehalt (BVerfG), **8** 79ff.
   Ultra-vires-Vorbehalt (BVerfG), **8** 83ff., 111

Q

Question prioritaire de constitutionnalité (QPC) (*s. alternativ* Normenkontrolle, konkrete)
   Einführung, **6** 59, 61
   Grundrechte als Kontrollmaßstab, **7** 20, **6** 71
   Verfahren, **6** 65f., 70
   Verhältnis zu den Fachgerichten, **6** 73f., **7** 20,
   Verhältnis zu Art. 267 AEUV, **6** 67, **8** 102, 110
Quinquennat, **4** 111, 197f.

R

Ratifikation, **8** 20f., 24ff.
Rechtsanwendungsbefehl, **8** 78

Rechtsetzungskompetenzen, **5** 5ff.
Rechtsgemeinschaft, **8** 81
Rechtspluralismus, **1** 19, **8** 14
Rechtssicherheit, **3** 150ff.
Rechtsstaatsprinzip, **2** 43ff., 56ff., **3** 118ff., **8** 63
Rechtsvergleichung,
   Methode, **1** 15ff., **3** 4, 17ff.
   synchrone u. diachrone, **9** 29
Rechtsverordnung (*s.* Verordnung)
Referendum (*s.* Volksgesetzgebung)
Reichskanzler (Weimar), **2** 13f., 16f.
Reichspräsident (Weimar), **2** 12, 14, 16, **3** 16, **4** 93
Reichsrat (Weimar), **2** 10, **4** 9
Reichstag (Weimar), **2** 9, 16
Reichswirtschaftsrat (Weimar), **2** 11
Regierung
   Amtszeit, **4** 151ff.
   Befugnisse, **4** 170 ff.
   Binnenorganisation, **4** 161 ff.
   Kabinett, **4** 171
   Koalitionsvereinbarung, **4** 156, 174
   Kollegialprinzip, **4** 170
   Regierungsbildung, **4** 155ff.
   Ressortprinzip, **4** 168f.
   Verhältnis zum Parlament, **4** 111ff., 142ff., 149f., 176ff.
   Verhältnis zum Bundespräsidenten (Deutschland), **4** 133, 157, 159, 196
   Verhältnis zum Staatspräsidenten (Frankreich), **4** 111, 167, 197f.
Regierungschef (*s.* Bundeskanzler bzw. Premierminister)
Regierungssystem
   parlamentarisches, **4** 14, 141ff., 176ff., 196
   semipräsidentielles, **4** 14, 141ff., 197f.
Republik (FR)
   III., **2** 19ff., 40f.
   IV., **2** 27ff., 38ff.
   VI., **4** 198, **9** 13ff.
Republikprinzip, **2** 20, **3** 7ff., **9** 7ff.
Revisionsverbot, **5** 68, **8** 59f.
Rousseau, Jean-Jacques, **6** 3

S

Sarkozy Nicolas, **4** 110, 124, 167, **6** 20
Schmitt Carl, **4** 84, 92, **6** 6
Schranken, **7** 79ff.
Schranken-Schranken, **7** 87ff.
Schuldenbremse, **8** 41
Semipräsidentielles Regierungssystem (*s.* Regierungssystem)
Senat (Sénat), **4** 56ff.
   Arbeitsweise, **4** 72ff.

Ausschüsse, 4 74
EU-Ausschuss, 4 66
Funktionen, 4 63ff.
Gesetzgebungsverfahren, 3 102ff., 4 63f., 5 51ff.
Grands électeurs, 4 61f.
Mandatshäufung, 4 62
Rechtsstellung Senatoren, 4 35ff.
Repräsentationsleistung, 4 67ff.
Vorgängerinstitutionen, 2 21, 29
Wahl und Zusammensetzung, 4 60ff.
Service Public, 3 167ff.
Sieyès, Emmanuel-Joseph, 6 5
Smend, Rudolf, 4 80, 84
Solange-Entscheidungen (BVerfG), 8 52ff., 79 ff., 93
Souveränität
   als Demokratieschutz, 3 78, 8 62
   als Integrationsgrenze, 8 62
   Conditions essentielles de l'exercice de la souveraineté, 3 56ff., 8 46ff., 59, 61, 9 24
   Kompetenz-Kompetenz, 8 65
   Monarch, 4 78ff.
   Souveraineté nationale, 3 56ff., 125, 8 3, 62
   Souveraineté populaire, 8 62
   Souveräne Staatlichkeit, 8 62, 9 22
   Volkssouveränität, 3 28, 39, 70, 121ff., 4 5, 8 62
Soziale Rechte, 2 57, 3 2, 158, 171, 7 63f.
   Justiziabilität, 7 65ff.
Sozialstaat, 3 155 ff.
Staatlichkeit
   als Integrationsgrenze, 8 62
   Offene Staatlichkeit, 8 1ff., 52, 9 6
Staatsoberhaupt (s. auch Bundespräsident bzw. Staatspräsident)
   Monarchisches Erbe, 4 78 f.
   Repräsentationsfunktion, 4 80ff.
Staatspräsident (FR)
   Amtsenthebung, 4 190
   Amtszeit, 4 111, 9 16
   Befugnisse, 3 15f., 4 115ff.
   „Hüter der Verfassung", 4 90ff., 6 15
   Immunität, 4 188ff.
   Vetorecht im Gesetzgebungsverfahren, 4 126, 5 59
   Wahl, 2 47, 4 96ff., 6 15
Staatszielbestimmungen, 8 67
Streitbare Demokratie (s. Demokratie)
Struktursicherungsklausel, 3 5ff., 21ff., 8 66ff.
Subsidiarität, 3 90ff., 112, 8 37f., 67, 74, 85

T
Transformation, 8 12

U
Überhangmandate (s. Wahl)
Überseeische Gebiete, 3 97ff., 109
Übertragung von Hoheitsrechten, 3 58, 8 34f., 50 ff., 65
Ultra-vires-Kontrolle, 8 42, 83ff., 111
Unionsverfassungsrecht, 8 6
Unionsbürger, 7 28, 8 32
Unionsrecht, 6 62, 67, 7 28f., 8 6, 32ff.
Unmittelbare Anwendbarkeit, 8 18
Unmittelbare Geltung, 8 17
Unmittelbare Wirkung, 8 18
Untersuchungsausschuss, 4 30f., 49, 51f., 181, 183
   Mehrheitsenquête, 4 183
   Minderheitenenquête, 4 183

V
Vereinte Nationen, 8 4
Verfassung
   Begriff, 3 1ff., 9 3
   Vorrang, 3 73, 130ff.
   Verfassungsänderung, 2 61ff., 3 14, 24ff, 31, 58, 62ff., 82ff., 9 5, 14
   Materielle Grenzen, 3 21ff., 5 68
   Verfahren, 4 100, 5 67
   Verfassungsgerichtliche Kontrolle, 3 63, 113, 152f., 6 35
Verfassungsbeschwerde, 6 52ff.
Verfassungsgerichtsbarkeit (s. Bundesverfassungsgericht, Conseil constitutionnel)
Verfassungsidentität, nationale
   Achtungsverpflichtung (Art. 4 Abs. 2 S. 1 EUV), 8 91, 100
   Begriff, 3 5, 40, 8 59, 64, 93, 9 8
   Identitätskontrolle (BVerfG), 8 88ff., 9 22f.
   Identitätsvorbehalt (Conseil constitutionnel), 8 99ff., 9 22
Verfassungsimmanente Schranken, 7 84ff.
Verfassungskonsens, 2 15, 62ff.
Verfassungspatriotismus, 3 34, 9 8
Verfassungspraxis, 2 16ff., 24ff., 4 90ff., 112f., 148, 153f., 157ff., 173, 192f., 9 5
Verfassungsrat (s. Conseil constitutionnel)
Verfassungstraditionen, europäische, 9 1, 29
Verfassungsverbund, europäischer, 8 4
Verhältnismäßigkeit, Grundsatz der, 3 153f., 6 43, 7 88ff., 8 31
Verhältniswahl (s. Wahl)

Vermittlungsausschuss, **5** 54
Verordnung
  Begriff, **5** 13
  Gesetzesvertretende Verordnung (*s.* Ordonnance)
  Parlamentarische Ermächtigung (Art. 80 GG), **5** 14f., 27
  Vorbehalt der V. (Art. 37 CF), **5** 16, 18 ff., 47, **6** 10, 39
Vertragskontrolle, präventive (Art. 54 CF), **8** 45ff.
Vertrauensfrage, **2** 30, **4** 177f., 193f.
  auflösungsgerichtete, **4** 194
Verwaltungsorganisation, **3** 106ff., **9** 18
Vichyregime, **2** 26
Vivre ensemble, **9** 25 ff.
Völkerrecht
  Allgemeine Rechtsgrundsätze, **8** 21
  Innerstaatliche Stellung, **8** 19ff.
  Völkergewohnheitsrecht, **8** 21
  Völkerrechtliche Verträge, **8** 20f.
  Völkerrechtsfreundlichkeit (des GG) **8** 20, 27
Volksgesetzgebung, **2** 46f., **3** 60ff.
  EU-bezogen, **8** 54, 56
  Verfahren, **5** 63ff.
  Verfassungsgerichtliche Kontrolle, **6** 35
Volksentscheid (*s.* Volksgesetzgebung)
Vollzugslehre, **8** 12
Vorabentscheidungsverfahren (Art. 267 AEUV), **6** 67, **8** 42, 101f., 107f., 109ff.
Vorhang-Gesetz (loi écran), **7** 20
Vorrang (des Unionsrechts)
  Anwendungsvorrang, **8** 76f.
  Geltungsvorrang, **8** 76
  Lex-posterior-Problematik, **8** 94
  Prüfungsvorbehalte nationaler Gerichte (*s.* Prüfungsvorbehalte)
Vorverständnis, **1** 18

W
Wahl
  Ausgleichsmandat, **4** 19
  Erfolgswert, **4** 19
  Erststimme, **4** 19
  Europawahlen, **4** 22
  Gerrymandering, **4** 26
  Grundmandatsklausel, **4** 18
  Kommunalwahlen, **4** 22
  Mehrheitswahl, **4** 15, 23ff.
  Parlamentswahlen, **4** 15ff.,
  Parteien, **4** 28
  Präsidentschaftswahlen, **4** 104ff.
  Senatswahlen, **4** 60f.
  Sperrklausel, **4** 18, 21f.
  Überhangmandate, **4** 19
  Verhältniswahl (personalisierte), **4** 15, 17ff.
  Wahlgleichheit, **4** 20ff.
  Wahlkreiszuschnitt (*découpage électoral*), **4** 26f.
  Wahlrecht, **2** 48ff., **4** 15ff., **7** 69ff.
  Zählwert, **4** 19
  Zweitstimme, **4** 18
Wehrbeauftragter, **4** 52
Wehrhafte Demokratie (s. Demokratie, streitbare)
Weimarer Republik, **2** 8ff., 34ff., 40f., **3** 38, 70, 122, **4** 92ff.
Wesentlichkeitslehre, **3** 138, **4** 13, **5** 14, 19, 24, 27
Wissenschaft, **2** 3
Wohlfahrtsstaat, **3** 162

Z
Zentralbank, Europäische, **8** 42
Zentralstaat (*s.* Einheitsstaat)
Zustimmungsgesetz,
  Bundesrat, **3** 102f., **4** 63
  zu völkerrechtlichen Verträgen, **8** 24f., 40, 49, 78
Zweitstimme (*s.* Wahl)

The manufacturer's authorised representative in the EU is Springer Nature Customer Service Centre GmbH, Europaplatz 3, 69115 Heidelberg, Germany. If you have any concerns regarding our products, please contact ProductSafety@springernature.com

Printed and bound by CPI Group (UK) Ltd, Croydon, CR0 4YY

23/03/2026

02076679-0012